殷周金文集成

修訂增補本

第二册

中國社會科學院考古研究所編

中華書局

本冊目録

鼎類　〇〇九八四～〇二八四一

器號	器名	字數	拓片頁碼	説明頁碼
〇〇九八四	且鼎	一	八四一	一五四五
〇〇九八五	父鼎	一	八四一	一五四五
〇〇九八六	丁鼎	一	八四一	一五四五
〇〇九八七	[illegible]鼎	一	八四一	一五四五
〇〇九八八	[illegible]鼎	一	八四二	一五四五
〇〇九八九	辛鼎	一	八四二	一五四五
〇〇九九〇	夸鼎	一	八四二	一五四五
〇〇九九一	天鼎	一	八四二	一五四五
〇〇九九二	[illegible]鼎	一	八四三	一五四五
〇〇九九三	[illegible]鼎	一	八四三	一五四五
〇〇九九四	見鼎	一	八四三	一五四五
〇〇九九五	矢鼎	一	八四三	一五四五
〇〇九九六	[illegible]方鼎	一	八四四	一五四五
〇〇九九七	[illegible]方鼎	一	八四四	一五四六
〇〇九九八	[illegible]鼎	一	八四四	一五四六
〇〇九九九	好鼎	一	八四四	一五四六

器號	器名	字數	拓片頁碼	説明頁碼
〇一〇〇〇	竟鼎	一	八四五	一五四六
〇一〇〇一	保鼎	一	八四五	一五四六
〇一〇〇二	保鼎	一	八四五	一五四六
〇一〇〇三	重鼎	一	八四五	一五四六
〇一〇〇四	重鼎	一	八四五	一五四六
〇一〇〇五	[illegible]鼎	一	八四五	一五四六
〇一〇〇六	[illegible]鼎	一	八四六	一五四六
〇一〇〇七	[illegible]鼎	一	八四六	一五四六
〇一〇〇八	妖鼎	一	八四六	一五四六
〇一〇〇九	妖鼎	一	八四六	一五四六
〇一〇一〇	何鼎	一	八四六	一五四六
〇一〇一一	伐鼎	一	八四六	一五四六
〇一〇一二	[illegible]鼎	一	八四七	一五四七
〇一〇一三	[illegible]鼎	一	八四七	一五四七
〇一〇一四	化鼎	一	八四七	一五四七
〇一〇一五	文鼎	一	八四七	一五四七
〇一〇一六	付鼎	一	八四七	一五四七
〇一〇一七	[illegible]鼎	一	八四八	一五四七

器號	器名	字數	拓片頁碼	說明頁碼
〇一〇一八	[illegible]鼎	一	八四八	一五四七
〇一〇一九	[illegible]鼎	一	八四八	一五四七
〇一〇二〇	[illegible]鼎	一	八四八	一五四七
〇一〇二一	[illegible]鼎	一	八四九	一五四七
〇一〇二二	[illegible]鼎	一	八四九	一五四七
〇一〇二三	[illegible]鼎	一	八四九	一五四七
〇一〇二四	[illegible]鼎	一	八四九	一五四七
〇一〇二五	光鼎	一	八四九	一五四七
〇一〇二六	觥鼎	一	八五〇	一五四七
〇一〇二七	[illegible]鼎	一	八五〇	一五四七
〇一〇二八	[illegible]鼎	一	八五〇	一五四七
〇一〇二九	[illegible]鼎	一	八五〇	一五四七
〇一〇三〇	先鼎	一	八五〇	一五四八
〇一〇三一	[illegible]鼎	一	八五〇	一五四八
〇一〇三二	[illegible]鼎	一	八五一	一五四八
〇一〇三三	[illegible]鼎	一	八五一	一五四八
〇一〇三四	[illegible]鼎	一	八五一	一五四八
〇一〇三五	屰鼎	一	八五一	一五四八
〇一〇三六	屰鼎	一	八五一	一五四八
〇一〇三七	兒鼎	一	八五二	一五四八
〇一〇三八	兒鼎	一	八五二	一五四八
〇一〇三九	兒鼎	一	八五二	一五四八
〇一〇四〇	[illegible]鼎	一	八五二	一五四八
〇一〇四一	[illegible]鼎	一	八五二	一五四八
〇一〇四二	子鼎	一	八五三	一五四八
〇一〇四三	子鼎	一	八五三	一五四八
〇一〇四四	子鼎	一	八五三	一五四八
〇一〇四五	子鼎	一	八五三	一五四八
〇一〇四六	子鼎	一	八五三	一五四九
〇一〇四七	囝鼎	一	八五四	一五四九
〇一〇四八	囝鼎	一	八五四	一五四九
〇一〇四九	舉鼎	一	八五四	一五四九
〇一〇五〇	出鼎	一	八五四	一五四九
〇一〇五一	旋鼎	一	八五四	一五四九
〇一〇五二	[illegible]鼎	一	八五四	一五四九
〇一〇五三	[illegible]鼎	一	八五五	一五四九
〇一〇五四	[illegible]鼎	一	八五五	一五四九
〇一〇五五	[illegible]鼎	一	八五五	一五四九
〇一〇五六	[illegible]鼎	一	八五五	一五四九
〇一〇五七	[illegible]鼎	一	八五六	一五四九
〇一〇五八	[illegible]鼎	一	八五六	一五四九
〇一〇五九	[illegible]鼎	一	八五六	一五四九
〇一〇六〇	正鼎	一	八五六	一五四九
〇一〇六一	正鼎	一	八五六	一五四九

器號	器名	字數	拓片頁碼	説明頁碼
〇一〇六二	徙鼎	一	八五七	一五四九
〇一〇六三	徙方鼎	一	八五七	一五四九
〇一〇六四	囗鼎	一	八五七	一五五〇
〇一〇六五	〇鼎	一	八五七	一五五〇
〇一〇六六	得鼎	一	八五七	一五五〇
〇一〇六七	得鼎	一	八五七	一五五〇
〇一〇六八	妥鼎	一	八五八	一五五〇
〇一〇六九	叙鼎	一	八五八	一五五〇
〇一〇七〇	羞鼎	一	八五八	一五五〇
〇一〇七一	羞鼎	一	八五八	一五五〇
〇一〇七二	羞方鼎	一	八五八	一五五〇
〇一〇七三	史鼎	一	八五八	一五五〇
〇一〇七四	史鼎	一	八五九	一五五〇
〇一〇七五	史鼎	一	八五九	一五五〇
〇一〇七六	史鼎	一	八五九	一五五〇
〇一〇七七	史鼎	一	八五九	一五五〇
〇一〇七八	史鼎	一	八五九	一五五〇
〇一〇七九	史鼎	一	八五九	一五五〇
〇一〇八〇	史鼎	一	八六〇	一五五一
〇一〇八一	史鼎	一	八六〇	一五五一
〇一〇八二	史鼎	一	八六〇	一五五一
〇一〇八三	史鼎	一	八六〇	一五五一

器號	器名	字數	拓片頁碼	説明頁碼
〇一〇八四	史鼎	一	八六〇	一五五一
〇一〇八五	史鼎	一	八六一	一五五一
〇一〇八六	史鼎	一	八六一	一五五一
〇一〇八七	史鼎	一	八六一	一五五一
〇一〇八八	史鼎	一	八六一	一五五一
〇一〇八九	[illegible]鼎	一	八六一	一五五一
〇一〇九〇	叉鼎	一	八六一	一五五一
〇一〇九一	奴鼎	一	八六二	一五五一
〇一〇九二	[illegible]方鼎	一	八六二	一五五一
〇一〇九三	嬰鼎	一	八六二	一五五一
〇一〇九四	嬰鼎	一	八六二	一五五一
〇一〇九五	嬰鼎	一	八六二	一五五二
〇一〇九六	[illegible]鼎	一	八六二	一五五二
〇一〇九七	左鼎	一	八六三	一五五二
〇一〇九八	[illegible]鼎	一	八六三	一五五二
〇一〇九九	聿鼎	一	八六三	一五五二
〇一一〇〇	專鼎	一	八六三	一五五二
〇一一〇一	受鼎	一	八六三	一五五二
〇一一〇二	牛方鼎	一	八六四	一五五二
〇一一〇三	牛鼎	一	八六四	一五五二
〇一一〇四	牛鼎	一	八六四	一五五二
〇一一〇五	羊鼎	一	八六五	一五五二

器號	器名	字數	拓片頁碼	説明頁碼
〇一〇六	羊鼎	一	八六五	一五五二
〇一〇七	𦍒鼎	一	八六五	一五五二
〇一〇八	𦍒鼎	一	八六五	一五五二
〇一〇九	𦍒鼎	一	八六五	一五五二
〇一一〇	鹿方鼎	一	八六六	一五五三
〇一一一	獸形銘鼎	一	八六六	一五五三
〇一一二	獸形銘鼎	一	八六六	一五五三
〇一一三	豙鼎	一	八六七	一五五三
〇一一四	豙鼎	一	八六七	一五五三
〇一一五	豙鼎	一	八六七	一五五三
〇一一六	豙鼎	一	八六七	一五五三
〇一一七	夒鼎	一	八六八	一五五三
〇一一八	夒鼎	一	八六八	一五五三
〇一一九	龍鼎	一	八六八	一五五三
〇一二〇	鳥形銘鼎	一	八六八	一五五三
〇一二一	鳥形銘鼎	一	八六八	一五五三
〇一二二	隻鼎	一	八六八	一五五三
〇一二三	鳶鼎	一	八六九	一五五三
〇一二四	鳶鼎	一	八六九	一五五三
〇一二五	弇鼎	一	八六九	一五五三
〇一二六	魚鼎	一	八六九	一五五三
〇一二七	魚鼎	一	八六九	一五五四

器號	器名	字數	拓片頁碼	説明頁碼
〇一二八	[illegible]鼎	一	八六九	一五五四
〇一二九	[illegible]鼎	一	八七〇	一五五四
〇一三〇	龜形銘鼎	一	八七〇	一五五四
〇一三一	奄鼎	一	八七〇	一五五四
〇一三二	奄鼎	一	八七〇	一五五四
〇一三三	蔓鼎	一	八七〇	一五五四
〇一三四	萬鼎	一	八七〇	一五五四
〇一三五	㓞鼎	一	八七一	一五五四
〇一三六	[illegible]鼎	一	八七一	一五五四
〇一三七	[illegible]鼎	一	八七一	一五五四
〇一三八	[illegible]鼎	一	八七一	一五五四
〇一三九	鄉鼎	一	八七二	一五五四
〇一四〇	[illegible]鼎	一	八七二	一五五四
〇一四一	𦎫鼎	一	八七二	一五五四
〇一四二	倉鼎	一	八七二	一五五五
〇一四三	[illegible]鼎	一	八七二	一五五五
〇一四四	亞鼎	一	八七二	一五五五
〇一四五	亞鼎	一	八七三	一五五五
〇一四六	亞鼎	一	八七三	一五五五
〇一四七	亞鼎	一	八七三	一五五五
〇一四八	舟鼎	一	八七三	一五五五
〇一四九	車鼎	一	八七三	一五五五

器號	器名	字數	拓片頁碼	說明頁碼
〇二一五〇	車鼎	一	八七四	一五五五
〇二一五一	□鼎	一	八七四	一五五五
〇二一五二	□鼎	一	八七四	一五五五
〇二一五三	□鼎	一	八七五	一五五五
〇二一五四	□鼎	一	八七五	一五五五
〇二一五五	□鼎	一	八七五	一五五五
〇二一五六	□鼎	一	八七五	一五五五
〇二一五七	□鼎	一	八七五	一五五五
〇二一五八	□鼎	一	八七五	一五五六
〇二一五九	□鼎	一	八七六	一五五六
〇二一六〇	□鼎	一	八七六	一五五六
〇二一六一	□鼎	一	八七六	一五五六
〇二一六二	□方鼎	一	八七六	一五五六
〇二一六三	□方鼎	一	八七六	一五五六
〇二一六四	□方鼎	一	八七六	一五五六
〇二一六五	□鼎	一	八七七	一五五六
〇二一六六	宁鼎	一	八七七	一五五六
〇二一六七	貯鼎	一	八七七	一五五六
〇二一六八	買鼎	一	八七七	一五五六
〇二一六九	□鼎	一	八七七	一五五六
〇二一七〇	□鼎	一	八七八	一五五六
〇二一七一	□鼎	一	八七八	一五五六

器號	器名	字數	拓片頁碼	說明頁碼
〇二一七二	□鼎	一	八七八	一五五七
〇二一七三	□鼎	一	八七八	一五五七
〇二一七四	□鼎	一	八七八	一五五七
〇二一七五	壴鼎	一	八七八	一五五七
〇二一七六	□鼎	一	八七九	一五五七
〇二一七七	□鼎	一	八七九	一五五七
〇二一七八	□鼎	一	八七九	一五五七
〇二一七九	□鼎	一	八七九	一五五七
〇二一八〇	□鼎	一	八七九	一五五七
〇二一八一	□鼎	一	八七九	一五五七
〇二一八二	□鼎	一	八八〇	一五五七
〇二一八三	□鼎	一	八八〇	一五五七
〇二一八四	□鼎	一	八八〇	一五五七
〇二一八五	□方鼎	一	八八〇	一五五七
〇二一八六	□鼎	一	八八一	一五五七
〇二一八七	□鼎	一	八八一	一五五七
〇二一八八	鼎鼎	一	八八一	一五五七
〇二一八九	鼎鼎	一	八八一	一五五七
〇二一九〇	鼎鼎	一	八八一	一五五八
〇二一九一	□鼎	一	八八一	一五五八
〇二一九二	□鼎	一	八八二	一五五八
〇二一九三	勺方鼎	一	八八二	一五五八

器號	器名	字數	拓片頁碼	説明頁碼
〇一九四	中鼎	一	八八二	一五五八
〇一九五	戈鼎	一	八八二	一五五八
〇一九六	戈鼎	一	八八二	一五五八
〇一九七	戈鼎	一	八八二	一五五八
〇一九八	戈鼎	一	八八三	一五五八
〇一九九	戈鼎	一	八八三	一五五八
〇二〇〇	戈鼎	一	八八三	一五五八
〇二〇一	戈鼎	一	八八三	一五五八
〇二〇二	戈鼎	一	八八三	一五五八
〇二〇三	戈鼎	一	八八四	一五五八
〇二〇四	戈鼎	一	八八四	一五五八
〇二〇五	戈鼎	一	八八四	一五五八
〇二〇六	戈鼎	一	八八四	一五五九
〇二〇七	戈鼎	一	八八四	一五五九
〇二〇八	戜鼎	一	八八五	一五五九
〇二〇九	戜鼎	一	八八五	一五五九
〇二一〇	戜鼎	一	八八五	一五五九
〇二一一	酨鼎	一	八八五	一五五九
〇二一二	爻鼎	一	八八五	一五五九
〇二一三	[illegible]鼎	一	八八五	一五五九
〇二一四	弓鼎	一	八八六	一五五九
〇二一五	⿱竹俞鼎	一	八八六	一五五九

器號	器名	字數	拓片頁碼	説明頁碼
〇二一六	⿱竹俞鼎	一	八八六	一五五九
〇二一七	⿱竹俞鼎	一	八八六	一五五九
〇二一八	[illegible]鼎	一	八八六	一五五九
〇二一九	告鼎	一	八八七	一五五九
〇二二〇	舌方鼎	一	八八七	一五五九
〇二二一	舌鼎	一	八八七	一五五九
〇二二二	耳鼎	一	八八七	一五六〇
〇二二三	聑鼎	一	八八七	一五六〇
〇二二四	[illegible]鼎	一	八八八	一五六〇
〇二二五	息鼎	一	八八八	一五六〇
〇二二六	息鼎	一	八八八	一五六〇
〇二二七	息鼎	一	八八八	一五六〇
〇二二八	霝鼎	一	八八九	一五六〇
〇二二九	霝鼎	一	八八九	一五六〇
〇二三〇	[illegible]鼎	一	八八九	一五六〇
〇二三一	[illegible]鼎	一	八八九	一五六〇
〇二三二	[illegible]鼎	一	八八九	一五六〇
〇二三三	[illegible]方鼎	一	八九〇	一五六〇
〇二三四	[illegible]鼎	一	八九〇	一五六〇
〇二三五	主鼎	一	八九〇	一五六〇
〇二三六	平鼎	一	八九〇	一五六〇
〇二三七	[illegible]鼎	一	八九〇	一五六〇

器號	器名	字數	拓片頁碼	說明頁碼
〇二三八	[illegible]方鼎	一	八九〇	一五六一
〇二三九	[illegible]鼎	一	八九一	一五六一
〇二四〇	[illegible]鼎	一	八九一	一五六一
〇二四一	[illegible]鼎	一	八九一	一五六一
〇二四二	[illegible]方鼎	一	八九一	一五六一
〇二四三	[illegible]鼎	一	八九一	一五六一
〇二四四	𠂤鼎	一	八九一	一五六一
〇二四五	束鼎	一	八九二	一五六一
〇二四六	束鼎	一	八九二	一五六一
〇二四七	束鼎	一	八九二	一五六一
〇二四八	[illegible]鼎	一	八九二	一五六一
〇二四九	[illegible]鼎	一	八九二	一五六一
〇二五〇	㥯鼎	一	八九二	一五六一
〇二五一	且乙鼎	二	八九三	一五六一
〇二五二	且乙鼎	二	八九三	一五六一
〇二五三	且戊鼎	二	八九三	一五六一
〇二五四	且辛鼎	二	八九三	一五六一
〇二五五	父丁鼎	二	八九三	一五六二
〇二五六	父丁鼎	二	八九三	一五六二
〇二五七	父戊鼎	二	八九四	一五六二
〇二五八	父戊鼎	二	八九四	一五六二
〇二五九	父戊方鼎	二	八九四	一五六二

器號	器名	字數	拓片頁碼	說明頁碼
〇二六〇	父己鼎	二	八九四	一五六二
〇二六一	父己鼎	二	八九四	一五六二
〇二六二	父己鼎	二	八九五	一五六二
〇二六三	父己鼎	二	八九五	一五六二
〇二六四	父己鼎	二	八九五	一五六二
〇二六五	父己方鼎	二	八九五	一五六二
〇二六六	父己鼎	二	八九五	一五六二
〇二六七	父辛鼎	二	八九六	一五六二
〇二六八	父辛鼎	二	八九六	一五六二
〇二六九	父辛鼎	二	八九六	一五六三
〇二七〇	父辛方鼎	二	八九六	一五六三
〇二七一	父辛方鼎	二	八九六	一五六三
〇二七二	壬父鼎	二	八九七	一五六三
〇二七三	父癸鼎	二	八九七	一五六三
〇二七四	父癸鼎	二	八九七	一五六三
〇二七五	父癸方鼎	二	八九七	一五六三
〇二七六	父癸鼎	二	八九八	一五六三
〇二七七	父癸鼎	二	八九八	一五六三
〇二七八	父癸鼎	二	八九八	一五六三
〇二七九	父癸鼎	二	八九八	一五六三
〇二八〇	文父方鼎	存二	八九八	一五六三
〇二八一	母乙鼎	二	八九九	一五六三

器號	器名	字數	拓片頁碼	說明頁碼
〇一二八二	癸母鼎	二	八九九	一五六三
〇一二八三	乙鼎	二	八九九	一五六三
〇一二八四	乙丰鼎	二	八九九	一五六三
〇一二八五	酉乙鼎	二	八九九	一五六三
〇一二八六	酋乙鼎	二	九〇〇	一五六四
〇一二八七	乙戒鼎	二	九〇〇	一五六四
〇一二八八	丁鼎	二	九〇〇	一五六四
〇一二八九	丁𦎫鼎	二	九〇〇	一五六四
〇一二九〇	弔丁鼎	二	九〇一	一五六四
〇一二九一	[illegible]戊鼎	二	九〇一	一五六四
〇一二九二	己章鼎	二	九〇一	一五六四
〇一二九三	戈己鼎	二	九〇一	一五六四
〇一二九四	己[illegible]鼎	二	九〇一	一五六四
〇一二九五	[illegible]己鼎	二	九〇二	一五六四
〇一二九六	辛章鼎	二	九〇二	一五六四
〇一二九七	章青鼎	二	九〇二	一五六四
〇一二九八	[illegible]辛鼎	二	九〇二	一五六四
〇一二九九	[illegible]壬鼎	二	九〇二	一五六四
〇一三〇〇	正癸鼎	二	九〇三	一五六四
〇一三〇一	子妥鼎	二	九〇三	一五六五
〇一三〇二	子妥鼎	二	九〇三	一五六五
〇一三〇三	子妥鼎	二	九〇三	一五六五

器號	器名	字數	拓片頁碼	說明頁碼
〇一三〇四	子妥鼎	二	九〇三	一五六五
〇一三〇五	子妥鼎	二	九〇四	一五六五
〇一三〇六	子龏鼎	二	九〇四	一五六五
〇一三〇七	子龏鼎	二	九〇四	一五六五
〇一三〇八	子龏鼎	二	九〇四	一五六五
〇一三〇九	子[illegible]鼎	二	九〇五	一五六五
〇一三一〇	子[illegible]鼎	二	九〇五	一五六五
〇一三一一	子[illegible]鼎	二	九〇五	一五六五
〇一三一二	子[illegible]鼎	二	九〇五	一五六五
〇一三一三	子豪鼎	二	九〇五	一五六五
〇一三一四	子豪方鼎	二	九〇五	一五六五
〇一三一五	子乙鼎	二	九〇六	一五六五
〇一三一六	子戊鼎	二	九〇六	一五六六
〇一三一七	子癸鼎	二	九〇六	一五六六
〇一三一八	[illegible]鼎	二	九〇六	一五六六
〇一三一九	子[illegible]鼎	二	九〇六	一五六六
〇一三二〇	婦好鼎	二	九〇七	一五六六
〇一三二一	婦好鼎	二	九〇七	一五六六
〇一三二二	婦好鼎	二	九〇七	一五六六
〇一三二三	婦好鼎	二	九〇七	一五六六
〇一三二四	婦好鼎	二	九〇八	一五六六
〇一三二五	婦好鼎	二	九〇八	一五六六

器號	器名	字數	拓片頁碼	說明頁碼
〇一三二六	婦好鼎	二	九〇八	一五六六
〇一三二七	婦好鼎	二	九〇八	一五六六
〇一三二八	婦好鼎	二	九〇九	一五六六
〇一三二九	婦好鼎	二	九〇九	一五六六
〇一三三〇	婦好鼎	二	九〇九	一五六六
〇一三三一	婦好鼎	二	九〇九	一五六七
〇一三三二	婦好鼎	二	九一〇	一五六七
〇一三三三	婦好鼎	二	九一〇	一五六七
〇一三三四	婦好鼎	二	九一〇	一五六七
〇一三三五	婦好鼎	二	九一〇	一五六七
〇一三三六	婦好鼎	二	九一〇	一五六七
〇一三三七	婦好方鼎	二	九一一	一五六七
〇一三三八	婦好方鼎	二	九一一	一五六七
〇一三三九	婦好帶流鼎	二	九一一	一五六七
〇一三四〇	婦旋鼎	二	九一二	一五六七
〇一三四一	婦□鼎	二	九一二	一五六七
〇一三四二	婦□鼎	二	九一二	一五六七
〇一三四三	婦□鼎	二	九一二	一五六七
〇一三四四	盜婦鼎	二	九一二	一五六八
〇一三四五	□公鼎	二	九一二	一五六八
〇一三四六	向公鼎	二	九一三	一五六八
〇一三四七	公□鼎	二	九一三	一五六八

器號	器名	字數	拓片頁碼	說明頁碼
〇一三四八	國子鼎	二	九一三	一五六八
〇一三四九	向斿子鼎	二(又合文一)	九一三	一五六八
〇一三五〇	保□鼎	二	九一四	一五六八
〇一三五一	尹臾鼎	二	九一四	一五六八
〇一三五二	尹臾鼎	二	九一四	一五六八
〇一三五三	史番鼎	二	九一四	一五六八
〇一三五四	史次鼎	二	九一四	一五六八
〇一三五五	□册鼎	二	九一五	一五六八
〇一三五六	册□鼎	二	九一五	一五六八
〇一三五七	□册鼎	二	九一五	一五六八
〇一三五八	□□鼎	二	九一五	一五六八
〇一三五九	陸册鼎	二	九一五	一五六八
〇一三六〇	亩册鼎	二	九一五	一五六八
〇一三六一	美宁鼎	二	九一六	一五六八
〇一三六二	鄉宁鼎	二	九一六	一五六九
〇一三六三	鄉宁鼎	二	九一六	一五六九
〇一三六四	鄉宁鼎	二	九一六	一五六九
〇一三六五	劦宁鼎	二	九一六	一五六九
〇一三六六	酉宁鼎	二	九一六	一五六九
〇一三六七	父宁鼎	二	九一七	一五六九
〇一三六八	告宁鼎	二	九一七	一五六九
〇一三六九	㚔旅鼎	二	九一七	一五六九

器號	器名	字數	拓片頁碼	說明頁碼
〇一三七〇	㚔旅鼎	二	九一七	一五六九
〇一三七一	㚔旅方鼎	二	九一七	一五六九
〇一三七二	左敉鼎	二	九一七	一五六九
〇一三七三	[illegible]册鼎	二	九一八	一五六九
〇一三七四	[illegible]册鼎	二	九一八	一五六九
〇一三七五	[illegible]册鼎	二	九一八	一五六九
〇一三七六	[illegible]册鼎	二	九一八	一五六九
〇一三七七	射女鼎	二	九一九	一五七〇
〇一三七八	射女鼎	二	九一九	一五七〇
〇一三七九	射女鼎	二	九一九	一五七〇
〇一三八〇	[illegible]叡鼎	二	九一九	一五七〇
〇一三八一	冄[illegible]鼎	二	九一九	一五七〇
〇一三八二	冄[illegible]鼎	二	九二〇	一五七〇
〇一三八三	冄[illegible]鼎	二	九二〇	一五七〇
〇一三八四	冄[illegible]鼎	二	九二〇	一五七〇
〇一三八五	乙冄鼎	二	九二〇	一五七〇
〇一三八六	丁冄方鼎	二	九二〇	一五七〇
〇一三八七	己冄鼎	二	九二〇	一五七〇
〇一三八八	己冄鼎	二	九二一	一五七〇
〇一三八九	冄辛鼎	二	九二一	一五七〇
〇一三九〇	冄辛鼎	二	九二一	一五七〇
〇一三九一	癸冄方鼎	二	九二一	一五七一

器號	器名	字數	拓片頁碼	說明頁碼
〇一三九二	癸冄方鼎	二	九二一	一五七一
〇一三九三	亞弜鼎	二	九二一	一五七一
〇一三九四	亞弜鼎	二	九二二	一五七一
〇一三九五	亞弜鼎	二	九二二	一五七一
〇一三九六	亞弜鼎	二	九二二	一五七一
〇一三九七	亞弜鼎	二	九二二	一五七一
〇一三九八	亞弜鼎	二	九二二	一五七一
〇一三九九	亞弜鼎	二	九二二	一五七一
〇一四〇〇	亞弜鼎	二	九二三	一五七一
〇一四〇一	亞豕鼎	二	九二三	一五七一
〇一四〇二	亞[illegible]鼎	二	九二三	一五七一
〇一四〇三	亞口鼎	二	九二四	一五七一
〇一四〇四	[illegible]亞鼎	二	九二四	一五七一
〇一四〇五	亞絴鼎	二	九二四	一五七一
〇一四〇六	亞舟鼎	二	九二四	一五七一
〇一四〇七	亞舟鼎	二	九二四	一五七一
〇一四〇八	亞天鼎	二	九二五	一五七二
〇一四〇九	亞厷方鼎	二	九二五	一五七二
〇一四一〇	亞告鼎	二	九二五	一五七二
〇一四一一	亞告鼎	二	九二五	一五七二
〇一四一二	亞[illegible]鼎	二	九二六	一五七二
〇一四一三	亞卯方鼎	二	九二六	一五七二

器號	器名	字數	拓片頁碼	説明頁碼
〇一四一四	亞明鼎	二	九二六	一五七二
〇一四一五	亞夒鼎	二	九二六	一五七二
〇一四一六	亞侖鼎	二	九二六	一五七二
〇一四一七	亞侖鼎	二	九二六	一五七二
〇一四一八	亞[illegible]鼎	二	九二七	一五七二
〇一四一九	亞[illegible]鼎	二	九二七	一五七二
〇一四二〇	亞[illegible]鼎	二	九二七	一五七二
〇一四二一	亞[illegible]鼎	二	九二七	一五七二
〇一四二二	亞[illegible]鼎	二	九二七	一五七二
〇一四二三	亞寰鼎	二	九二八	一五七三
〇一四二四	亞[illegible]鼎	二	九二八	一五七三
〇一四二五	亞[illegible]鼎	二	九二八	一五七三
〇一四二六	亞矣鼎	二	九二八	一五七三
〇一四二七	亞矣鼎	二	九二九	一五七三
〇一四二八	亞矣鼎	二	九二九	一五七三
〇一四二九	亞矣鼎	二	九二九	一五七三
〇一四三〇	亞矣鼎	二	九二九	一五七三
〇一四三一	亞矣鼎	二	九二九	一五七三
〇一四三二	亞矣方鼎	二	九三〇	一五七三
〇一四三三	亞醜鼎	二	九三〇	一五七三
〇一四三四	亞醜鼎	二	九三〇	一五七三
〇一四三五	亞醜鼎	二	九三一	一五七三

器號	器名	字數	拓片頁碼	説明頁碼
〇一四三六	亞醜鼎	二	九三一	一五七四
〇一四三七	亞醜鼎	二	九三一	一五七四
〇一四三八	亞醜方鼎	二	九三一	一五七四
〇一四三九	亞醜方鼎	二	九三二	一五七四
〇一四四〇	亞醜方鼎	二	九三二	一五七四
〇一四四一	亞醜方鼎	二	九三二	一五七四
〇一四四二	亞醜方鼎	二	九三二	一五七四
〇一四四三	亞醜方鼎	二	九三三	一五七四
〇一四四四	亞醜方鼎	二	九三三	一五七四
〇一四四五	亞醜方鼎	二	九三三	一五七四
〇一四四六	亞[illegible]鼎	二	九三三	一五七四
〇一四四七	亞戈鼎	二	九三四	一五七四
〇一四四八	戈宁鼎	二	九三四	一五七四
〇一四四九	弓𦎫方鼎	二	九三四	一五七四
〇一四五〇	冬刃鼎	二	九三四	一五七五
〇一四五一	冬刃鼎	二	九三四	一五七五
〇一四五二	冬刃鼎	二	九三四	一五七五
〇一四五三	矢宁鼎	二	九三五	一五七五
〇一四五四	[illegible]鼎	二	九三五	一五七五
〇一四五五	車[illegible]鼎	二	九三五	一五七五
〇一四五六	車[illegible]鼎	二	九三五	一五七五
〇一四五七	舟尹鼎	二	九三六	一五七五

器號	器名	字數	拓片頁碼	說明頁碼
〇一四五八	尹舟鼎	二	九三六	一五七五
〇一四五九	[illegible]舟鼎	二	九三六	一五七五
〇一四六〇	[illegible]女鼎	二	九三六	一五七五
〇一四六一	[illegible]女鼎	二	九三六	一五七五
〇一四六二	聑[illegible]鼎	二	九三六	一五七五
〇一四六三	羊[illegible]鼎	二	九三七	一五七五
〇一四六四	魚羌鼎	二	九三七	一五七五
〇一四六五	魚從鼎	二	九三七	一五七五
〇一四六六	[illegible]鼎	二	九三七	一五七六
〇一四六七	[illegible]鼎	二	九三七	一五七六
〇一四六八	弔龜鼎	二	九三八	一五七六
〇一四六九	弔龜鼎	二	九三八	一五七六
〇一四七〇	[illegible]戜鼎	二	九三八	一五七六
〇一四七一	己[illegible]鼎	二	九三八	一五七六
〇一四七二	大禾方鼎	二	九三九	一五七六
〇一四七三	妥伕鼎	二	九三九	一五七六
〇一四七四	[illegible]鼎	二	九三九	一五七六
〇一四七五	守雩鼎	二	九三九	一五七六
〇一四七六	得鼎	二	九四〇	一五七六
〇一四七七	又宁鼎	二	九四〇	一五七六
〇一四七八	宁又鼎	二	九四〇	一五七六
〇一四七九	盄[illegible]鼎	二	九四〇	一五七六

器號	器名	字數	拓片頁碼	說明頁碼
〇一四八〇	盄[illegible]鼎	二	九四〇	一五七六
〇一四八一	交鼎鼎	二	九四一	一五七六
〇一四八二	告田鼎	二	九四一	一五七七
〇一四八三	告田鼎	二	九四一	一五七七
〇一四八四	東宮方鼎	二	九四一	一五七七
〇一四八五	[illegible]單鼎	二	九四一	一五七七
〇一四八六	[illegible]鼎	二	九四一	一五七七
〇一四八七	[illegible]鼎	二	九四二	一五七七
〇一四八八	嫩鼎	二	九四二	一五七七
〇一四八九	㱿鼎	二	九四二	一五七七
〇一四九〇	徹鼎	二	九四二	一五七七
〇一四九一	𢍏鼎	二	九四二	一五七七
〇一四九二	遽從鼎	二	九四三	一五七七
〇一四九三	遽從鼎	二	九四三	一五七七
〇一四九四	遽從鼎	二	九四三	一五七七
〇一四九五	遽從鼎	二	九四三	一五七七
〇一四九六	遽從鼎	二	九四三	一五七七
〇一四九七	周登鼎	二	九四四	一五七七
〇一四九八	襄鼎	二	九四四	一五七八
〇一四九九	[illegible]徒鼎	二	九四四	一五七八
〇一五〇〇	正易鼎	二	九四四	一五七八
〇一五〇一	[illegible]鼎	二	九四五	一五七八

器號	器名	字數	拓片頁碼	說明頁碼
〇一五〇二	涂鼎	二	九四五	一五七八
〇一五〇三	西官鼎	二	九四五	一五七八
〇一五〇四	作鼎鼎	二	九四五	一五七八
〇一五〇五	作寶鼎	二	九四五	一五七八
〇一五〇六	作用鼎	二	九四六	一五七八
〇一五〇七	半齋鼎	二	九四六	一五七八
〇一五〇八	私官鼎	二(又合文一)	九四六	一五七八
〇一五〇九	杅氏鼎	二	九四六	一五七八
〇一五一〇	[illegible]且丁鼎	三	九四七	一五七八
〇一五一一	戈且辛鼎	三	九四七	一五七八
〇一五一二	象且辛鼎	三	九四八	一五七八
〇一五一三	戈且癸鼎	三	九四八	一五七八
〇一五一四	戈且癸鼎	三	九四八	一五七九
〇一五一五	戈匕辛鼎	三	九四九	一五七九
〇一五一六	[illegible]匕癸方鼎	三	九四九	一五七九
〇一五一七	戈父甲鼎	三	九四九	一五七九
〇一五一八	戈父甲方鼎	三	九四九	一五七九
〇一五一九	戈父甲方鼎	三	九五〇	一五七九
〇一五二〇	咸父甲鼎	三	九五〇	一五七九
〇一五二一	黃父甲鼎	三	九五〇	一五七九
〇一五二二	[illegible]父甲鼎	三	九五〇	一五七九
〇一五二三	黃父乙方鼎	三	九五一	一五七九

器號	器名	字數	拓片頁碼	說明頁碼
〇一五二四	黃父乙方鼎	三	九五一	一五七九
〇一五二五	黃父乙鼎	三	九五一	一五七九
〇一五二六	黃父乙鼎	三	九五一	一五七九
〇一五二七	黃父乙鼎	三	九五二	一五七九
〇一五二八	[illegible]父乙鼎	三	九五二	一五八〇
〇一五二九	[illegible]父乙方鼎	三	九五二	一五八〇
〇一五三〇	光父乙方鼎	三	九五二	一五八〇
〇一五三一	父乙[illegible]鼎	三	九五三	一五八〇
〇一五三二	父乙欠鼎	三	九五三	一五八〇
〇一五三三	[illegible]父乙鼎	三	九五三	一五八〇
〇一五三四	子父乙鼎	三	九五三	一五八〇
〇一五三五	息父乙鼎	三	九五四	一五八〇
〇一五三六	[illegible]父乙鼎	三	九五四	一五八〇
〇一五三七	[illegible]父乙鼎	三	九五四	一五八〇
〇一五三八	紷父乙鼎	三	九五四	一五八〇
〇一五三九	[illegible]父乙鼎	三	九五五	一五八〇
〇一五四〇	㚔父乙鼎	三	九五五	一五八〇
〇一五四一	[illegible]父乙鼎	三	九五五	一五八〇
〇一五四二	[illegible]父乙鼎	三	九五五	一五八〇
〇一五四三	[illegible]父乙方鼎	三	九五六	一五八一
〇一五四四	[illegible]父乙鼎	三	九五六	一五八一
〇一五四五	父乙[illegible]鼎	三	九五六	一五八一

器號	器名	字數	拓片頁碼	説明頁碼
〇一五四六	父乙鼏方鼎	三	九五六	一五八一
〇一五四七	父乙鼏鼎	三	九五七	一五八一
〇一五四八	[illegible]父乙鼎	三	九五七	一五八一
〇一五四九	具父乙鼎	三	九五七	一五八一
〇一五五〇	析父乙鼎	三	九五七	一五八一
〇一五五一	魚父乙鼎	三	九五八	一五八一
〇一五五二	魚父乙鼎	三	九五八	一五八一
〇一五五三	魚父乙鼎	三	九五八	一五八一
〇一五五四	奄父乙鼎	三	九五九	一五八一
〇一五五五	奄父乙鼎	三	九五九	一五八一
〇一五五六	奄父乙鼎	三	九五九	一五八一
〇一五五七	奄父乙鼎	三	九六〇	一五八一
〇一五五八	奄父乙鼎	三	九六〇	一五八一
〇一五五九	奄父乙方鼎	三	九六〇	一五八二
〇一五六〇	爻父乙方鼎	三	九六一	一五八二
〇一五六一	山父乙鼎	三	九六一	一五八二
〇一五六二	未父乙鼎	三	九六一	一五八二
〇一五六三	祺父乙鼎	三	九六一	一五八二
〇一五六四	作父乙鼎	三	九六二	一五八二
〇一五六五	犬父丙鼎	三	九六二	一五八二
〇一五六六	[illegible]父丙鼎	三	九六二	一五八二
〇一五六七	父丙[illegible]鼎	三	九六二	一五八二

器號	器名	字數	拓片頁碼	説明頁碼
〇一五六八	弜父丙鼎	三	九六三	一五八二
〇一五六九	龜父丙鼎	三	九六三	一五八二
〇一五七〇	[illegible]父丁鼎	三	九六三	一五八二
〇一五七一	[illegible]父丁鼎	三	九六三	一五八二
〇一五七二	[illegible]父丁鼎	三	九六四	一五八二
〇一五七三	[illegible]父丁方鼎	三	九六四	一五八二
〇一五七四	[illegible]父丁鼎	三	九六四	一五八二
〇一五七五	[illegible]父丁鼎	三	九六四	一五八二
〇一五七六	父丁[illegible]鼎	三	九六五	一五八三
〇一五七七	[illegible]父丁鼎	三	九六五	一五八三
〇一五七八	[illegible]父丁方鼎	三	九六五	一五八三
〇一五七九	[illegible]父丁方鼎	三	九六五	一五八三
〇一五八〇	[illegible]父丁鼎	三	九六六	一五八三
〇一五八一	[illegible]父丁方鼎	三	九六六	一五八三
〇一五八二	豙父丁鼎	三	九六六	一五八三
〇一五八三	黽父丁鼎	三	九六六	一五八三
〇一五八四	黽父丁鼎	三	九六七	一五八三
〇一五八五	魚父丁鼎	三	九六七	一五八三
〇一五八六	[illegible]父丁鼎	三	九六七	一五八三
〇一五八七	弜父丁鼎	三	九六七	一五八三
〇一五八八	弜父丁鼎	三	九六八	一五八三
〇一五八九	弜父丁鼎	三	九六八	一五八三

器號	器名	字數	拓片頁碼	說明頁碼
〇一五九〇	大父丁鼎	三	九六八	一五八四
〇一五九一	何父丁方鼎	三	九六八	一五八四
〇一五九二	[illegible]父丁鼎	三	九六九	一五八四
〇一五九三	[illegible]父丁方鼎	三	九六九	一五八四
〇一五九四	[illegible]父丁鼎	三	九六九	一五八四
〇一五九五	[illegible]父丁鼎	三	九六九	一五八四
〇一五九六	子父丁鼎	三	九七〇	一五八四
〇一五九七	[illegible]父丁鼎	三	九七〇	一五八四
〇一五九八	息父丁鼎	三	九七〇	一五八四
〇一五九九	戈父丁鼎	三	九七〇	一五八四
〇一六〇〇	㬎父戊鼎	三	九七一	一五八四
〇一六〇一	[illegible]父戊鼎	三	九七一	一五八四
〇一六〇二	大父己鼎	三	九七一	一五八四
〇一六〇三	冀父己鼎	三	九七一	一五八四
〇一六〇四	斈父己鼎	三	九七二	一五八五
〇一六〇五	矣父己鼎	三	九七二	一五八五
〇一六〇六	戈父己鼎	三	九七二	一五八五
〇一六〇七	[illegible]父己鼎	三	九七二	一五八五
〇一六〇八	[illegible]父己鼎	三	九七三	一五八五
〇一六〇九	[illegible]父己鼎	三	九七三	一五八五
〇一六一〇	[illegible]父己方鼎	三	九七三	一五八五
〇一六一一	[illegible]父己鼎	三	九七三	一五八五

器號	器名	字數	拓片頁碼	說明頁碼
〇一六一二	[illegible]父己鼎	三	九七四	一五八五
〇一六一三	[illegible]父己鼎	三	九七四	一五八五
〇一六一四	[illegible]父己鼎	三	九七四	一五八五
〇一六一五	[illegible]父己鼎	三	九七四	一五八五
〇一六一六	舌父己鼎	三	九七五	一五八五
〇一六一七	[illegible]父己鼎	三	九七五	一五八五
〇一六一八	未父己鼎	三	九七五	一五八五
〇一六一九	𣓀父己鼎	三	九七五	一五八五
〇一六二〇	作父己鼎	三	九七六	一五八六
〇一六二一	子父己鼎	三	九七六	一五八六
〇一六二二	父己車鼎	三	九七六	一五八六
〇一六二三	史父庚鼎	三	九七六	一五八六
〇一六二四	史父庚鼎	三	九七七	一五八六
〇一六二五	[illegible]父庚鼎	三	九七七	一五八六
〇一六二六	㚔父庚鼎	三	九七七	一五八六
〇一六二七	羊父庚鼎	三	九七八	一五八六
〇一六二八	父庚[illegible]鼎	三	九七八	一五八六
〇一六二九	虎父庚鼎	三	九七八	一五八六
〇一六三〇	䖒父庚鼎	三	九七九	一五八六
〇一六三一	亞父辛鼎	三	九七九	一五八六
〇一六三二	旅父辛鼎	三	九七九	一五八六
〇一六三三	[illegible]父辛鼎	三	九七九	一五八六

器號	器名	字數	拓片頁碼	說明頁碼
〇一六三四	[illegible]父辛鼎	三	九八〇	一五八七
〇一六三五	[illegible]父辛鼎	三	九八〇	一五八七
〇一六三六	[illegible]父辛鼎	三	九八〇	一五八七
〇一六三七	奚父辛鼎	三	九八〇	一五八七
〇一六三八	戈父辛鼎	三	九八一	一五八七
〇一六三九	戈父辛鼎	三	九八一	一五八七
〇一六四〇	[illegible]父辛鼎	三	九八一	一五八七
〇一六四一	[illegible]父辛鼎	三	九八一	一五八七
〇一六四二	田父辛方鼎	三	九八二	一五八七
〇一六四三	魚父辛鼎	三	九八二	一五八七
〇一六四四	[illegible]父辛鼎	三	九八二	一五八七
〇一六四五	父辛豹鼎	三	九八二	一五八七
〇一六四六	[illegible]父辛鼎	三	九八三	一五八七
〇一六四七	[illegible]父辛鼎	三	九八三	一五八八
〇一六四八	[illegible]父辛鼎	三	九八三	一五八八
〇一六四九	[illegible]父辛鼎	三	九八三	一五八八
〇一六五〇	[illegible]父辛鼎	三	九八四	一五八八
〇一六五一	[illegible]父辛鼎	三	九八四	一五八八
〇一六五二	[illegible]父辛鼎	三	九八四	一五八八
〇一六五三	[illegible]父辛鼎	三	九八四	一五八八
〇一六五四	木父辛鼎	三	九八五	一五八八
〇一六五五	敟父辛鼎	三	九八五	一五八八

器號	器名	字數	拓片頁碼	說明頁碼
〇一六五六	[illegible]父辛鼎	三	九八五	一五八八
〇一六五七	聑父辛鼎	三	九八五	一五八八
〇一六五八	[illegible]父辛鼎	三	九八六	一五八八
〇一六五九	束父辛鼎	三	九八六	一五八八
〇一六六〇	串父辛鼎	三	九八六	一五八八
〇一六六一	子父辛鼎	三	九八六	一五八九
〇一六六二	父辛[illegible]鼎	三	九八七	一五八九
〇一六六三	作父辛鼎	三	九八七	一五八九
〇一六六四	口父辛鼎	三	九八七	一五八九
〇一六六五	木父壬鼎	三	九八七	一五八九
〇一六六六	重父壬鼎	三	九八八	一五八九
〇一六六七	大父癸鼎	三	九八八	一五八九
〇一六六八	[illegible]父癸鼎	三	九八八	一五八九
〇一六六九	奚父癸鼎	三	九八八	一五八九
〇一六七〇	[illegible]父癸方鼎	三	九八九	一五八九
〇一六七一	[illegible]父癸方鼎	三	九八九	一五八九
〇一六七二	[illegible]父癸鼎	三	九八九	一五八九
〇一六七三	[illegible]父癸鼎	三	九八九	一五八九
〇一六七四	[illegible]父癸鼎	三	九九〇	一五八九
〇一六七五	[illegible]父癸鼎	三	九九〇	一五八九
〇一六七六	戈父癸鼎	三	九九〇	一五八九
〇一六七七	[illegible]父癸方鼎	三	九九〇	一五八九

器號	器名	字數	拓片頁碼	說明頁碼
〇一六七八	弓父癸鼎	三	九九一	一五八九
〇一六七九	[illegible]父癸鼎	三	九九一	一五九〇
〇一六八〇	[illegible]父癸方鼎	三	九九一	一五九〇
〇一六八一	[illegible]父癸鼎	三	九九一	一五九〇
〇一六八二	黽父癸鼎	三	九九二	一五九〇
〇一六八三	黽父癸鼎	三	九九二	一五九〇
〇一六八四	黽父癸方鼎	三	九九二	一五九〇
〇一六八五	鳥父癸鼎	三	九九二	一五九〇
〇一六八六	魚父癸方鼎	三	九九三	一五九〇
〇一六八七	[illegible]父癸鼎	三	九九三	一五九〇
〇一六八八	婁父癸鼎	三	九九三	一五九〇
〇一六八九	婁父癸鼎	三	九九三	一五九〇
〇一六九〇	婁父癸鼎	三	九九四	一五九〇
〇一六九一	目父癸鼎	三	九九四	一五九一
〇一六九二	衛父癸鼎	三	九九四	一五九一
〇一六九三	串父癸鼎	三	九九四	一五九一
〇一六九四	父癸巛鼎	三	九九五	一五九一
〇一六九五	[illegible]父癸鼎	三	九九五	一五九一
〇一六九六	[illegible]父一鼎	三	九九五	一五九一
〇一六九七	子父弇鼎	三	九九五	一五九一
〇一六九八	[illegible]戈父鼎	三	九九六	一五九一
〇一六九九	鄉乙宁鼎	三	九九六	一五九一

器號	器名	字數	拓片頁碼	說明頁碼
〇一七〇〇	鄉宁癸方鼎	三	九九六	一五九一
〇一七〇一	鄉癸宁鼎	三	九九六	一五九一
〇一七〇二	乙[illegible]車方鼎	三	九九七	一五九一
〇一七〇三	亞乙丁鼎	三	九九七	一五九一
〇一七〇四	甫母丁鼎	三	九九七	一五九一
〇一七〇五	作[illegible]鼎	三	九九七	一五九一
〇一七〇六	司母戊方鼎	三	九九八	一五九二
〇一七〇七	司母辛方鼎	三	九九九	一五九二
〇一七〇八	司母辛方鼎	三	九九九	一五九二
〇一七〇九	[illegible]婦姃鼎	三	一〇〇〇	一五九二
〇一七一〇	婦姘告鼎	三	一〇〇〇	一五九二
〇一七一一	黽帚方鼎	三	一〇〇〇	一五九二
〇一七一二	宰女彝鼎	三	一〇〇〇	一五九二
〇一七一三	舟册婦鼎	三	一〇〇一	一五九二
〇一七一四	中婦鼎	三	一〇〇一	一五九二
〇一七一五	子[illegible]鼎	三	一〇〇二	一五九二
〇一七一六	子[illegible]鼎	三	一〇〇二	一五九二
〇一七一七	子雨己鼎	三	一〇〇二	一五九二
〇一七一八	屰子干鼎	三	一〇〇二	一五九二
〇一七一九	北子鼎	三	一〇〇三	一五九三
〇一七二〇	伯作鼎	三	一〇〇三	一五九三
〇一七二一	伯作鼎	三	一〇〇三	一五九三

器號	器名	字數	拓片頁碼	說明頁碼
〇一七二二	伯作鼎	三	一〇〇三	一五九三
〇一七二三	伯作鼎	三	一〇〇四	一五九三
〇一七二四	伯作鼎	三	一〇〇四	一五九三
〇一七二五	伯作寶鼎	三	一〇〇四	一五九三
〇一七二六	伯作[illegible]鼎	三	一〇〇四	一五九三
〇一七二七	伯作彝鼎	三	一〇〇五	一五九三
〇一七二八	伯作彝鼎	三	一〇〇五	一五九三
〇一七二九	伯作彝鼎	三	一〇〇五	一五九三
〇一七三〇	伯旅鼎	三	一〇〇五	一五九三
〇一七三一	仲作齋鼎	三	一〇〇六	一五九三
〇一七三二	叔作寶鼎	三	一〇〇六	一五九三
〇一七三三	[illegible]叔鼎	三	一〇〇六	一五九三
〇一七三四	成王方鼎	三	一〇〇六	一五九四
〇一七三五	大保方鼎	三	一〇〇七	一五九四
〇一七三六	口史己鼎	三	一〇〇八	一五九四
〇一七三七	册[illegible]宅鼎	三	一〇〇八	一五九四
〇一七三八	左癸敄鼎	三	一〇〇八	一五九四
〇一七三九	又癸敄鼎	三	一〇〇八	一五九四
〇一七四〇	亞受方鼎	三	一〇〇九	一五九四
〇一七四一	亞魚鼎	三	一〇〇九	一五九四
〇一七四二	亞憂鼎	三	一〇〇九	一五九四
〇一七四三	亞豈鼎	三	一〇一〇	一五九四

器號	器名	字數	拓片頁碼	說明頁碼
〇一七四四	亞豈鼎	三	一〇一〇	一五九四
〇一七四五	亞㠱矦鼎	三	一〇一〇	一五九五
〇一七四六	亞矦辛方鼎	三	一〇一〇	一五九五
〇一七四七	北單戈鼎	三	一〇一一	一五九五
〇一七四八	北單戈鼎	三	一〇一一	一五九五
〇一七四九	北單戈鼎	三	一〇一一	一五九五
〇一七五〇	北單戈鼎	三	一〇一一	一五九五
〇一七五一	貞鼎	三	一〇一二	一五九五
〇一七五二	[illegible]聑鼎	三	一〇一二	一五九五
〇一七五三	[illegible]鼎	三	一〇一三	一五九五
〇一七五四	[illegible]鼎	三	一〇一三	一五九五
〇一七五五	[illegible]鼎	三	一〇一三	一五九五
〇一七五六	[illegible]亍方鼎	三	一〇一四	一五九五
〇一七五七	者[illegible]鼎	三	一〇一四	一五九五
〇一七五八	亞[illegible]丁鼎	三	一〇一五	一五九五
〇一七五九	[illegible]亞方鼎	三	一〇一五	一五九五
〇一七六〇	力鼎	三	一〇一五	一五九六
〇一七六一	册戈鼎	三	一〇一五	一五九六
〇一七六二	[illegible]見册鼎	三	一〇一六	一五九六
〇一七六三	耳秉[illegible]鼎	三	一〇一六	一五九六
〇一七六四	秉[illegible]鼎	三	一〇一六	一五九六
〇一七六五	[illegible]鼎	三	一〇一六	一五九六

器號	器名	字數	拓片頁碼	説明頁碼
〇一七六六	月魚鼎	三	一〇一七	一五九六
〇一七六七	[illegible]作尊方鼎	三	一〇一七	一五九六
〇一七六八	[illegible]盡方鼎	三	一〇一七	一五九六
〇一七六九	尚方鼎	三	一〇一七	一五九六
〇一七七〇	羞鼎	三	一〇一八	一五九六
〇一七七一	異鼎	三	一〇一八	一五九六
〇一七七二	[illegible]作旅鼎	三	一〇一八	一五九六
〇一七七三	作旅鼎	三	一〇一八	一五九六
〇一七七四	作旅鼎	三	一〇一九	一五九七
〇一七七五	作旅鼎	三	一〇一九	一五九七
〇一七七六	□作旅鼎	三	一〇一九	一五九七
〇一七七七	作旅鼎	三	一〇一九	一五九七
〇一七七八	作旅鼎	三	一〇二〇	一五九七
〇一七七九	作寶鼎	三	一〇二〇	一五九七
〇一七八〇	作寶鼎	三	一〇二〇	一五九七
〇一七八一	作寶鼎	三	一〇二〇	一五九七
〇一七八二	作寶鼎	三	一〇二一	一五九七
〇一七八三	作寶鼎	三	一〇二一	一五九七
〇一七八四	作寶鼎	三	一〇二一	一五九七
〇一七八五	作寶鼎	三	一〇二一	一五九七
〇一七八六	作寶鼎	三	一〇二二	一五九七
〇一七八七	作寶鼎	三	一〇二二	一五九七

器號	器名	字數	拓片頁碼	説明頁碼
〇一七八八	作旅彝鼎	三	一〇二二	一五九八
〇一七八九	作旅彝鼎	三	一〇二二	一五九八
〇一七九〇	作旅彝鼎	三	一〇二三	一五九八
〇一七九一	作寶彝方鼎	三	一〇二三	一五九八
〇一七九二	作寶彝鼎	三	一〇二三	一五九八
〇一七九三	作寶彝方鼎	三	一〇二三	一五九八
〇一七九四	作寶彝方鼎	三	一〇二四	一五九八
〇一七九五	作寶彝鼎	三	一〇二四	一五九八
〇一七九六	作寶彝鼎	三	一〇二四	一五九八
〇一七九七	作从彝方鼎	三	一〇二五	一五九八
〇一七九八	子[illegible]氏鼎	三	一〇二五	一五九八
〇一七九九	[illegible]鼎蓋	三	一〇二五	一五九八
〇一八〇〇	長[illegible]鼎	三	一〇二五	一五九八
〇一八〇一	右[illegible]刃鼎	三	一〇二六	一五九八
〇一八〇二	[illegible]頭官鼎	三	一〇二六	一五九八
〇一八〇三	客豊悤鼎	三	一〇二七	一五九八
〇一八〇四	客豊悤鼎	三	一〇二七	一五九八
〇一八〇五	客豊悤鼎	三	一〇二八	一五九九
〇一八〇六	客豊悤鼎	三	一〇二八	一五九九
〇一八〇七	集𠜱鼎	三	一〇二九	一五九九
〇一八〇八	四分鼎	三	一〇二九	一五九九
〇一八〇九	秉父辛鼎	三	一〇三〇	一五九九

器號	器名	字數	拓片頁碼	説明頁碼
〇一八一〇	文方鼎	三	一〇三〇	一五九九
〇一八一一	王且甲方鼎	四	一〇三一	一五九九
〇一八一二	[illegible]作且丁鼎	四	一〇三一	一五九九
〇一八一三	且丁癸□鼎	四	一〇三一	一五九九
〇一八一四	[illegible]作且戊鼎	四	一〇三二	一五九九
〇一八一五	且己父癸鼎	四	一〇三二	一五九九
〇一八一六	[illegible]亞且癸鼎	四	一〇三二	一五九九
〇一八一七	亞鳥父甲鼎	四	一〇三二	一五九九
〇一八一八	亞攺父乙鼎	四	一〇三三	一五九九
〇一八一九	亞醜父乙鼎	四	一〇三三	一六〇〇
〇一八二〇	亞殿父乙鼎	四	一〇三三	一六〇〇
〇一八二一	[illegible]册父乙方鼎	四	一〇三三	一六〇〇
〇一八二二	天册父乙鼎	四	一〇三四	一六〇〇
〇一八二三	[illegible]父乙鼎	四	一〇三四	一六〇〇
〇一八二四	鄉宁父乙方鼎	四	一〇三四	一六〇〇
〇一八二五	矢宁父乙方鼎	四	一〇三四	一六〇〇
〇一八二六	子刀父乙方鼎	四	一〇三五	一六〇〇
〇一八二七	子□父乙鼎	四	一〇三五	一六〇〇
〇一八二八	子鼏父乙鼎	四	一〇三五	一六〇〇
〇一八二九	[illegible]父乙鼎	四	一〇三五	一六〇〇
〇一八三〇	[illegible][illegible]父乙鼎	四	一〇三六	一六〇〇
〇一八三一	[illegible][illegible]父乙鼎	四	一〇三六	一六〇〇

器號	器名	字數	拓片頁碼	説明頁碼
〇一八三二	[illegible]作父乙鼎	四	一〇三六	一六〇〇
〇一八三三	父乙爻□鼎	四	一〇三六	一六〇〇
〇一八三四	耳衡父乙鼎	四	一〇三七	一六〇一
〇一八三五	耳衡父乙鼎	四	一〇三七	一六〇一
〇一八三六	宁羊父丙鼎	四	一〇三七	一六〇一
〇一八三七	亞醜父丙方鼎	四	一〇三七	一六〇一
〇一八三八	[illegible]父丁鼎	四	一〇三八	一六〇一
〇一八三九	亞醜父丁方鼎	四	一〇三八	一六〇一
〇一八四〇	亞醜父丁方鼎	四	一〇三八	一六〇一
〇一八四一	亞獏父丁鼎	四	一〇三九	一六〇一
〇一八四二	亞獏父丁鼎	四	一〇三九	一六〇一
〇一八四三	亞獏父丁鼎	四	一〇三九	一六〇一
〇一八四四	亞獏父丁鼎	四	一〇三九	一六〇一
〇一八四五	亞犬父丁方鼎	四	一〇四〇	一六〇一
〇一八四六	亞旋父丁鼎	四	一〇四〇	一六〇一
〇一八四七	亞酉父丁鼎	四	一〇四〇	一六〇一
〇一八四八	亞豈父丁鼎	四	一〇四〇	一六〇二
〇一八四九	田告父丁鼎	四	一〇四一	一六〇二
〇一八五〇	子羊父丁鼎	四	一〇四一	一六〇二
〇一八五一	寧母父丁方鼎	四	一〇四一	一六〇二
〇一八五二	臤父丁鼎	四	一〇四一	一六〇二
〇一八五三	耳衡父丁鼎	四	一〇四二	一六〇二

器號	器名	字數	拓片頁碼	說明頁碼
〇一八五四	耳矣父丁鼎	四	一〇四二	一六〇二
〇一八五五	庚豨父丁方鼎	四	一〇四二	一六〇二
〇一八五六	[illegible]父丁冊方鼎	四	一〇四二	一六〇二
〇一八五七	尹舟父丁鼎	四	一〇四三	一六〇二
〇一八五八	[illegible]父丁冊方鼎	四	一〇四三	一六〇二
〇一八五九	弓𦎫父丁方鼎	四	一〇四三	一六〇二
〇一八六〇	作父丁[illegible]方鼎	四	一〇四三	一六〇二
〇一八六一	[illegible]父丁鼎	四	一〇四四	一六〇二
〇一八六二	季父戊子鼎	四	一〇四四	一六〇三
〇一八六三	亞[illegible]父戊鼎	四	一〇四四	一六〇三
〇一八六四	角戊父字鼎	四	一〇四四	一六〇三
〇一八六五	亞[illegible]父己鼎	四	一〇四五	一六〇三
〇一八六六	亞[illegible]父己鼎	四	一〇四五	一六〇三
〇一八六七	父己亞醜方鼎	四	一〇四五	一六〇三
〇一八六八	亞冀父己鼎	四	一〇四五	一六〇三
〇一八六九	亞戈父己鼎	四	一〇四六	一六〇三
〇一八七〇	亞獸父己鼎	三	一〇四六	一六〇三
〇一八七一	亞旇父己鼎	三	一〇四六	一六〇三
〇一八七二	亞[illegible]父己鼎	三	一〇四六	一六〇三
〇一八七三	子申父己鼎	四	一〇四七	一六〇三
〇一八七四	小子父己方鼎	四	一〇四七	一六〇三
〇一八七五	又敉父己鼎	四	一〇四七	一六〇三

器號	器名	字數	拓片頁碼	說明頁碼
〇一八七六	弓𦎫父己鼎	四	一〇四七	一六〇四
〇一八七七	遽作父己鼎	四	一〇四八	一六〇四
〇一八七八	作父己[illegible]鼎	四	一〇四八	一六〇四
〇一八七九	子[illegible]父己鼎	四	一〇四八	一六〇四
〇一八八〇	亞得父庚鼎	四	一〇四八	一六〇四
〇一八八一	子刀父辛鼎	四	一〇四九	一六〇四
〇一八八二	子刀父辛方鼎	四	一〇四九	一六〇四
〇一八八三	亞鹵父辛鼎	四	一〇四九	一六〇四
〇一八八四	亞醜父辛鼎	四	一〇四九	一六〇四
〇一八八五	虎重父辛鼎	四	一〇五〇	一六〇四
〇一八八六	[illegible]作父辛鼎	四	一〇五〇	一六〇四
〇一八八七	父辛[illegible]冊鼎	四	一〇五〇	一六〇四
〇一八八八	逆[illegible]父辛鼎	四	一〇五一	一六〇四
〇一八八九	騳父辛鼎	四	一〇五一	一六〇四
〇一八九〇	父辛矢鼎	四	一〇五一	一六〇五
〇一八九一	子[illegible]父癸鼎	四	一〇五一	一六〇五
〇一八九二	亞[illegible]父癸鼎	四	一〇五二	一六〇五
〇一八九三	何父癸鼎	四	一〇五二	一六〇五
〇一八九四	何父癸鼎	四	一〇五二	一六〇五
〇一八九五	射獸父癸鼎	四	一〇五三	一六〇五
〇一八九六	衎天父癸鼎	四	一〇五三	一六〇五
〇一八九七	冊[illegible]父癸鼎	四	一〇五三	一六〇五

器號	器名	字數	拓片頁碼	說明頁碼
〇一八九八	冊[illegible]父癸鼎	四	一〇五三	一六〇五
〇一八九九	允冊父癸鼎	四	一〇五四	一六〇五
〇一九〇〇	父癸㔾冊鼎	四	一〇五四	一六〇五
〇一九〇一	[illegible]作父癸鼎	四	一〇五四	一六〇五
〇一九〇二	[illegible]父癸鼎	四	一〇五四	一六〇五
〇一九〇三	作母嫊彝鼎	四	一〇五五	一六〇五
〇一九〇四	聑[illegible]婦[illegible]鼎	四	一〇五五	一六〇五
〇一九〇五	奄婦末于方鼎	四	一〇五五	一六〇六
〇一九〇六	司母[illegible]康方鼎	四	一〇五五	一六〇六
〇一九〇七	彭女彝鼎	四	一〇五六	一六〇六
〇一九〇八	彭女彝鼎	四	一〇五六	一六〇六
〇一九〇九	亞[illegible]女子鼎	四	一〇五六	一六〇六
〇一九一〇	子[illegible]君妻鼎	四	一〇五六	一六〇六
〇一九一一	北伯作隮鼎	四	一〇五七	一六〇六
〇一九一二	伯作寶方鼎	四	一〇五七	一六〇六
〇一九一三	或伯鼎	四	一〇五七	一六〇六
〇一九一四	伯作寶鼎	四	一〇五八	一六〇六
〇一九一五	伯作旅鼎	四	一〇五八	一六〇六
〇一九一六	伯作旅彝鼎	四	一〇五八	一六〇六
〇一九一七	伯作寶彝鼎	四	一〇五八	一六〇六
〇一九一八	伯作寶彝鼎	四	一〇五九	一六〇七
〇一九一九	伯作寶彝鼎	四	一〇五九	一六〇七

器號	器名	字數	拓片頁碼	說明頁碼
〇一九二〇	伯作寶彝鼎	四	一〇五九	一六〇七
〇一九二一	伯作旅鼎	四	一〇六〇	一六〇七
〇一九二二	仲作旅鼎	四	一〇六〇	一六〇七
〇一九二三	叔作寶彝鼎	四	一〇六〇	一六〇七
〇一九二四	内叔作鼎	四	一〇六一	一六〇七
〇一九二五	叔尹作旅方鼎	四	一〇六一	一六〇七
〇一九二六	叔作鮇子鼎	四	一〇六一	一六〇七
〇一九二七	叔作隮鼎	四	一〇六一	一六〇七
〇一九二八	叔作旅鼎	四	一〇六二	一六〇七
〇一九二九	叔作旅鼎	四	一〇六二	一六〇七
〇一九三〇	叔我鼎	四	一〇六二	一六〇七
〇一九三一	季作寶彝鼎	四	一〇六二	一六〇七
〇一九三二	師公鼎	四	一〇六三	一六〇八
〇一九三三	中賻王鼎	四	一〇六四	一六〇八
〇一九三四	公鼎	四	一〇六四	一六〇八
〇一九三五	國子鼎	四	一〇六四	一六〇八
〇一九三六	懋史繇鼎	四	一〇六五	一六〇八
〇一九三七	大祝禽方鼎	四	一〇六五	一六〇八
〇一九三八	大祝禽方鼎	四	一〇六五	一六〇八
〇一九三九	又敎父癸鼎	四	一〇六五	一六〇八
〇一九四〇	更鼎	四	一〇六六	一六〇八
〇一九四一	劦冊[illegible]辛鼎	四	一〇六六	一六〇八

器號	器名	字數	拓片頁碼	說明頁碼
〇一九四二	臣辰册方鼎	四	一〇六六	一六〇八
〇一九四三	臣辰册方鼎	四	一〇六六	一六〇八
〇一九四四	亞㠱[illegible][illegible]方鼎	四	一〇六七	一六〇八
〇一九四五	徝[illegible]右自鼎	四	一〇六七	一六〇八
〇一九四六	公朱右自鼎	四	一〇六七	一六〇八
〇一九四七	滑斿子鼎	四	一〇六七	一六〇九
〇一九四八	戈作寶鼎	四	一〇六八	一六〇九
〇一九四九	甲作寶方鼎	四	一〇六八	一六〇九
〇一九五〇	[illegible]作寶鼎	四	一〇六八	一六〇九
〇一九五一	車作寶鼎	四	一〇六九	一六〇九
〇一九五二	車作寶方鼎	四	一〇六九	一六〇九
〇一九五三	舟作寶鼎	四	一〇六九	一六〇九
〇一九五四	舟作寶鼎	四	一〇六九	一六〇九
〇一九五五	鼎之伐鼎	四	一〇七〇	一六〇九
〇一九五六	右作旅鼎	四	一〇七〇	一六〇九
〇一九五七	中作寶鼎	四	一〇七〇	一六〇九
〇一九五八	員作用鼎	四	一〇七〇	一六〇九
〇一九五九	舌臣鼎	四	一〇七一	一六〇九
〇一九六〇	毛作寶鼎	四	一〇七一	一六〇九
〇一九六一	益作寶鼎	四	一〇七一	一六〇九
〇一九六二	興作寶鼎	四	一〇七一	一六一〇
〇一九六三	興作寶鼎	四	一〇七二	一六一〇

器號	器名	字數	拓片頁碼	說明頁碼
〇一九六四	瞉作寶鼎	四	一〇七二	一六一〇
〇一九六五	[illegible]作寶鼎	四	一〇七二	一六一〇
〇一九六六	[illegible]作寶鼎	四	一〇七二	一六一〇
〇一九六七	[illegible]作寶[illegible]鼎	四	一〇七三	一六一〇
〇一九六八	[illegible]長方鼎	四	一〇七三	一六一〇
〇一九六九	樂作旅鼎	四	一〇七三	一六一〇
〇一九七〇	樂作旅鼎	四	一〇七三	一六一〇
〇一九七一	攸作旅鼎	四	一〇七四	一六一〇
〇一九七二	[illegible]作寶彝鼎	四	一〇七四	一六一〇
〇一九七三	[illegible]作寶彝鼎	四	一〇七四	一六一〇
〇一九七四	[illegible]作寶器鼎	四	一〇七五	一六一〇
〇一九七五	雁[illegible]作旅鼎	四	一〇七五	一六一〇
〇一九七六	[illegible]禾作旅鼎	四	一〇七五	一六一一
〇一九七七	考作寶鼎	四	一〇七五	一六一一
〇一九七八	[illegible]作旅鼎	四	一〇七六	一六一一
〇一九七九	[illegible]作旅鼎	四	一〇七六	一六一一
〇一九八〇	邵之飤鼎	四	一〇七六	一六一一
〇一九八一	作[illegible]從彝方鼎	四	一〇七六	一六一一
〇一九八二	作[illegible]从彝鼎	四	一〇七七	一六一一
〇一九八三	作寶障彝鼎	四	一〇七七	一六一一
〇一九八四	作寶障彝鼎	四	一〇七七	一六一一
〇一九八五	作寶障彝方鼎	四	一〇七八	一六一一

器號	器名	字數	拓片頁碼	說明頁碼
〇一九八六	作寶障彝鼎	四	一〇七八	一六一一
〇一九八七	辛作寶彝鼎	四	一〇七八	一六一一
〇一九八八	明我作鼎	四	一〇七九	一六一一
〇一九八九	眉壽作彝鼎	四	一〇七九	一六一一
〇一九九〇	𢼸之行鼎	四	一〇七九	一六一一
〇一九九一	昜兒鼎	四	一〇八〇	一六一一
〇一九九二	宜陽右蒼鼎	四	一〇八〇	一六一一
〇一九九三	今永里鼎	四	一〇八一	一六一一
〇一九九四	巨萓十九鼎	四	一〇八一	一六一二
〇一九九五	安氏私官鼎	四	一〇八一	一六一二
〇一九九六	盠且庚父辛鼎	五	一〇八二	一六一二
〇一九九七	木且辛父丙鼎	五	一〇八二	一六一二
〇一九九八	亞[illegible]覃父甲鼎	五	一〇八二	一六一二
〇一九九九	作父甲鼎	五	一〇八二	一六一二
〇二〇〇〇	馬羊[illegible]父乙鼎	五	一〇八三	一六一二
〇二〇〇一	西單光父乙鼎	五	一〇八三	一六一二
〇二〇〇二	辰行奚父乙鼎	五	一〇八三	一六一二
〇二〇〇三	臣辰父乙鼎	五	一〇八四	一六一二
〇二〇〇四	臣辰父乙鼎	五	一〇八四	一六一二
〇二〇〇五	臣辰父乙鼎	五	一〇八四	一六一二
〇二〇〇六	父乙臣辰鼎	五	一〇八四	一六一二
〇二〇〇七	作父乙鼎	五	一〇八五	一六一二

器號	器名	字數	拓片頁碼	說明頁碼
〇二〇〇八	作父乙[illegible]鼎	五	一〇八五	一六一二
〇二〇〇九	旁父乙鼎	五	一〇八五	一六一三
〇二〇一〇	宰徲宧父丁鼎	五	一〇八五	一六一三
〇二〇一一	[illegible]作父戊鼎	五	一〇八六	一六一三
〇二〇一二	[illegible]作父戊鼎	五	一〇八六	一六一三
〇二〇一三	黿作父戊方鼎	五	一〇八六	一六一三
〇二〇一四	父己亞竒史鼎	五	一〇八六	一六一三
〇二〇一五	小子作父己鼎	五	一〇八七	一六一三
〇二〇一六	小子作父己方鼎	五	一〇八七	一六一三
〇二〇一七	子册父辛鼎	五	一〇八七	一六一三
〇二〇一八	子作鼎[illegible]彝鼎	五	一〇八七	一六一三
〇二〇一九	糞兄戊父癸鼎	五	一〇八八	一六一三
〇二〇二〇	糞母[illegible]父癸鼎	五	一〇八八	一六一三
〇二〇二一	孔作父癸鼎	五	一〇八八	一六一三
〇二〇二二	[illegible]父鼎	五	一〇八八	一六一三
〇二〇二三	嬰父方鼎	五	一〇八九	一六一三
〇二〇二四	考[illegible]鼎	五	一〇八九	一六一四
〇二〇二五	己方鼎	五	一〇八九	一六一四
〇二〇二六	[illegible]母鼎	五	一〇八九	一六一四
〇二〇二七	嬴氏鼎	五	一〇九〇	一六一四
〇二〇二八	亶姜鼎	五	一〇九〇	一六一四
〇二〇二九	散姬方鼎	五	一〇九〇	一六一四

器號	器名	字數	拓片頁碼	說明頁碼
〇二〇三〇	王伯鼎	五	一〇九〇	一六一四
〇二〇三一	王季作鼎彝鼎	五	一〇九一	一六一四
〇二〇三二	小臣鼎	五	一〇九一	一六一四
〇二〇三三	亞嚢鼎	五	一〇九一	一六一四
〇二〇三四	亞伯禾鼎	五	一〇九一	一六一四
〇二〇三五	亞㠱矦鼎	五	一〇九二	一六一四
〇二〇三六	史吷鼎	五	一〇九二	一六一四
〇二〇三七	[illegible]鼎	五	一〇九二	一六一五
〇二〇三八	伯員鼎	五	一〇九三	一六一五
〇二〇三九	伯申鼎	五	一〇九三	一六一五
〇二〇四〇	伯旂鼎	五	一〇九三	一六一五
〇二〇四一	閟伯鼎	五	一〇九三	一六一五
〇二〇四二	閟伯鼎	五	一〇九四	一六一五
〇二〇四三	戲伯鼎	五	一〇九四	一六一五
〇二〇四四	[illegible]伯鼎	五	一〇九四	一六一五
〇二〇四五	樆仲鼎	五	一〇九四	一六一五
〇二〇四六	仲自父鼎	五	一〇九五	一六一五
〇二〇四七	仲作寶鼎	五	一〇九五	一六一五
〇二〇四八	仲作旅寶鼎	五	一〇九五	一六一五
〇二〇四九	叔攸作旅鼎	五	一〇九五	一六一五
〇二〇五〇	叔伐父作鼎	五	一〇九六	一六一五
〇二〇五一	叔作懿宗方鼎	五	一〇九六	一六一五

器號	器名	字數	拓片頁碼	說明頁碼
〇二〇五二	叔鼎	五	一〇九六	一六一六
〇二〇五三	叔作寶障彝鼎	五	一〇九七	一六一六
〇二〇五四	叔作寶障彝鼎	五	一〇九七	一六一六
〇二〇五五	單光方鼎	五	一〇九七	一六一六
〇二〇五六	單光方鼎	五	一〇九七	一六一六
〇二〇五七	良季鼎	五	一〇九八	一六一六
〇二〇五八	竟鼎	五	一〇九八	一六一六
〇二〇五九	丂隻鼎	五	一〇九八	一六一六
〇二〇六〇	䰝鼎	五	一〇九八	一六一六
〇二〇六一	腹鼎	五	一〇九九	一六一六
〇二〇六二	作寶障彝方鼎	五	一〇九九	一六一六
〇二〇六三	[illegible]鼎	五	一〇九九	一六一六
〇二〇六四	[illegible]鼎	五	一〇九九	一六一六
〇二〇六五	[illegible]鼎	五	一一〇〇	一六一六
〇二〇六六	訢启鼎	五	一一〇〇	一六一七
〇二〇六七	[illegible]鼎	五	一一〇〇	一六一七
〇二〇六八	姚鼎	五	一一〇一	一六一七
〇二〇六九	立鼎	五	一一〇一	一六一七
〇二〇七〇	遲鼎	五	一一〇一	一六一七
〇二〇七一	旁犀鼎	五	一一〇一	一六一七
〇二〇七二	[illegible]鼎	五	一一〇二	一六一七
〇二〇七三	[illegible]建鼎	五	一一〇二	一六一七

器號	器名	字數	拓片頁碼	說明頁碼
〇二〇七四	[illegible]鼎	五	一一〇二	一六一七
〇二〇七五	䎃鼎	五	一一〇二	一六一七
〇二〇七六	觀肇鼎	五	一一〇三	一六一七
〇二〇七七	龏鼎	五	一一〇三	一六一八
〇二〇七八	事作小旅鼎	五	一一〇三	一六一八
〇二〇七九	[illegible]鼎	五	一一〇四	一六一八
〇二〇八〇	□作氒鼎	五	一一〇四	一六一八
〇二〇八一	本鼎	五	一一〇四	一六一八
〇二〇八二	虖北鼎	五	一一〇四	一六一八
〇二〇八三	連迁鼎	五	一一〇五	一六一八
〇二〇八四	連迁鼎	五	一一〇五	一六一八
〇二〇八五	登鼎	五	一一〇六	一六一八
〇二〇八六	君子之弄鼎	五	一一〇七	一六一八
〇二〇八七	[illegible]子鼎	五	一一〇七	一六一八
〇二〇八八	左使車工[illegible]鼎	五	一一〇八	一六一八
〇二〇八九	左使車工[illegible]鼎	五	一一〇八	一六一八
〇二〇九〇	左使車工[illegible]鼎	五	一一〇八	一六一八
〇二〇九一	左使車工㬎鼎	五	一一〇八	一六一八
〇二〇九二	左使車工北鼎	五	一一〇九	一六一八
〇二〇九三	左使車工蔡鼎	五	一一〇九	一六一九
〇二〇九四	左使車工蔡鼎	五	一一〇九	一六一九
〇二〇九五	集脰大子鼎	五	一一一〇	一六一九

器號	器名	字數	拓片頁碼	說明頁碼
〇二〇九六	集脰大子鼎	五	一一一〇	一六一九
〇二〇九七	王后鼎	五	一一一〇	一六一九
〇二〇九八	無臭鼎	五	一一一一	一六一九
〇二〇九九	無臭鼎	五	一一一一	一六一九
〇二一〇〇	半斗鼎	五	一一一二	一六一九
〇二一〇一	三斗鼎	五	一一一二	一六一九
〇二一〇二	中厶官鼎	五	一一一二	一六一九
〇二一〇三	眉脒鼎	五	一一一三	一六一九
〇二一〇四	上[illegible]床鼎	五	一一一三	一六一九
〇二一〇五	上樂床鼎	五	一一一三	一六一九
〇二一〇六	君夫人鼎	五	一一一四	一六二〇
〇二一〇七	宁女方鼎	五	一一一五	一六二〇
〇二一〇八	褢閂鼎	五	一一一五	一六二〇
〇二一〇九	[illegible]伯鼎	六	一一一五	一六二〇
〇二一一〇	[illegible]作且丁鼎	六	一一一五	一六二〇
〇二一一一	且辛禹方鼎	六	一一一六	一六二〇
〇二一一二	且辛禹方鼎	六	一一一六	一六二〇
〇二一一三	犬且辛且癸鼎	六	一一一七	一六二〇
〇二一一四	般作父乙方鼎	六	一一一七	一六二〇
〇二一一五	臣辰册父乙鼎	六	一一一七	一六二〇
〇二一一六	臣辰册父乙鼎	六	一一一七	一六二〇
〇二一一七	[illegible]犬犬魚父乙鼎	六	一一一八	一六二〇

器號	器名	字數	拓片頁碼	説明頁碼
〇二一八	疋作父丙鼎	六	一一八	一六二〇
〇二一九	作父丙殘鼎	六	一一八	一六二〇
〇二二〇	韋作父丁鼎	六	一一八	一六二〇
〇二二一	歸作父丁鼎	六	一一九	一六二一
〇二二二	[illegible]作父丁障鼎	六	一一九	一六二一
〇二二三	涉作父丁鼎	六	一一九	一六二一
〇二二四	[illegible]日戊鼎	六	一一九	一六二一
〇二二五	朿册作父己鼎	六	一二〇	一六二一
〇二二六	[illegible]作父己鼎	六	一二〇	一六二一
〇二二七	[illegible]作父庚鼎	六	一二〇	一六二一
〇二二八	具作父庚鼎	六	一二〇	一六二一
〇二二九	作父辛方鼎	六	一二一	一六二一
〇二三〇	作父辛方鼎	六	一二一	一六二一
〇二三一	木作父辛鼎	六	一二一	一六二一
〇二三二	匚賓父癸鼎	六	一二一	一六二一
〇二三三	或作父癸方鼎	六	一二二	一六二一
〇二三四	或作父癸方鼎	六	一二二	一六二一
〇二三五	臣辰父癸鼎	六	一二二	一六二一
〇二三六	子父癸鼎	六	一二二	一六二二
〇二三七	黿婦姑鼎	六	一二三	一六二二
〇二三八	黿婦姑方鼎	六	一二三	一六二二
〇二三九	爻癸婦鼎	六	一二三	一六二二

器號	器名	字數	拓片頁碼	説明頁碼
〇二四〇	[illegible]婦方鼎	六	一二三	一六二二
〇二四一	[illegible]父鼎	六	一二四	一六二二
〇二四二	安父鼎	六	一二四	一六二二
〇二四三	鮮父鼎	六	一二四	一六二二
〇二四四	旂父鼎	六	一二四	一六二二
〇二四五	田告母辛方鼎	六	一二五	一六二二
〇二四六	𦣻母鼎	六	一二五	一六二二
〇二四七	王作仲姬方鼎	六	一二五	一六二二
〇二四八	齊姜鼎	六	一二六	一六二二
〇二四九	夨王方鼎蓋	六	一二六	一六二三
〇二五〇	雁公方鼎	六	一二六	一六二三
〇二五一	雁公方鼎	六	一二六	一六二三
〇二五二	豐公鼎	六	一二七	一六二三
〇二五三	康侯丰鼎	六	一二七	一六二三
〇二五四	滕侯方鼎	六	一二七	一六二三
〇二五五	堇伯鼎	六	一二八	一六二三
〇二五六	堇伯鼎	六	一二八	一六二三
〇二五七	大保方鼎	六	一二九	一六二三
〇二五八	大保方鼎	六	一二九	一六二三
〇二五九	大保方鼎	六	一二九	一六二三
〇二六〇	隁伯方鼎	六	一三〇	一六二四
〇二六一	隁伯方鼎	六	一三〇	一六二四

器號	器名	字數	拓片頁碼	説明頁碼
〇二六二	大丏方鼎	六	一一三〇	一六二四
〇二六三	大丏方鼎	六	一一三〇	一六二四
〇二六四	史逨方鼎	六	一一三一	一六二四
〇二六五	史逨方鼎	六	一一三一	一六二四
〇二六六	酘史鼎	六	一一三一	一六二四
〇二六七	伯卿鼎	六	一一三二	一六二四
〇二六八	伯魚鼎	六	一一三二	一六二四
〇二六九	史戎鼎	六	一一三二	一六二四
〇二七〇	伯矩鼎	六	一一三二	一六二四
〇二七一	嬴霝德鼎	六	一一三三	一六二四
〇二七二	雁叔鼎	六	一一三三	一六二四
〇二七三	北單從鼎	六	一一三三	一六二五
〇二七四	田蕽鼎	六	一一三三	一六二五
〇二七五	[illegible]啚作旅鼎	六	一一三四	一六二五
〇二七六	鳥壬侜鼎	六	一一三四	一六二五
〇二七七	[illegible]遙鼎	六	一一三四	一六二五
〇二七八	[illegible]遙鼎	六	一一三四	一六二五
〇二七九	吹作㭬妊鼎	六	一一三五	一六二五
〇二八〇	向方鼎	六	一一三五	一六二五
〇二八一	作公隮彝鼎	六	一一三五	一六二五
〇二八二	作□寶隮彝鼎	六	一一三五	一六二五
〇二八三	才倎父鼎	六	一一三六	一六二五

器號	器名	字數	拓片頁碼	説明頁碼
〇二八四	霸姞鼎	六	一一三六	一六二五
〇二八五	伯䭫方鼎	六	一一三六	一六二五
〇二八六	外叔鼎	六	一一三七	一六二五
〇二八七	叔旌鼎	六	一一三七	一六二六
〇二八八	考作各父鼎	六	一一三七	一六二六
〇二八九	史昔鼎	六	一一三八	一六二六
〇二九〇	伯趞方鼎	六	一一三八	一六二六
〇二九一	王作仲姜鼎	六	一一三八	一六二六
〇二九二	[illegible]作井姬鼎	六	一一三八	一六二六
〇二九三	[illegible]飼鼎	六	一一三九	一六二六
〇二九四	[illegible]父鼎	六	一一三九	一六二六
〇二九五	伯遟父鼎	六	一一三九	一六二六
〇二九六	史盄父鼎	六	一一四〇	一六二六
〇二九七	伯咸父鼎	六	一一四〇	一六二六
〇二九八	陵叔鼎	六	一一四〇	一六二六
〇二九九	井季㚖鼎	六	一一四〇	一六二六
〇三〇〇	緐還鼎	六	一一四一	一六二六
〇三〇一	非攺鼎	六	一一四一	一六二七
〇三〇二	孟[illegible]鼎	六	一一四一	一六二七
〇三〇三	史宋鼎	六	一一四二	一六二七
〇三〇四	羌鼎	六	一一四二	一六二七
〇三〇五	[illegible]妄父鼎	六	一一四二	一六二七

器號	器名	字數	拓片頁碼	說明頁碼
〇二二〇六	[illegible]子鼎	六	一一四三	一六二七
〇二二〇七	仲義父鼎	六	一一四三	一六二七
〇二二〇八	仲義父鼎	六	一一四四	一六二七
〇二二〇九	仲義父鼎	六	一一四四	一六二七
〇二二一〇	仲義父鼎	六	一一四五	一六二七
〇二二一一	仲義父鼎	六	一一四五	一六二七
〇二二一二	遣叔鼎	六	一一四六	一六二七
〇二二一三	孟湋父鼎	六	一一四六	一六二七
〇二二一四	尹小叔鼎	六	一一四六	一六二七
〇二二一五	蔡侯[illegible]	六	一一四七	一六二七
〇二二一六	蔡侯[illegible]	六	一一四七	一六二八
〇二二一七	蔡侯鼎	六	一一四八	一六二八
〇二二一八	蔡侯殘鼎	六	一一四九	一六二八
〇二二一九	蔡侯殘鼎	六	一一四九	一六二八
〇二二二〇	蔡侯殘鼎	六	一一四九	一六二八
〇二二二一	蔡侯殘鼎蓋	六	一一五〇	一六二八
〇二二二二	蔡侯殘鼎蓋	六	一一五〇	一六二八
〇二二二三	蔡侯殘鼎蓋	六	一一五〇	一六二八
〇二二二四	蔡侯殘鼎蓋	存二	一一五一	一六二八
〇二二二五	蔡侯殘鼎	六	一一五一	一六二八
〇二二二六	蔡侯殘鼎	存四	一一五一	一六二八
〇二二二七	取它人鼎	六	一一五二	一六二八

器號	器名	字數	拓片頁碼	說明頁碼
〇二二二八	中敃鼎	六	一一五二	一六二八
〇二二二九	沖子鼎	六	一一五三	一六二九
〇二二三〇	□子鼎	六	一一五三	一六二九
〇二二三一	楚子趆鼎	六	一一五四	一六二九
〇二二三二	右卜胅鼎	六	一一五四	一六二九
〇二二三三	宋公緣鼎蓋	六	一一五四	一六二九
〇二二三四	鄧尹疾鼎	六	一一五五	一六二九
〇二二三五	鄧子午鼎	六	一一五五	一六二九
〇二二三六	王氏官鼎蓋	六	一一五六	一六二九
〇二二三七	王蔑鼎	六	一一五六	一六二九
〇二二三八	须孟生鼎蓋	六	一一五七	一六二九
〇二二三九	[illegible]子祂	六	一一五七	一六二九
〇二二四〇	十年弗官容齋鼎	六	一一五八	一六二九
〇二二四一	東陲鼎蓋	六	一一五九	一六二九
〇二二四二	垣上官鼎	六	一一五九	一六二九
〇二二四三	[illegible]鼎	六	一一六〇	一六三〇
〇二二四四	[illegible]作且乙鼎	七	一一六一	一六三〇
〇二二四五	亞艅曆作且己鼎	七	一一六一	一六三〇
〇二二四六	木工册作匕戊鼎	七	一一六二	一六三〇
〇二二四七	[illegible]作父乙鼎	七	一一六二	一六三〇
〇二二四八	亞[illegible]作父乙鼎	七	一一六三	一六三〇
〇二二四九	或作父丁鼎	七	一一六三	一六三〇

器號	器名	字數	拓片頁碼	說明頁碼
〇二五〇	[illegible]作父丁鼎	七	一一六三	一六三〇
〇二五一	穆作父丁鼎	七	一一六四	一六三〇
〇二五二	作父己鼎	七	一一六四	一六三〇
〇二五三	[illegible]父辛鼎	七	一一六四	一六三〇
〇二五四	黿翼作父辛鼎	七	一一六四	一六三〇
〇二五五	[illegible]作父辛鼎	七	一一六五	一六三〇
〇二五六	昜作父辛鼎	七	一一六五	一六三〇
〇二五七	䀠作父癸鼎	七	一一六五	一六三〇
〇二五八	[illegible]父癸鼎	七	一一六六	一六三一
〇二五九	册作父癸鼎	七	一一六六	一六三一
〇二六〇	亞[illegible]作母丙鼎	七	一一六六	一六三一
〇二六一	王作康季鼎	七	一一六七	一六三一
〇二六二	亞㠱矦[illegible]作母癸鼎	七	一一六七	一六三一
〇二六三	曰[illegible]由姑鼎	七	一一六七	一六三一
〇二六四	𠂤作[illegible]仲方鼎	七	一一六八	一六三一
〇二六五	𠂤作[illegible]仲方鼎	七	一一六八	一六三一
〇二六六	𠂤作[illegible]仲方鼎	七	一一六八	一六三一
〇二六七	𠂤作[illegible]仲方鼎	七	一一六八	一六三一
〇二六八	周公作文王方鼎	七	一一六九	一六三一
〇二六九	匽侯旨作父辛鼎	七	一一六九	一六三一
〇二七〇	叔作單公方鼎	七	一一六九	一六三二
〇二七一	子咸鼎	七	一一六九	一六三二

器號	器名	字數	拓片頁碼	說明頁碼
〇二七二	[illegible]小子鼎	七	一一七〇	一六三二
〇二七三	王作[illegible]姬鼎	七	一一七〇	一六三二
〇二七四	侯作父丁鼎	七	一一七〇	一六三二
〇二七五	豊方鼎	七	一一七〇	一六三二
〇二七六	𢐗伯鼎	七	一一七一	一六三二
〇二七七	𢐗伯作井姬方鼎	七	一一七一	一六三二
〇二七八	𢐗伯作井姬鼎	七	一一七一	一六三二
〇二七九	仲義昃鼎	七	一一七一	一六三二
〇二八〇	[illegible]鼎	七	一一七二	一六三二
〇二八一	師閔鼎	七	一一七二	一六三二
〇二八二	尹叔作[illegible]姑鼎	七	一一七二	一六三二
〇二八三	卑汩君光鼎	七	一一七二	一六三二
〇二八四	喬夫人鼎	七	一一七三	一六三三
〇二八五	子陝□之孫鼎	七	一一七四	一六三三
〇二八六	盅子[illegible]鼎蓋	七	一一七五	一六三三
〇二八七	[illegible]侯之孫塦鼎	七	一一七五	一六三三
〇二八八	邵王之諻鼎	七	一一七五	一六三三
〇二八九	王子[illegible]鼎	七	一一七六	一六三三
〇二九〇	曾侯乙鼎	七	一一七七	一六三三
〇二九一	曾侯乙鼎	七	一一七七	一六三三
〇二九二	曾侯乙鼎	七	一一七八	一六三三
〇二九三	曾侯乙鼎	七	一一七九	一六三三

器號	器名	字數	拓片頁碼	説明頁碼
〇二二九四	曾侯乙鼎	七	一一八〇	一六三三
〇二二九五	曾侯乙鼎	七	一一八一	一六三三
〇二二九六	鑄客鼎	七	一一八二	一六三四
〇二二九七	鑄客爲集脰鼎	七	一一八三	一六三四
〇二二九八	鑄客爲集脰鼎	七	一一八三	一六三四
〇二二九九	鑄客爲集糌鼎	七	一一八三	一六三四
〇二三〇〇	鑄客爲集□鼎	七	一一八四	一六三四
〇二三〇一	巨萓王鼎	七	一一八五	一六三四
〇二三〇二	螣所偖鼎	七	一一八五	一六三四
〇二三〇三	[illegible]公上[illegible]鼎	七	一一八五	一六三四
〇二三〇四	鋹詢侯鼎	七	一一八五	一六三四
〇二三〇五	墉夜君成鼎	七	一一八六	一六三四
〇二三〇六	筡鼎	七	一一八六	一六三四
〇二三〇七	右[illegible]公鼎	七	一一八六	一六三四
〇二三〇八	半[illegible]鼎	七	一一八七	一六三五
〇二三〇九	□[illegible]鼎	七	一一八七	一六三五
〇二三一〇	迋作且丁鼎	八	一一八七	一六三五
〇二三一一	咸姝子作且丁鼎	八	一一八八	一六三五
〇二三一二	蓳[illegible]作父乙方鼎	八	一一八八	一六三五
〇二三一三	作父乙鼎	八	一一八九	一六三五
〇二三一四	士作父乙方鼎	八	一一八九	一六三五
〇二三一五	亞豚作父乙鼎	八	一一八九	一六三五

器號	器名	字數	拓片頁碼	説明頁碼
〇二三一六	亳作父乙方鼎	八	一一八九	一六三五
〇二三一七	亞[illegible]作父丁鼎	八	一一九〇	一六三五
〇二三一八	引作文父丁鼎	八	一一九〇	一六三五
〇二三一九	[illegible]作父丁鼎	八	一一九一	一六三五
〇二三二〇	營子旅作父戊鼎	八	一一九一	一六三五
〇二三二一	[illegible]作父辛鼎	八	一一九一	一六三五
〇二三二二	作父辛方鼎	八	一一九一	一六三六
〇二三二三	梓作父癸鼎	八	一一九二	一六三六
〇二三二四	[illegible]作父癸鼎	八	一一九二	一六三六
〇二三二五	[illegible]季作父癸方鼎	八	一一九二	一六三六
〇二三二六	史造作父癸鼎	八	一一九二	一六三六
〇二三二七	易貝作母辛鼎	八	一一九三	一六三六
〇二三二八	册木工作母辛鼎	八	一一九三	一六三六
〇二三二九	北子作母癸方鼎	八	一一九三	一六三六
〇二三三〇	姞曶母方鼎	八	一一九三	一六三六
〇二三三一	穆父作姜懿母鼎	八	一一九四	一六三六
〇二三三二	穆父作姜懿母鼎	八	一一九四	一六三六
〇二三三三	姬作氒姑日辛鼎	八	一一九四	一六三六
〇二三三四	衰[illegible]父作嘼姁鼎	八	一一九四	一六三七
〇二三三五	亞[illegible]季作兄己鼎	八	一一九五	一六三七
〇二三三六	伯戜方鼎	八	一一九五	一六三七
〇二三三七	伯六[illegible]方鼎	八	一一九五	一六三七

器號	器名	字數	拓片頁碼	說明頁碼
〇二二三八	義仲方鼎	八	一一九五	一六三七
〇二二三九	公大史作姬鲞方鼎	八	一一九六	一六三七
〇二二四〇	季盄作宮伯方鼎	八	一一九六	一六三七
〇二二四一	叔具鼎	八	一一九六	一六三七
〇二二四二	叔□作南宮鼎	八	一一九七	一六三七
〇二二四三	叔虎父作叔姬鼎	八	一一九七	一六三七
〇二二四四	□湆伯逘鼎	八	一一九七	一六三七
〇二二四五	穀子作亮團宮鼎	八	一一九七	一六三七
〇二二四六	勅𨺸作丁侯鼎	八	一一九八	一六三七
〇二二四七	旂鼎	八	一一九八	一六三八
〇二二四八	作長鼎	八	一一九八	一六三八
〇二二四九	□鼎	八	一一九九	一六三八
〇二二五〇	作寶鼎	八	一一九九	一六三八
〇二二五一	小臣氏□尹鼎	八	一一九九	一六三八
〇二二五二	□作鼎	八	一二〇〇	一六三八
〇二二五三	師窦父作季姞鼎	八	一二〇〇	一六三八
〇二二五四	魯内小臣床生鼎	八	一二〇〇	一六三八
〇二二五五	洜叔之行鼎	八	一二〇一	一六三八
〇二二五六	蛊之嘩鼎	八	一二〇一	一六三八
〇二二五七	楚叔之孫倗鼎	八	一二〇一	一六三八
〇二二五八	宋君夫人鼎蓋	八	一二〇二	一六三八
〇二二五九	吳王孫無土鼎	八	一二〇二	一六三八
〇二二六〇	王后左相室鼎	八	一二〇三	一六三九
〇二二六一	公朕右自鼎	八	一二〇三	一六三九
〇二二六二	亞□鄉宁鼎	九	一二〇四	一六三九
〇二二六三	亞父庚且辛鼎	九	一二〇四	一六三九
〇二二六四	亞父庚且辛鼎	九	一二〇五	一六三九
〇二二六五	□作且壬鼎	九	一二〇五	一六三九
〇二二六六	□作父丁鼎	九	一二〇五	一六三九
〇二二六七	□監父己鼎	九	一二〇六	一六三九
〇二二六八	盜婦方鼎	九	一二〇六	一六三九
〇二二六九	長子狗鼎	九	一二〇六	一六三九
〇二二七〇	公大史作姬鲞方鼎	九	一二〇七	一六三九
〇二二七一	公大史作姬鲞方鼎	九	一二〇七	一六三九
〇二二七二	大保𢁔作宗室方鼎	九	一二〇七	一六三九
〇二二七三	屮旂父鼎	九	一二〇八	一六四〇
〇二二七四	𦤎鼎	九	一二〇八	一六四〇
〇二二七五	遂𢼸諆鼎	九	一二〇八	一六四〇
〇二二七六	乙公鼎	九	一二〇八	一六四〇
〇二二七七	薛侯鼎	九	一二〇九	一六四〇

器號	器名	字數	拓片頁碼	說明頁碼
〇二三七八	季悆作旅鼎	九	一二〇九	一六四〇
〇二三七九	雔[illegible]鼎	九	一二〇九	一六四〇
〇二三八〇	亘鼎	九	一二〇九	一六四〇
〇二三八一	鮇衛妃鼎	九	一二一〇	一六四〇
〇二三八二	鮇衛妃鼎	九	一二一〇	一六四〇
〇二三八三	鮇衛妃鼎	九	一二一一	一六四〇
〇二三八四	鮇衛妃鼎	九	一二一一	一六四〇
〇二三八五	至作寶鼎	九	一二一一	一六四〇
〇二三八六	絲駒父鼎	九	一二一一	一六四一
〇二三八七	内公鼎	九	一二一二	一六四一
〇二三八八	内公鼎	九	一二一二	一六四一
〇二三八九	内公鼎	九	一二一二	一六四一
〇二三九〇	郤子汆鼎	九	一二一三	一六四一
〇二三九一	江小仲母生鼎	九	一二一三	一六四一
〇二三九二	叔姬作陽伯鼎	九	一二一三	一六四一
〇二三九三	鑄客為王句小廣鼎	九	一二一四	一六四一
〇二三九四	鑄客為王句小廣鼎	九	一二一四	一六四一
〇二三九五	鑄客為大句脰官鼎	九	一二一五	一六四一
〇二三九六	公朱右自鼎	九	一二一五	一六四一

器號	器名	字數	拓片頁碼	說明頁碼
〇二三九七	壽春鼎	九	一二一六	一六四一
〇二三九八	[illegible]鼎	九	一二一六	一六四二
〇二三九九	言鼎	九	一二一六	一六四二
〇二四〇〇	亞若癸鼎	一〇	一二一七	一六四二
〇二四〇一	亞若癸鼎	一〇	一二一七	一六四二
〇二四〇二	亞若癸鼎	一〇	一二一七	一六四二
〇二四〇三	婦闟鼎	一〇	一二一八	一六四二
〇二四〇四	伯[illegible]方鼎	一〇	一二一八	一六四二
〇二四〇五	德鼎	一〇	一二一九	一六四二
〇二四〇六	戈父辛鼎	一〇	一二二〇	一六四二
〇二四〇七	伯[illegible]	一〇	一二二〇	一六四二
〇二四〇八	禽鼎	一〇	一二二〇	一六四二
〇二四〇九	大師作叔姜鼎	一〇	一二二〇	一六四二
〇二四一〇	甚諆臧鼎	一〇	一二二一	一六四二
〇二四一一	叔師父鼎	一〇	一二二一	一六四二
〇二四一二	叔盉父鼎	一〇	一二二一	一六四三
〇二四一三	龗鼎	一〇	一二二一	一六四三
〇二四一四	伯旬鼎	一〇	一二二二	一六四三
〇二四一五	鄭同媿鼎	一〇	一二二二	一六四三
〇二四一六	子邁鼎	一〇	一二二二	一六四三
〇二四一七	廟孱鼎	一〇	一二二三	一六四三
〇二四一八	己華父鼎	一〇	一二二三	一六四三

器號	器名	字數	拓片頁碼	說明頁碼
〇二四一九	欒鼎	一〇	一二二三	一六四三
〇二四二〇	陽鼎	一〇	一二二三	一六四三
〇二四二一	鄭子石鼎	一〇	一二二四	一六四三
〇二四二二	郝艁鼎	一〇	一二二四	一六四三
〇二四二三	曾侯仲子斿父鼎	一〇	一二二五	一六四三
〇二四二四	曾侯仲子斿父鼎	一〇	一二二五	一六四四
〇二四二五	乙未鼎	存一〇	一二二六	一六四四
〇二四二六	竈[illegible]鼎（辛中姬皇母鼎）	一〇	一二二六	一六四四
〇二四二七	亞䆃鼎	一〇	一二二六	一六四四
〇二四二八	□子每[illegible]鼎	一〇	一二二七	一六四四
〇二四二九	㪤仲鼎	一〇	一二二七	一六四四
〇二四三〇	殘䵼鼎	一〇	一二二七	一六四四
〇二四三一	乃孫作且己鼎	一一	一二二八	一六四四
〇二四三二	無𢼄鼎	一一	一二二九	一六四四
〇二四三三	䢅姛方鼎	一一	一二二九	一六四四
〇二四三四	䢅姛方鼎	一一	一二二九	一六四四
〇二四三五	從鼎	一一	一二三〇	一六四四
〇二四三六	剌攸宁鼎	一一	一二三〇	一六四四
〇二四三七	[illegible]虎鼎	一一	一二三〇	一六四四
〇二四三八	伯□作䵼鼎	一一	一二三〇	一六四四
〇二四三九	庚兹鼎	一一	一二三一	一六四五

器號	器名	字數	拓片頁碼	說明頁碼
〇二四四〇	叔□父鼎	一二	一二三一	一六四五
〇二四四一	蔡侯鼎	一二	一二三一	一六四五
〇二四四二	仲宧父鼎	一二	一二三一	一六四五
〇二四四三	伯[illegible]鼎	一二	一二三二	一六四五
〇二四四四	伯[illegible]鼎	一二	一二三二	一六四五
〇二四四五	伯[illegible]鼎	一二	一二三二	一六四五
〇二四四六	伯[illegible]鼎	一二	一二三二	一六四五
〇二四四七	伯[illegible]鼎	一二	一二三二	一六四五
〇二四四八	内大子鼎	一二	一二三三	一六四五
〇二四四九	内大子鼎	一二	一二三三	一六四五
〇二四五〇	曾子伯誩鼎	一二	一二三三	一六四五
〇二四五一	粱上官鼎	一二	一二三四	一六四五
〇二四五二	吴買鼎	一二	一二三四	一六四六
〇二四五三	[illegible]父鼎	一三	一二三五	一六四六
〇二四五四	[illegible]父鼎	一三	一二三五	一六四六
〇二四五五	[illegible]父鼎	一三	一二三五	一六四六
〇二四五六	伯矩鼎	一三	一二三六	一六四六
〇二四五七	[illegible]侯鼎	一三	一二三六	一六四六
〇二四五八	中作且癸鼎	一三	一二三六	一六四六
〇二四五九	交鼎	一三	一二三六	一六四六
〇二四六〇	[illegible]伯鼎	一三	一二三七	一六四六
〇二四六一	从鼎	一三	一二三七	一六四六

器號	器名	字數	拓片頁碼	説明頁碼
〇二四六二	倗仲鼎	一二	一二三七	一六四六
〇二四六三	仲殷父鼎	一二	一二三八	一六四七
〇二四六四	仲殷父鼎	一二	一二三八	一六四七
〇二四六五	伯䡊父鼎	一二	一二三九	一六四七
〇二四六六	溓俗父鼎	一二	一二三九	一六四七
〇二四六七	鄭姜伯鼎	一二	一二四〇	一六四七
〇二四六八	嗽生隺鼎	一二	一二四〇	一六四七
〇二四六九	大師人鼎	一二	一二四一	一六四七
〇二四七〇	燮有嗣爯鼎	一二	一二四一	一六四七
〇二四七一	圂囗鼎	一二	一二四二	一六四七
〇二四七二	虢姜鼎	一二	一二四二	一六四七
〇二四七三	史喜鼎	一二	一二四三	一六四七
〇二四七四	[illegible]嗣寇鼎	一二	一二四三	一六四七
〇二四七五	內公鼎	一二	一二四四	一六四七
〇二四七六	專車季鼎	一二	一二四四	一六四七
〇二四七七	[illegible]訇君鼎	一二	一二四五	一六四八
〇二四七八	鎬鼎	一二	一二四五	一六四八
〇二四七九	楚王酓肯釶鼎	一二	一二四六	一六四八
〇二四八〇	鑄客鼎	一二	一二四八	一六四八
〇二四八一	二年寍鼎	一二	一二四九	一六四八
〇二四八二	四年昌國鼎	一二	一二四九	一六四八
〇二四八三	壴生鼎	存一二	一二四九	一六四八

器號	器名	字數	拓片頁碼	説明頁碼
〇二四八四	舟鼎	存一三	一二五〇	一六四八
〇二四八五	刺觀鼎	一三	一二五〇	一六四八
〇二四八六	禽鼎	一三	一二五〇	一六四八
〇二四八七	伯[illegible]鼎	一三	一二五一	一六四八
〇二四八八	右伯鼎	一三	一二五一	一六四八
〇二四八九	伯衛父鼎	一三	一二五一	一六四八
〇二四九〇	叀鼎	一三	一二五二	一六四八
〇二四九一	居舟卩駷鼎	一三	一二五二	一六四八
〇二四九二	虢叔大父鼎	一三	一二五三	一六四九
〇二四九三	鄭饗原父鼎	一三	一二五三	一六四九
〇二四九四	杞伯每[illegible]鼎	一三	一二五四	一六四九
〇二四九五	杞伯每匕鼎	一三	一二五五	一六四九
〇二四九六	內大子白鼎	一三	一二五五	一六四九
〇二四九七	黃君孟鼎	一三	一二五六	一六四九
〇二四九八	鄬子蒷𡍮鼎	一三	一二五七	一六四九
〇二四九九	𠅰父丁鼎	存一三	一二五九	一六四九
〇二五〇〇	伯唐父鼎	一三	一二五九	一六四九
〇二五〇一	嗣工殘鼎	一三	一二六〇	一六四九
〇二五〇二	圓君鼎	一三	一二六〇	一六四九
〇二五〇三	燮子旅君	一四	一二六一	一六四九
〇二五〇四	作册[illegible]鼎	一四	一二六一	一六五〇
〇二五〇五	墨方鼎	一四	一二六二	一六五〇

器號	器名	字數	拓片頁碼	說明頁碼
〇二五〇六	罿作且乙鼎	一四	一二六三	一六五〇
〇二五〇七	復鼎	一四	一二六三	一六五〇
〇二五〇八	伯考父鼎	一四	一二六四	一六五〇
〇二五〇九	屯鼎	一四	一二六四	一六五〇
〇二五一〇	屯鼎	一四	一二六四	一六五〇
〇二五一一	叔荓父鼎	一四	一二六五	一六五〇
〇二五一二	吉父鼎	一四	一二六五	一六五〇
〇二五一三	伯筍父鼎	一四	一二六六	一六五〇
〇二五一四	伯筍父鼎	一四	一二六六	一六五〇
〇二五一五	史宜父鼎	一四	一二六七	一六五〇
〇二五一六	𥻆媜鼎（會媜鼎）	一四	一二六七	一六五一
〇二五一七	内子仲□鼎	一四	一二六八	一六五一
〇二五一八	蔡生鼎	一四	一二六八	一六五一
〇二五一九	君季鼎（杞伯每匕鼎）	一四	一二六八	一六五一
〇二五二〇	鄭戚句父鼎	一四	一二六九	一六五一
〇二五二一	雍作母乙鼎	一四	一二六九	一六五一
〇二五二二	武生鼎	一四	一二七〇	一六五一
〇二五二三	武生鼎	一四	一二七〇	一六五一
〇二五二四	[illegible][illegible]生鼎	一四	一二七一	一六五一
〇二五二五	郳伯御戎鼎	一四	一二七一	一六五一
〇二五二六	鮇冶妊鼎	一四	一二七二	一六五一
〇二五二七	卅年鼎	一四	一二七三	一六五一

器號	器名	字數	拓片頁碼	說明頁碼
〇二五二八	异□仲方鼎	一四	一二七四	一六五二
〇二五二九	仲爯父鼎	存一四	一二七四	一六五二
〇二五三〇	王子中賔鼎（秦王子鼎）	存一四	一二七五	一六五二
〇二五三一	雍伯鼎	一五	一二七六	一六五二
〇二五三二	乃𡢁子鼎	一五	一二七六	一六五二
〇二五三三	仲吂父鼎（仲涿父鼎）	一五	一二七六	一六五二
〇二五三四	屖伯魚父鼎	一五	一二七七	一六五二
〇二五三五	伯𢉩父鼎	一五	一二七七	一六五二
〇二五三六	鄭登伯鼎	一五	一二七八	一六五二
〇二五三七	静叔鼎	一五	一二七八	一六五二
〇二五三八	伯冋鼎	一五	一二七九	一六五二
〇二五三九	[illegible]鼎	一五	一二七九	一六五二
〇二五四〇	[illegible]鼎	一五	一二七九	一六五二
〇二五四一	仲義父鼎	一五	一二八〇	一六五二
〇二五四二	仲義父鼎	一五	一二八〇	一六五三
〇二五四三	仲義父鼎	一五	一二八一	一六五三
〇二五四四	仲義父鼎	一五	一二八一	一六五三
〇二五四五	仲義父鼎	一五	一二八二	一六五三
〇二五四六	輔伯𢎛父鼎	一五	一二八二	一六五三
〇二五四七	華季益鼎	一五	一二八三	一六五三

器號	器名	字數	拓片頁碼	說明頁碼
○二五四八	函皇父鼎	一五	一二八四	一六五三
○二五四九	[illegible]男鼎	一五	一二八五	一六五三
○二五五○	曾伯從寵鼎	一五	一二八五	一六五三
○二五五一	[illegible]鼎	一五	一二八六	一六五三
○二五五二	師麻[illegible]叔鼎	一五	一二八七	一六五三
○二五五三	䧹公鼎	一六	一二八七	一六五四
○二五五四	䧹公鼎	一六	一二八七	一六五四
○二五五五	旂鼎	一六	一二八八	一六五四
○二五五六	小臣[illegible]鼎	一六	一二八八	一六五四
○二五五七	師[illegible]鼎	一六	一二八九	一六五四
○二五五八	師賸父鼎	一六	一二八九	一六五四
○二五五九	雍伯原鼎	一六	一二九○	一六五四
○二五六○	王伯姜鼎	一六	一二九○	一六五四
○二五六一	善夫伯辛父鼎	一六	一二九○	一六五四
○二五六二	叔姬鼎	一六	一二九一	一六五四
○二五六三	曾者子鼎	一六	一二九一	一六五四
○二五六四	曾仲子敔鼎	一六	一二九二	一六五五
○二五六五	黃季鼎	一六	一二九二	一六五五
○二五六六	黃子鼎	一六	一二九三	一六五五
○二五六七	黃子鼎	一四	一二九三	一六五五
○二五六八	鑄叔作嬴氏鼎	一六	一二九四	一六五五
○二五六九	[illegible]鼎（[illegible]鼎）	一六	一二九四	一六五五

器號	器名	字數	拓片頁碼	說明頁碼
○二五七○	祀鼎	一六	一二九五	一六五五
○二五七一	祀鼎	一六	一二九五	一六五五
○二五七二	交君子鼎	一六	一二九六	一六五五
○二五七三	鄧公乘鼎	一六	一二九六	一六五五
○二五七四	鄲孝子鼎	一六	一二九七	一六五五
○二五七五	事□鼎（白鼎）	存一六	一二九八	一六五五
○二五七六	平宮鼎	一六	一二九八	一六五五
○二五七七	十七年平陰鼎蓋	一六	一二九八	一六五五
○二五七八	孋作父庚鼎（商孋鼎）	一七	一二九九	一六五六
○二五七九	[illegible]方鼎	一七	一三○○	一六五六
○二五八○	伯[illegible]父鼎	一七	一三○○	一六五六
○二五八一	小臣[illegible]鼎	一七	一三○一	一六五六
○二五八二	辛中姬皇母鼎	一七	一三○二	一六五六
○二五八三	辛中姬皇母鼎	存一○	一三○二	一六五六
○二五八四	伯夏父鼎	一七	一三○三	一六五六
○二五八五	[illegible]季鼎	一七	一三○三	一六五六
○二五八六	齊弁史喜鼎	一七	一三○四	一六五六
○二五八七	鑄子叔黑臣鼎	一七	一三○四	一六五六
○二五八八	[illegible]亥鼎	一七	一三○五	一六五六
○二五八九	弗奴父鼎（弗敏父鼎）	一七	一三○五	一六五六
○二五九○	十三年上官鼎	一七	一三○六	一六五七
○二五九一	□□辛兩鼎	一七	一三○六	一六五七

器號	器名	字數	拓片頁碼	説明頁碼
〇二五九二	魯大左𤔲徒元鼎	存一七	一三〇七	一六五七
〇二五九三	魯大左𤔲徒元鼎	一八	一三〇七	一六五七
〇二五九四	戊寅作父丁方鼎	一八	一三〇八	一六五七
〇二五九五	臣卿鼎	一八	一三〇八	一六五七
〇二五九六	叔碩父鼎	一八	一三〇九	一六五七
〇二五九七	伯鄀父鼎	一八	一三〇九	一六五七
〇二五九八	小子[illegible]鼎(寒姒鼎)	一八	一三一〇	一六五七
〇二五九九	鄭虢仲鼎	一八	一三一〇	一六五七
〇二六〇〇	吳王姬鼎	一八	一三一一	一六五七
〇二六〇一	郙伯鼎	一八	一三一二	一六五七
〇二六〇二	郙伯祁鼎	一八	一三一三	一六五八
〇二六〇三	[illegible]子丙車鼎(奚子宿車鼎)	一八	一三一四	一六五八
〇二六〇四	[illegible]子丙車鼎(奚子宿車鼎)	一八	一三一五	一六五八
〇二六〇五	鄦大邑魯生鼎(魯生鼎、壽母鼎)	一八	一三一六	一六五八
〇二六〇六	曾孫無𡢁鼎	一八	一三一六	一六五八
〇二六〇七	乙鼎	一八	一三一七	一六五八
〇二六〇八	十一年庫嗇夫鼎	一八	一三一八	一六五八
〇二六〇九	廿七年大梁司寇鼎	一八	一三一九	一六五八
〇二六一〇	廿七年大梁司寇鼎	二〇	一三一九	一六五八

器號	器名	字數	拓片頁碼	説明頁碼
〇二六一一	卅五年鼎	一八	一三二〇	一六五八
〇二六一二	玌方鼎	一八	一三二一	一六五九
〇二六一三	玌方鼎	一九	一三二一	一六五九
〇二六一四	曆方鼎	一九	一三二二	一六五九
〇二六一五	鳿叔鼎(唯叔鼎)	一九	一三二二	一六五九
〇二六一六	衛鼎	一九	一三二二	一六五九
〇二六一七	番昶伯者君鼎	一九	一三二三	一六五九
〇二六一八	番昶伯者君鼎	一九	一三二三	一六五九
〇二六一九	善夫旅伯鼎	一九	一三二四	一六五九
〇二六二〇	曾子仲諆鼎(曾子仲誨鼎)	一九	一三二四	一六五九
〇二六二一	㴱伯鼎	一九	一三二五	一六五九
〇二六二二	昶伯[illegible]鼎	一九	一三二五	一六六〇
〇二六二三	楚王酓肯鼎	一九	一三二六	一六六〇
〇二六二四	樊季氏孫仲鼎	存一九	一三二八	一六六〇
〇二六二五	豐作父丁鼎(豐鼎)	存二〇	一三二九	一六六〇
〇二六二六	獻侯鼎	二〇	一三三〇	一六六〇
〇二六二七	獻侯鼎	二〇	一三三〇	一六六〇
〇二六二八	匽侯旨鼎	二〇	一三三一	一六六〇
〇二六二九	舍父鼎(辛宮鼎)	二〇	一三三一	一六六〇
〇二六三〇	伯陶鼎(伯陵鼎)	二〇	一三三二	一六六〇
〇二六三一	南公有𤔲鼎	二〇	一三三二	一六六〇

器號	器名	字數	拓片頁碼	説明頁碼
〇二六三二	□者生鼎	二〇	一三三三	一六六〇
〇二六三三	□者生鼎	二〇	一三三三	一六六一
〇二六三四	虢文公子㚤鼎	二〇	一三三四	一六六一
〇二六三五	虢文公子㚤鼎	二〇	一三三五	一六六一
〇二六三六	虢文公子㚤鼎	二〇	一三三六	一六六一
〇二六三七	虢宣公子白鼎	二〇	一三三七	一六六一
〇二六三八	㠱侯弟鼎	二〇	一三三八	一六六一
〇二六三九	魯仲齊鼎	二〇	一三三八	一六六一
〇二六四〇	邾□白鼎	二〇	一三三九	一六六一
〇二六四一	邾□白鼎	二〇	一三三九	一六六一
〇二六四二	杞伯每匕鼎	二〇	一三四〇	一六六一
〇二六四三	伯氏始氏鼎（弃鼎）	二〇	一三四一	一六六一
〇二六四四	廊季白歸鼎	二〇	一三四二	一六六二
〇二六四五	廊季白歸鼎	二〇	一三四二	一六六二
〇二六四六	叔夜鼎	二〇	一三四三	一六六二
（〇二六〇九	廿七年大梁司寇鼎）	一八	一三一九	一六五八
（〇二六一〇	廿七年大梁司寇鼎）	二〇	一三一九	一六五八
〇二六四七	巍鼎	二〇	一三四四	一六六二
〇二六四八	小子䍙鼎	二一	一三四五	一六六二
〇二六四九	伯頵父鼎	二一	一三四六	一六六二
〇二六五〇	陳侯鼎	二一	一三四七	一六六二
〇二六五一	三年詔事鼎	二一	一三四八	一六六二

器號	器名	字數	拓片頁碼	説明頁碼
〇二六五二	郐大子鼎	存二一	一三四八	一六六二
〇二六五三	小臣缶方鼎	二二	一三四九	一六六二
〇二六五四	亳鼎	二二	一三五〇	一六六二
〇二六五五	先獸鼎	二二	一三五〇	一六六二
〇二六五六	伯吉父鼎	二二	一三五一	一六六三
〇二六五七	叔單鼎	二二	一三五一	一六六三
〇二六五八	卅六年私官鼎	二二	一三五二	一六六三
〇二六五九	𤔲鼎	存二二	一三五二	一六六三
〇二六六〇	辛鼎	二二	一三五三	一六六三
〇二六六一	德方鼎	二二	一三五四	一六六三
〇二六六二	或者鼎（國諸鼎、戎者鼎）	二二	一三五四	一六六三
〇二六六三	伯鮮鼎	二二	一三五五	一六六三
〇二六六四	伯鮮鼎	二二	一三五五	一六六三
〇二六六五	伯鮮鼎	二二	一三五六	一六六三
〇二六六六	伯鮮鼎	二二	一三五六	一六六三
〇二六六七	鄭伯士叔皇父鼎	二二	一三五七	一六六四
〇二六六八	鐘伯侵鼎	二二	一三五八	一六六四
〇二六六九	叔液鼎	二二	一三五九	一六六四
〇二六七〇	旂鼎	二四	一三五九	一六六四
〇二六七一	虘父鼎	二四	一三六〇	一六六四
〇二六七二	虘父鼎	存二三	一三六一	一六六四

器號	器名	字數	拓片頁碼	說明頁碼
〇二六七三	羌鼎	存二四	一三六二	一六六四
〇二六七四	征人鼎	二四	一三六二	一六六四
〇二六七五	郳王糧鼎	二四	一三六三	一六六四
〇二六七六	𢐗伯鼎	二五	一三六四	一六六四
〇二六七七	𢐗伯鼎	二五	一三六四	一六六四
〇二六七八	小臣鼎（昜鼎）	二五	一三六五	一六六五
〇二六七九	𣄨叔樊鼎	二五	一三六五	一六六五
〇二六八〇	諆鼎	二五	一三六六	一六六五
〇二六八一	姬鼎（姬𩰫彝鼎）	二五	一三六七	一六六五
〇二六八二	新邑鼎（柬鼎）	存二五	一三六八	一六六五
〇二六八三	宗婦鄁嫛鼎	二五	一三六八	一六六五
〇二六八四	宗婦鄁嫛鼎	二五	一三六九	一六六五
〇二六八五	宗婦鄁嫛鼎	二五	一三六九	一六六五
〇二六八六	宗婦鄁嫛鼎	二五	一三七〇	一六六五
〇二六八七	宗婦鄁嫛鼎	二五	一三七〇	一六六五
〇二六八八	宗婦鄁嫛鼎	二五	一三七一	一六六六
〇二六八九	宗婦鄁嫛鼎	二五	一三七一	一六六六
〇二六九〇	𢦏叔朕鼎	二五	一三七二	一六六六
〇二六九一	𢦏叔朕鼎	二五	一三七三	一六六六
〇二六九二	𢦏叔朕鼎	二五	一三七四	一六六六
〇二六九三	廿三年稾朝鼎	二五	一三七五	一六六六
〇二六九四	成[illegible]鼎	二六	一三七六	一六六六
〇二六九五	員方鼎	二六	一三七七	一六六六
〇二六九六	𪎷鼎（内史龏鼎）	二六	一三七七	一六六六
〇二六九七	楙伯車父鼎	二六	一三七八	一六六六
〇二六九八	楙伯車父鼎	二六	一三七九	一六六六
〇二六九九	楙伯車父鼎	二六	一三八〇	一六六七
〇二七〇〇	楙伯車父鼎	二六	一三八一	一六六七
〇二七〇一	公朱左自鼎	二六	一三八二	一六六七
〇二七〇二	叟方鼎	二七	一三八三	一六六七
〇二七〇三	堇鼎	二七	一三八四	一六六七
〇二七〇四	旟鼎	二七	一三八五	一六六七
〇二七〇五	窑鼎（窸鼎）	二七	一三八六	一六六七
〇二七〇六	麥方鼎	二七	一三八六	一六六七
〇二七〇七	右使車嗇夫鼎	二七	一三八七	一六六七
〇二七〇八	成𡥈鼎（成嗣子鼎）	二八	一三八八	一六六七
〇二七〇九	邐方鼎（尹光方鼎）	二八	一三八九	一六六八
〇二七一〇	帝蕽鼎	二八	一三八九	一六六八
〇二七一一	作册豊鼎（作册豐鼎）	二八	一三八九	一六六八
〇二七一二	乃子克鼎	二八	一三九〇	一六六八
〇二七一三	師趛鼎	二八	一三九一	一六六八
〇二七一四	鄮公鼎	二八	一三九二	一六六八
〇二七一五	庚兒鼎	存二八	一三九三	一六六八
〇二七一六	庚兒鼎	二九	一三九四	一六六八

器號	器名	字數	拓片頁碼	說明頁碼
〇二七一七	王子吴鼎	二九	一三九五	一六六八
〇二七一八	寓鼎	三〇	一三九五	一六六八
〇二七一九	公貿鼎	三〇	一三九六	一六六八
〇二七二〇	井鼎	三〇	一三九七	一六六八
〇二七二一	廏鼎(師雝父鼎)	三〇	一三九七	一六六九
〇二七二二	寬兒鼎	三〇	一三九八	一六六九
〇二七二三	師艅鼎	三一	一三九九	一六六九
〇二七二四	毛公旅方鼎	三一	一三九九	一六六九
〇二七二五	歸娥方鼎	三一	一四〇〇	一六六九
〇二七二六	歸娥方鼎	三一	一四〇〇	一六六九
〇二七二七	師器父鼎	三一	一四〇一	一六六九
〇二七二八	旅鼎	三二	一四〇二	一六六九
〇二七二九	𢼸駇方鼎	三二	一四〇二	一六六九
〇二七三〇	原趠方鼎(趠鼎趠齍)	三二	一四〇三	一六七〇
〇二七三一	疐鼎	三二	一四〇三	一六七〇
〇二七三二	簹大史申鼎(簹鼎)	三二	一四〇四	一六七〇
〇二七三三	衛鼎	三二	一四〇五	一六七〇
〇二七三四	仲𢆶父鼎	三三	一四〇五	一六七〇
〇二七三五	不栺方鼎	三三	一四〇六	一六七〇
〇二七三六	不栺方鼎	三三	一四〇六	一六七〇
〇二七三七	曾子仲宣鼎	三三	一四〇七	一六七〇
〇二七三八	蔡大師鼎	三三	一四〇八	一六七〇

器號	器名	字數	拓片頁碼	說明頁碼
〇二七三九	塱方鼎(周公東征鼎)	三三	一四〇九	一六七一
〇二七四〇	雪鼎	三五	一四一〇	一六七一
〇二七四一	雪鼎	三五	一四一〇	一六七一
〇二七四二	瘨鼎	三五	一四一一	一六七一
〇二七四三	仲師父鼎	三五	一四一二	一六七一
〇二七四四	仲師父鼎	三五	一四一三	一六七一
〇二七四五	函皇父鼎	三五	一四一四	一六七一
〇二七四六	梁十九年亡智鼎	三五	一四一五	一六七一
〇二七四七	師秦宮鼎	存三五	一四一六	一六七一
〇二七四八	庚嬴鼎	三六	一四一七	一六七一
〇二七四九	害鼎	三七	一四一七	一六七一
〇二七五〇	上曾大子鼎	三七	一四一八	一六七一
〇二七五一	中方鼎	三九	一四一九	一六七二
〇二七五二	中方鼎	三九	一四二〇	一六七二
〇二七五三	鄀公諴鼎	三九	一四二一	一六七二
〇二七五四	吕方鼎	存四〇	一四二二	一六七二
〇二七五五	穵鼎	四〇	一四二三	一六七二
〇二七五六	寓鼎	四〇	一四二四	一六七二
〇二七五七	曾子斿鼎	存四〇	一四二五	一六七二
〇二七五八	作冊大方鼎	四〇	一四二六	一六七二
〇二七五九	作冊大方鼎	四一	一四二六	一六七二
〇二七六〇	作冊大方鼎	四一	一四二七	一六七三

器號	器名	字數	拓片頁碼	說明頁碼
〇二七六一	作册大方鼎	四一	一四二七	一六七三
〇二七六二	史顯鼎	四一	一四二八	一六七三
〇二七六三	我方鼎（我甗、禦鼎、禦簋）	四二	一四二九	一六七三
〇二七六四	卅二年坪安君鼎	存四二	一四三一	一六七三
〇二七六五	蟎鼎	四四	一四三二	一六七三
〇二七六六	郐[illegible]尹譬鼎	四四	一四三三	一六七三
〇二七六七	㝬叔鼎	四六	一四三五	一六七三
〇二七六八	㳄其鼎	四六	一四三六	一六七四
〇二七六九	㳄其鼎	四六	一四三七	一六七四
〇二七七〇	㳄其鼎	四六	一四三八	一六七四
〇二七七一	鄀公平侯鼎	四六	一四三九	一六七四
〇二七七二	鄀公平侯鼎	四六	一四四〇	一六七四
〇二七七三	信安君鼎	四六	一四四一	一六七四
〇二七七四	師隹鼎	四七	一四四二	一六七四
（〇二八〇六	大鼎）	存四七	一四七五	一六七八
（〇二八〇七	大鼎）	存四七	一四七六	一六七八
（〇二八〇八	大鼎）	存四七	一四七七	一六七八
〇二七七五	小臣夌鼎（季娟鼎）	四八	一四四三	一六七四
〇二七七六	剌鼎	四八	一四四三	一六七四
〇二七七七	史伯碩父鼎	四八	一四四四	一六七四
〇二七七八	史獸鼎	五〇	一四四五	一六七四

器號	器名	字數	拓片頁碼	說明頁碼
〇二七七九	師同鼎	五一	一四四六	一六七五
〇二七八〇	師湯父鼎	五二	一四四七	一六七五
〇二七八一	庚季鼎（南季鼎）	五三	一四四八	一六七五
〇二七八二	哀成叔鼎	五四	一四四九	一六七五
〇二七八三	七年趞曹鼎	五六	一四五〇	一六七五
〇二七八四	十五年趞曹鼎	五七	一四五一	一六七五
〇二七八五	中方鼎	五七	一四五二	一六七五
〇二七八六	康鼎	六〇	一四五三	一六七五
（〇二七九四	楚王酓忎鼎）	存六〇	一四六二	一六七六
（〇二七九五	楚王酓忎鼎）	存六〇	一四六四	一六七六
〇二七八七	史頌鼎	六一	一四五四	一六七六
〇二七八八	史頌鼎	六一	一四五五	一六七六
〇二七八九	𢦚方鼎	六三	一四五六	一六七六
〇二七九〇	微䜌鼎	六三	一四五七	一六七六
〇二七九一	伯姜鼎	六四	一四五八	一六七六
〇二七九二	大矢始鼎（大夫始鼎）	存六四	一四五九	一六七六
〇二七九三	坪安君鼎	六四	一四六一	一六七六
〇二七九四	楚王酓忎鼎	六六	一四六二	一六七六
〇二七九五	楚王酓忎鼎	存六〇	一四六四	一六七七
〇二七九六	小克鼎	七〇	一四六五	一六七七
〇二七九七	小克鼎	存六六	一四六六	一六七七

器號	器名	字數	拓片頁碼	說明頁碼
○二七九八	小克鼎	七○	一四六七	一六七七
○二七九九	小克鼎	七○	一四六八	一六七七
○二八○○	小克鼎	七○	一四六九	一六七七
○二八○一	小克鼎	七○	一四七○	一六七七
○二八○二	小克鼎	七○	一四七一	一六七七
○二八○三	令鼎	七○	一四七二	一六七八
○二八○四	利鼎	七○	一四七三	一六七八
○二八○五	南宮柳鼎	七七	一四七四	一六七八
○二八○六	大鼎（己伯鼎）	存四七	一四七五	一六七八
○二八○七	大鼎	七八	一四七六	一六七八
○二八○八	大鼎	七八	一四七七	一六七八
○二八○九	師旂鼎	七九	一四七八	一六七八
○二八一○	噩侯鼎	七九	一四七九	一六七八
○二八一一	王子午鼎	八五	一四八○	一六七九
○二八一二	師望鼎	九一	一四八一	一六七九
○二八一三	師奎父鼎	九二	一四八二	一六七九
○二八一四	無叀鼎	九三	一四八三	一六七九
○二八一五	趞鼎	九五	一四八四	一六七九
○二八一六	伯晨鼎	九七	一四八五	一六七九
○二八一七	師晨鼎	存九七	一四八六	一六七九
○二八一八	鬲攸從鼎（鬲比鼎、鬲攸比鼎）	九八	一四八八	一六八○

器號	器名	字數	拓片頁碼	說明頁碼
○二八一九	寰鼎	一○○	一四八九	一六八○
○二八二○	善鼎	一一○	一四九○	一六八○
○二八二一	此鼎	一一○	一四九一	一六八○
○二八二二	此鼎	一一○	一四九二	一六八○
○二八二三	此鼎	一一○	一四九三	一六八○
○二八二四	𢦚方鼎	一一三	一四九四	一六八○
○二八二五	善夫山鼎	一一九	一四九五	一六八○
○二八二六	晉姜鼎	一二一	一四九六	一六八○
○二八二七	頌鼎	一四九	一四九七	一六八○
○二八二八	頌鼎	一四九	一四九九	一六八一
○二八二九	頌鼎	一四九	一五○一	一六八一
○二八三○	師𩛥鼎	一九○	一五○二	一六八一
○二八三一	九年衛鼎	一九一	一五○四	一六八一
○二八三二	五祀衛鼎	二○一	一五○六	一六八一
○二八三三	禹鼎	二○四	一五○八	一六八一
○二八三四	禹鼎	存一五六	一五一○	一六八一
○二八三五	多友鼎	二七五	一五一二	一六八一
○二八三六	大克鼎	二八一	一五一四	一六八一
○二八三七	大盂鼎	二八六	一五一六	一六八二
○二八三八	曶鼎	存三七六	一五一九	一六八二
○二八三九	小盂鼎	約三九○	一五二二	一六八二
○二八四○	中山王嚳鼎	四五七	一五二五	一六八二

器號	器名	字數	拓片頁碼	説明頁碼
〇二八四一	毛公鼎	四七九	一五三四	一六八二

且鼎

祖

00984

丁鼎

丁

00986

父鼎

父

00985

庯鼎

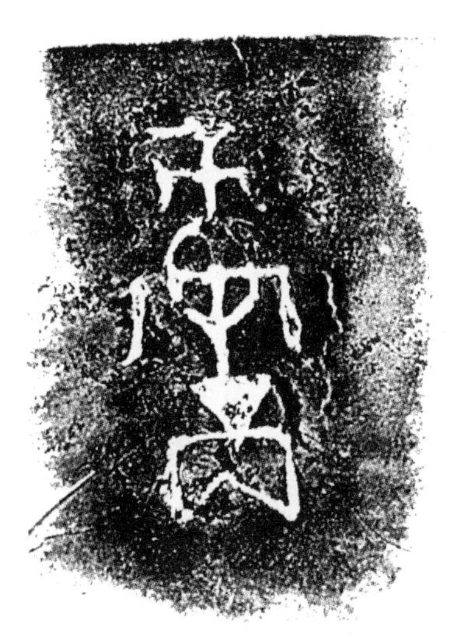

庯（庚）

00987

廗鼎

廗（庚）

00988

辛鼎

辛

00989

夸鼎

辛

00990

天鼎

天

00991

芇鼎

芇

00992

見鼎

見

00994

卩鼎

卩

00993

矢鼎

矢

00995

方鼎

吳

00996

方鼎

吳

00997

婳鼎

婳

00998

好鼎

好

00999

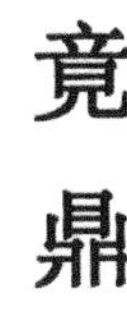

竟鼎

竟

01000

保鼎

保

01001

保鼎

保

01002

重鼎

重

01003

重鼎

重

01004

鼎

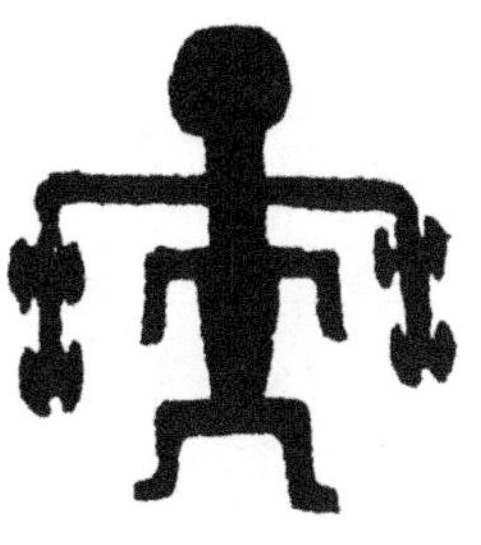

倗

01005

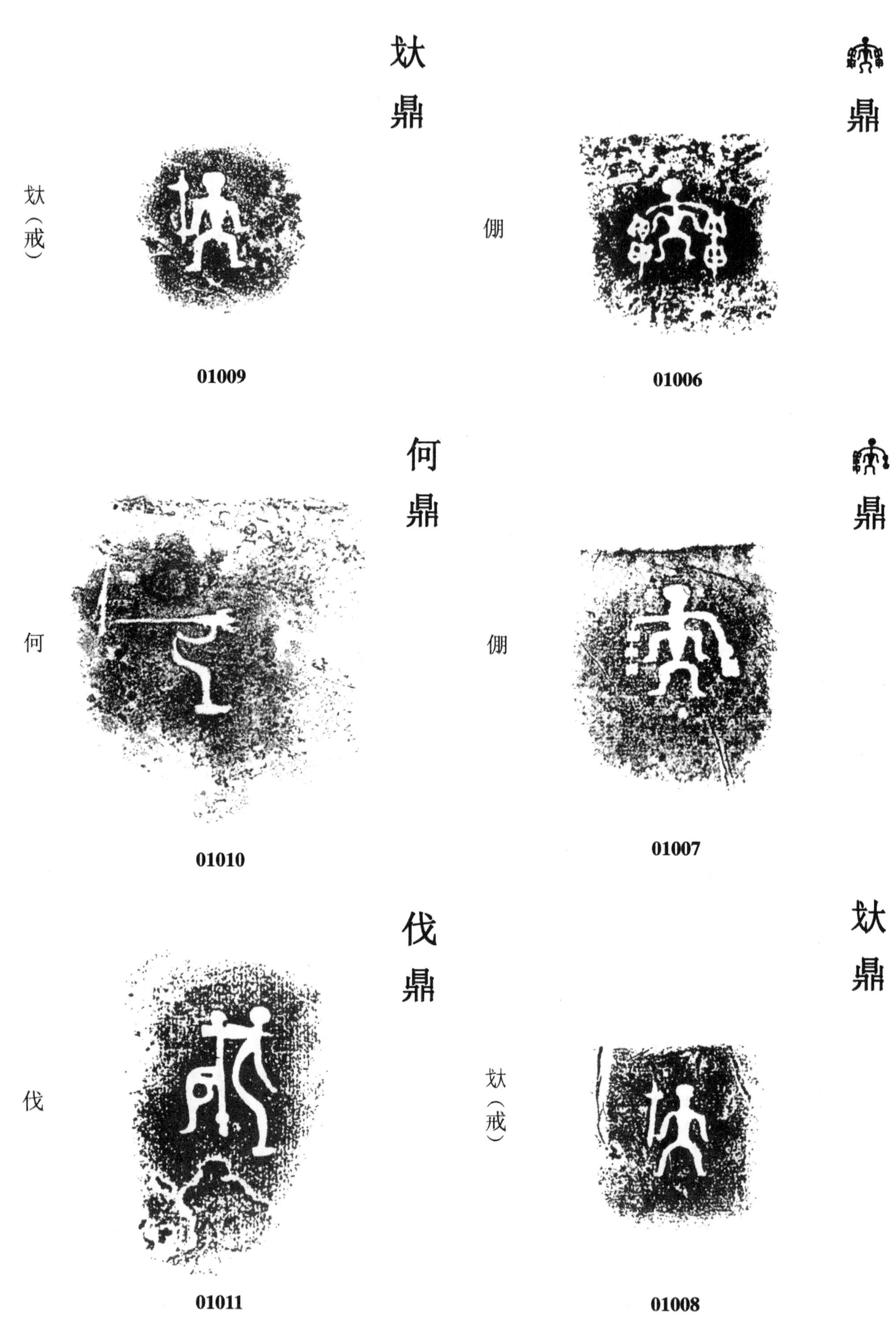

鼎

倗

01006

鼎

倗

01007

⿰戈大鼎

⿰戈大（戒）

01008

⿰戈大鼎

⿰戈大（戒）

01009

何鼎

何

01010

伐鼎

伐

01011

鼎

[illegible]（[illegible]）

01012

鼎

[illegible]

01013

化鼎

化

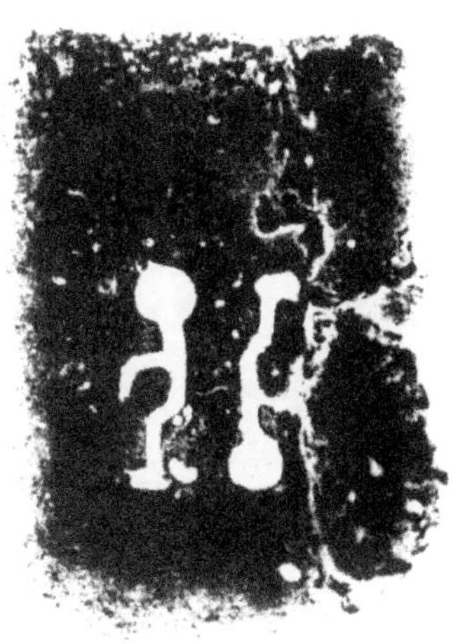

01014

文鼎

文

01015

付鼎

付

01016

鼎

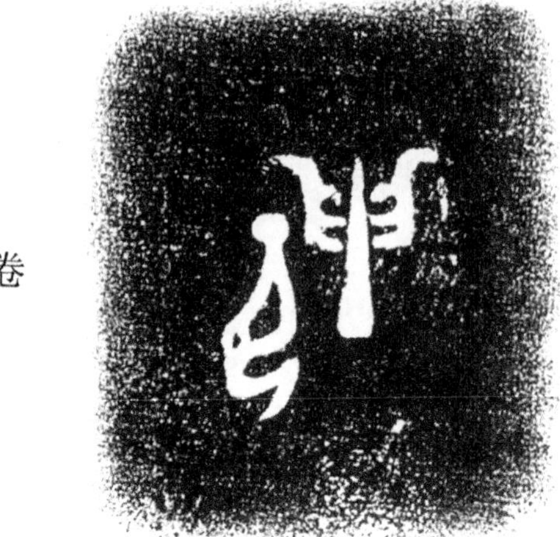

卷

01017

鼎

畀

01019

鼎

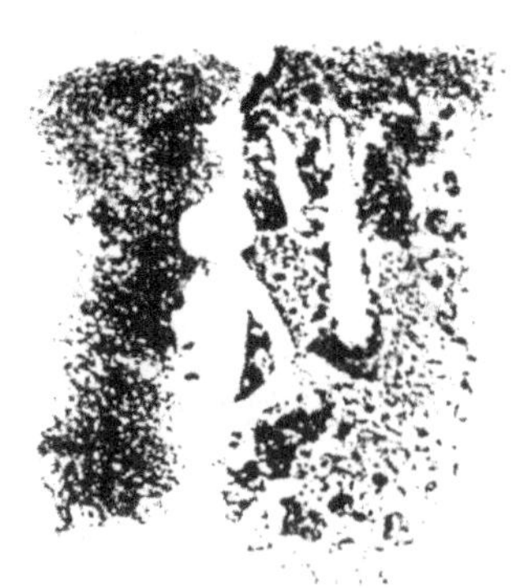

卷

01018

鼎

兇（暫）

01020

㚇鼎

兇（斷）

01021

㚇鼎

兇（斷）

01022

㚇鼎

兇（斷）

01023

[illegible]鼎

光

01024

光鼎

光

01025

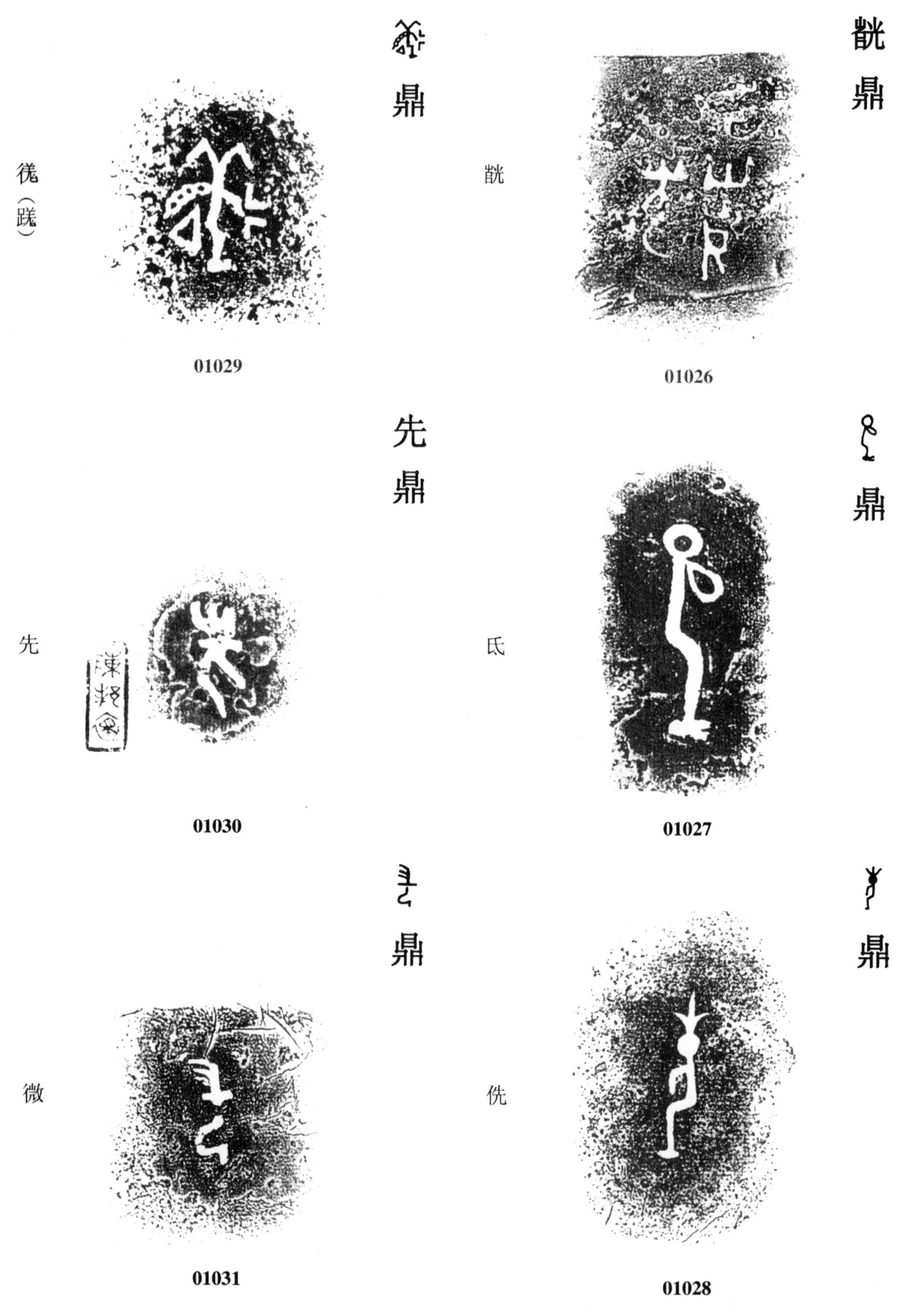

觥鼎

觥

01026

𠂤鼎

氏

01027

𠂤鼎

侁

01028

𠂤鼎

⿰彳先（跣）

01029

先鼎

先

01030

𠂤鼎

微

01031

鼎

敎(撻)氏

01032

鼎

髭

01033

鼎

髻

01034

屰鼎

逆

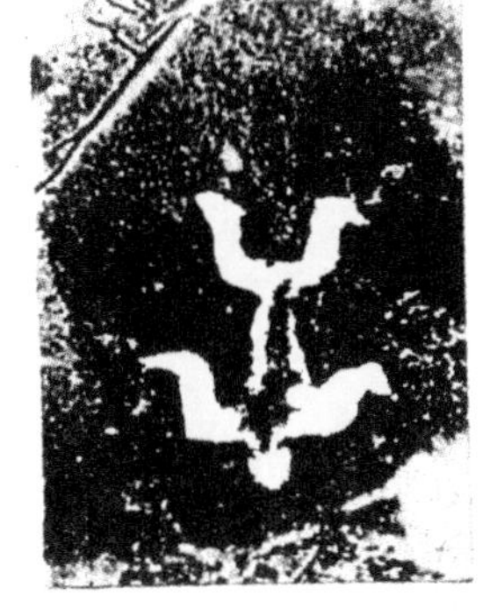

01035

屰鼎

逆

01036

兒鼎

兒

01037

兒鼎

兒

01038

兒鼎

兒

01039

□鼎

裏

01040

□鼎

裏

01041

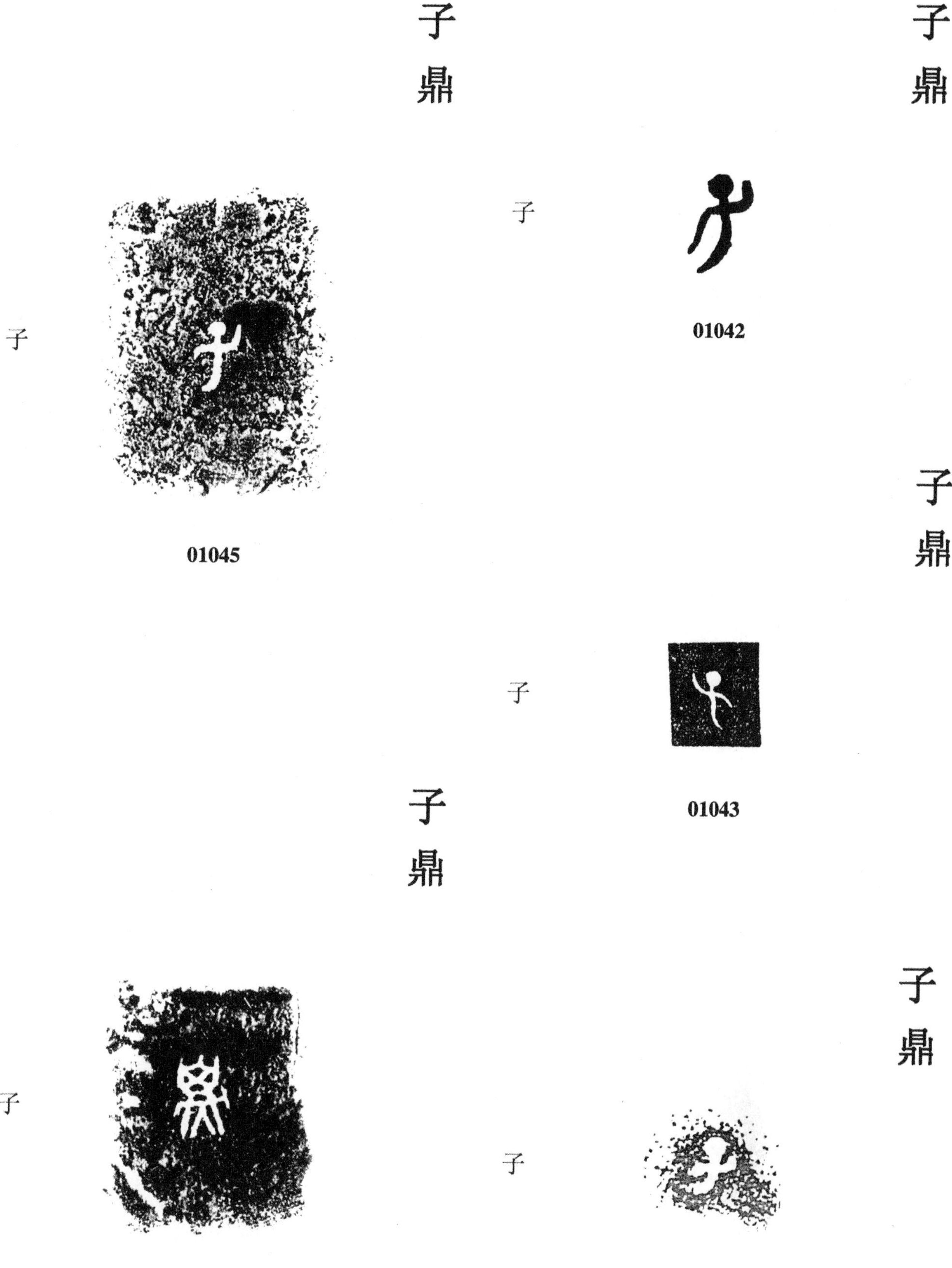

子鼎

子

01042

子鼎

子

01043

子鼎

子

01044

子鼎

子

01045

子鼎

子

01046

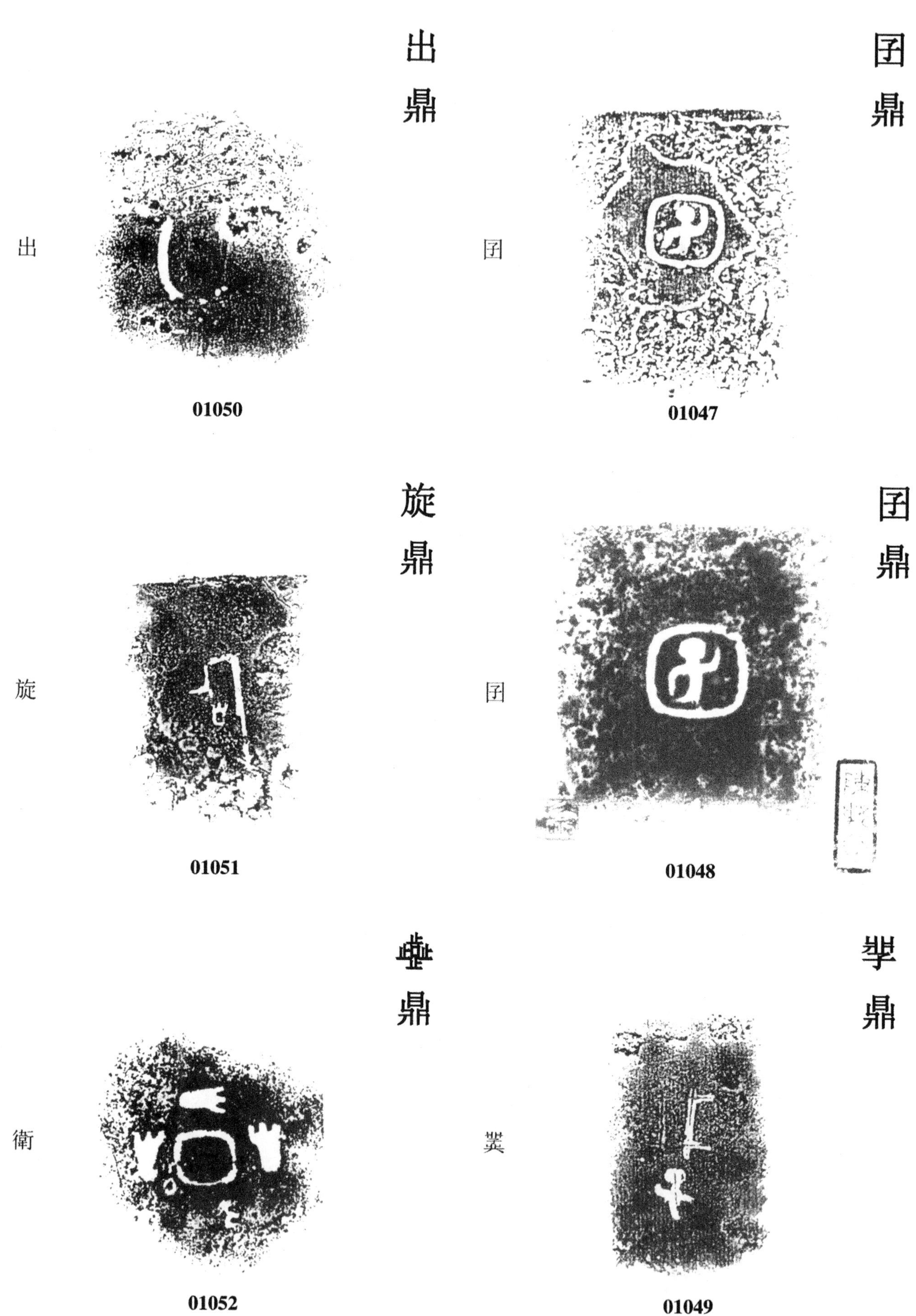

囝鼎

囝

01047

囝鼎

囝

01048

[illegible]鼎

巽

01049

出鼎

出

01050

旋鼎

旋

01051

[illegible]鼎

衛

01052

韋鼎

韋（圍）

01053

韋鼎

韋（圍）

01054

韋鼎

韋（圍）

01055

韋鼎

韋（圍）

01056

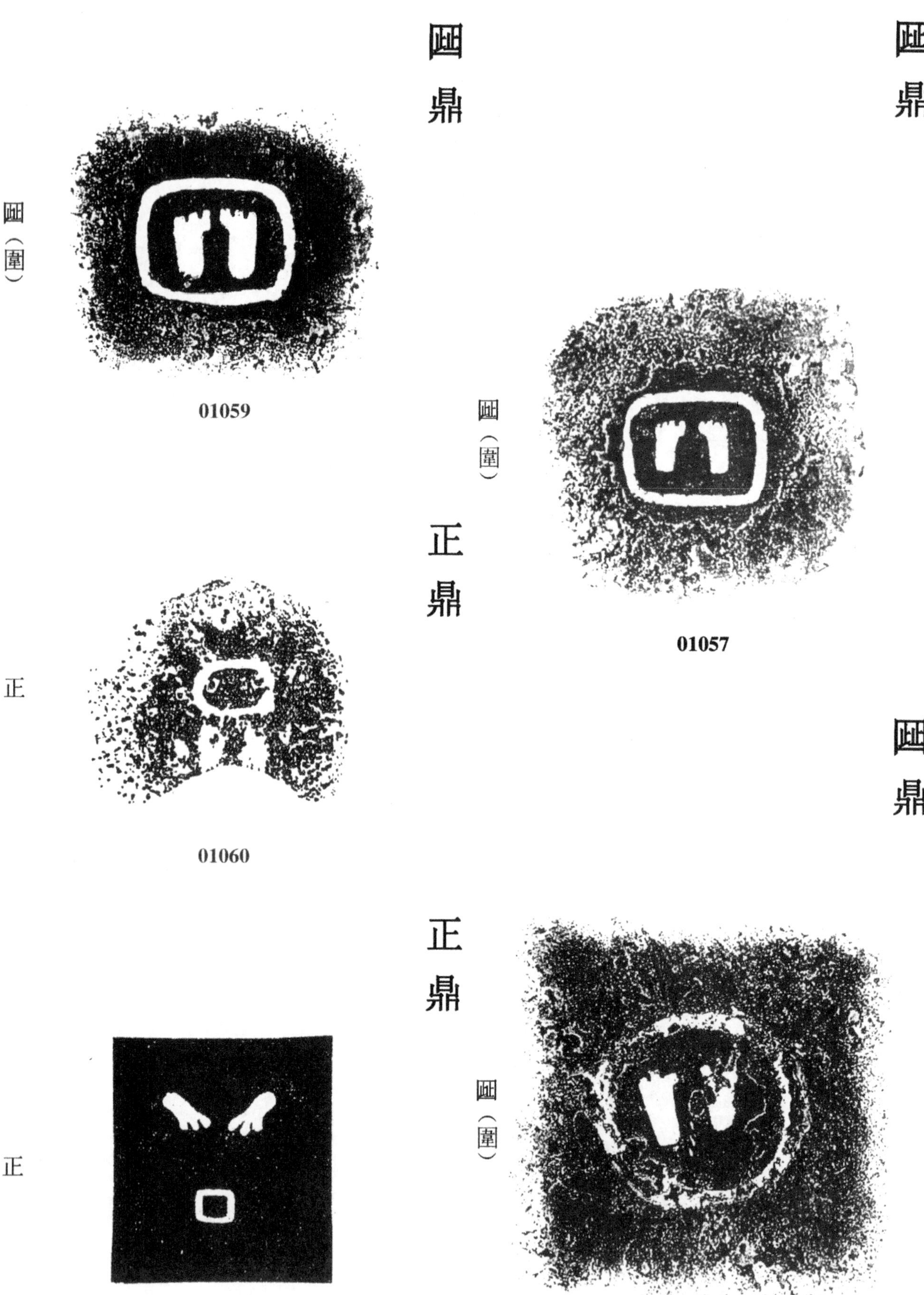

⿴囗止止鼎

⿴囗止止（圍）

01057

⿴囗止止鼎

⿴囗止止（圍）

01058

⿴囗止止鼎

⿴囗止止（圍）

01059

正鼎

正

01060

正鼎

正

01061

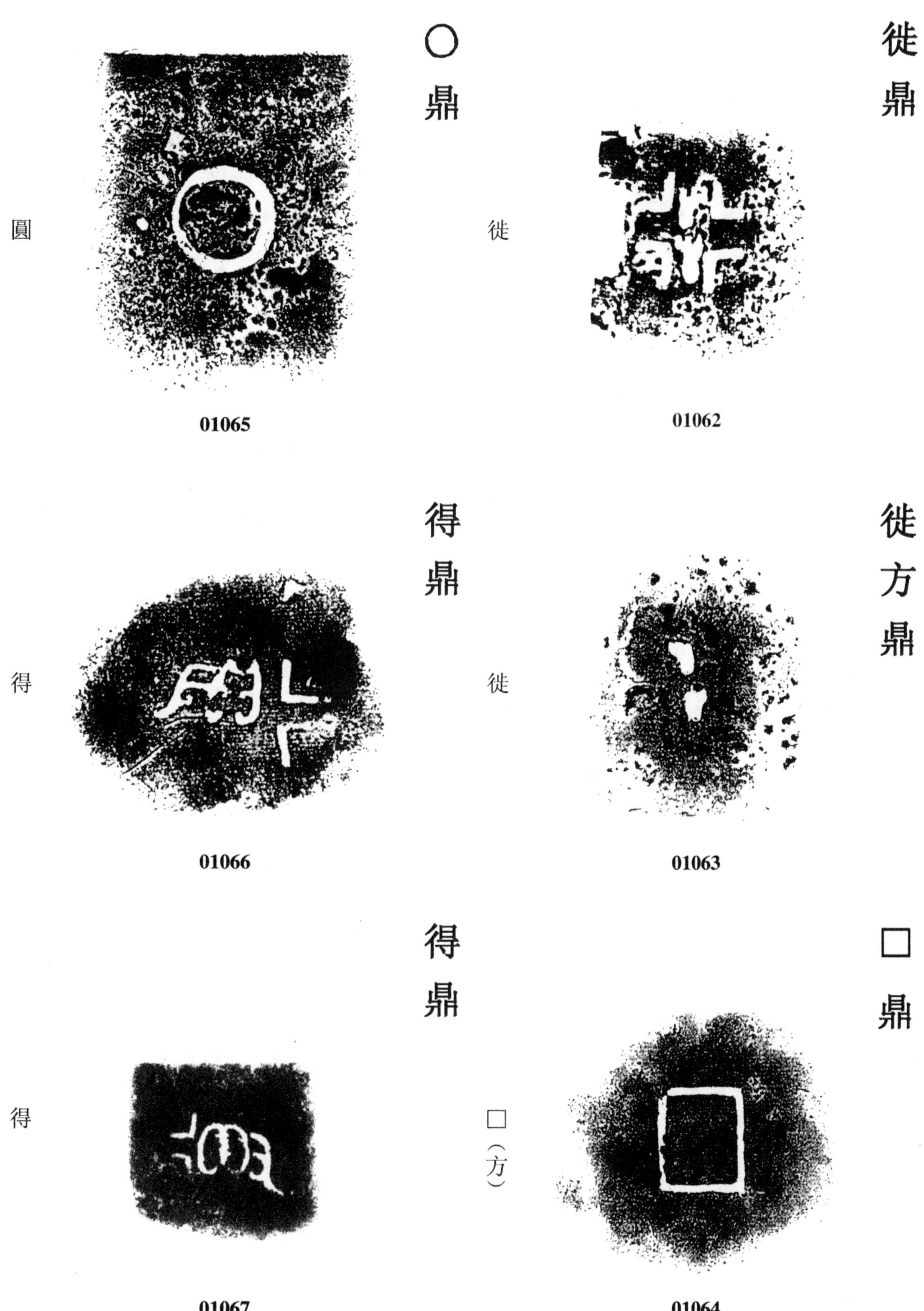

徙鼎

徙

01062

徙方鼎

徙

01063

□鼎

□（方）

01064

○鼎

圓

01065

得鼎

得

01066

得鼎

得

01067

妥鼎

妥

01068

矤鼎

矤（矧）

01069

羞鼎

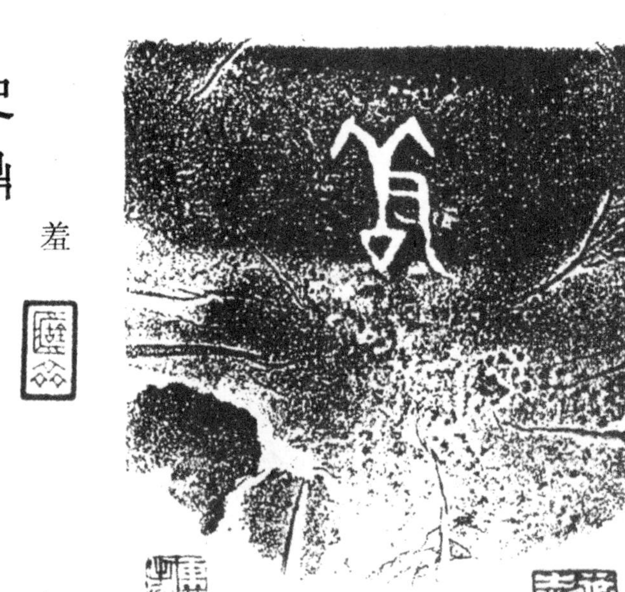

羞

01070

羞鼎

羞

01071

羞方鼎

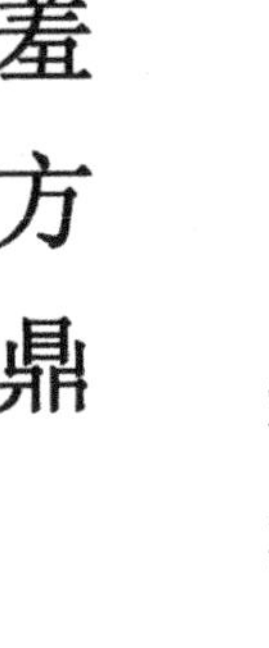

羞

01072

史鼎

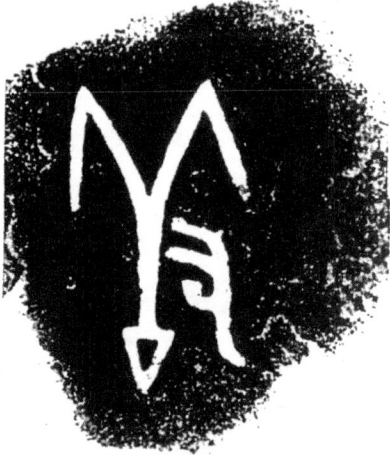

史

01073

史鼎

史

01074

史鼎

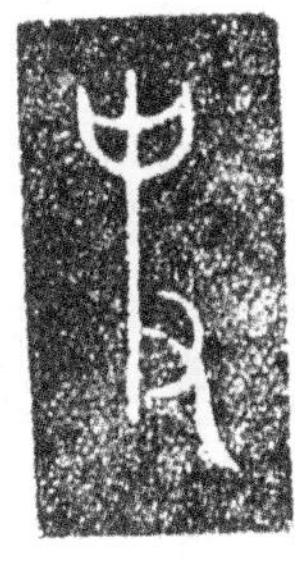

史

01075

史鼎

史

01076

史鼎

史

01077

史鼎

史

01078

史鼎

史

01079

史鼎

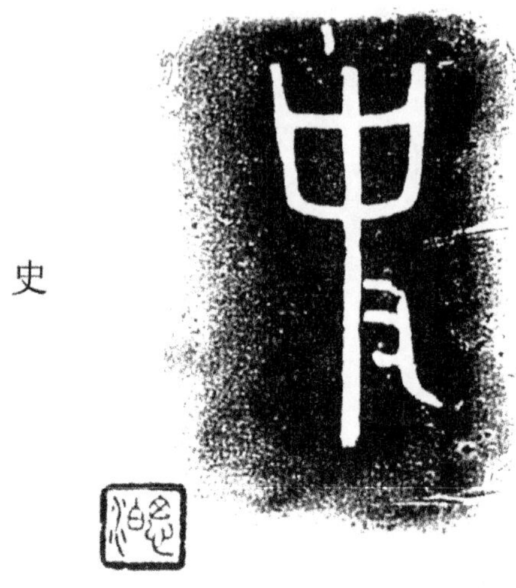

史

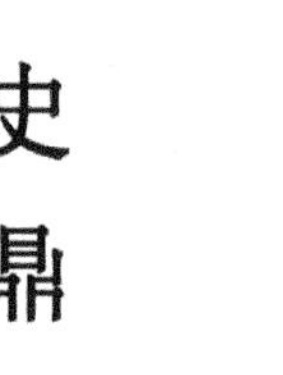

01080

史鼎

史

01081

史鼎

史

01082

史鼎

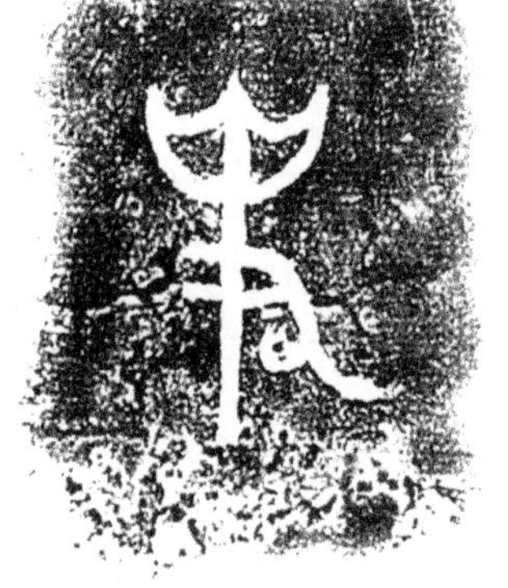

史

01083

史鼎

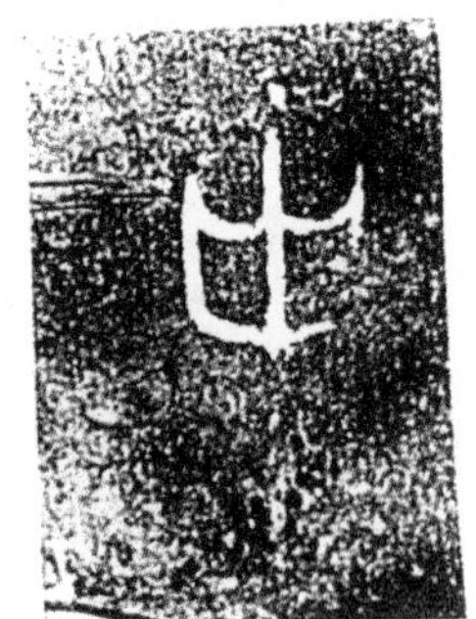

史

01084

史鼎

史

01085

史鼎

史

01088

史鼎

史

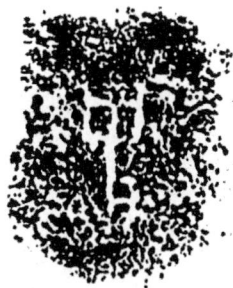

01086

鼎

離

01089

史鼎

史

01087

又鼎

又

01090

収鼎

収

01091

[illegible]方鼎

拳

01092

[illegible]鼎

叟

01093

[illegible]鼎

叟

01094

[illegible]鼎

叟

01095

[illegible]鼎

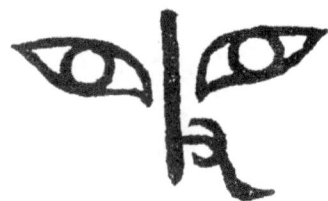

[illegible]

01096

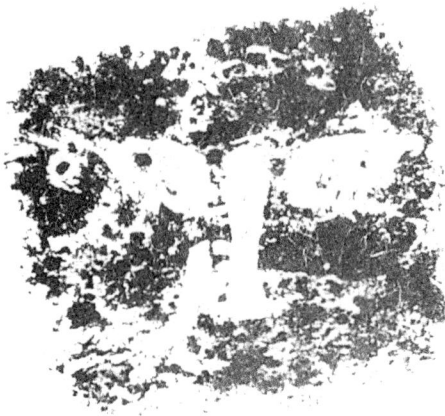

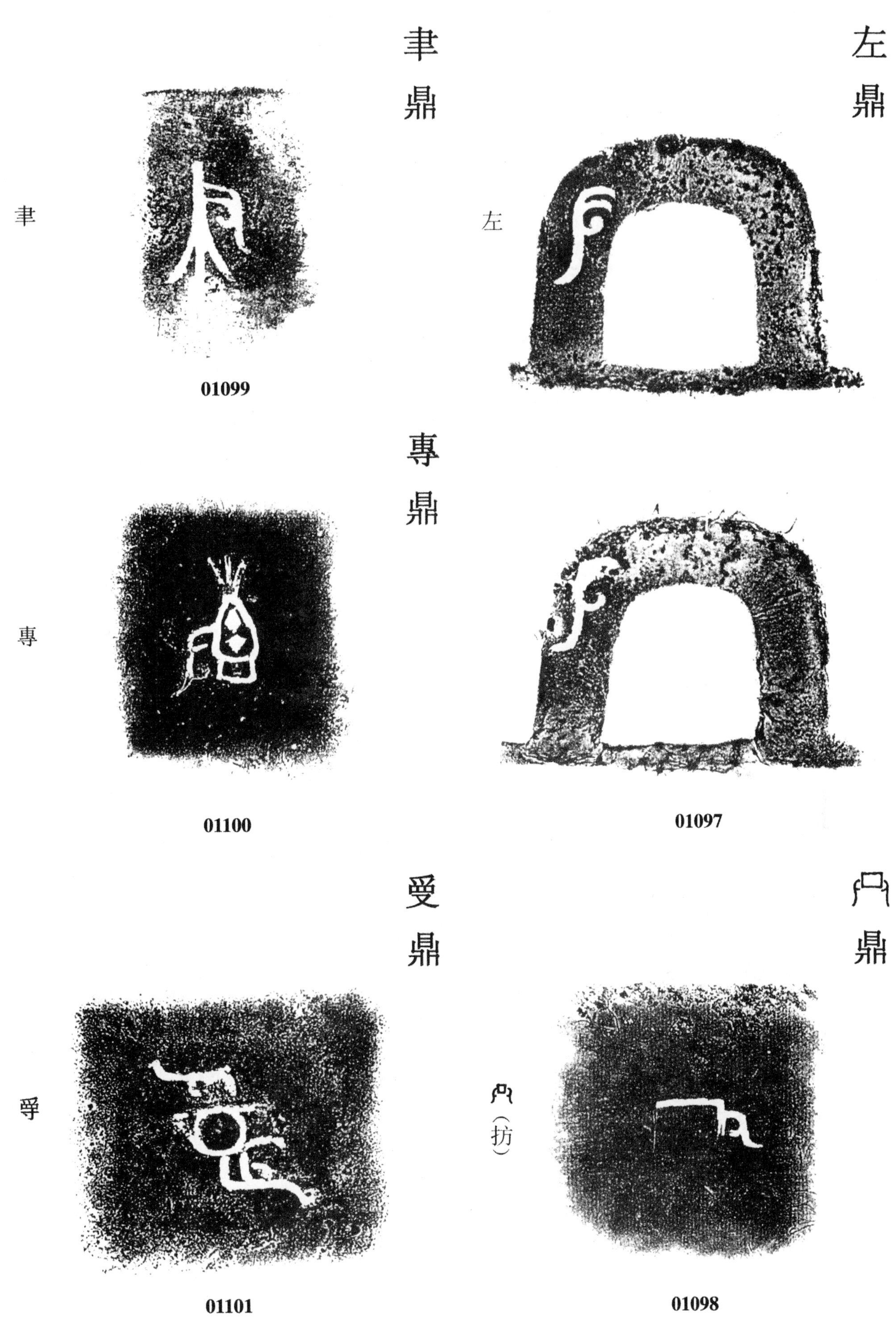

左鼎

左

01097

[illegible]鼎

[illegible]（扐）

01098

聿鼎

聿

01099

專鼎

專

01100

受鼎

寽

01101

牛方鼎

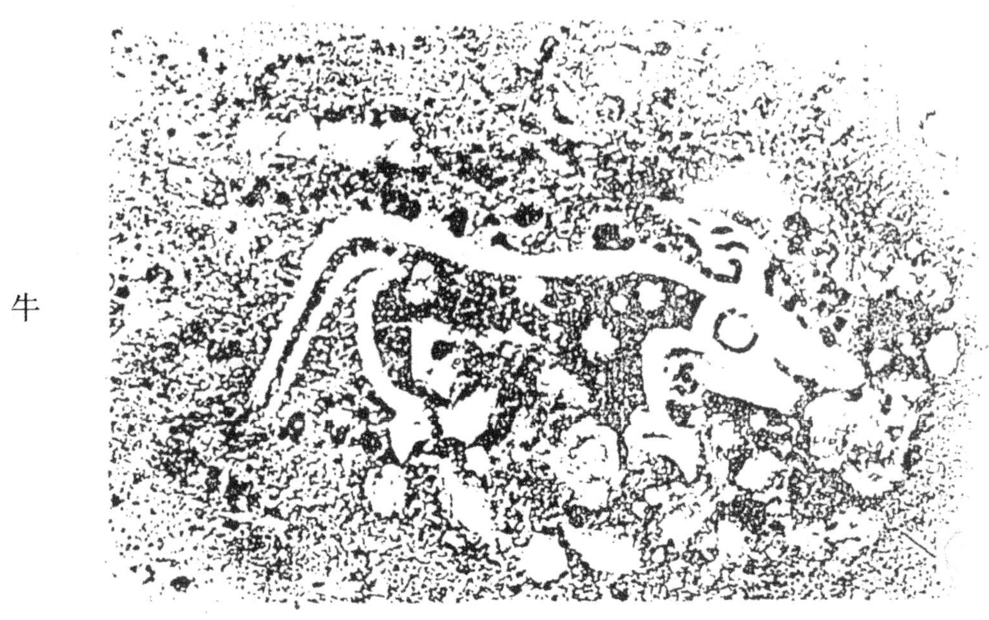

01102

牛鼎

牛鼎

01104.2 01104.1 01103

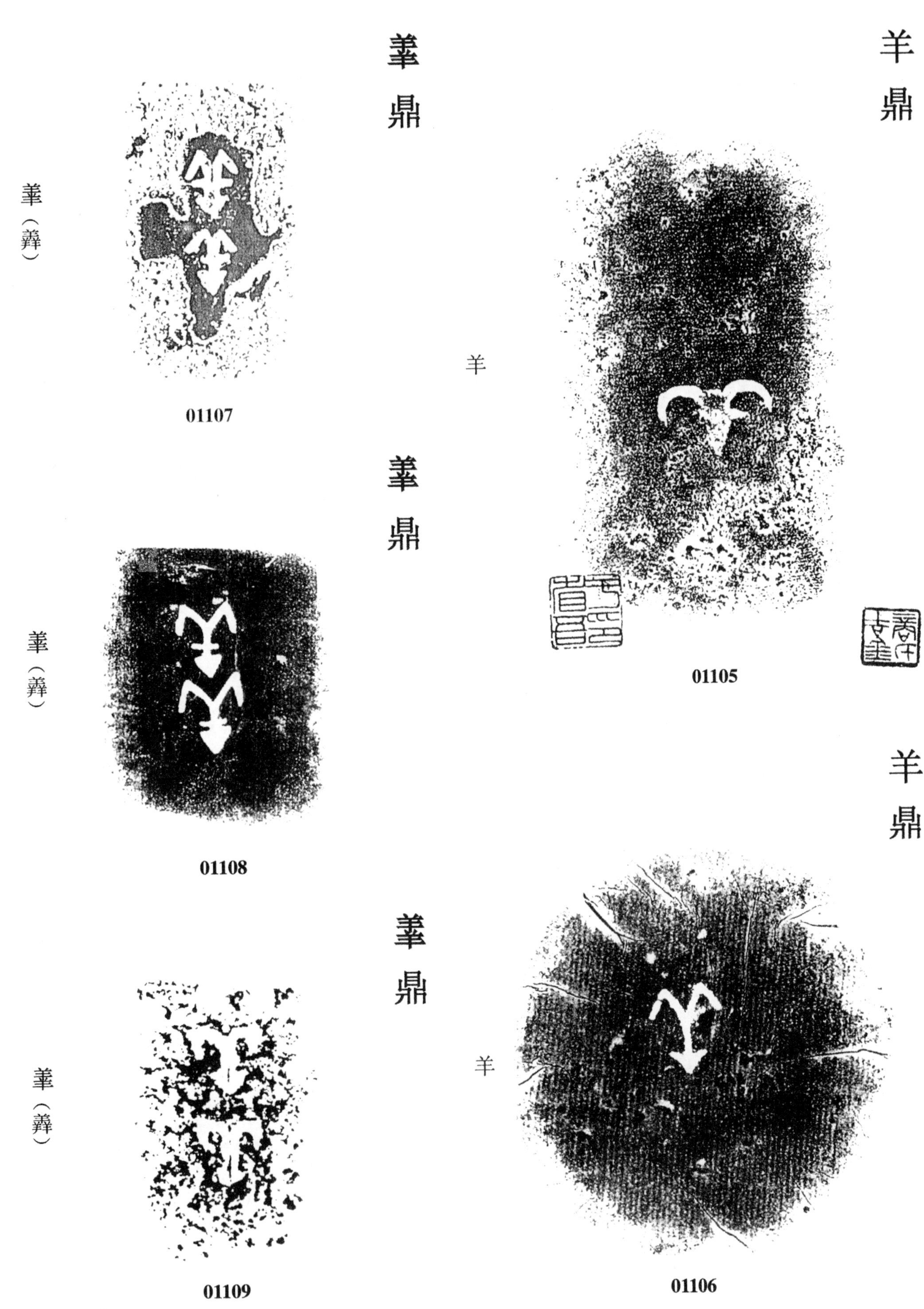

羊鼎

羊

01105

羊鼎

羊

01106

羍鼎

羍（彝）

01107

羍鼎

羍（彝）

01108

羍鼎

羍（彝）

01109

鹿方鼎

鹿

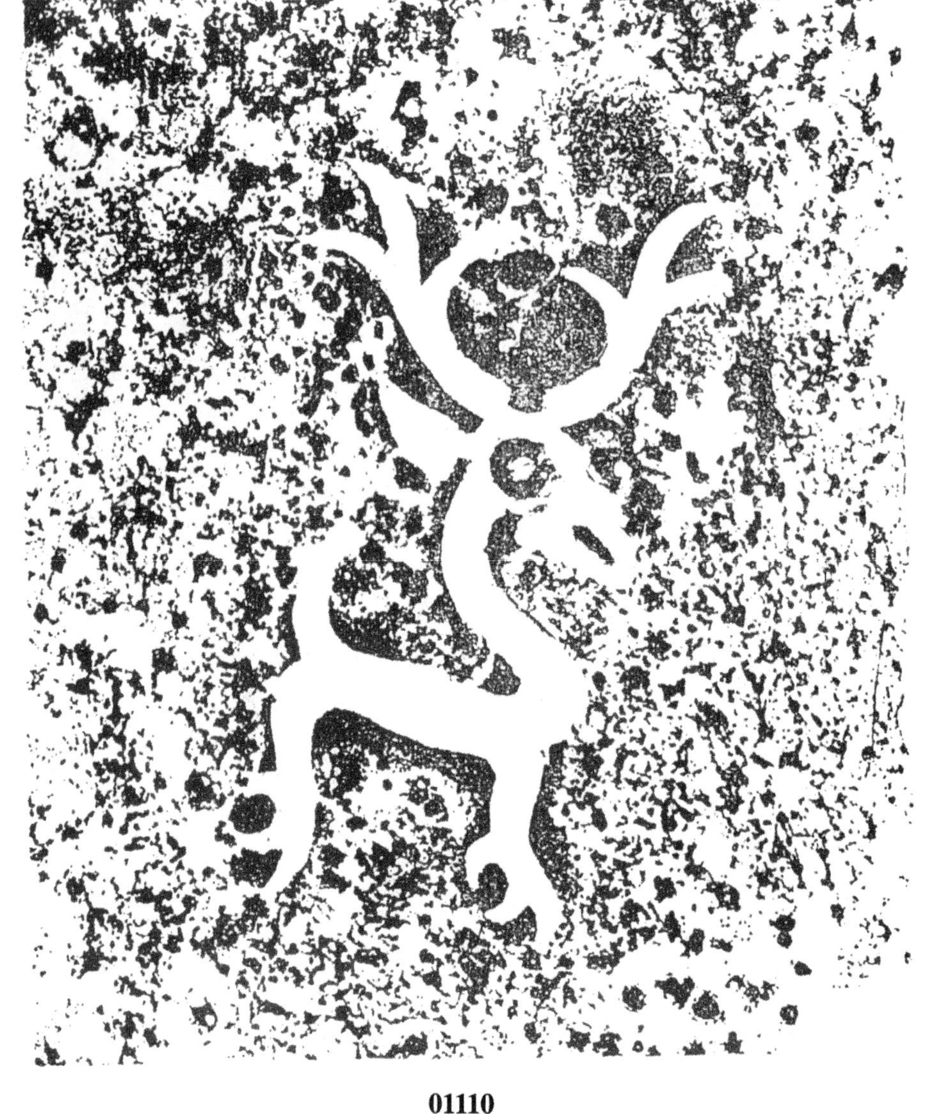

01110

獸形銘鼎

驢

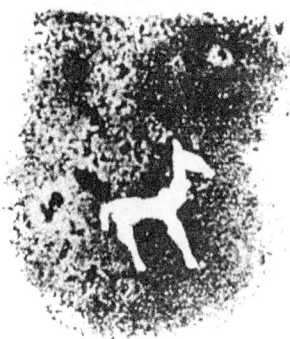

01111

獸形銘鼎

漉

01112

⿱大豕鼎

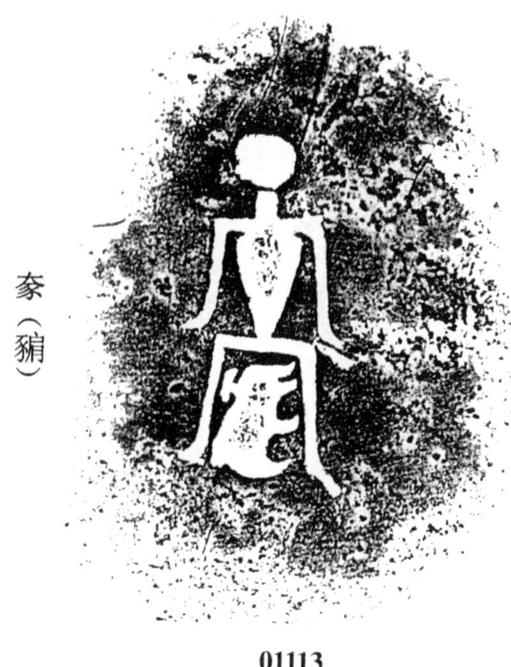

⿱大豕（⿰豸肙）

01113

⿱大豕鼎

⿱大豕（⿰豸肙）

01115

⿱大豕鼎

⿱大豕（⿰豸肙）

01114

⿱大豕鼎

⿱大豕（⿰豸肙）

01116

夒鼎

獿

01117

夒鼎

獿

01118

龍鼎

龍

01119

鳥形銘鼎

鴅（？）

01120

鳥形銘鼎

鴅（？）

01121

隻鼎

獲

01122

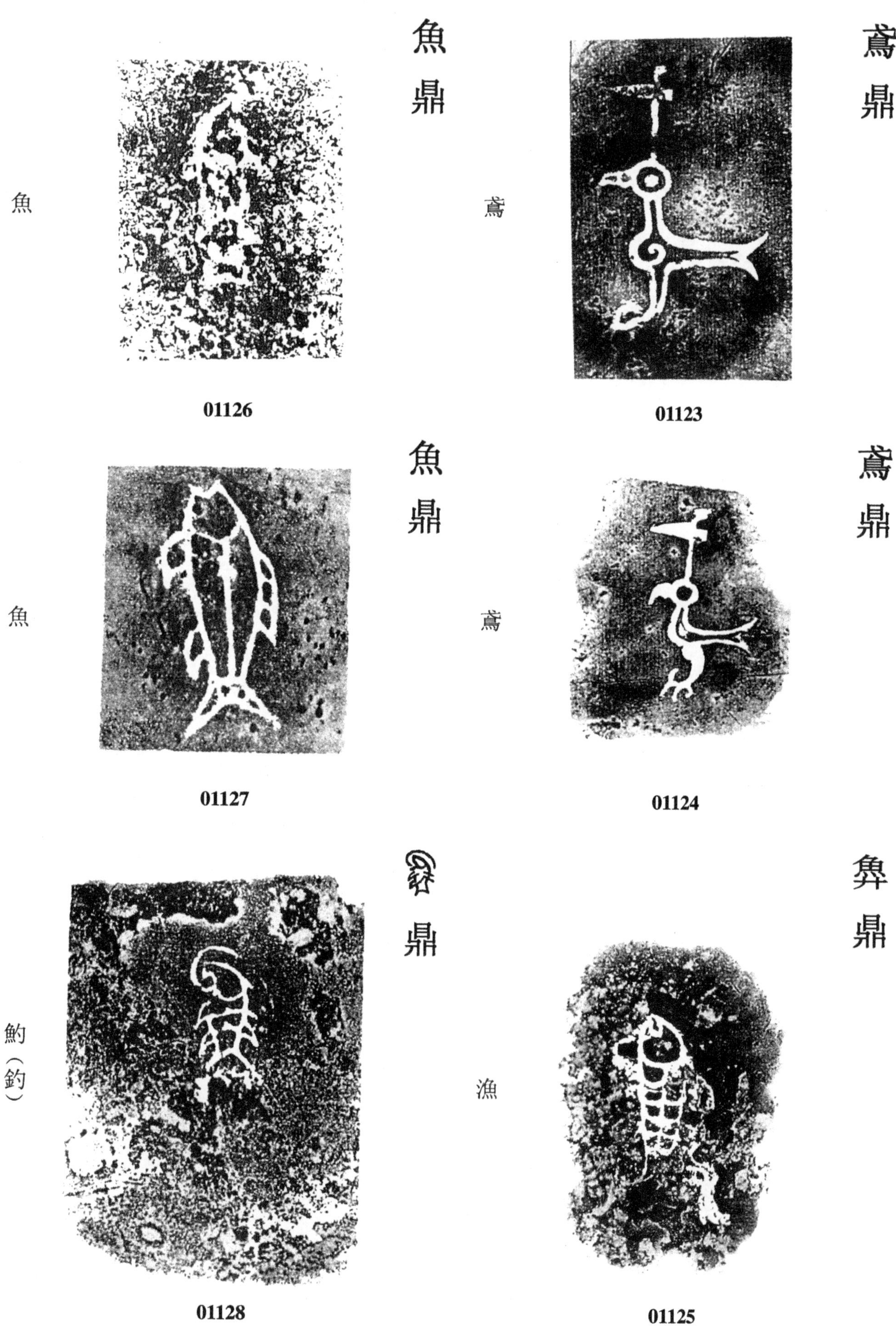

鳶鼎
鳶
01123
鳶鼎
鳶
01124
⿱魚廾鼎
漁
01125
魚鼎
魚
01126
魚鼎
魚
01127
[illegible]鼎
鮈(鈎)
01128

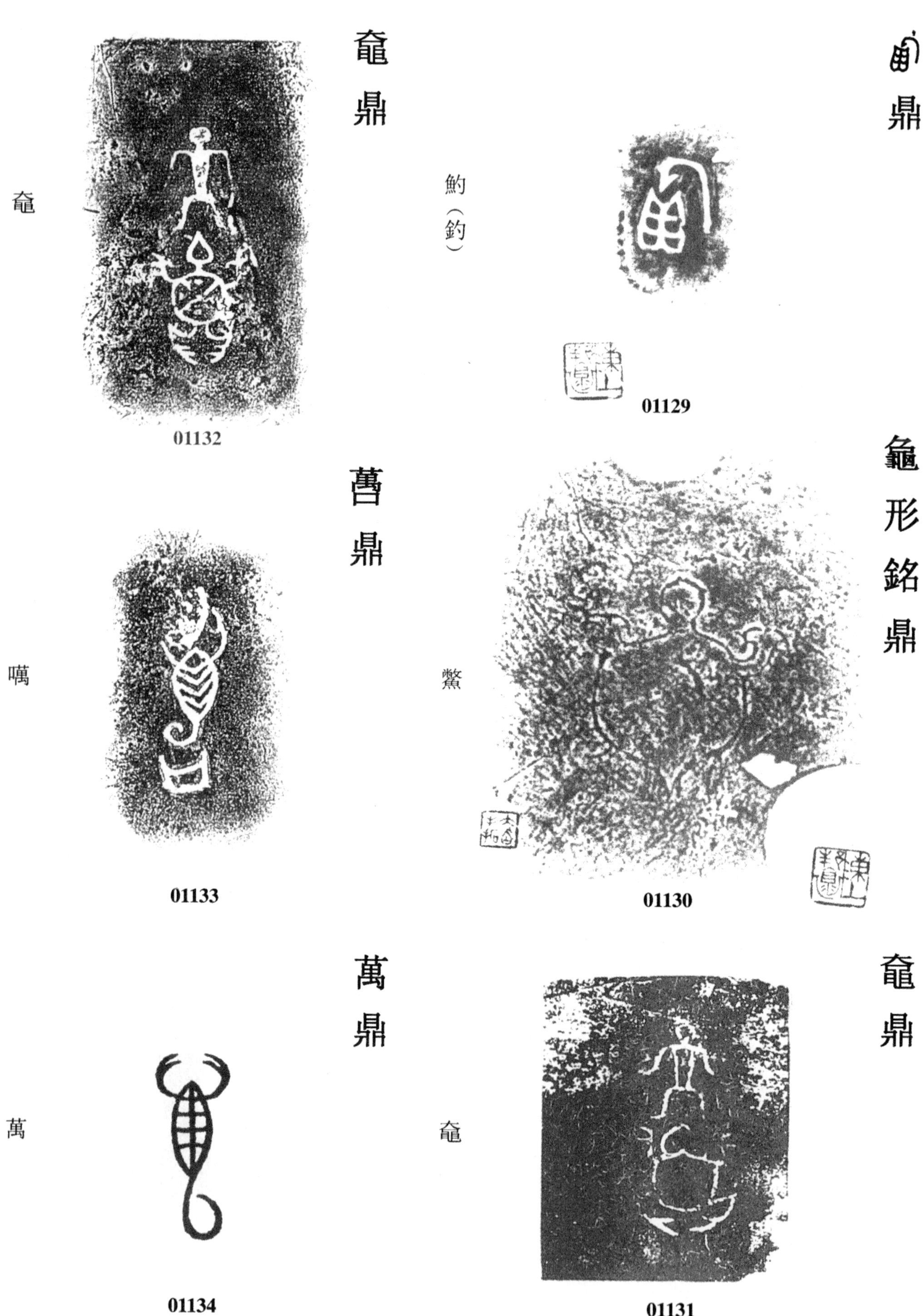
□鼎

魡（鈞）

01129

龜形銘鼎

鱉

01130

黿鼎

黿

01131

黿鼎

黿

01132

噧鼎

噧

01133

萬鼎

萬

01134

杒鼎

栩

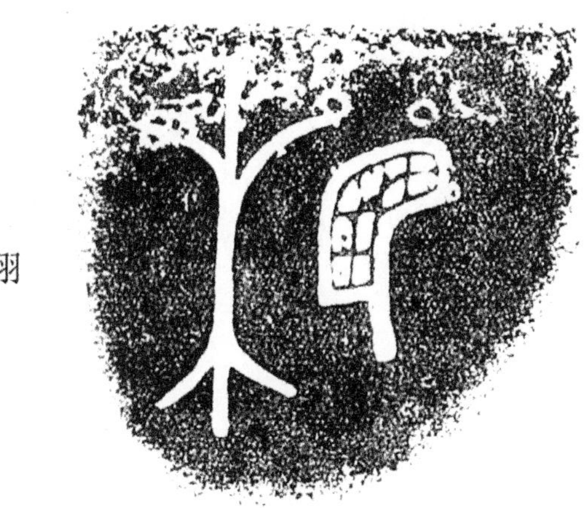

01135

[illegible]鼎

莘（執）

01136

[illegible]鼎

[illegible]（鼓？）

01137

[illegible]鼎

畱

01138

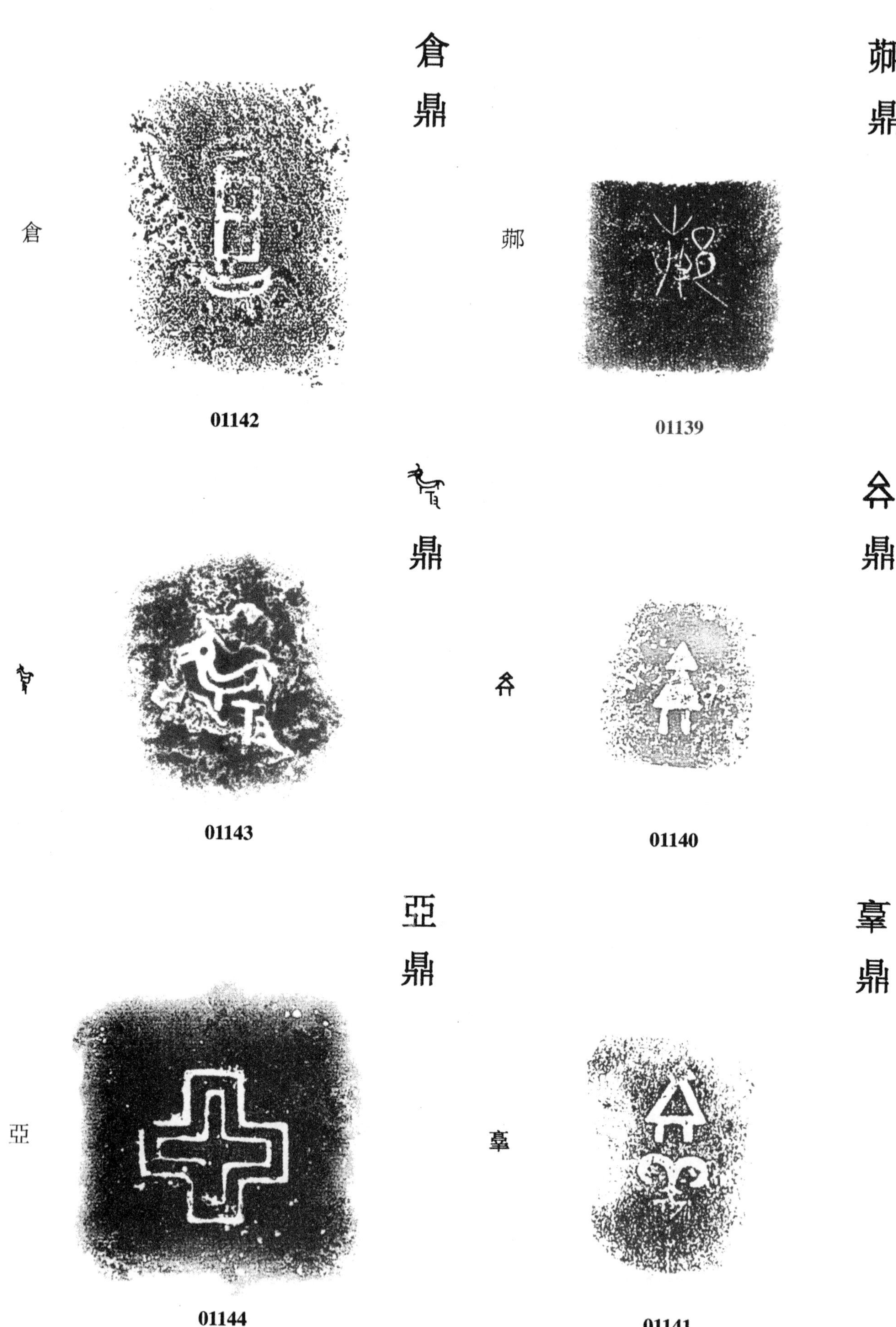

鄦鼎

鄦

01139

[illegible]鼎

[illegible]

01140

𦎫鼎

𦎫

01141

倉鼎

倉

01142

[illegible]鼎

[illegible]

01143

亞鼎

亞

01144

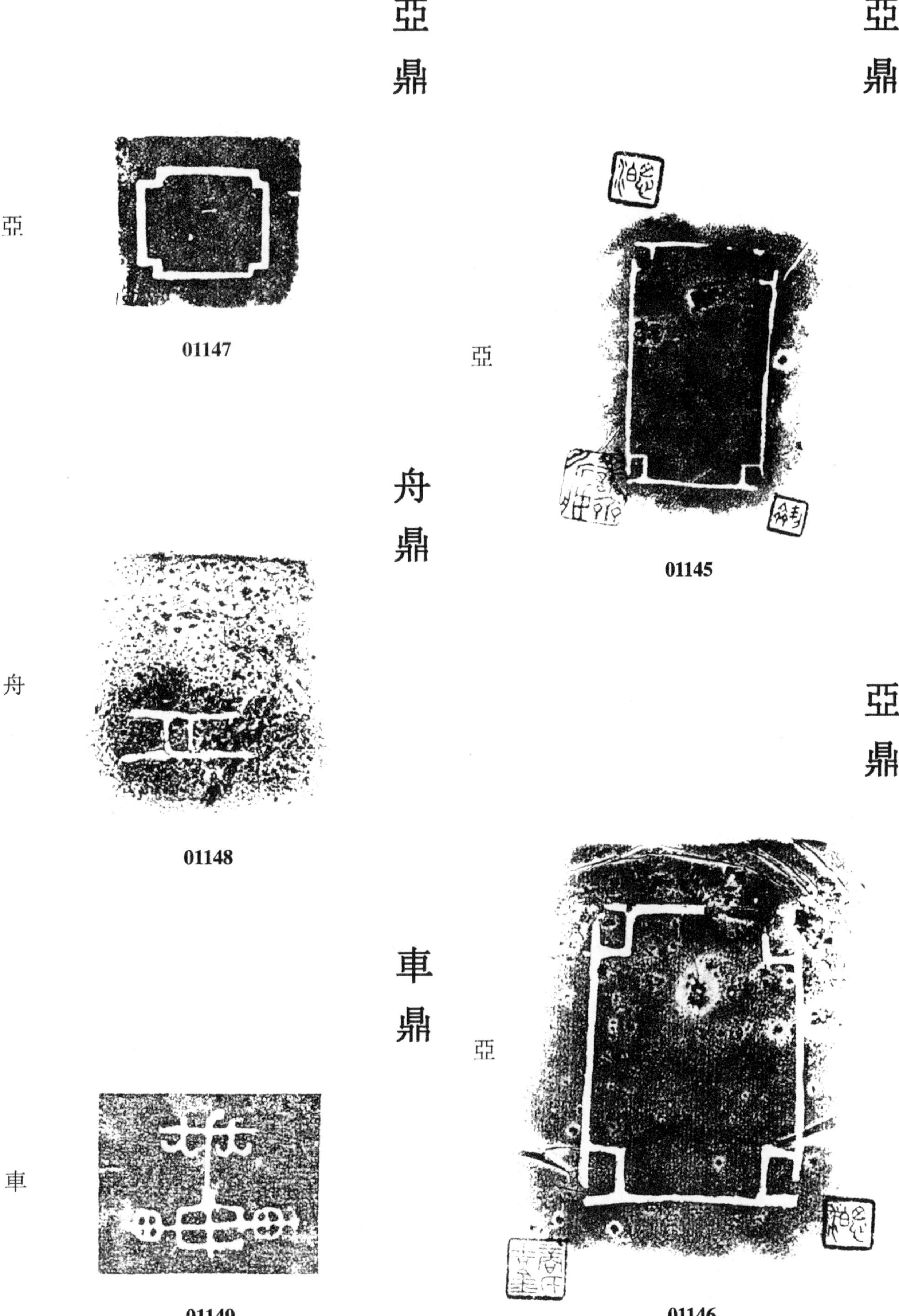

亞鼎

亞

01145

亞鼎

亞

01146

亞鼎

亞

01147

舟鼎

舟

01148

車鼎

車

01149

車鼎

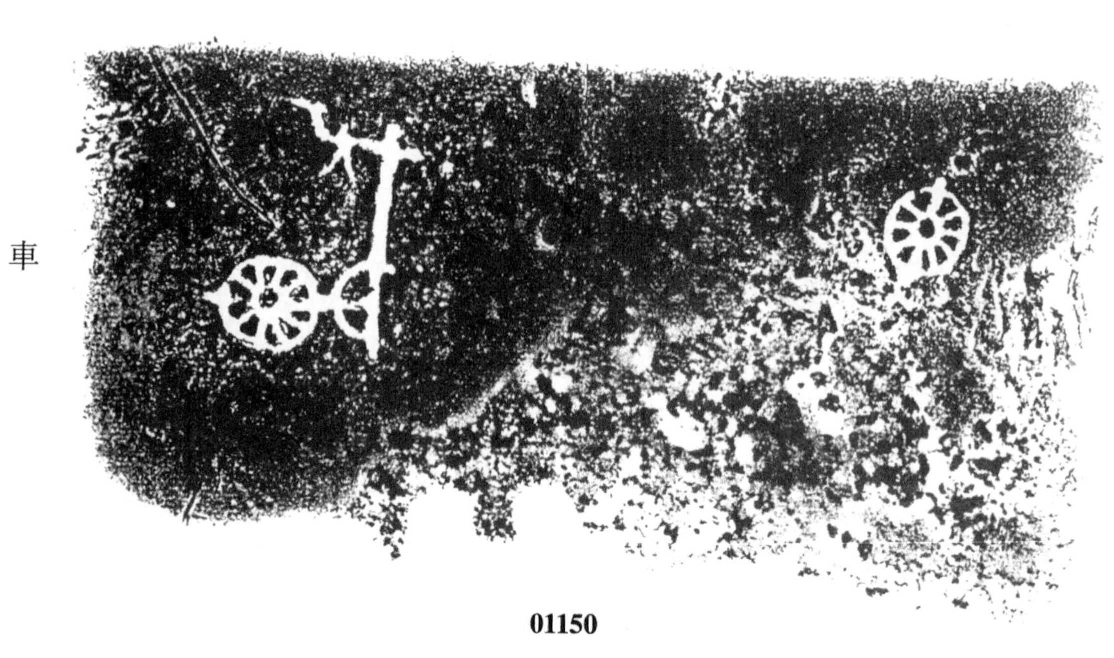

01150

⊛鼎

⊛鼎

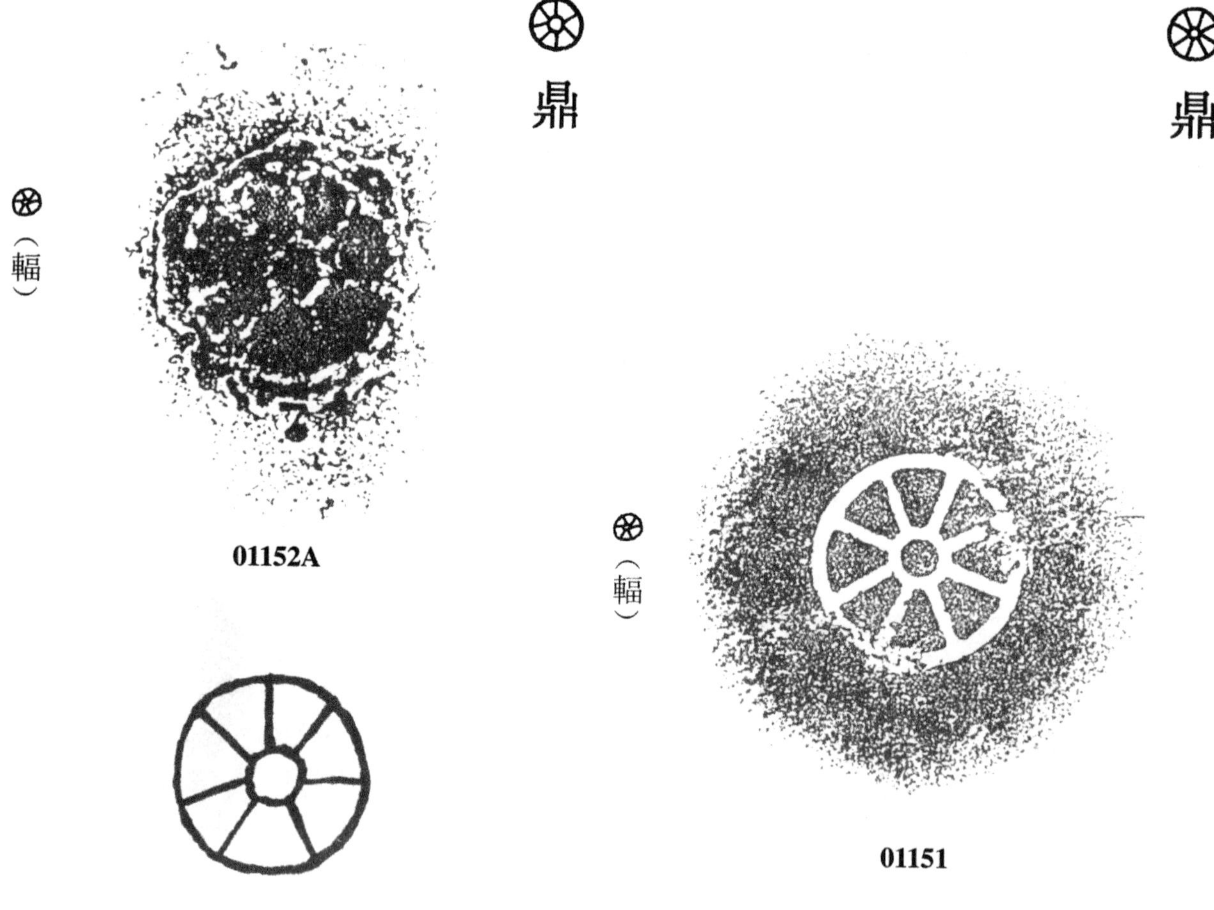

01152A

01152B

01151

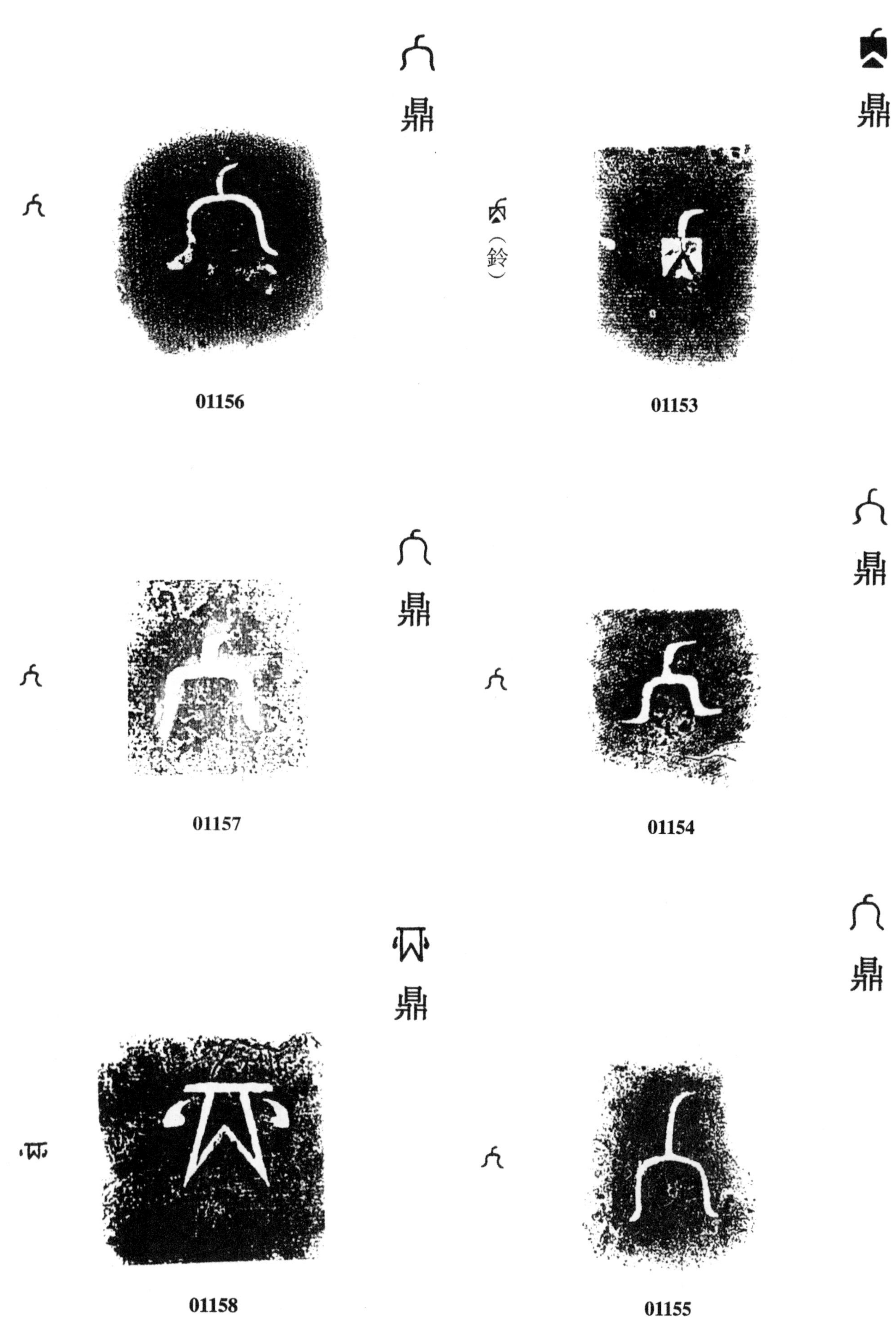
鼎
（鈴）
01153
鼎
01154
鼎
01155
鼎
01156
鼎
01157
鼎
01158

鼎

01159

鼎

01160

鼎

01161

方鼎

01162

方鼎

樐

01163

方鼎

樐

01164

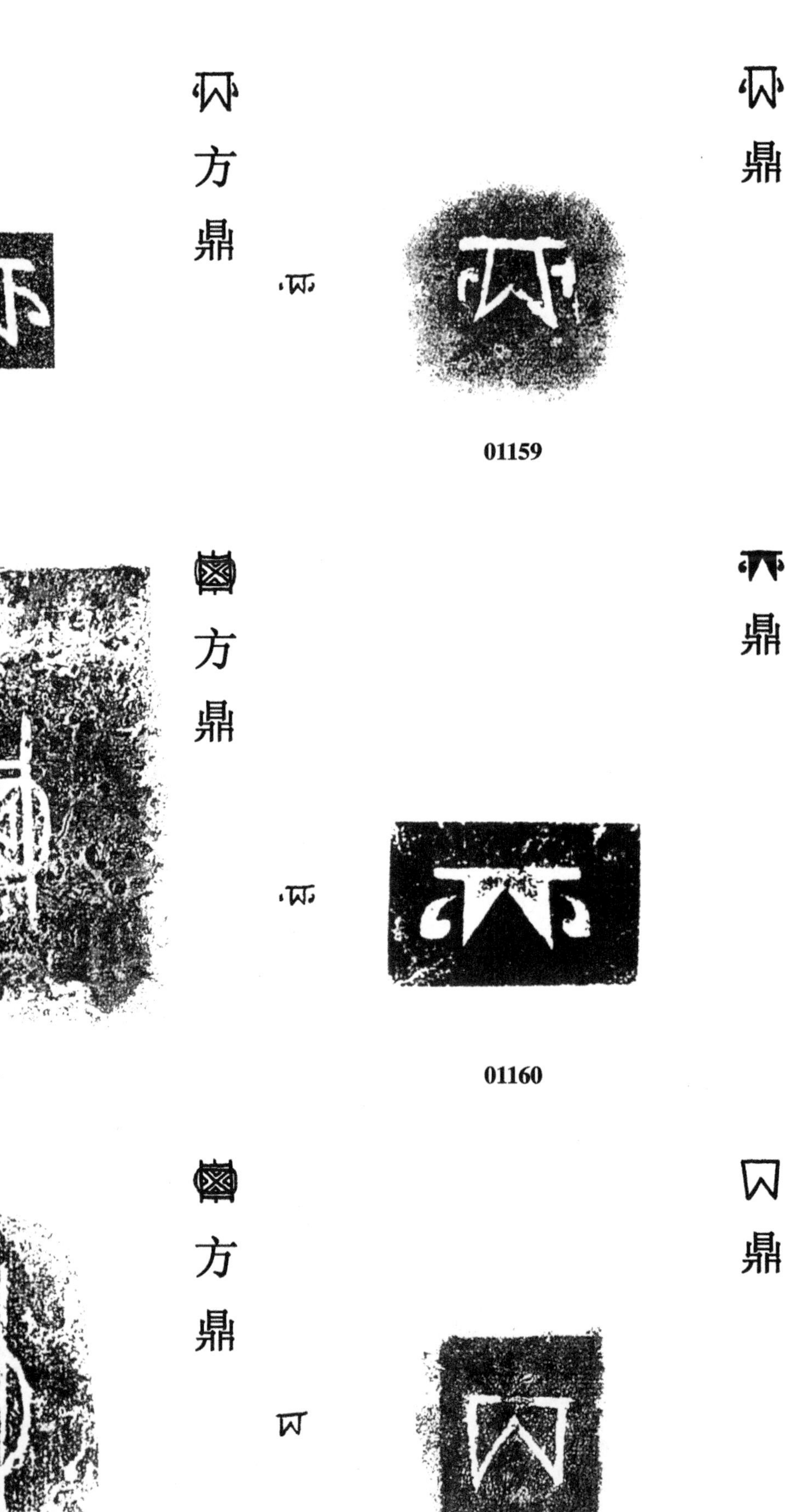

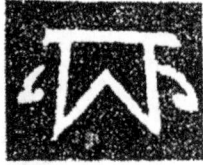

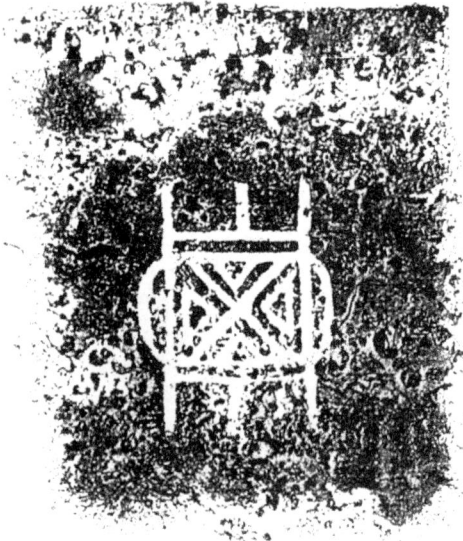

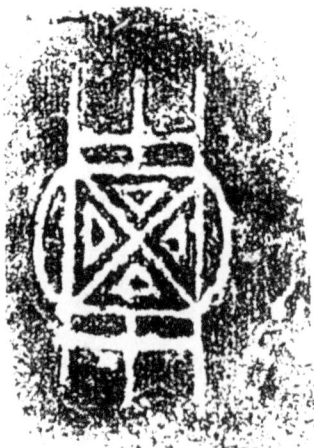

鼎

01165

宁

01166

貯鼎

貯

01167

買

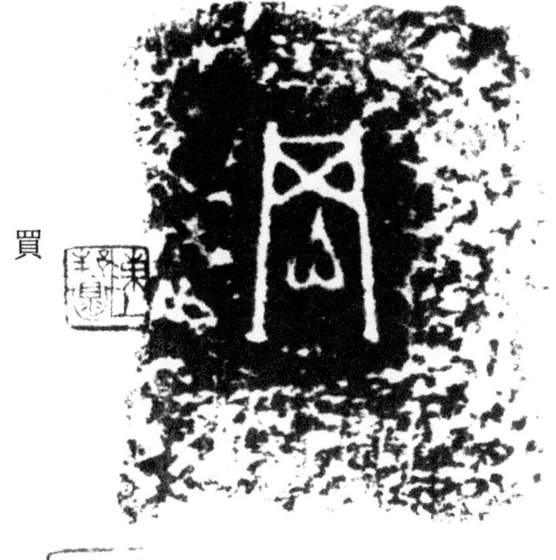

01168

鼎

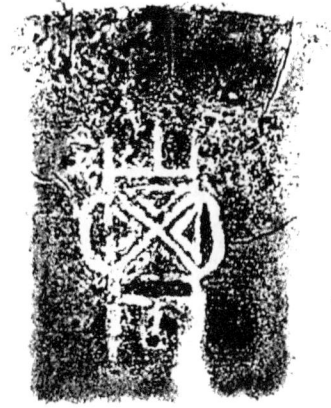

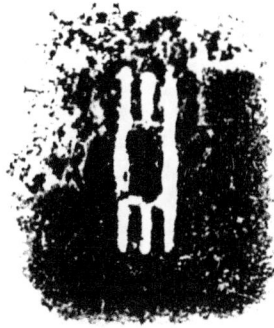

01169

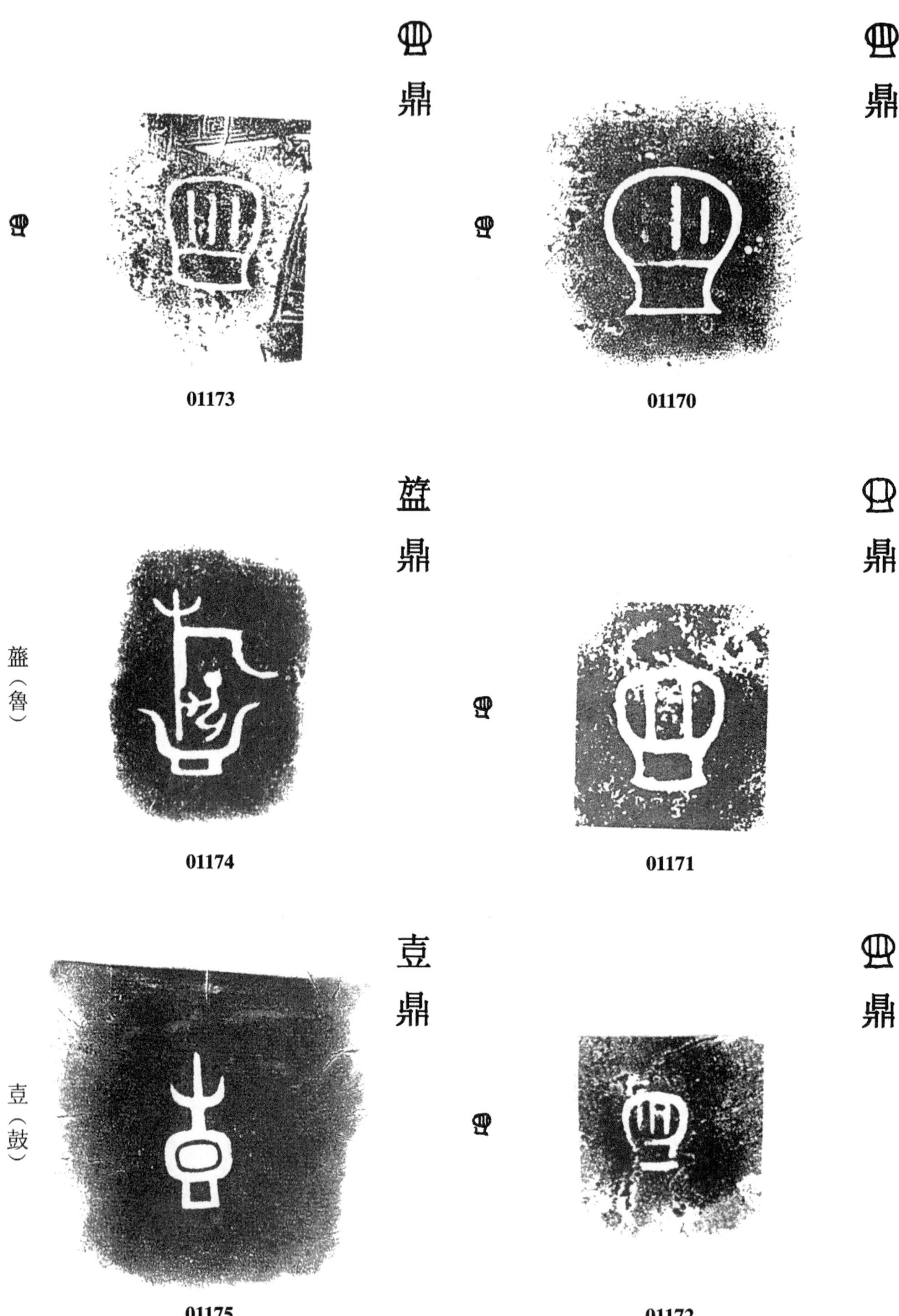
01173
01170
01174
01171
壴鼎
壴（鼓）
01175
01172

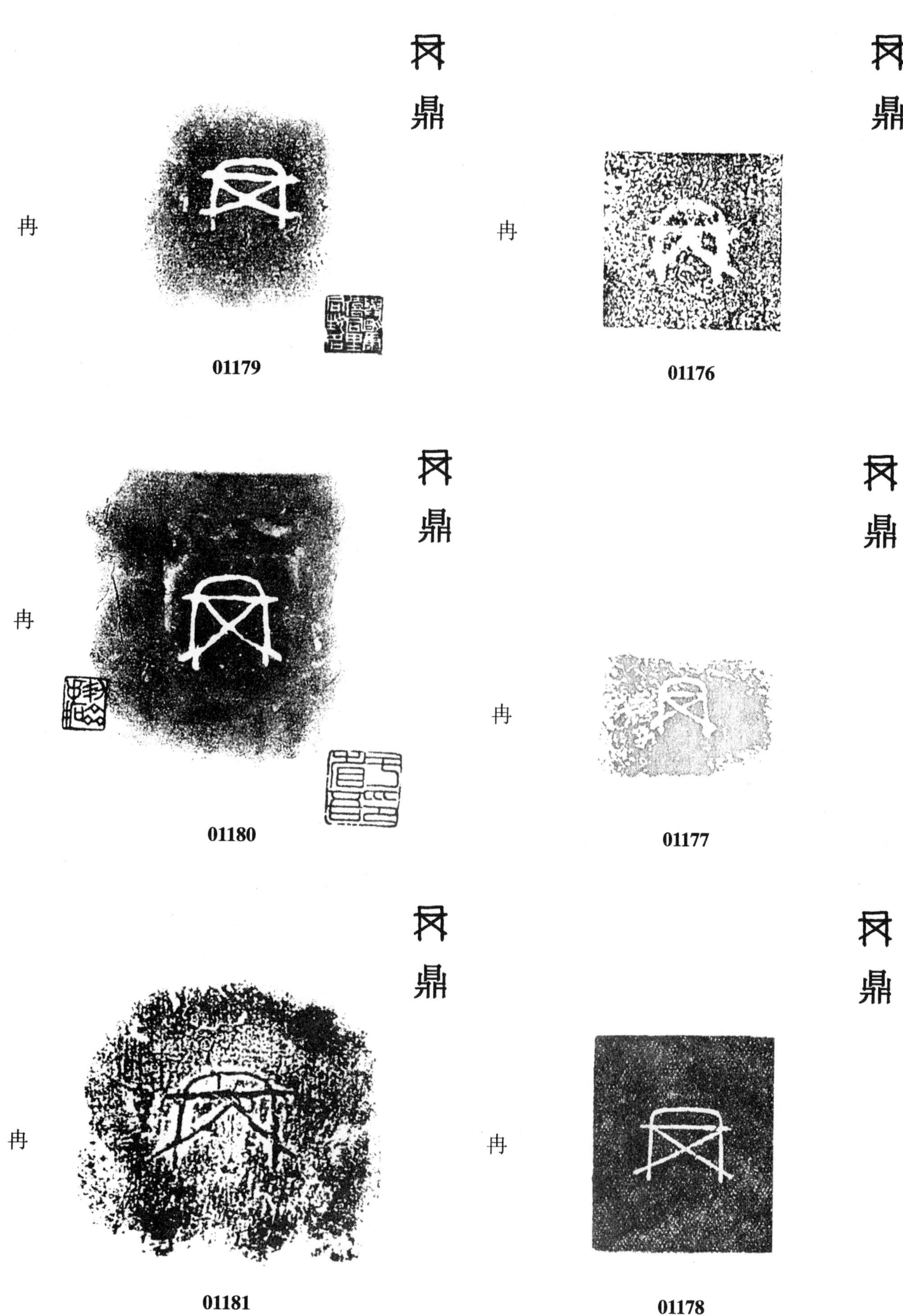

冉鼎 冉 01176

冉鼎 冉 01177

冉鼎 冉 01178

冉鼎 冉 01179

冉鼎 冉 01180

冉鼎 冉 01181

冉鼎

冉

01182

冉鼎

冉

01183

冉鼎

冉

01184

冉方鼎

冉

01185

冉

01186

冉鼎

冉

01187

鼎鼎

鼎

01188

鼎

01189

鼎鼎

鼎

01190

鼎

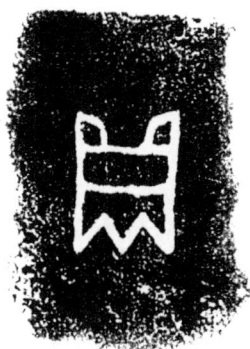

𦣻

01191

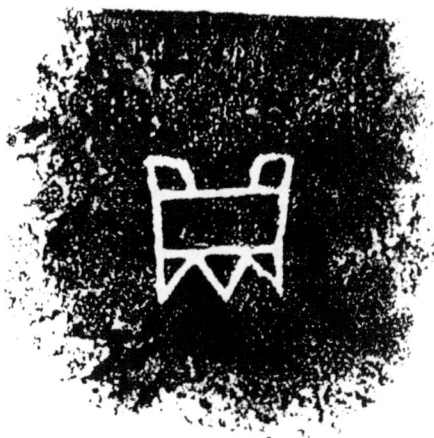

車鼎

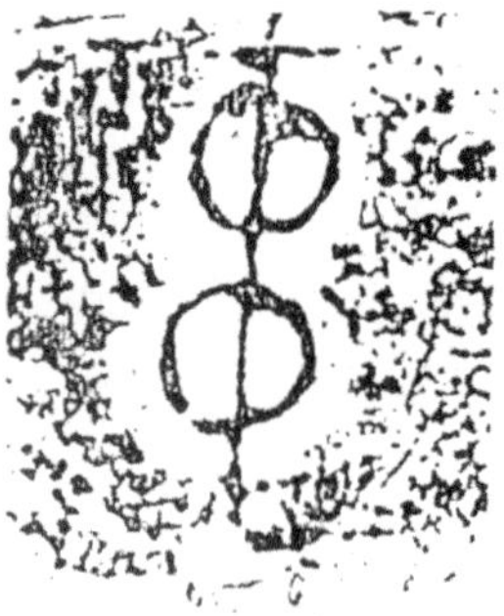

串

01192

勺方鼎

勺

01193

中鼎

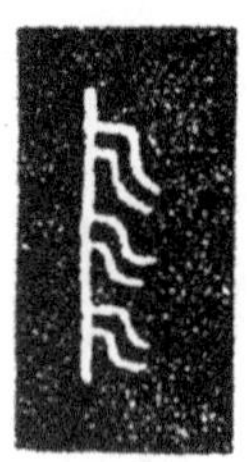

中

01194

戈鼎

戈

01195

戈鼎

戈

01196

戈鼎

戈

01197

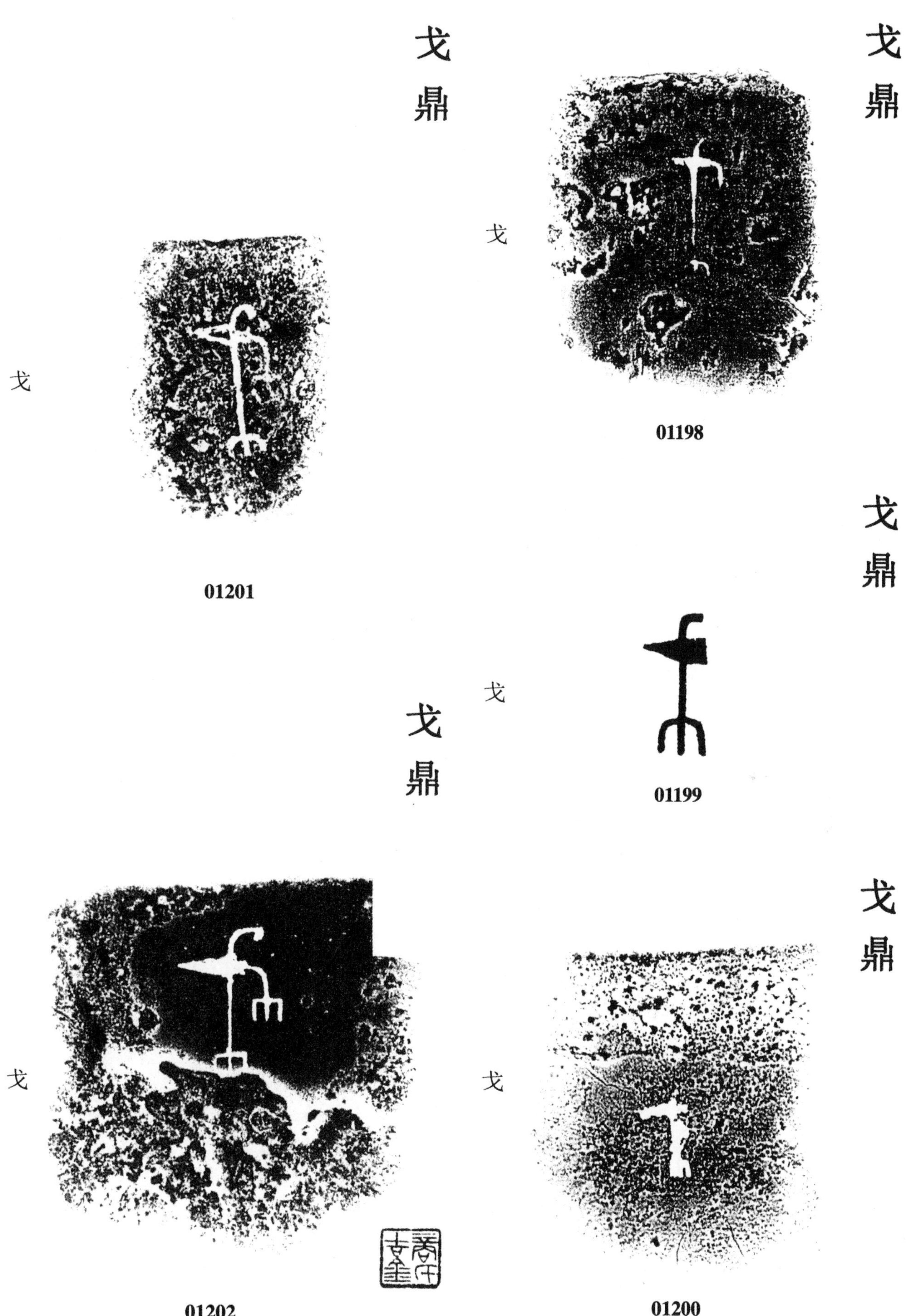

戈鼎

戈

01198

戈鼎

戈

01199

戈鼎

戈

01200

戈鼎

戈

01201

戈鼎

戈

01202

戈鼎

戈

01203

戈鼎

戈

01204

戈鼎

戈

01205

戈鼎

戈

01206

戈鼎

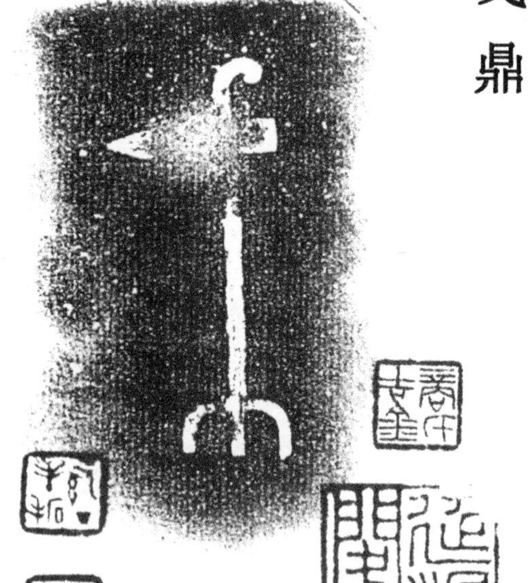

戈

01207

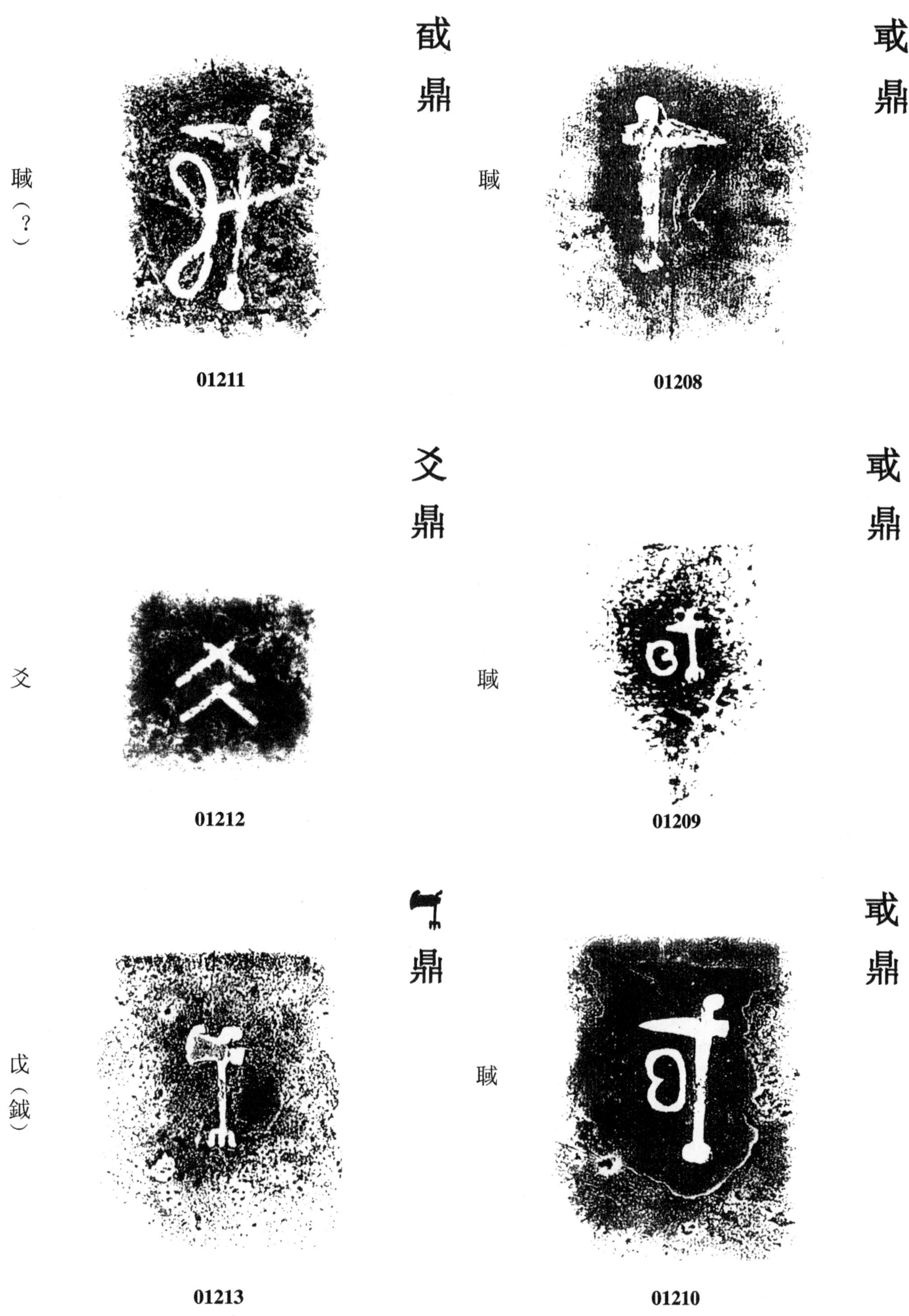

戜鼎

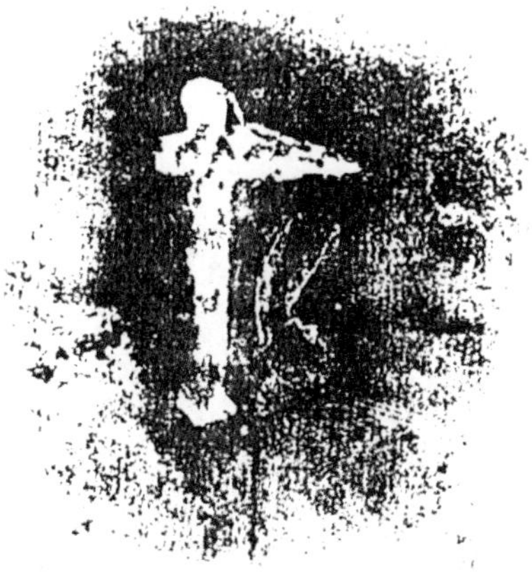

聝

01208

戜鼎

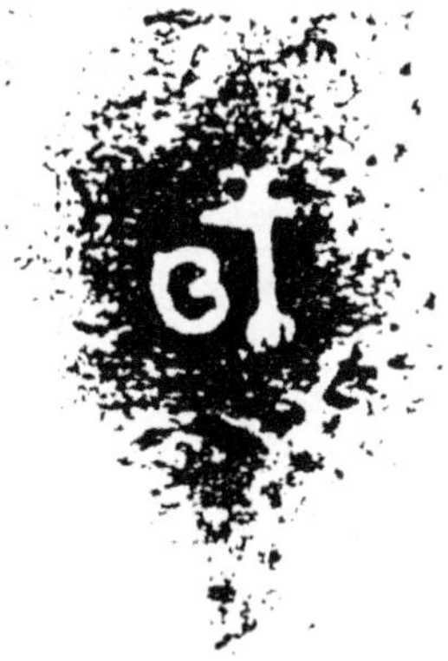

聝

01209

戜鼎

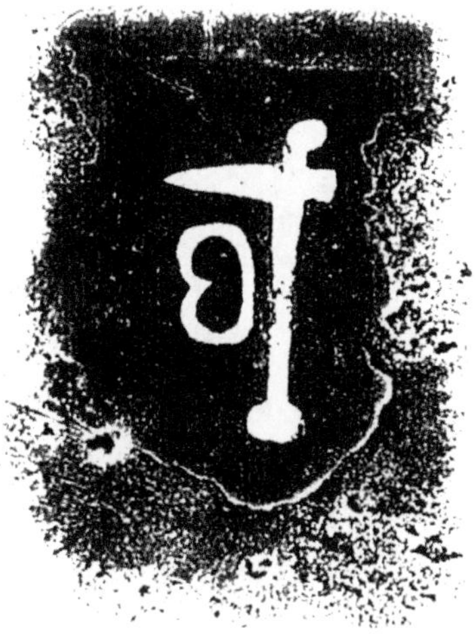

聝

01210

戠鼎

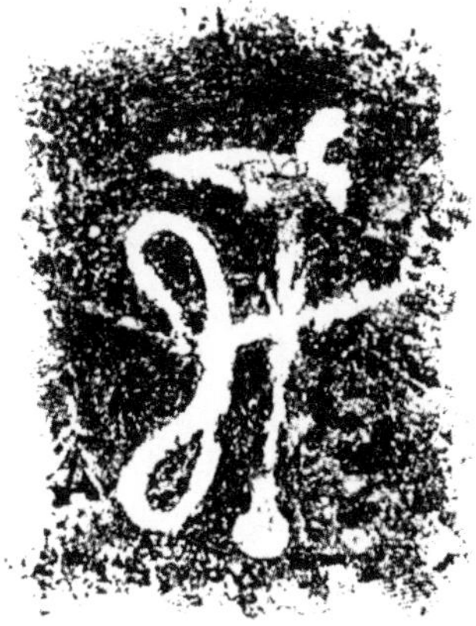

聝（？）

01211

爻鼎

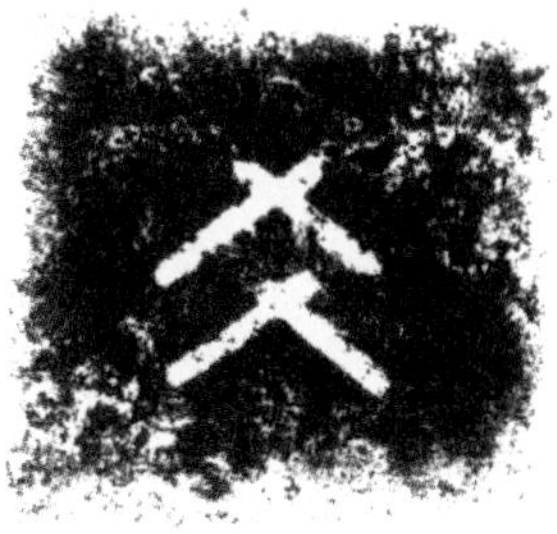

爻

01212

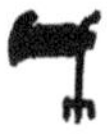鼎

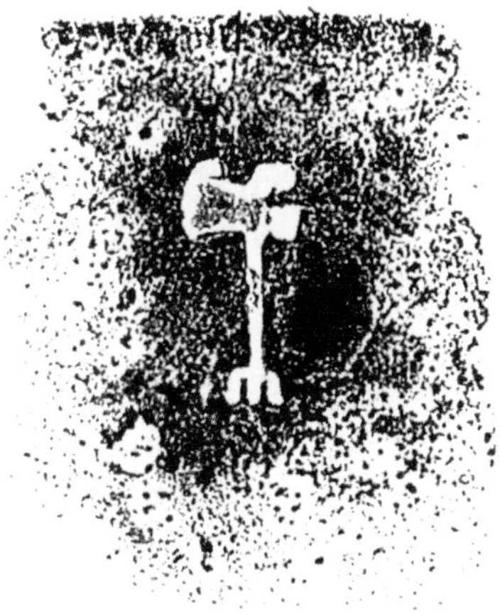

戉（鉞）

01213

弓鼎

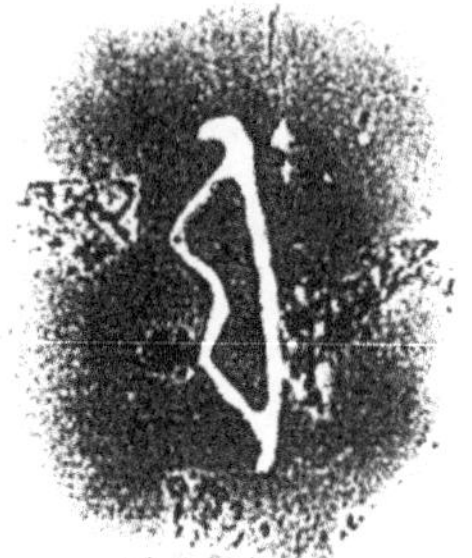

弓

01214

箙鼎

葡（箙）

01215

箙鼎

葡（箙）

01216

箙鼎

葡（箙）

01217

□鼎

□

01218

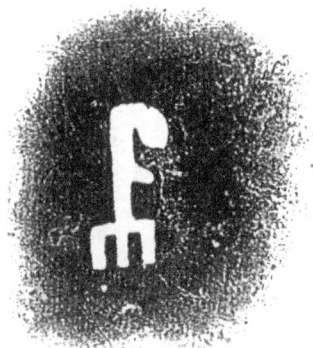

告鼎

告

01219

舌方鼎

舌

01220

舌鼎

舌

01221

耳鼎

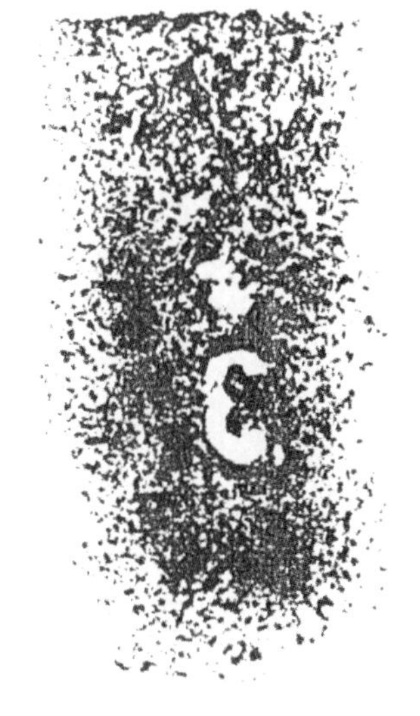

耳

01222

聑鼎

聽

01223

凵鼎

凵（嘖、呢）

01224

息鼎

息

01226

息鼎

息

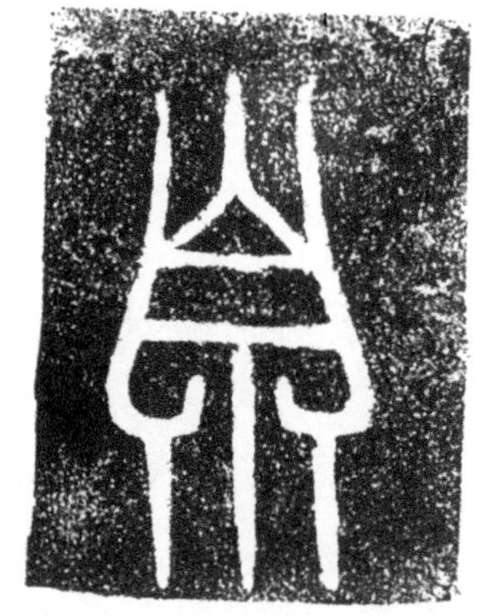

01225

息鼎

息

01227

霝鼎

霝

01228

霝鼎

霝

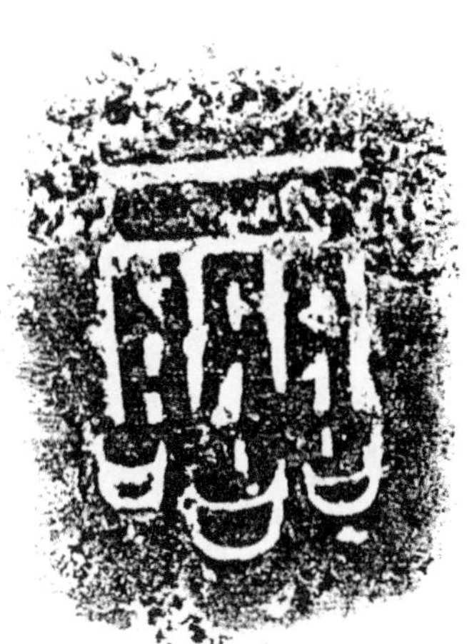

01229

□鼎

浴

01230

□鼎

□

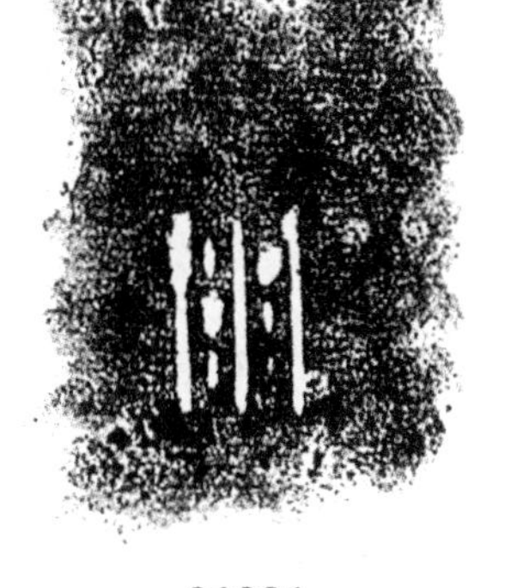

01231

□鼎

□

01232

中方鼎

中

01233

⋈鼎

⋈

01234

主鼎

01235

平鼎

平

01236

扒鼎

（扒）

01237

丫方鼎

丫

01238

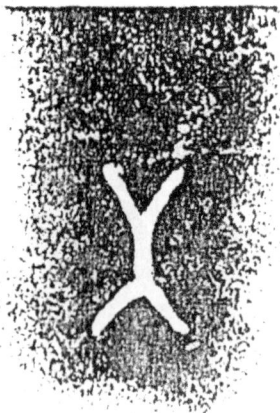

□鼎

□

01239

□鼎

□（會）

01240

□鼎

□（己）

01241

□方鼎

□

01242

□鼎

□（晄）

01243

𠂤鼎

𠂤（師）

01244

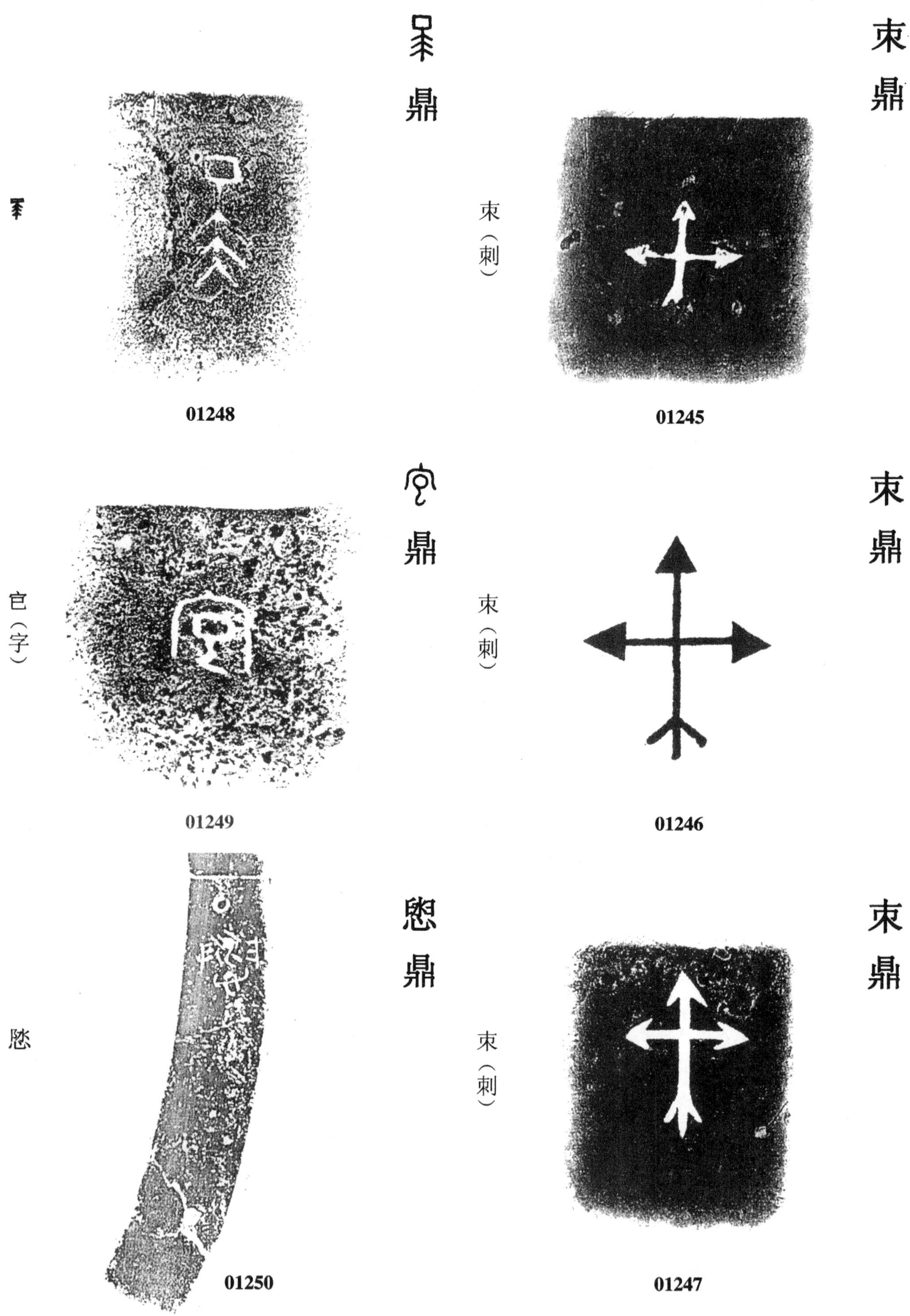

朿鼎

朿（刺）

01245

朿鼎

朿（刺）

01246

朿鼎

朿（刺）

01247

鼎

01248

鼎

宅（字）

01249

愍鼎

愍

01250

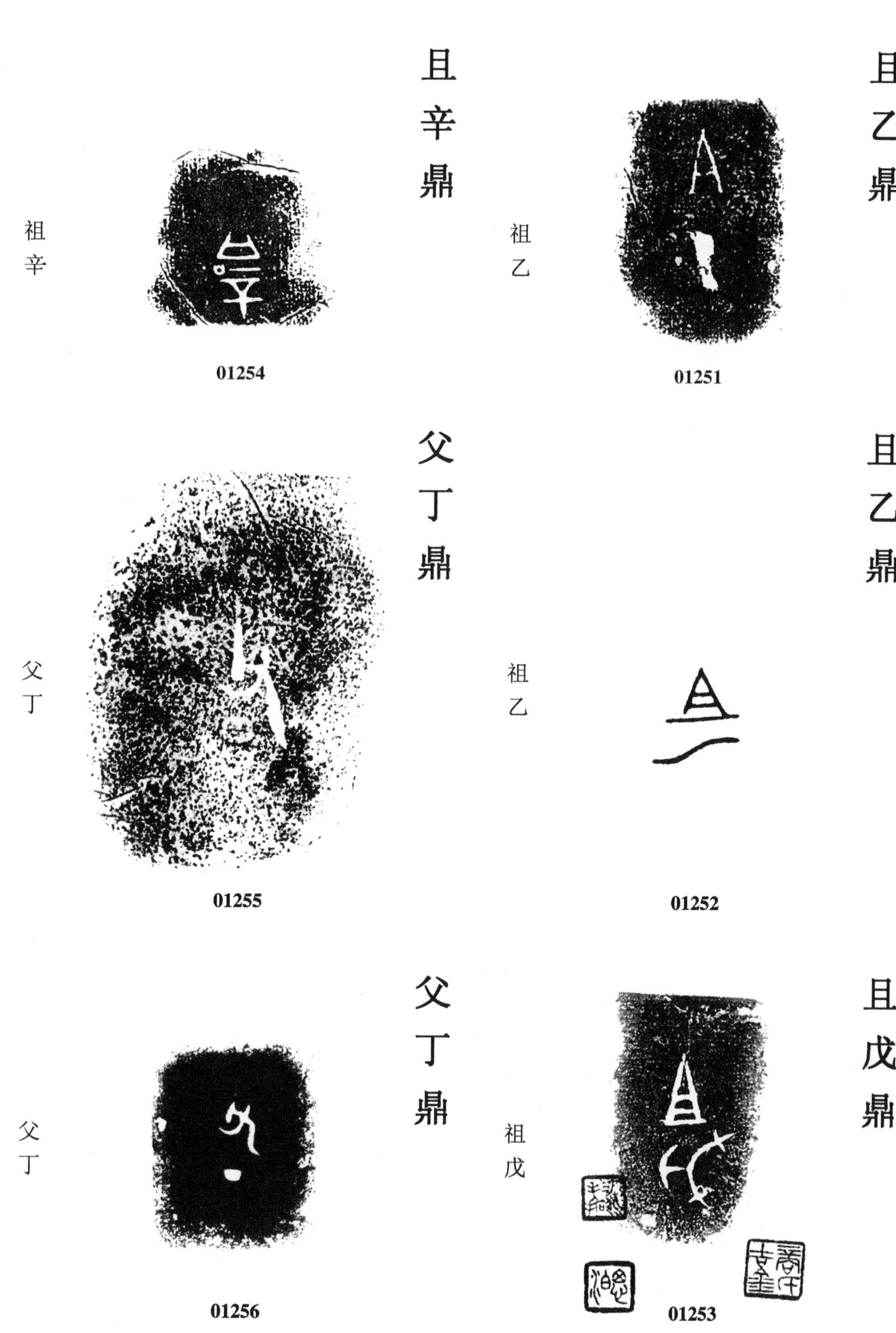
且乙鼎
祖乙
01251
且乙鼎
祖乙
01252
且戊鼎
祖戊
01253
且辛鼎
祖辛
01254
父丁鼎
父丁
01255
父丁鼎
父丁
01256

父戊鼎

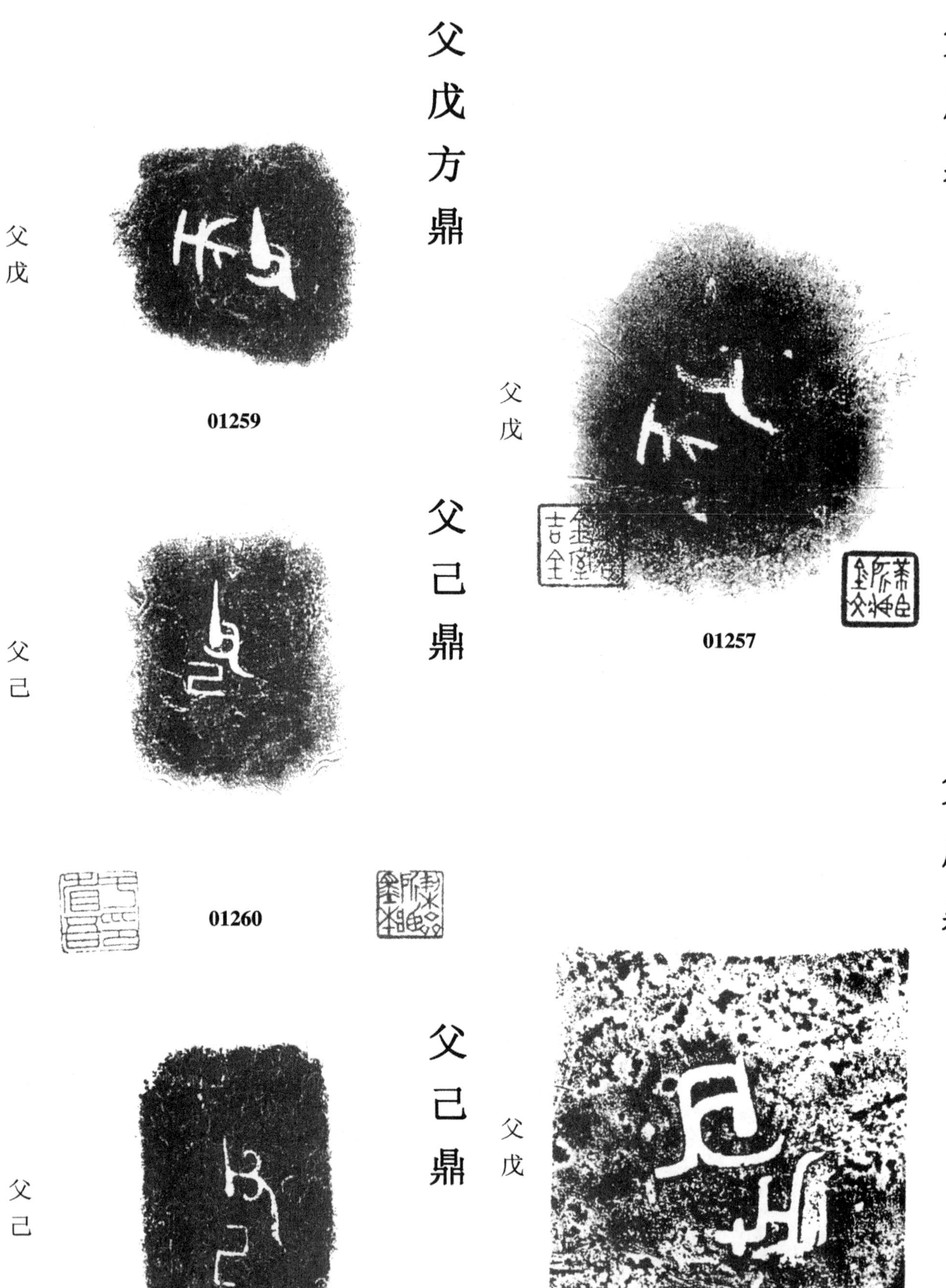

01257

父戊

父戊鼎

01258

父戊

父戊方鼎

01259

父戊

父己鼎

01260

父己

父己鼎

01261

父己

父己鼎

父己

01262

父己鼎

父己

01263

父己鼎

父己

01264

父己方鼎

父己

01265

父己鼎

父己

01266

父辛鼎

01267

父辛

父辛鼎

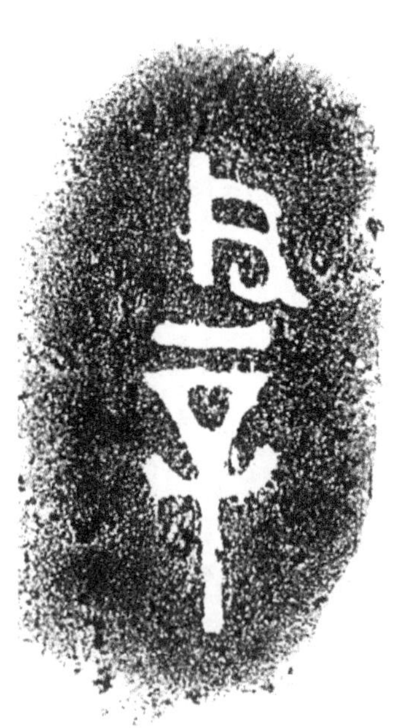

01268

父辛

父辛鼎

01269

父辛

父辛方鼎

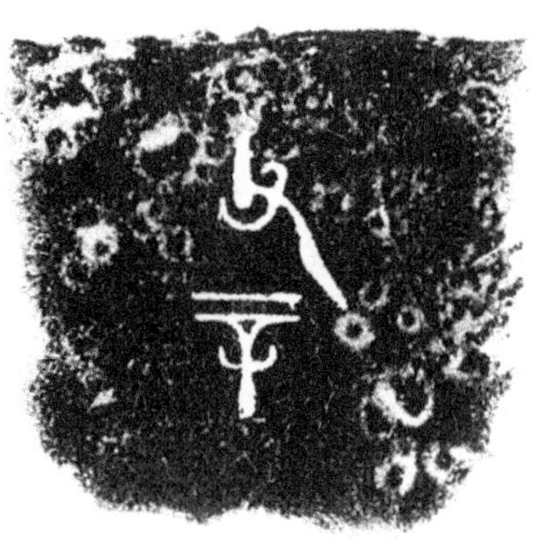

01270

父辛

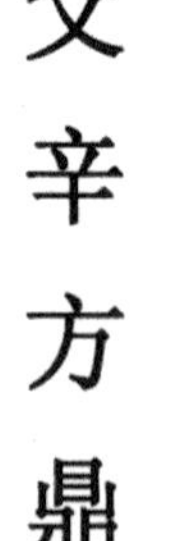

父辛方鼎

01271

父辛

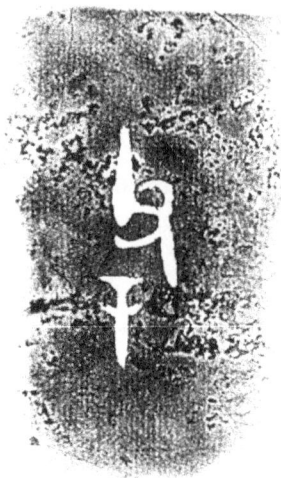

壬父鼎

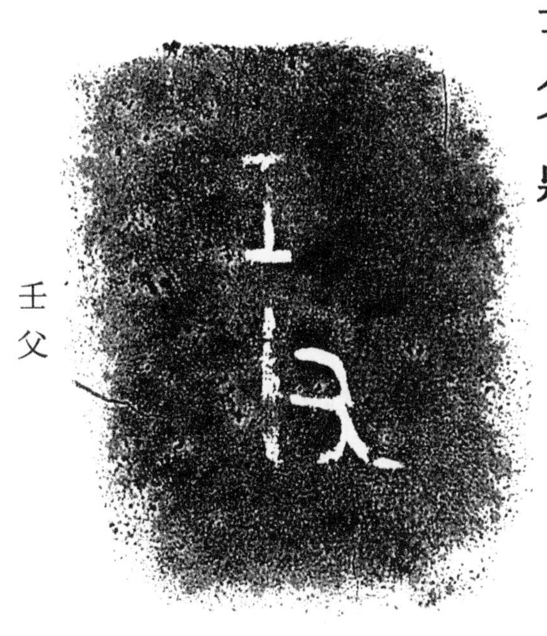

01272

父癸鼎

01273

父癸鼎

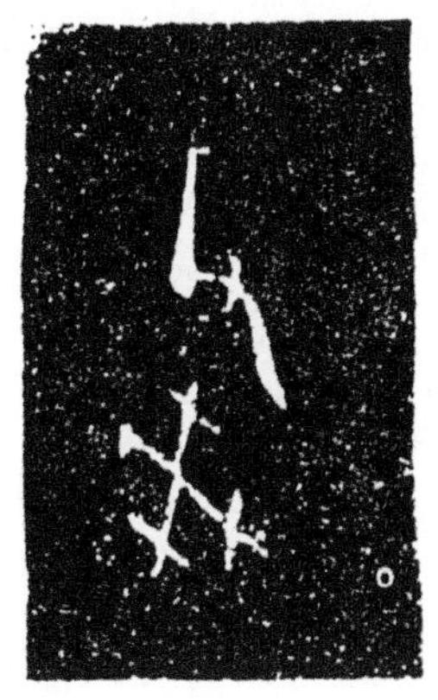

01274

父癸方鼎

01275

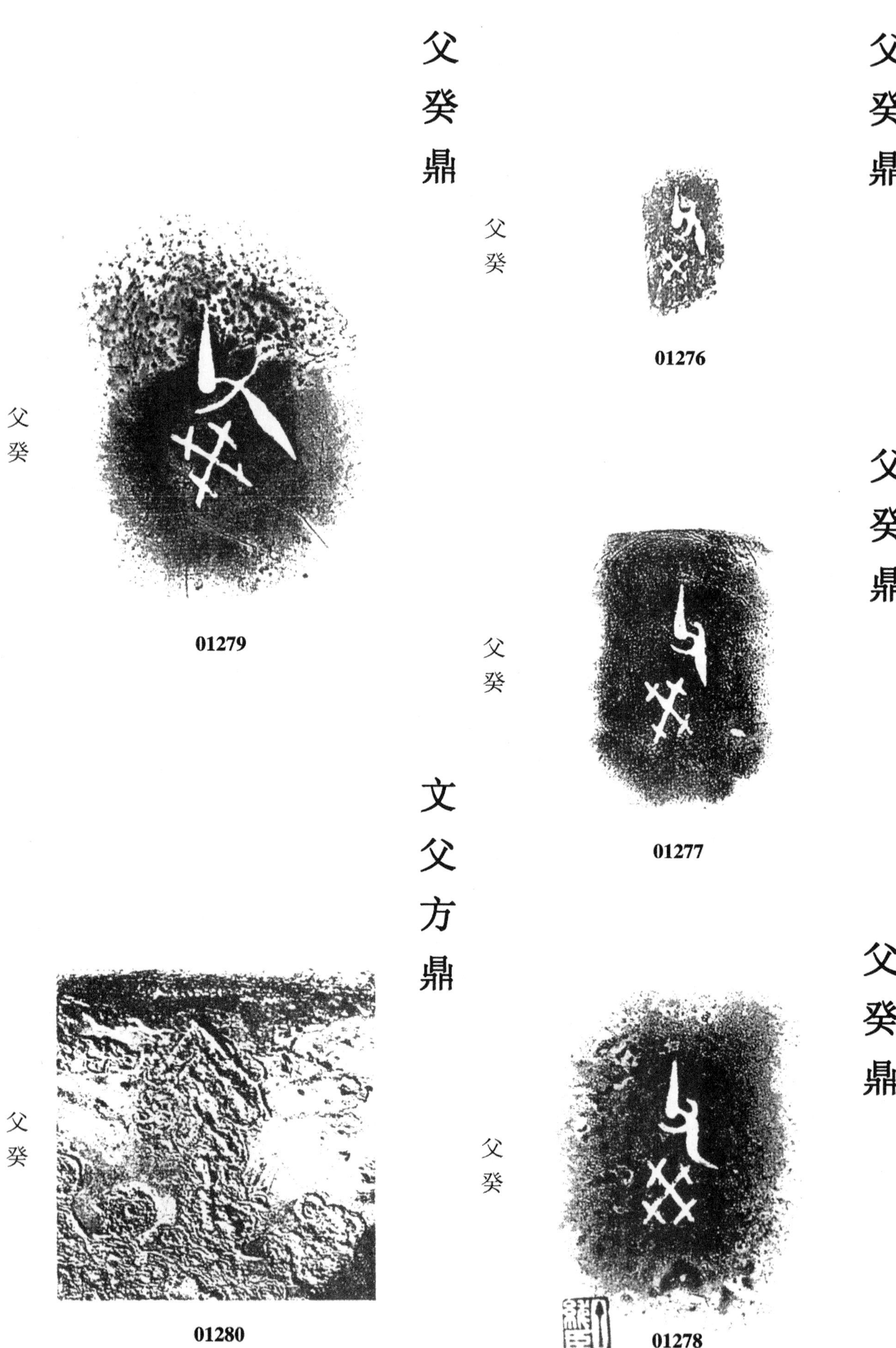

父癸鼎

父癸

01276

父癸鼎

父癸

01277

父癸鼎

父癸

01278

父癸鼎

父癸

01279

文父方鼎

父癸

01280

母乙鼎

01281

母乙

癸母鼎

01282

癸母

乙鼎

01283

乙乍（作）

乙丰鼎

01284

乙丰（玉）

酉乙鼎

01285

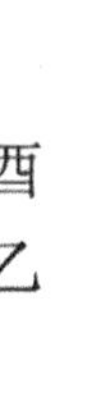

酉乙

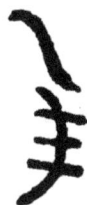

酋乙鼎

酋乙

01286

丁鼎

丁共

01288

乙戎鼎

乙戎

01287

丁𦎧鼎

丁𦎧

01289

弔丁鼎

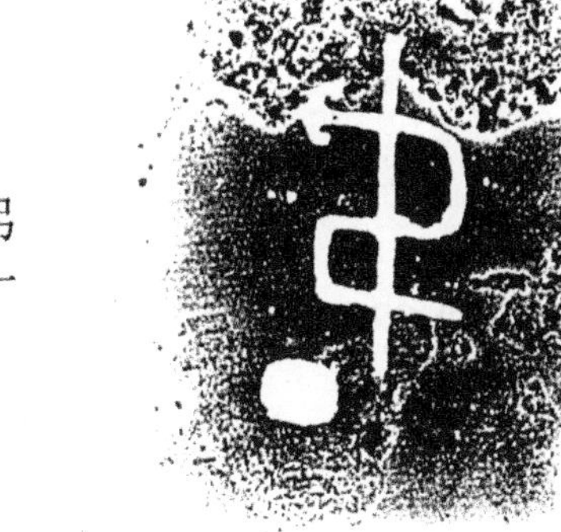

弔丁

01290

句戊鼎

句戊

01291

己𩫖鼎

己墉

01292

戈己鼎

戈己

01293

己[illegible]鼎

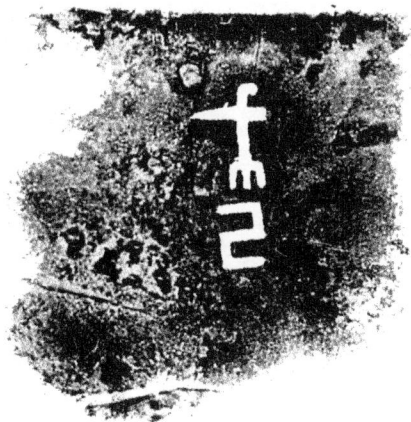

[illegible]己

01294

觳己鼎

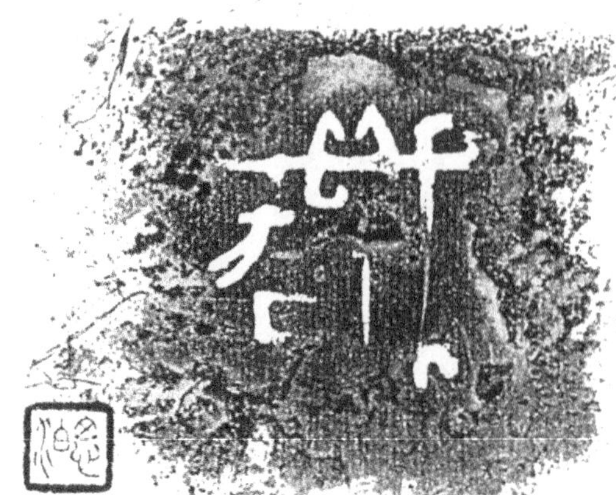

觳己

01295

辛𩫖鼎

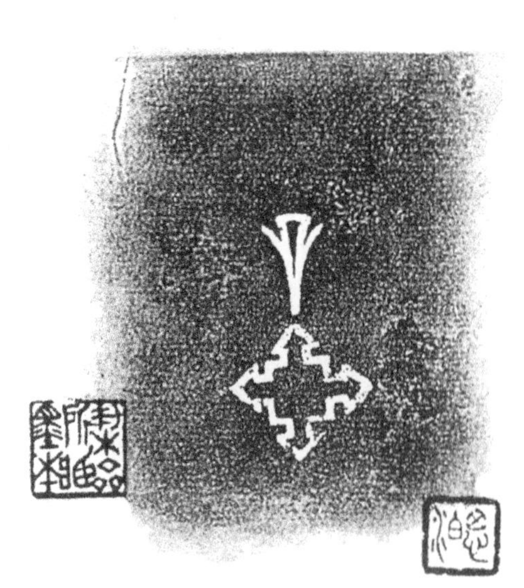

辛墉

01296

𩫖青鼎

墉青

01297

舟辛鼎

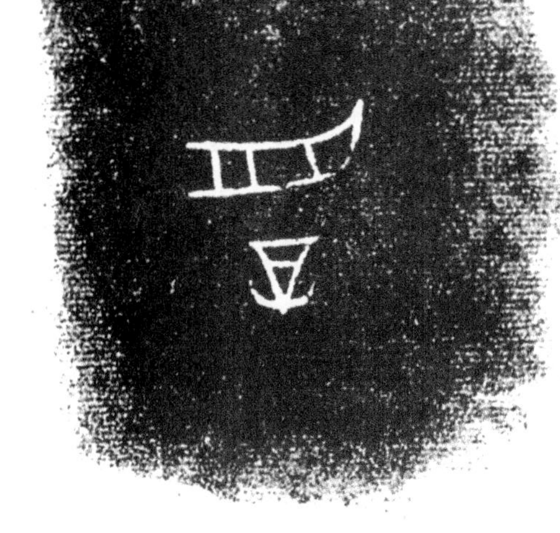

舟辛

01298

畀壬鼎

畀壬

01299

正癸鼎

正癸

01300

子妥鼎

子妥

01301

子妥鼎

子妥

01302

子妥鼎

子妥

01303

子妥鼎

子妥

01304

子妥鼎

子妥

01305

子龏鼎

子龏

01306

子龏鼎

子龏

01307

子龏鼎

子龏

01308

子嬰鼎

子媚

01309

子廡鼎

子廡

01310

子衛鼎

子衛

01311

子衛鼎

子衛

01312

子𩫖鼎

子𩫖（就）

01313

子𩫖方鼎

子𩫖（就）

01314

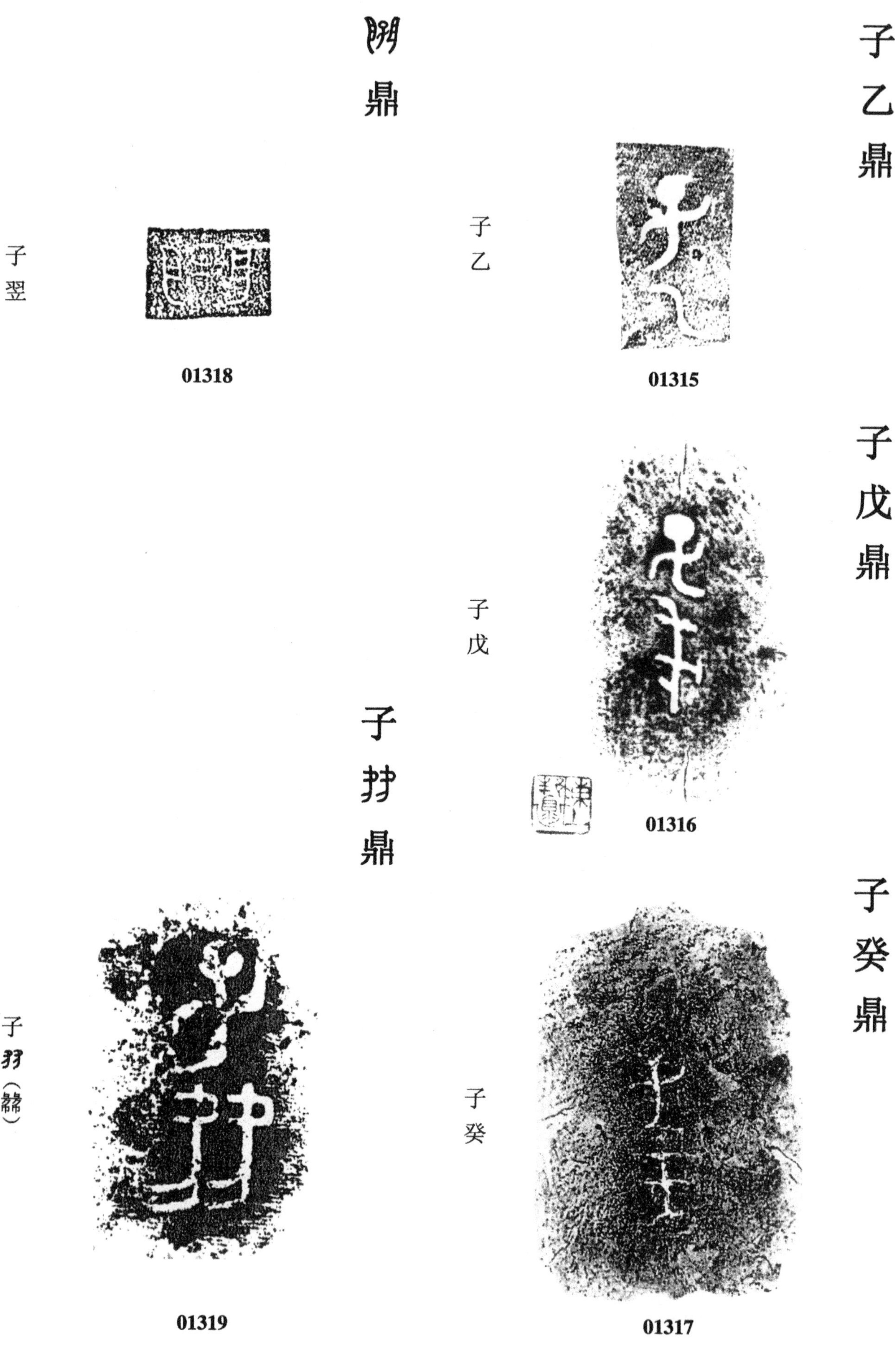

子乙鼎

子乙

01315

子戊鼎

子戊

01316

子癸鼎

子癸

01317

子翌鼎

子翌

01318

子孖鼎

子孖（緜）

01319

婦好鼎

婦
好

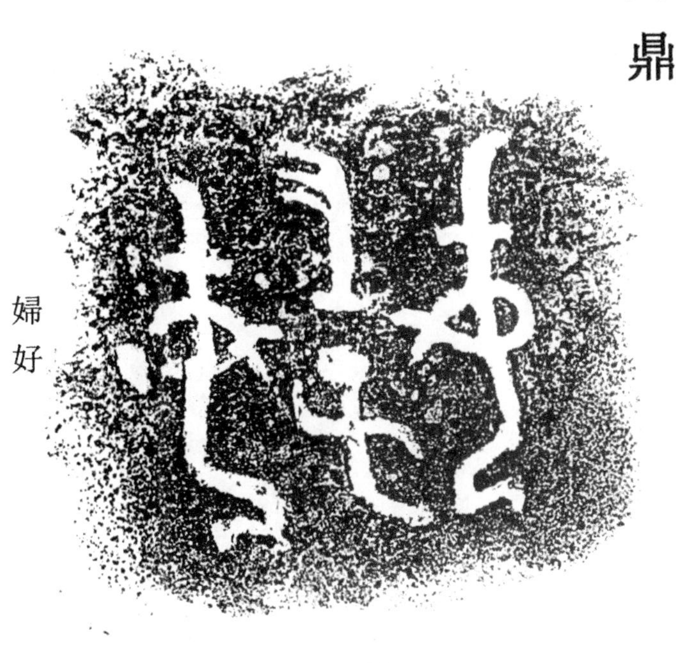

01322

婦好鼎

婦
好

01320

婦好鼎

婦
好

01323

婦好鼎

婦
好

01321

婦好鼎

婦好

01324

婦好鼎

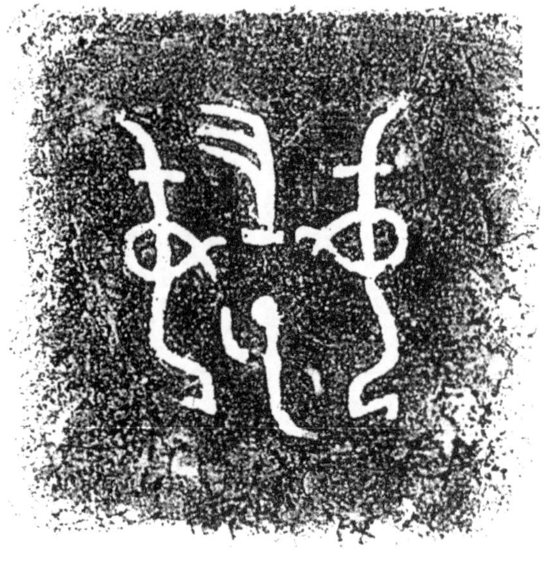

婦好

01326

婦好鼎

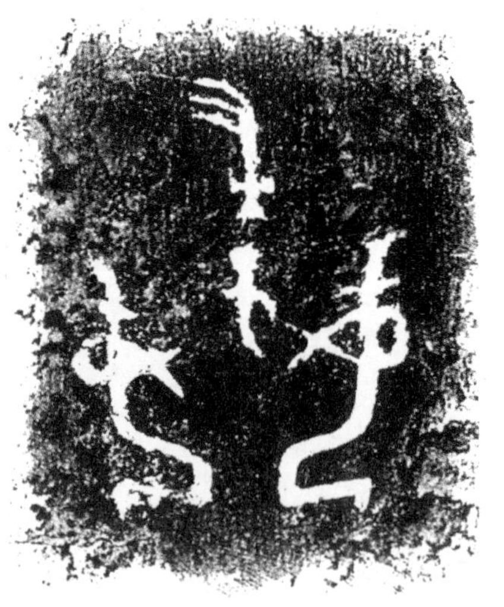

婦好

01325

婦好鼎

婦好

01327

婦好鼎

婦好

01328

婦好鼎

婦好

01330

婦好鼎

婦好

01329

婦好鼎

婦好

01331

婦好鼎

01332

婦好

婦好鼎

01333

婦好

婦好鼎

01334

婦好

婦好鼎

01335

婦好

婦好鼎

01336

婦好

婦好方鼎

婦好

01337

婦好方鼎

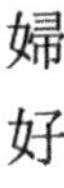

婦好

01338

婦好帶流鼎

婦好

01339

婦旋鼎

婦旋

01340

婦〓鼎

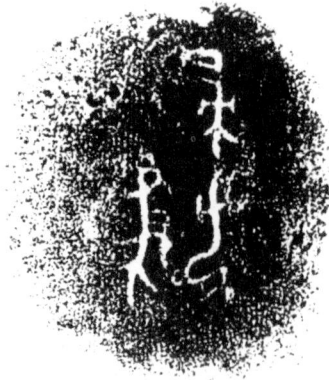

婦〓

01341

婦〓鼎

婦〓

01342

婦〓鼎

婦〓

01343

〓婦鼎

〓（魯）婦

01344

虘公鼎

〓公（宫）

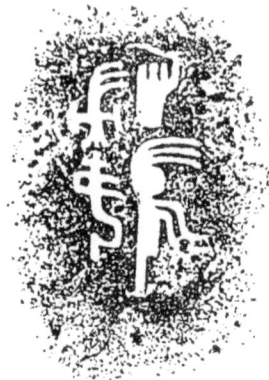

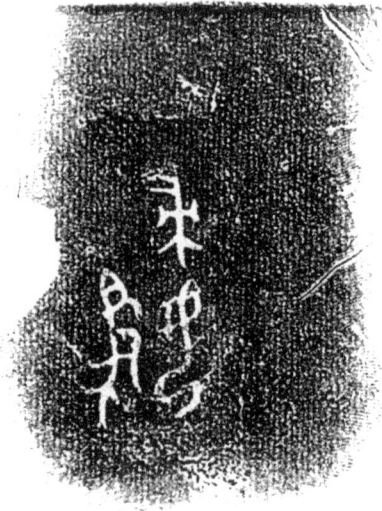

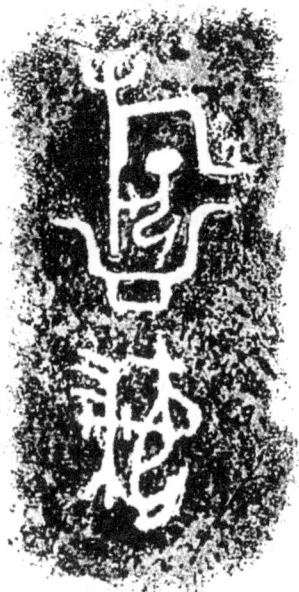

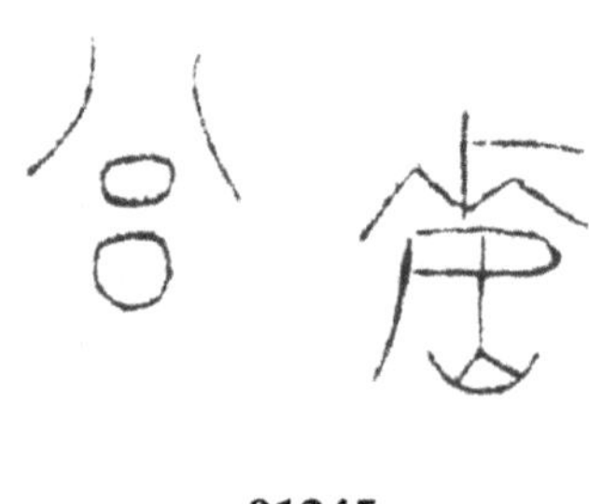

01345

向公鼎

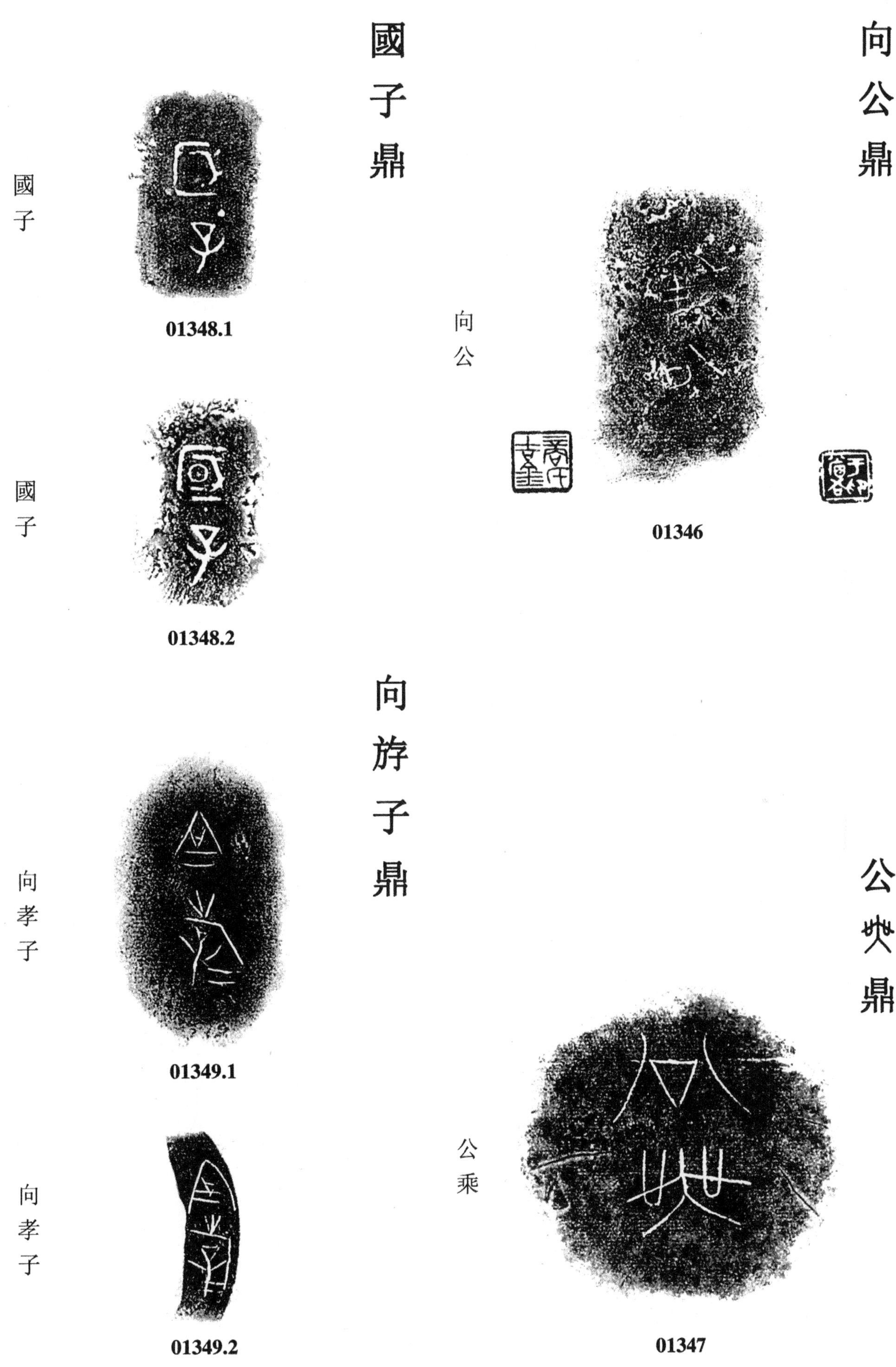

向公

01346

公乘鼎

公乘

01347

國子鼎

國子

01348.1

國子

01348.2

向斿子鼎

向孝子

01349.1

向孝子

01349.2

保𠓨鼎

保𠓨

01350

尹臾鼎

尹臾

01351

尹臾鼎

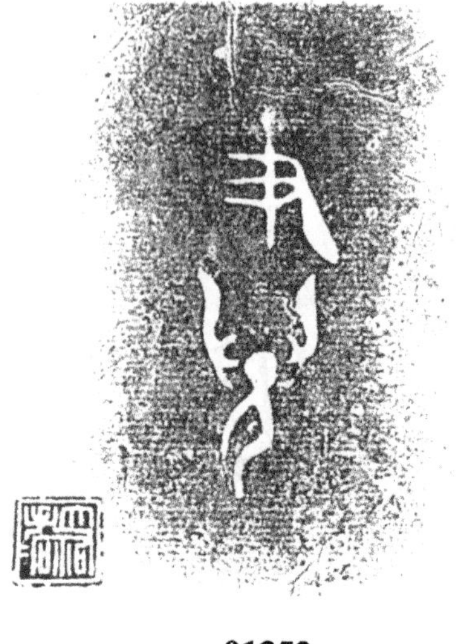

尹臾

01352

史番鼎

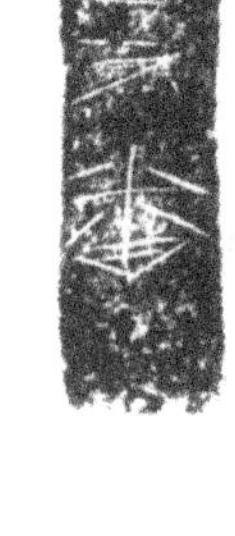

史番

01353

史次鼎

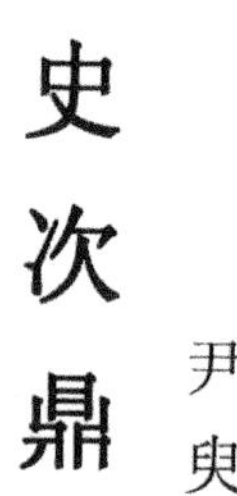

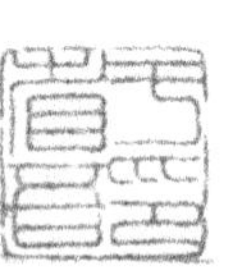

史次

01354

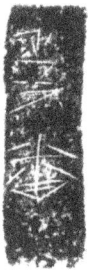

庴册鼎

庴（庚）册

01355

册[illegible]鼎

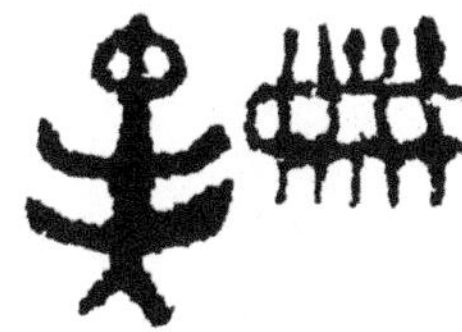

册
蛙

01356

[illegible]册鼎

[illegible]
册

01357

[illegible]典鼎

[illegible]（衛）典（册）

01358

陸册鼎

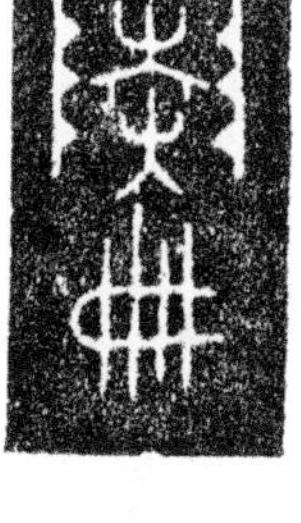

陸
册

01359

叀册鼎

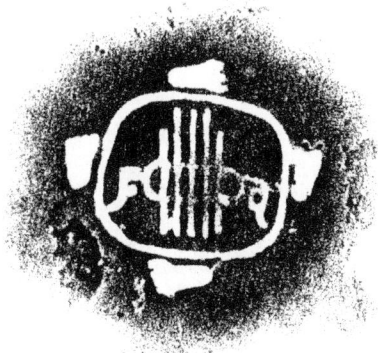

叀
册

01360

美宁鼎

美宁

01361

鄉宁鼎

鄉宁

01362

鄉宁鼎

鄉宁

01363

鄉宁鼎

鄉宁

01364

劦宁鼎

劦宁

01365

酉宁鼎

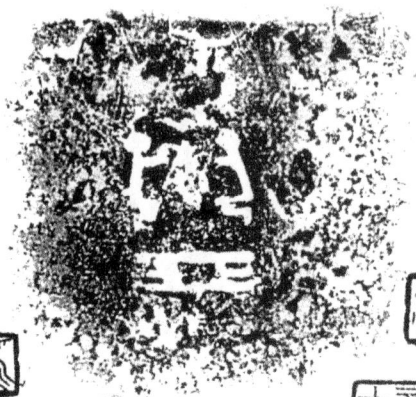

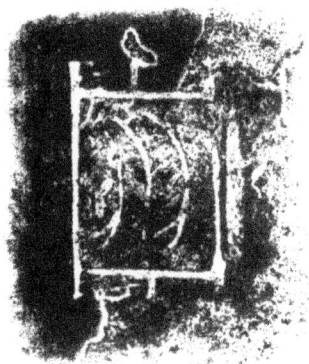

酉宁

01366

父宁鼎

父宁

01367

告宁鼎

告宁

01368

㚔旅鼎

幸旅

01369

㚔旅鼎

幸旅

01370

㚔旅方鼎

幸旅

01371

左𢻫鼎

左𢻫

01372

⿱䀠豕冊鼎

⿱䀠豕（獲）

01373

⿱䀠豕冊鼎

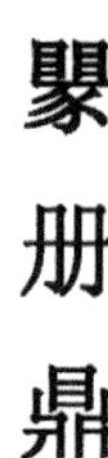

⿱䀠豕（獲）

01374

⿱䀠豕冊鼎

⿱䀠豕（獲）

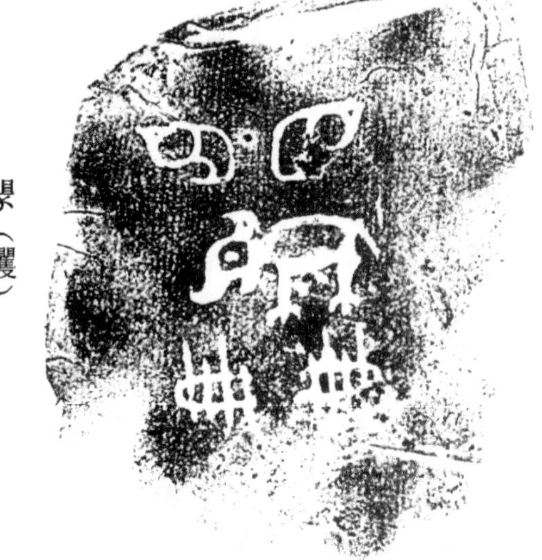

01375

⿱䀠豕冊鼎

⿱䀠豕（獲）

01376

射女鼎

射母

01377

射女鼎

射母

01378

射女鼎

射母

01379

菐叡鼎

菐叡

01380

冉蛙

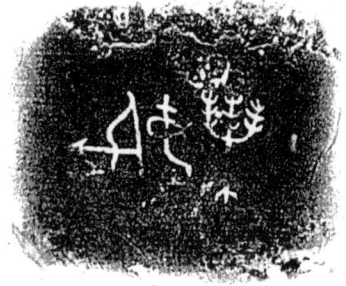

01381

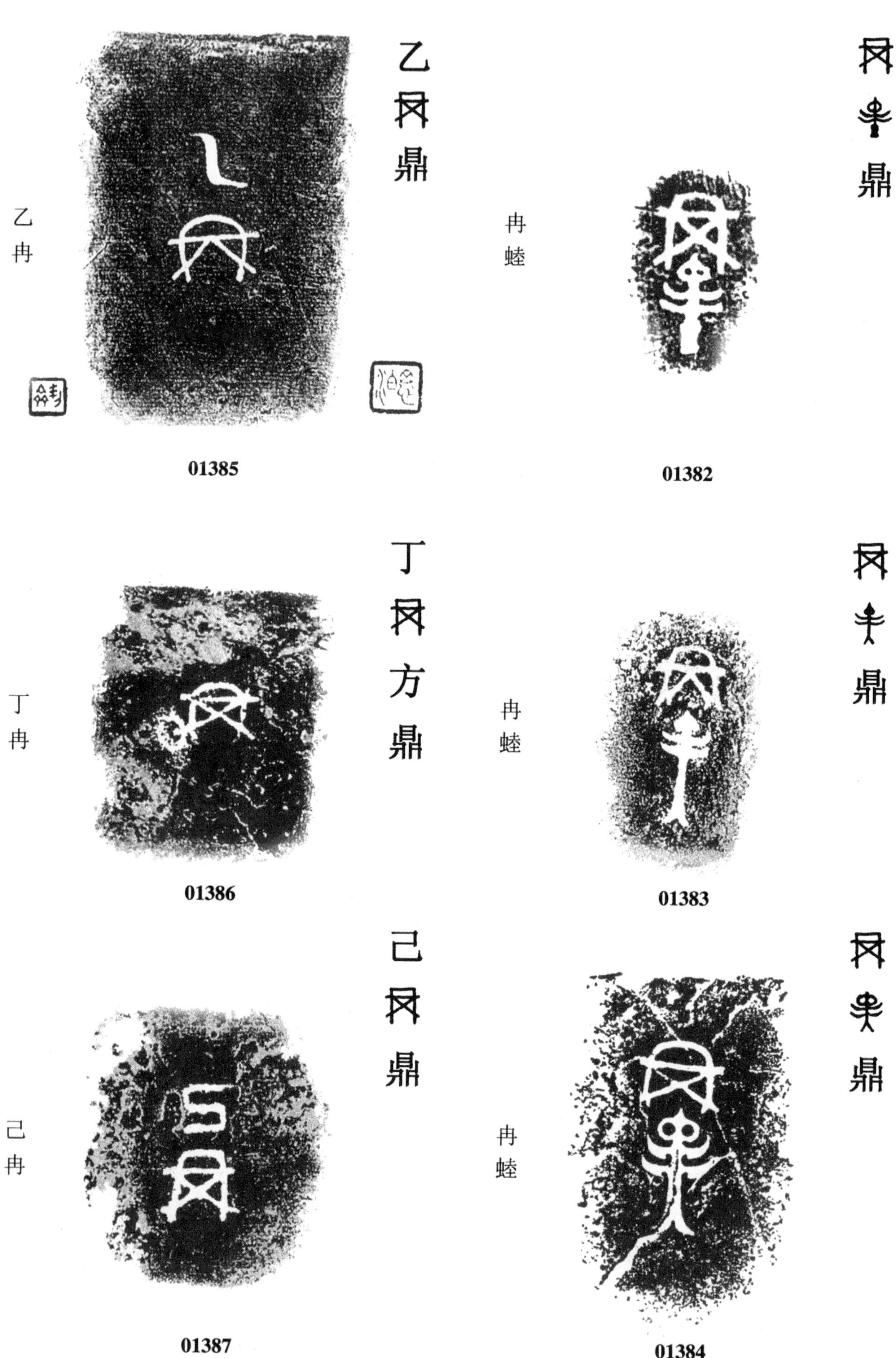

冉蛙鼎

冉蛙

01382

冉蛙鼎

冉蛙

01383

冉蛙鼎

冉蛙

01384

乙冉鼎

乙冉

01385

丁冉方鼎

丁冉

01386

己冉鼎

己冉

01387

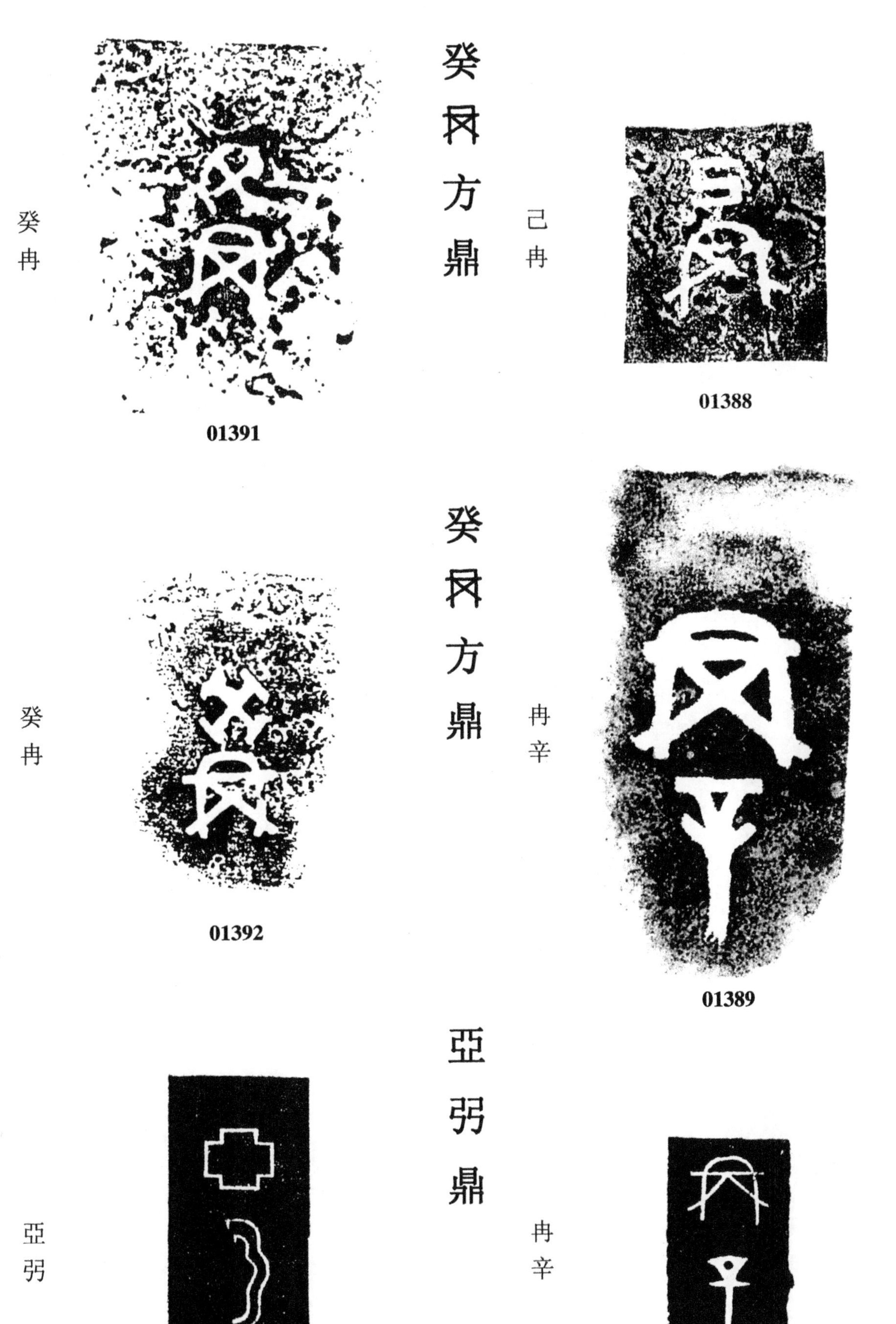

己冉鼎

己冉

01388

冉辛鼎

冉辛

01389

冉辛鼎

冉辛

01390

癸冉方鼎

癸冉

01391

癸冉方鼎

癸冉

01392

亞弜鼎

亞弜

01393

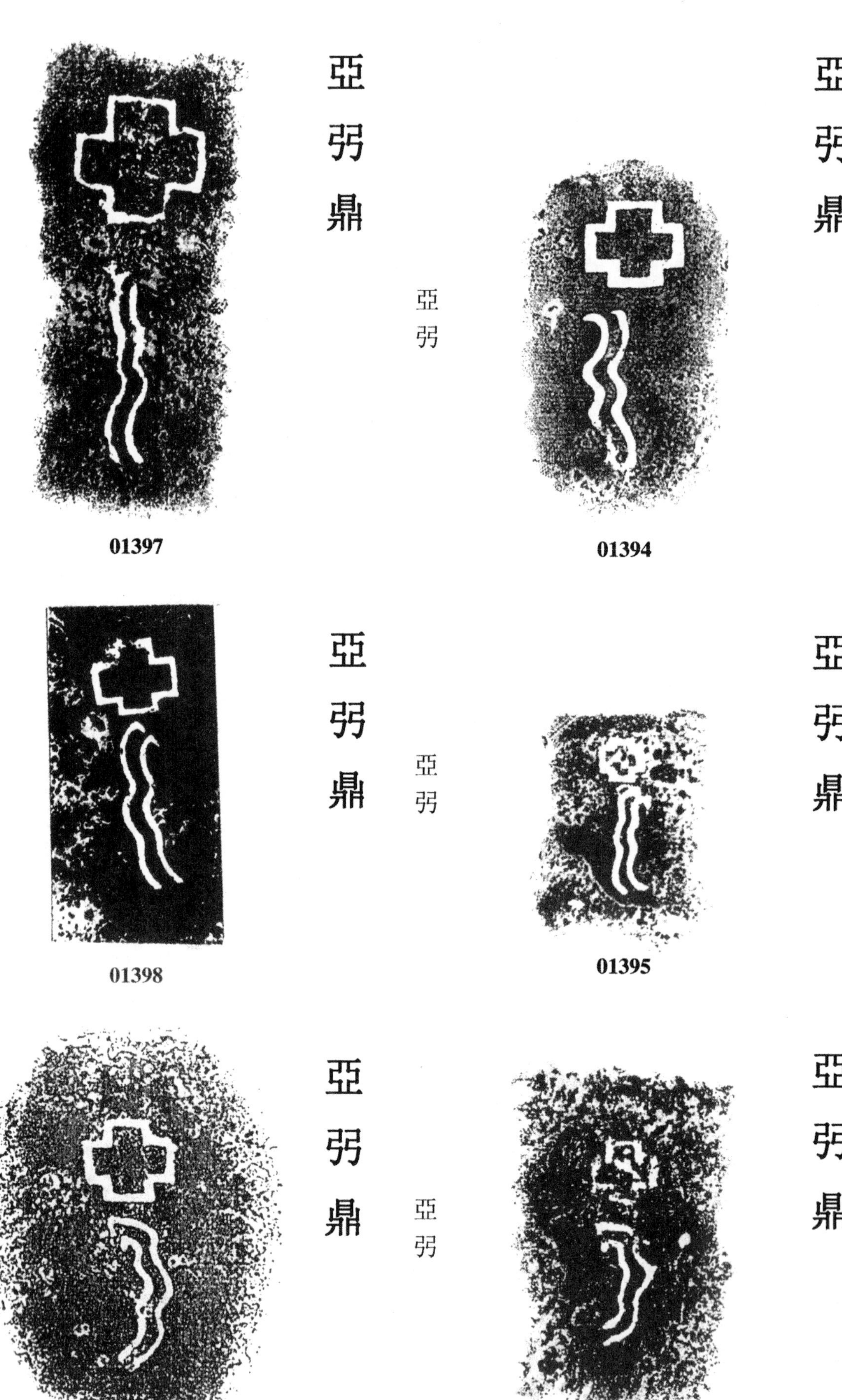

亞弜鼎

01394

亞弜

亞弜鼎

01395

亞弜

亞弜鼎

01396

亞弜

亞弜鼎

01397

亞弜

亞弜鼎

01398

亞弜

亞弜鼎

01399

亞弜

亞弜鼎

亞
弜

01400

亞豕鼎

亞
豕

01401

亞□鼎

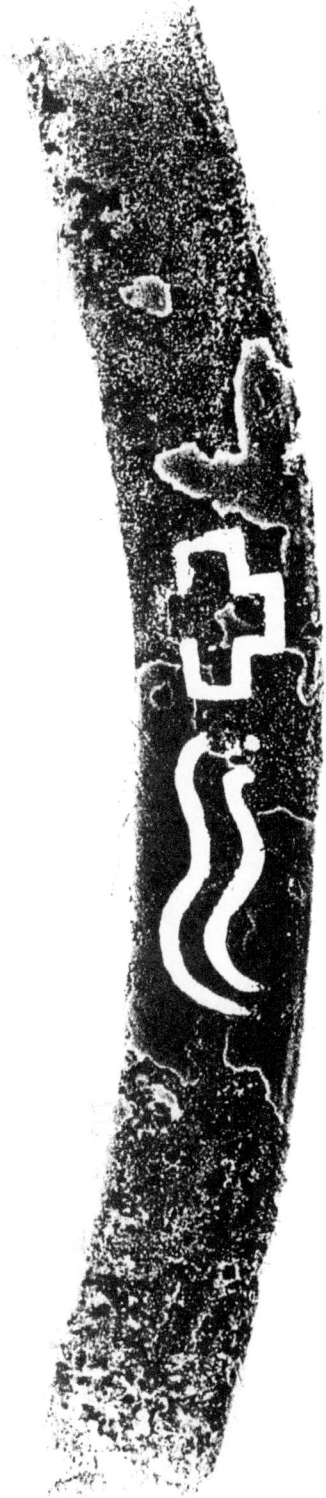

亞
□

01402

亞□鼎

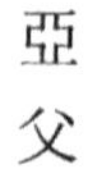

亞父

01403

𠬜亞鼎

𠬜(攀)亞

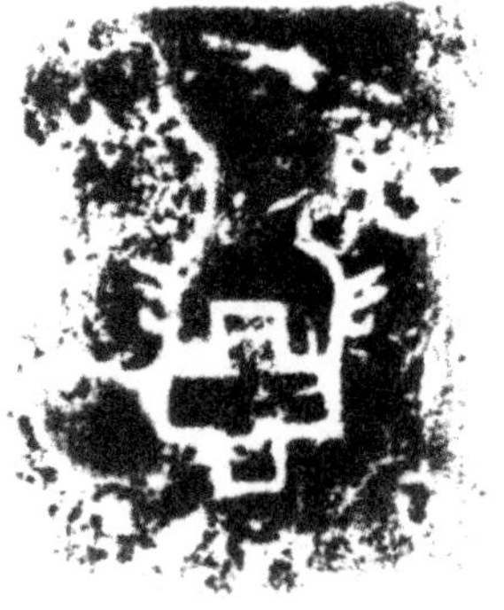

01404

亞絴鼎

亞絴

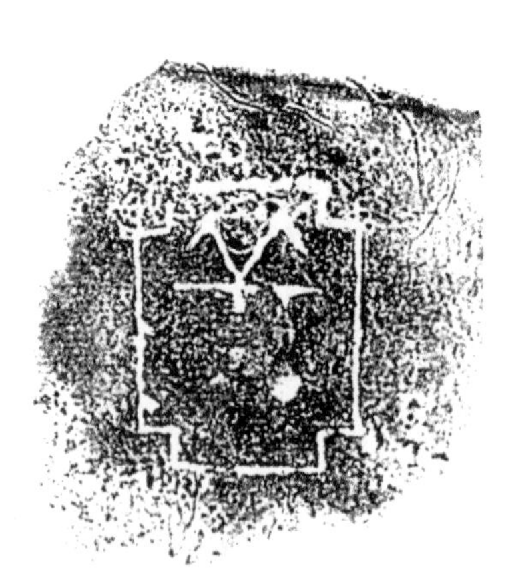

01405

亞舟鼎

亞舟

01406

亞舟鼎

亞舟

01407

亞天鼎

亞天

01408

亞告鼎

亞告

01410

亞厷方鼎

亞厷（肱）

01409

亞告鼎

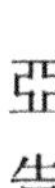

01411

亞□鼎

亞枲（櫐）

01412

亞卯方鼎

亞卯

01413

亞明鼎

亞明

01414

亞夒鼎

亞獿

01415

亞⿱夂雨鼎

亞⿱夂雨（雨）

01416

亞⿱夂雨鼎

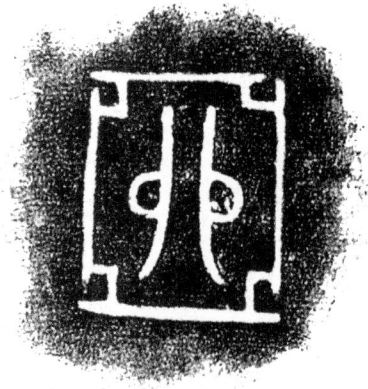

亞⿱夂雨（雨）

01417

亞⿰慮攴鼎

亞⿰慮攴（攄）

01418

亞⿰走要鼎

亞⿰走要

01419

亞⿰走要鼎

亞⿰走要

01420

亞⿰阝盧鼎

亞⿰阝盧

01421

亞⿰阝盧鼎

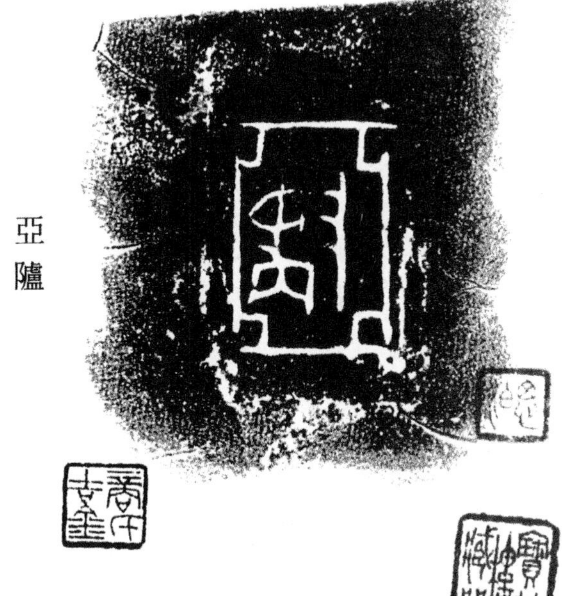

亞⿰阝盧

01422

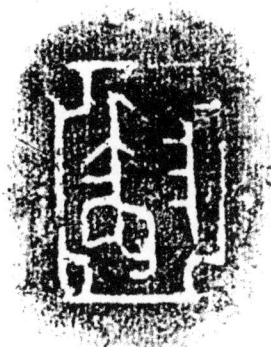

亞寞鼎

亞寞

01423

亞[illegible]鼎

亞衡

01425

亞[寞止]鼎

亞寞址

01424

亞吴鼎

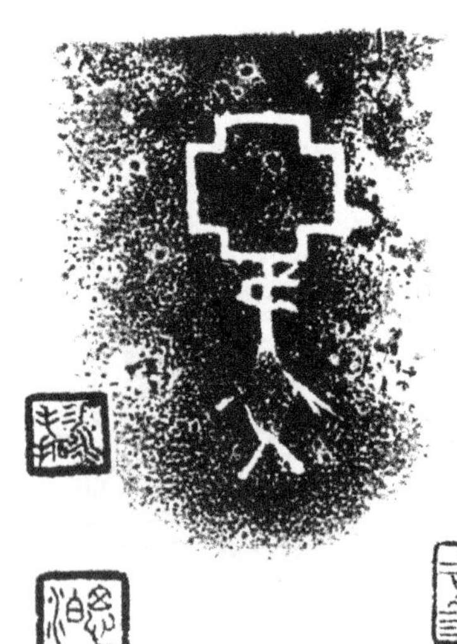

亞疑

01426

亞吴鼎

亞疑

01427

亞吴鼎

亞疑

01428

亞吴鼎

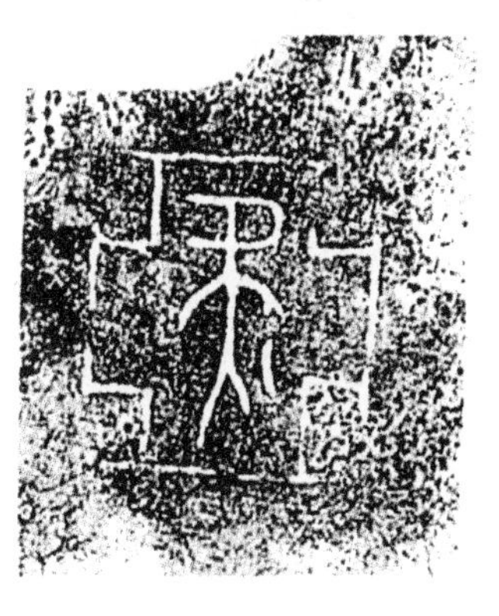

亞疑

01429

亞吴鼎

亞疑

01430

亞吴鼎

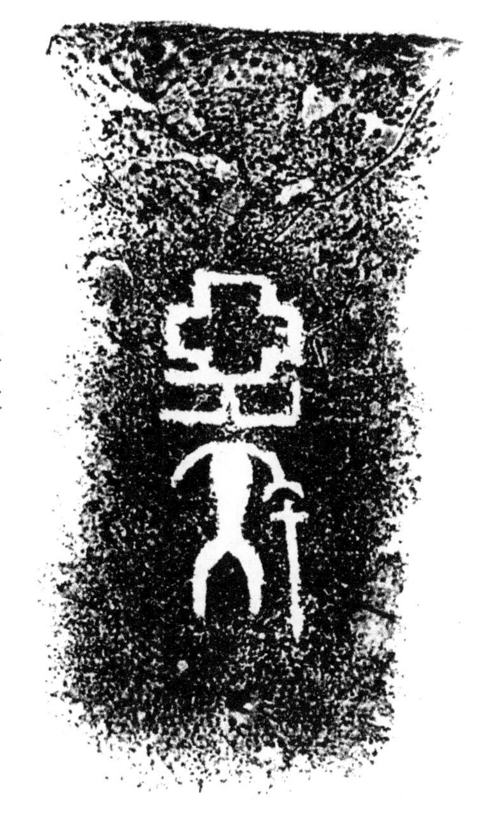

亞疑

01431

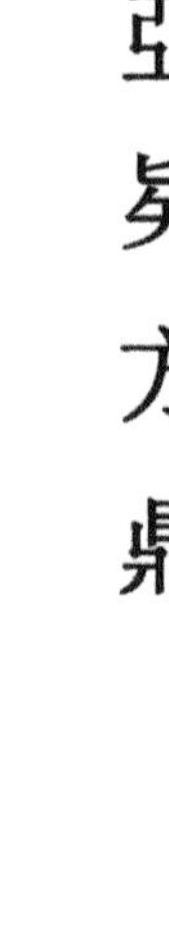
亞吳方鼎

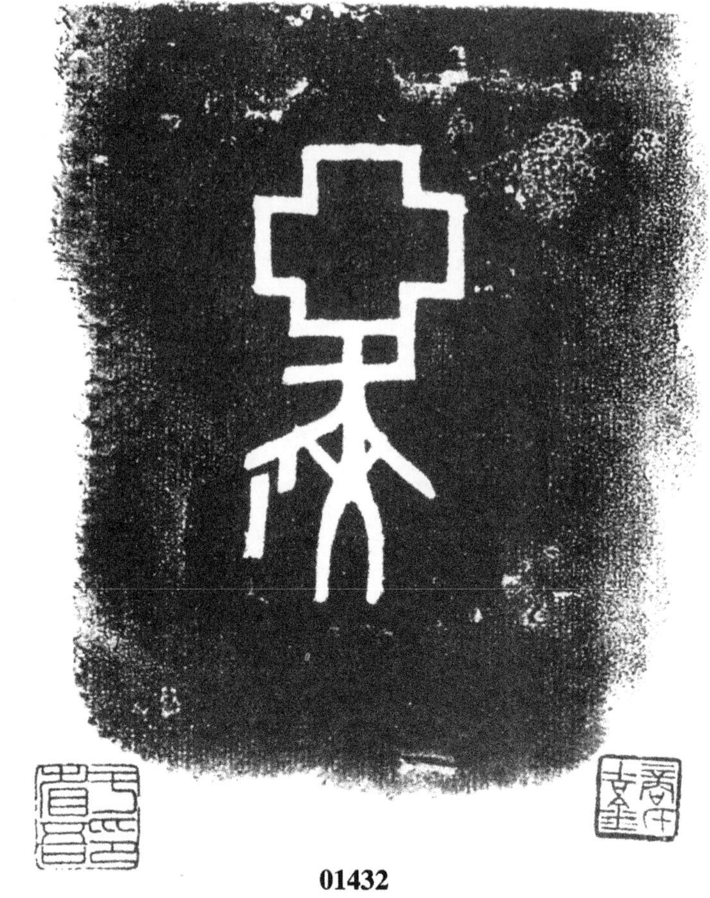

亞疑

01432

亞酗鼎

亞酗

01433

亞酗鼎

亞酗

01434

亞醜鼎

亞醜

01435

亞醜鼎

亞醜

01436

亞醜鼎

亞醜

01437

亞醜方鼎

亞醜

01438

亞醜方鼎

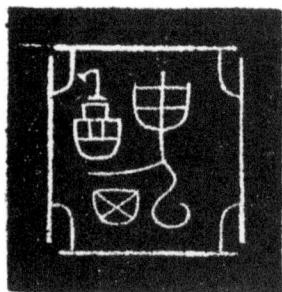

亞醜

01439

亞醜方鼎

亞醜

01440

亞醜方鼎

亞醜

01441

亞醜方鼎

亞醜

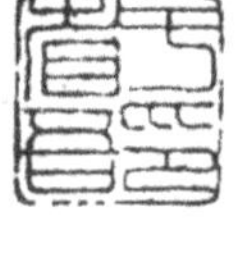

01442

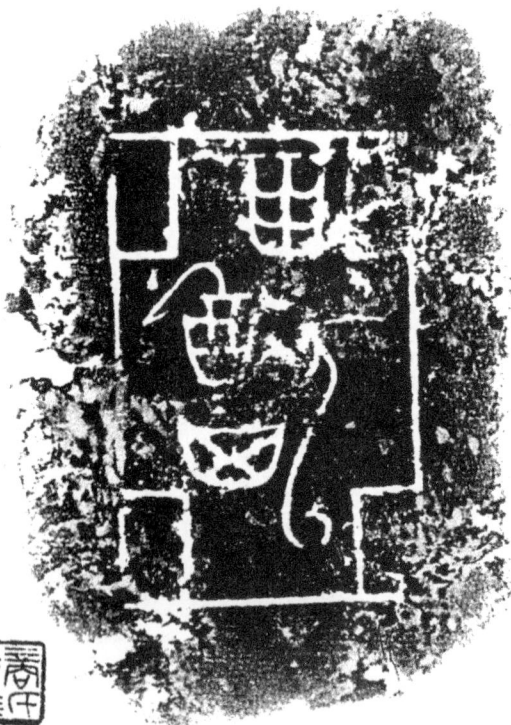

亞醜方鼎

亞
醜

01443

亞醜方鼎

亞
醜

01445

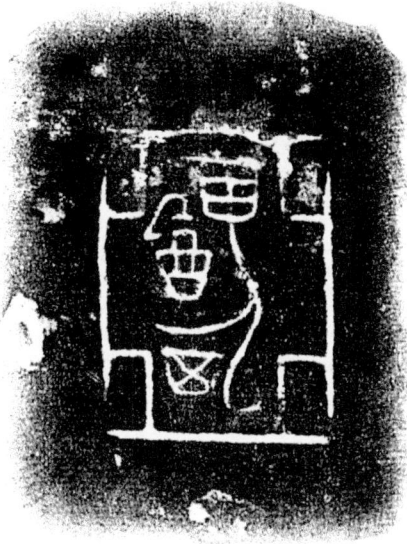

亞醜方鼎

亞
醜

01444

亞□鼎

亞
弁（扷）

01446

亞戈鼎

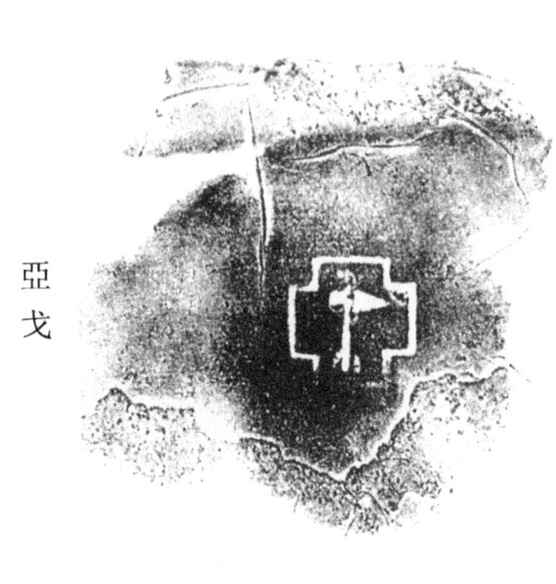

亞戈

01447

戈宁鼎

戈宁

01448

弓𦎫方鼎

弓𦎫

01449

冬刃鼎

冬刃

01450

冬刃鼎

冬刃

01451

冬刃鼎

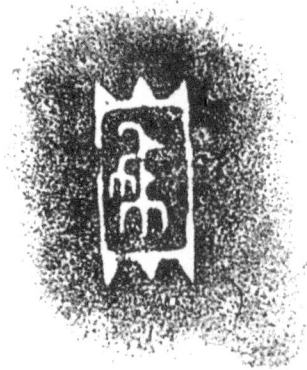

冬刃

01452

矢宁鼎

矢宁

01453

享田鼎

享田

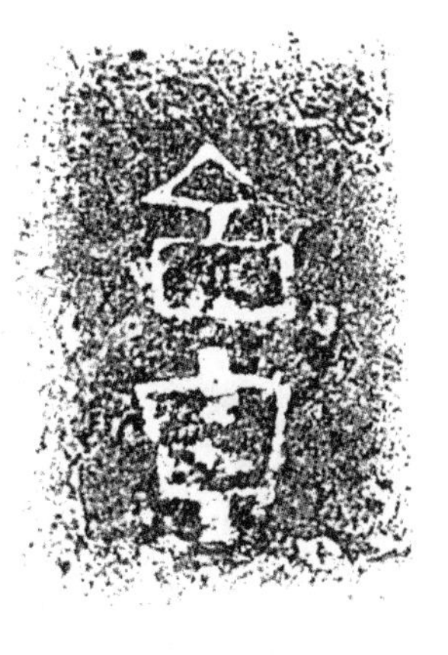

01454

車鼎

車从

01455

車𠛱鼎

車𠛱

01456

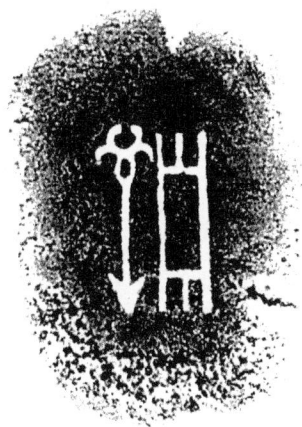

舟尹鼎

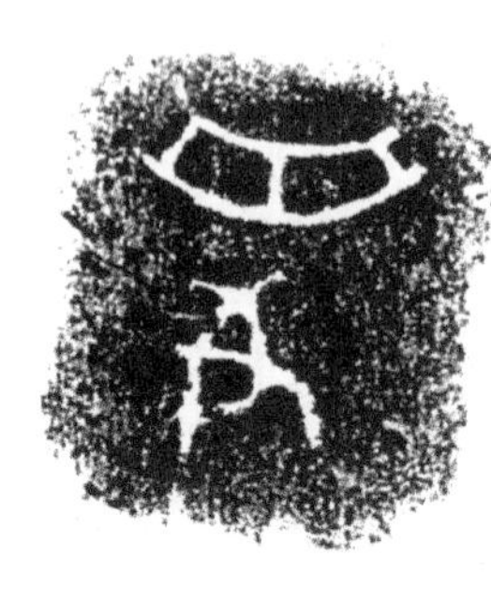

舟尹

01457

尹舟鼎

尹舟

01458

舟鼎

倗舟

01459

女鼎

⿺走朋(⿺走崩)母

01460

女鼎

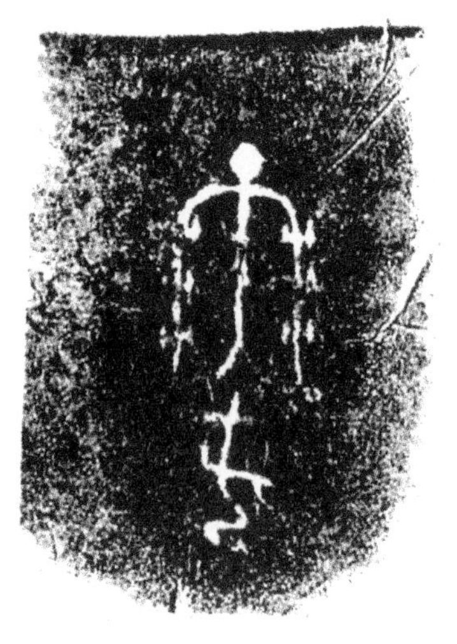

⿺走朋(⿺走崩)母

01461

聑鼎

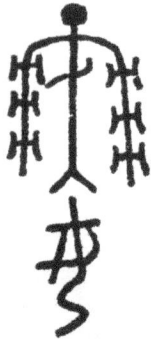

聑印(印倗)

01462

羊侁鼎

羊侁

01463

魚羌鼎

魚羌

01464

魚從鼎

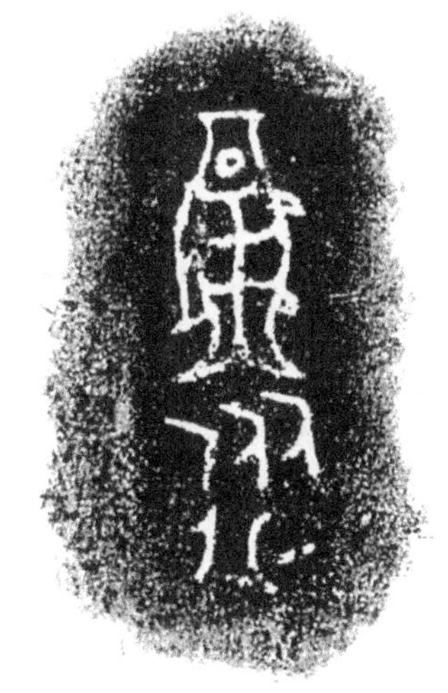

魚從

01465

亼蚰鼎

亼蚰

01466

蚰羊鼎

蚰羊（?）

01467

弔龜鼎

弔
龜

01468

□戓鼎

□
聝

01470

弔龜鼎

弔
龜

01469

己□鼎

己
□（奠）

01471

大禾方鼎

大禾

01472

妟伕鼎

妟伕

01473

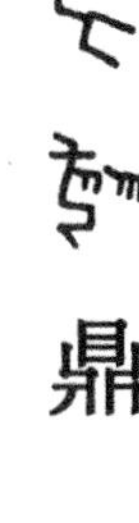

鼎

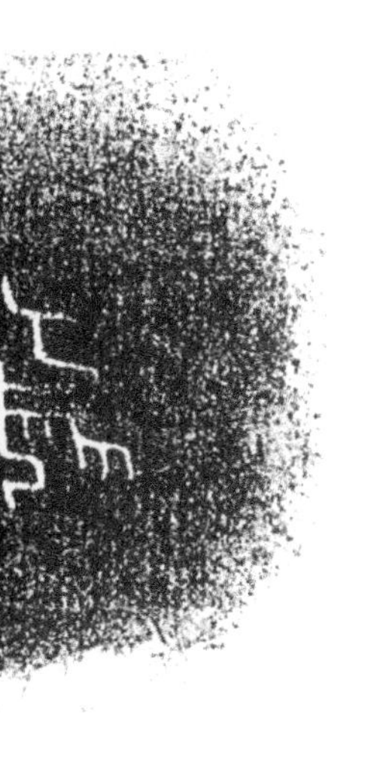

丂婦

01474

守雩鼎

守雩

01475

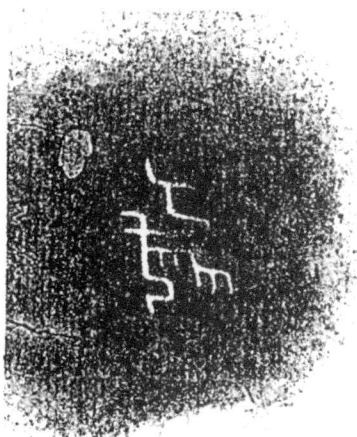

得鼎

得鼎

01476

叉宁鼎

叉宁（牀）

01477

宁叉鼎

宁（牀）叉

01478

盥丶鼎

盥丶

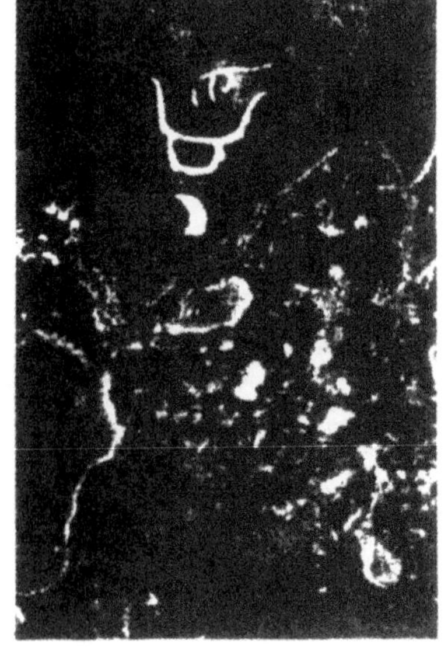

01479

盥丶鼎

盥丶

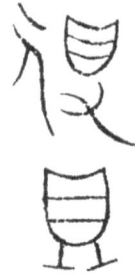

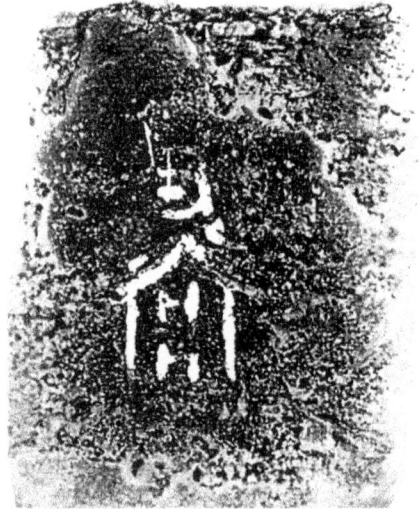

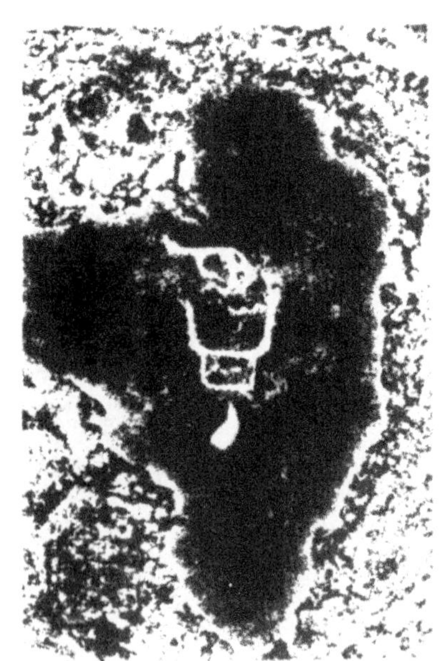

01480

交鼎鼎

交鼎

01481

東宮方鼎

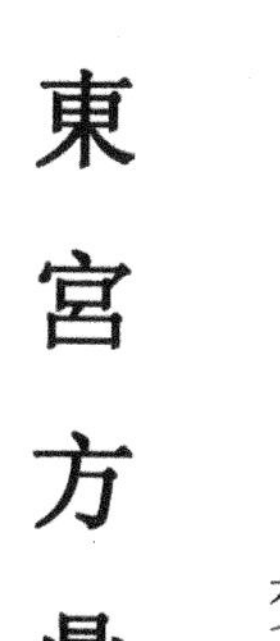

東宮

01484

告田鼎

告田

01482

單鼎

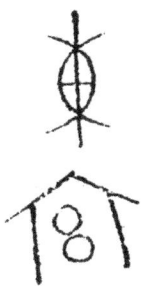

01485

告田鼎

告田

01483

鼎

（齊）

01486

◇⊛鼎

01487

◇冏

婌鼎

01488

齒婌

㲄鼎

01489

㲄乍(作)

徹鼎

01490

徹萁

𤼷鼎

01491

萁登

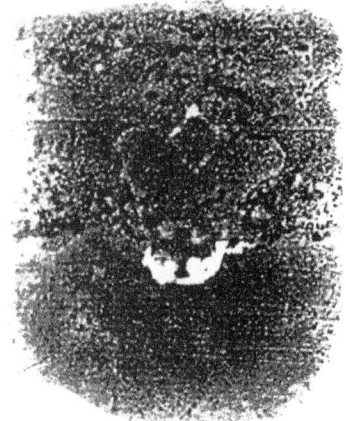

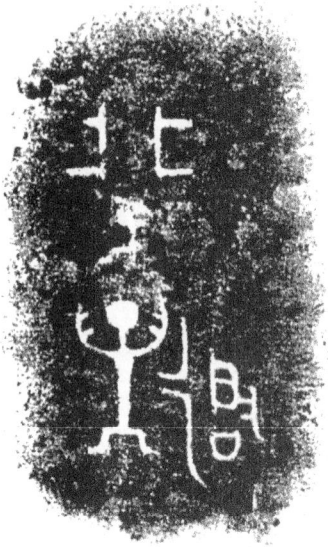

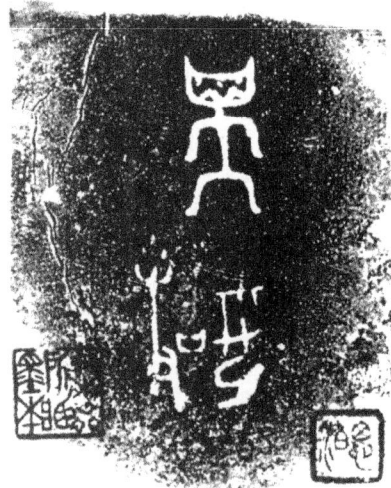

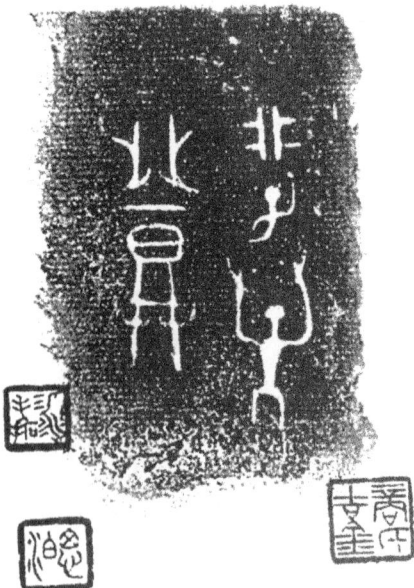

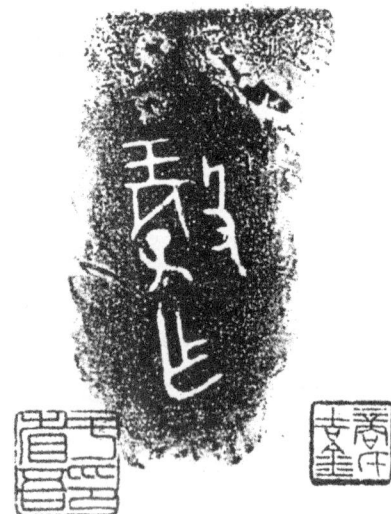

遽從鼎

遽從

01492

遽從鼎

遽從

01493

遽從鼎

遽從

01494

遽從鼎

遽從

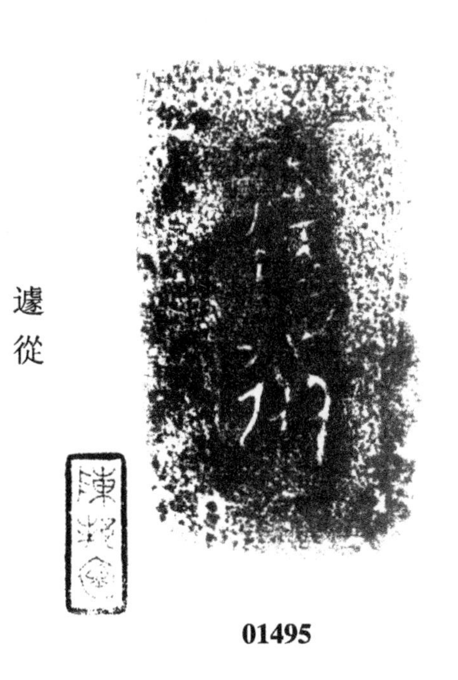

01495

遽從鼎

遽從

01496

周登鼎

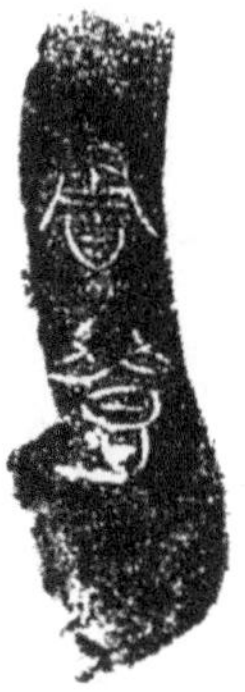

周登

01497

椽徒鼎

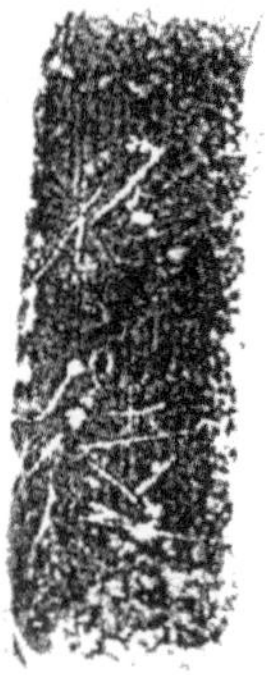

椽徒

01499

⿱宀義鼎

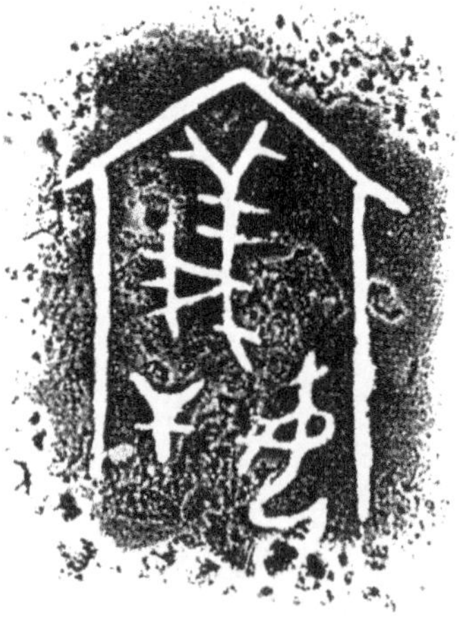

⿱宀義奸

01498

正昜鼎

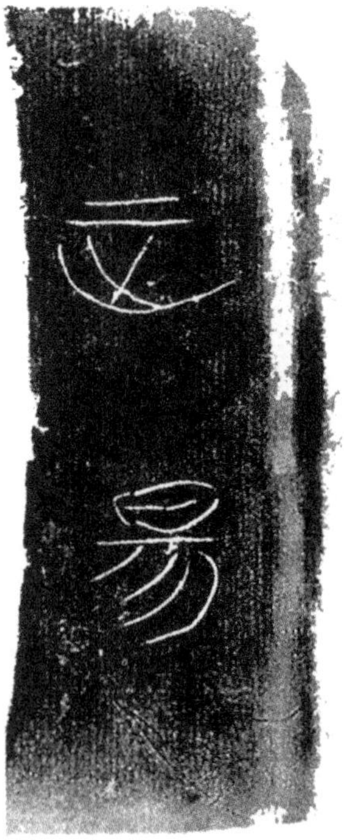

正昜

01500

弗鼎

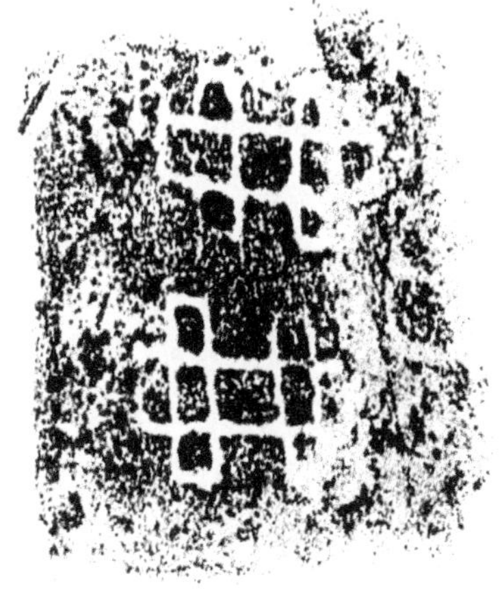

弗刀

01501

滁鼎

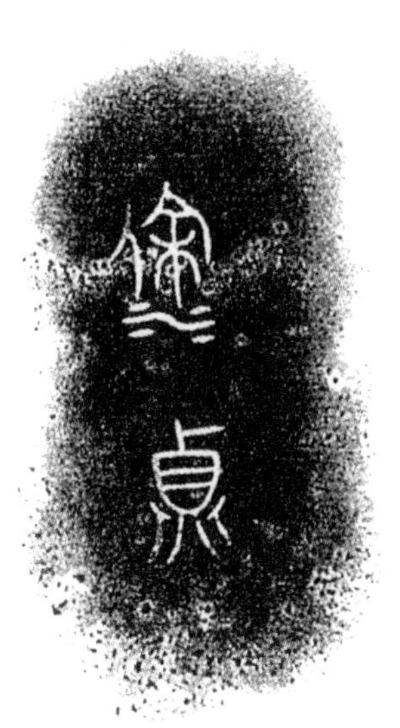

滁貞（鼎）

01502

西宮鼎

西官

01503

作鼎鼎

乍（作）鼎

01504

作寶鼎

乍（作）寶

01505

作用鼎

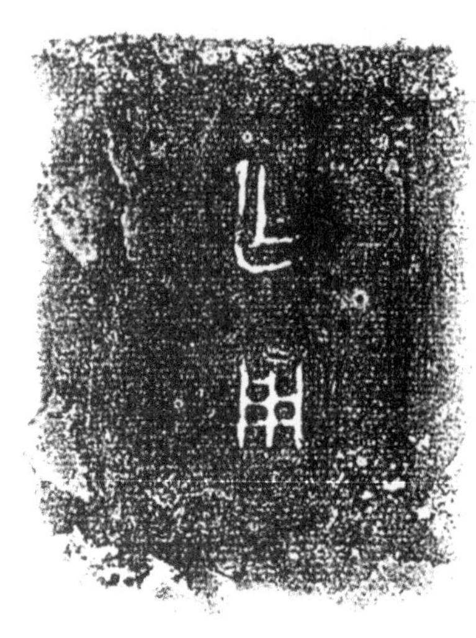

乍（作）用

01506

私官鼎

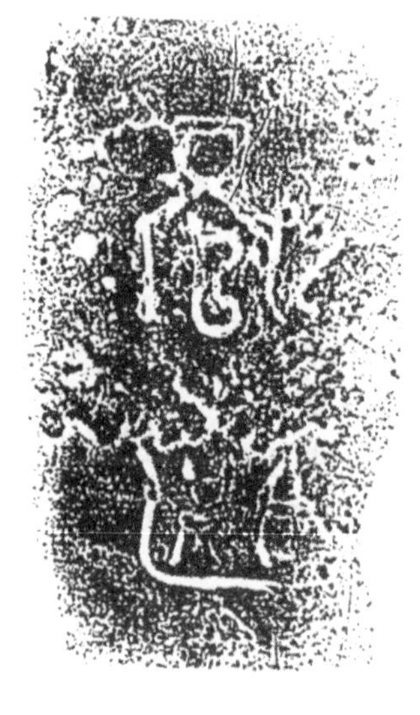

私官⿰甚匕（匙）

01508

半齋鼎

半齋

01507

杍氏鼎

杍氏

01509

倗且丁鼎

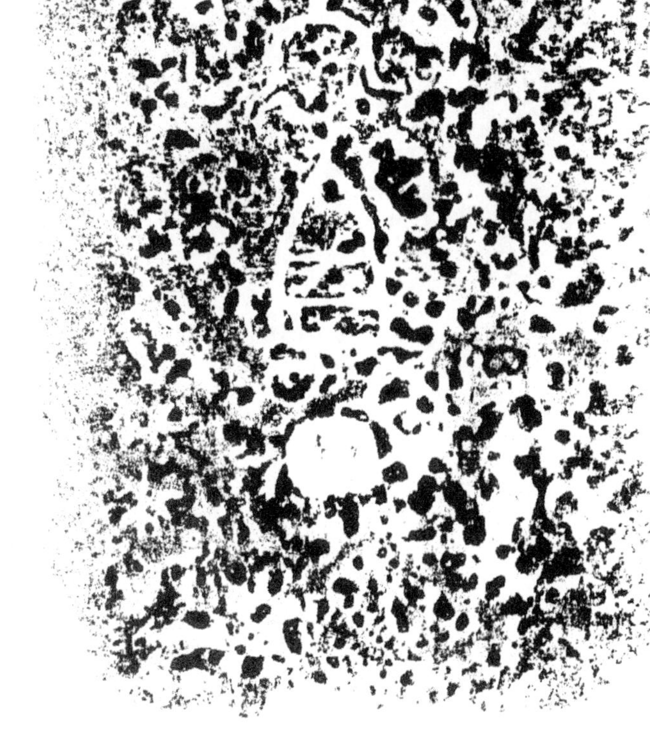

01510

倗祖丁

戈且辛鼎

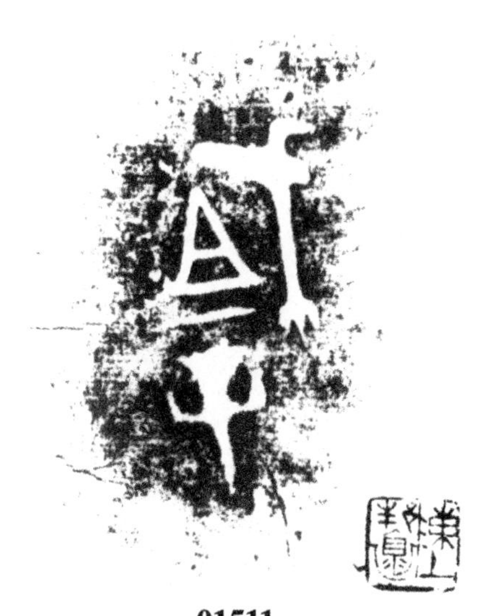

01511

戈祖辛

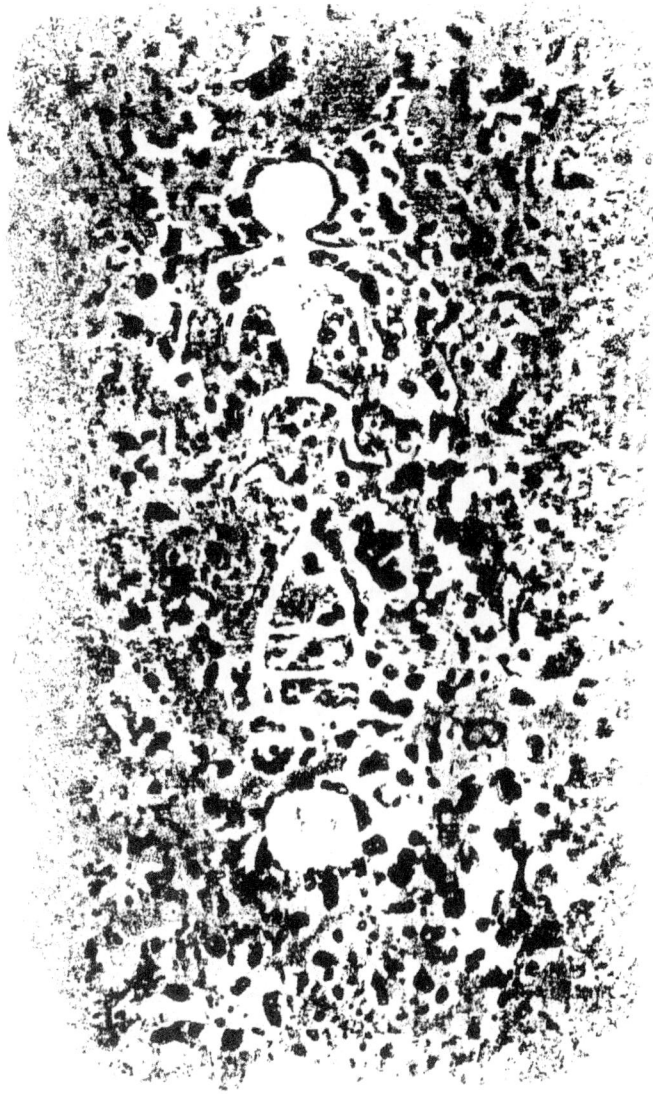

象且辛鼎

象祖辛

01512

戈且癸鼎

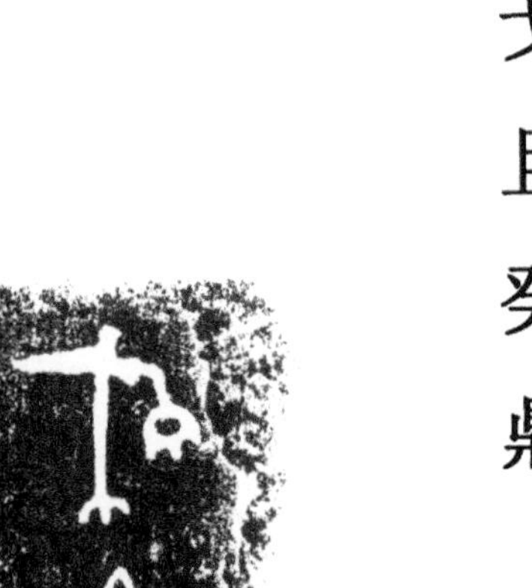

戈祖癸

01514

戈且癸鼎

戈祖癸

01513

戈匕辛鼎

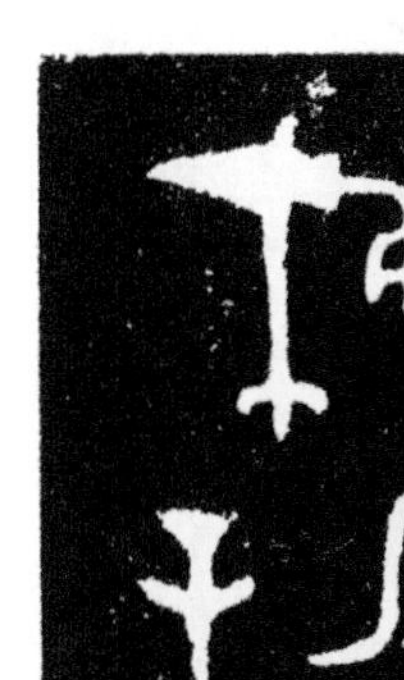

戈妣辛

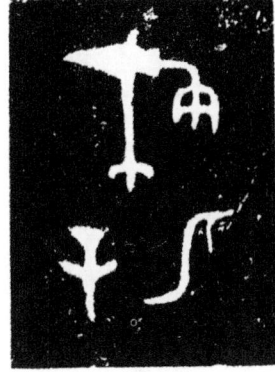

01515

戈父甲鼎

戈父甲

01517

乘匕癸方鼎

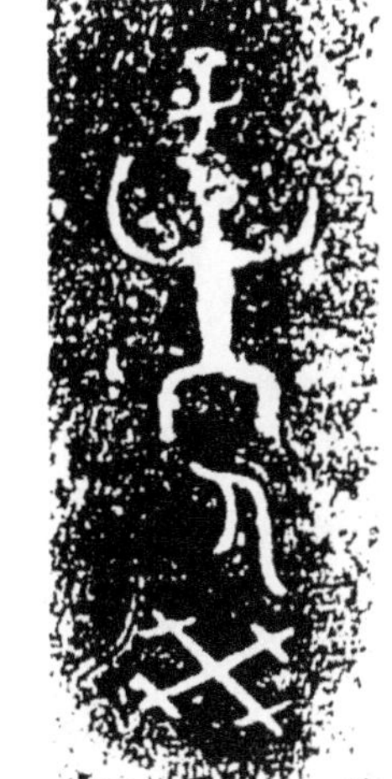

乘妣癸

01516

戈父甲方鼎

戈父甲

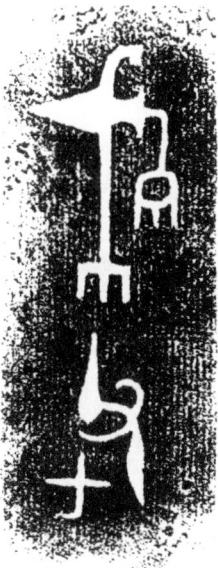

01518

戈父甲方鼎

戈父甲

01519

冀父甲鼎

冀父甲

01521

咸父甲鼎

咸父甲

01520

父甲鼎

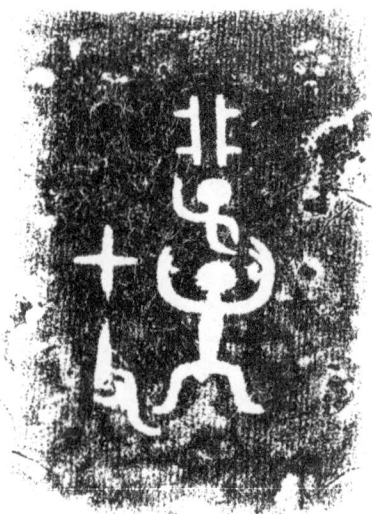

父甲

01522

冀父乙方鼎

冀父乙

01523

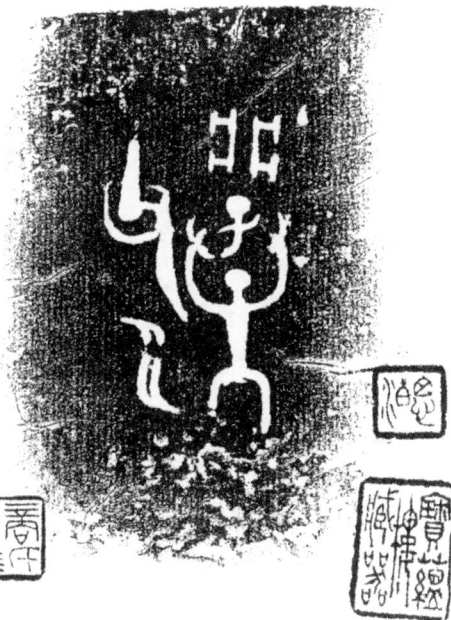

冀父乙方鼎

冀父乙

01524

冀父乙鼎

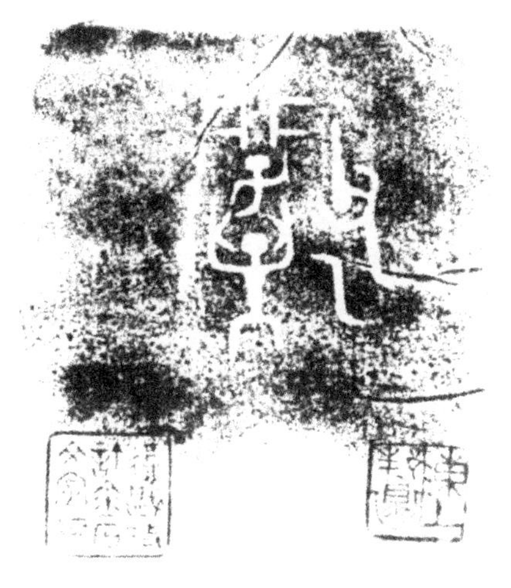

冀父乙

01525

冀父乙鼎

冀父乙

01526

冀父乙鼎

冀父乙

01527

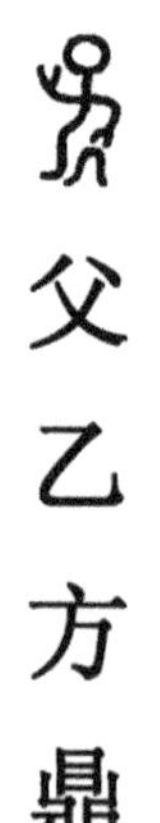父乙方鼎

(仉)父乙

01529

父乙鼎

(仉)父乙

01528

光父乙方鼎

光父乙

01530

父乙鼎

光乙侁

01531

父乙欠鼎

欠父乙

01532

父乙鼎

㛸（戎）父乙

01533

子父乙鼎

子父乙

01534

息父乙鼎

息父乙

01535

𣪘父乙

01537

兂父乙鼎

兂（朁）父乙

01536

紟父乙鼎

紟父乙

01538

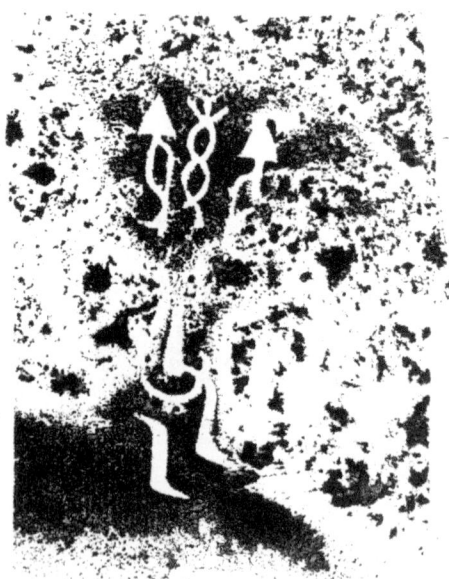

箙父乙鼎

葡(箙)父乙

01539

冈父乙

01541

㚔父乙鼎

幸父乙

01540

冈父乙鼎

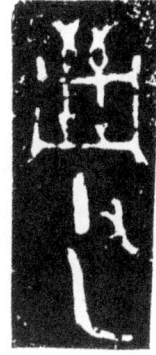

冈父乙

01542

冂父乙方鼎

冂父乙

01543

父乙冉鼎

父乙冉

01545

冉父乙鼎

冉父乙

01544

父乙䀠方鼎

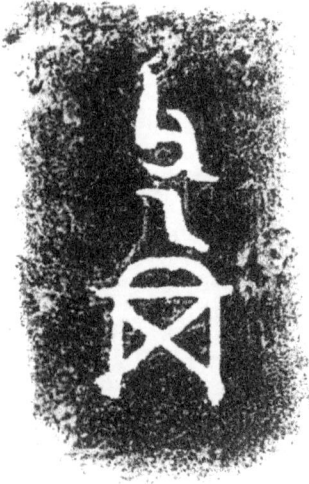

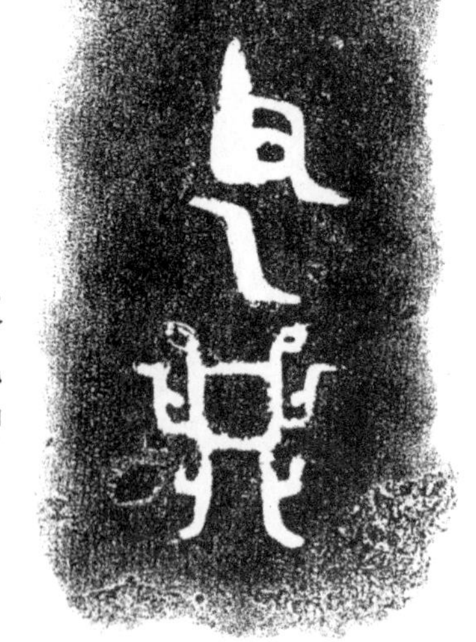

父乙䀠

01546

父乙鼎鼎

父乙鼎

01547

具父乙鼎

具父乙

01549

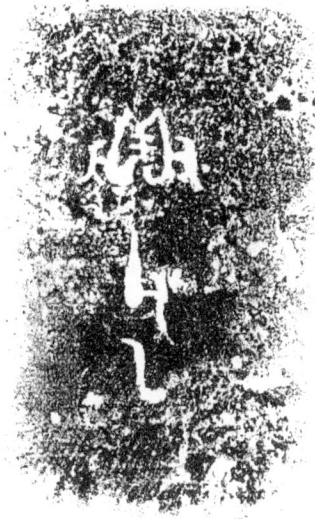

亼父乙鼎

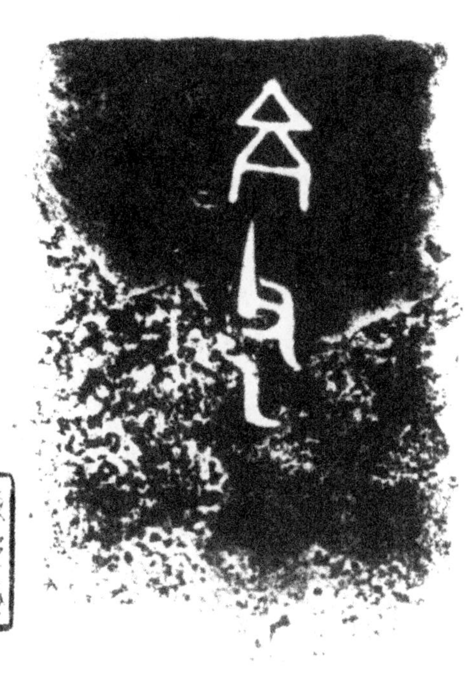

亼父乙

01548

析父乙鼎

析父乙

01550

魚父乙鼎

魚父乙

01551

魚父乙鼎

魚父乙

01552

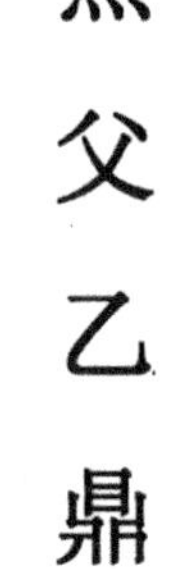

魚父乙鼎

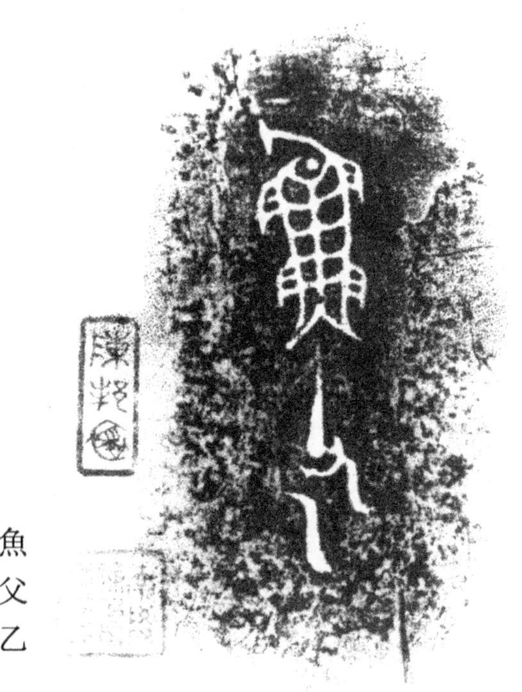

魚父乙

01553

黿父乙鼎

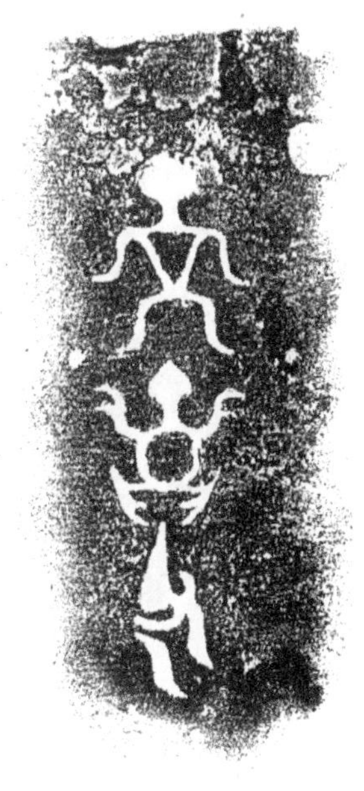

黿父乙

01554

黿父乙鼎

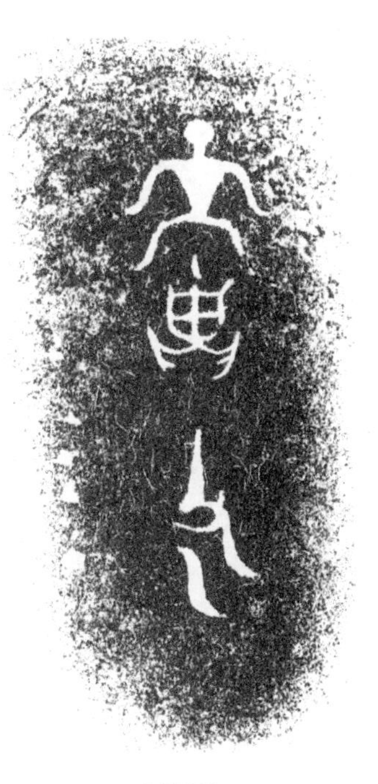

黿父乙

01555

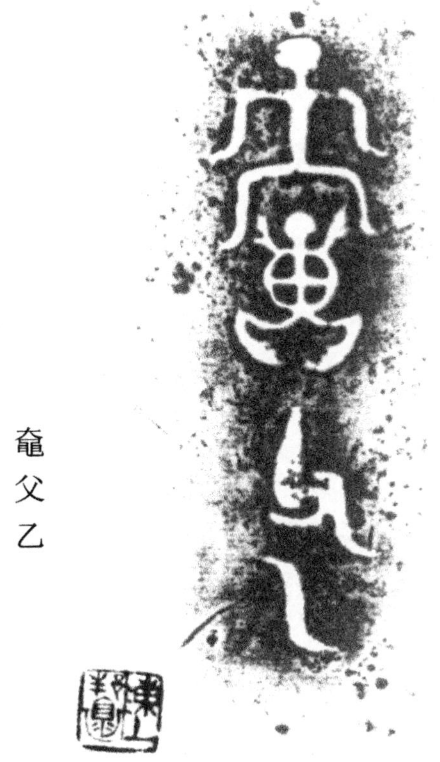

黿父乙

01556

奄父乙鼎

奄父乙

01557

奄父乙鼎

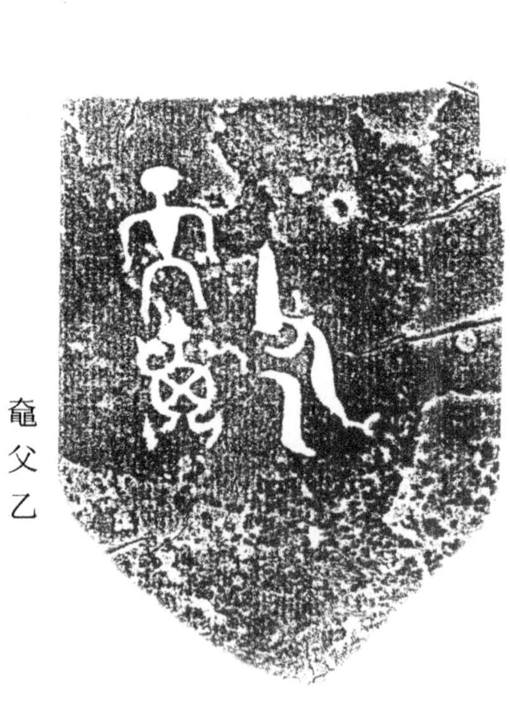

奄父乙

01558

奄父乙方鼎

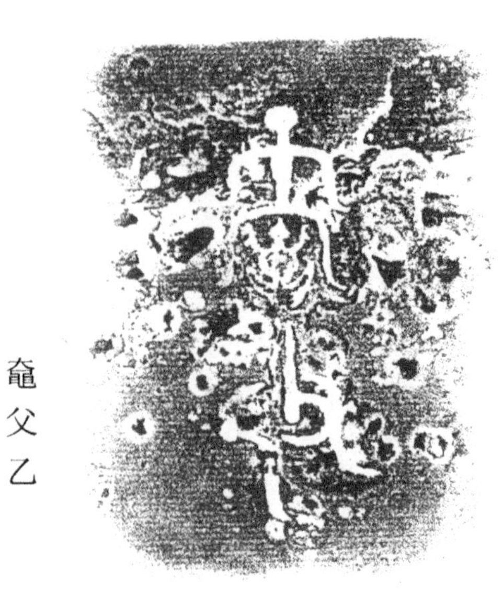

奄父乙

01559.A

奄父乙

01559.B

爻父乙方鼎

爻父乙

01560

末父乙鼎

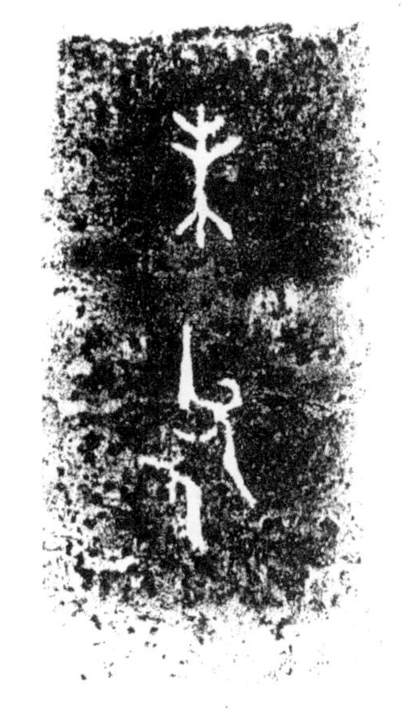

末父乙

01562

山父乙鼎

山父乙

01561

祺父乙鼎

祺父乙

01563

作父乙鼎

乍(作)父乙

01564

冉父丙鼎

冉父乙

01566

犬父丙鼎

犬父丙

01565

父丙侖鼎

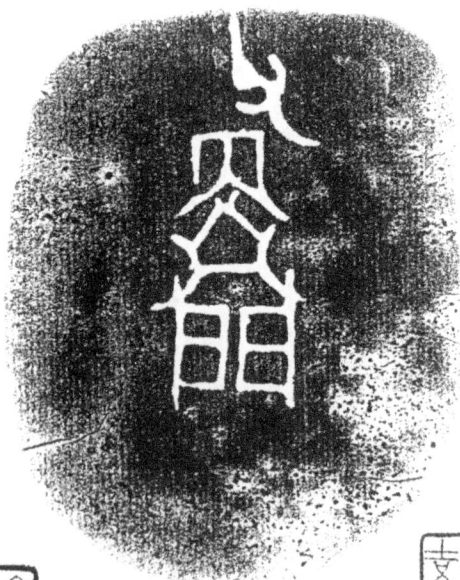

父丙侖

01567

弜父丙鼎

弔父丙

01568

虡父丁鼎

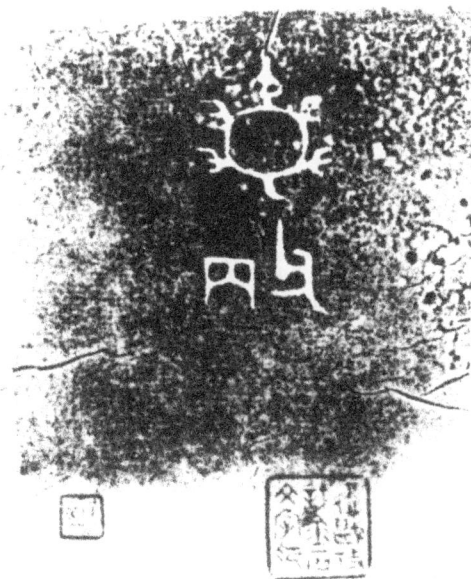

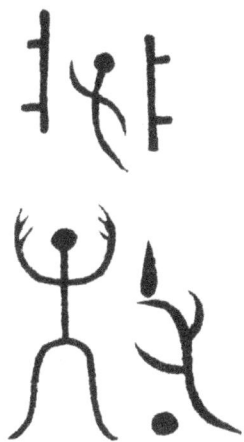

虡父丁

01570

龜父丙鼎

龜父丙

01569

虡父丁鼎

虡父丁

01571

冀父丁鼎

冀父丁

01572

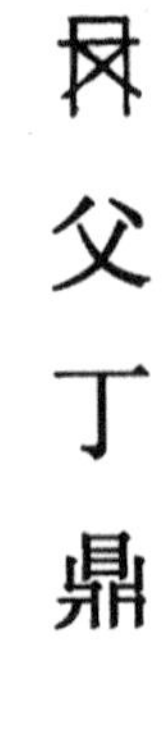

冉父丁鼎

冉父丁

01574

冀父丁方鼎

父丁冀

01573

冉父丁鼎

冉父丁

01575

父丁□鼎

父丁□

01576

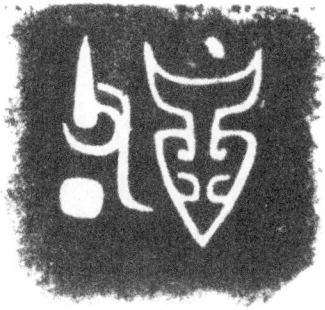

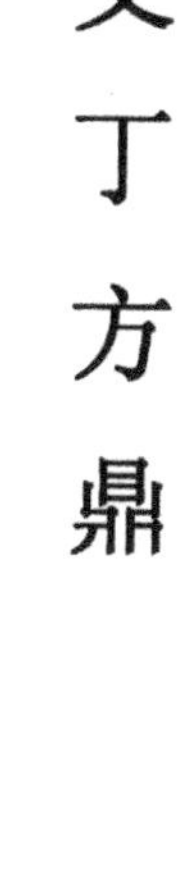

卓父丁

01578

父丁鼎

卓父丁

01577

父丁方鼎

卓父丁

01579

[illegible]父丁鼎

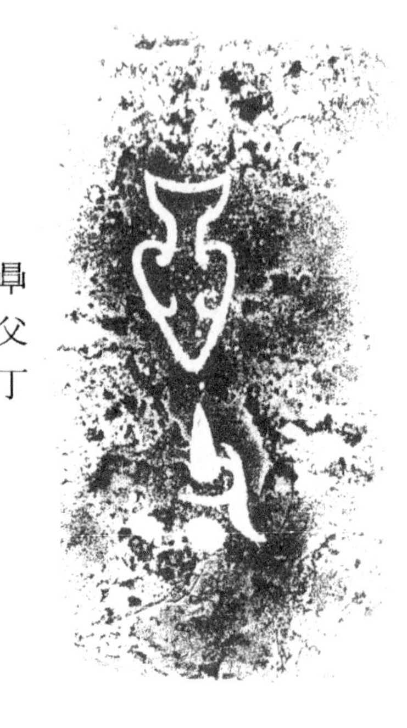

[illegible]父丁

01580

豩父丁鼎

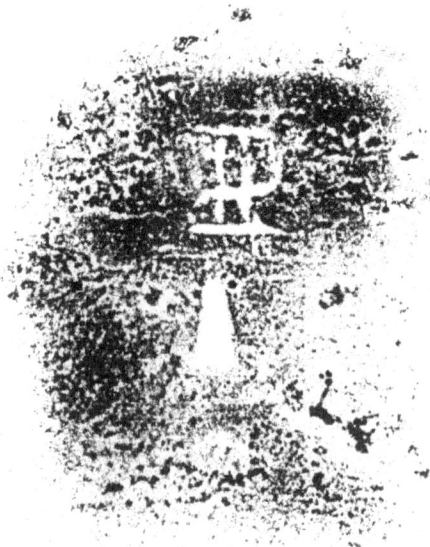

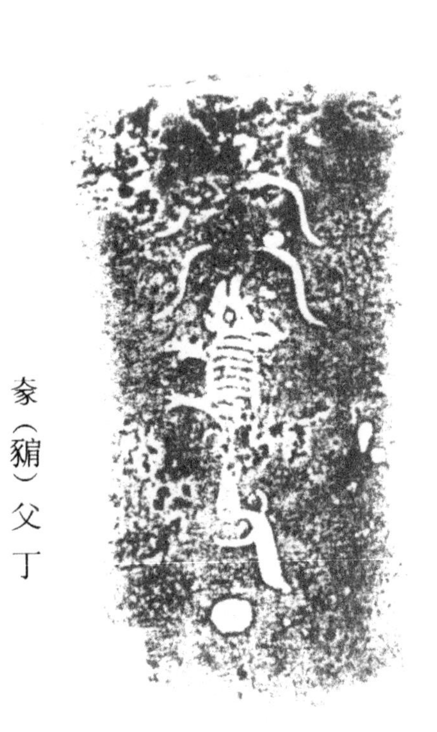

豩（豩肙）父丁

01582

[illegible]父丁方鼎

[illegible]父丁

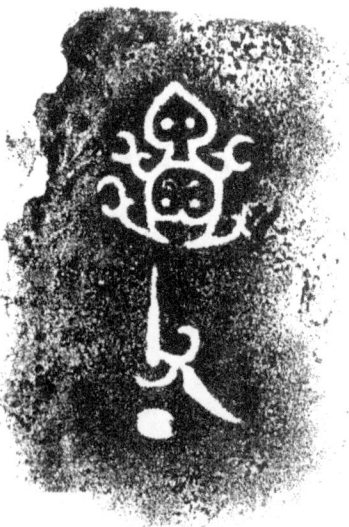

01581

黽父丁鼎

黽父丁

01583

黽父丁鼎

黽父丁

01584

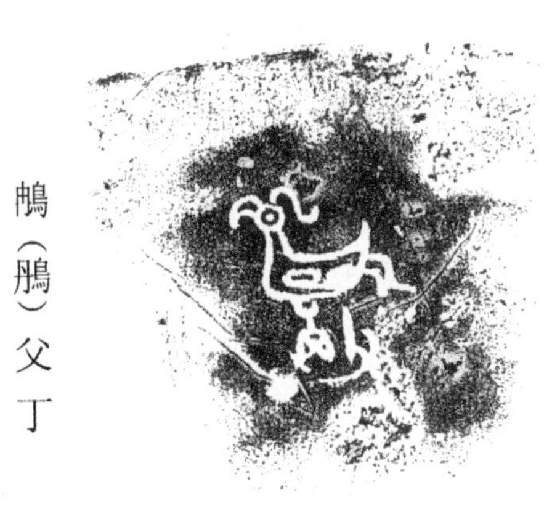

鴅(鳲)父丁

01586

魚父丁鼎

魚父丁

01585

弔弔父丁鼎

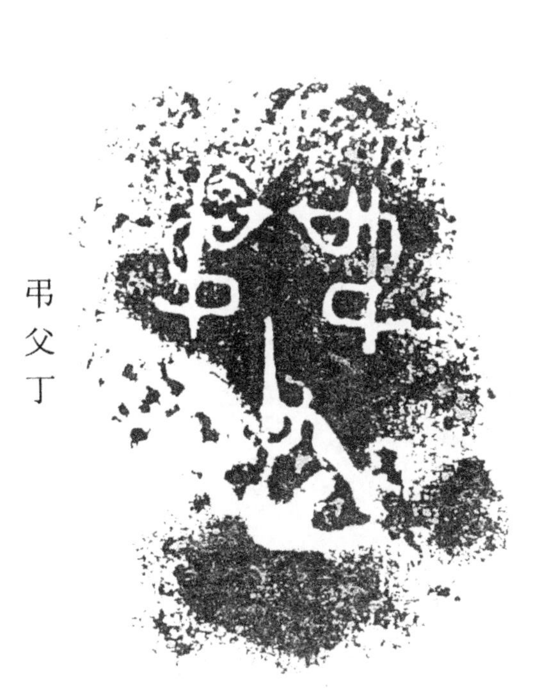

弔父丁

01587

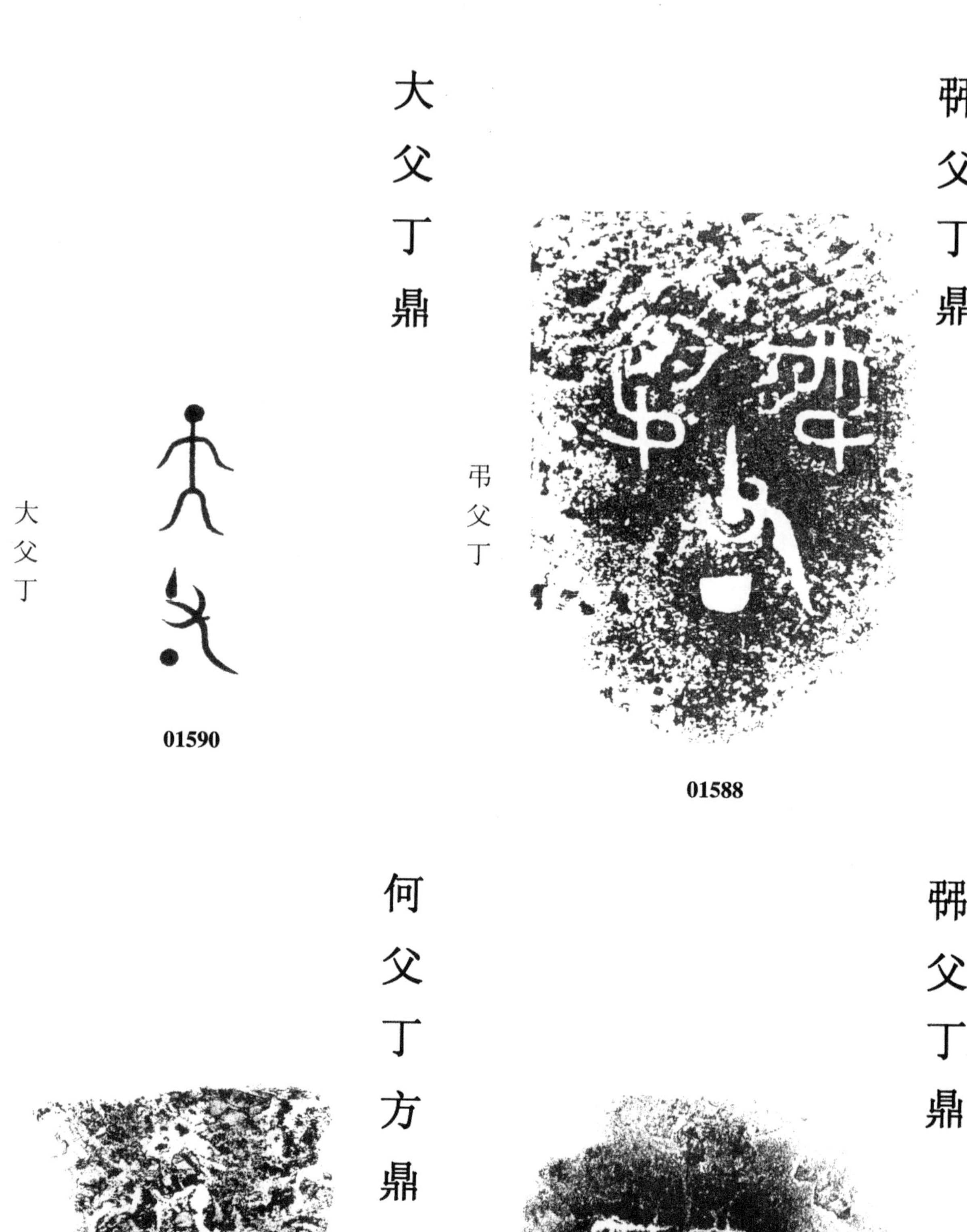

弔弔父丁鼎

弔父丁

01588

大父丁鼎

大父丁

01590

弔弔父丁鼎

弔父丁

01589

何父丁方鼎

何父丁

01591

父丁鼎

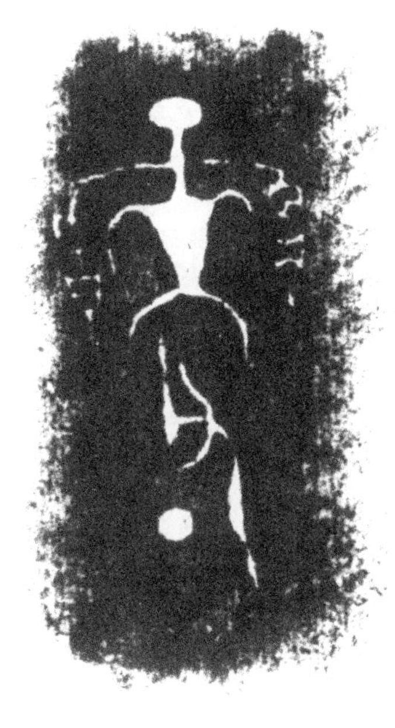

倗父丁

01592

父丁鼎

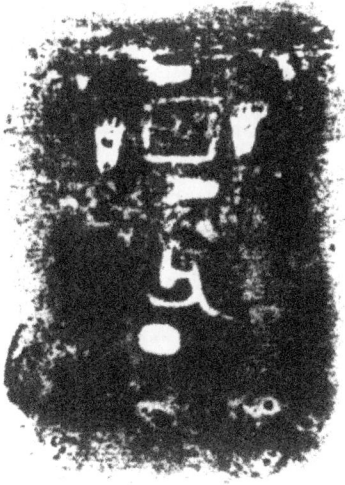

(衛)父丁

01594

父丁方鼎

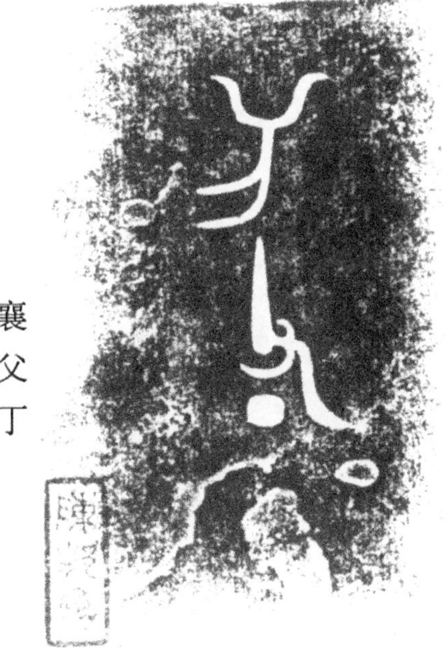

襄父丁

01593

父丁鼎

此父丁

01595

子父丁鼎

子父丁

01596

息父丁鼎

息父丁

01598

句父丁鼎

句父丁

01597

戈父丁鼎

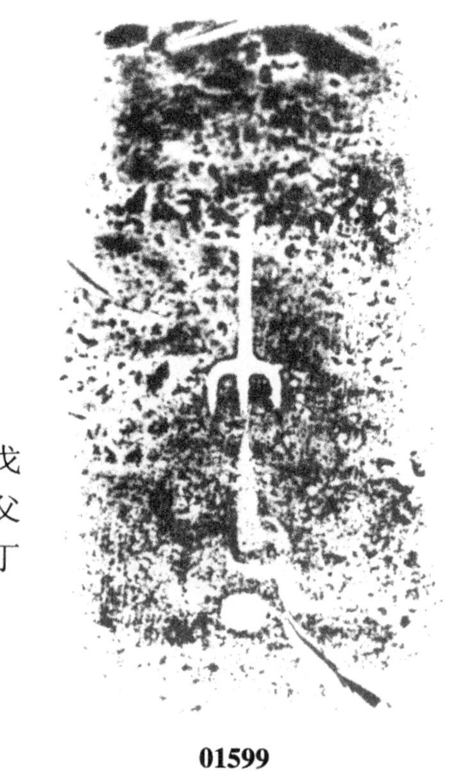

戈父丁

01599

瞿父丁鼎

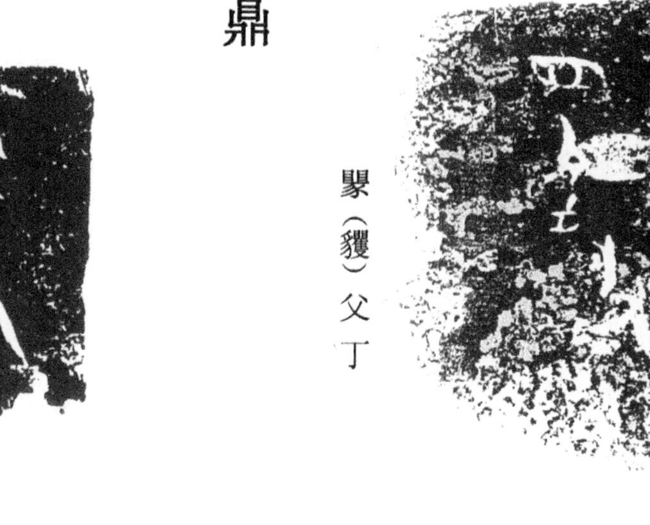

瞿（玃）父丁

01600

大父己

01602

⿵冂丿父戊鼎

⿵冂丿（尺）父戊

01601

冀父己鼎

冀父己

01603

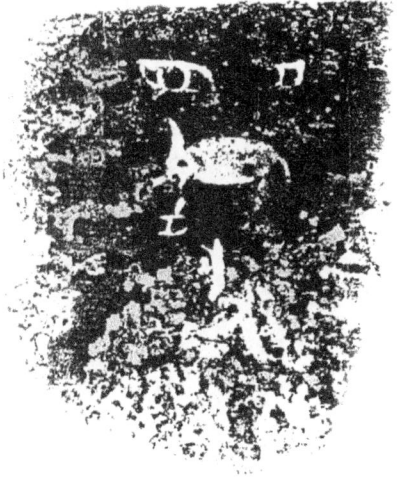

學父己鼎

巽父己

01604

戈父己鼎

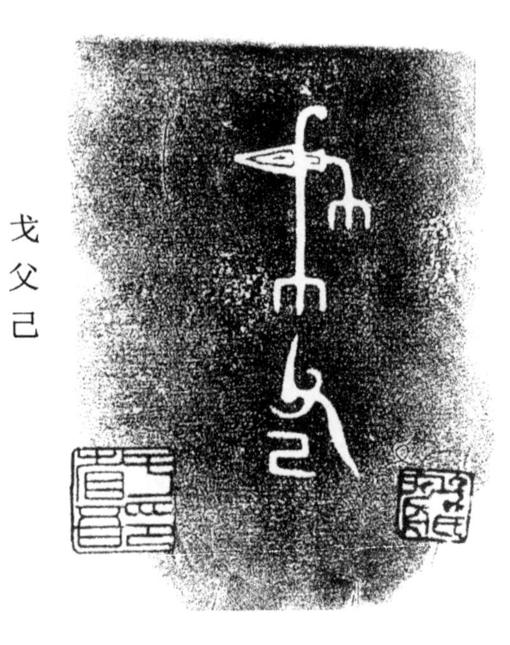

戈父己

01606

矣父己鼎

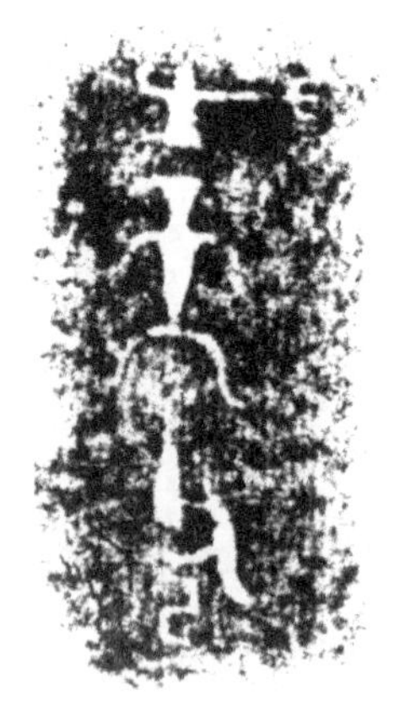

㚇（𣊫）父己

01605

冋父己鼎

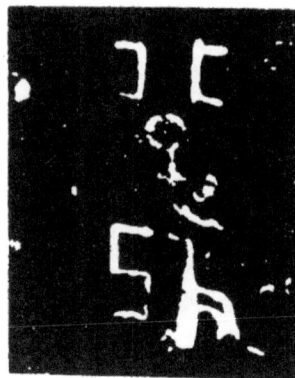

冋父己

01607

〓父己鼎

〓父己

01608

〓父己鼎

〓父己

01609

〓父己方鼎

〓父己

01610

〓父己鼎

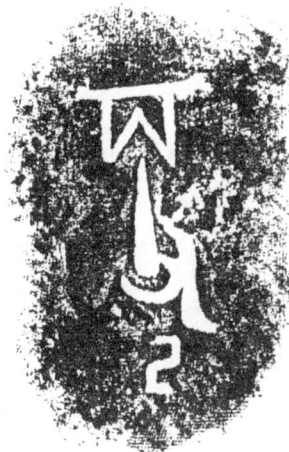

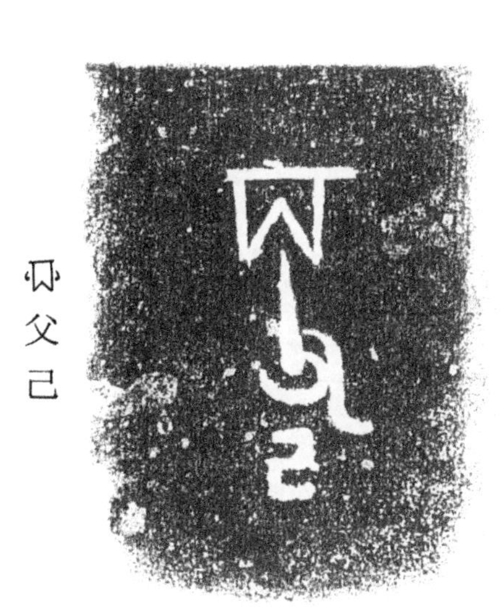

〓父己

01611

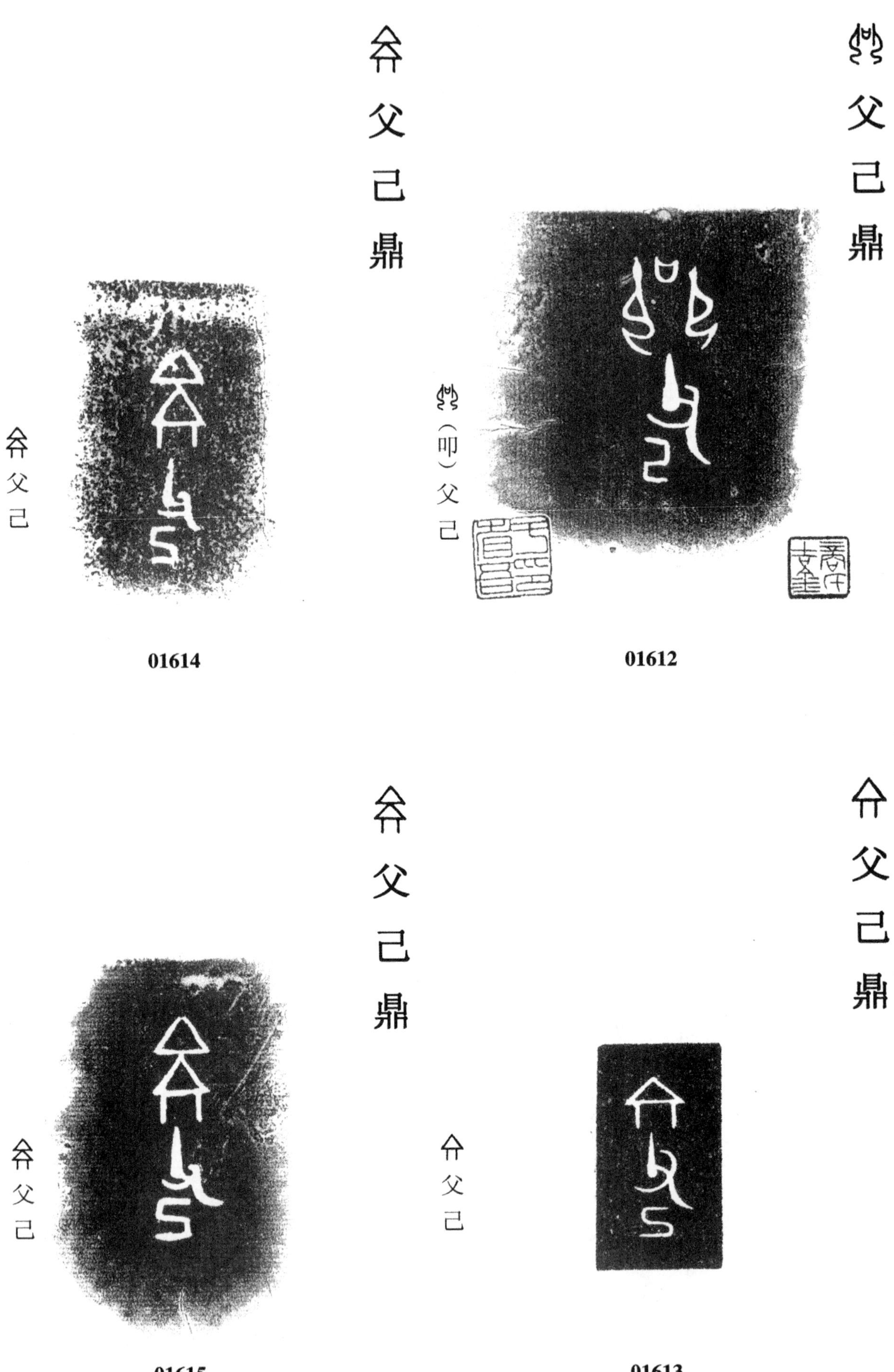

𢆶父己鼎
𢆶（卯）父己
01612
亼父己鼎
亼父己
01614
亼父己鼎
亼父己
01613
亼父己鼎
亼父己
01615

舌父己鼎

舌父己

01616

⿵冂山父己鼎

⿵冂山父己

01617

耒父己鼎

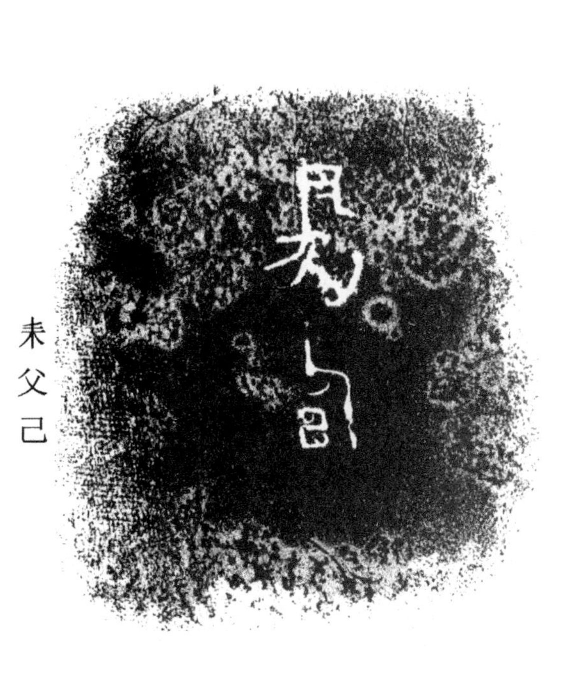

耒父己

01618

棶父己鼎

棶（萊）父己

01619

作父己鼎

乍（作）父己

01620

父己車鼎

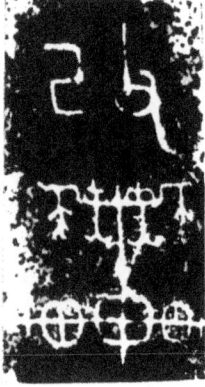

父己車

01622

子父己鼎

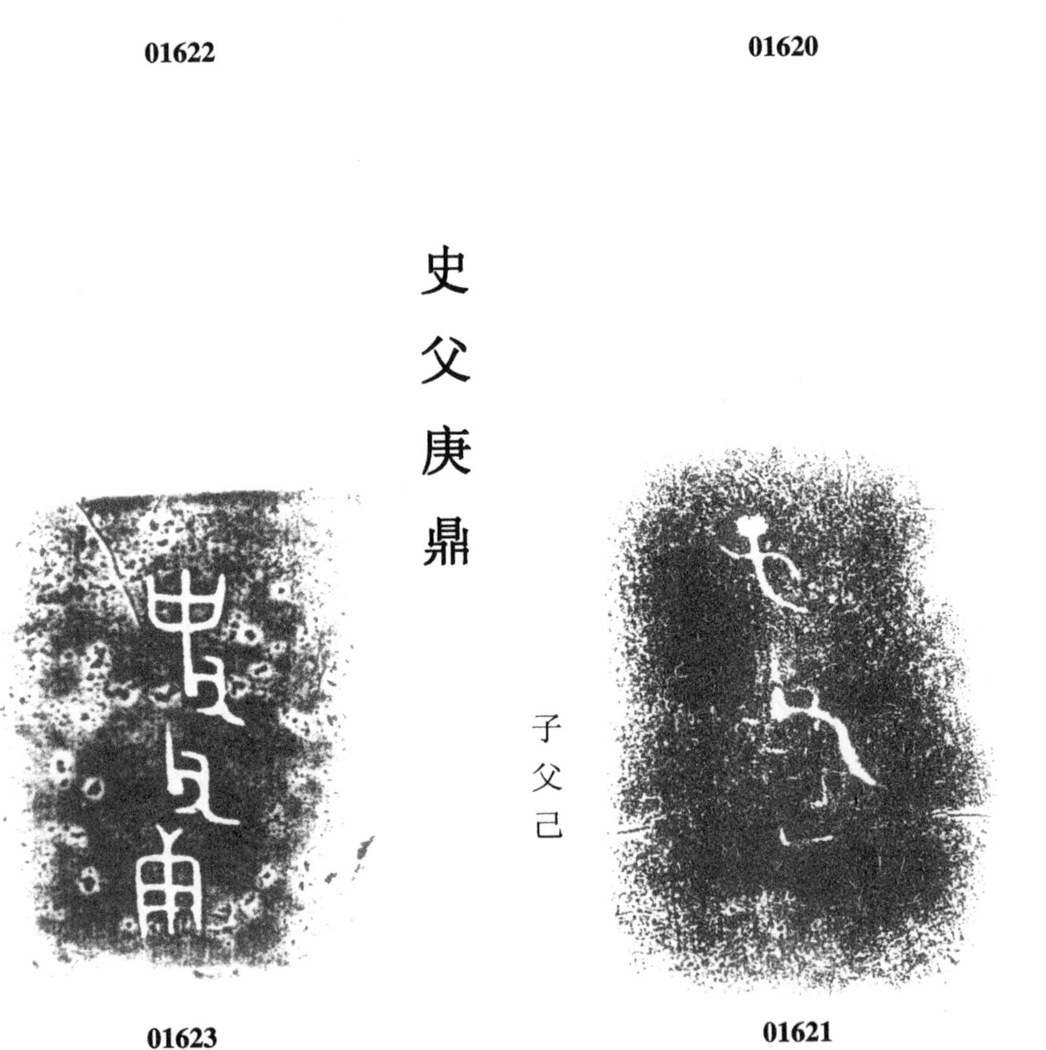

子父己

01621

史父庚鼎

史父庚

01623

史父庚鼎

史父庚

01624

筩父庚鼎

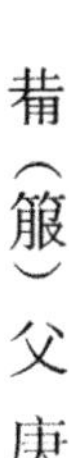

莆（箙）父庚

01625

㚔父庚鼎

父庚幸

01626

羊父庚鼎

羊父庚

01627

父庚叟鼎

父庚叟

01628

虎父庚鼎

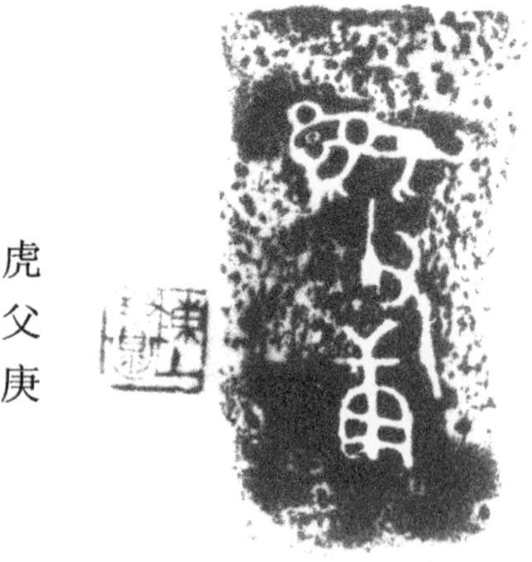

虎父庚

01629

⿰齿光父庚鼎

⿰齿光父庚

01630

亞父辛鼎

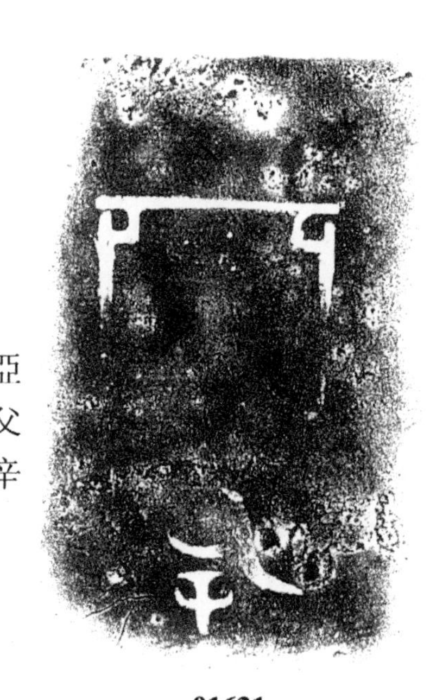

亞父辛

01631

旅父辛鼎

旅父辛

01632

父辛鼎

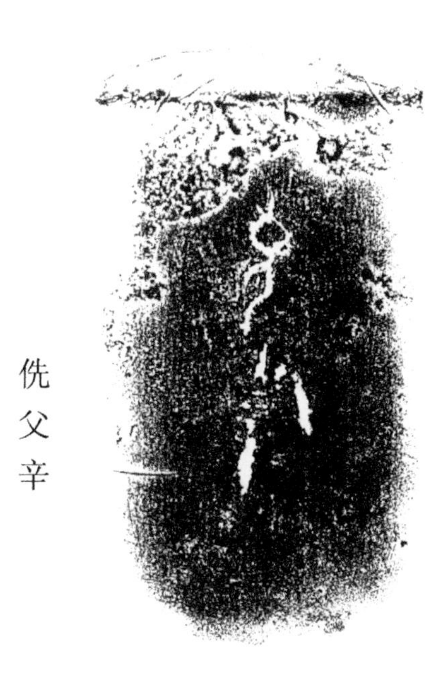

佚父辛

01633

奜父丁鼎

耑父辛

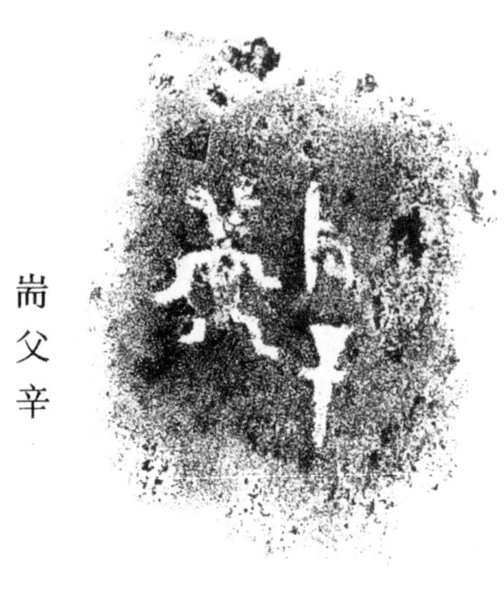

01634

父辛鼎

父辛需

01636

父辛鼎

父辛需

01635

宊父辛鼎

父辛兕（暫）

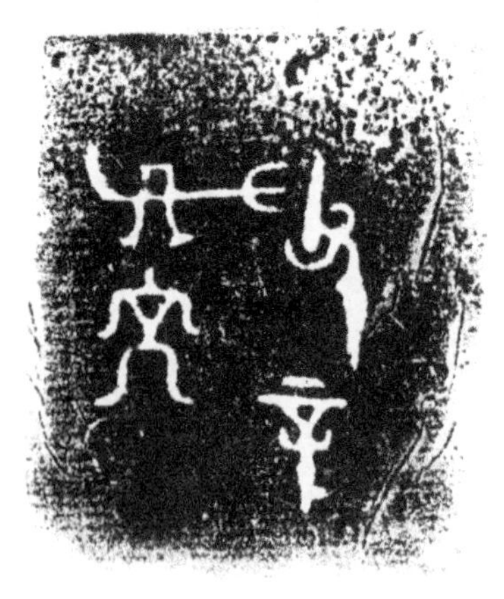

01637

戈父辛鼎

戈父辛

01638

獸父辛鼎

獸父辛

01640

戈父辛鼎

戈父辛

01639

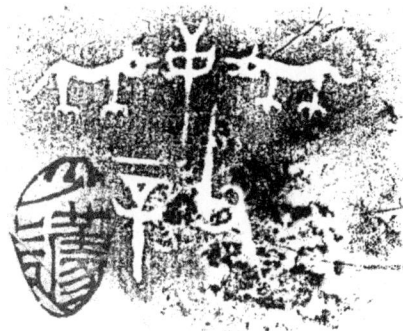

獸父辛鼎

獸父辛

01641

田父辛方鼎

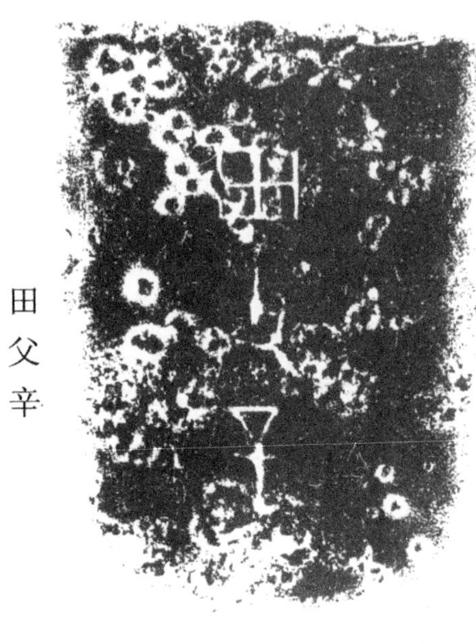

田父辛

01642

⿰豕瓜父辛鼎

剢（⿰豸刂）父辛

01644

魚父辛鼎

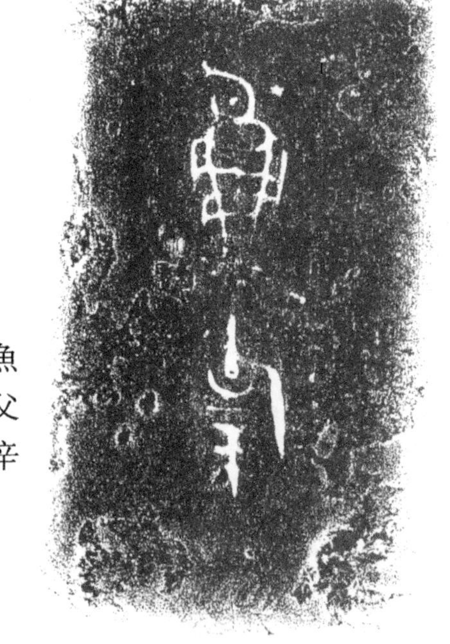

魚父辛

01643

父辛⿰豸丁鼎

辛父⿰豸丁

01645

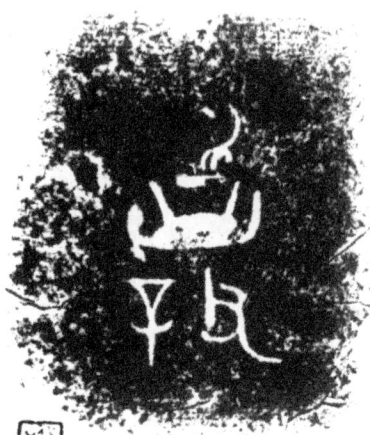

□父辛鼎

□父辛

01646

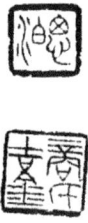

□父辛鼎

□（尺）父辛

01648

□父辛鼎

□父辛

01647

□父辛鼎

□（尺）父辛

01649

冄父辛鼎

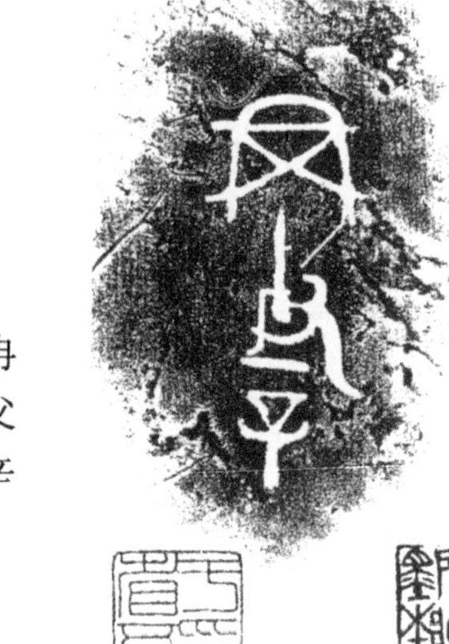

冉父辛

01650

冄父辛鼎

冉父辛

01651

冄父辛鼎

冉父辛

01652

冄父辛鼎

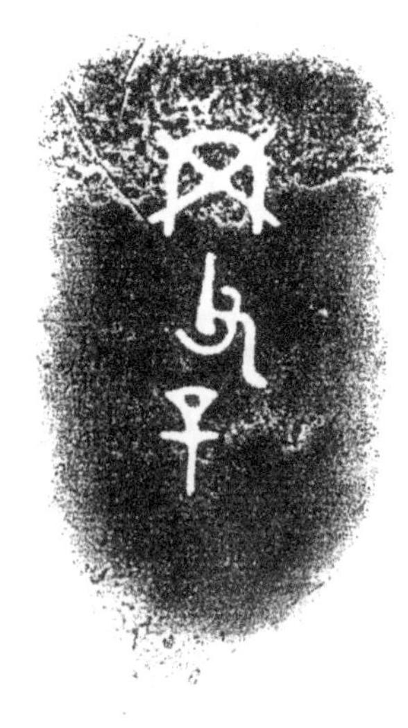

冉父辛

01653

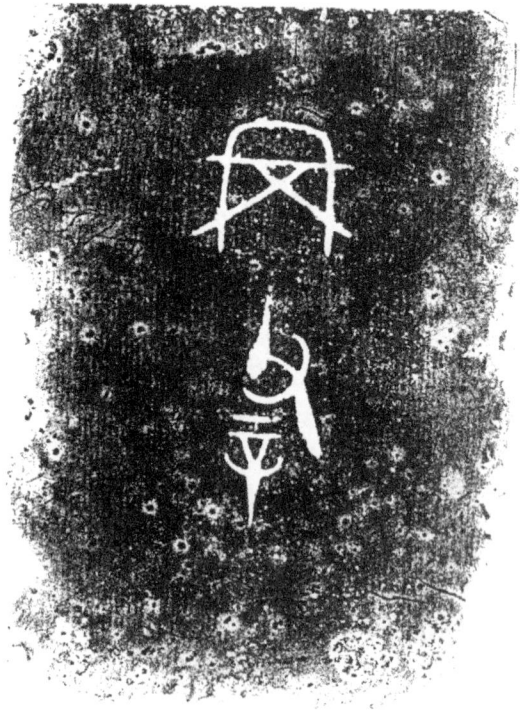

木父辛鼎

木父辛

01654

壴父辛鼎

壴（鼓）父辛

01656

𢼸父辛鼎

𢼸（描）父辛

01655

聑父辛鼎

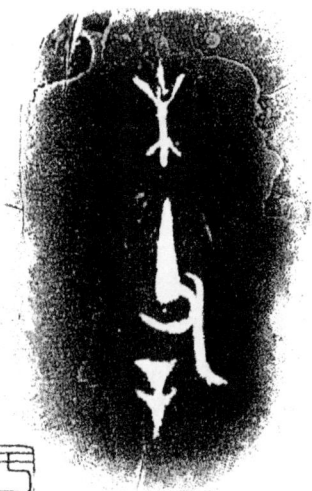

聑父辛

01657

□父辛鼎

句父辛

01658

串父辛鼎

串父辛

01660

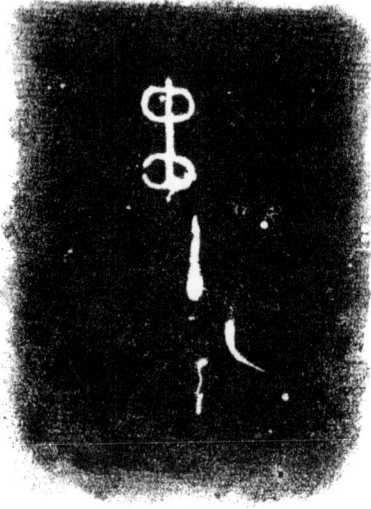

束父辛鼎

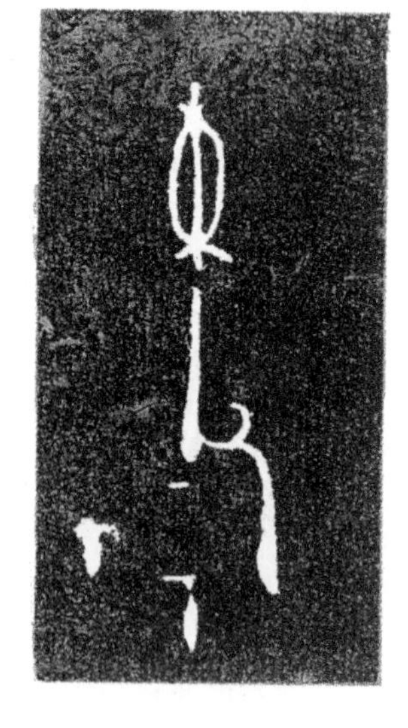

束父辛

01659

子父辛鼎

子父辛

01661

父辛[illegible]鼎

父辛戔（誖）

01662

□父辛鼎

[illegible]（讎）父辛

01664

作父辛鼎

乍（作）父辛

01663

木父壬鼎

木父壬

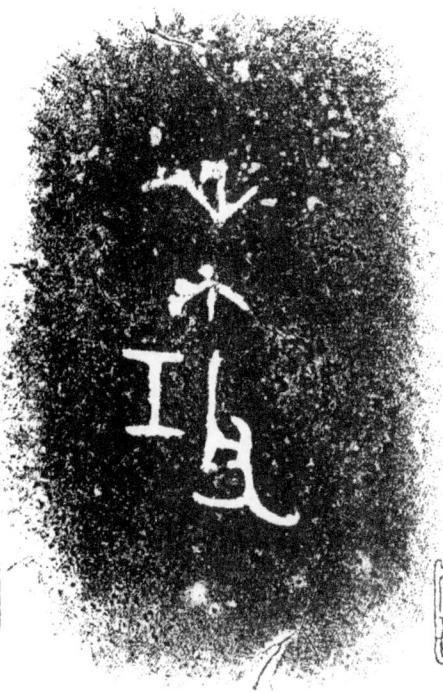

01665

重父壬鼎

重父壬

01666

大父癸鼎

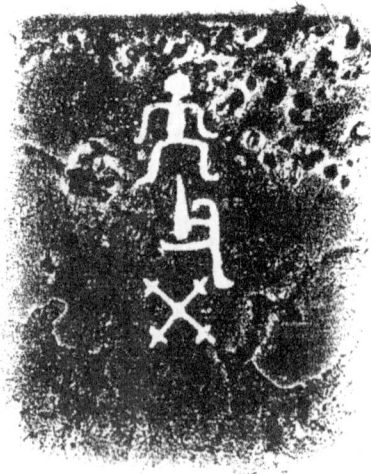

大父癸

01667

父癸鼎

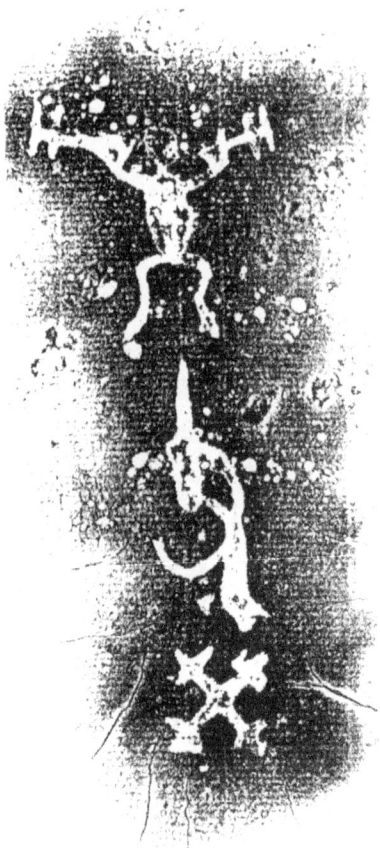

01668

兂（[illegible]）父癸

01669

乘父癸方鼎

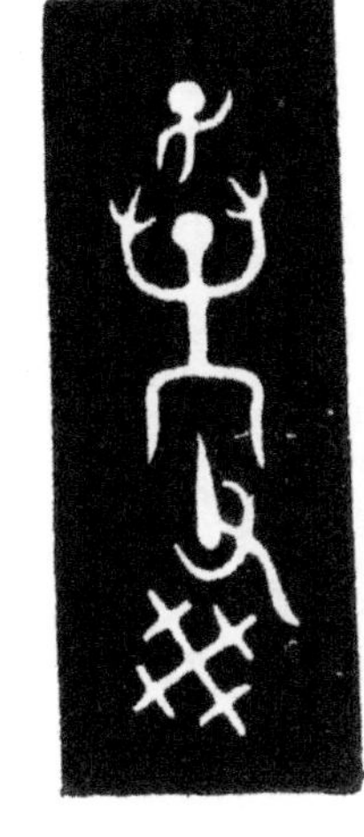

乘父癸

01670

[illegible]父癸鼎

[illegible]（尺）父癸

01672

[illegible]父癸方鼎

[illegible]（尺）父癸

01671

父癸

01673

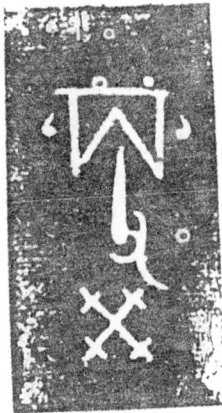

冉父癸鼎

冉父癸

01674

戈父癸鼎

戈父癸

01676

冉父癸鼎

冉父癸

01675

⿱宀戒父癸方鼎

⿱宀戒（戒）父癸

01677

弓父癸鼎

弓父癸

01678

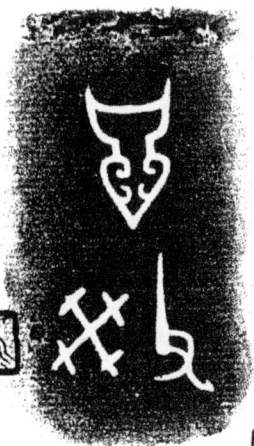

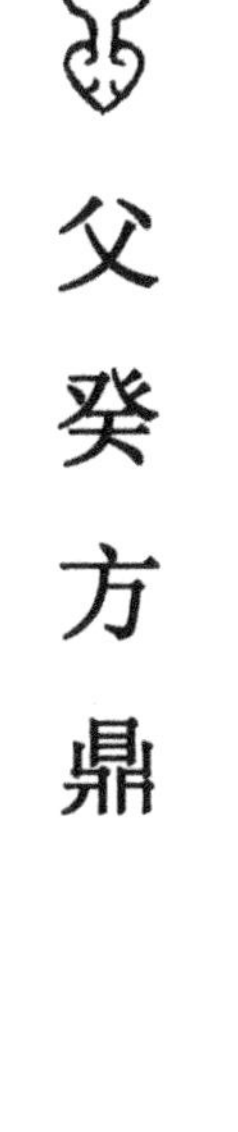

父癸方鼎

𠦝父癸

01680

酋父癸鼎

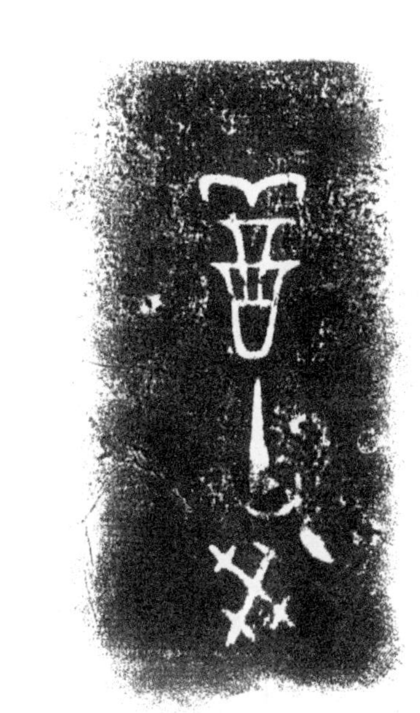

酋父癸

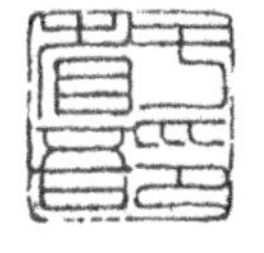

01679

皿父癸鼎

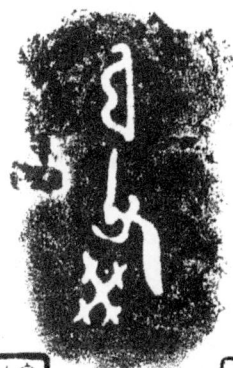

皿父癸

01681

黿父癸鼎

黿父癸

01682

黿父癸鼎

黿父癸

01683

黿父癸方鼎

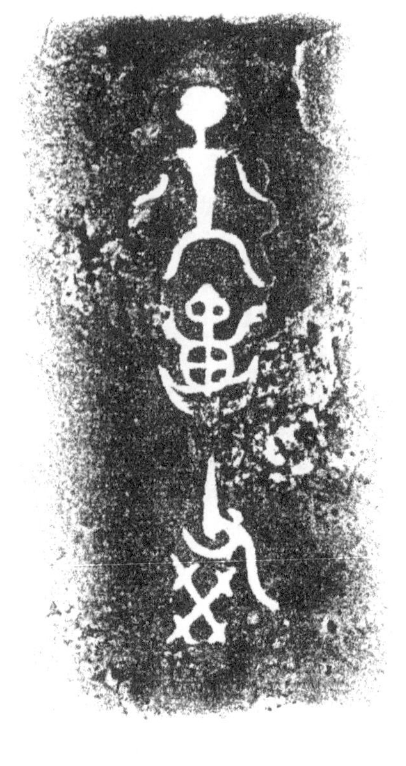

黿父癸

01684

鳥父癸鼎

鳥父癸

01685

魚父癸方鼎

魚父癸

01686

⿱䀠文父癸鼎

⿱目文父癸

01688

□父癸鼎

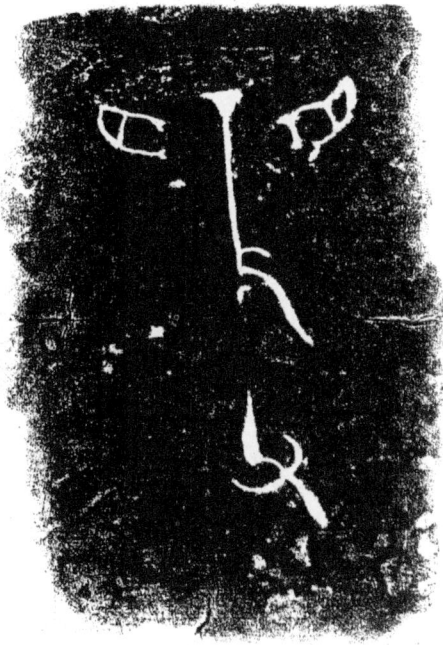

□（擠）父癸

01687

⿱䀠文父癸鼎

⿱目文父癸

01689

⿱䀠又父癸鼎

⿱目又父癸

01690

目父癸鼎

目父癸

01691

⿴行少父癸鼎

徙父癸

01692

串父癸鼎

癸父串

01693

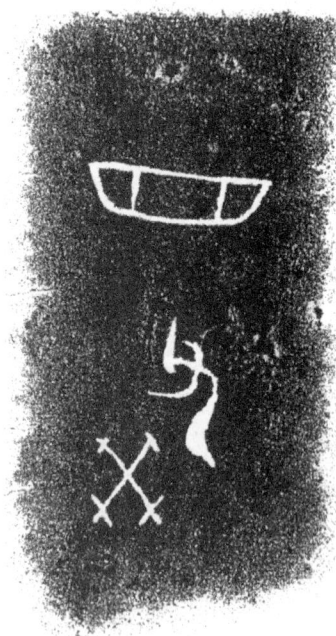

父癸川鼎

父癸川

01694

宀父一鼎

宀父己(?)

01696

鬷父癸鼎

鬷父癸

01695

子父舁鼎

子父舁

01697

𡘋戈父鼎

01698

鄉宁癸方鼎

01700

鄉乙宁鼎

01699

鄉癸宁鼎

01701

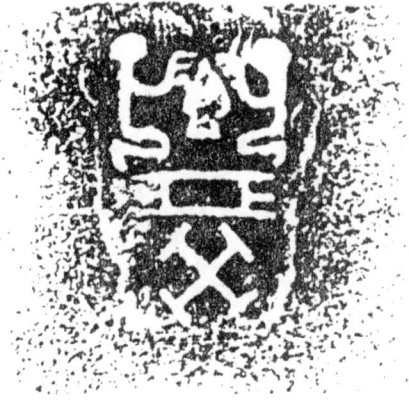

乙▼車方鼎

甫母丁鼎

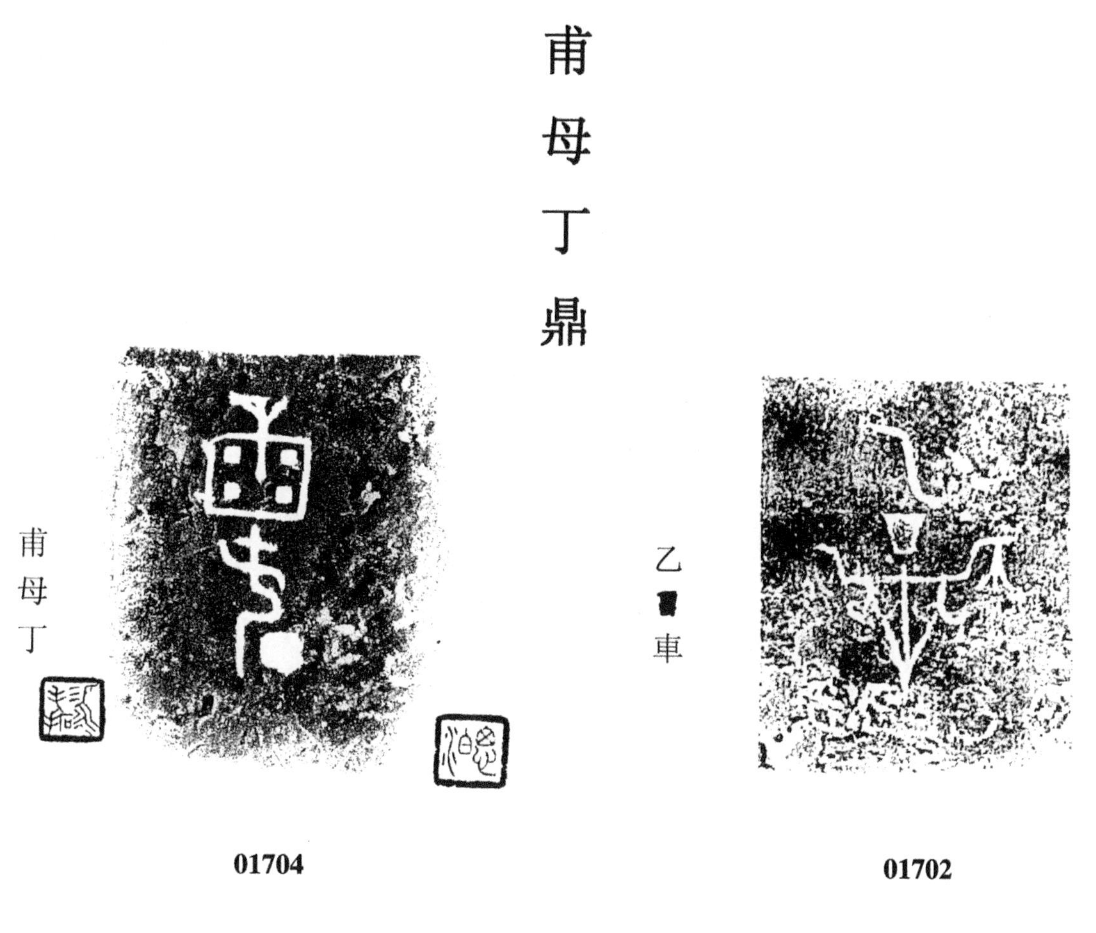

01702

01704

亞乙丁鼎

作乂鼎

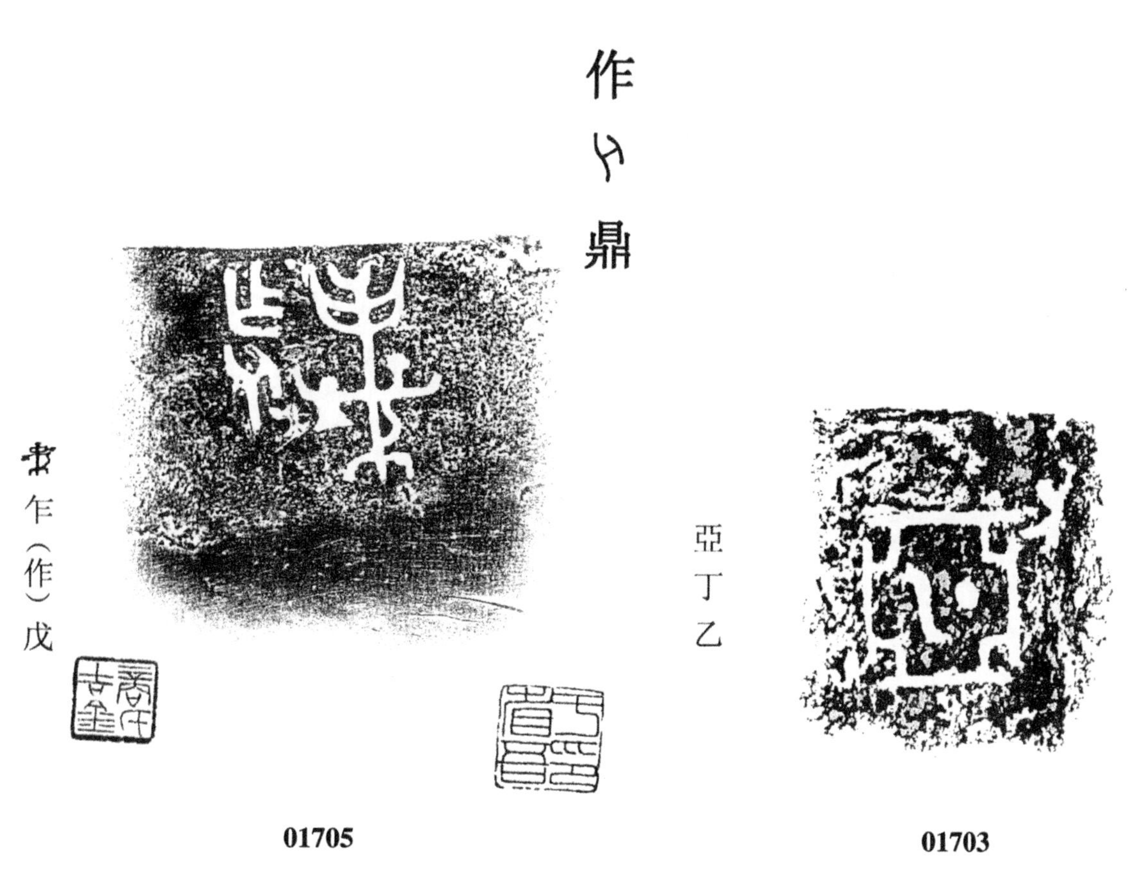

01703

01705

司母戊方鼎

司母戊

01706

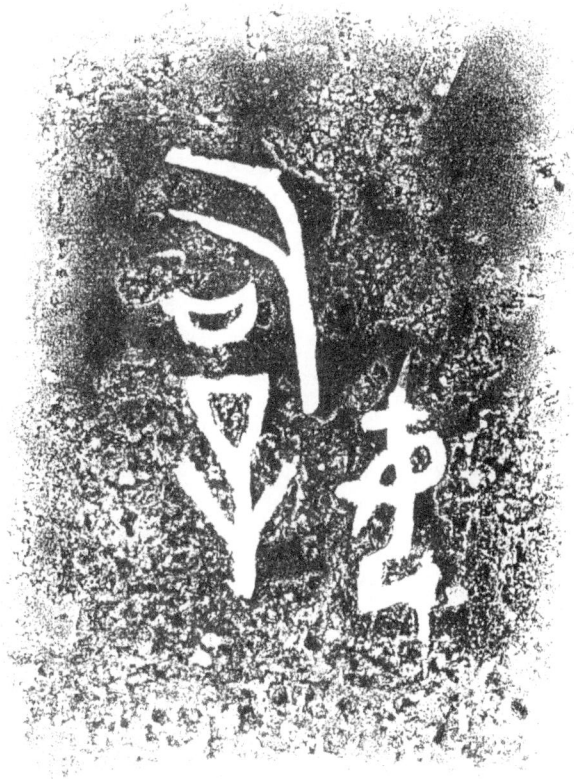

司母辛方鼎

司母辛

01707

司母辛方鼎

司母辛

01708

冄婦姃鼎

冉婦姃

01709

黿帚方鼎

黿婦□

01711

婦姘告鼎

婦姘告

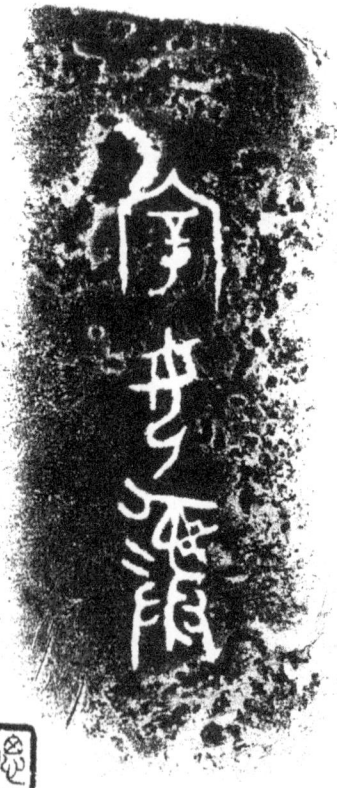

01710

辛女彝鼎

辛女（母）彝

01712

舟册妇鼎

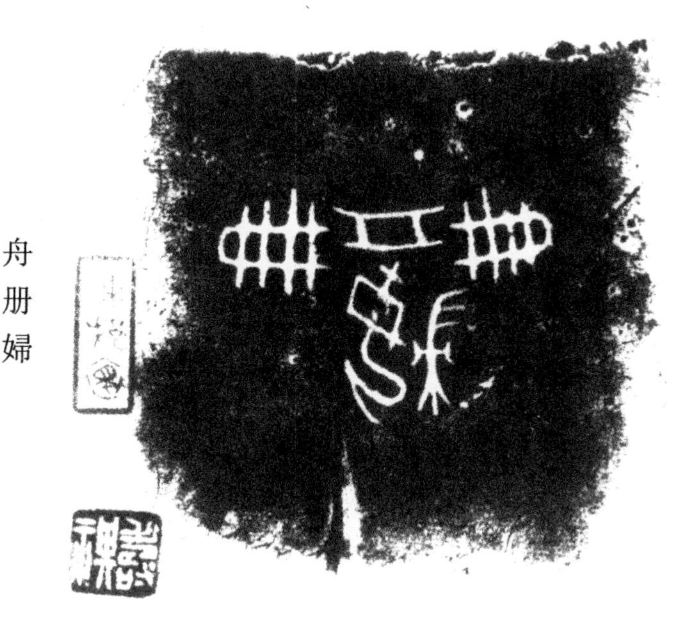

舟册妇

01713

中妇鼎

中妇鬵

01714

子□鼎

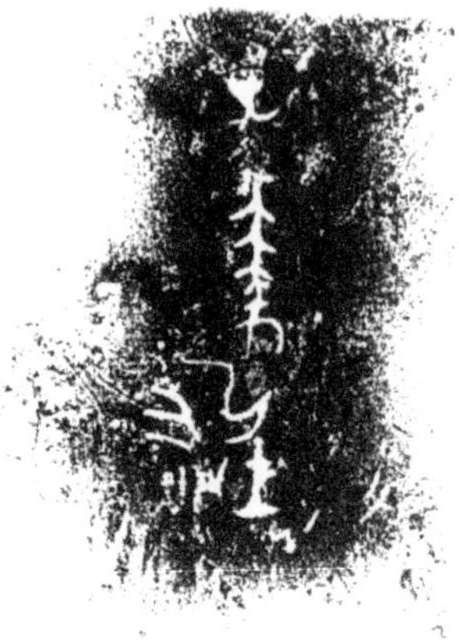

子脊□

01715

子□鼎

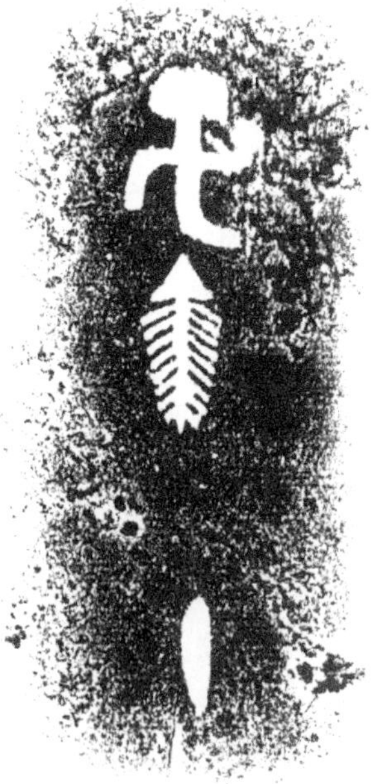

子脊

01716

子雨己鼎

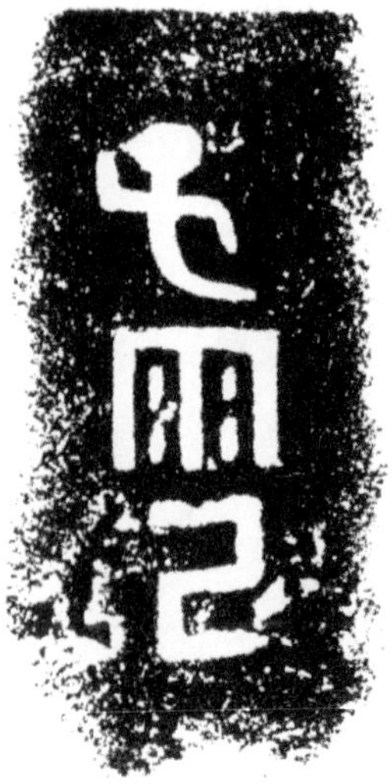

子雨己

01717

屰子干鼎

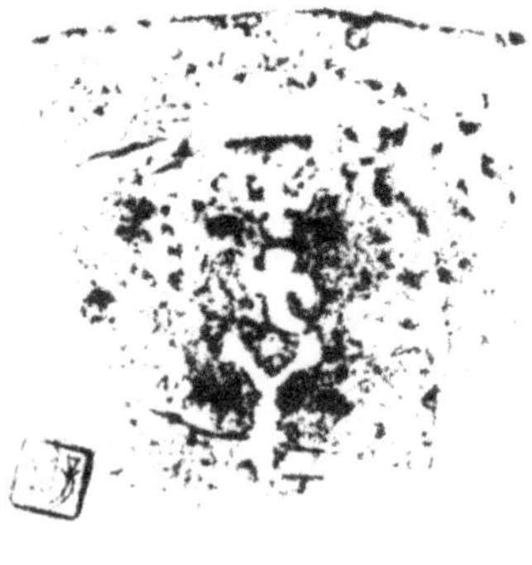

屰子干

01718

北子鼎

北子冉

01719

伯作鼎

伯乍（作）鼎

01721

伯作鼎

伯乍（作）鼎

01720

伯作鼎

伯乍（作）鼎

01722

伯作鼎

伯乍(作)鼎

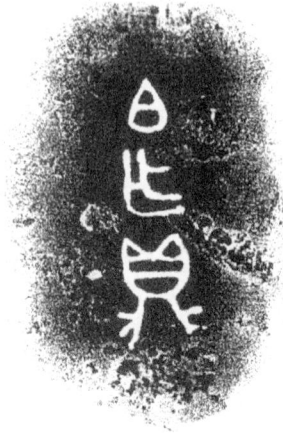

01723

伯作寶鼎

伯乍(作)寶

01725

伯作鼎

伯乍(作)鼎

01724

伯作䵼鼎

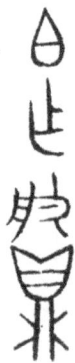

伯乍(作)䵼

01726

伯作彝鼎

伯乍(作)彝

01727

伯作彝鼎

伯乍(作)彝

01729

伯作彝鼎

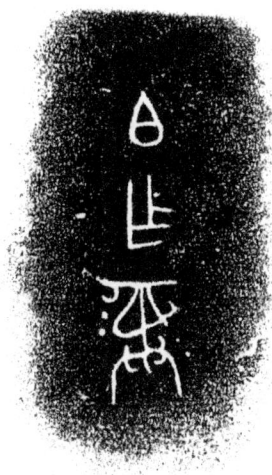

伯乍(作)彝

01728

伯旅鼎

伯旅鼎

01730

仲作齋鼎

仲乍(作)齋

01731

叔鼎

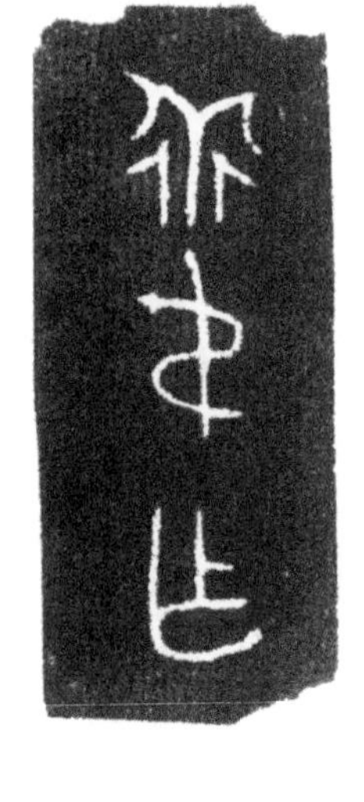

乖叔乍(作)

01733

叔作寶鼎

叔乍(作)寶

01732

成王方鼎

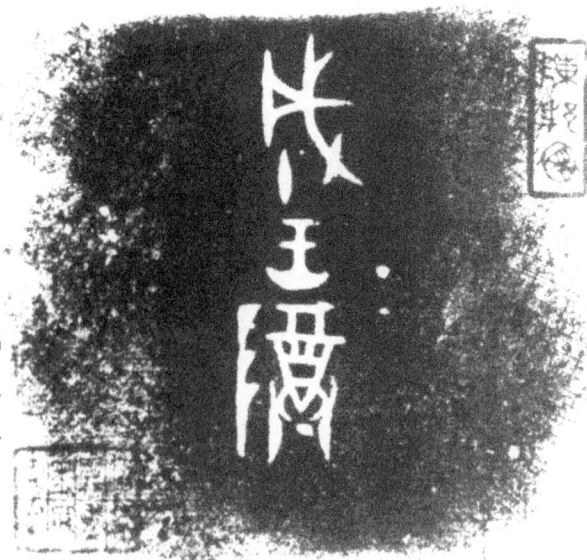

成王尊

01734

大保方鼎

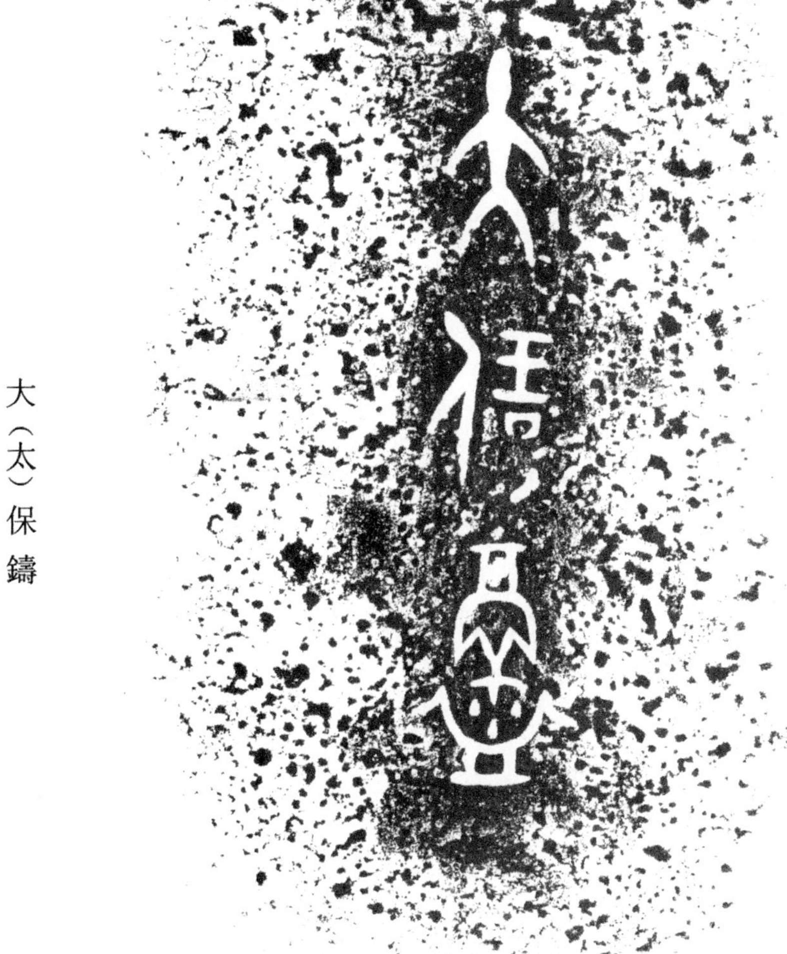

大（太）保鑄

01735

□史己鼎

史己

01736

左癸敹鼎

左敹癸

01738

册□宅鼎

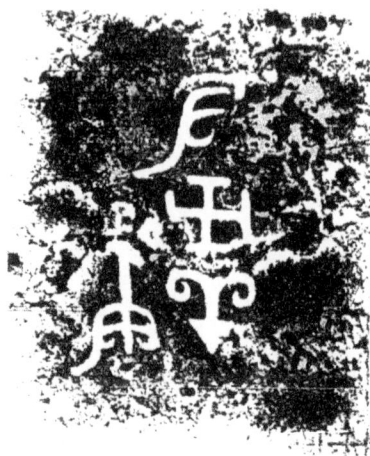

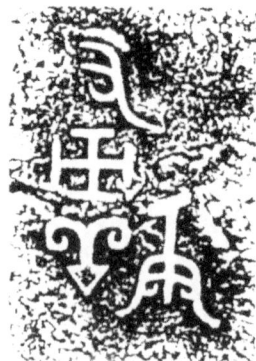

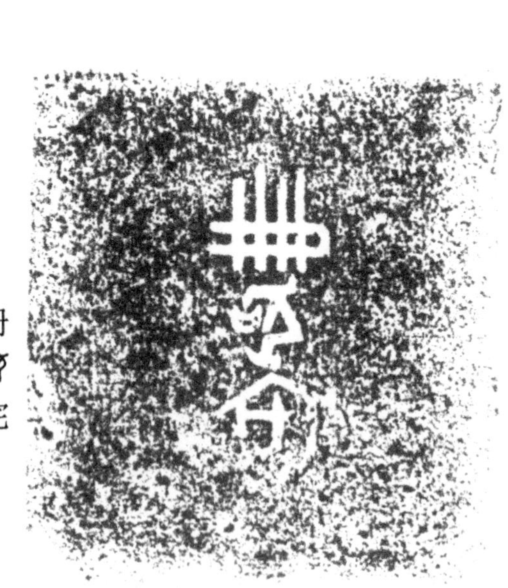

册□宅

01737

又癸敹鼎

右敹癸

01739

亞受方鼎

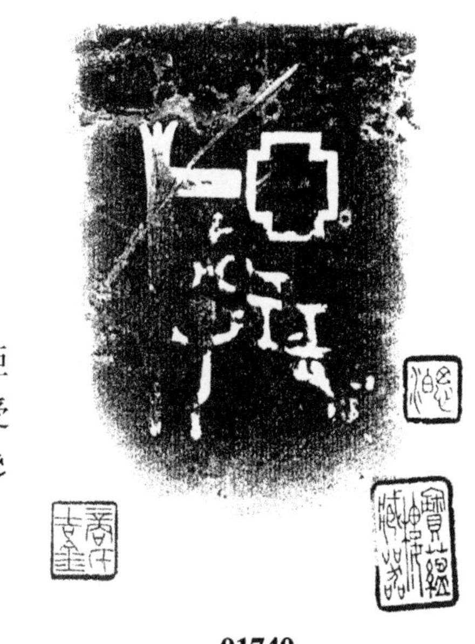

亞受[illegible]

01740

亞憂鼎

亞幸獿

01742

亞魚鼎

亞鳥魚

01741

亞豈鼎

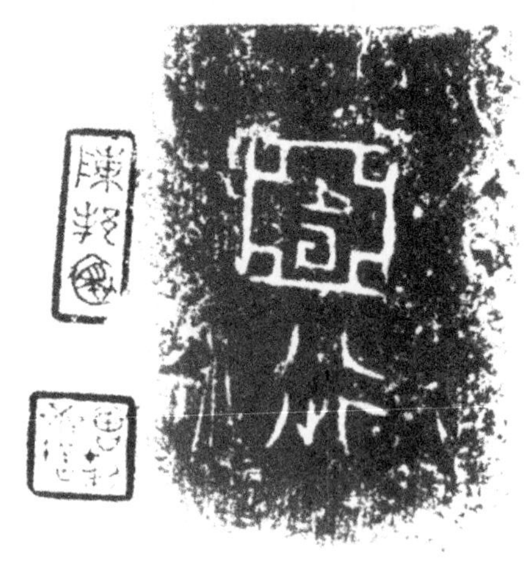

亞豈（趙）衎（延）

01743

亞豈鼎

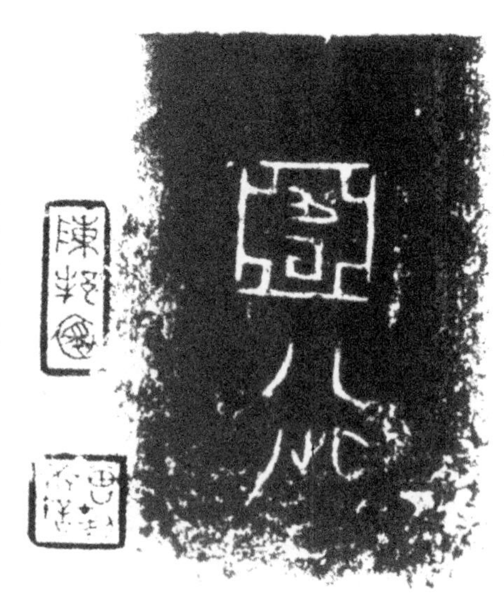

亞豈（趙）衎（延）

01744

亞㠱矣鼎

亞㠱（箕）疑

01745

亞矣辛方鼎

亞疑辛

01746

北單戈鼎

北單戈

01747

北單戈鼎

北單戈

01749

北單戈鼎

北單戈

01748

北單戈鼎

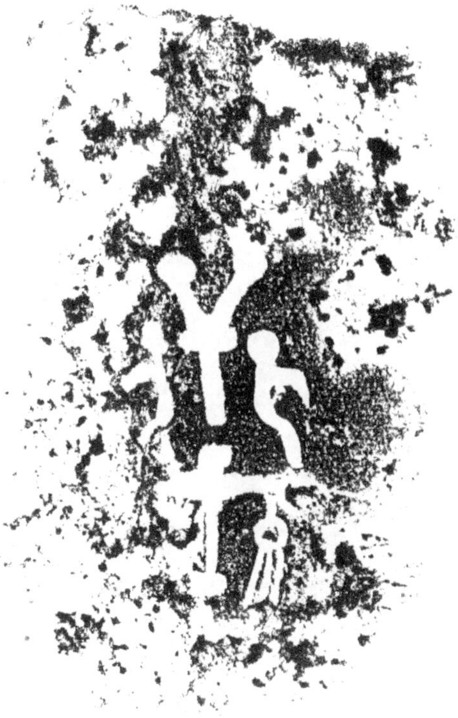

北單戈

01750

貞鼎

鼎乍(作)貞

01751

𠂇聑鼎

𠂇
聑
日

01752

遣鼎

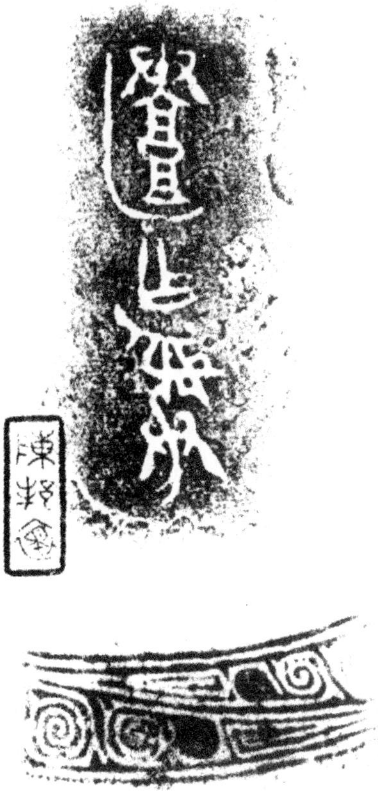

01753.1

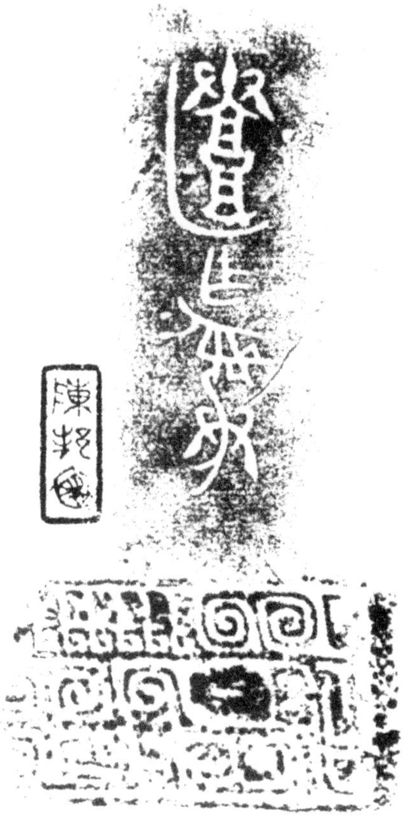

01753.2

遣（埢）乍（作）彝

遣鼎

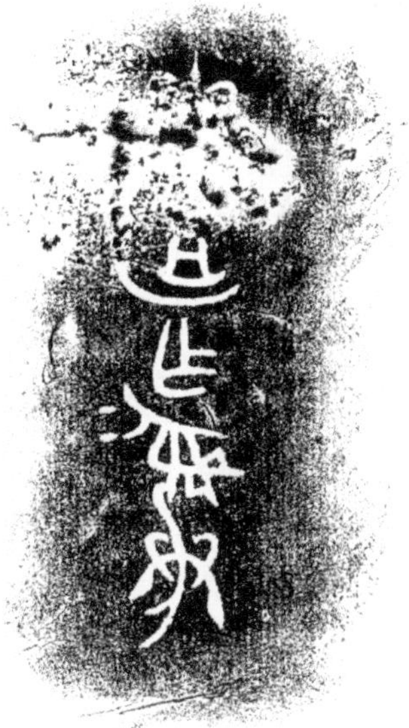

01754

遣（埢）乍（作）彝

遣鼎

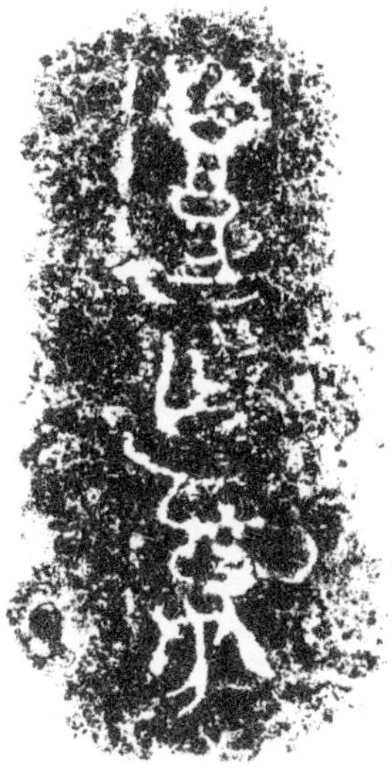

01755

遣（埢）乍（作）彝

𣶃亍方鼎

丰丞（𢓊）兮

01756

者♢鼎

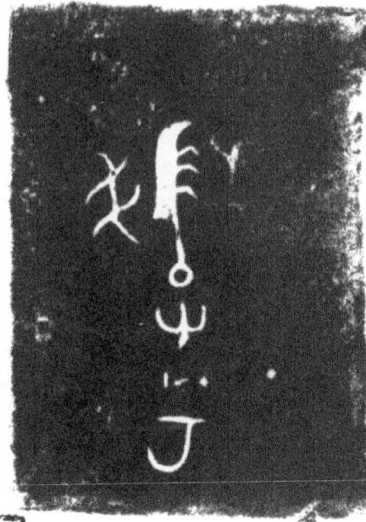

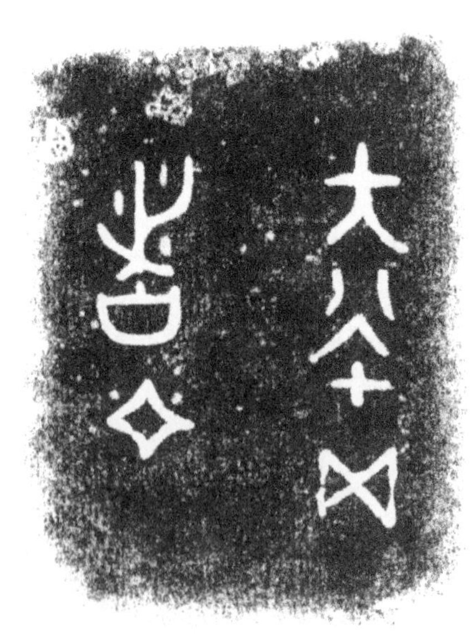

七六八六七五，

者♢（齊）

01757

亞㐬丁鼎

亞㐬丁

01758

力鼎

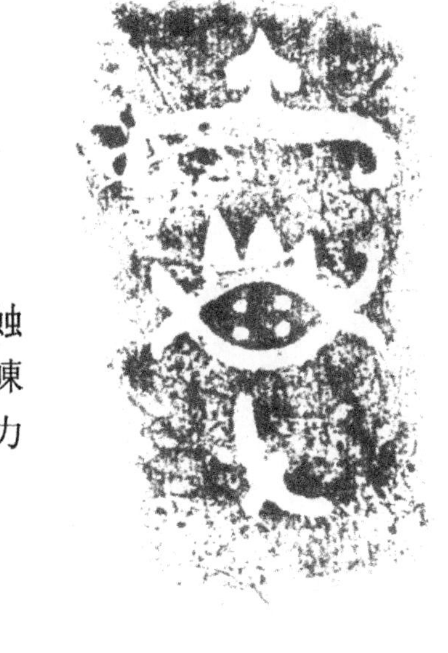

蚰崠力

01760

𣥂亞方鼎

址亞蠗

01759

冊戈鼎

冊宁戈

01761

⿱木齒見册鼎

木見齒册

01762

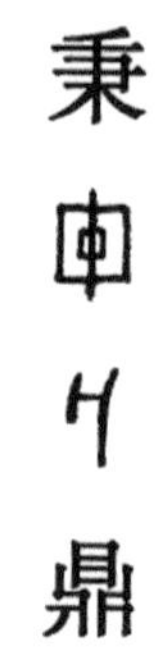

秉毌戉鼎

秉毌戉

01764

耳秉中鼎

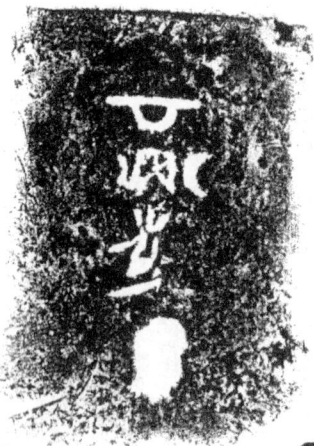

聑秉毌

01763

丁冉鼎

丁冉侁

01765

月魚鼎

月魚几

01766

𤞷盡方鼎

𤞷齍鼎

01768

ꝏ作尊方鼎

x（規）乍（作）尊

01767

尚方鼎

尚乍（作）齍

01769

羞鼎

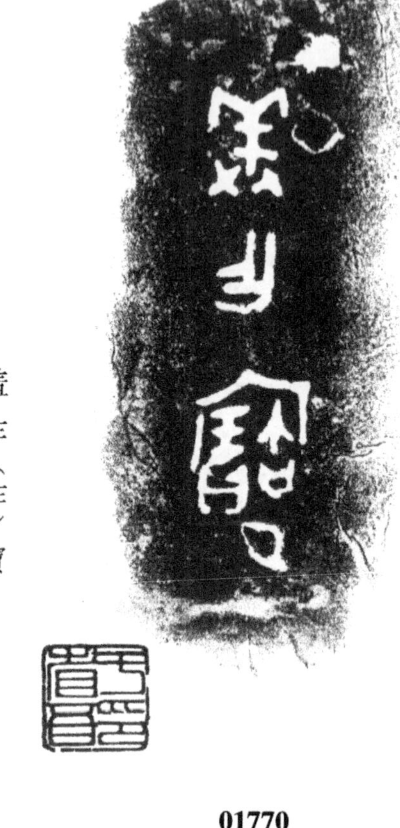

羞乍(作)寶

01770

弜作旅鼎

弜乍(作)旅

01772

𢍰鼎

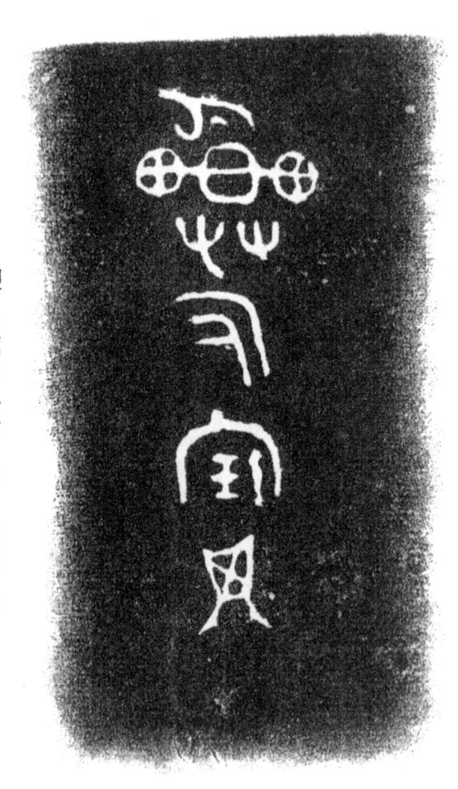

𢍰(撣、揮)乍(作)寶

01771

作旅鼎

乍(作)旅鼎

01773

作旅鼎

乍(作)旅鼎

01774

作旅鼎

乍(作)旅鼎

01775

□作旅鼎

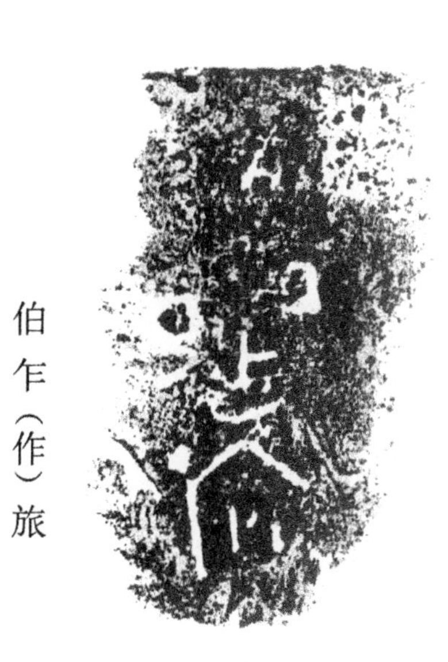

伯乍(作)旅

01776

作旅鼎

乍(作)旅鼎

01777

作旅鼎

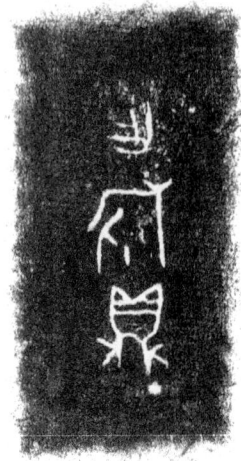

乍（作）旅鼎

01778

作寶鼎

乍（作）寶鼎

01780

作寶鼎

乍（作）寶鼎

01779

作寶鼎

乍（作）寶鼎

01781

作寶鼎

乍(作)寶鼎

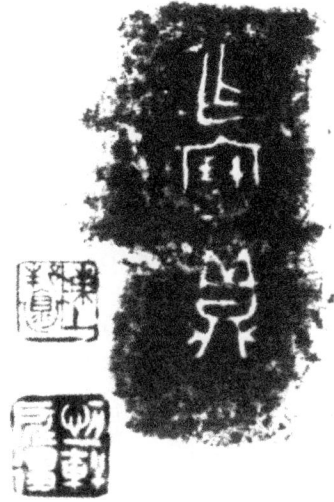

01782

作寶鼎

乍(作)寶鼎

01784

作寶鼎

乍(作)寶鼎

01783

作寶鼎

乍(作)寶鼎

01785

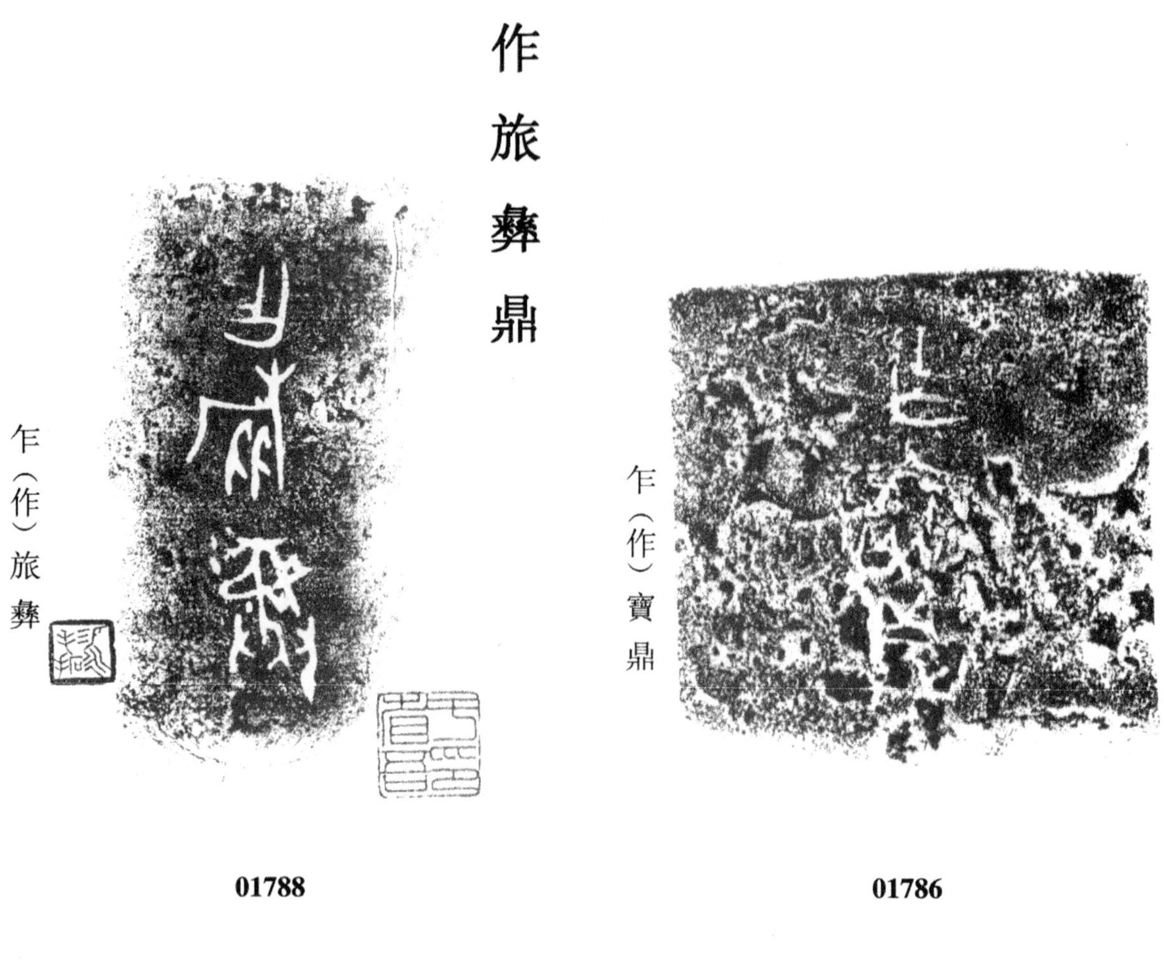

作寶鼎

乍(作)寶鼎

01786

作旅彝鼎

乍(作)旅彝

01788

作寶鼎

乍(作)寶鼎

01787

作旅彝鼎

乍(作)旅彝

01789

作旅寶鼎

乍(作)旅寶

01790

作寶彝鼎

乍(作)寶彝

01792

作寶彝方鼎

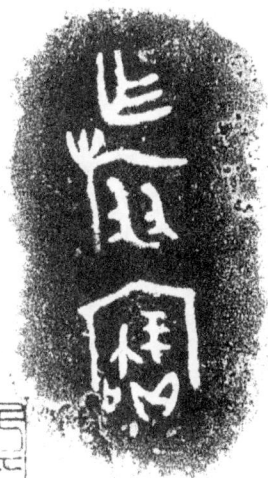

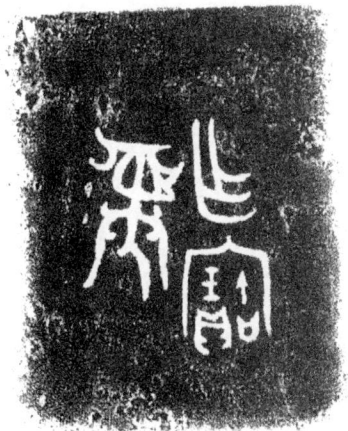

乍(作)寶彝

01791

作寶彝方鼎

乍(作)寶彝

01793

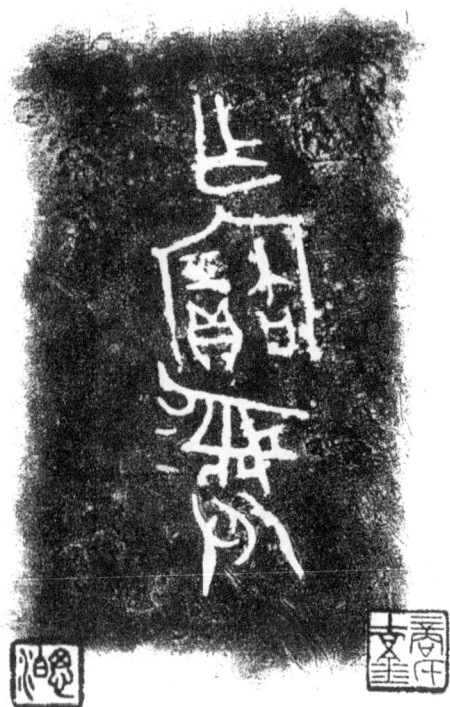

作寶彝方鼎

乍(作)寶彝

01794.1

作寶彝鼎

乍(作)寶彝

01795

乍(作)寶彝

01794.2

作寶彝鼎

乍(作)寶彝

01796

作从彝鼎

乍（作）從彝

01797

⿱八⿵冖夲鼎蓋

⿱丵皿芭（艽）箕

01799

子𦣻氏鼎

子首氏

01798

長⿱亼日鼎

長⿰月网會（合）

01800

右夅刃鼎

右夅刃（刀）

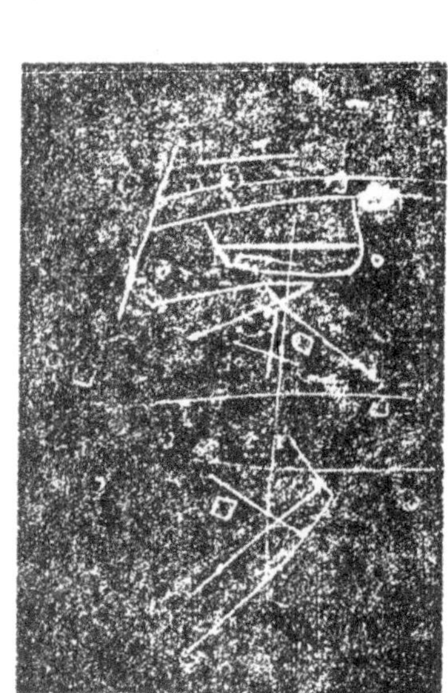

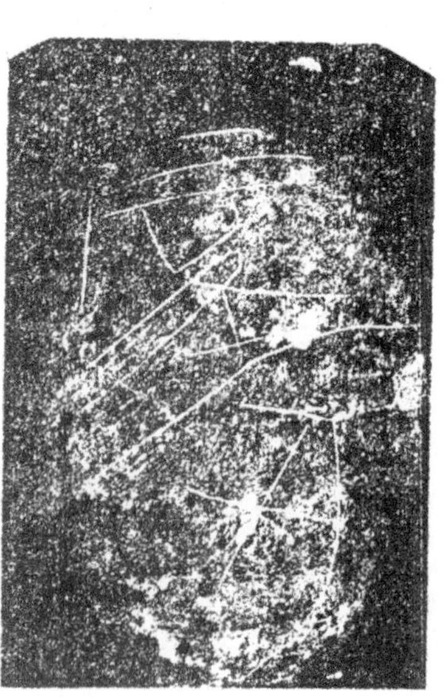

01801

攸頣官鼎

攸（?）夏官

01802.1

01802.2

客豐悤鼎

客豋愍

01803

客豐悤鼎

客豋愍

01804

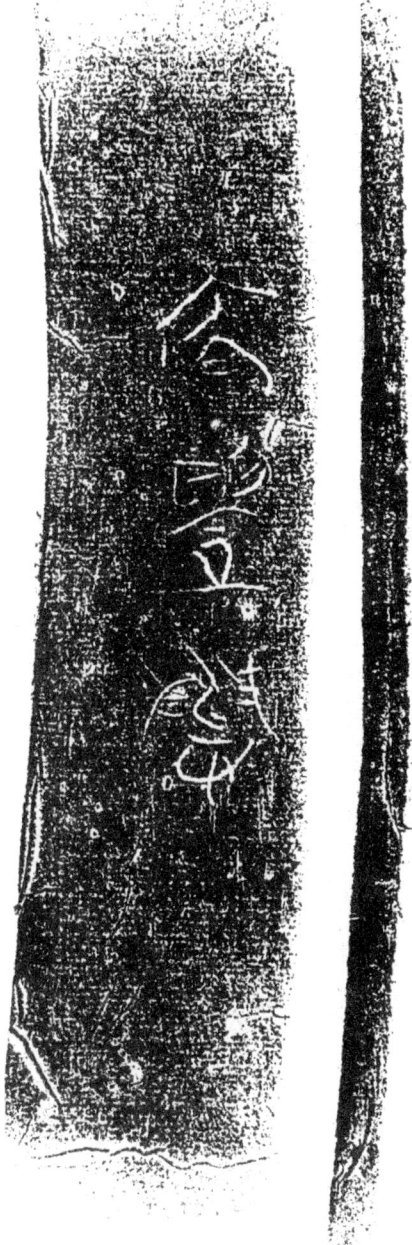

客豐悉鼎

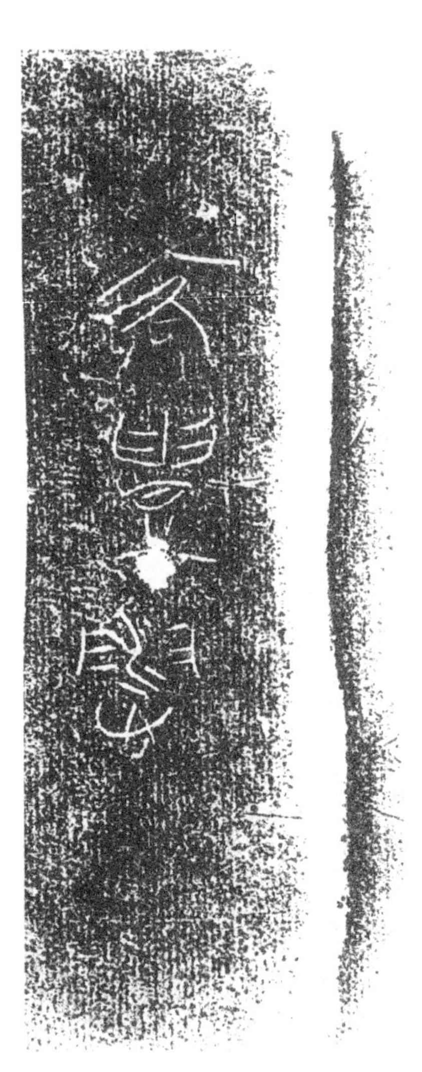

客豋悉

01805

客豐悉鼎

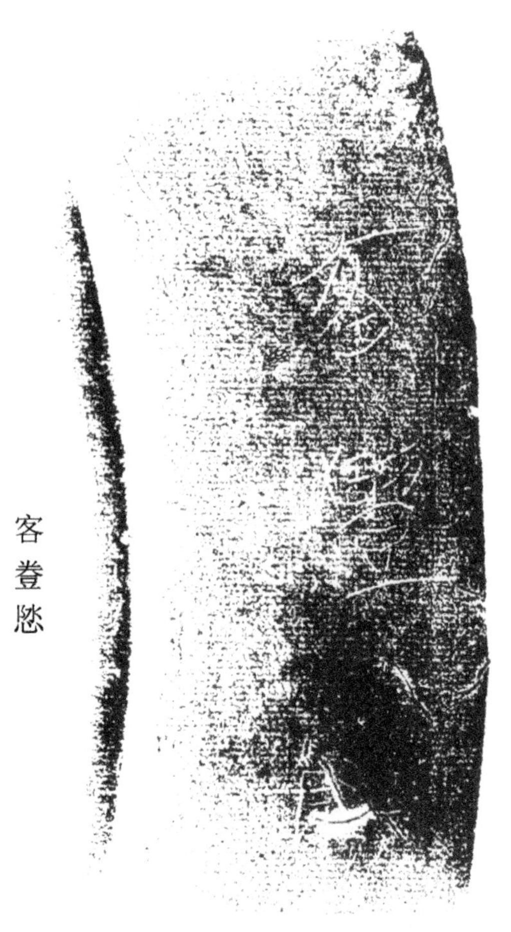

客豋悉

01806

集脜鼎

五
集脜

01807

四分鼎

缶胸（容）四分

01808

秉父辛鼎

秉父辛

01809

文方鼎

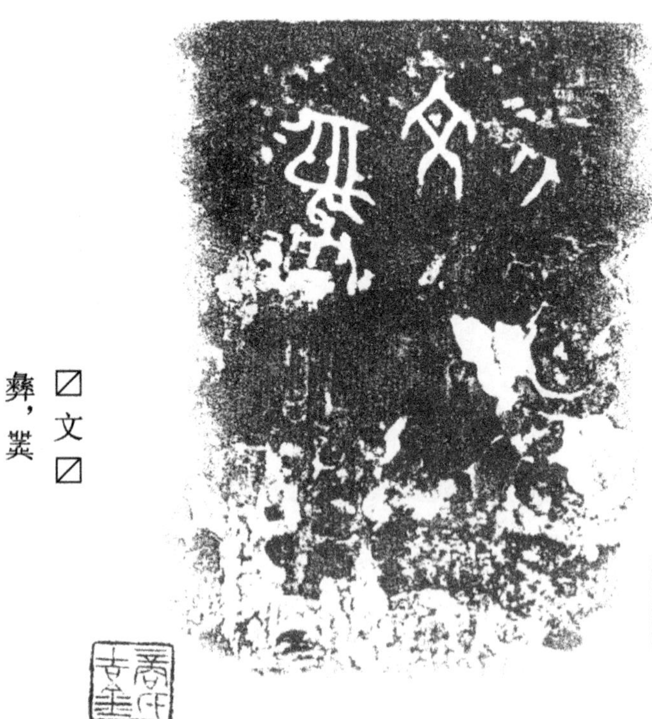

☐文☐彝，巽

01810

王且甲方鼎

犬王祖甲

01811

[illegible]作且丁鼎

且丁癸□鼎

䰪乍(作)祖丁

01812

祖丁巫[illegible]

01813

吳作且戊鼎

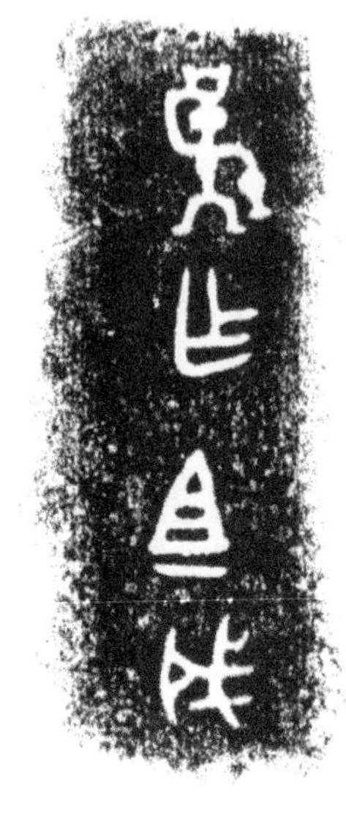

吳乍(作)祖戊

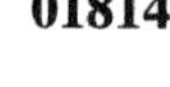

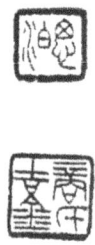

01814

冊亞且癸鼎

冊亞祖癸

01816

且己父癸鼎

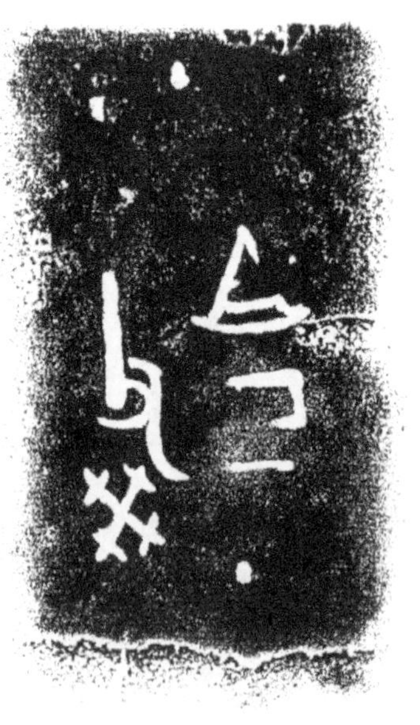

祖己父癸

01815

亞鳥父甲鼎

亞鳥父甲

01817

亞⿰户攵父乙鼎

亞⿰户攵父乙

01818

亞⿰⿷匚虎支父乙鼎

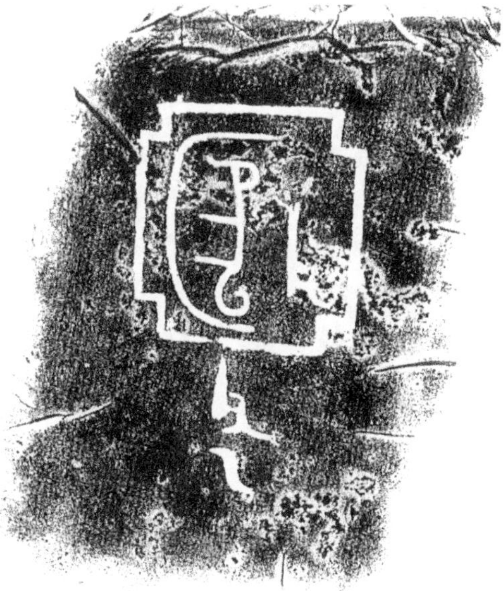

亞⿰⿷匚虎支父乙

01820

亞⿰酉兑父乙鼎

亞⿰酉兑父乙

01819

册父乙方鼎

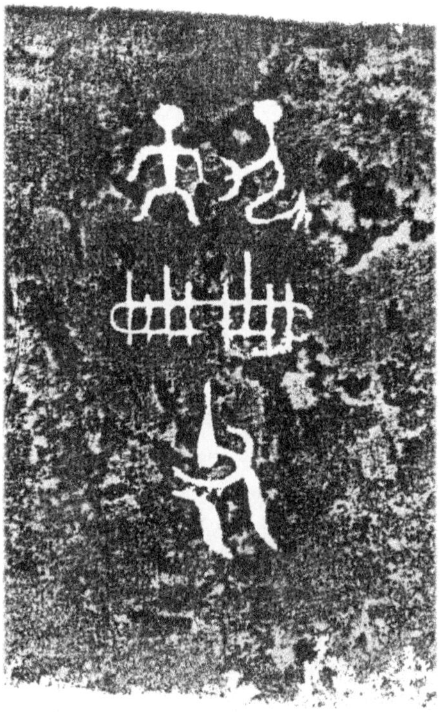

⿰夫攵（扶）册父乙

01821

天册父乙鼎

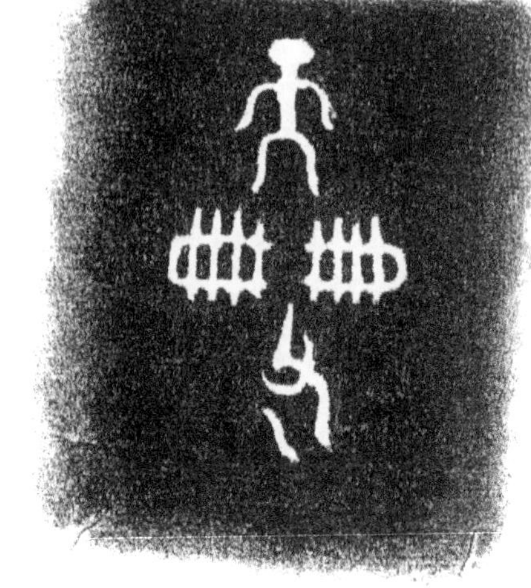

天册父乙

01822

鄉宁父乙方鼎

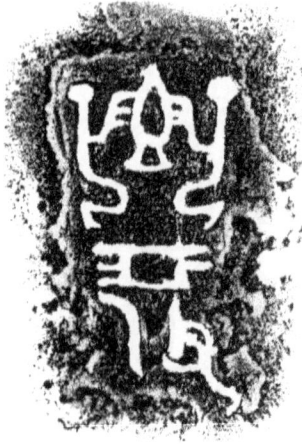

鄉宁父乙

01824

[⿱⿲丰刀丰止]父乙鼎

丰[⿱刀止]([⿱羽止])父乙

01823

矢宁父乙方鼎

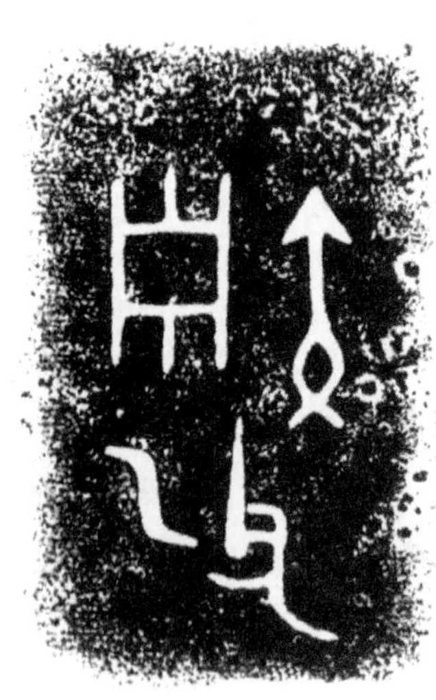

[⿰矢宁]父乙

01825

子刀父乙方鼎

子刀父乙

01826

子鼎父乙鼎

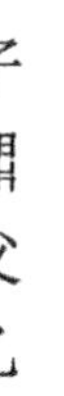

子鼎父乙

01828

子□父乙鼎

子□父乙

01827

𢊁父乙乙鼎

𢊁父乙乙

01829

冄蛙父乙鼎

冉蛙父乙

01830

冂作父乙鼎

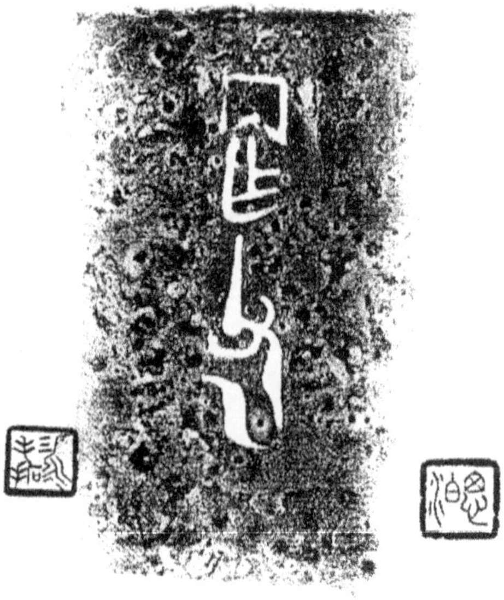

冂乍（作）父乙

01832

冄鼻父乙鼎

冉鼻（鴺）父乙

01831

父乙爻□鼎

父乙爻□（敢）

01833

耳衡父乙鼎

父乙耳衡

01834

宁羊父丙鼎

宁羊父丙

01836

耳衡父乙鼎

耳衡父乙

01835

亞醜父丙方鼎

亞醜父丙

01837

倗舟父丁鼎

丁父倗舟

01838

亞醜父丁方鼎

01839

亞醜父丁方鼎

亞醜父丁

01840

亞獏父丁鼎

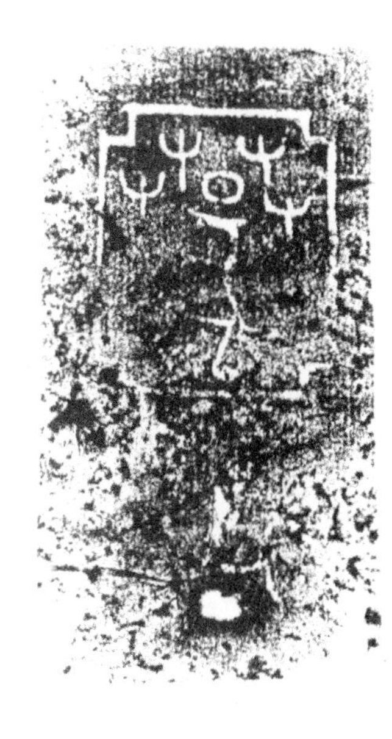

亞獏父丁

01841

亞獏父丁鼎

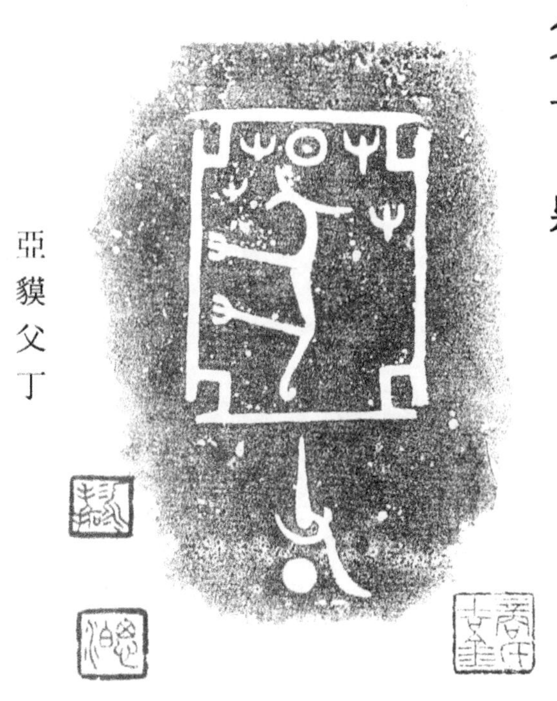

亞獏父丁

01842

亞獏父丁鼎

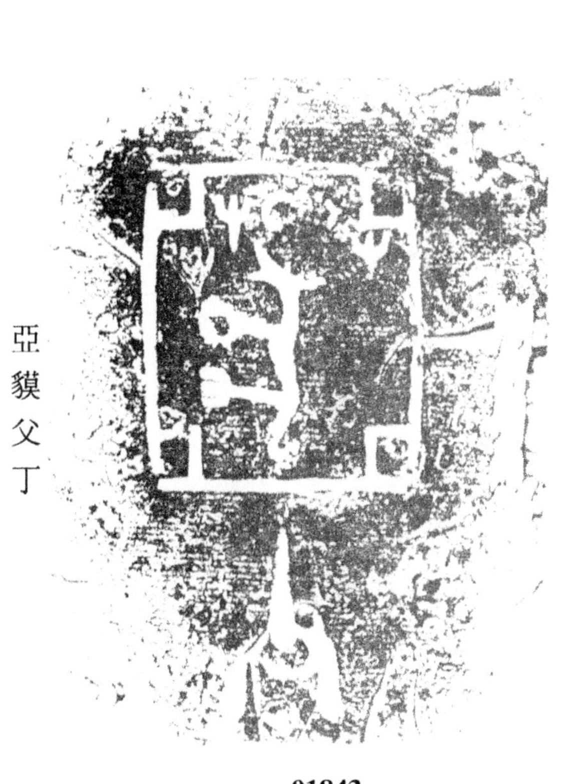

亞獏父丁

01843

亞獏父丁鼎

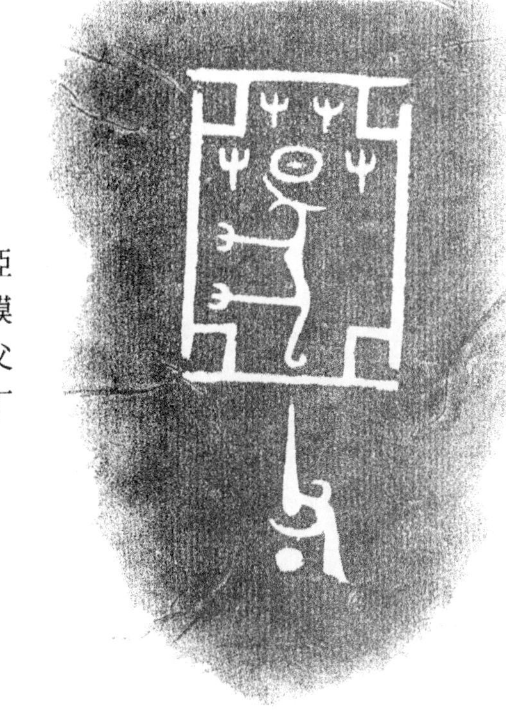

亞獏父丁

01844

亞犬父丁方鼎

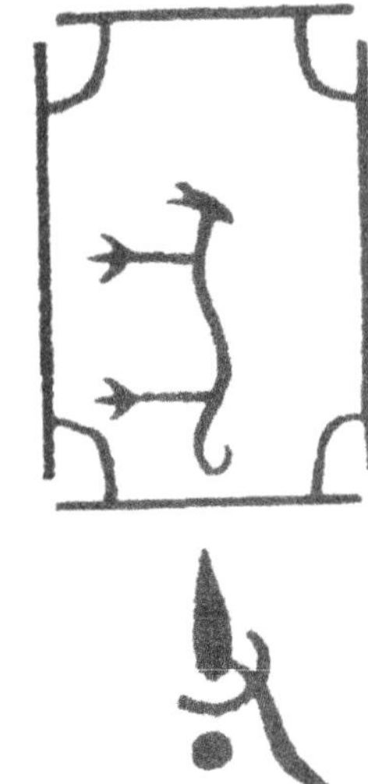

亞犬（獏？）父丁

01845

亞酉父丁鼎

亞酉父丁

01847

亞旐父丁鼎

亞旐父丁

01846

亞壴父丁鼎

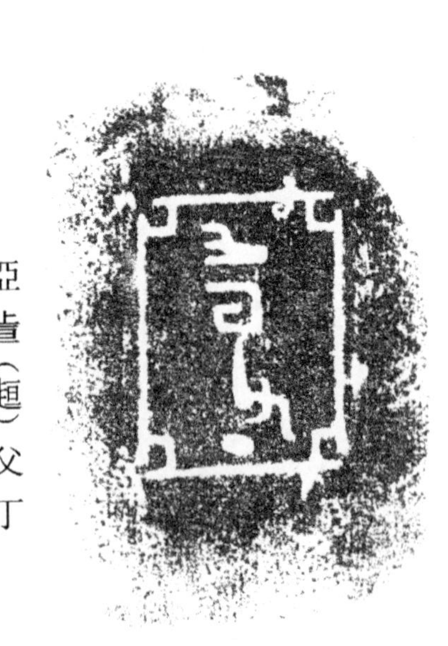

亞壴（趄）父丁

01848

田告父丁鼎

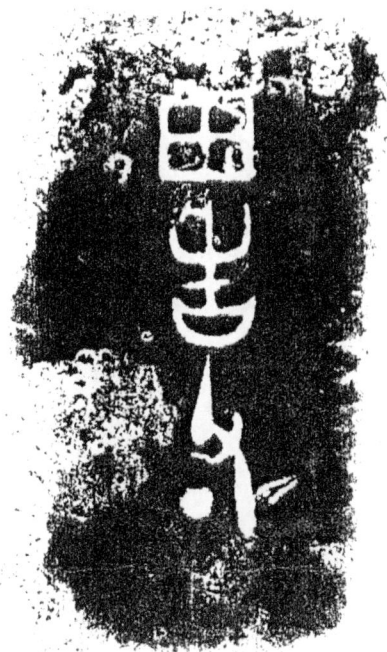

田告父丁

01849

寧母父丁方鼎

寧母父丁

01851

子羊父丁鼎

子羊父丁

01850

臤父丁鼎

臤父丁鑊

01852

耳衡父丁鼎

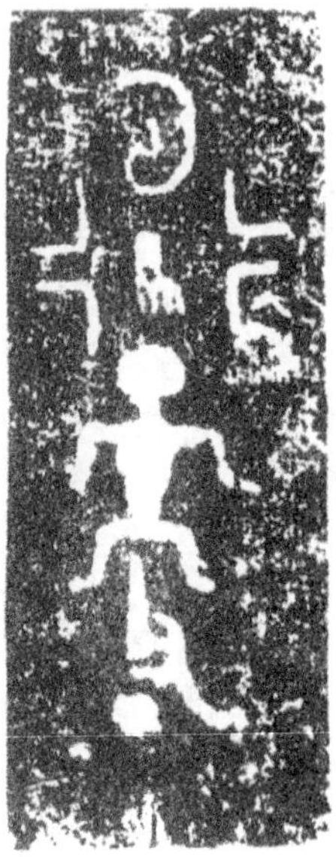

耳衡父丁

01853

庚豩父丁方鼎

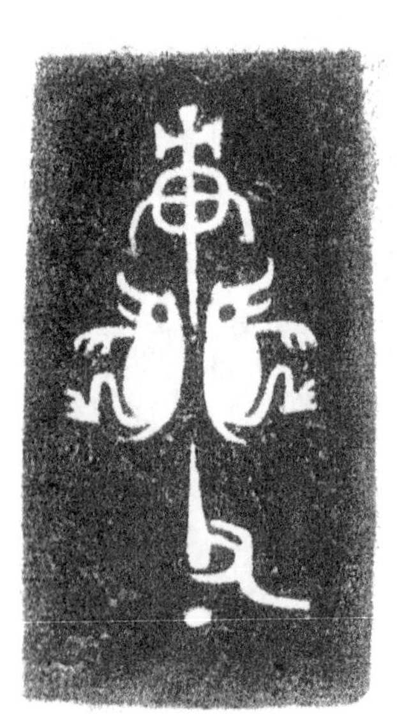

庚玃父丁

01855

耳夋父丁鼎

耳衡父丁

01854

鼎父丁册方鼎

鼎（玃）父丁册

01856

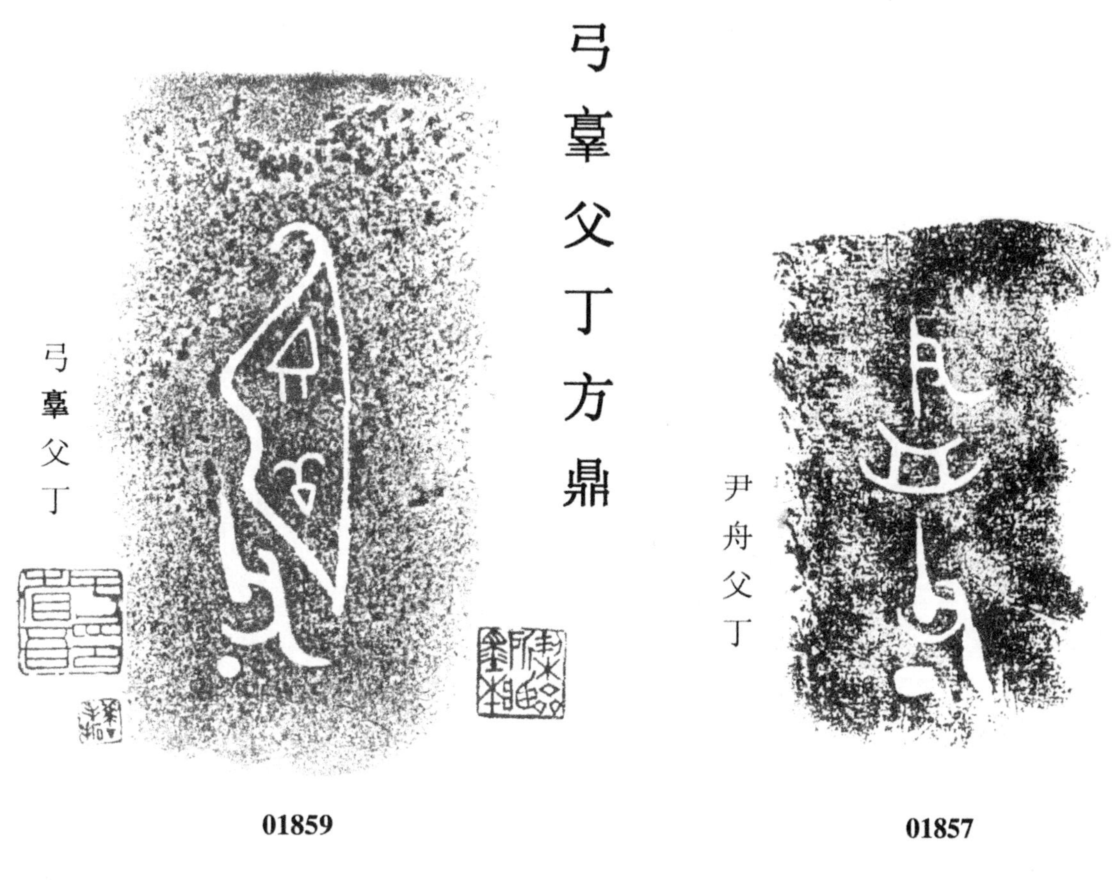

尹舟父丁鼎

尹舟父丁

01857

弓𩫏父丁方鼎

弓𩫏父丁

01859

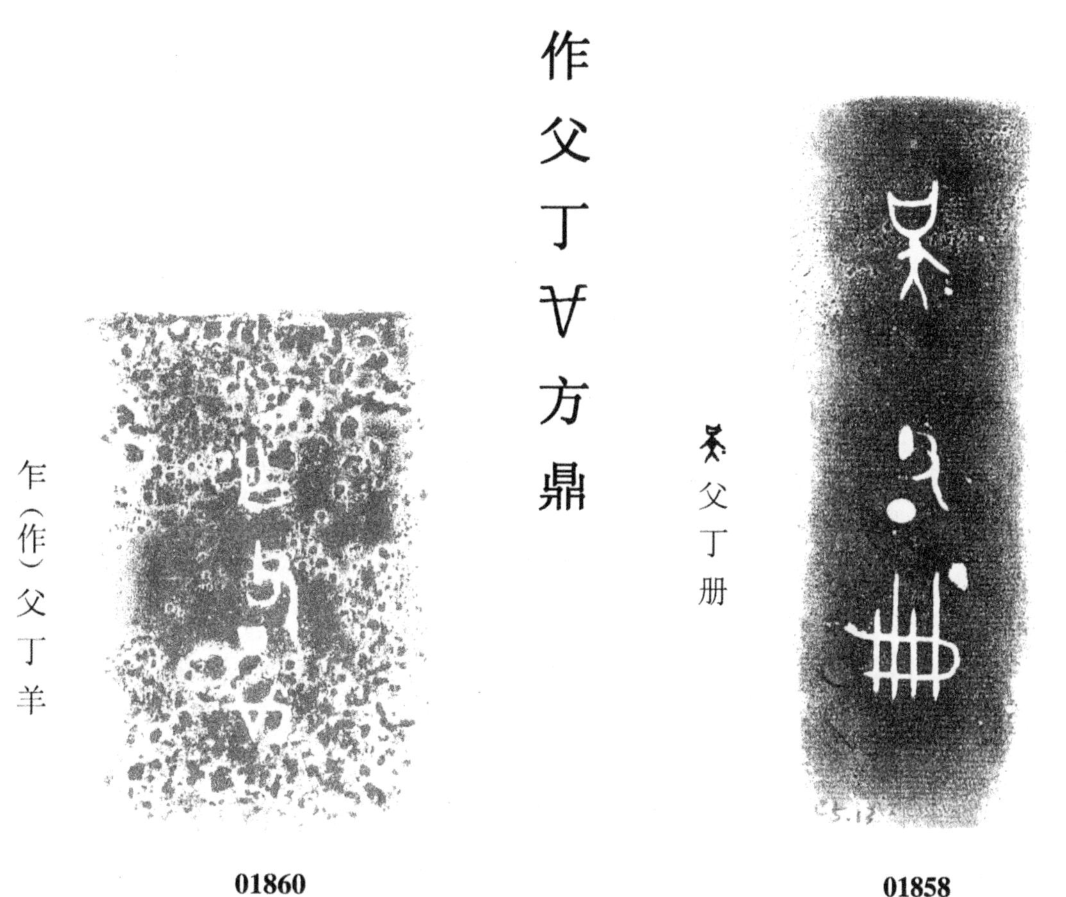

[illegible]父丁册方鼎

[illegible]父丁册

01858

作父丁∀方鼎

乍(作)父丁羊

01860

□▬父丁鼎

□(會)▬父丁

01861

亞□父戊鼎

亞𢓜(跳)父戊

01863

季父戊子鼎

季父戊子

01862

角戊父字鼎

角字父戊

01864

亞⿲亻角攵父己鼎

亞⿲亻角攵父己

01865

父己亞醜方鼎

父己亞醜

01867

亞⿲亻角攵父己鼎

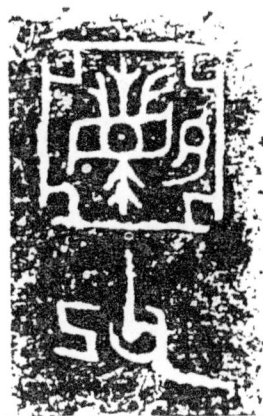

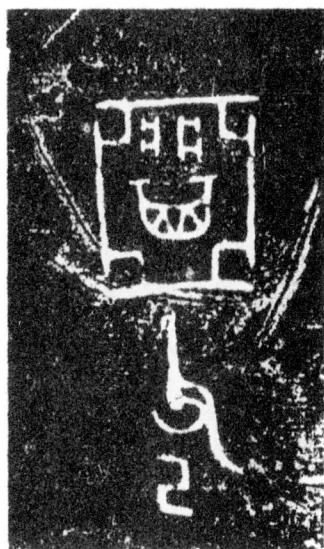

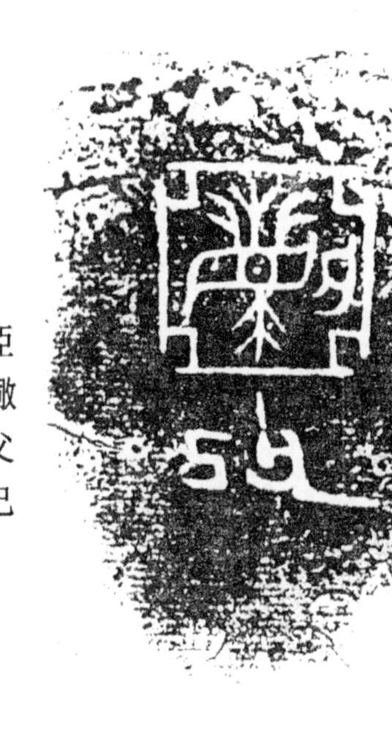

亞⿲亻角攵父己

01866

亞㠱父己鼎

亞㠱（㾖）父己

01868

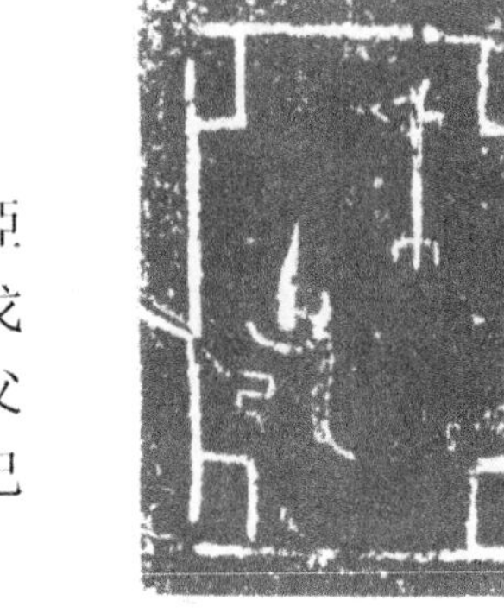

亞戈父己

01869

亞旐父己

01871

亞獸父己鼎

亞獸父己

01870

亞舀父己鼎

亞舀父己

01872

子申父己鼎

子申父己

01873

小子父己方鼎

父己小子

01874

又敉父己鼎

右敉父己

01875

弓𦎫父己鼎

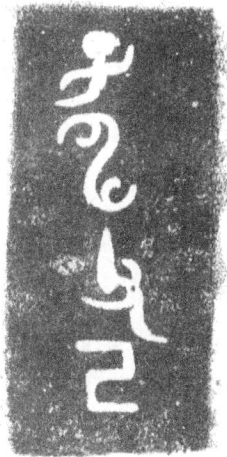

弓𦎫父己

01876

遽作父己鼎

遽乍（作）父己

01877

子刀父己鼎

子刀父己

01879

作父己冉鼎

乍（作）父己冉

01878

亞得父庚鼎

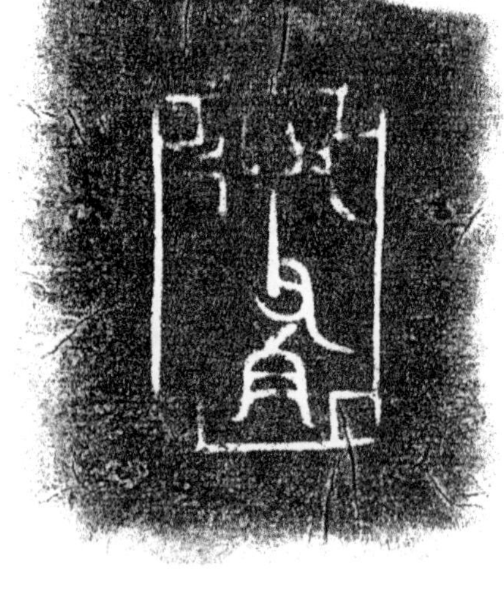

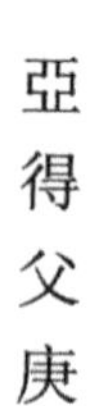

亞得父庚

01880

子刀父辛鼎

子刀父辛

01881

亞⿴酉㐅父辛鼎

亞⿴酉㐅(⿱殹⿴酉㐅)父辛

01883

子刀父辛方鼎

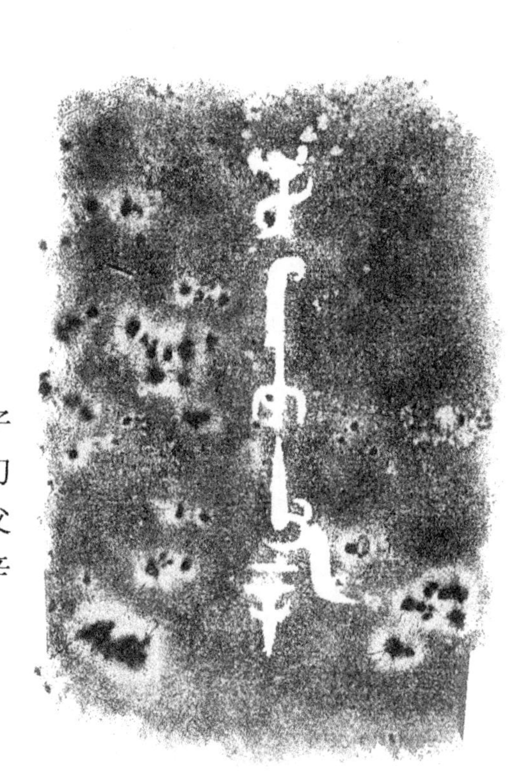

子刀父辛

01882

亞⿰⿴酉㐅兇父辛鼎

亞⿰⿴酉㐅兇父辛

01884

虎重父辛鼎

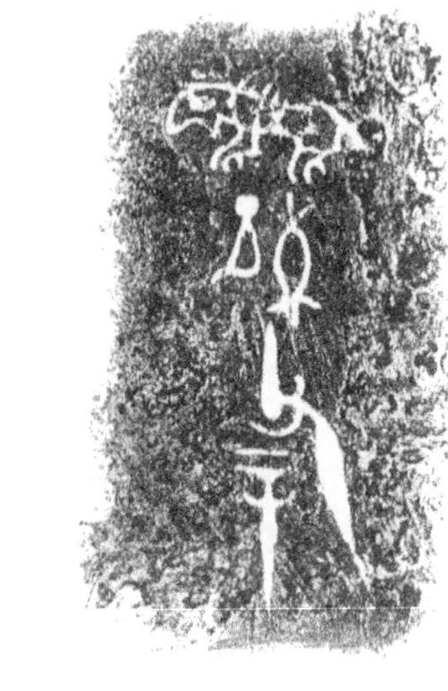

虎重父辛

01885

□作父辛鼎

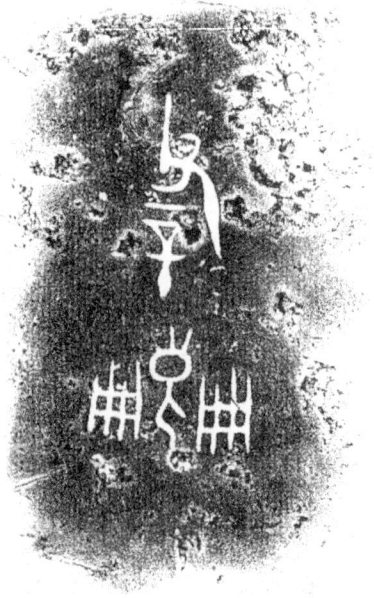

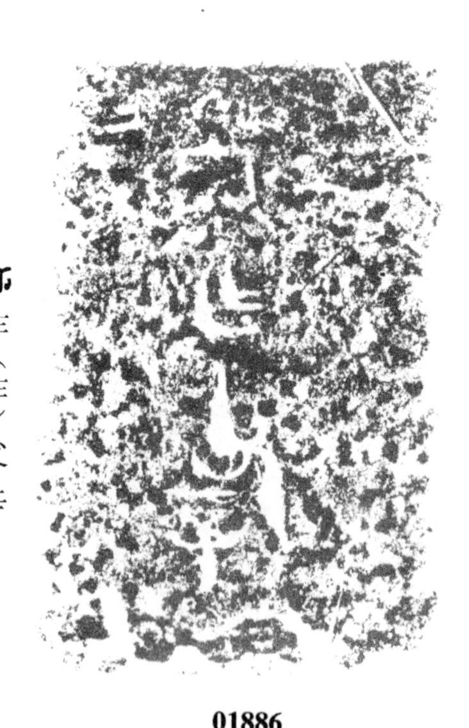

□乍（作）父辛

01886

父辛□册鼎

父辛侁册

01887

逆[illegible]父辛鼎

逆[illegible]（[illegible]）父辛

01888

父辛矢鼎

父辛[illegible]矢

01890

[illegible]父辛鼎

馬豕（[illegible]）父辛

01889

子[illegible]父癸鼎

子[illegible]（撜）父辛

01891

亞弁父癸鼎

亞弁父癸

01892

何父癸鼎

何父癸鼏

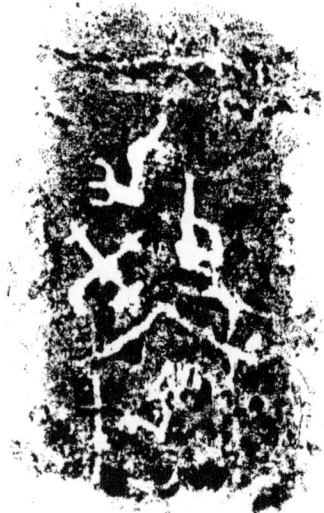

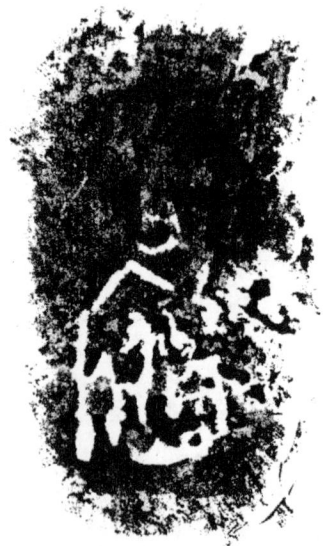

01893

何父癸鼎

何父癸鼏

01894

射獸父癸鼎

射獸（？）父癸

01895

冊𢉼父癸鼎

冊𢉼（庚）癸父

01897

衎天父癸鼎

父癸衎（延）要

01896

冊S2父癸鼎

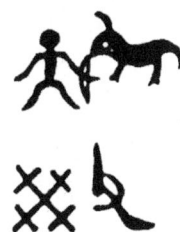

冊S2（己）父癸

01898

允册父癸鼎

允册父癸

01899

□作父癸鼎

□乍（作）父癸

01901

父癸疋册鼎

父癸疋册

01900

□□父癸鼎

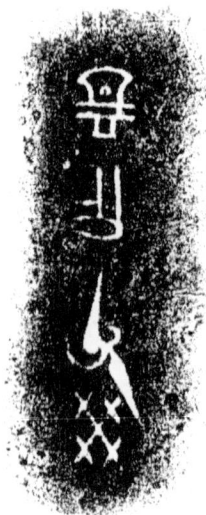

□◇（齊）父癸

01902

作母⿰女旅彝鼎

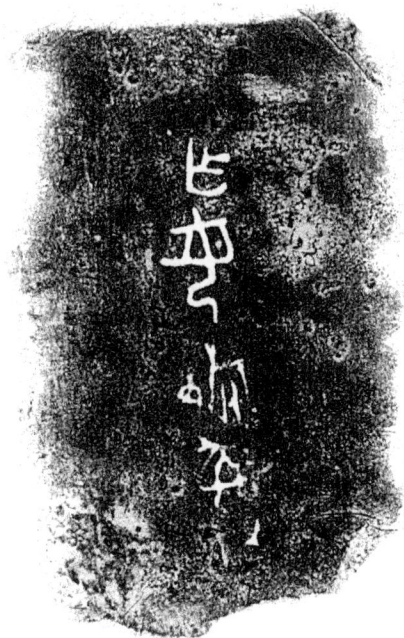

乍（作）母旅彝

01903

黿婦未于方鼎

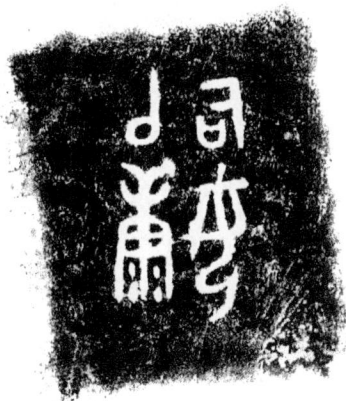

婦未于黿

01905

聑[illegible]婦[illegible]鼎

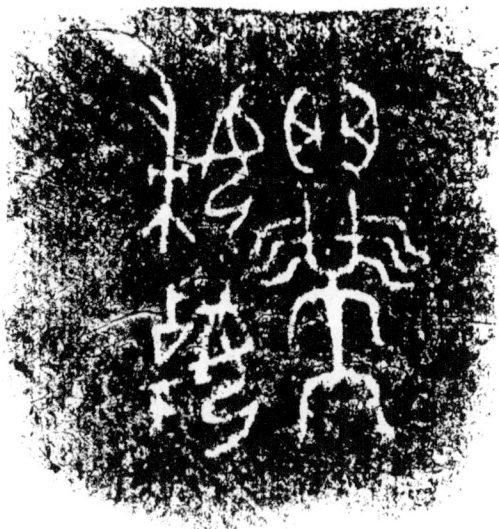

聑髭婦[illegible]

01904

司母呂康方鼎

司女（母）康

01906

彭女彝鼎

彭母彝，冉

01907

亞□女子鼎

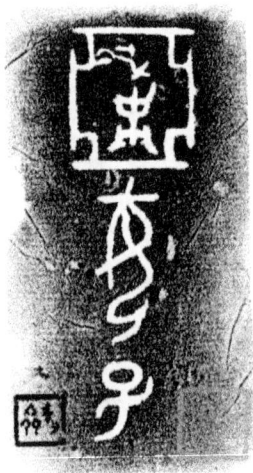

亞□（敢）女（汝）子

01909

彭女彝鼎

彭母彝，冉

01908

子□君妻鼎

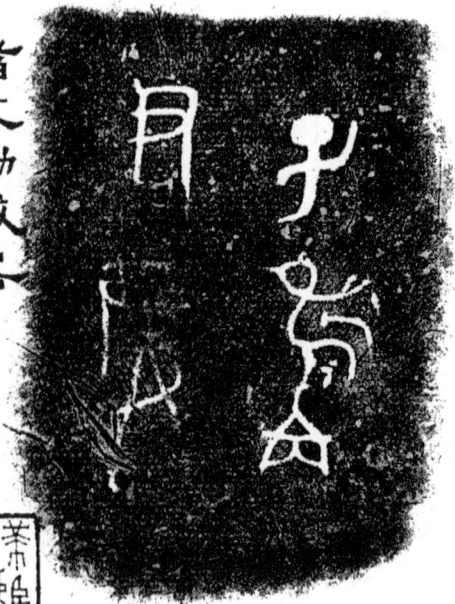

潘文勤藏器

子□（鴅）君齋

01910

北伯作隮鼎

北伯
乍(作)尊

01911

或伯鼎

或伯乍(作)彝

01913

伯作寶方鼎

伯乍(作)
寶鼎

01912

伯作寶鼎

伯乍(作)寶鼎

01914

伯作旅彝鼎

伯乍(作)旅彝

01916

伯作旅鼎

伯乍(作)旅鼎

01915

伯作寶彝鼎

伯乍(作)寶彝

01917

伯作寶彝鼎

伯乍(作)寶彝

01918

伯作寶彝鼎

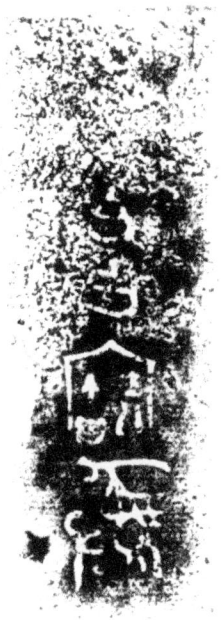

伯乍(作)寶彝

01919

伯作寶彝鼎

伯乍(作)寶彝

01920

伯作旅鼎

伯乍（作）旅鼎

01921

仲作旅鼎

仲乍（作）旅鼎

01922

叔作寶彝鼎

叔乍（作）寶彝

01923

内叔作鼎

内（芮）叔乍（作）鼎

01924

叔作穌子鼎

叔乍（作）穌（蘇）子

01926

叔尹作旅方鼎

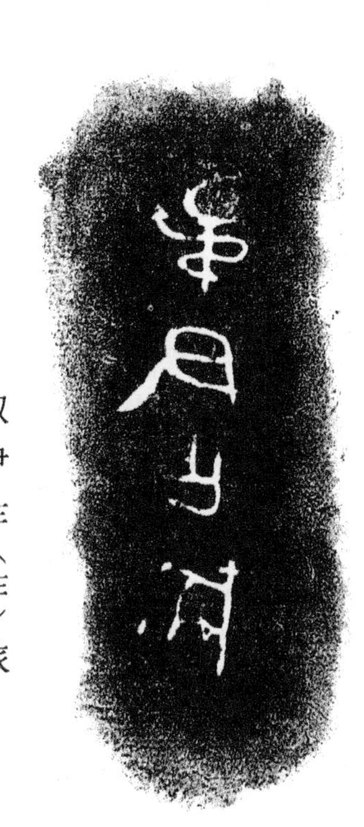

叔尹乍（作）旅

01925

叔作隮鼎

叔乍（作）尊鼎

01927

叔作旅鼎

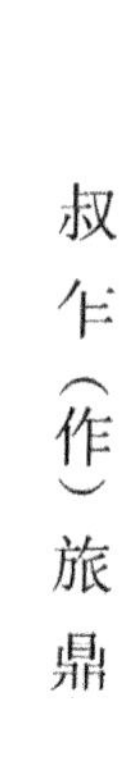

叔乍(作)旅鼎

01928

叔我鼎

叔臧乍(作)用

01930

叔作旅鼎

叔乍(作)旅鼎

01929

季作寶彝鼎

季乍(作)寶彝

01931

師公鼎

師公之鼎

01932

中𨑾王鼎

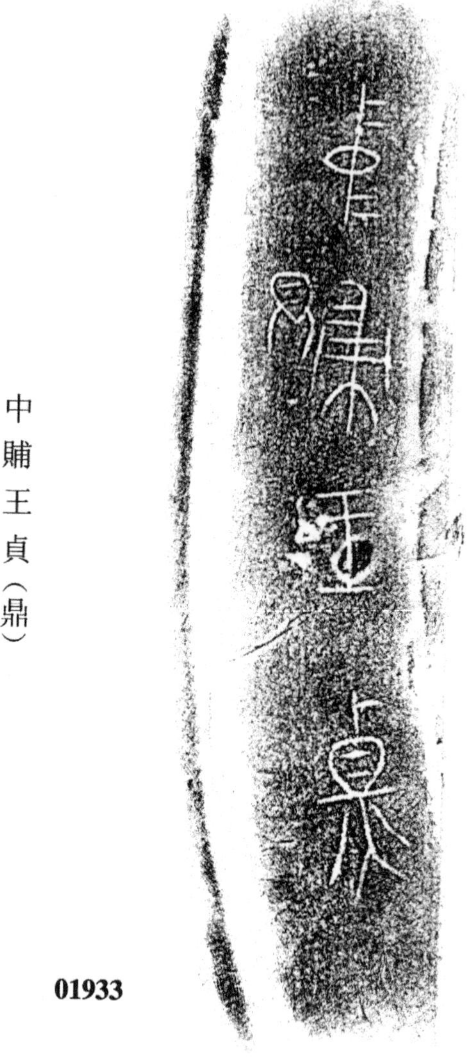

中𨑾王貞（鼎）

01933

公鼎

雩鼎
公乍（作）

01934

國子鼎

01935.1

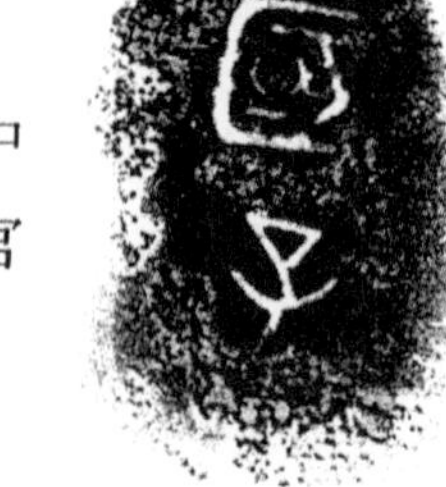

中官
國子，

01935.2

懋史繇鼎

懋史繇鼎

01936

大祝禽方鼎

大（太）祝禽鼎

01938

大祝禽方鼎

大（太）祝禽鼎

01937

又敊父癸鼎

右敊父癸

01939

更鼎

更乍(作)旅鼎

01940

臣辰册方鼎

臣辰侁册

01942

劦册)(辛鼎

劦册)(辛

01941

臣辰册方鼎

臣辰侁册

01943

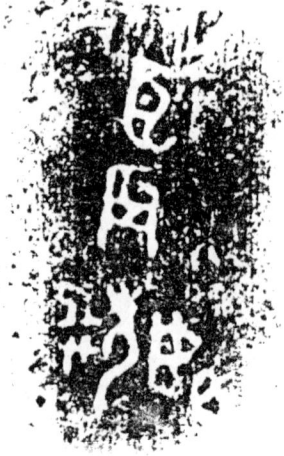

亞⿱宀黃[?][?]方鼎

亞⿱宀黃[?]臣[?]（揵）

01944

徝公右自鼎

徝（廚）公（宮）右官

01945

公朱右自鼎

公朱（廚）右官

01946

滑斿子鼎

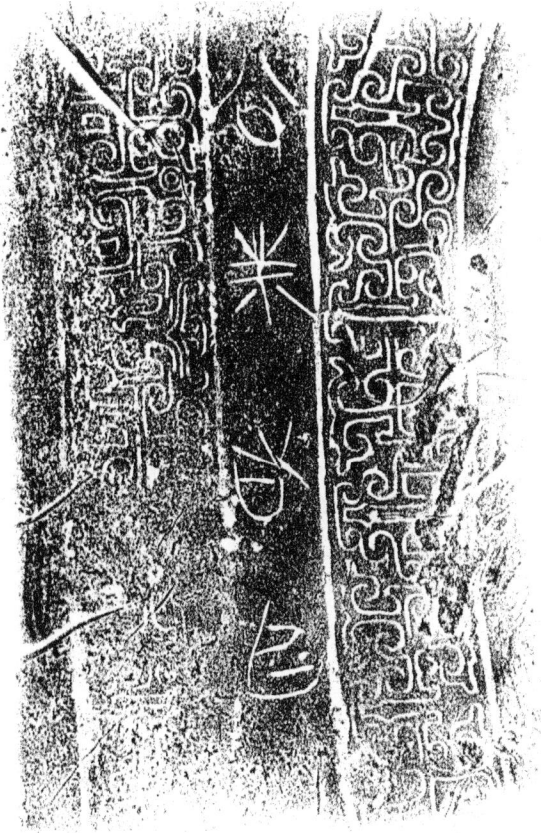

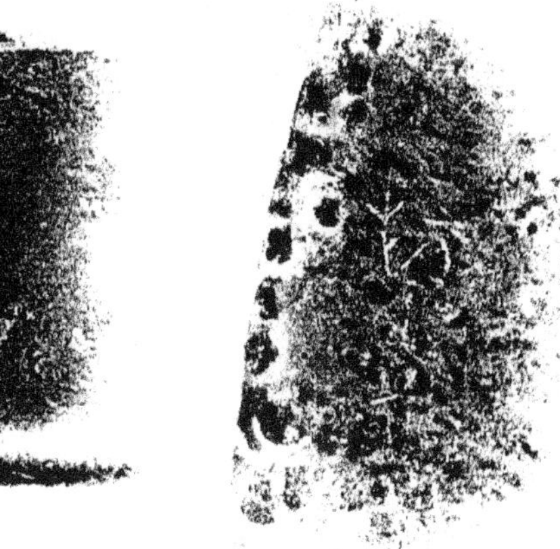

子，□武

滑孝

01947

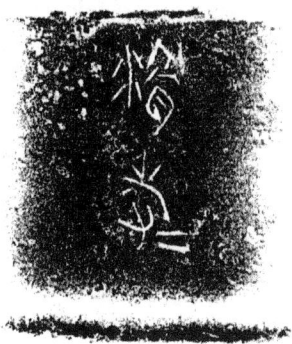

戈作寶鼎

乍(作)寶鼎，戈

01948

甲作寶方鼎

中乍(作)寶鼒

01949

寅作寶鼎

寅乍(作)寶鼎

01950

車作寶鼎

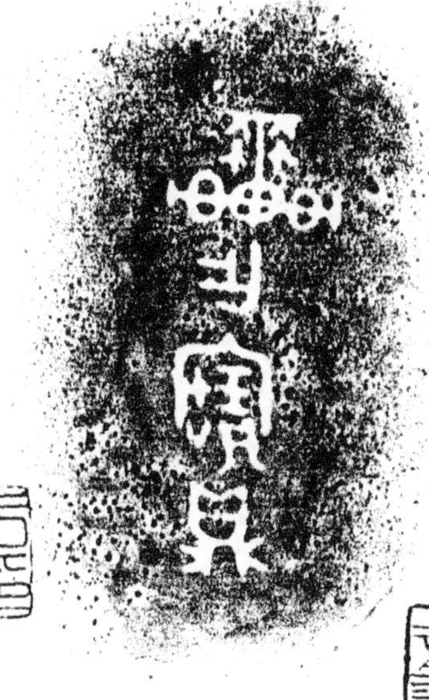

筆乍（作）寶鼎

01951

舟作寶鼎

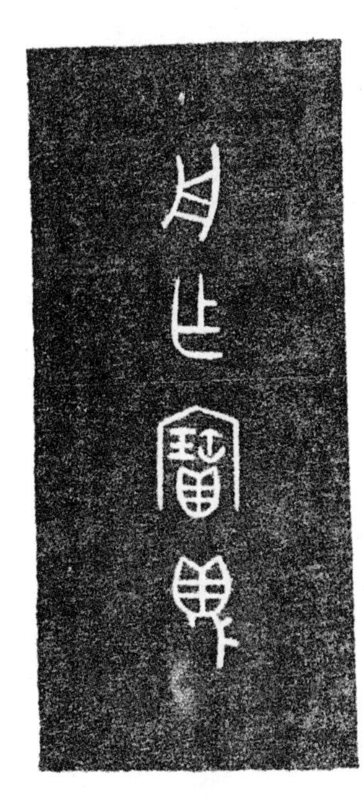

舟乍（作）寶鼎

01953

車作寶方鼎

筆乍（作）寶鼎

01952

舟作寶鼎

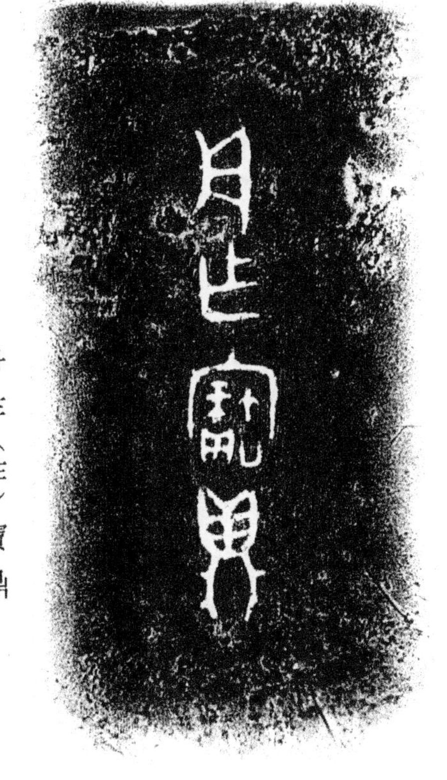

舟乍（作）寶鼎

01954

鼎之伐鼎

鼎之伐妊（珽）

01955

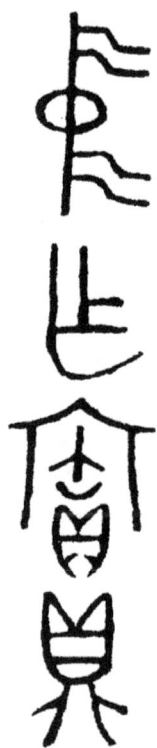

右作旅鼎

右乍（作）旅鼎

01956

中作寶鼎

中乍（作）寶鼎

01957

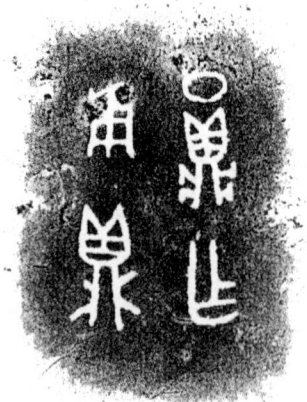

員作用鼎

員乍（作）用鼎

01958

舌臣鼎

𦣞（臨）其雞

01959

益作寶鼎

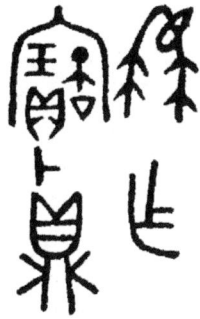

嗌乍（作）
寶貞（鼎）

01961

毛作寶鼎

丯乍（作）寶鼎

01960

興作寶鼎

寶貞（鼎）
興乍（作）

01962

興作寶鼎

興乍(作)寶鼎

01963

蓺作寶鼎

蓺乍(作)寶鼎

01965

㲃作寶鼎

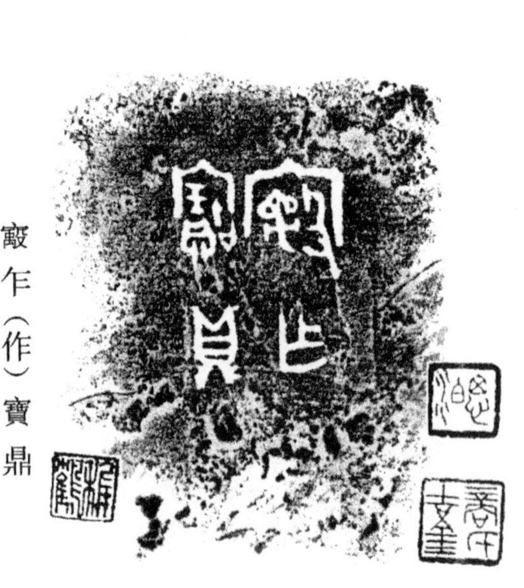

㲃乍(作)寶鼎

01964

𩫖作寶鼎

墉乍(作)寶鼎

01966

椙作寶䵼鼎

椙（椇）乍（作）寶䵼

01967

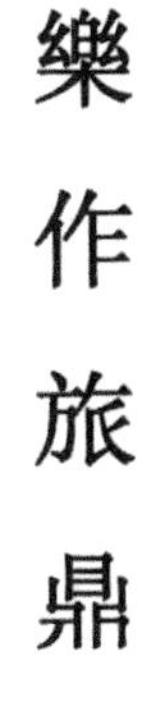

樂作旅鼎

樂乍（作）旅鼎

01969

寡長方鼎

寡長乍（作）齋

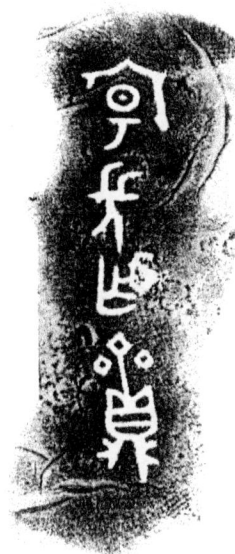

01968

樂作旅鼎

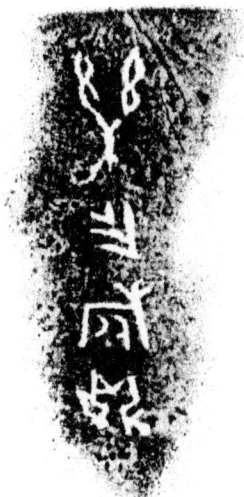

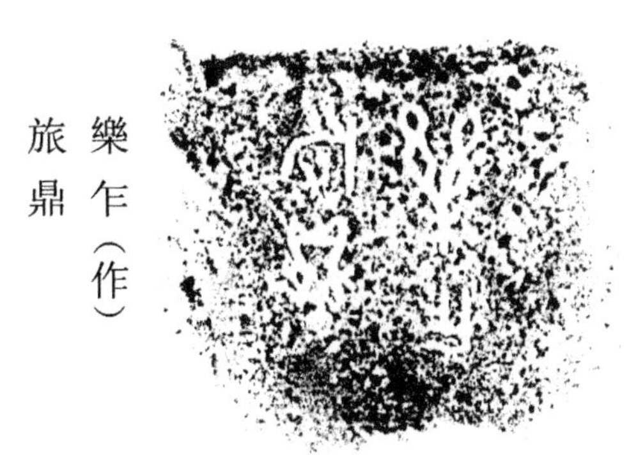

樂乍（作）旅鼎

01970

攸作旅鼎

攸乍（作）旅貞（鼎）

01971

囦作寶彝鼎

囦（淵）乍（作）寶彝

01972

[illegible]作寶彝鼎

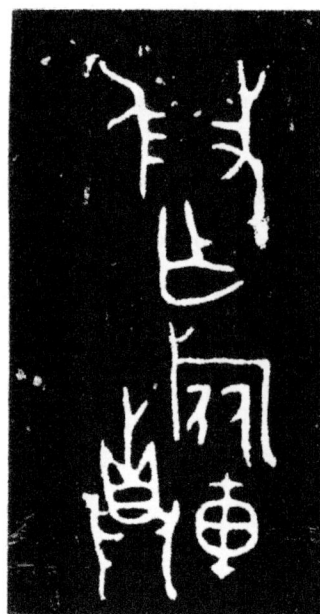

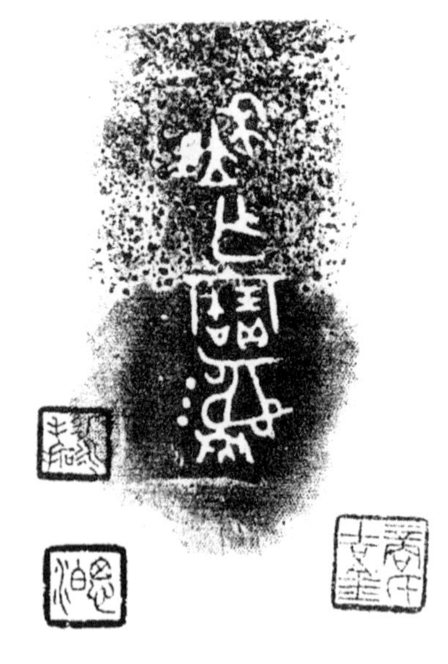

[illegible]乍（作）寶彝

01973

聾作寶器鼎

聾乍(作)寶器

01974

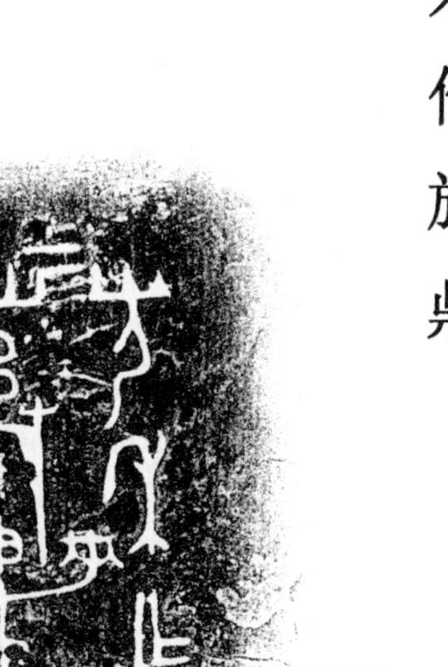

□禾乍(作)旅

01976

雁□作旅鼎

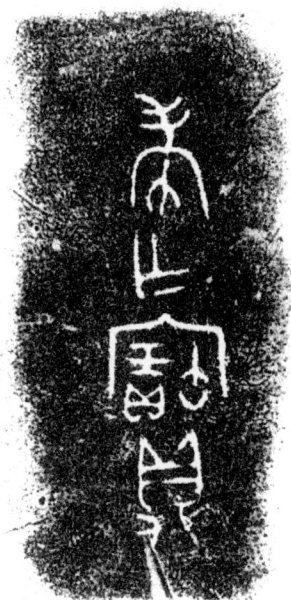

雁(應)□乍(作)旅

01975

考作寶鼎

考乍(作)寶鼎

01977

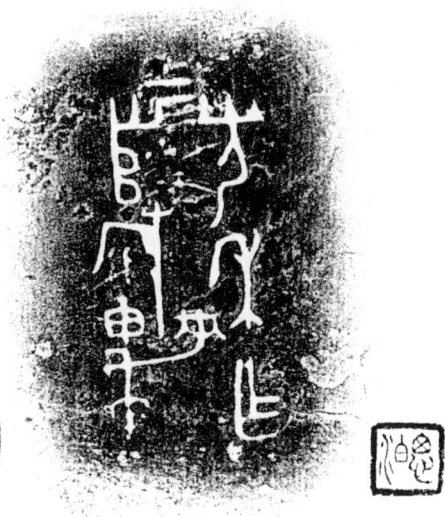

由作旅鼎

由（古？）乍（作）旅貞（鼎）

01978

邵之飤鼎

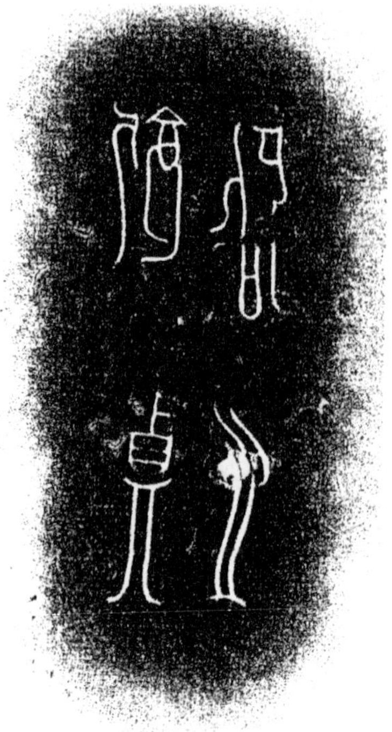

邵之飤貞（鼎）

01980

敊作旅鼎

敊（扶）乍（作）旅鼎

01979

作丰凡從彝方鼎

乍（作）丰凡（封）从彝

01981

作𢀛从彝鼎

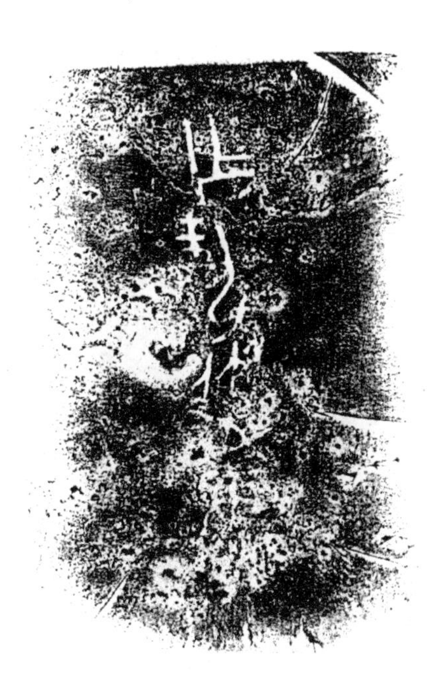

乍（作）𢀛（封）从彝

01982

作寶隮彝鼎

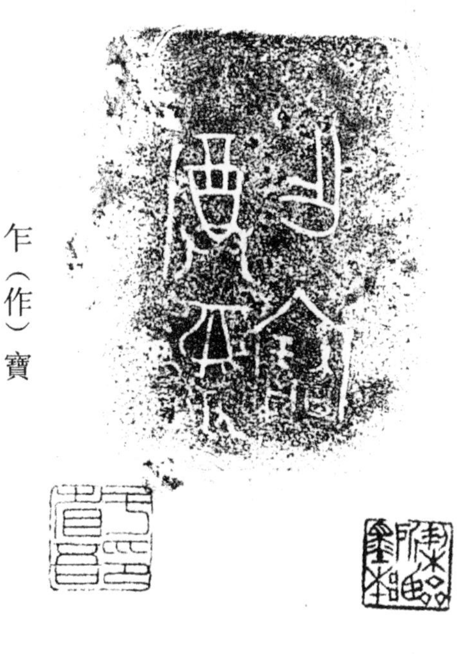

乍（作）寶尊彝

01983

作寶隮彝鼎

乍（作）寶尊彝

01984

作寶障彝方鼎

乍(作)寶尊彝

01985.1

乍(作)寶尊彝

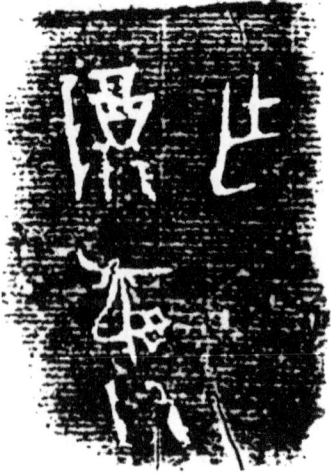

01985.2

作寶障彝鼎

乍(作)寶尊彝

01986

辛作寶彝鼎

辛乍(作)寶彝

01987

明我作鼎

明我乍（作）貞（鼎）

01988

𢾊之行鼎

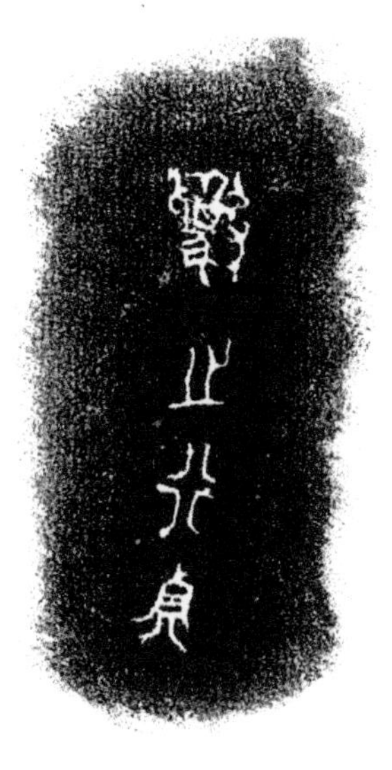

敓（麾）之行貞（鼎）

01990.1

眉壽作彝鼎

眉壽乍（作）彝

01989

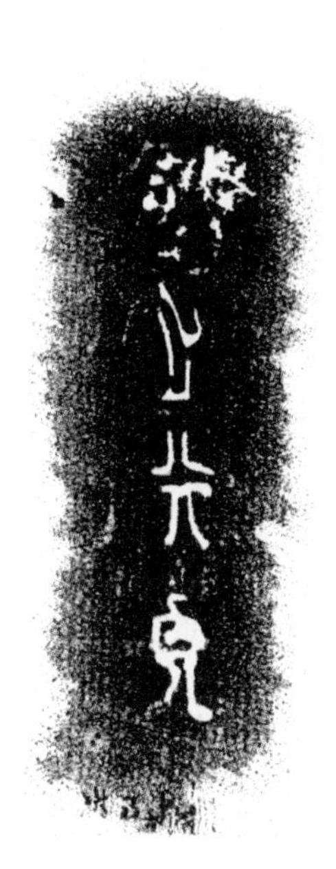

敓（麾）之行貞（鼎）

01990.2

昜兒鼎

兼明，昜兒

01991

宜陽右蒼鼎

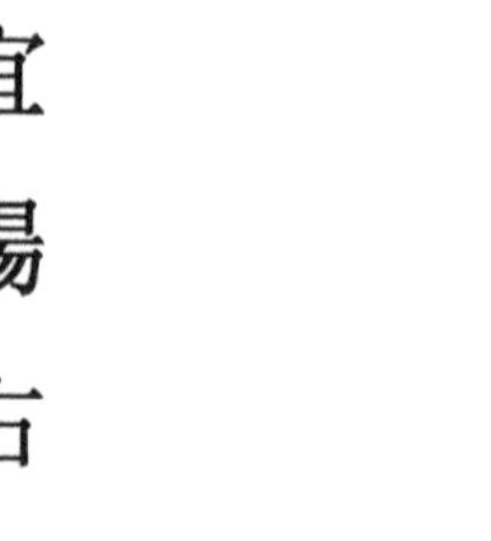

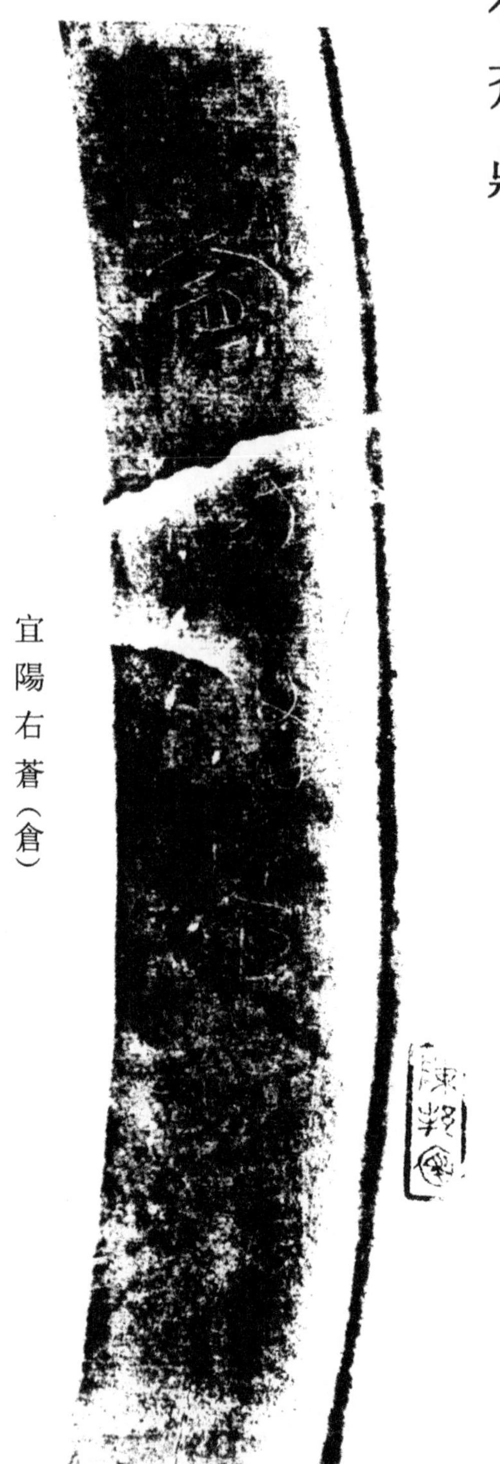

宜陽右蒼（倉）

01992

今永里鼎

今永里倉

01993

巨荁十九鼎

巨荁十九

01994

安氏私官鼎

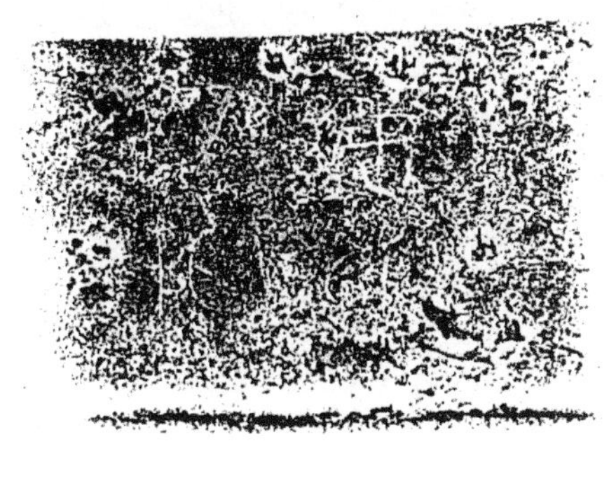

安氏私官

01995

盨且庚父辛鼎

盨（魯）祖庚
父辛

01996

亞夃覃父甲鼎

亞弁覃父甲

01998

木且辛父丙鼎

木祖辛
父丙

01997

作父甲鼎

乍（作）父甲
尊彝

01999

馬羊侁父乙鼎

父乙
羊侁
馬

02000

西單光父乙鼎

西單光父乙

02001

辰行奚父乙鼎

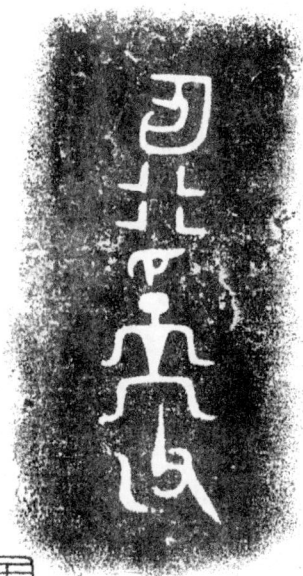

辰行奚父乙

02002

臣辰父乙鼎

父乙臣辰侁

02003

臣辰父乙鼎

臣辰侁父乙

02005

臣辰父乙鼎

臣辰侁
父乙

02004

父乙臣辰鼎

父乙臣辰侁

02006

作父乙鼎

乍（作）父乙尊彝

02007

旁父乙鼎

旁𠬝宁父乙

02009

作父乙䵼鼎

乍（作）父乙寶䵼

02008

辛𢕪宔父丁鼎

辛𢕪宔（鑄）父丁

02010

□作父戊鼎

毌丩(糾)乍(作)父戊

02011

□作父戊鼎

殺乍(作)父戊鬻

02012

黿作父戊方鼎

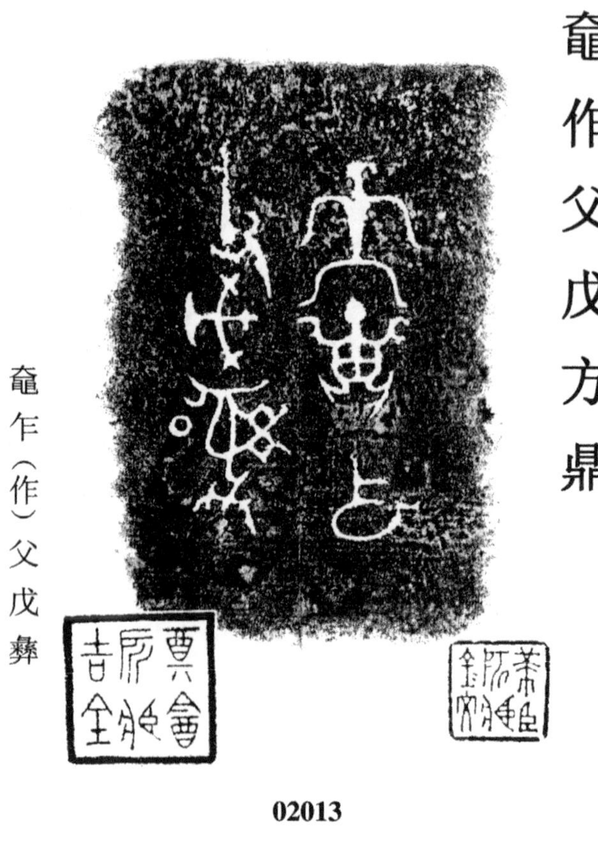

黿乍(作)父戊彝

02013

父己亞奇史鼎

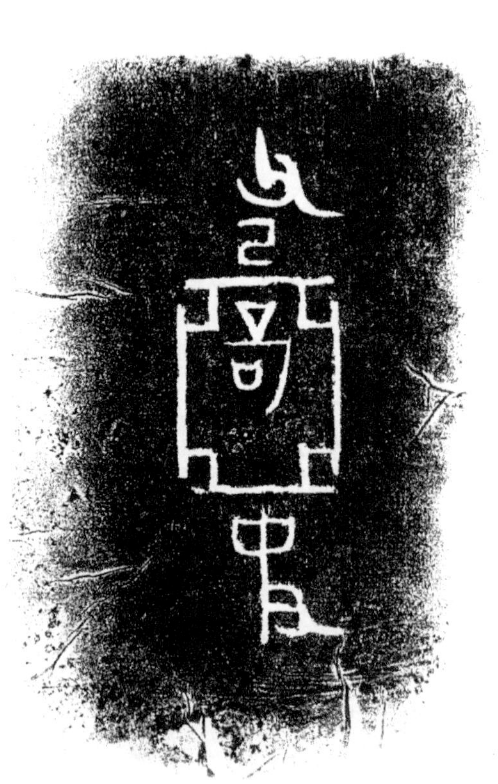

父己亞吾史

02014

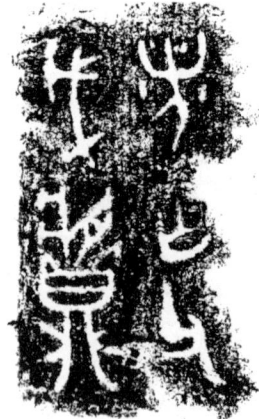

小子作父己鼎

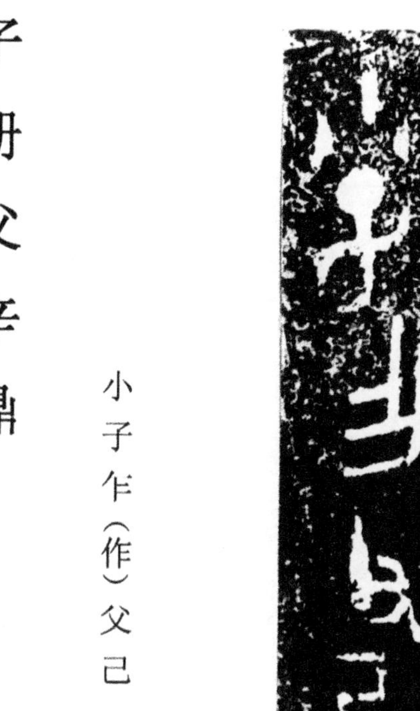

小子乍(作)父己

02015

子册父辛鼎

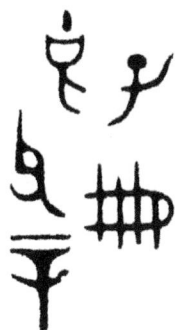

子克册父辛

02017

小子作父己方鼎

小子乍(作)父己

02016

子作鼎盥彝鼎

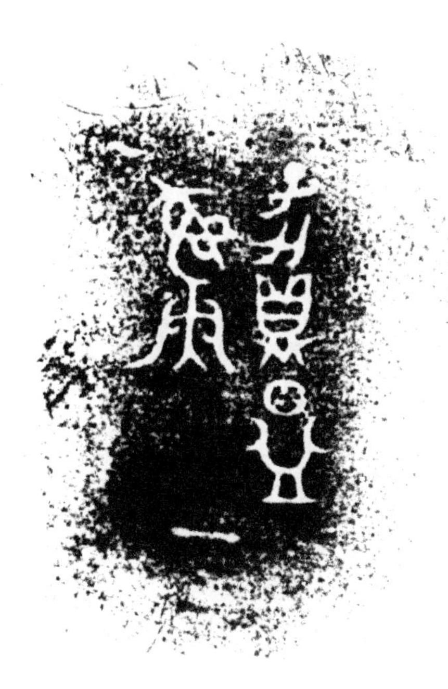

子乍(作)鼎盥彝

02018

㠱兄戊父癸鼎

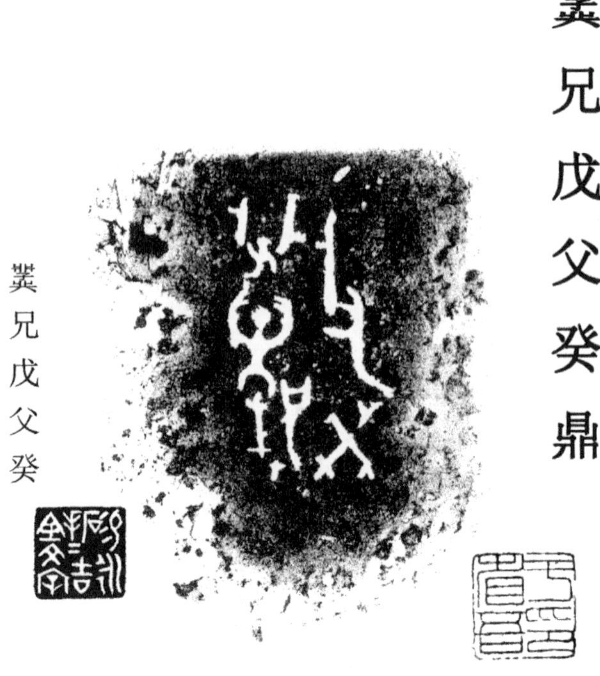

㠱兄戊父癸

02019

孔作父癸鼎

孔乍(作)父癸旅

02021

㠱母[illegible]父癸鼎

㠱[illegible]女(母)癸父

02020

[illegible]父鼎

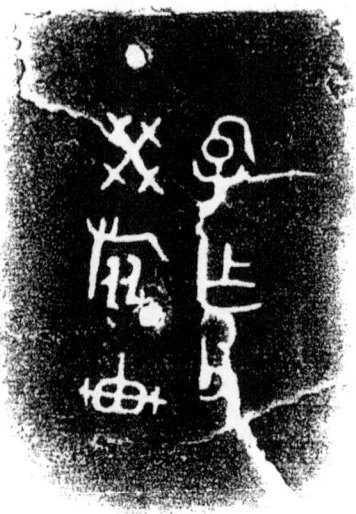

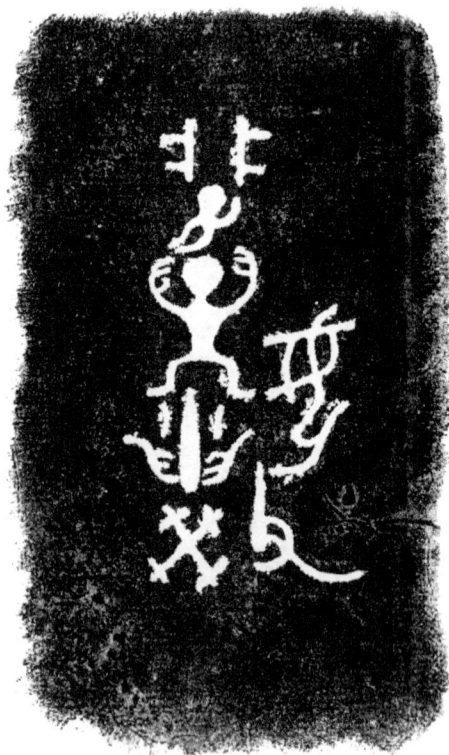

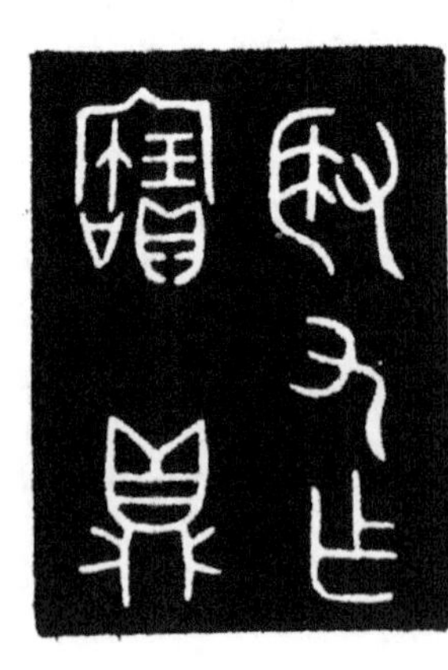

[illegible]父乍(作)寶鼎

02022

[其丮女]父方鼎

旅鼎
[其丮]父乍(作)

02023

己方鼎

己乍(作)寶
尊彝

02025

考[厶司]鼎

考[口司]乍(作)
旅鼎

02024

[illegible]母鼎

[illegible]女(母)
乍(作)山柔

02026

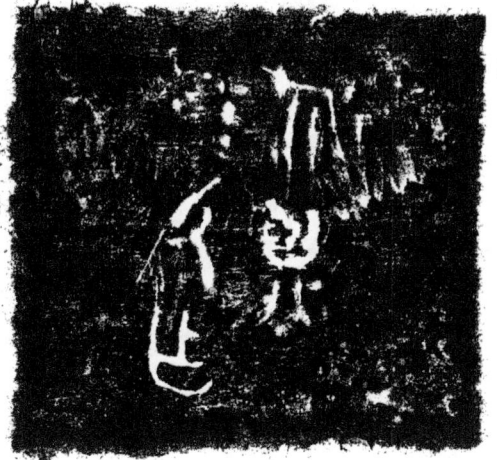

嬴氏鼎

嬴（嬴）氏乍（作）寶貞（鼎）

02027

散姬方鼎

散姬乍（作）尊鼎

02029

亶姜鼎

亶（檀）姜乍（作）旅鼎

02028

王伯鼎

王伯乍（作）寶齍

02030

王季作鼎彝鼎

王季乍（作）鼎彝

02031

亞㠱鼎

亞㠱孤竹廼

02033

小臣鼎

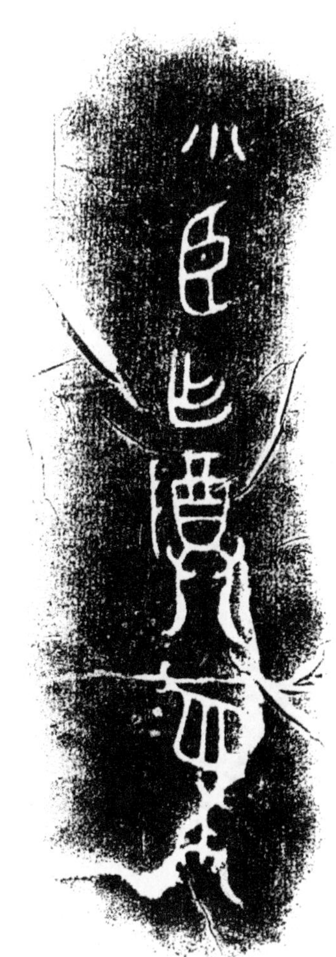

小臣乍（作）尊鼎

02032

亞伯禾鼎

亞伯禾玃乍（作）

02034

亞㠱吴鼎

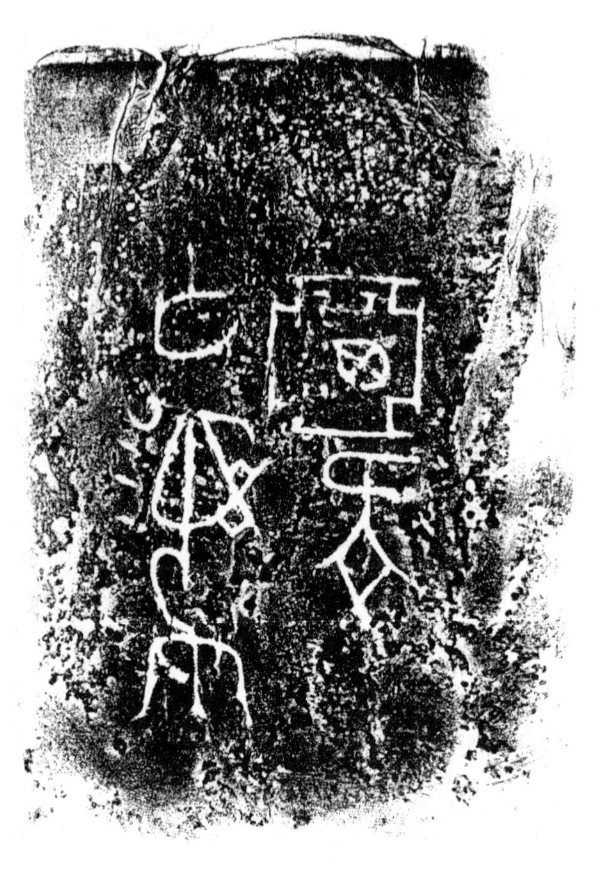

亞㠱疑
乍（作）彝

02035

史⿰口史鼎

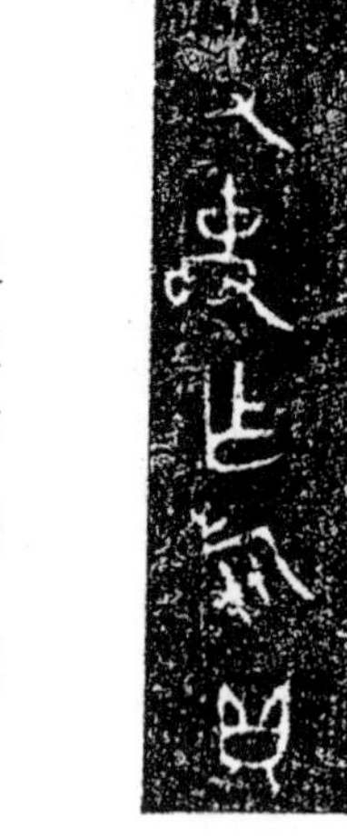

史⿰口史乍（作）旅鼎

02036

⿰杏囟鼎

⿰杏囟乍（作）父
庚彝

02037

伯員鼎

伯員乍（作）旅鼎

02038

伯申鼎

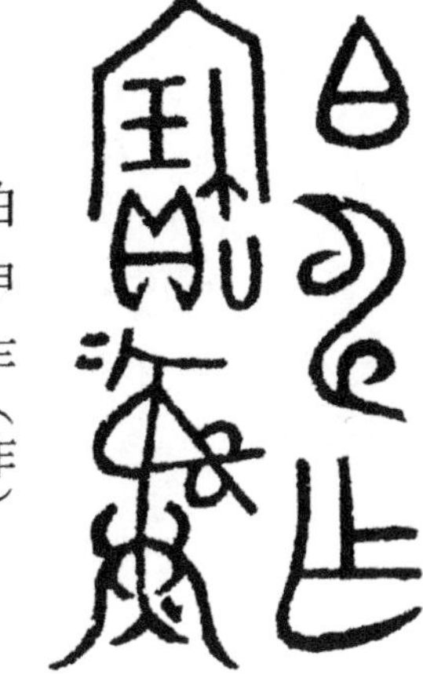

伯申乍（作）寶彝

02039

伯旂鼎

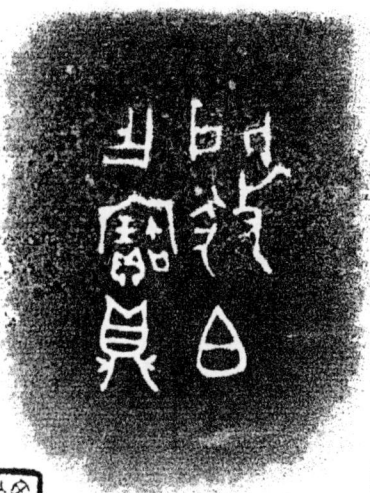

伯旂乍（作）寶鼎

02040

閾伯鼎

閾伯乍（作）旅鼎

02041

閿伯鼎

閿伯乍（作）旅鼎

02042

敄（奏）伯乍（作）旅貞（鼎）

02044

戱伯鼎

戱伯□□□，其萬年

02043

檣仲鼎

楷仲乍（作）旅彝

02045

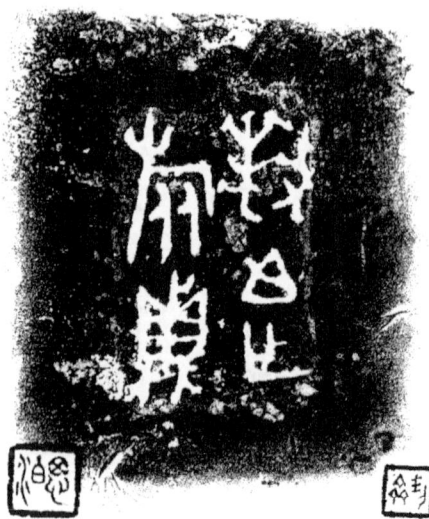

仲𠂤父鼎

仲師父乍（作）𩰫

02046

仲作旅寶鼎

仲乍（作）旅寶鼎

02048

仲作寶鼎

仲乍（作）寶尊鼎

02047

叔攸作旅鼎

叔攸乍（作）旅鼎

02049

叔伐父作鼎

叔伐父乍（作）鼎

02050

叔鼎

菽乍（作）寶尊彝

02052.1

菽乍（作）寶尊彝

02052.2

叔作懿宗方鼎

叔乍（作）懿宗盡（齍）

02051

叔作寶隮彝鼎

叔乍（作）寶尊彝

02053

單光方鼎

單光乍（作）從彝

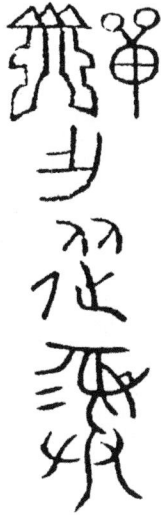

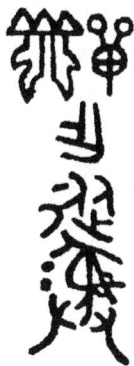

02055

叔作寶隮彝鼎

菽乍（作）寶尊彝

02054

單光方鼎

單光乍（作）從彝

02056

良季鼎

良（郎）季乍（作）寶貞（鼎）

02057

丂隻鼎

丂獲乍（作）尊彝

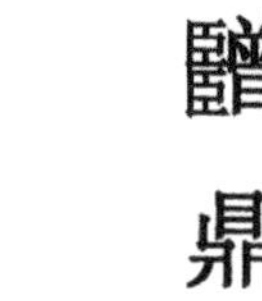

02059

竟鼎

竟乍（作）厥寶彝

02058

䁬鼎

䁬乍（作）寶䵼彝

02060

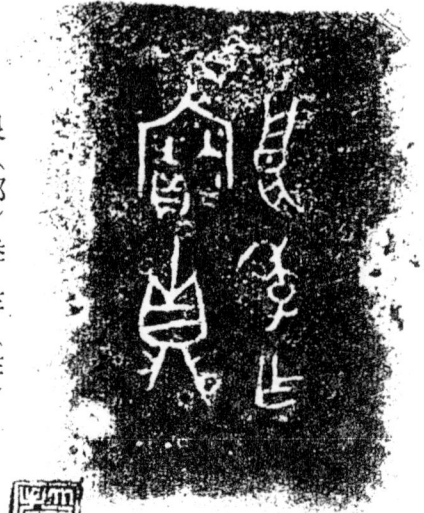

腹鼎

腹公
乍（作）寶鼎

02061

㝬鼎

㝬乍（作）寶
鼎，皇

02063

作寶隮彝方鼎

□乍（作）寶
尊彝

02062

[illegible]鼎

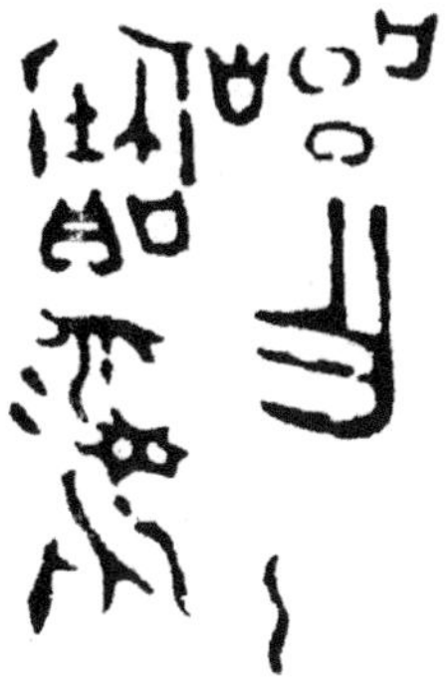

[illegible]乍（作）□
寶彝

02064

葬鼎

茦（莿）⿰嘼欠乍（作）
寶⿰貞登（⿰鼎升）

02065

訴啓鼎

訴肇乍（作）
旅鼎

02066

⿱敄重鼎

⿱敄重乍（作）
寶⿱亝鼎鼎

02067.1

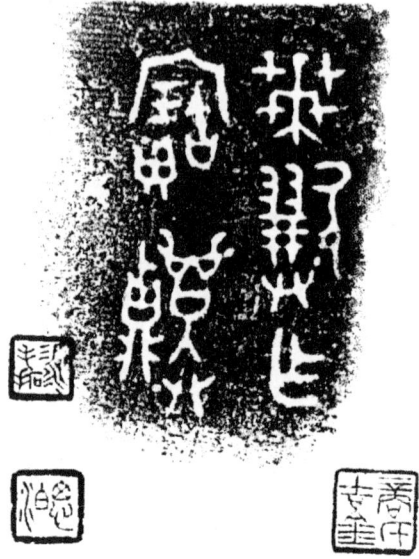

⿱敄重乍（作）
寶⿱亝鼎鼎

02067.2

姚鼎

姚乍（作）⿰卜罙
餗（饙）鼎

02068

⿺辶⿱日𧘇鼎

⿺辶⿱日𧘇乍（作）寶
尊彝

02070

立鼎

立乍（作）寶尊彝

02069

旁肁鼎

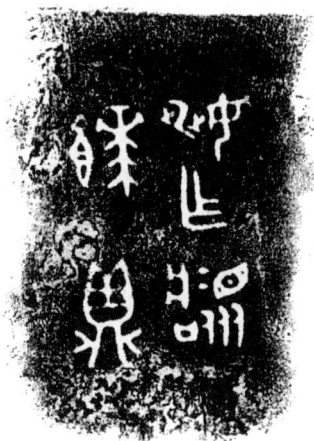

旁肇乍（作）尊諆

02071

劚鼎

亩乍（作）寶彝，[illegible]

02072

㦰鼎

㦰乍（作）厥尊貞（鼎）

02074

[illegible]建鼎

[illegible]律乍（作）匋（寶）器

02073

帮鼎

弔乍（作）母從彝

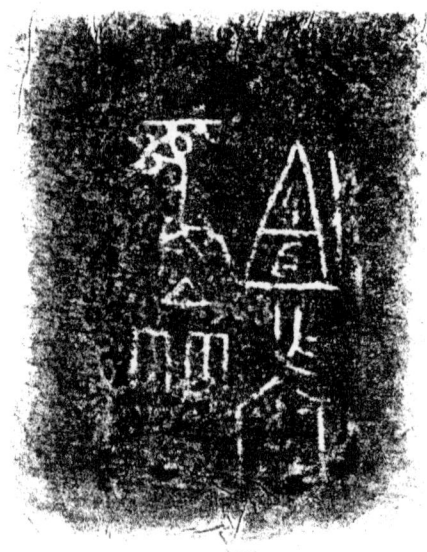

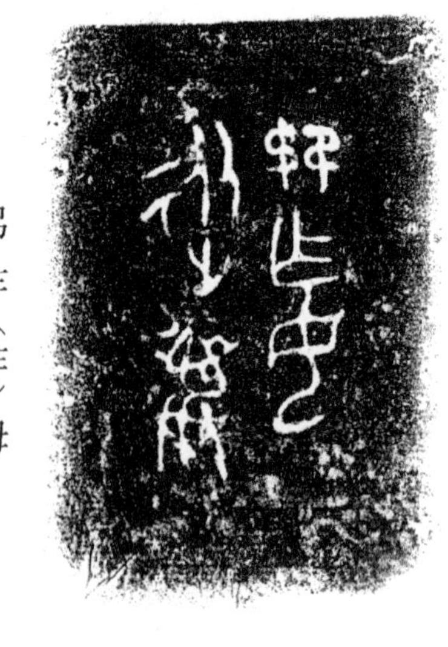

02075

觀肇鼎

觀肇

乍(作)寶鼎

02076

䢅鼎

䢅乍(作)

旅尊鼎

02077

事作小旅鼎

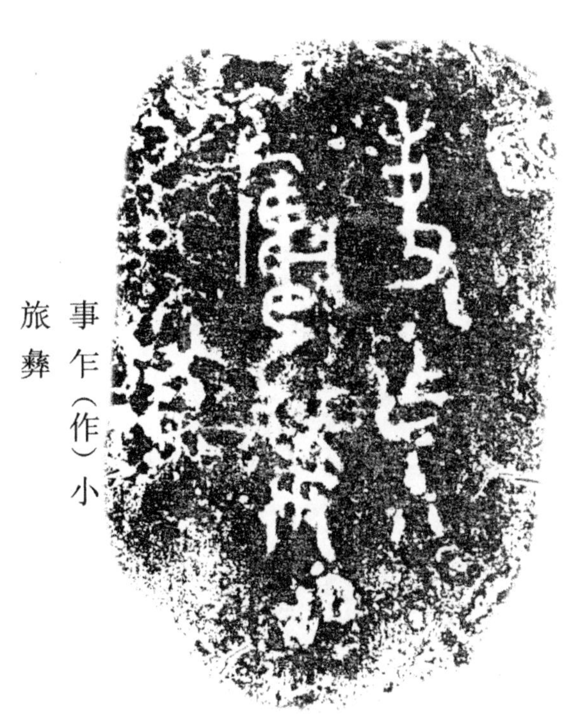

事乍(作)小

旅彝

02078

□鼎

□乍（作）尊

寶彝

02079

本鼎

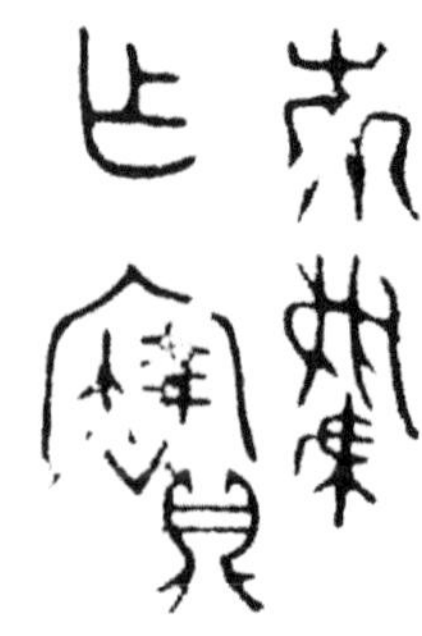

本肇

乍（作）寶鼎

02081

□作氒鼎

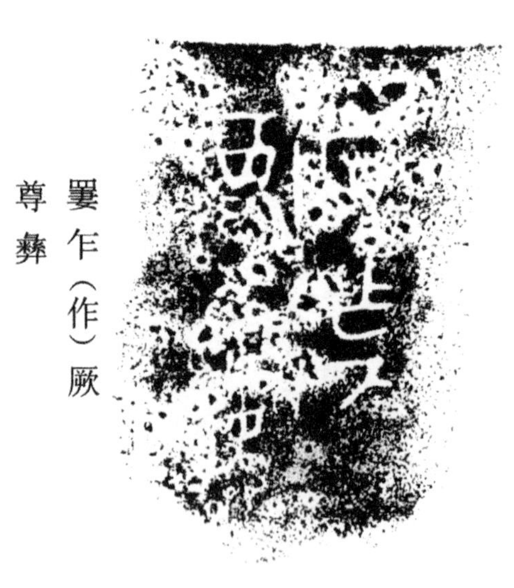

□乍（作）厥

尊彝

02080

虖北鼎

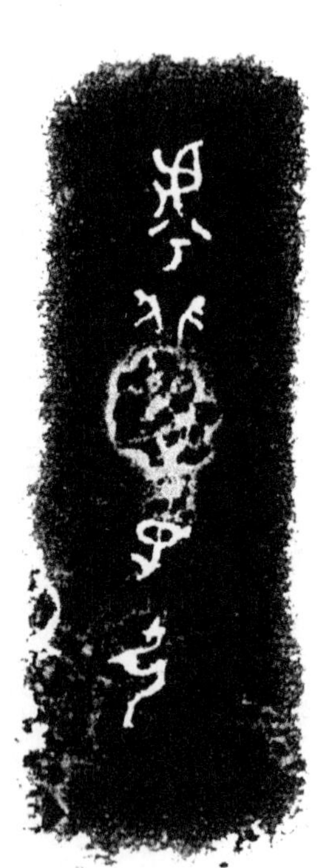

虖北乍（作）季姬

02082

連迁鼎

連迁之御堯

02083

連迁鼎

連迁之行升（鼾）

02084.1

連迁之行升（鼾）

02084.2

彝鼎

登（鄧）鯀（鰥）之飤貞（鼎）

02085.1

登（鄧）鯀（鰥）之飤貞（鼎）

02085.2

君子之弄鼎

君子之弄鼎

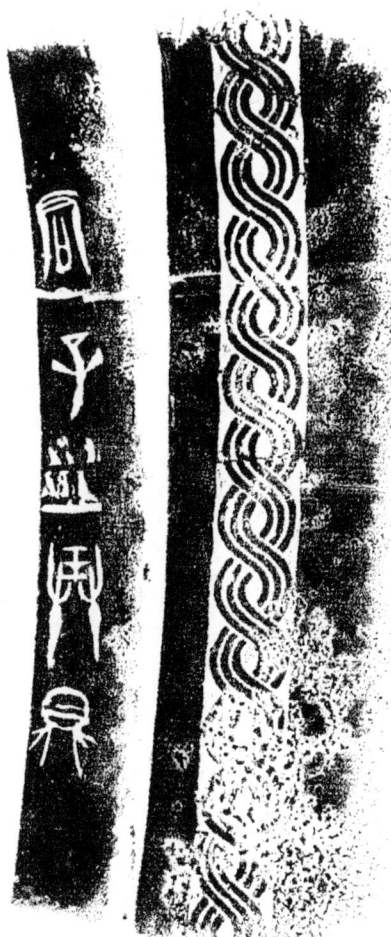

02086

悕子鼎

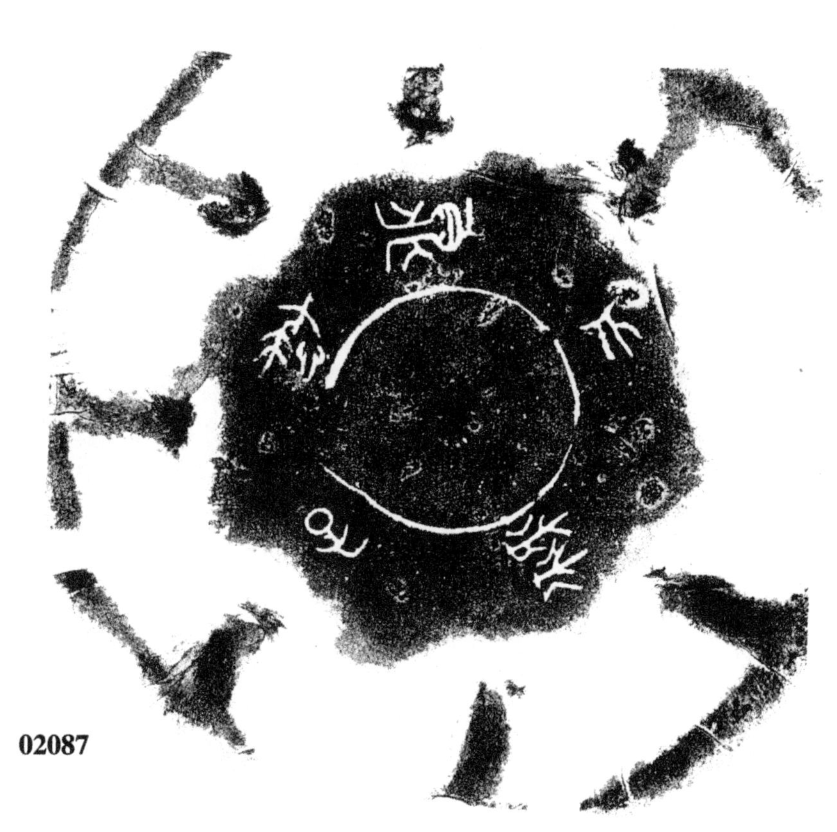

⿰忄蔡（蔡）子林之貞（鼎）

02087

左使車工䪻鼎

左使車工䪻（坿）

02088

左使車工䪻鼎

左使車工䪻（坿）

02090

左使車工䪻鼎

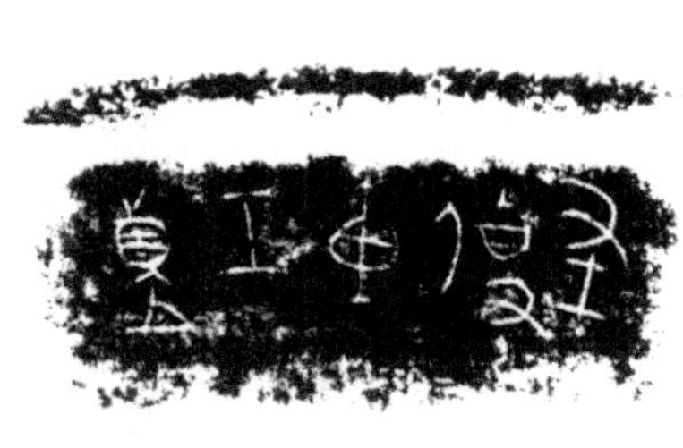

左使車工䪻（坿）

02089

左使車工㬎鼎

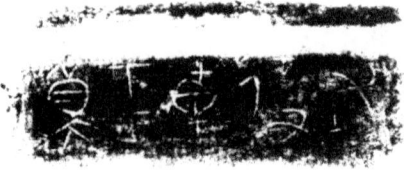

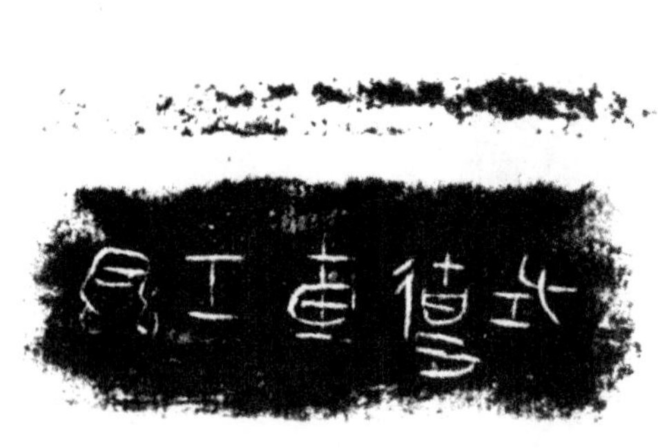

左使車工㬎

02091

左使車工北鼎

左使車工尼

02092

左使車工蔡鼎

左使車工蔡

02093

左使車工蔡鼎

左使車工蔡

02094

集脰大子鼎

大（太）子貞（鼎）

集脰（廚），

02095

集脰大子鼎

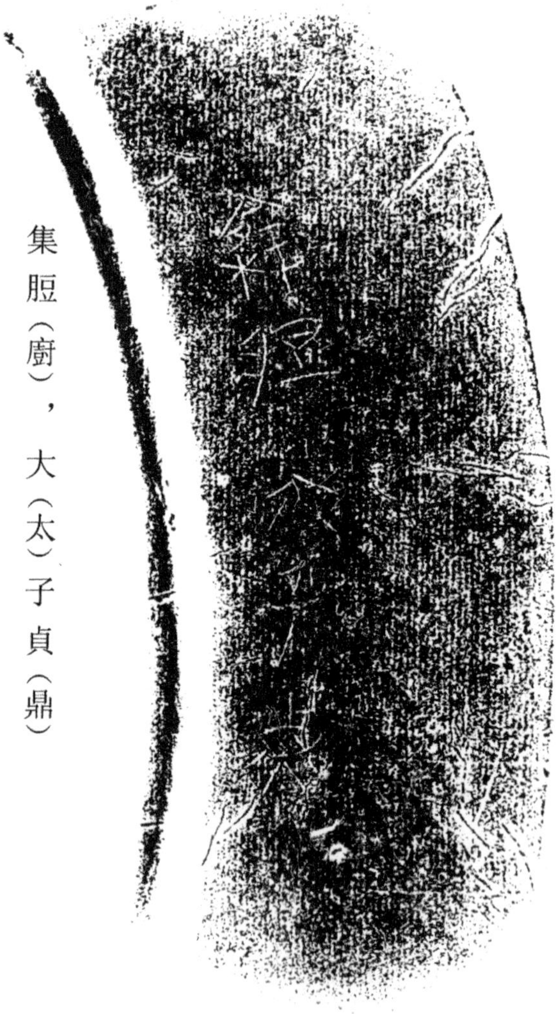

集脰（廚），大（太）子貞（鼎）

02096

王后鼎

王后左和室

02097

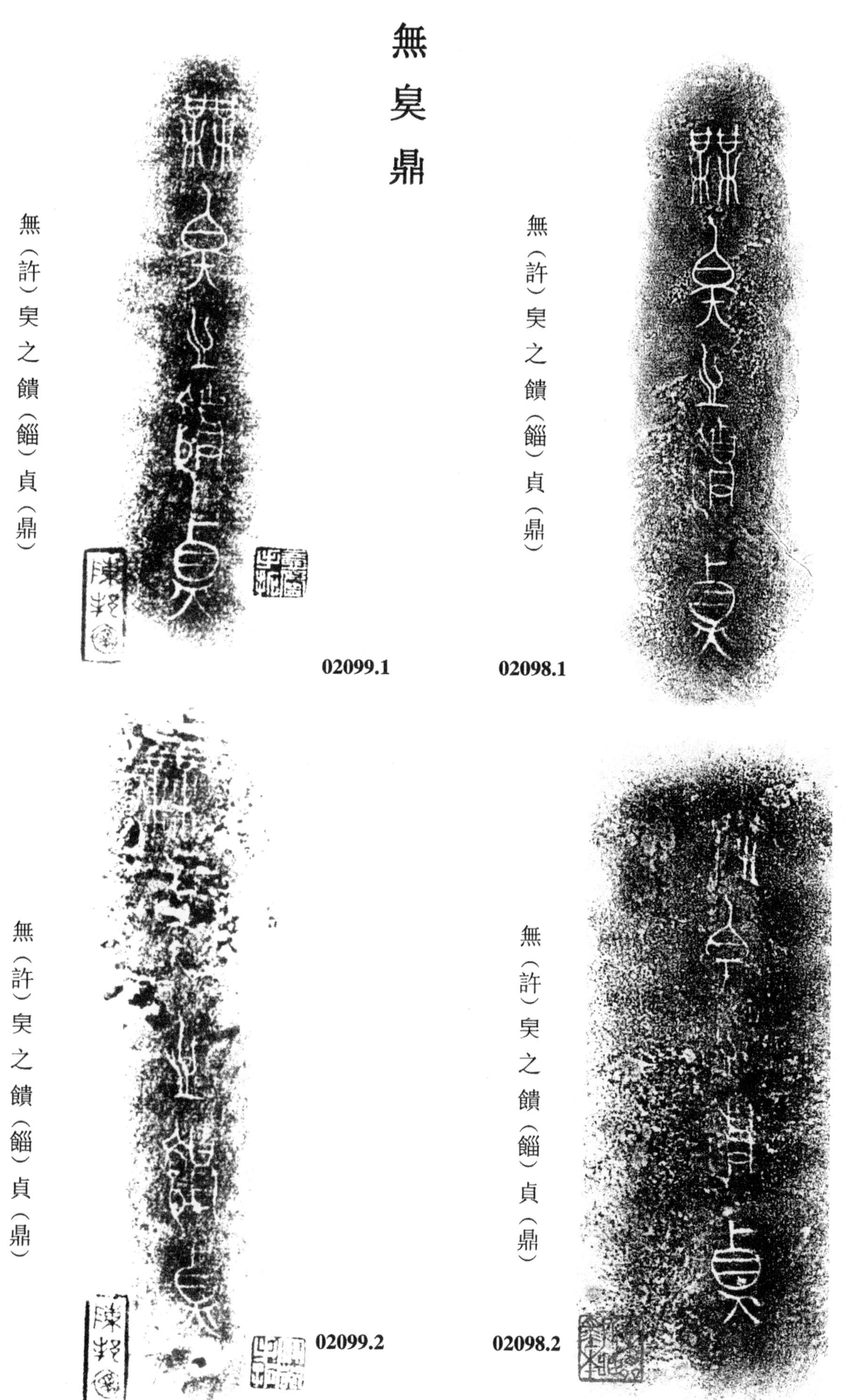

無臭鼎

無（許）臭之饋（錙）貞（鼎）

02098.1

02098.2

無臭鼎

無（許）臭之饋（錙）貞（鼎）

02099.1

02099.2

半斗鼎

02100.1

半斗，半斗，四

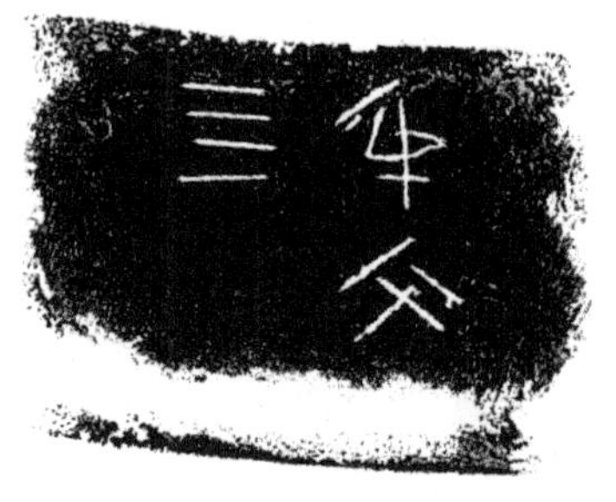

02100.2

三斗鼎

沓里三斗鎮（鼎）

02101

中厶官鼎

中私官，脣（容）半

02102.1

中私官，脣（容）半

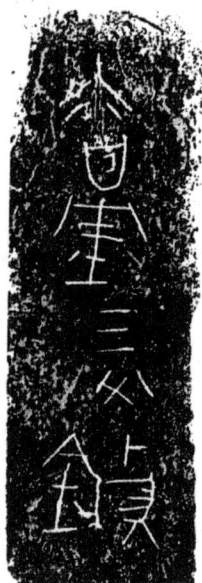

02102.2

眉脒鼎

眉（沫）脒（廚），一斗半

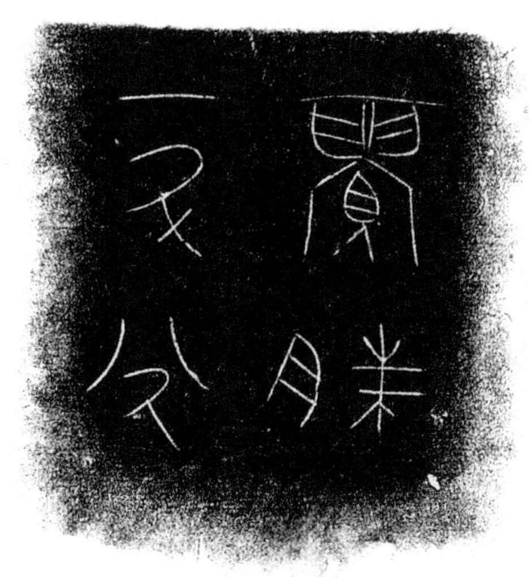

02103

上㞢床鼎

上㞢（范）床（廚），痻（容）四分

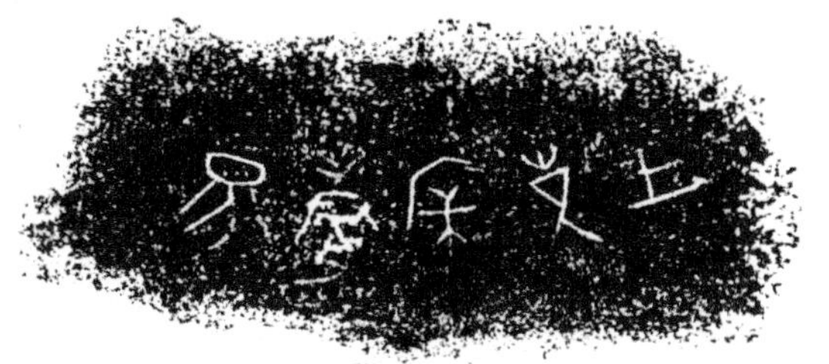

02104

上樂床鼎

上樂床（廚），痻（容）三分

02105

君夫人鼎

君夫人之貞（鼎）

02106.1

君夫人之貞（鼎）

02106.2

寧女方鼎

寧母

又母剝

02107

[illegible]伯鼎

[illegible]伯乍（作）

齍鼎，◇

02109

褱閂鼎

之宅褱閂（門）申腋

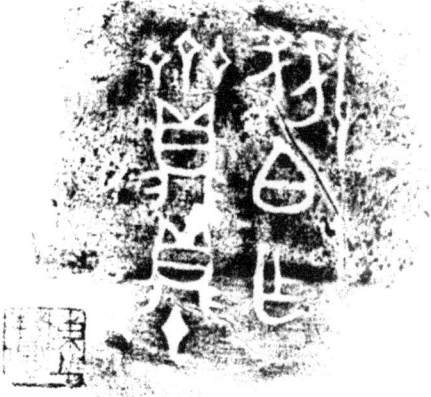

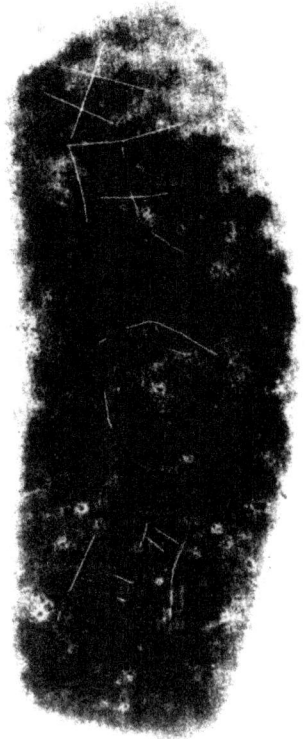

02108

[illegible]作且丁鼎

[illegible]（捶）乍（作）祖丁

[illegible]獲（鑊）

02110

且辛禹方鼎

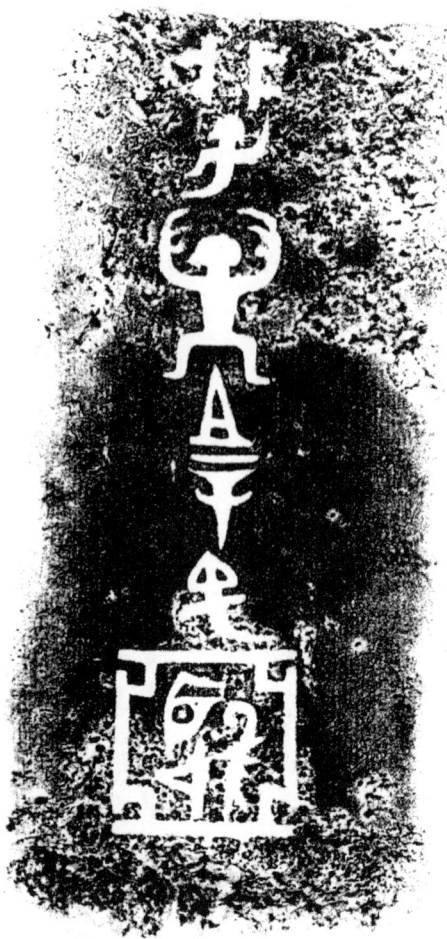

巽祖辛禹，亞顡（預）

02111

且辛禹方鼎

巽祖辛禹，亞顡（預）

02112

犬且辛且癸鼎

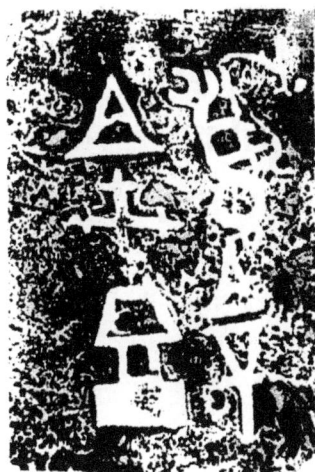

祖辛、祖癸享

02113

臣辰册父乙鼎

臣辰㑁册父乙

02115

般作父乙方鼎

冝册，般乍（作）父乙

02114

臣辰册父乙鼎

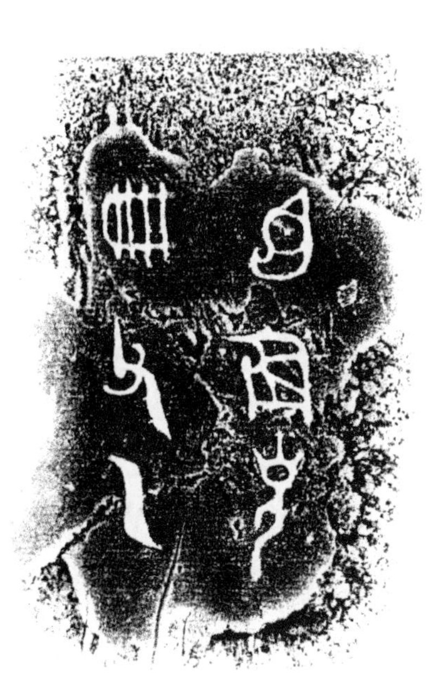

臣辰㑁册父乙

02116

[illegible]犬犬魚父乙鼎

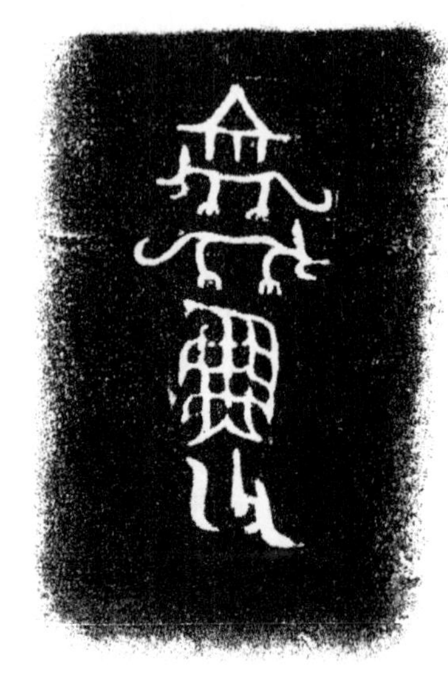

[illegible]犬犬魚父乙

02117

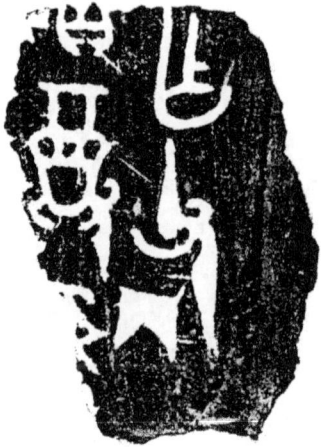

作父丙殘鼎

乍（作）父丙

寶尊彝

02119

疋作父丙鼎

疋彈㑋

乍（作）父丙

02118

韋作父丁鼎

韋乍（作）

父丁彝，

𢍰

02120

歸作父丁鼎

歸乍(作)父
丁寶鼎

02121

涉作父丁鼎

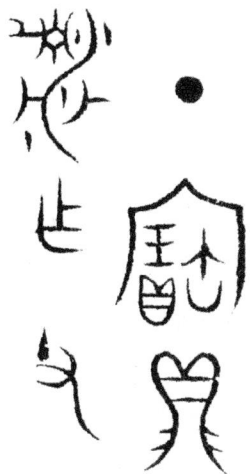

[illegible]乍(作)父
丁寶鼎

02123

[illegible]作父丁隮鼎

[illegible]乍(作)父丁尊彝

02122

[illegible]日戊鼎

乍(作)彝
[illegible]日戊

02124

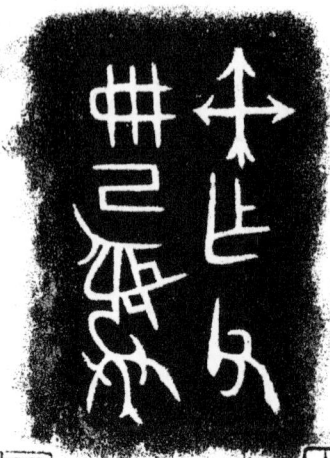

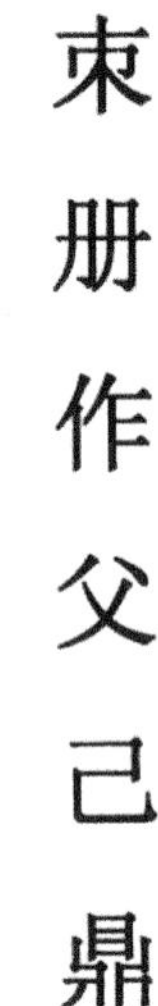

束册作父己鼎

束（刺）册，乍（作）父己彝

02125

作父庚鼎

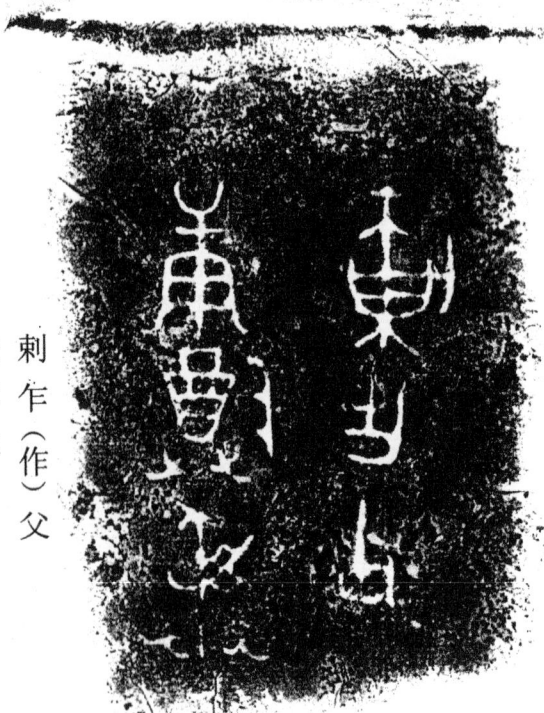

刺乍（作）父庚尊彝

02127

作父己鼎

奉乍（作）父己寶貞（鼎）

02126

具作父庚鼎

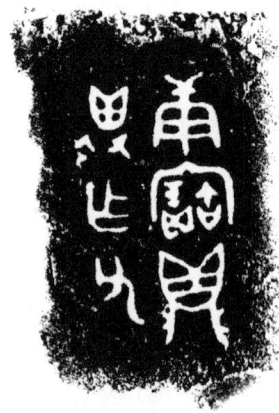

具乍（作）父庚寶鼎

02128

作父辛方鼎

乍(作)父辛寶尊彝

02129

木作父辛鼎

木乍(作)父辛寶尊

02131

作父辛方鼎

乍(作)父辛寶尊彝

02130

匚賓父癸鼎

匚(報)賓，乍(作)父癸彝

02132

或作父癸方鼎

乍（作）父癸尊彝，或

02133

臣辰父癸鼎

臣辰㐰册父癸

02135

或作父癸方鼎

乍（作）父癸尊彝，或

02134

子父癸鼎

子■刀糸父癸

02136

奄婦姑鼎

奄，乍（作）婦姑䵼彝

02137

爻癸婦鼎

爻癸婦戟乍（作）彝

02139

奄婦姑方鼎

奄，乍（作）婦姑䵼彝

02138

[illegible]婦方鼎

乍（作）歲婦尊彝，冀

02140

釱父鼎

釱(獮)父乍(作)⿰爿羽(⿰犭冀)始(姒)貞(鼎)

02141

安父鼎

安父乍(作)寶尊彝

02142

鮮父鼎

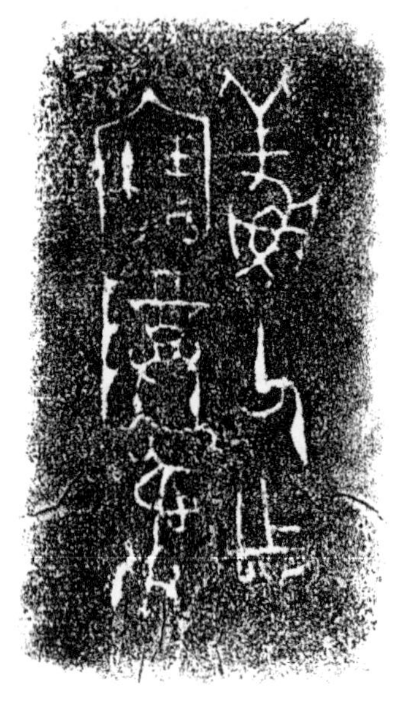

鮮父乍(作)寶尊彝

02143

旂父鼎

旂父乍(作)寶䵼彝

02144

田告母辛方鼎

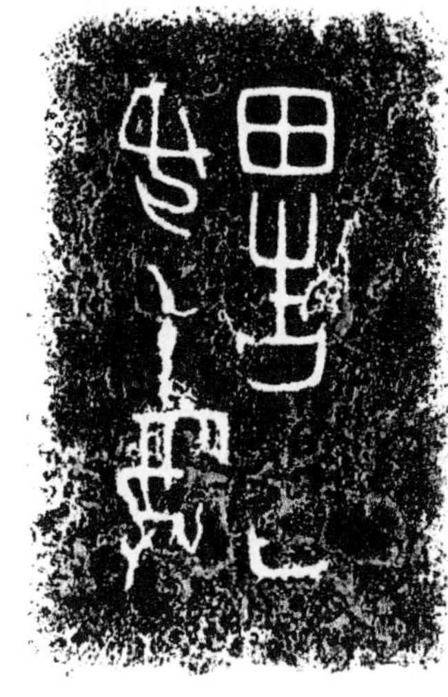

田告乍（作）母辛尊

02145.1

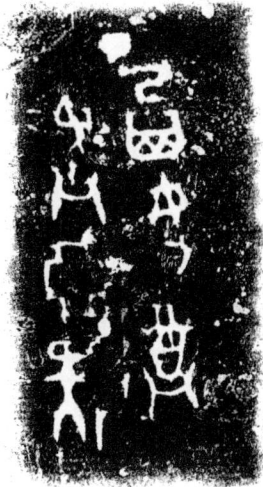

㠱母鼎

㠱女（母）尊彝，亞疑

02146

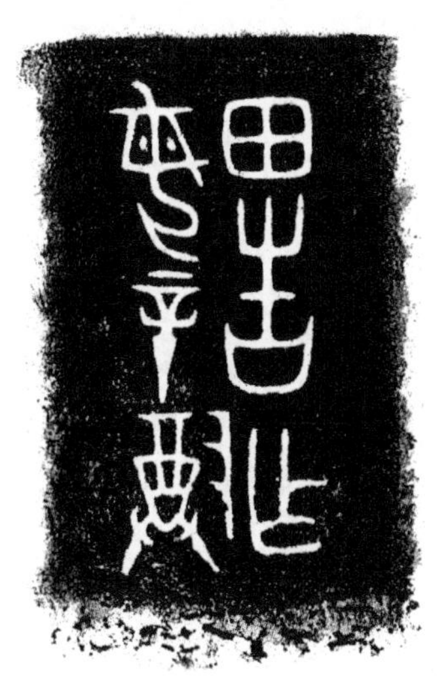

田告乍（作）母辛尊

02145.2

王作仲姬方鼎

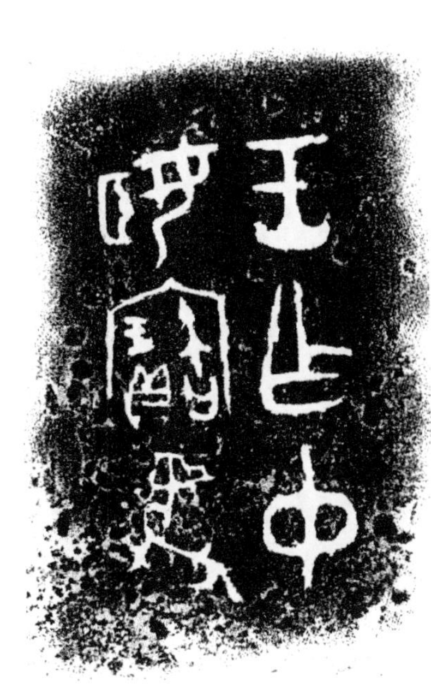

王乍（作）仲姬寶彝

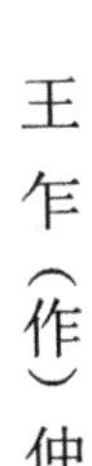

02147

齊姜鼎

齊姜乍（作）寶尊鼎

02148

雁公方鼎

膺（應）公乍（作）寶尊彝

02150

矢王方鼎蓋

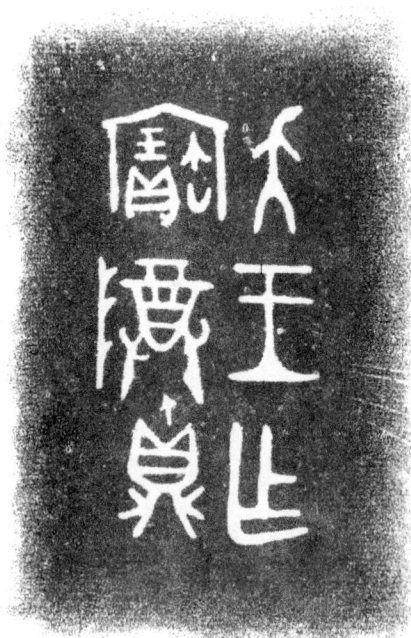

矢王乍（作）寶尊貞（鼎）

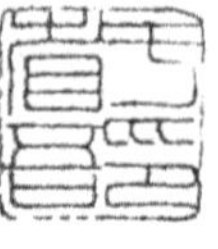

02149

雁公方鼎

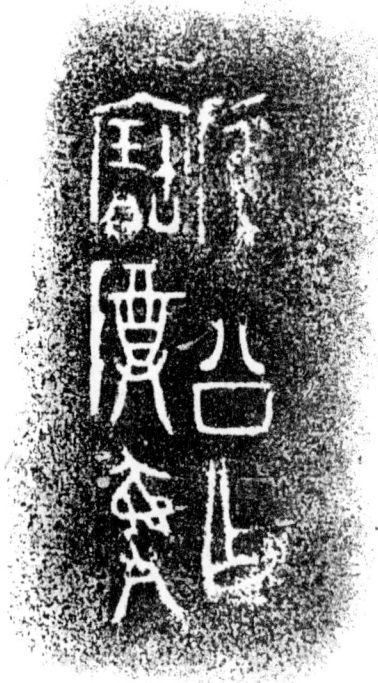

膺（應）公乍（作）寶尊彝

02151

豐公鼎

豐公□
乍(作)尊彝

02152

滕侯方鼎

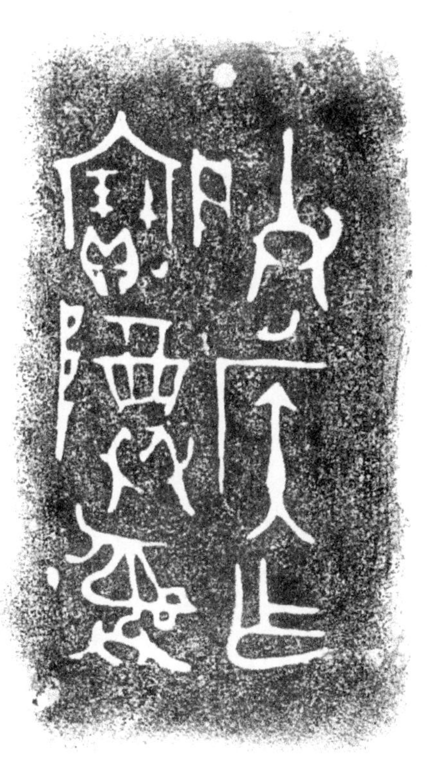

滕(滕)侯乍(作)
寶尊彝

02154.1

康侯丰鼎

康侯丰(封)
乍(作)寶尊

02153

滕(滕)侯乍(作)
寶尊彝

02154.2

堇伯鼎

堇伯乍（作）旅尊彝

02155

堇伯鼎

堇伯乍（作）尊彝，八五一

02156

大保方鼎

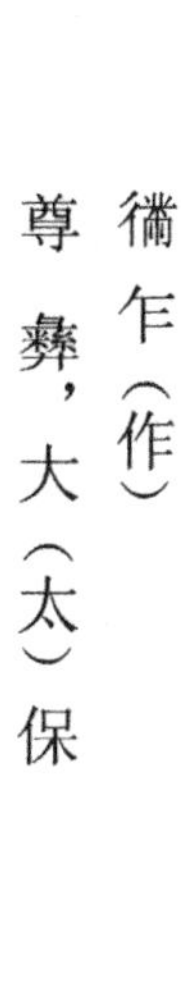

備乍(作)尊彝，大(太)保

02157

大保方鼎

備乍(作)尊彝，大(太)保

02158

大保方鼎

備乍(作)尊彝，大(太)保

02159

⿰阝妥伯方鼎

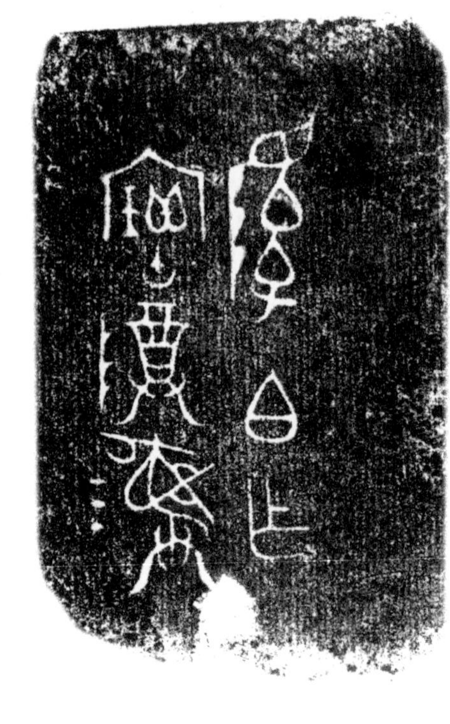

⿰阝妥（陽）伯乍（作）
寶尊彝

02160

大丏方鼎

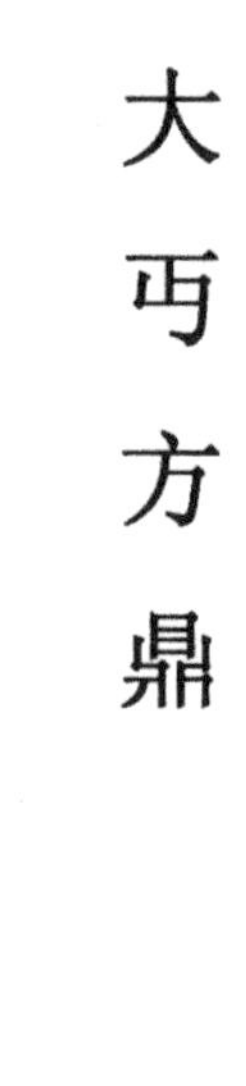

丏⿰彳交（佼）乍（作）
尊，大丏

02162

⿰阝妥伯方鼎

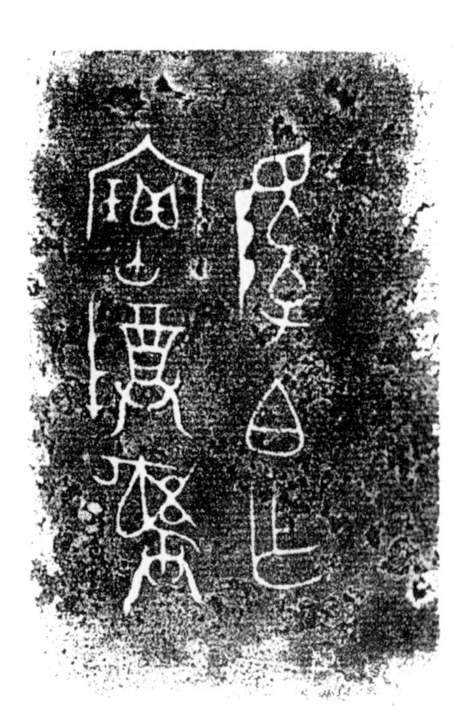

⿰阝妥（陽）伯乍（作）
寶尊彝

02161

大丏方鼎

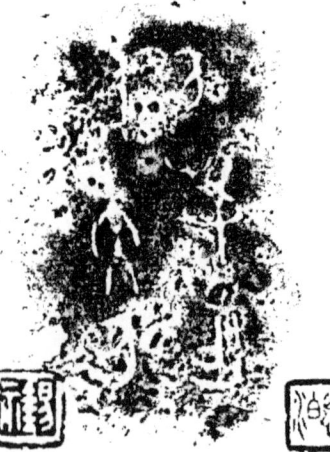

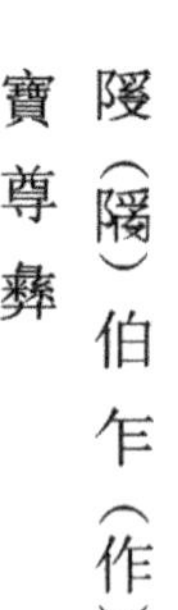

丏⿰彳交（佼）乍（作）
尊，大丏

02163

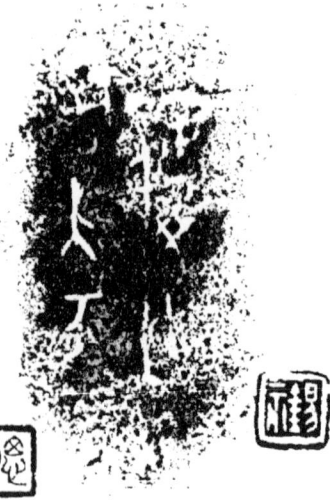

史逨方鼎

史逨（徕）乍（作）
寶方鼎

02164

㪤史鼎

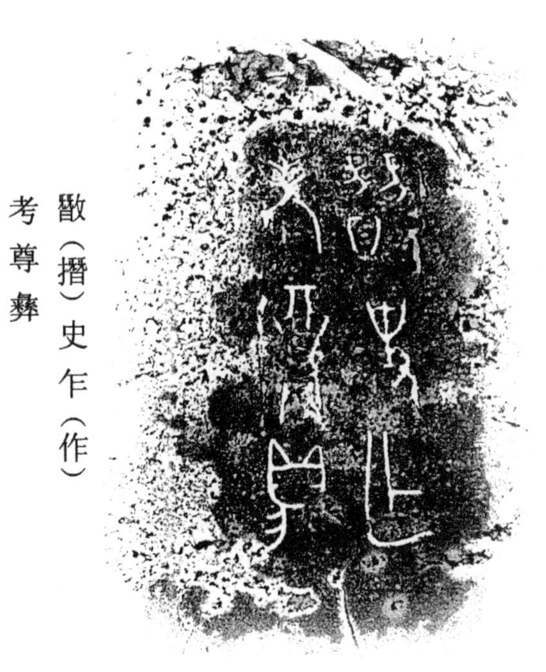

㪤（撍）史乍（作）
考尊彝

02166.A

史逨方鼎

史逨（徕）乍（作）
寶方鼎

02165

㪤（撍）史乍（作）
考尊彝

02166.B

伯卿鼎

伯卿乍（作）寶尊彝

02167

史戉鼎

史戉乍（作）寶尊彝

02169

伯魚鼎

伯魚乍（作）寶尊彝

02168

伯矩鼎

伯矩乍（作）寶尊彝

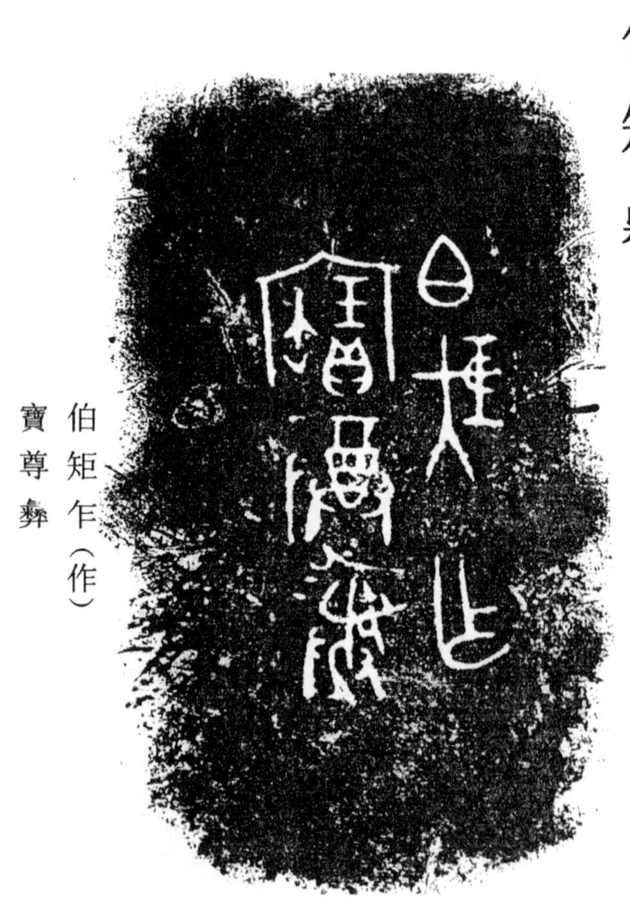

02170

嬴霝德鼎

嬴霝德乍(作)小鼎

02171

北單從鼎

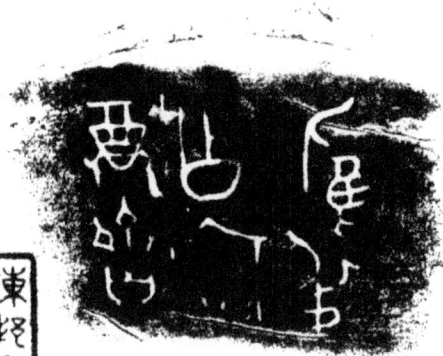

北單乍(作)從旅彝

02173

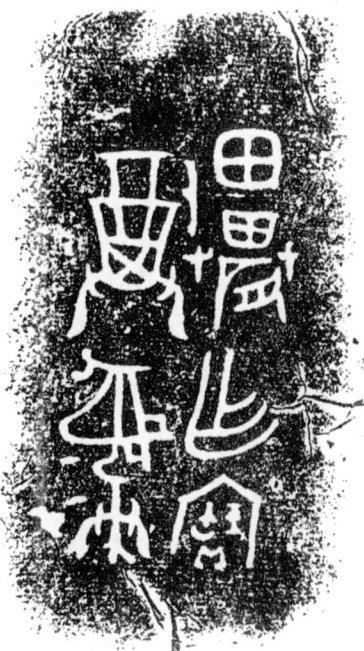

雁叔鼎

膺(應)叔乍(作)寶尊齍

02172

田蕽鼎

田農乍(作)寶尊彝

02174

晋作旅鼎

虫⿱卯日乍（作）寶旅鼎

02175

鳥壬侜鼎

鳥壬⿰舟人乍（作）尊彝

02176

逘鼎

䀠⿺辶疑乍（作）寶尊彝

02177

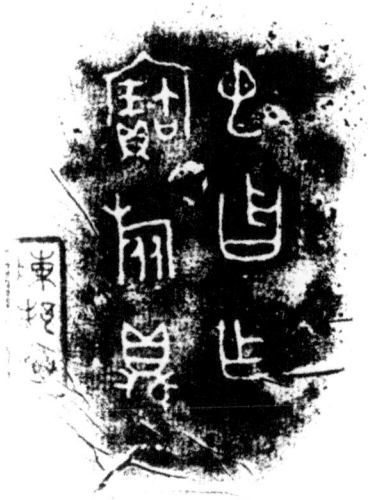

逘鼎

䀠⿺辶疑乍（作）寶尊彝

02178

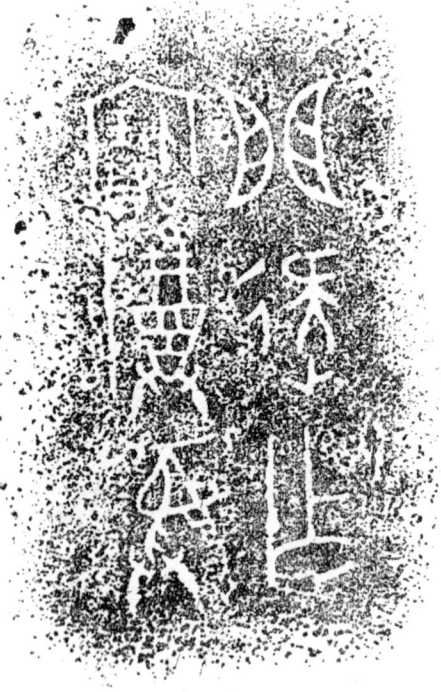

吹作楷妊鼎

吹乍（作）楷

妊尊彝

02179

作公隮彝鼎

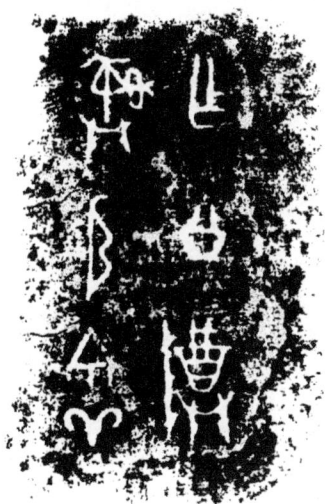

乍（作）公尊

彝，弓𦎫

02181

向方鼎

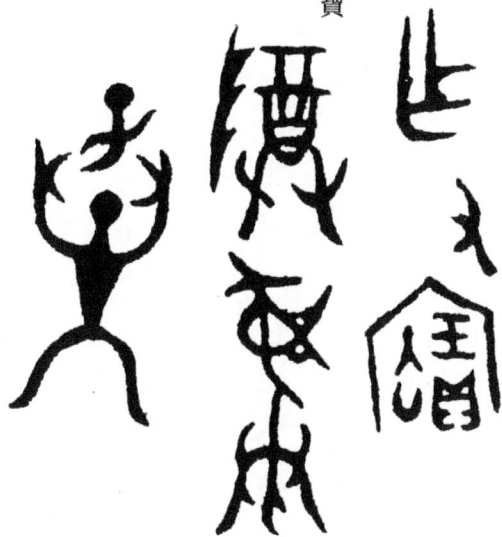

向乍（作）厥

尊彝，

𦳃

02180

作□寶隮彝鼎

乍（作）□寶

尊彝，

𦳃

02182

才倎父鼎

才倎父

乍(作)尊彝

02183

伯䭃方鼎

伯䭃乍(作)

旅尊鼎

02185

霸姞鼎

霸姞乍(作)

寶尊彝

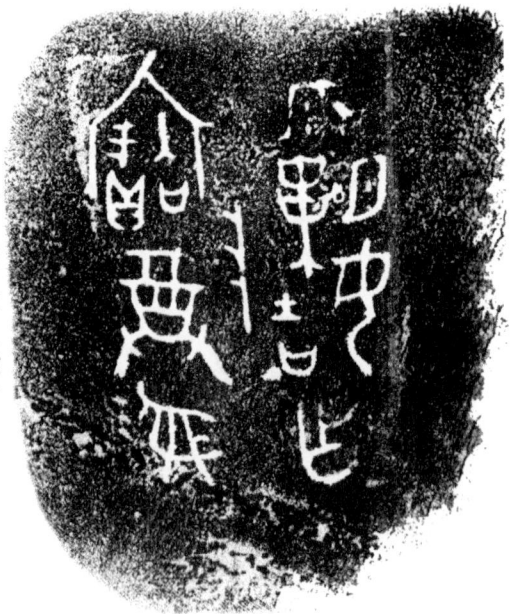

02184.1

霸姞乍(作)

寶尊彝

02184.2

外叔鼎

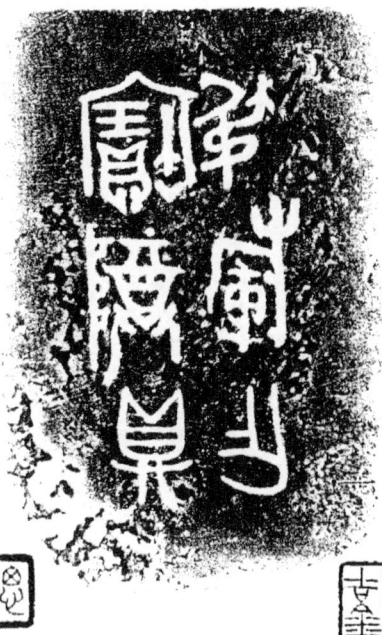

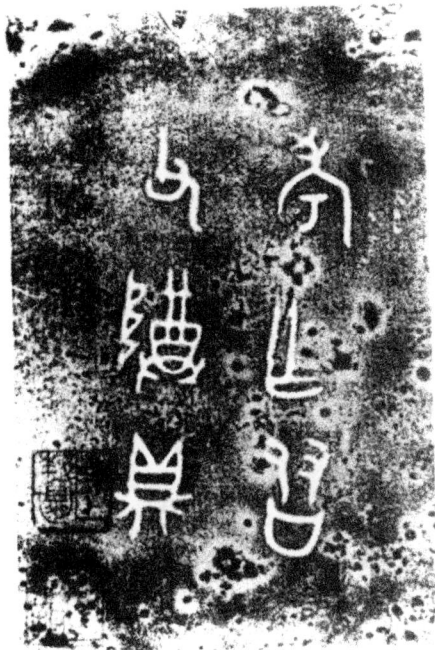

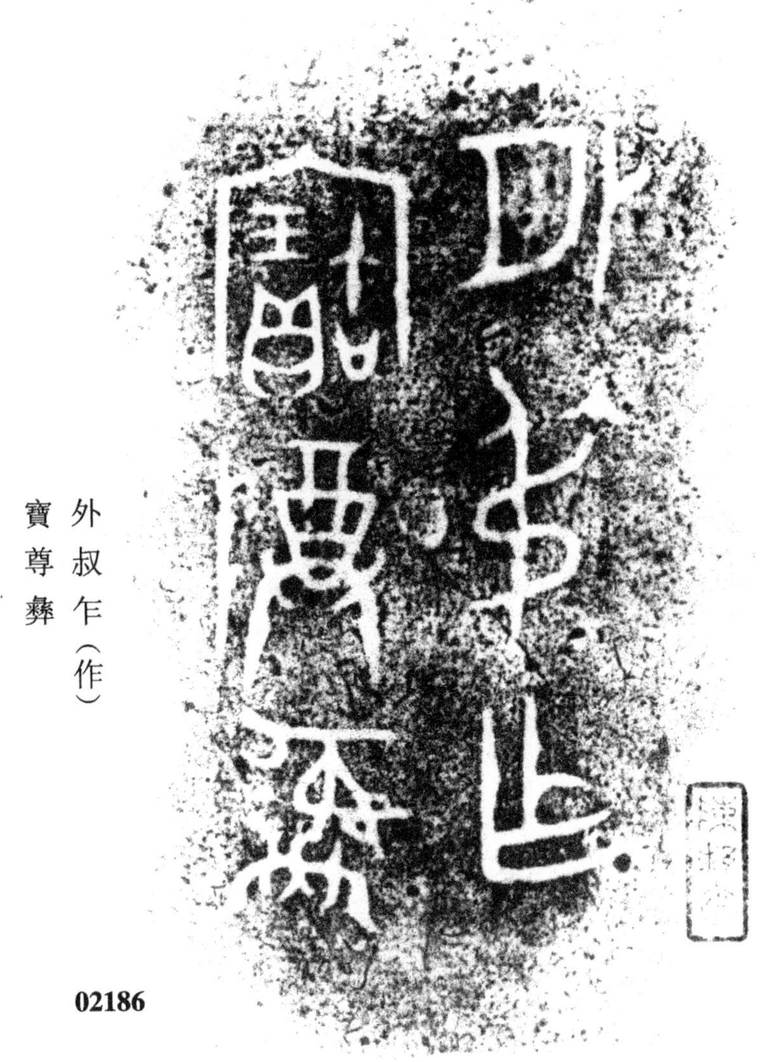

外叔乍(作)寶尊彝

02186

叔旗鼎

叔旅乍(作)寶尊鼎

02187

考作沓父鼎

考乍(作)沓父尊鼎

02188

史昔鼎

史昔其乍(作)旅鼎

02189

王作仲姜鼎

王乍(作)仲姜寶鼎

02191

伯趞方鼎

伯趞(趞)乍(作)尊寶彝

02190

⿰弓⿱魚魚作井姬鼎

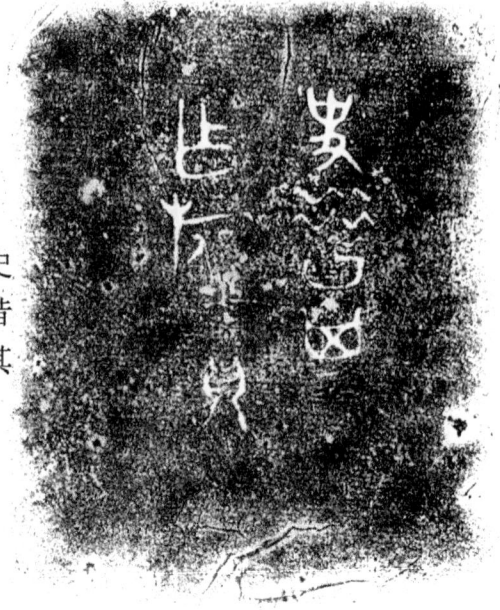

⿰弓魚乍(作)井姬用鼎

02192

鸝姛鼎

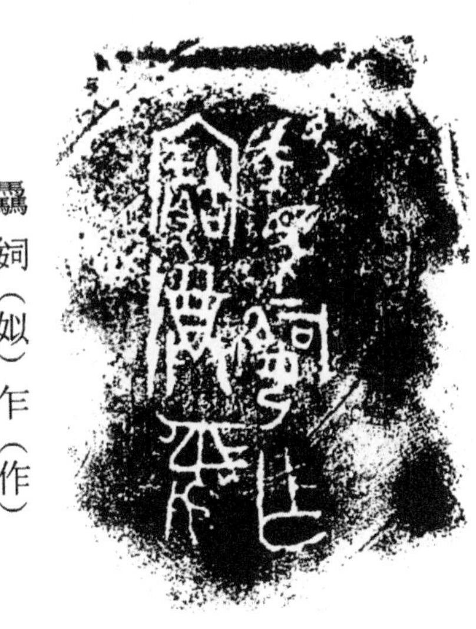

鸝姛(姒)乍(作)寶尊彝

02193.A

□父鼎

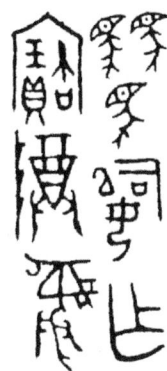

□父乍(作)寶食彝

02194

伯遲父鼎

伯遲父乍(作)鷞(鶉)貞(鼎)

02195

鸝姛(姒)乍(作)寶尊彝

02193.B

史盨父鼎

史盨父
乍(作)寶鼎

02196

陵叔鼎

陵叔乍(作)
衣寶彝

02198

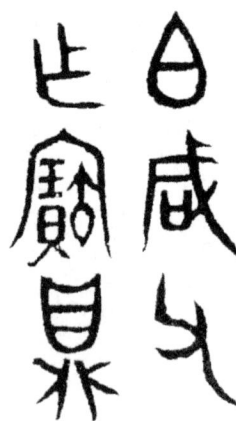

伯咸父鼎

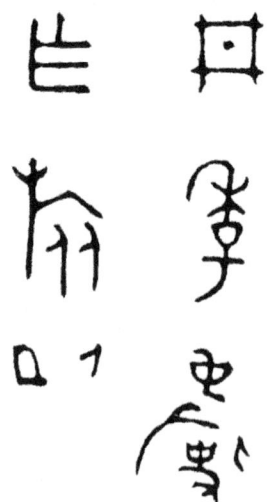

伯咸父
乍(作)寶鼎

02197

井季㚸鼎

井季㚸
乍(作)旅鼎

02199

穌還鼎

穌還乍(作)
寶用鼎

02200.A

非攸鼎

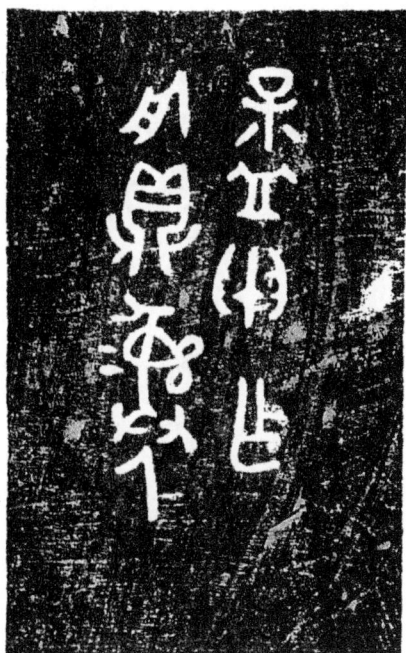

非(排)啟乍(作)保
旅鼎

02201

孟𡭴鼎

孟𡭴(貴)乍(作)
䵼彝，亻(攴)

02202

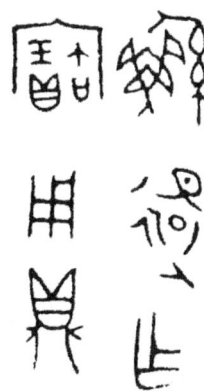

穌還乍(作)
寶用鼎

02200.B

史宋鼎

史宋自

乍（作）盂貞（鼎）

02203

羌鼎

羌乍（作）宄

姜𪔂鼎

02204

䩴叜父鼎

䩴叜父

乍（作）旅鼎

02205

𤇾子鼎

𤇾（榮）子乍（作）寶尊鼎

02206

仲義父鼎

仲義父乍（作）尊鼎

02207

仲義父鼎

仲義父乍(作)尊鼎

02208

仲義父鼎

仲義父乍(作)尊鼎

02209

仲義父鼎

仲義父乍(作)尊鼎

02210

仲義父鼎

仲義父乍(作)尊鼎

02211

遣叔鼎

遣叔乍（作）旅鼎用

02212

孟渒父鼎

孟渒父乍（作）寶鼎

02213

尹小叔鼎

尹小叔乍（作）鑾（鬻）鼎

02214

蔡侯⿰鼎升

蔡侯⿲畕申畕（申）之飤⿰鼎升

02215

蔡侯⿰鼎干

蔡侯⿲畕申畕（申）之飤⿰鼎干

02216

蔡侯鼎

蔡侯[illegible](申)之飤貞(鼎)

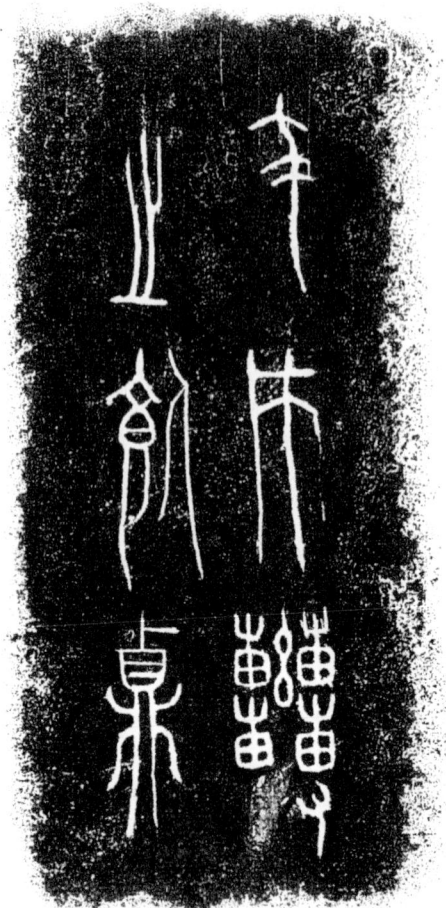

02217.1

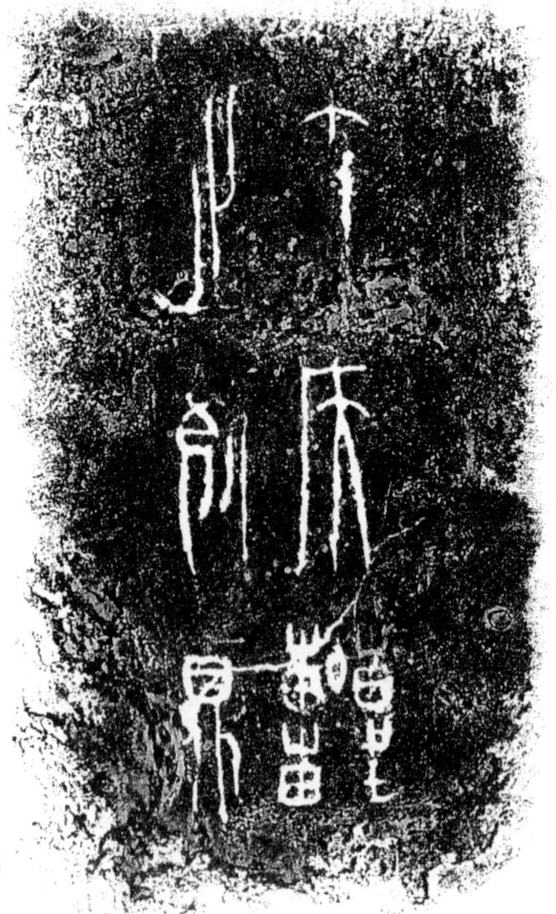

蔡侯[illegible](申)之飤貞(鼎)

02217.2

蔡侯殘鼎

蔡侯䵼（申）之飤貞（鼎）

02218

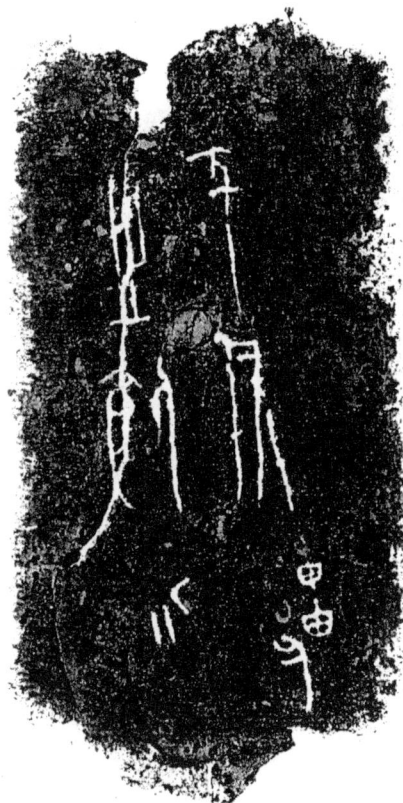

蔡侯殘鼎

蔡侯䵼（申）之飤貞（鼎）

02219

蔡侯殘鼎

蔡侯䵼（申）之飤貞（鼎）

02220

蔡侯殘鼎蓋

蔡侯𪎪（申）之飤貞（鼎）

02221

蔡侯殘鼎蓋

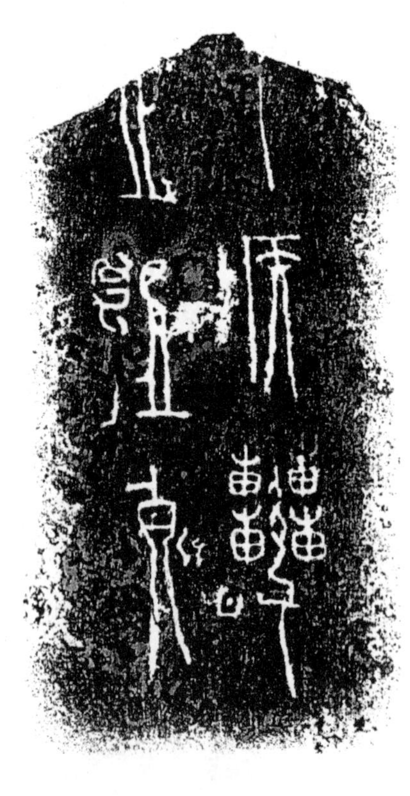

蔡侯𪎪（申）之頭貞（鼎）

02222

蔡侯殘鼎蓋

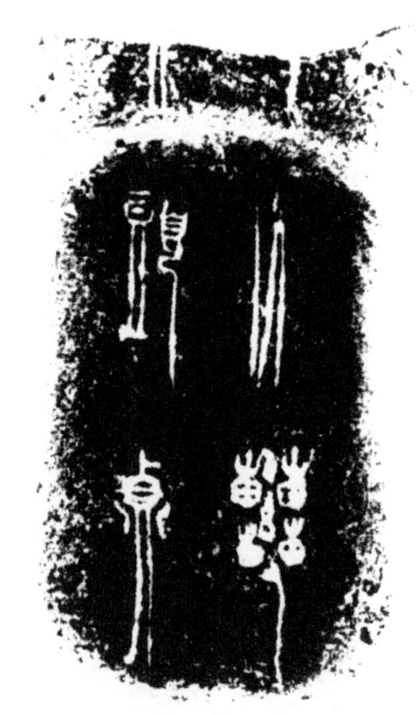

蔡侯𪎪（申）之頭貞（鼎）

02223

蔡侯殘鼎蓋

02224

蔡侯黷(申)之□貞(鼎)

蔡侯殘鼎

02225

蔡侯黷(申)之飤䵼

蔡侯殘鼎

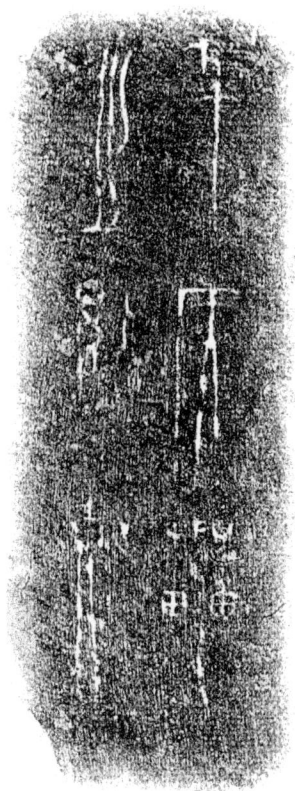

02226

蔡侯黷(申)之□□

取它人鼎

之善（膳）貞（鼎）
取（䢅）它人

02227

中敀鼎

中敀□（𠧪、調）鼎，
六斗

02228

沖子鼎

沖子𨟙

之行貞（鼎）

02229

□子鼎

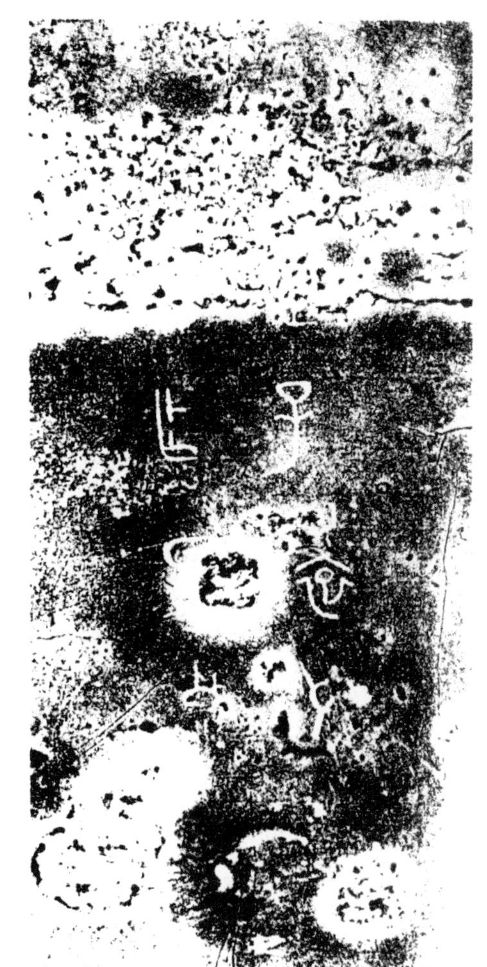

02230.A

[楚]子哀□

乍（作）□貞（鼎）

02230.B

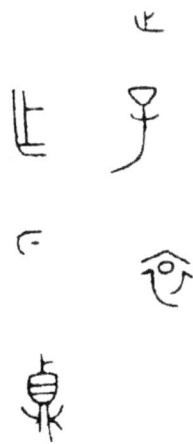

楚子趌鼎

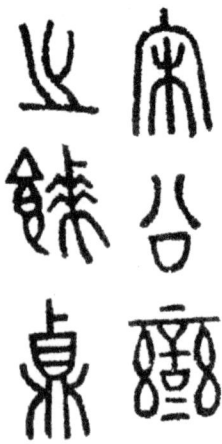

楚子趌之飤繁

02231

右卜胅鼎

右卜（外）胅（廚），三斗半

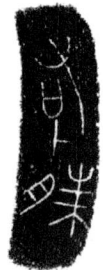

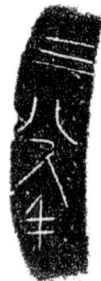

02232

宋公䜌鼎蓋

宋公䜌（欒）之餴（饙）貞（鼎）

02233

鄧尹疾鼎

鄧尹疾之沰盜

02234.1

鄧子午鼎

鄧子午之飤鐈

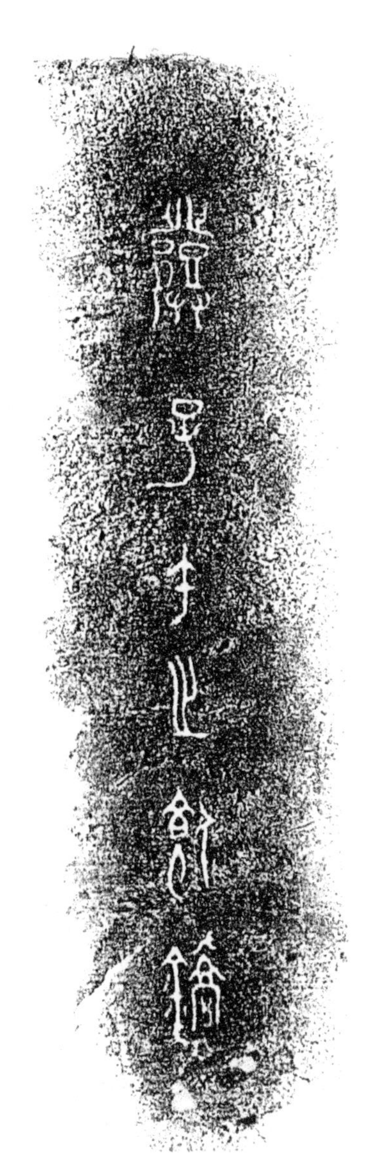

02235

鄧尹疾之沰盜

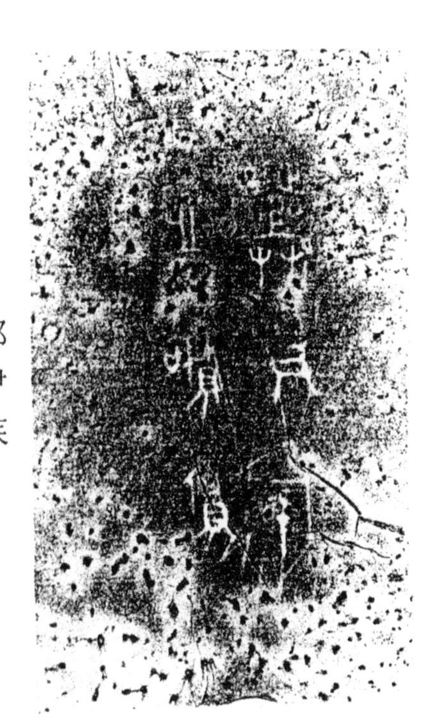

02234.2

王氏官鼎蓋

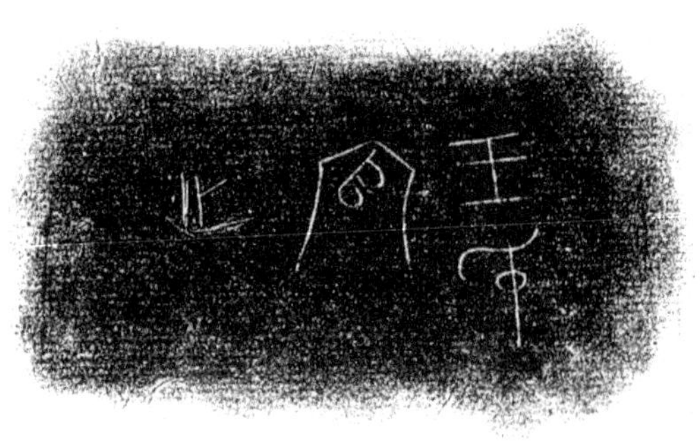

王氏官之王人

02236

王蔑鼎

02237.1

王蔑，

（揥）茬

王蔑

02237.2

須盂生鼎蓋

須盂（嵍）生（甥）之飤貞（鼎）

02238

爰子祀鼎

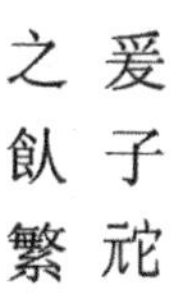

爰子祀之飤繁

02239

十年弗官容𪔂鼎

02240.A

02240.B

十年弗（𢦏？）官，庴（容）𪔂

東陲鼎蓋

東陵鬴（䭒），大右秦

02241

垣上官鼎

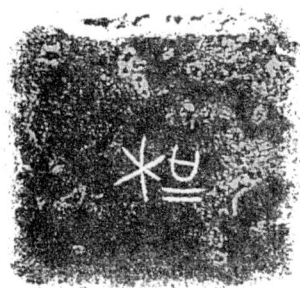

垣上官，庚（容）斛，和

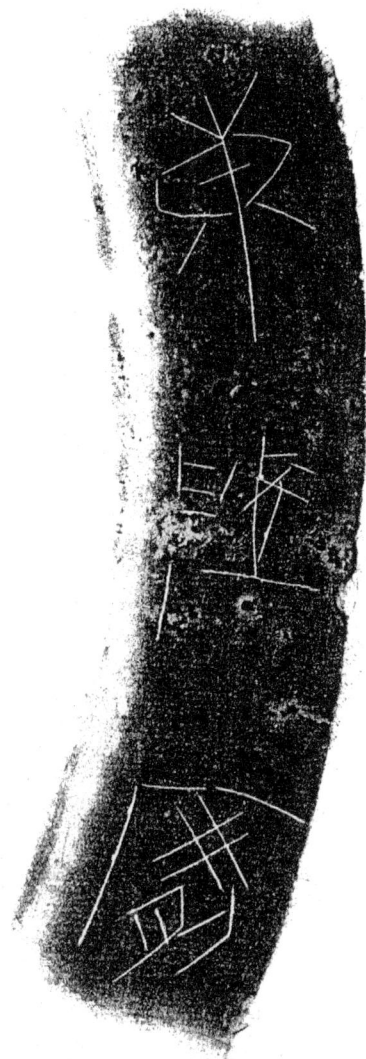

02242

[illegible]屖鼎

02243

暜作且乙鼎

暜乍（作）祖乙
寶尊彝

02244

亞艅曆作且己鼎

亞俞，曆乍（作）祖
己彝

02245

木工册作匕戊鼎

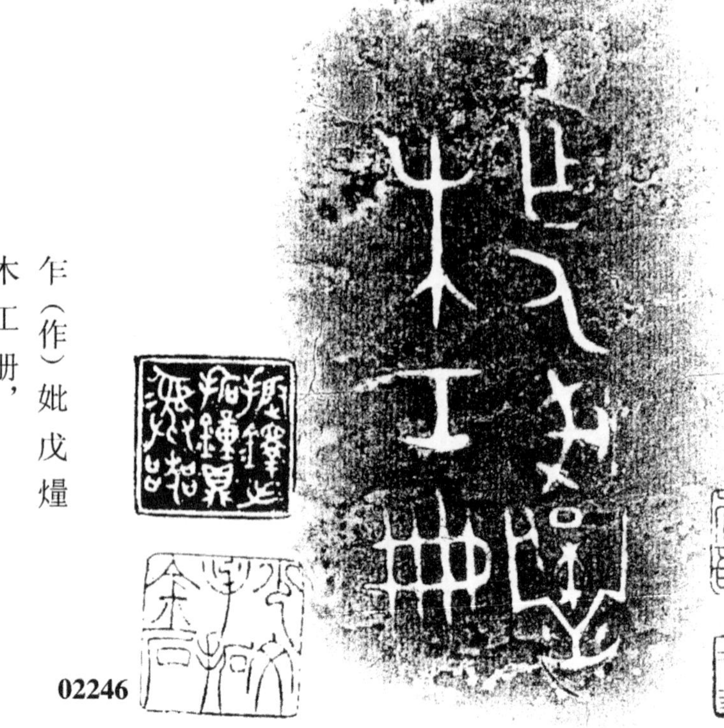

乍（作）妣戊𤇹
木工册，

02246

蛙冉作父乙鼎

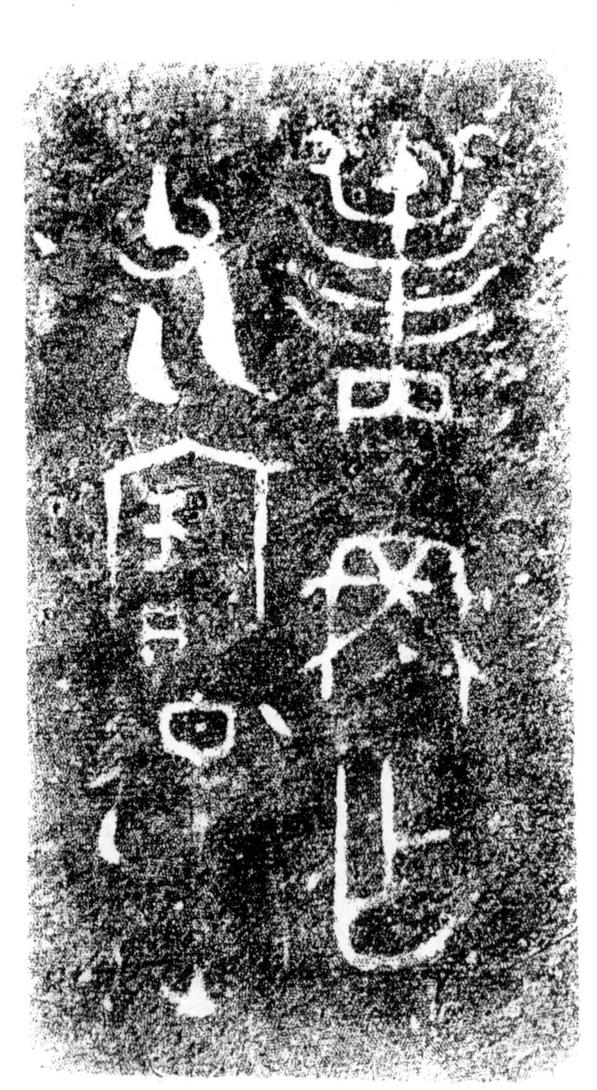

蛙冉，乍（作）
父乙寶𤇹

02247

亞盉作父乙鼎

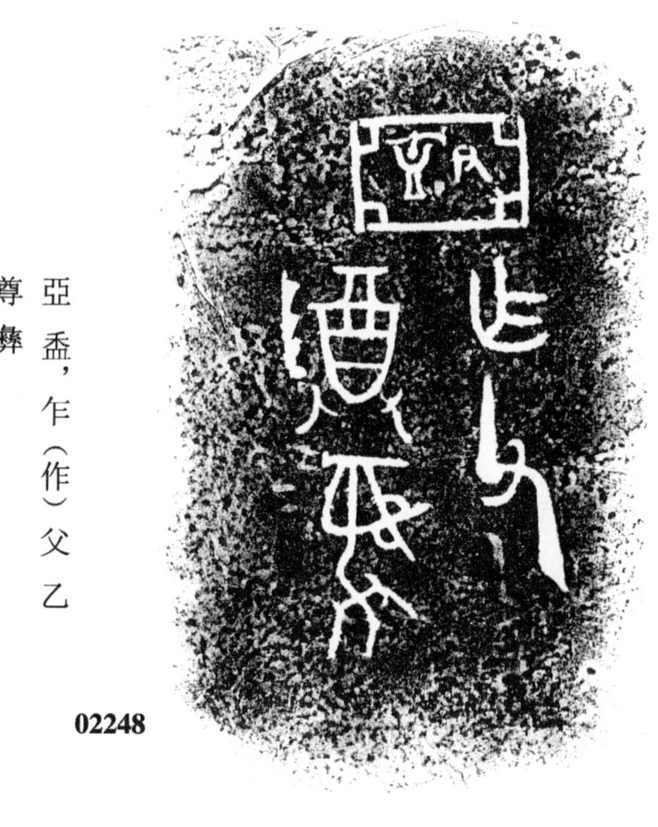

亞盉，乍（作）父乙尊彝

02248

或作父丁鼎

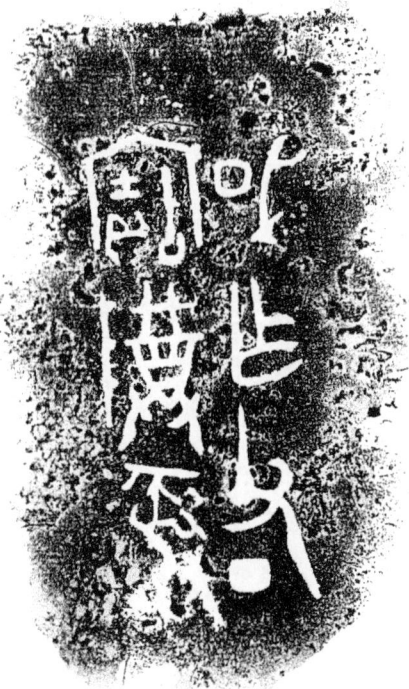

或乍（作）父丁寶尊彝

02249

吳作父丁鼎

吳乍（作）父丁寶尊彝

02250

穆作父丁鼎

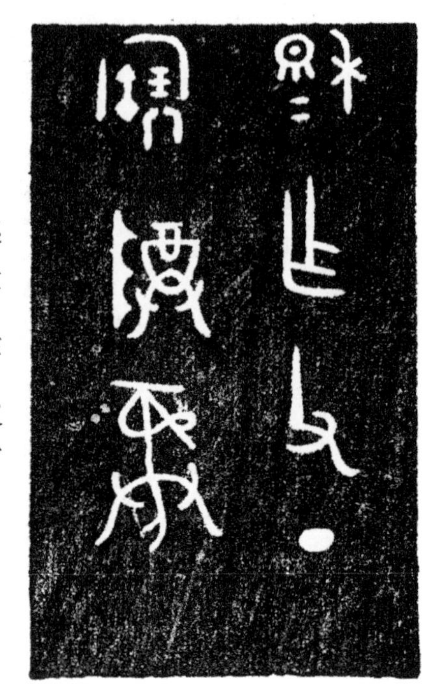

穆乍（作）父丁
寶尊彝

02251

父辛鼎

殳戊冊，乍（作）
父辛寶

02253

作父己鼎

鼎其用
乍（作）父己寶

02252

奄罵作父辛鼎

奄，罵乍（作）
父辛尊鼎

02254

𡊄作父辛鼎

玭(挺)乍(作)父辛寶尊彝

02255

易作父辛鼎

易乍(作)父辛寶旅彝

02256

䀠作父癸鼎

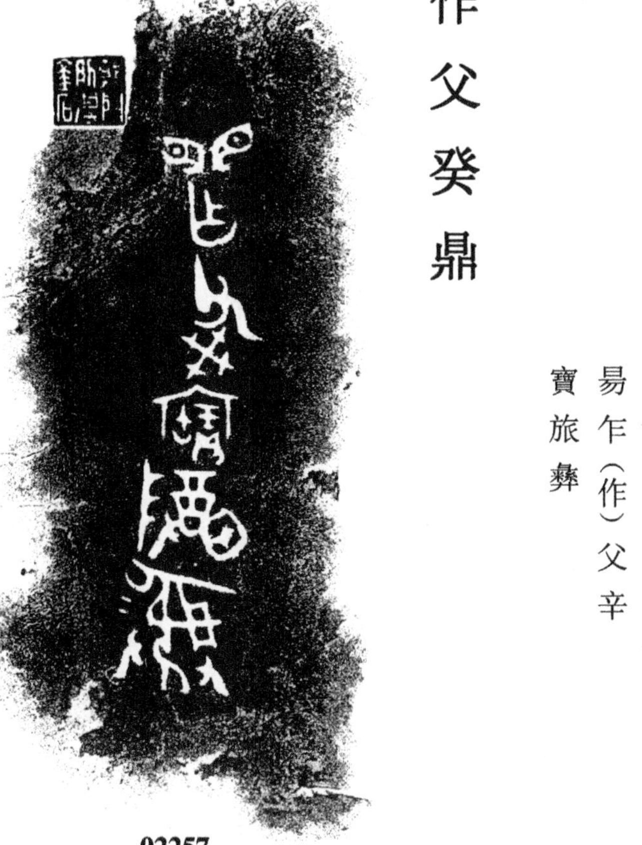

䀠乍(作)父癸寶尊彝

02257

父癸鼎

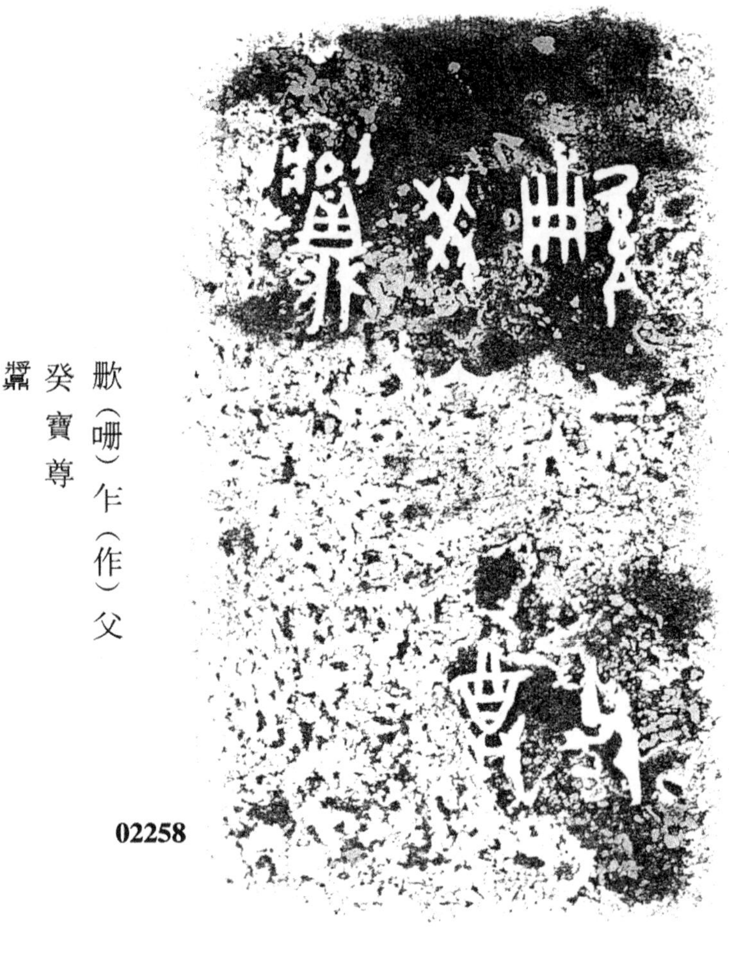

𣪘（㗊）乍（作）父癸寶尊彝

02258

册作父癸鼎

册乍（作）父癸寶尊彝

02259

亞作母丙鼎

亞叀，乍（作）母丙尊彝

02260

王作康季鼎

王乍（作）康季
寶尊鼑

02261

亞㠱吴毫作母癸鼎

亞㠱疑，亳乍（作）
母癸

02262

曰□叀姑鼎

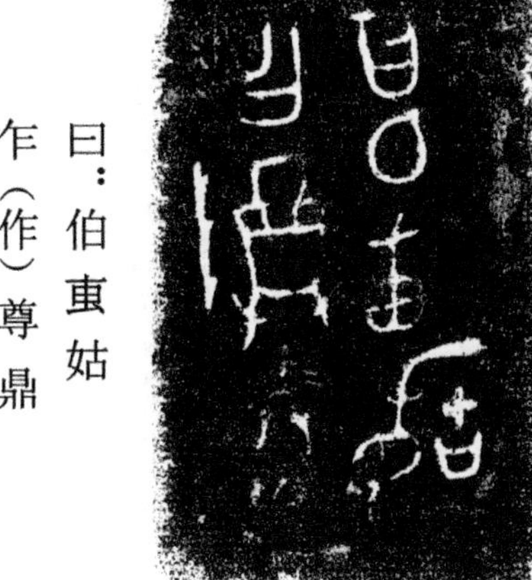

曰：伯叀姑
乍（作）尊鼎

02263

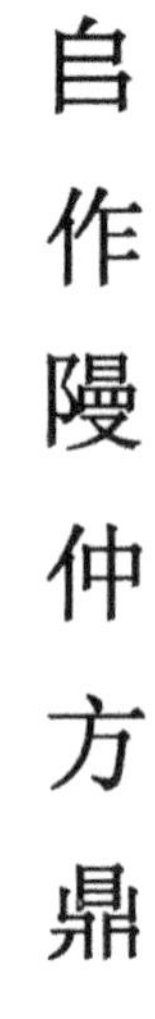

𠂤作𨻻仲方鼎

師乍(作)𨻻仲寶尊彝

02264

𠂤作𨻻仲方鼎

師乍(作)𨻻仲寶尊彝

02266

𠂤作𨻻仲方鼎

師乍(作)𨻻仲寶尊彝

02265

𠂤作𨻻仲方鼎

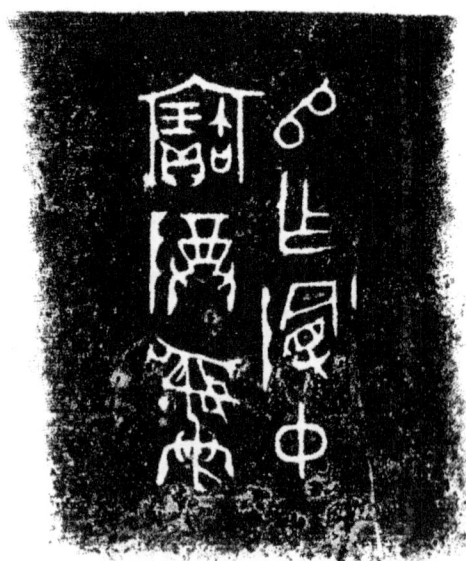

師乍(作)𨻻仲寶尊彝

02267

周公作文王方鼎

周公乍（作）文

王尊彝

02268

叔作單公方鼎

叔乍（作）單公

寶尊彝

02270

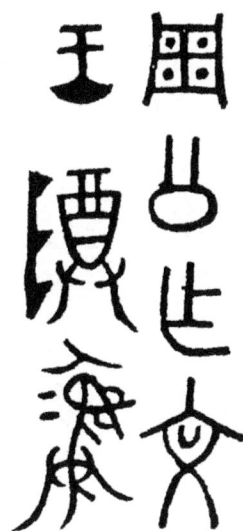

匽侯旨作父辛鼎

匽（燕）侯旨乍（作）

父辛尊

02269

子咸鼎

子戉乍（作）母

丁尊彝

02271

卲小子鼎

卲(邛)小子句

乍(作)寶鼎

02272

侯作父丁鼎

侯乍(作)父丁

尊彝，袢(褋)

02274

王作𠂹姬鼎

王乍(作)垂姬

寶尊鼎

02273

豐方鼎

豐用乍(作)父壬

䵼彝

02275

𢐗伯鼎

𢐗伯乍（作）自
爲貞（鼎）𣪘

02276

𢐗伯作井姬方鼎

𢐗伯乍（作）
井姬鼎

02277

𢐗伯作井姬鼎

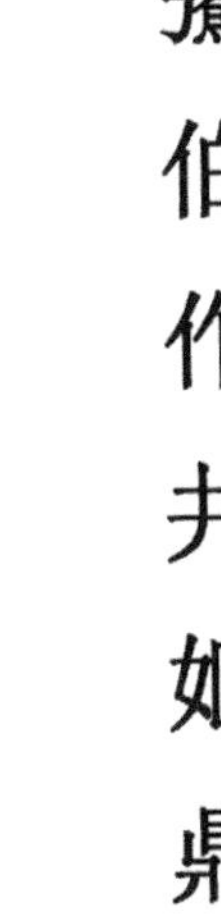

𢐗伯乍（作）井
姬𥤢竈貞（鼎）

02278

仲義昌鼎

仲義君自乍（作）食繁

02279

□鼎

□乍（作）尊，
用匄永福

02280

尹叔作□姑鼎

尹叔乍（作）陾
姑賸（媵）鼎

02282

師閔鼎

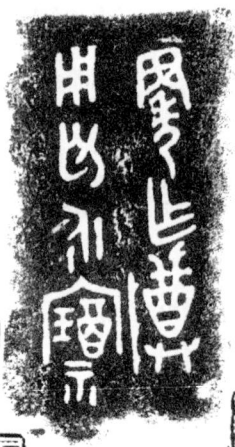

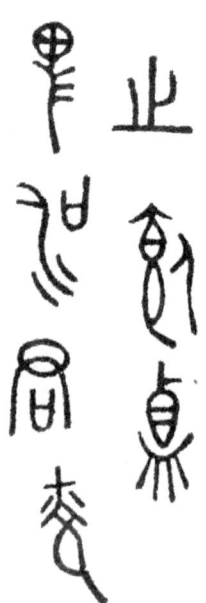

師閔乍（作）免
伯寶鼎

02281

卑□君光鼎

之飤貞（鼎）
卑吤君光

02283

喬夫人鼎

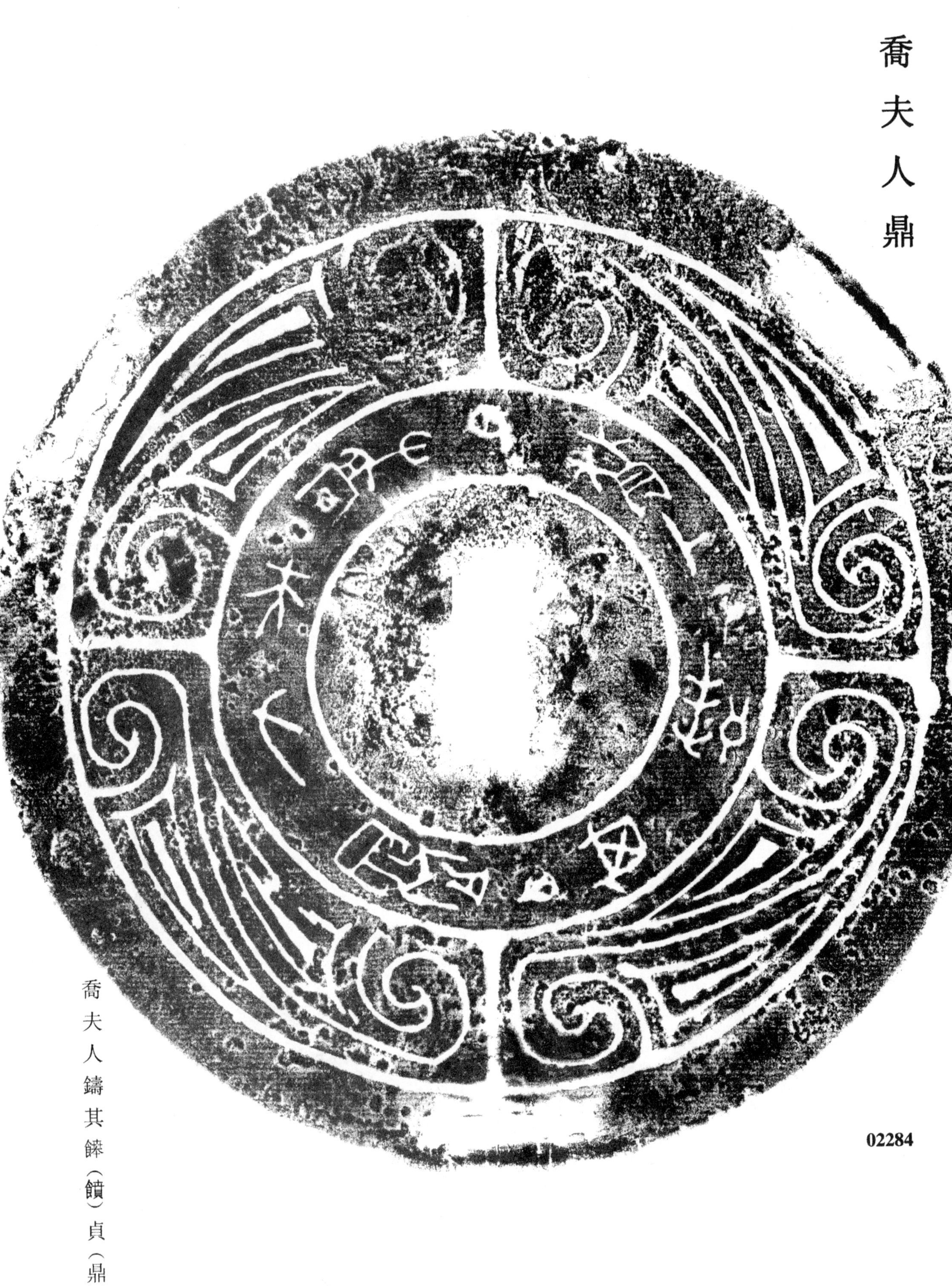

喬夫人鑄其餴（饋）貞（鼎）

02284

子陕□之孫鼎

原高一四厘米

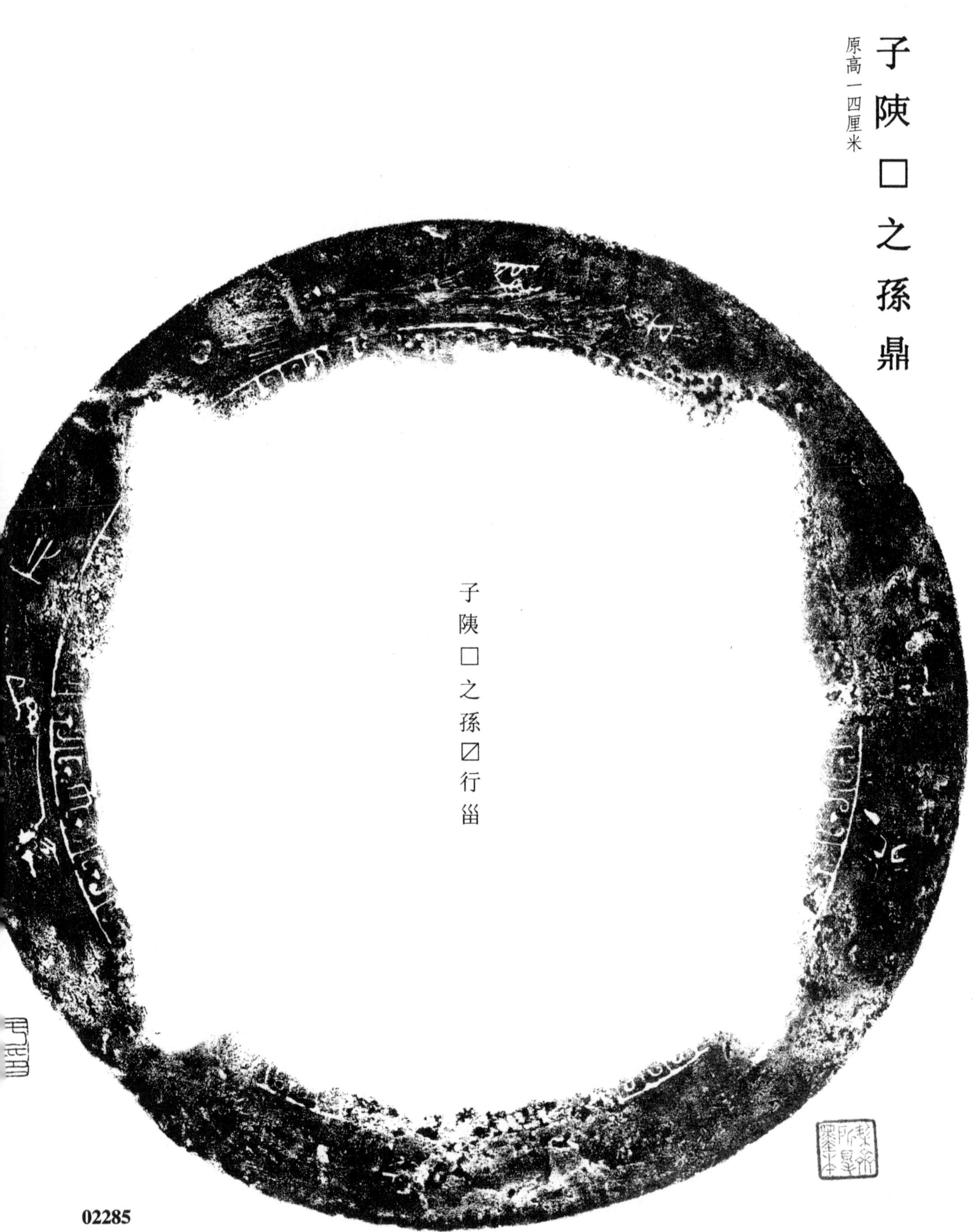

子陕□之孫□行𠚤

02285

盅子𧊒鼎蓋

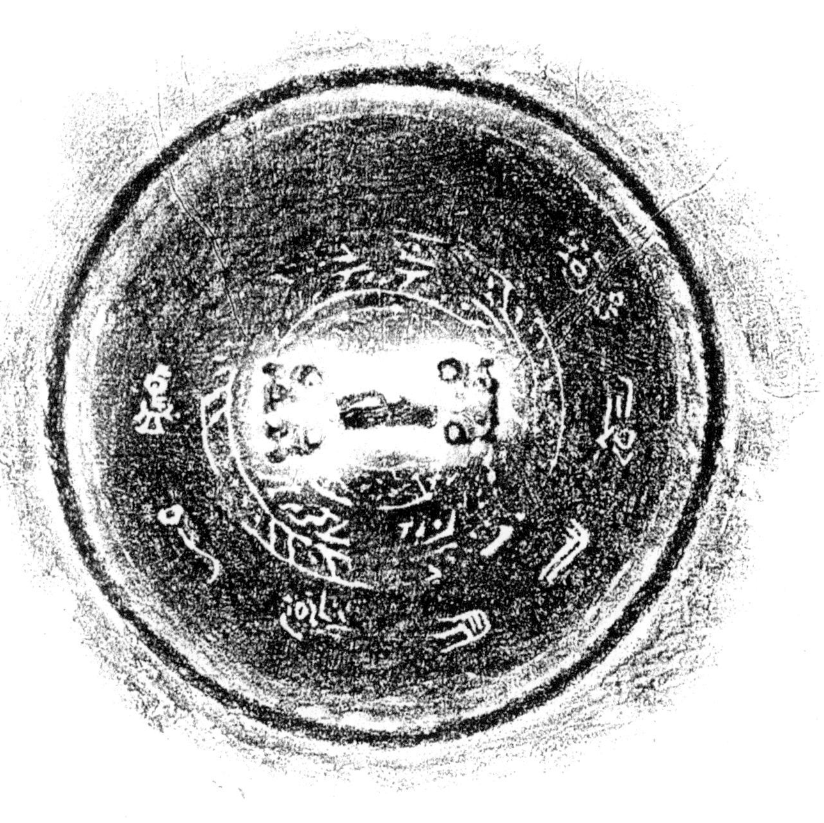

盅子𧊒(詩)自乍(作)飤鐈

02286

⿰害夫侯之孫塦鼎

⿰害夫(胡)侯之孫

敶之⿰鼎⿱雨干(⿰鼎干)

02287

卲王之諻鼎

卲(昭)王之諻(媓)

之饋(饙)貞(鼎)

02288

王子侄鼎

王子侄自
酢（作）飤貞（鼎）

02289.2

王子侄自
酢（作）飤貞（鼎）

02289.1

曾侯乙鼎

曾侯乙詐（作）
時（持）甬（用）冬（終）

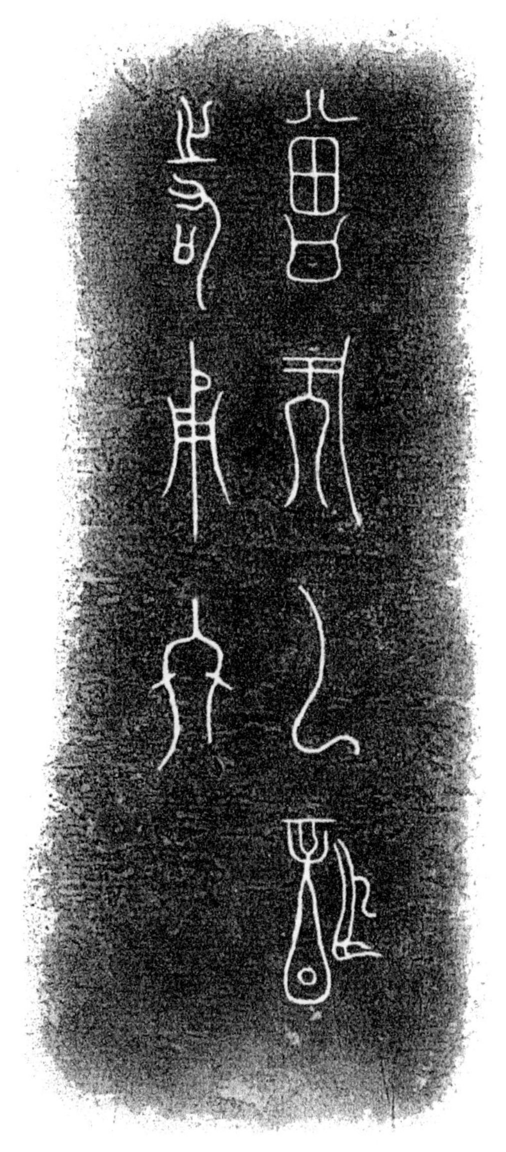

02290

曾侯乙鼎

曾侯
乙詐（作）
時（持）甬（用）
冬（終）

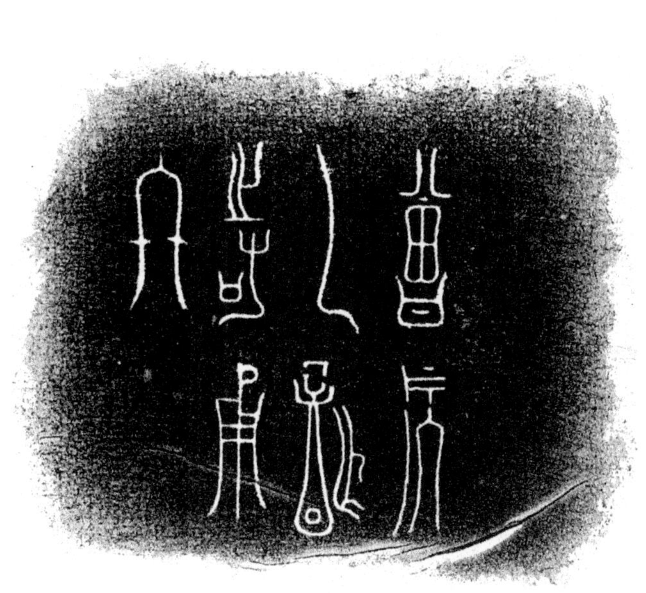

02291

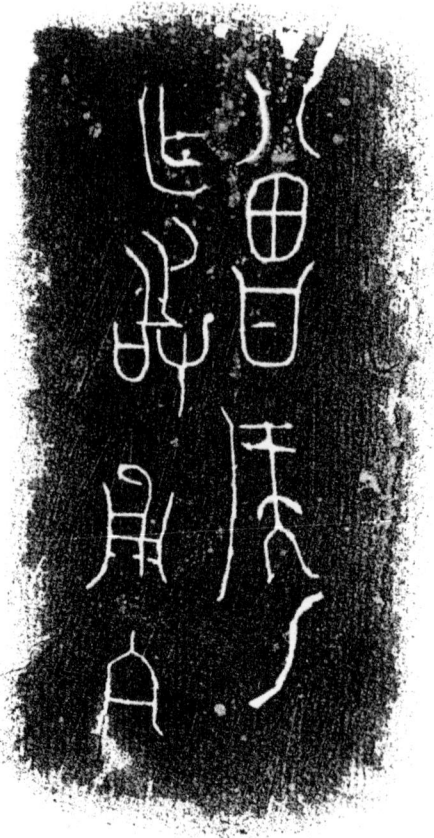

曾侯乙鼎

曾侯乙
乍(作)時(持)甬(用)冬(終)

02292.1

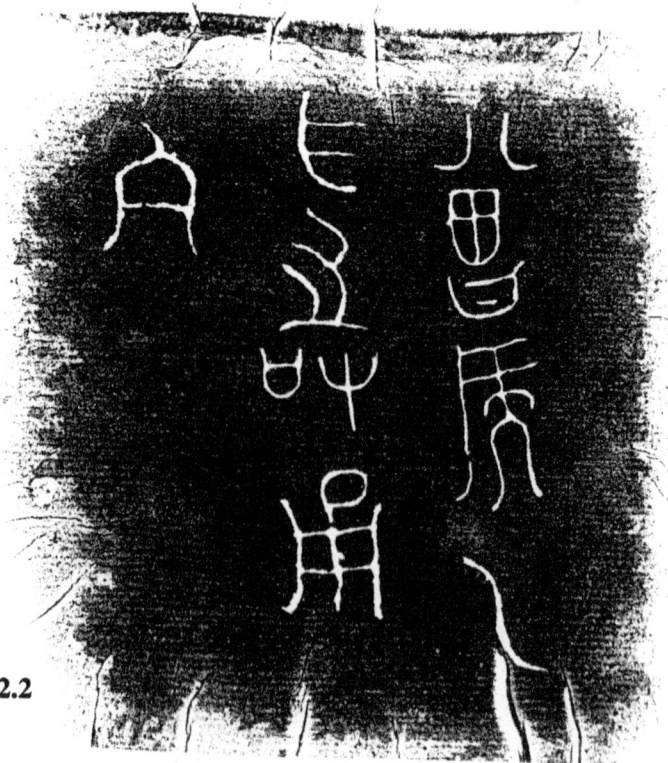

曾侯乙
乍(作)時(持)甬(用)
冬(終)

02292.2

曾侯乙鼎

曾侯乙詐（作）時（持）甬（用）冬（終）

02293.1

曾侯乙詐（作）時（持）甬（用）冬（終）

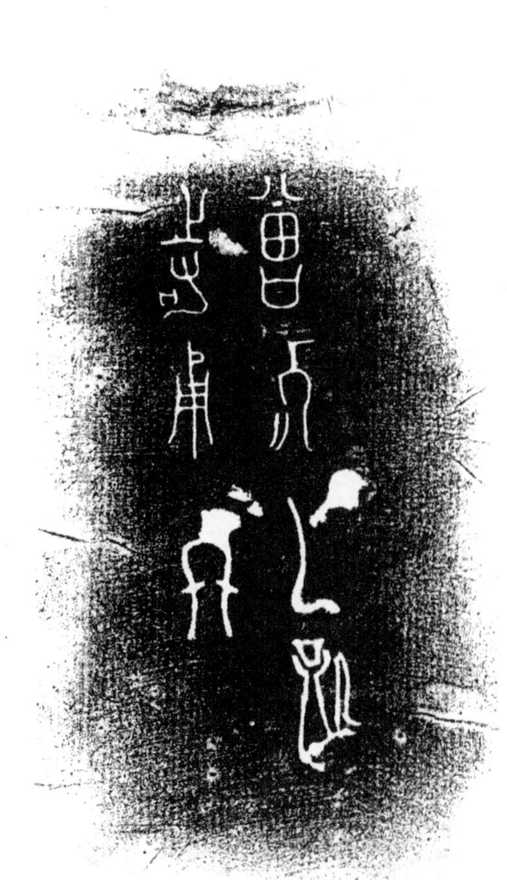

02293.2

曾侯乙鼎

曾侯乙詐（作）
峙（持）甬（用）冬（終）

02294.1

曾侯乙詐（作）
峙（持）甬（用）冬（終）

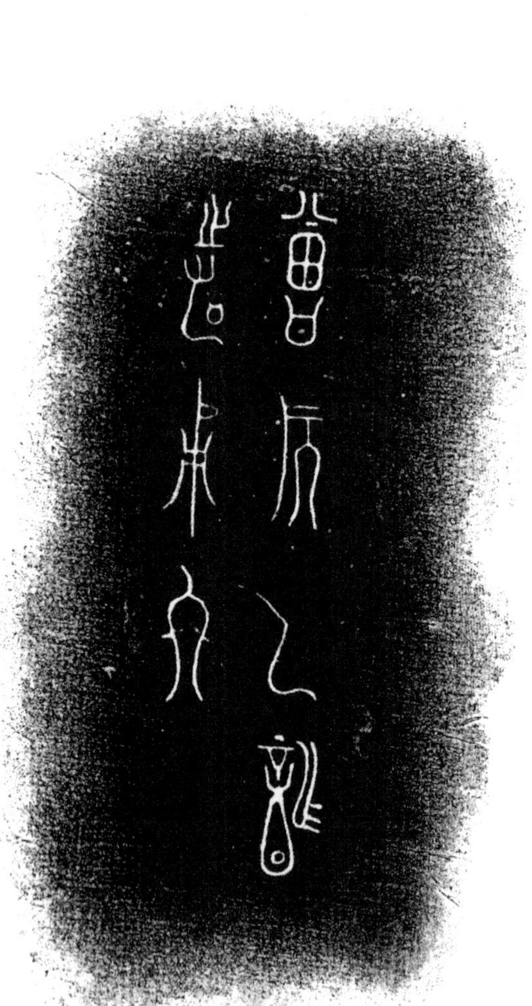

02294.2

曾侯乙鼎

曾侯乙詐（作）時（持）甬（用）冬（終）

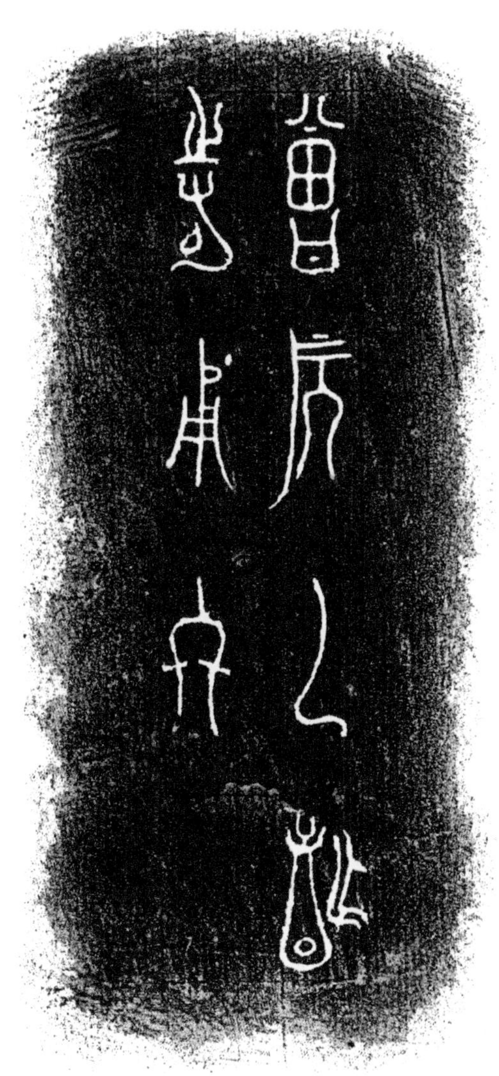

02295.1

曾侯乙詐（作）時（持）甬（用）冬（終）

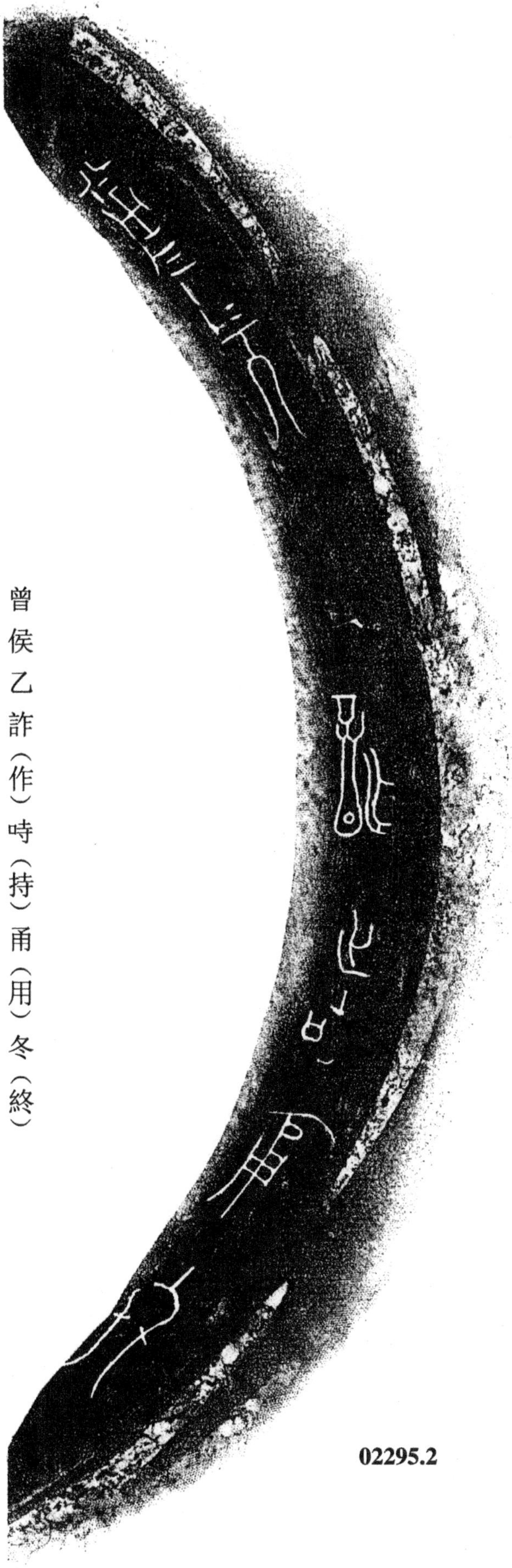

02295.2

鑄客鼎

鑄客爲集脰（廚），集脰（廚）

02296

鑄客為集脰鼎

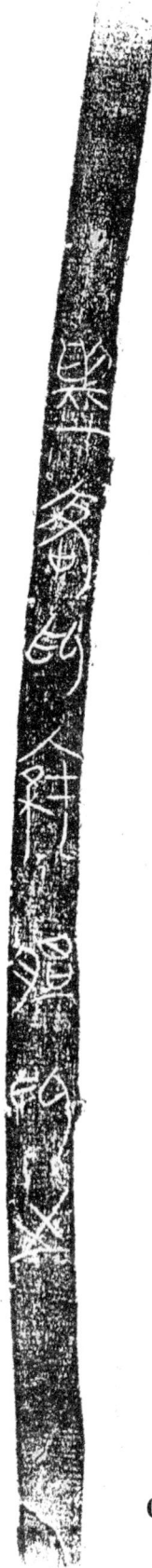

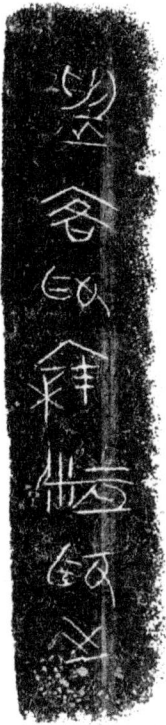

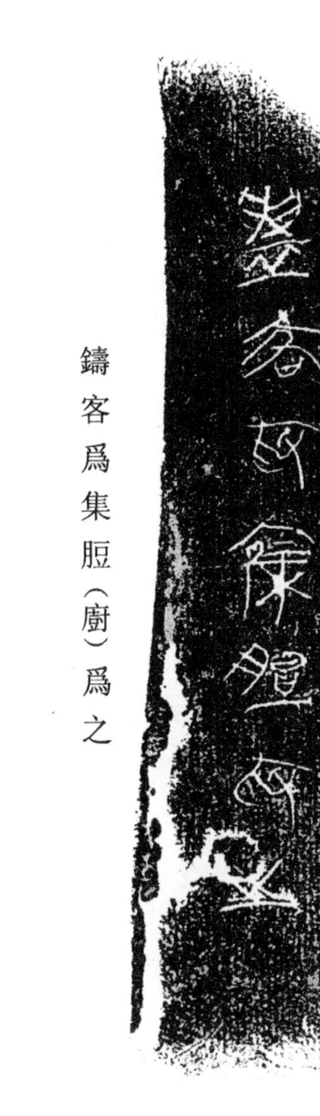

鑄客爲集脰（廚）爲之

02297

鑄客為集脰鼎

鑄客爲集脰（廚）爲之

02298

鑄客為集糌鼎

鑄客爲集⿰米差（⿰食差）爲之

02299

鑄客為集□鼎

鑄客爲集醏爲之

02300.B

鑄客爲集醏爲之

02300.A

巨萓王鼎

巨萓十二

巨萓王，

02301

膉所偖鼎

膉所偖（造）貞貞（鼎），安效

02302

殺公上坴鼎

襄公上坴（堵）曲昜𢦏

02303

䁖詢侯鼎

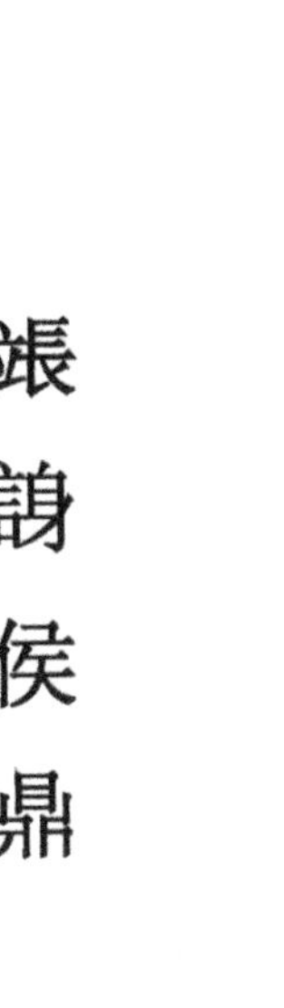

䁖（長）信侯私官，西況，己

02304

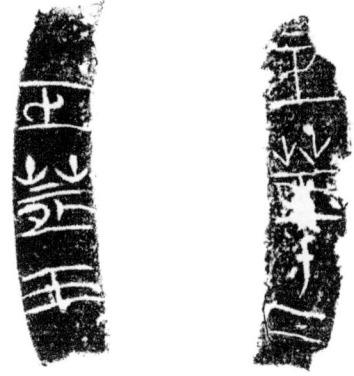

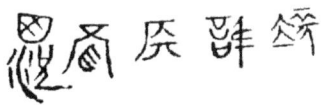

墉夜君成鼎

墉夜君成之載（[illegible]）貞（鼎）

02305

筡鼎

一孚（鋝）卅一冢（重），筡，大

02306

右窊公鼎

右㢧公（宮）莆官和鎖（鼎）

02307

半齋鼎

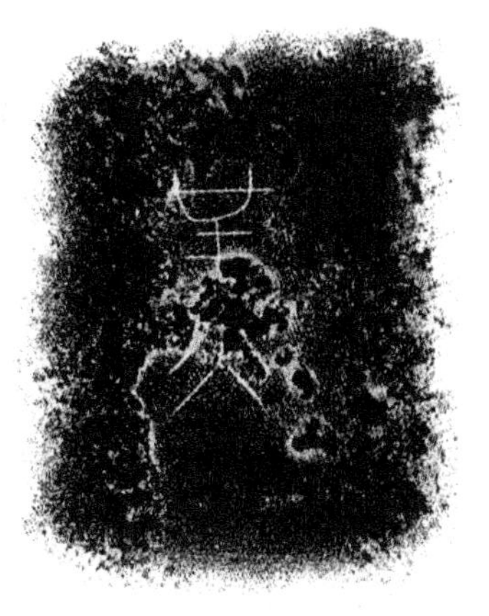

內黃，膚（容）半齋，黃

02308

□膚鼎

旨府之右冶疾鑄

02309

辻作且丁鼎

辻（徵）乍（作）祖丁尊彝，永寶

02310

咸姝子作且丁鼎

咸姝(妚)子乍(作)祖丁尊彝

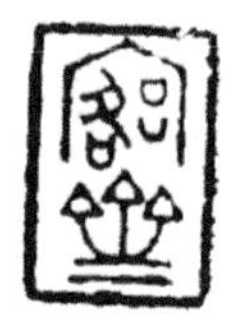

02311

堇臨作父乙方鼎

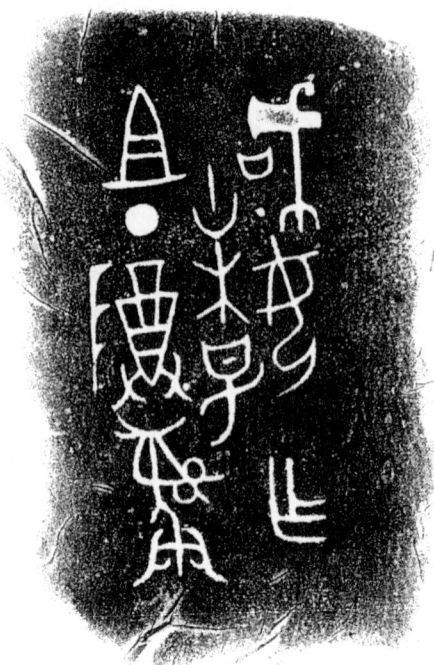

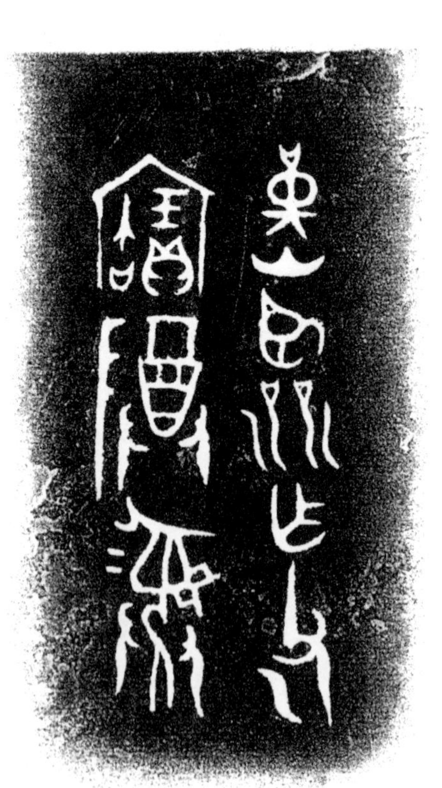

堇臨乍(作)父乙寶尊彝

02312

作父乙鼎

乍（作）父乙寶
尊彝，亞牧

02313

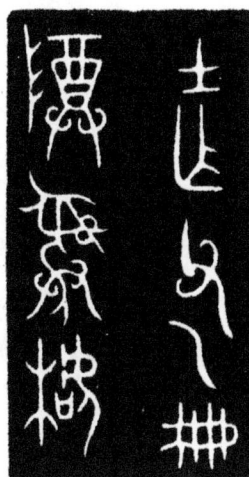

亞豚作父乙鼎

亞豚乍（作）父
乙寶尊鼎

02315

士作父乙方鼎

士乍（作）父乙
尊彝，虢册

02314

亳作父乙方鼎

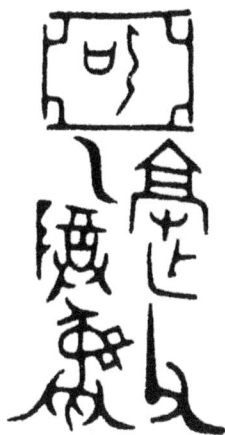

亞弜，亳乍（作）父
乙尊彝

02316

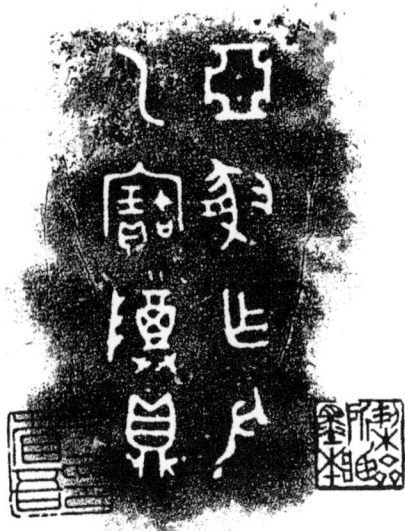

亞□作父丁鼎

亞□(壴)，乍(作)父丁
寶尊彝

02317

引作文父丁鼎

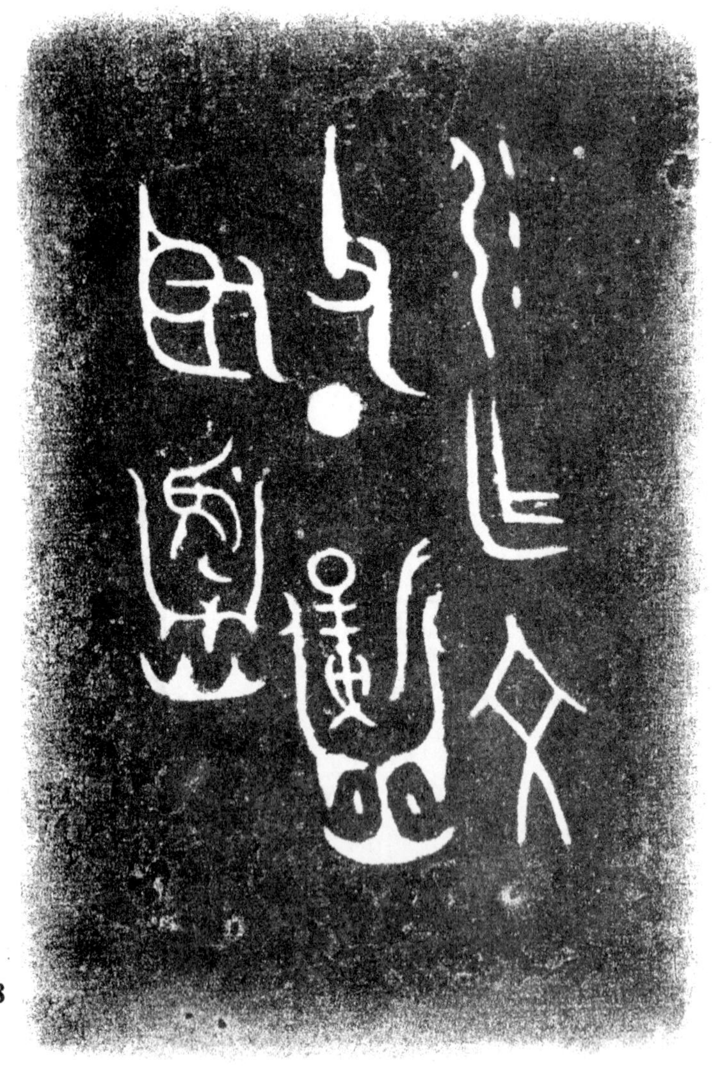

⿰氵弓(泓)乍(作)文
父丁爐，
鑊㪅

02318

車作父丁鼎

串乍(作)父丁
寶鼎，戉(戉)葡(箙)

02319

彈作父辛鼎

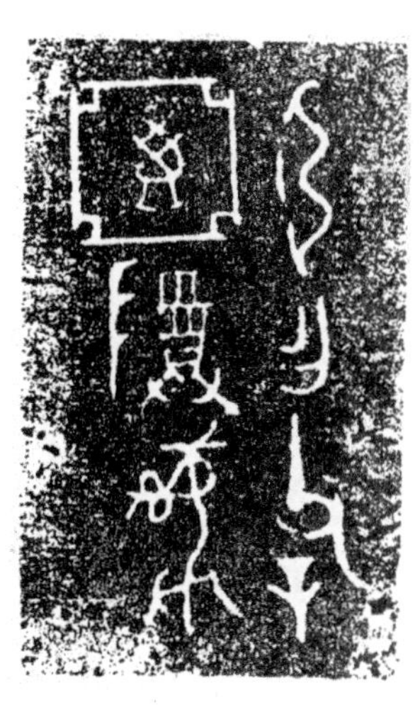

彈乍(作)父辛
尊彝，亞叀

02321

營子旅作父戊鼎

營子旅乍(作)
父戊寶彝

02320

作父辛方鼎

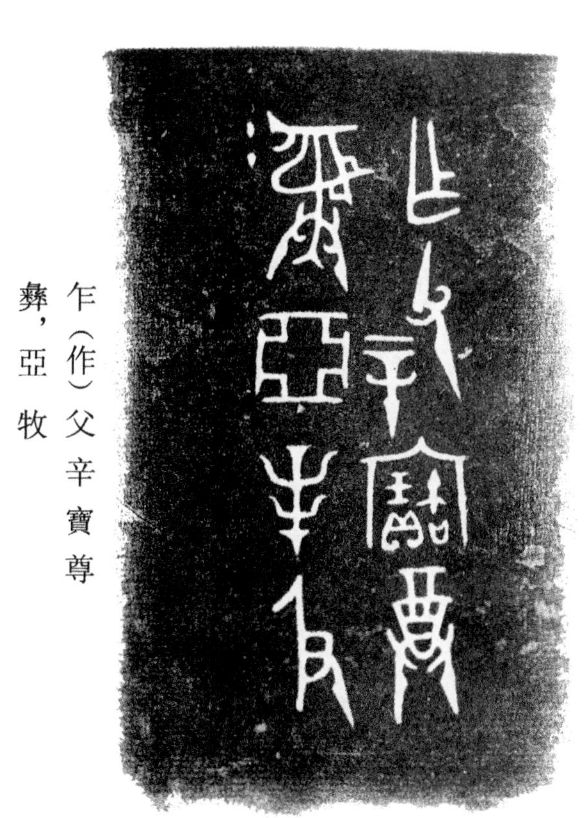

乍(作)父辛寶尊
彝，亞牧

02322

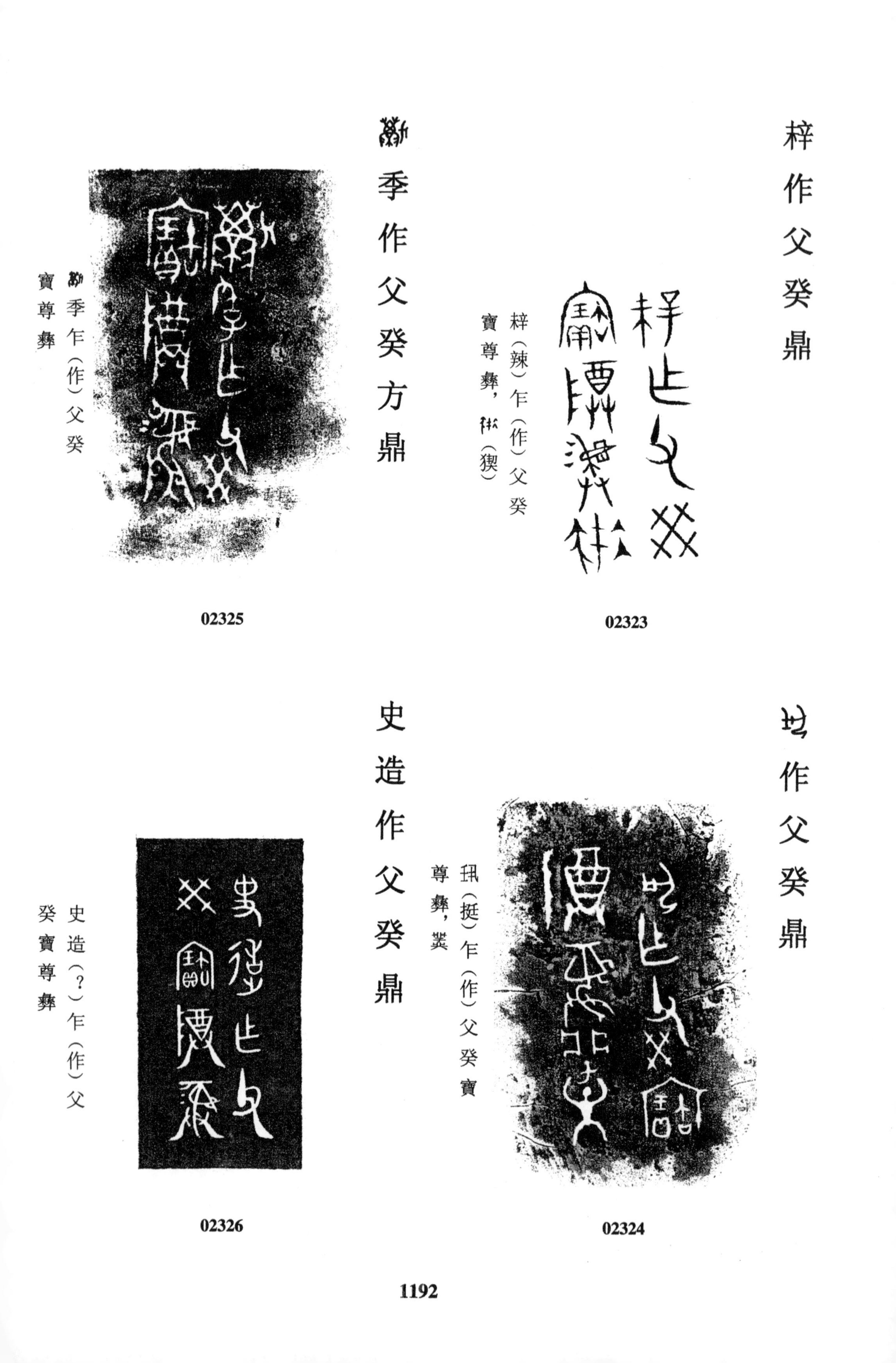

梓作父癸鼎

梓（辣）乍（作）父癸寶尊彝，[illegible]（獀）

02323

[illegible]季作父癸方鼎

[illegible]季乍（作）父癸寶尊彝

02325

[illegible]作父癸鼎

[illegible]（挺）乍（作）父癸寶尊彝，菐

02324

史造作父癸鼎

史造（？）乍（作）父癸寶尊彝

02326

易貝作母辛鼎

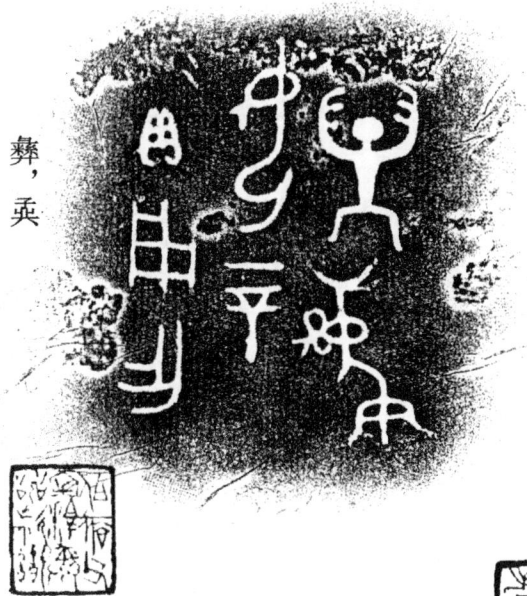

賜貝，用乍(作)女(母)辛彝，𢑚

02327

北子作母癸方鼎

北子乍(作)母癸寶尊彝

02329

册木工作母辛鼎

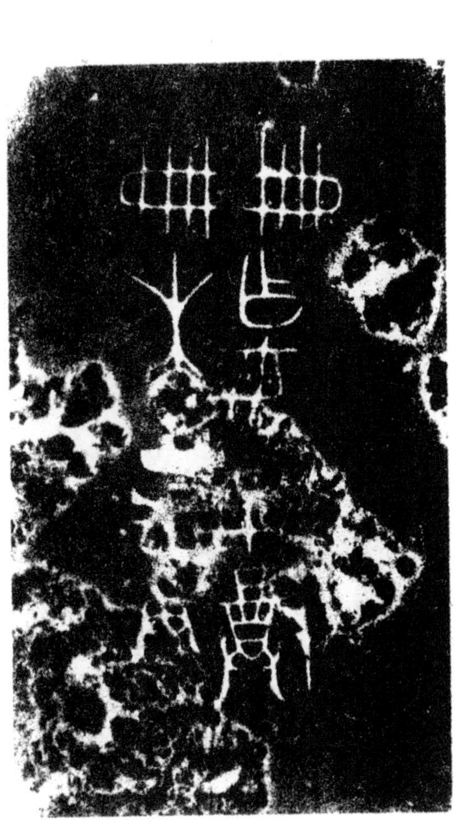

木工册，乍(作)母辛尊彝

02328

姑𦧡母方鼎

姑𦧡母乍(作)厥宻(寶)尊鼎

02330

穆父作姜懿母鼎

穆父乍(作)姜
懿母餴(饋)貞(鼎)

02331

姬作氒姑日辛鼎

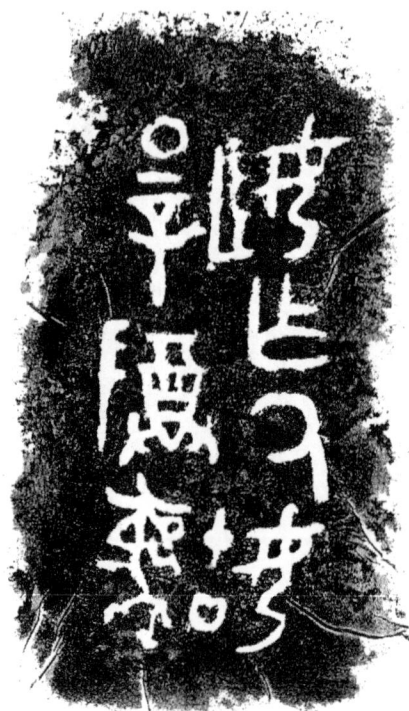

姬乍(作)厥[illegible]
日辛尊彝

02333

穆父作姜懿母鼎

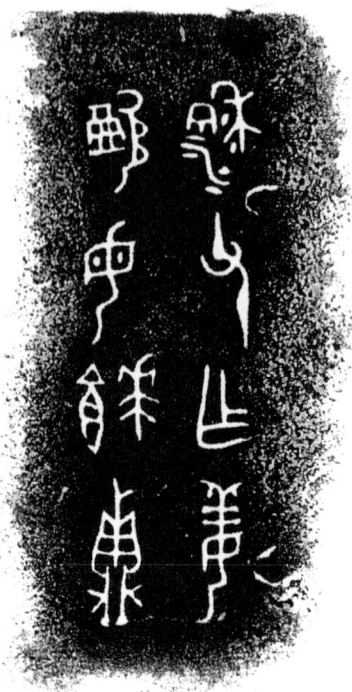

穆父乍(作)姜
懿母餴(饋)貞(鼎)

02332

衰[illegible]父作嘼姁鼎

[illegible][illegible]父乍(作)
嘼姁朕(媵)鼎

02334

亞䣈季作兄己鼎

亞䣈，季乍(作)
兄己
尊彝

02335

伯六辝方鼎

伯六辝乍(作)洀旟
寶蕁(尊)盡(齍)

02337

伯㦰方鼎

伯㦰乍(作)厥父
寶蕁(尊)彝

02336

義仲方鼎

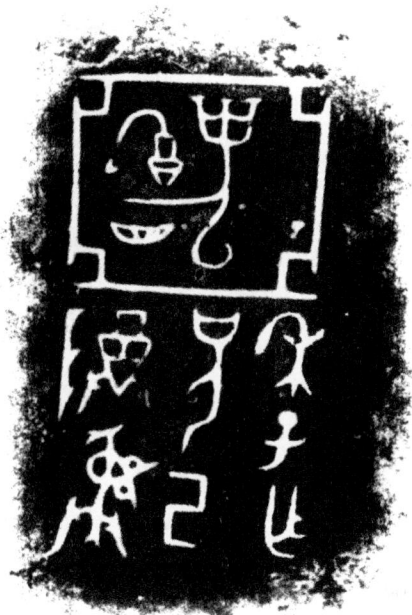

義仲乍(作)厥父
周季尊彝

02338

公大史作姬埶方鼎

公大（太）史乍（作）姬埶寶尊彝

02339

季𣪘作宫伯方鼎

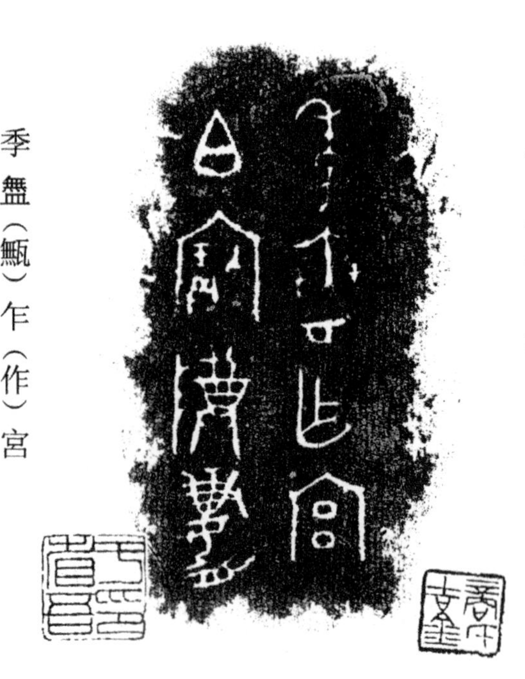

季𣪘（甗）乍（作）宫伯寶尊𥂴（齍）

02340

叔具鼎

叔具乍（作）厥考寶尊彝

02341

叔[illegible]作南宮鼎

叔鼄（蟌）肇乍（作）南宮寶尊

02342

[illegible]涾伯逘鼎

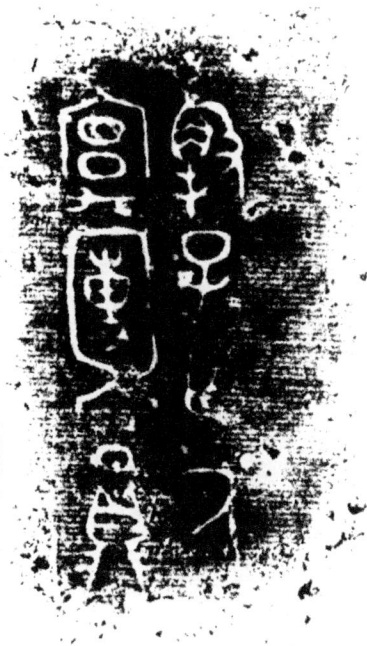

甶，渫（洙）伯遈乍（作）寶尊彝

02344

叔虎父作叔姬鼎

叔虎父乍（作）叔姬寶鼎

02343

㱿子作宄團宮鼎

解子乍（作）厥宄團宮鼎

02345

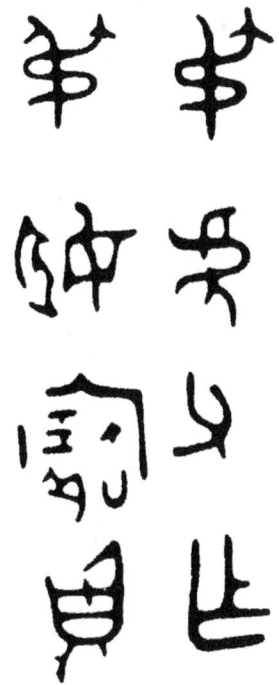

勅隞作丁侯鼎

勅隞乍（作）丁侯尊彝，亀

02346

斿鼎

斿乍（作）厥文考寶尊彝

02347

作長鼎

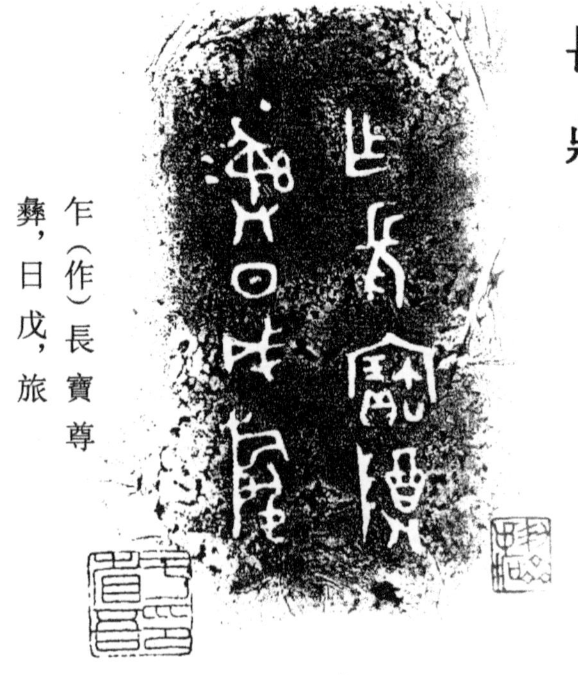

乍（作）長寶尊彝，日戊，旅

02348

[illegible]鼎

[illegible]乍（作）寶鼎，子孫永用

02349

作寶鼎

乍（作）寶鼎，子子孫孫永寶用

02350

小臣氏樊尹鼎

小臣氏樊尹乍（作）寶用

02351

汚作鼎

𢓭(蹉)乍(作)鼎，其萬年寶用

02352

師寏父作季姑鼎

師寏父乍(作)季姑尊鼎

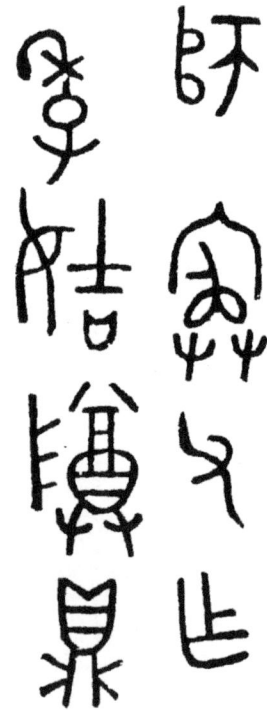

02353

魯内小臣床生鼎

魯內小臣床生(甥)乍(作)䵼

02354

洛叔之行鼎

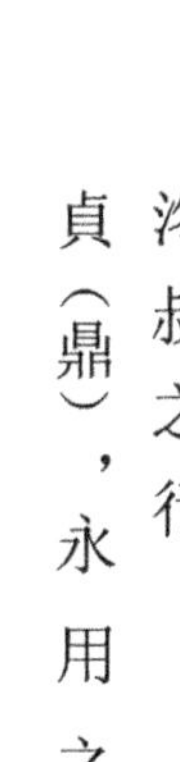
洛叔之行
貞（鼎），永用之

02355

盅之嚁鼎

其永用之
盅之噔（登）貞（鼎），

02356

楚叔之孫倗鼎

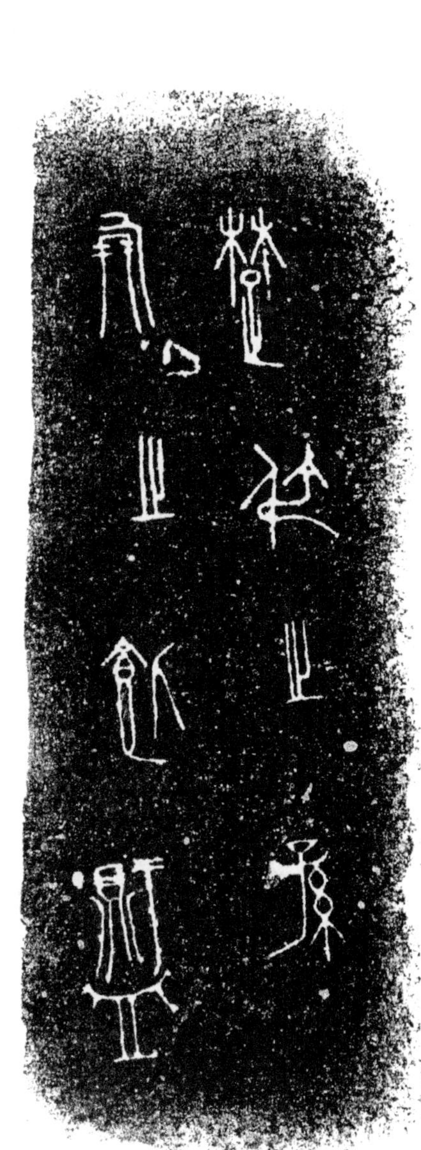

楚叔之孫
倗之飤鼾

02357.1

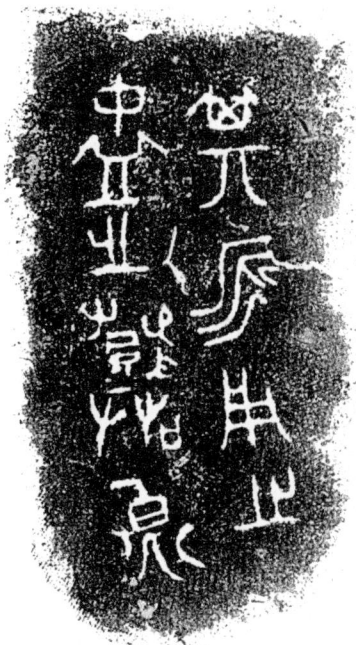

楚叔之孫
倗之飤鼾

02357.2

宋君夫人鼎蓋

宋君夫
人之餴(饙)
釪(盂)貞(鼎)

02358

吳王孫無土鼎

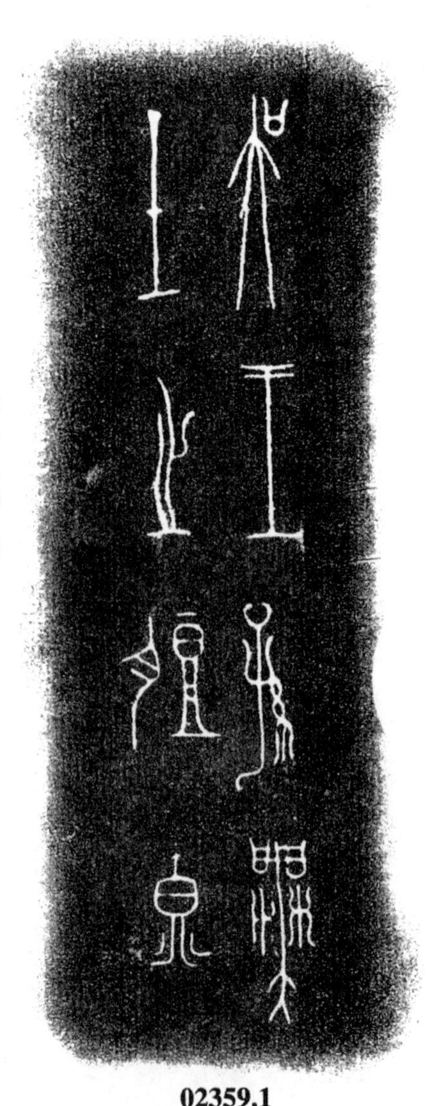

吳王孫無
土之脰(廚)貞(鼎)

02359.1

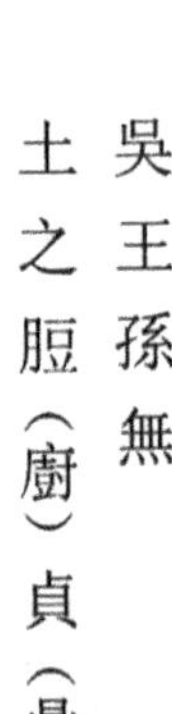

吳王孫無
土之脰(廚)貞(鼎)

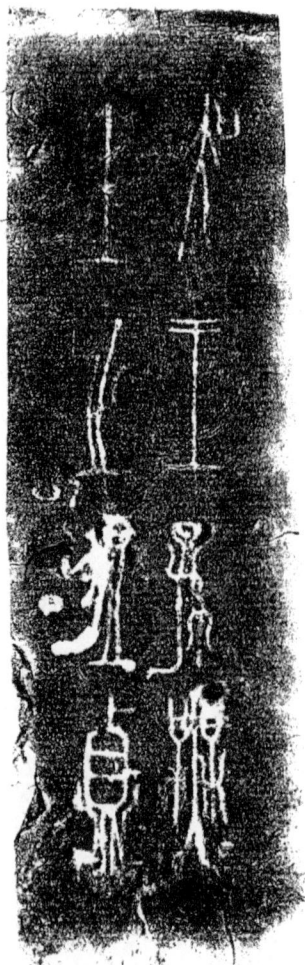

02359.2

王后左相室鼎

02360.1

王后左和室，

王后左和室，九射（[illegible]）反（半）

02360.2

公脒右自鼎

公脒（廚）右官貞（鼎），𦋺簧爲

02361.1

公脒（廚）右官貞（鼎），𦋺簧爲

02361.2

亞㠱鄉宁鼎

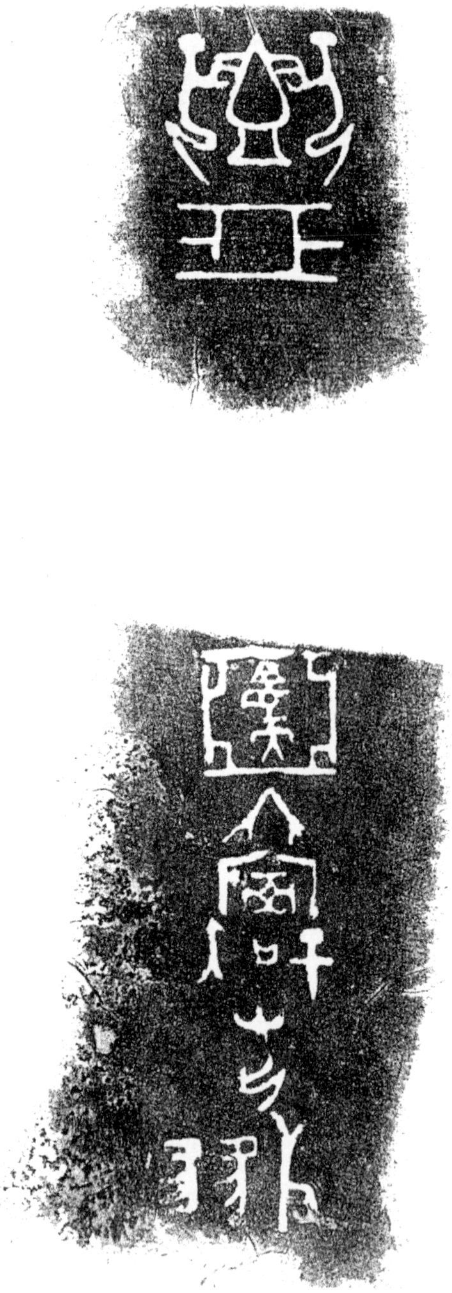

鄉宁，亞㠱，竹室知光徽

02362

亞父庚且辛鼎

亞俞，父庚
保⿰阝⿸㫃系祖辛

02363

亞父庚且辛鼎

亞俞，父庚
保⿰阝⿸㫃系祖辛

02364

歸作且壬鼎

歸乍（作）祖
壬寶尊
彝，段（鍛）金

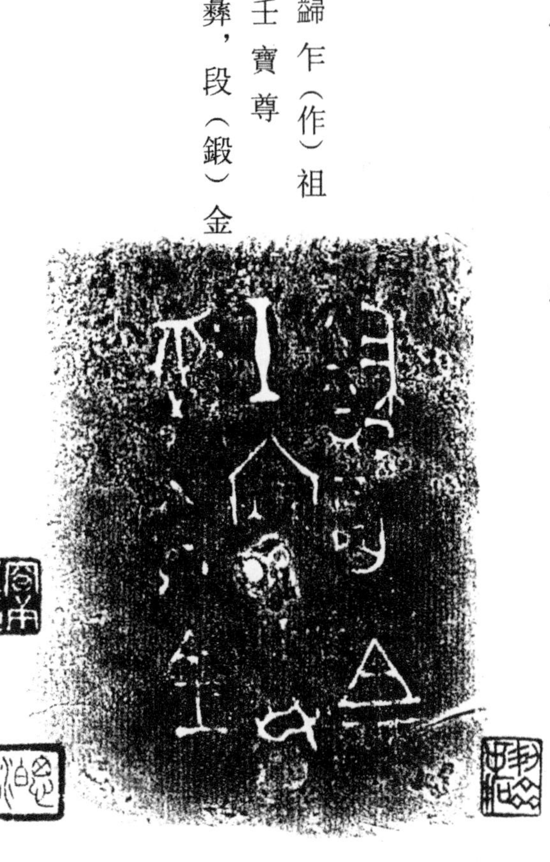

02365

𡙇作父丁鼎

奪乍（作）父丁寶
尊彝，允册

02366

闌監父己鼎

闌(管)監引
乍(作)父己
寶䵼彝

02367

⿱方皿婦方鼎

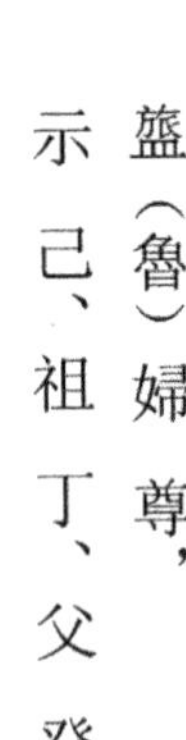

⿱方皿(魯)婦尊，
示己、祖丁、父癸

02368

長子狗鼎

長子狗乍(作)文
父乙尊彝

02369

公大史作姬峑方鼎

公大（太）史乍（作）姬峑寶尊彝

02370

公大史作姬峑方鼎

公大（太）（史乍（作））姬峑寶（尊彝）

02371

大保㡀作宗室方鼎

大（太）保，徶乍（作）宗室寶尊彝

02372

中斿父鼎

史斿父
乍（作）寶尊
彝貞（鼎），七五六

02373

遂攺諆鼎

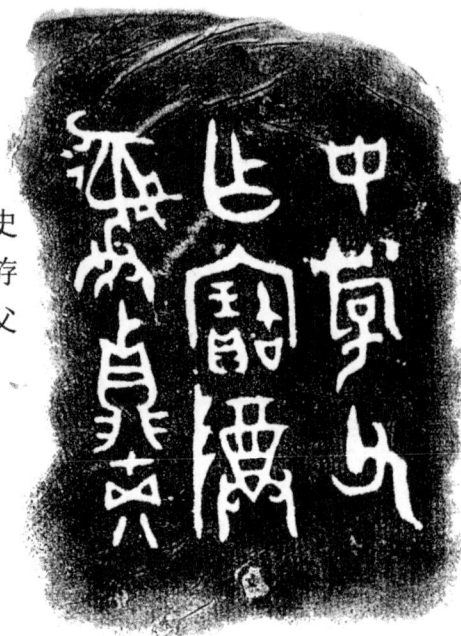

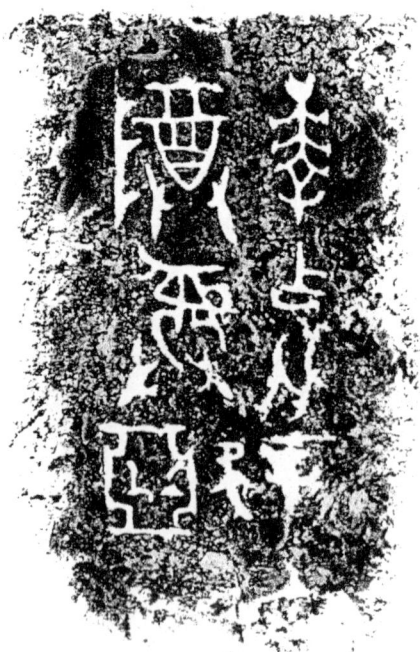

逐肇諆（其）乍（作）廟
叔寶尊彝

02375

啈鼎

啈作比（妣）辛
尊彝，亞疑

02374

乙公鼎

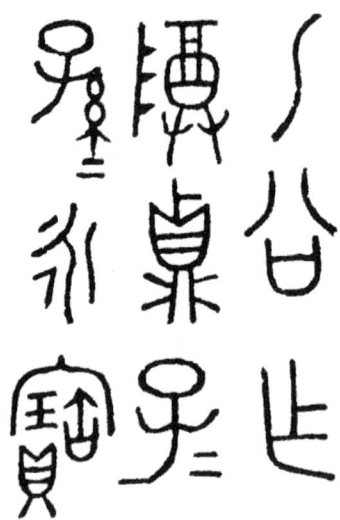

乙公乍（作）
尊貞（鼎），子子
孫孫永寶

02376

薛侯鼎

薛侯戚乍(作)父乙鼎彝，史

02377

雔兹鼎

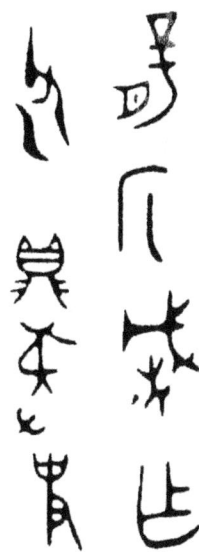

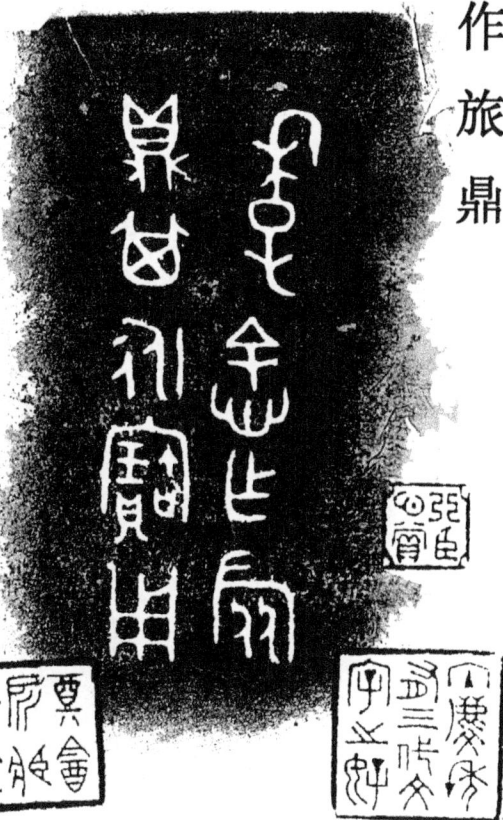

雔(集)兹乍(作)旅鼎，孫孫子永寶

02379

季㥿作旅鼎

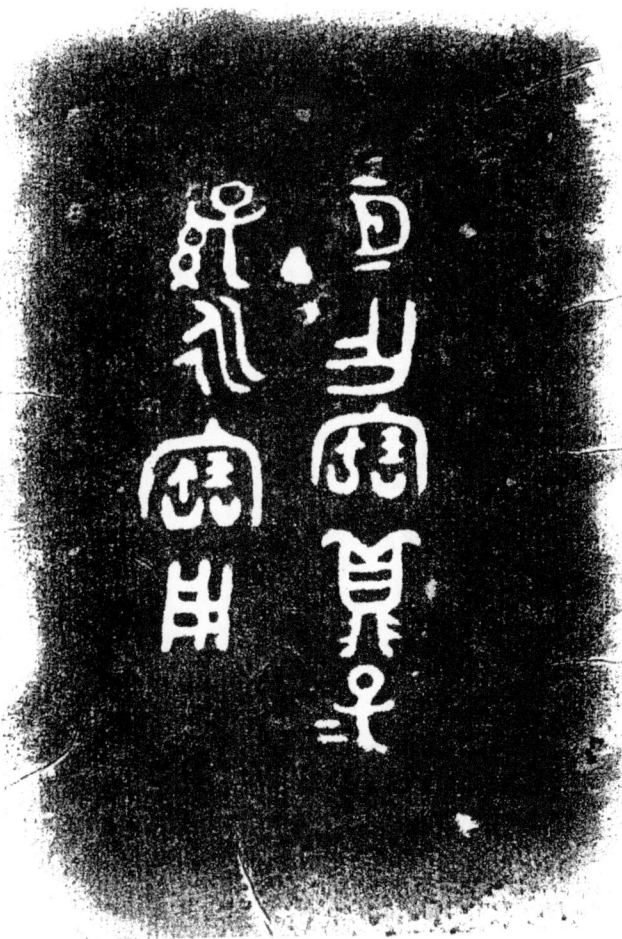

季㥿乍(作)旅鼎，其永寶用

02378

亘鼎

亘乍(作)寶鼎，子子孫永寶用

02380

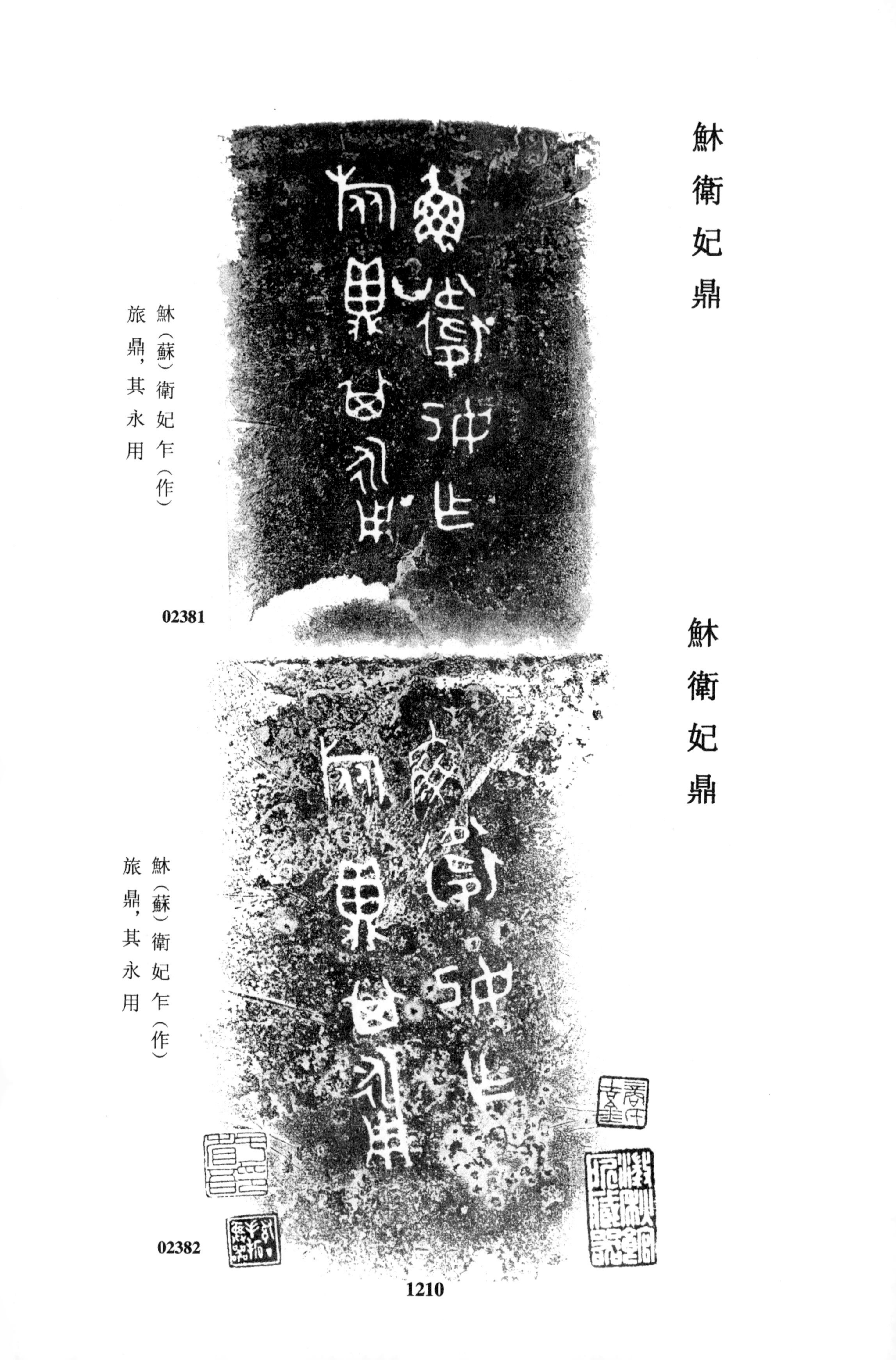

穌衛妃鼎

穌（蘇）衛妃乍（作）
旅鼎，其永用

02381

穌衛妃鼎

穌（蘇）衛妃乍（作）
旅鼎，其永用

02382

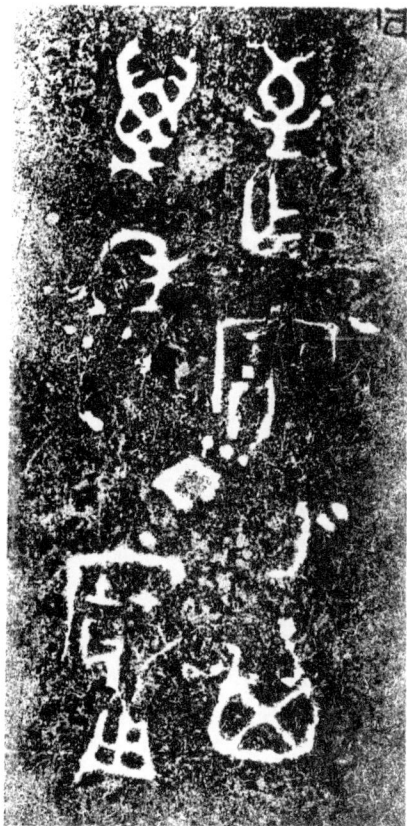

穌衛妃鼎

穌(蘇)衛妃乍(作)
旅鼎，其永用

02383

至作寶鼎

至乍(作)寶鼎，其
萬年永寶用

02385

穌衛妃鼎

穌(蘇)衛妃乍(作)
旅鼎，其永用

02384

絲駒父鼎

絲駒父乍(作)
旅鼎，永寶用

02386

內公鼎

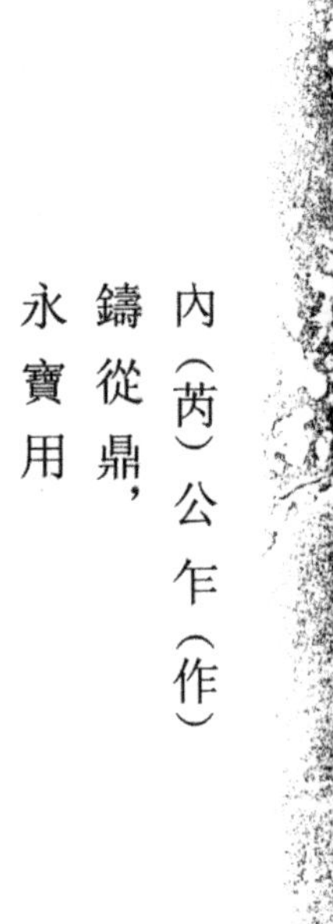

內（芮）公乍（作）
鑄從鼎，
永寶用

02387

內公鼎

內（芮）公乍（作）鑄
從鼎，永寶用

02388

內公鼎

內（芮）公乍（作）鑄
從鼎，永
寶用

02389

郐子汆鼎

02390

余（徐）子汆之鼎，百歲用之

江小仲母生鼎

02391

自乍（作）甬（用）鬲

江小仲母生

叔姬作陽伯鼎

叔姬乍（作）

陽伯旅

鼎，永用

02392

鑄客為王句小廣鼎

鑄客爲王句(后)七府爲之

02393

鑄客為王句小廣鼎

鑄客爲王句(后)七府爲之

02394

鑄客為大句脰官鼎

鑄客爲大（太）句（后）脰（廚）官爲之

02395

公朱右自鼎

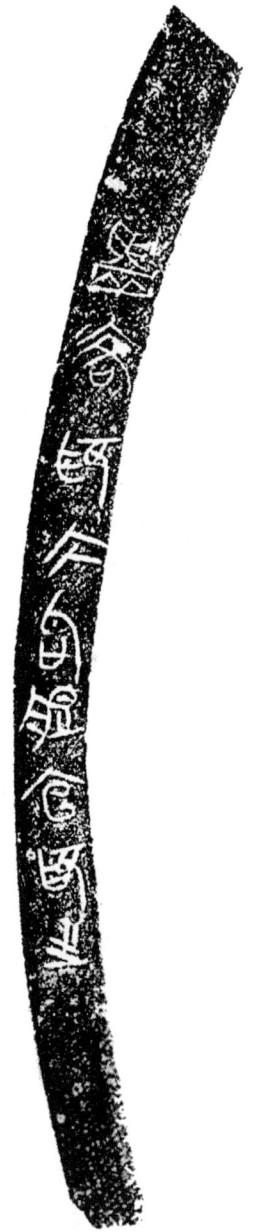

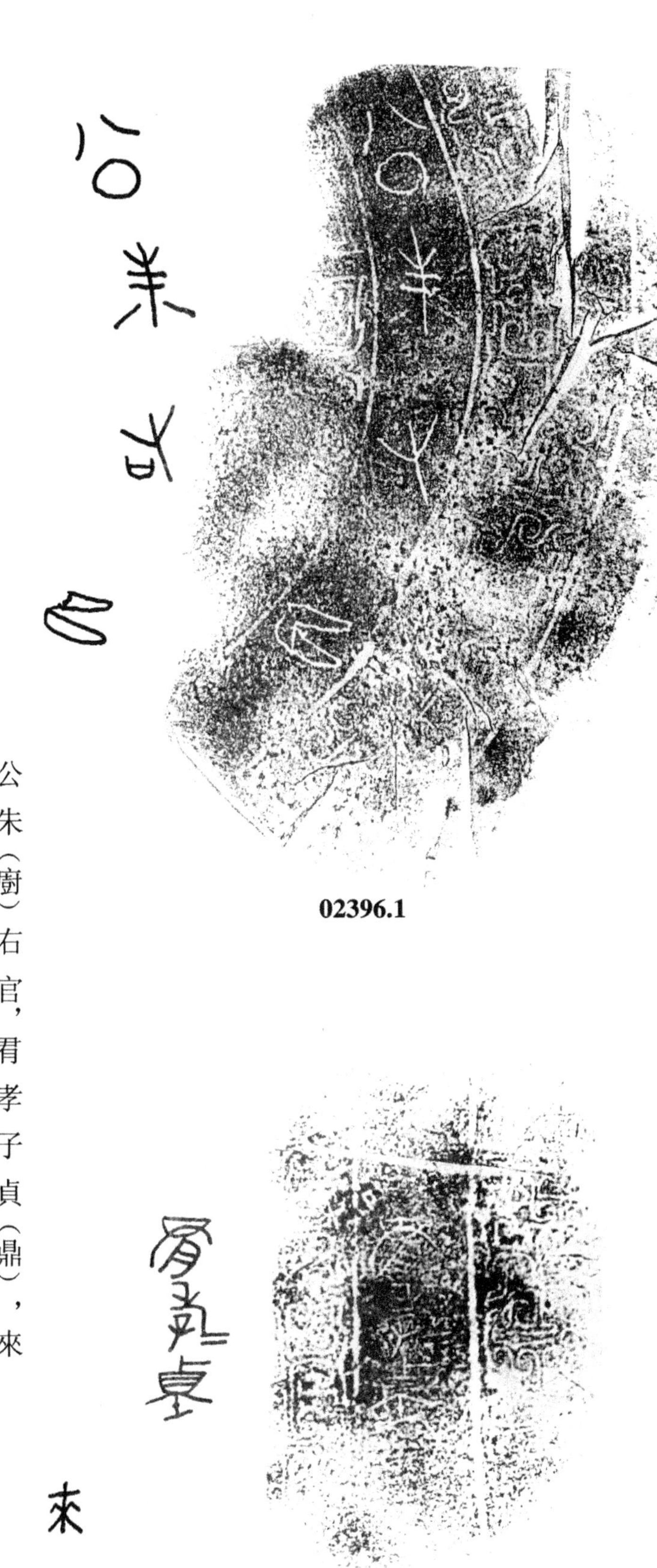

02396.1

公朱（廚）右官，肴孝子貞（鼎），來

02396.2

02396.3

壽春鼎

02397.1

02397.2

壽春府貞（鼎），書腏屑（餚），者□

酌鼎

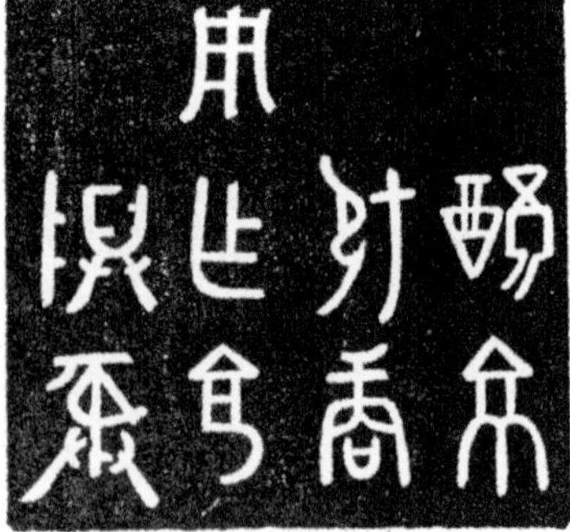

02398

□釀京，[揚]辟商（賞），用乍（作）享□尊彝

言鼎

02399

言肈用乍（作）尊鼎，其永寶用享

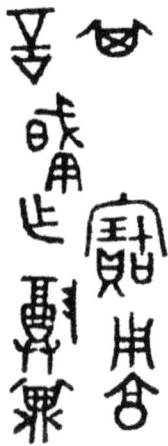

亞若癸鼎

亞若癸受丁旅乙沚自(師)

02400

亞若癸鼎

亞若癸受丁旅乙父甲

02401

亞若癸鼎

亞若癸受丁旅乙沚自(師)

02402

婦闟鼎

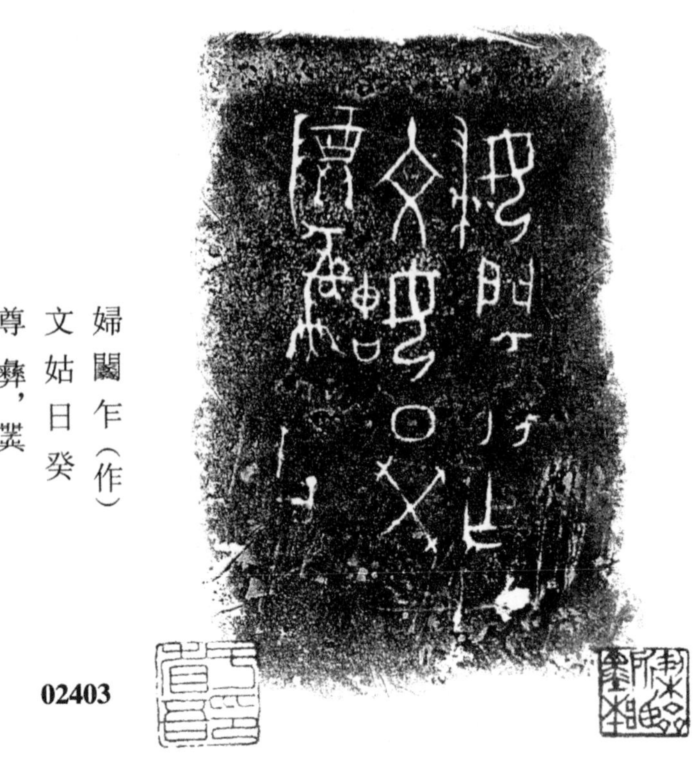

婦闟乍(作)
文姑日癸
尊彝，蒷

02403

伯□方鼎

伯旟乍(作)厥宗
寶尊彝⿰鼎旁(⿰鼎方)

02404

德鼎

王賜德貝廿朋，用乍（作）寶尊彝

02405

戈父辛鼎

戈冏，瓚陶，乍（作）
父辛寶尊彝

02406

禽鼎

禽乍（作）文考
父辛寶鼎，亞束（刺）

02408

伯穌鼎

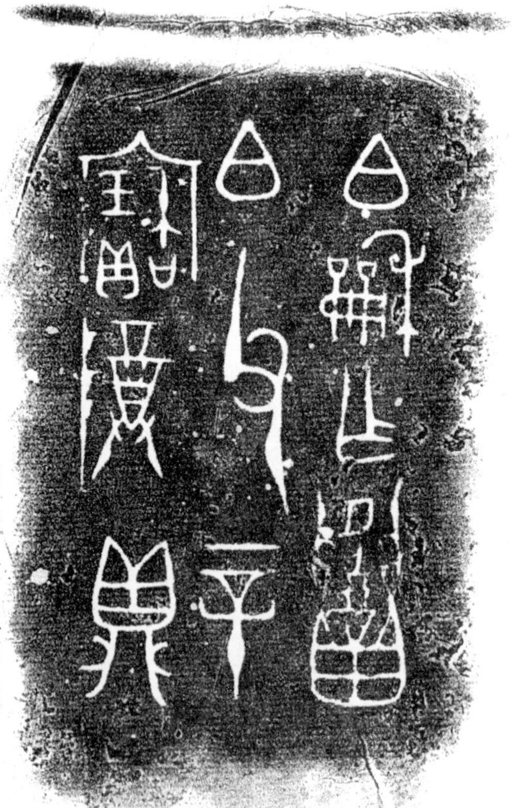

伯穌乍（作）召
伯父辛
寶尊鼎

02407

大師作叔姜鼎

大（太）師乍（作）叔姜
鼎，其永寶用

02409

甚諆臧鼎

甚諆（其）肇乍（作）父丁尊彝，羊

02410

叔[illegible]父鼎

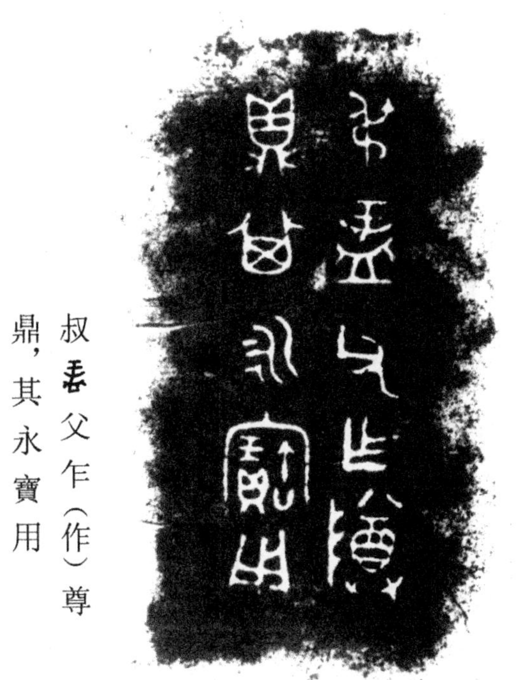

叔[illegible]父乍（作）尊鼎，其永寶用

02412

叔師父鼎

叔師父乍（作）尊鼎，其永寶用

02411

靃鼎

靃乍（作）己公寶鼎，其萬年用

02413

伯旬鼎

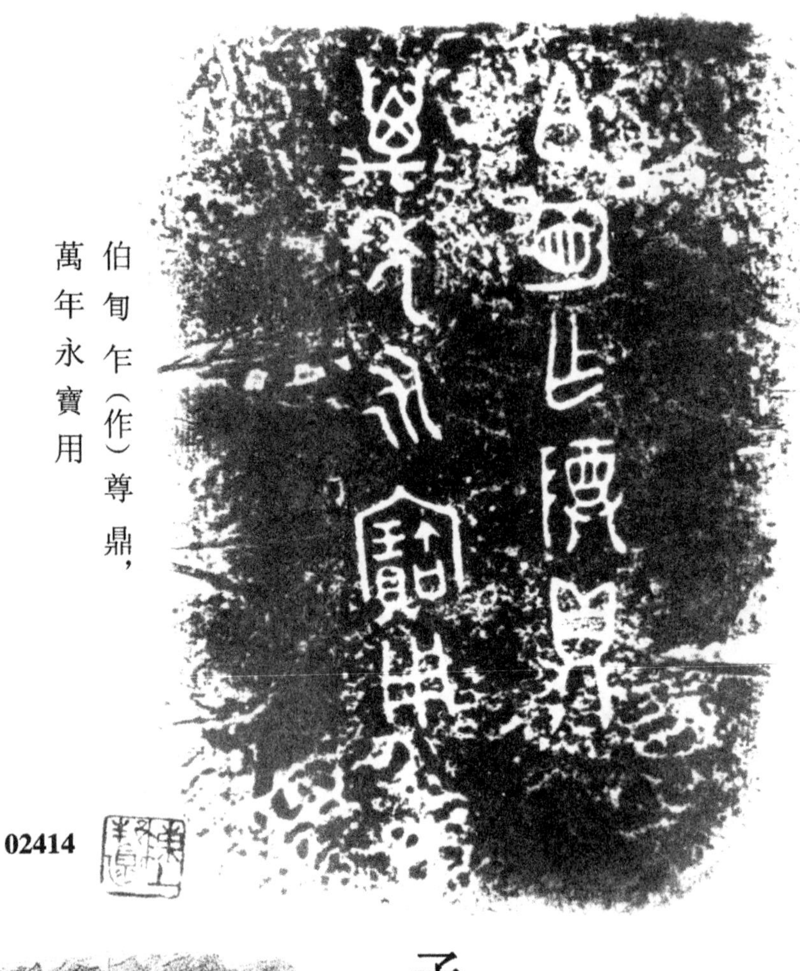

伯旬乍（作）尊鼎，萬年永寶用

02414

鄭同媿鼎

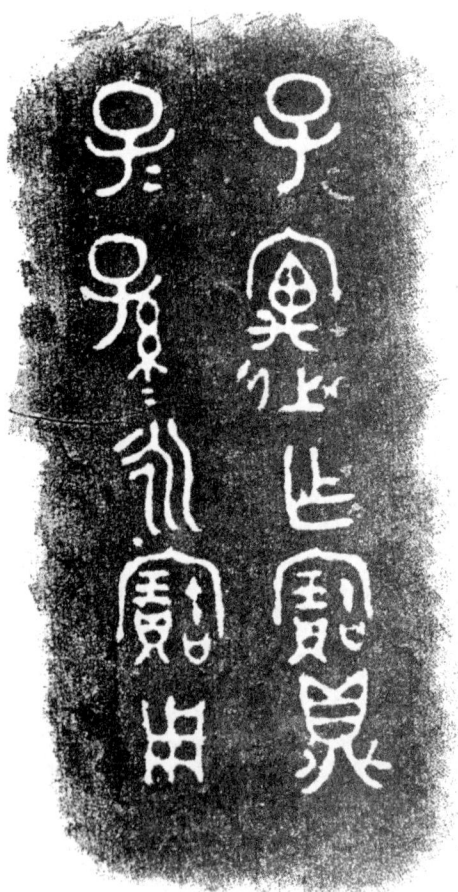

奠（鄭）同媿乍（作）旅鼎，其永寶用

02415

子邁鼎

子邁乍（作）寶鼎，子子孫孫永寶用

02416

廟孱鼎

廟孱乍(作)鼎，其子子孫孫永寶用

02417

樂鼎

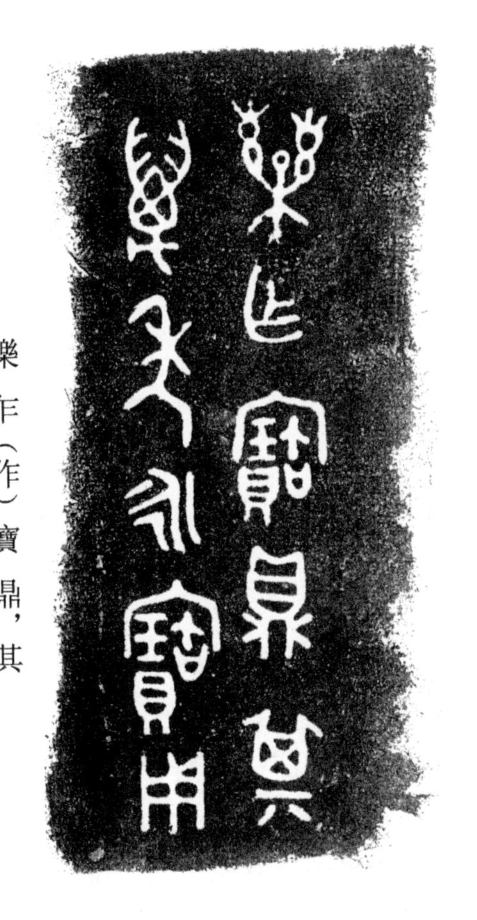

樂乍(作)寶鼎，其萬年永寶用

02419

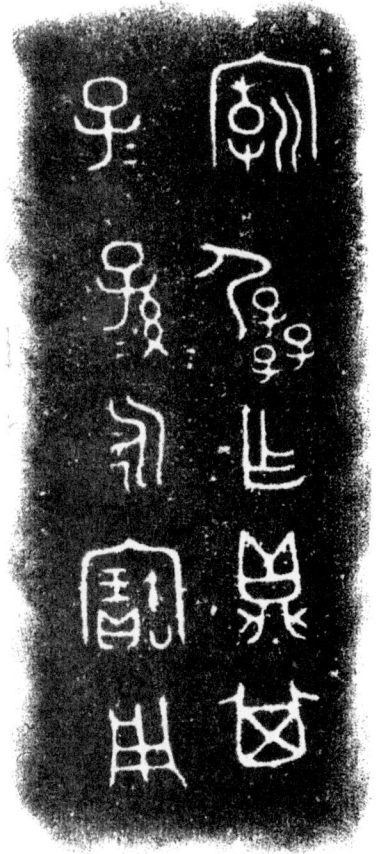

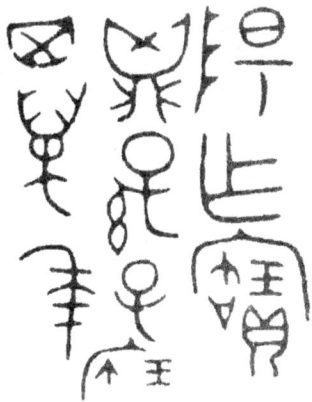

己華父鼎

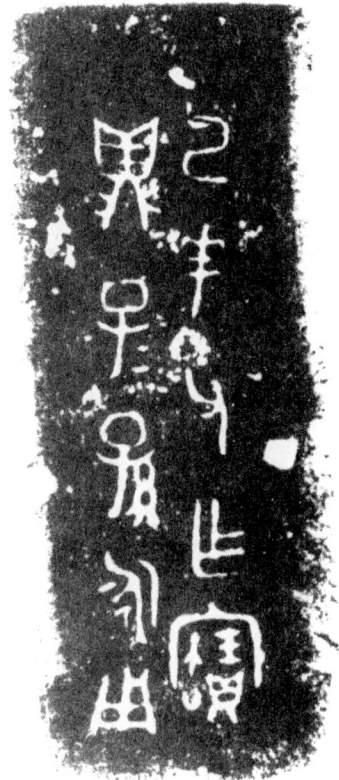

己(紀)華父乍(作)寶鼎，子子孫永用

02418

陽鼎

陽乍(作)寶鼎，孫子寶，其萬年

02420

鄭子石鼎

奠（鄭）子石乍（作）鼎，子子孫孫永寶用

02421

䢵䑣鼎

䢵造遣（䑣）乍（作）寶鼎，子子孫孫用享

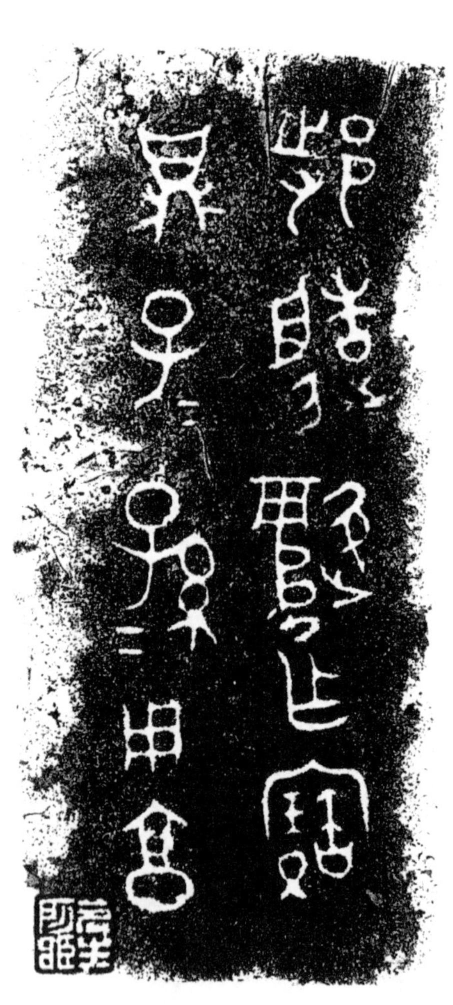

02422

曾侯仲子游父鼎

曾侯仲子游（遊）父自乍（作）𩰫彝

02423

曾侯仲子游父鼎

曾侯仲子游（遊）父自乍（作）𩰫彝

02424

乙未鼎

02425

乙未，王［賜］貝，

𡚬［賜］巾，在寢，

用乍（作）［寶］彝

鼄□鼎

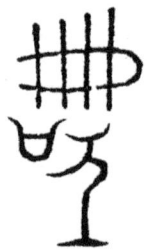

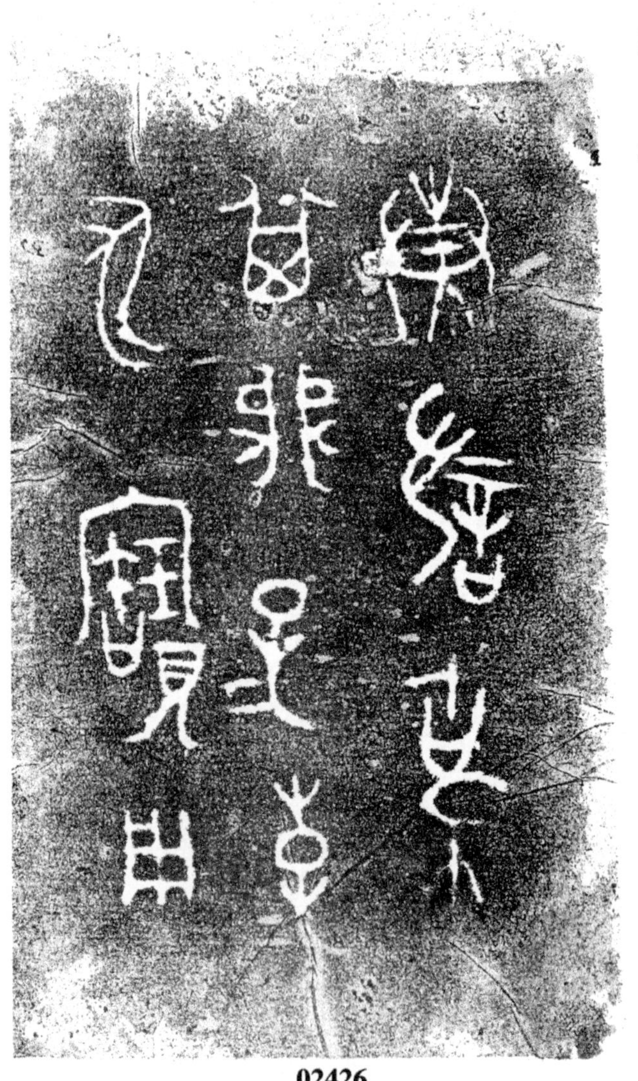

02426

鼄（邾）詋爲

其鼎，子子孫孫

永寶用

亞竇鼎

亞竇，宔父癸宅于二（二），册□

02427

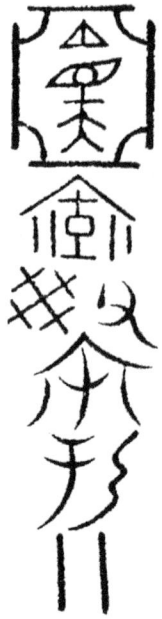

口子每刃鼎

［杞］子每刃乍(作)寶鼎，其萬年寶

02428

⿰虘殳仲鼎

⿰虘殳(⿰虘寸)仲□乍(作)鼎，子子孫孫永寶用

02429

殘障鼎

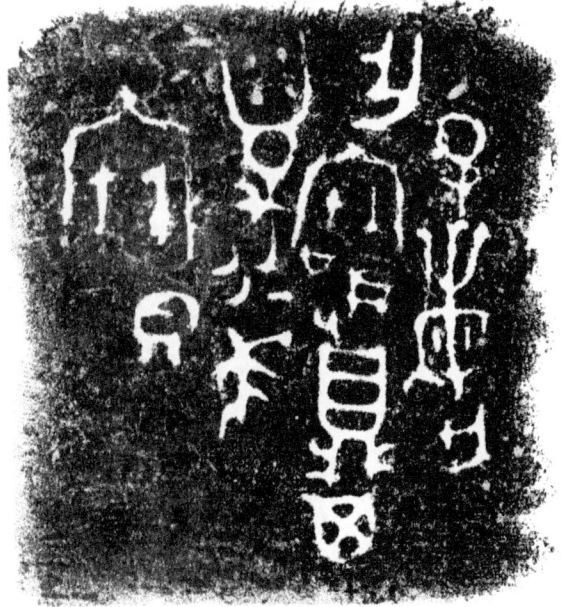

自乍(作)尊鼎，其萬年無疆，子孫永寶用享

02430

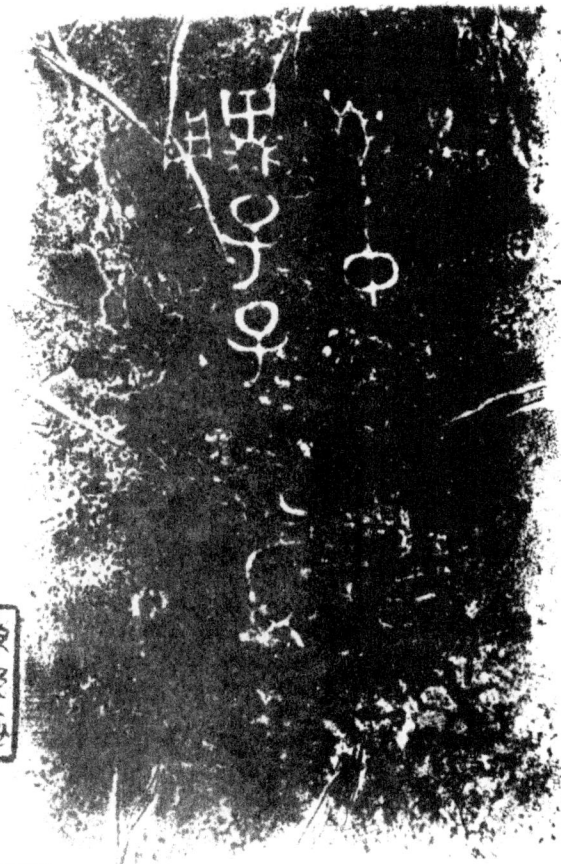

乃孫作且己鼎

乃孫乍（作）祖己宗
寶𪉊𤐫，匚（報）賓

02431

無敄鼎

無敄，用乍（作）文
父甲寶尊
彝，㠱

02432

龏姛方鼎

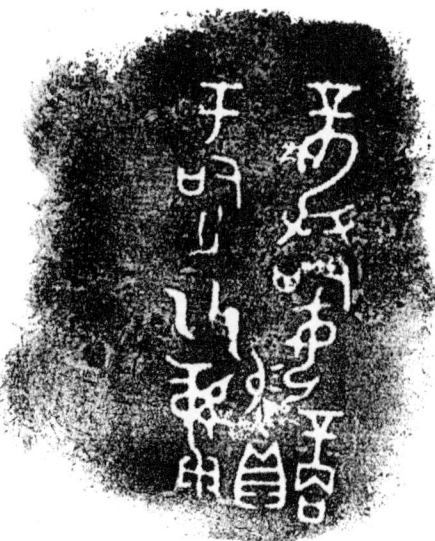

龏姛商（賞）賜貝
于司，乍（作）父乙彝

02433

龏姛方鼎

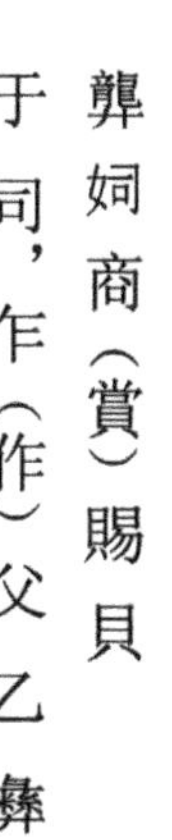

龏姛商（賞）賜貝
于司，乍（作）父乙彝

02434

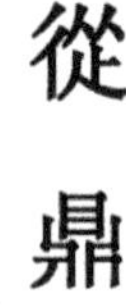

從鼎

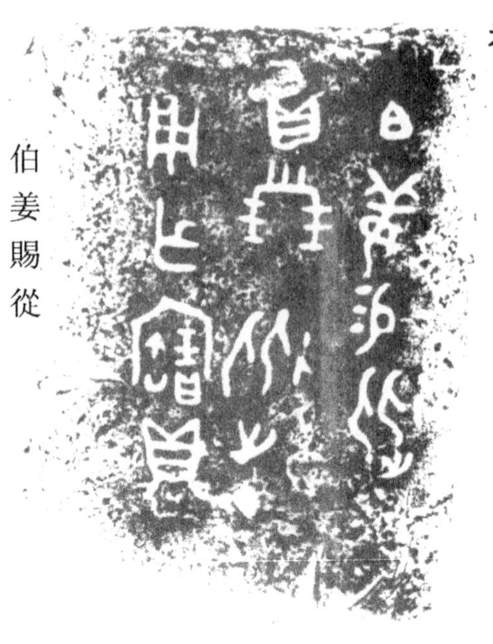

伯姜賜從貝卅朋，從用乍(作)寶鼎

02435

[illegible]虎鼎

[illegible](拔)虎乍(作)飤鼎，其邁(萬)年永寶用

02437

剌攺宁鼎

剌肇宁(貯)，用乍(作)父庚寶尊彝，[illegible]

02436

伯□作隮鼎

伯□乍(作)尊鼎，其萬年永寶用

02438

庚兹鼎

寶尊彝
厥文考叔
羊[illegible]茲乍(作)

02439

叔□父鼎

叔□父乍(作)鼎，
其萬年永寶用

02440

蔡侯鼎

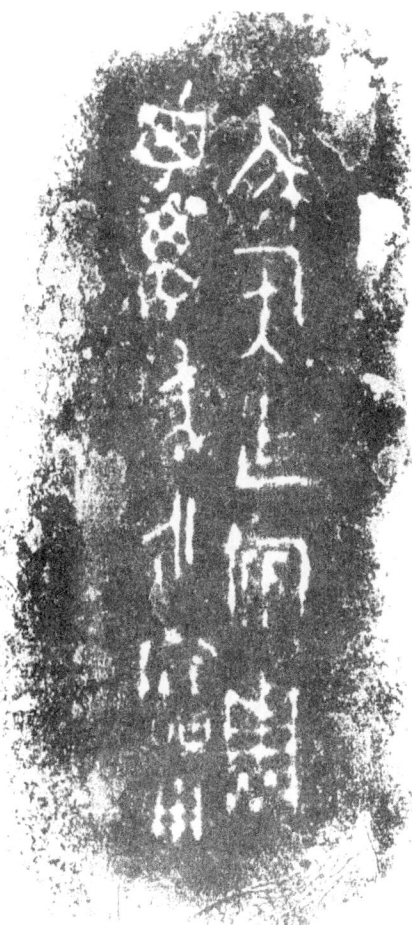

蔡侯乍(作)旅貞(鼎)，
其萬年永寶用

02441

仲宦父鼎

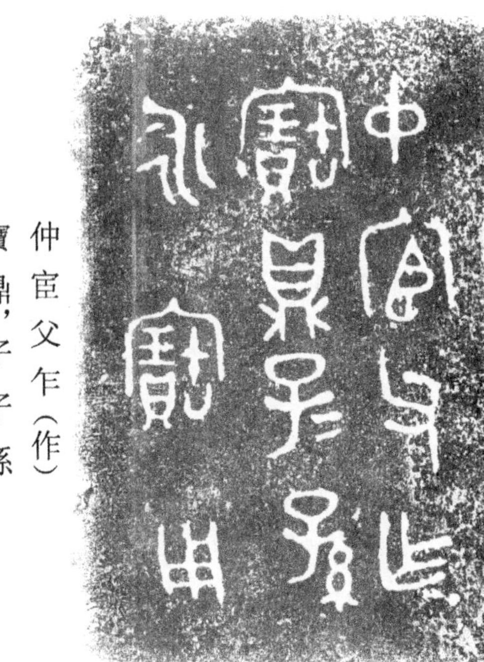

仲宦父乍(作)
寶鼎，子子孫
永寶用

02442

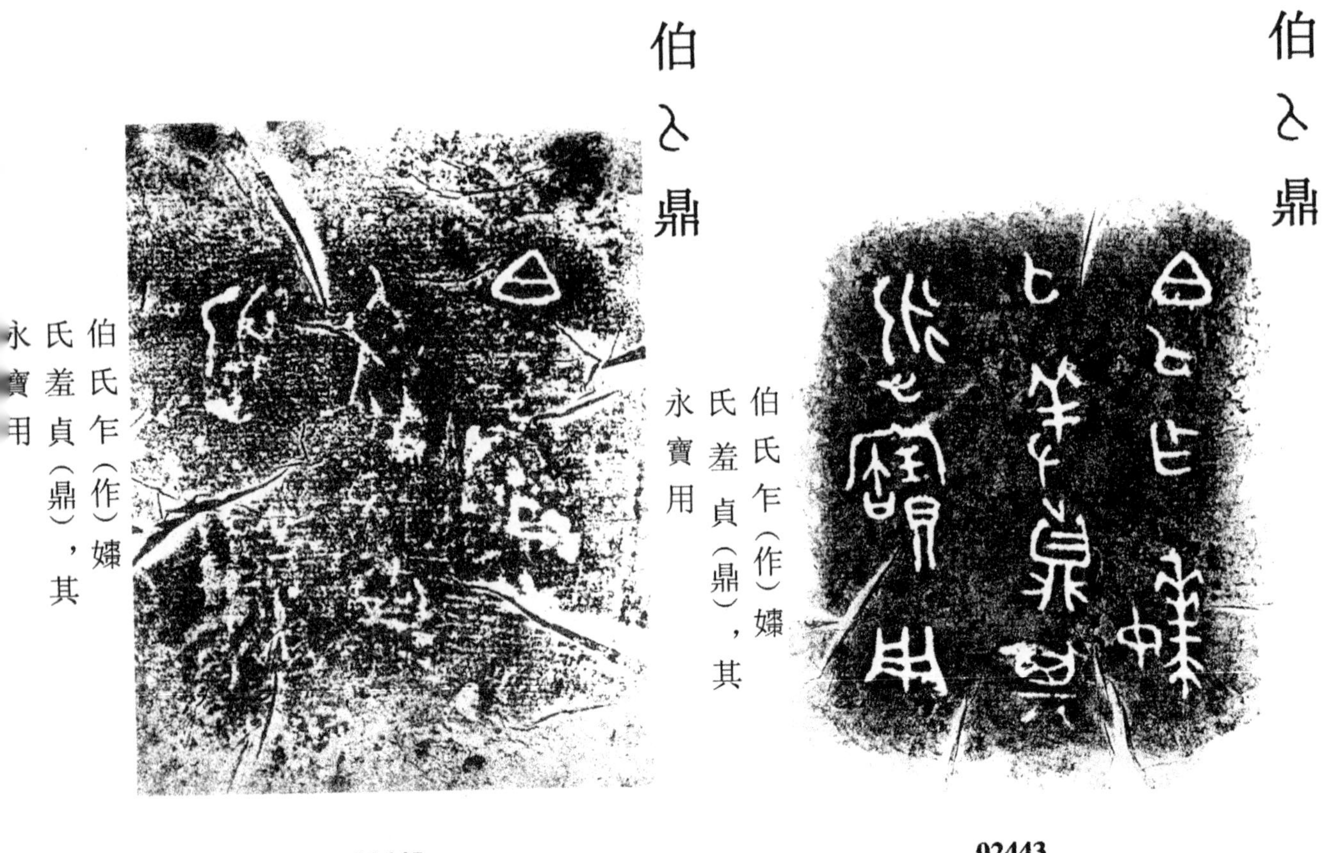

伯氏鼎

伯氏乍（作）嫌
氏羞貞（鼎），其
永寶用

02443

伯氏鼎

伯氏乍（作）嫌
氏羞貞（鼎），其
永寶用

02445

伯氏鼎

伯氏乍（作）嫌
氏羞貞（鼎），其
永寶用

02444

伯氏鼎

伯氏乍（作）嫌
氏羞貞（鼎），其
永寶用

02446

伯ㄅ鼎

伯氏乍（作）嫊氏羞貞（鼎），其永寶用

02447

內大子鼎

內（芮）大（太）子乍（作）鑄鼎，子孫永用享

02449

內大子鼎

內（芮）大（太）子乍（作）鑄鼎，子孫永用享

02448

曾子伯誩鼎

曾子伯誩鑄行器，爾永祜福

02450

梁上官鼎

梁上官，

⿸广肴（容）參（叄）分，

宜信冢子，⿸广肴（容）參（叄）分

02451

吳買鼎

⿰阝畢父之走（趣）

馬吳買，乍（作）

⿰享鳥（鶉）貞（鼎）用

02452

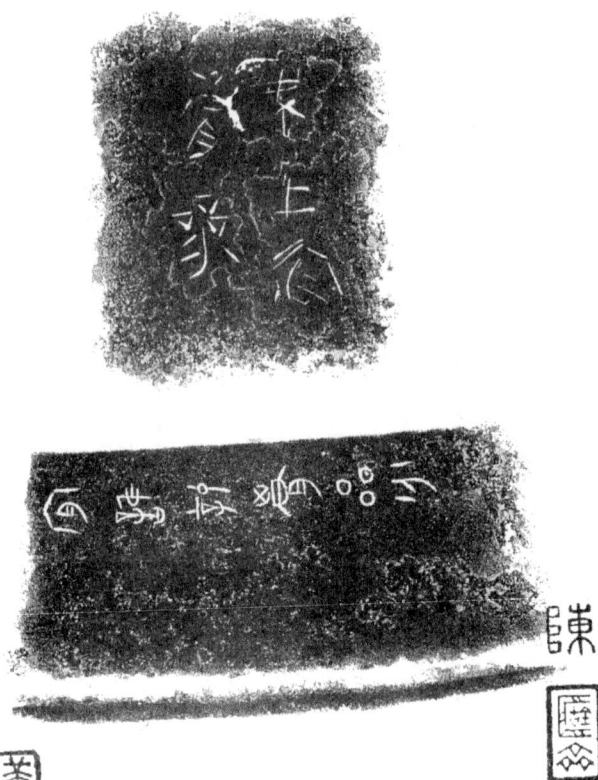

父鼎

休王賜⿱罒医（翳）父貝，用乍（作）厥寶尊彝

02453

父鼎

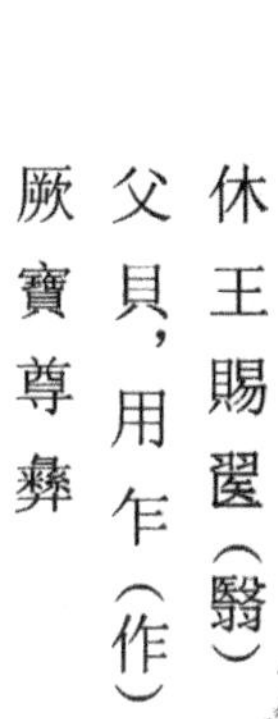

休王賜⿱罒医（翳）父貝，用乍（作）厥寶尊彝

02455

父鼎

休王賜⿱罒医（翳）父貝，用乍（作）厥寶尊彝

02454

伯矩鼎

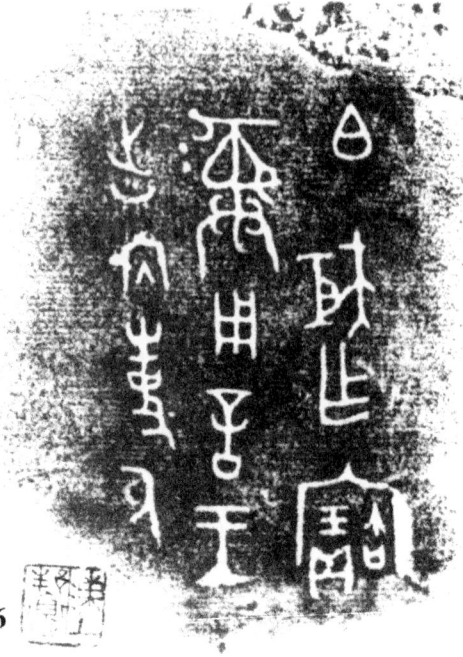

伯矩乍（作）寶
彝，用言（歆）王
出內（入）事（使）人

02456

中作且癸鼎

侯賜中貝
三朋，用乍（作）
祖癸寶鼎

02458

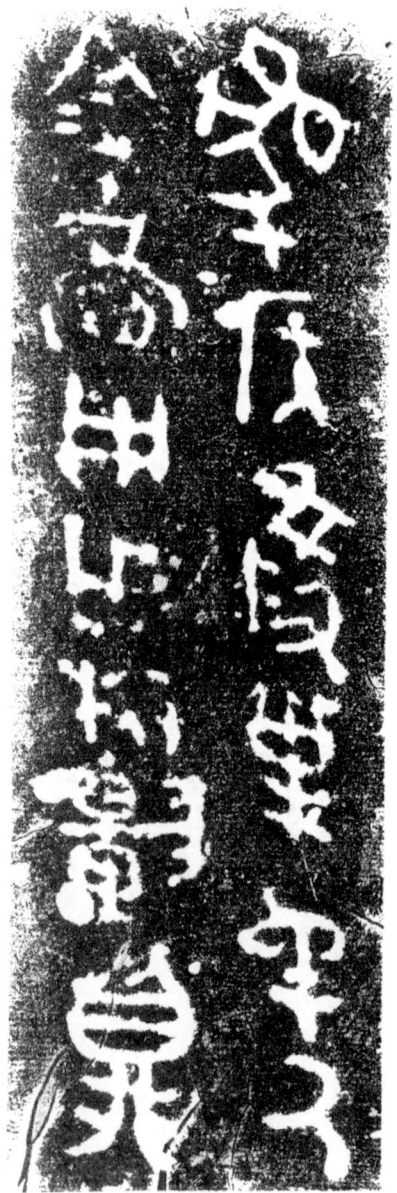

𧳋侯鼎

𧳋（鼬）侯獲巢，俘厥
金胄，用乍（作）旅鼎

02457

交鼎

交從嘼（獸），逨即王，
賜貝，用乍（作）寶彝

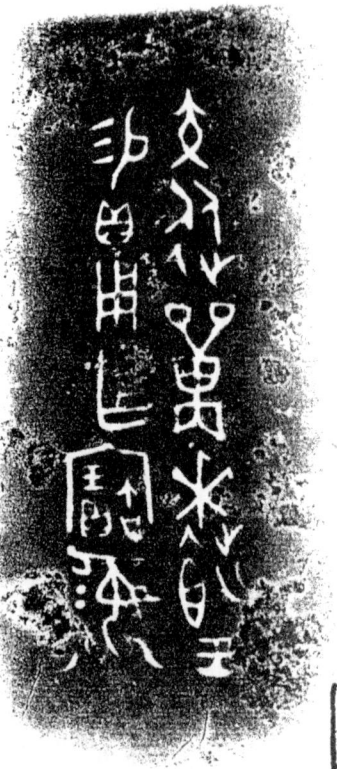

02459

柜伯鼎

柜（柍）伯肄（津）乍（作）鳥寶鼎，其萬年用享

02460

从鼎

从乍（作）寶鼎，其萬年，子孫永寶用

02461

倗仲鼎

倗仲乍（作）畢媿賸（媵）鼎，其萬年寶用

02462

仲殷父鼎

仲殷父乍（作）鼎，其萬年，子子孫孫寶用

02463

仲殷父鼎

仲殷父乍（作）鼎，其萬年，子子孫孫寶用

02464

伯𩫨父鼎

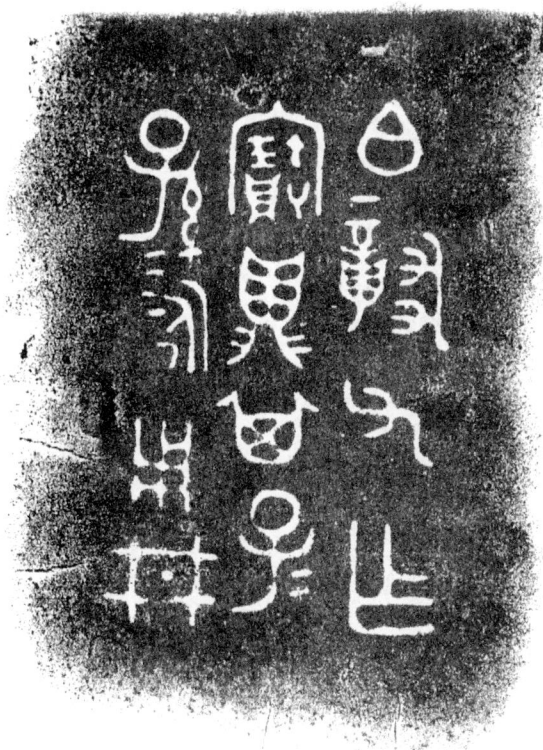

伯𩫨父乍（作）寶鼎，其子子孫孫永用，井

02465

溓俗父鼎

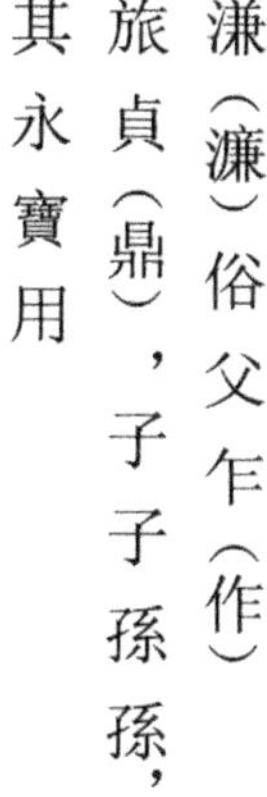

溓（濂）俗父乍（作）旅貞（鼎），子子孫孫，其永寶用

02466

鄭姜伯鼎

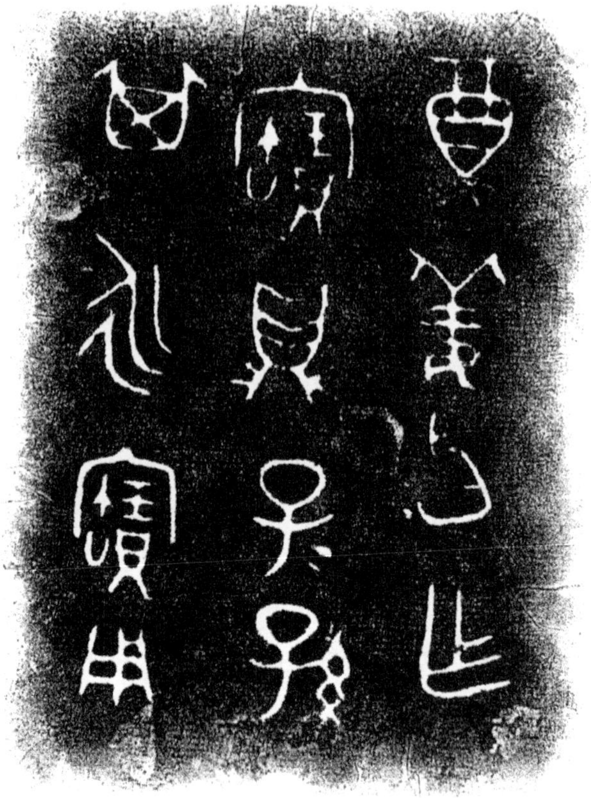

奠（鄭）姜（羌）伯乍（作）
寶鼎，子子孫孫，
其永寶用

02467

敶生隺鼎

敶（陳）生（甥）隺乍（作）
飤鼎，子子孫孫，
其永寶用

02468

大師人鼎

大（太）師人駘
乎乍（作）寶鼎，
其子子孫孫用

02469

𤇳有嗣爯鼎

𤇳（榮）又（有）嗣爯
乍（作）䵼鼎，用
朕（媵）嬴女𪊲女（母）

02470

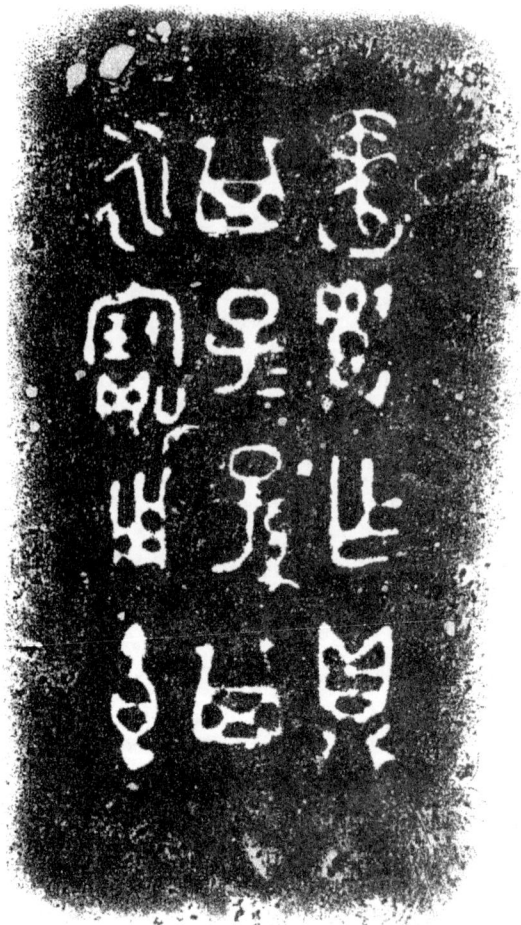

圂□鼎

圂□乍（作）鼎，
其子子孫其
永寶用，幸

02471

虢姜鼎

虢姜乍（作）
寶尊
鼎，其萬
年永寶
用

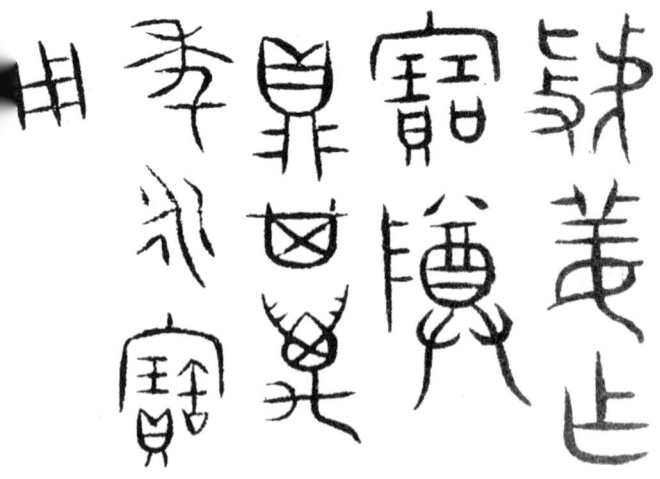

02472.B

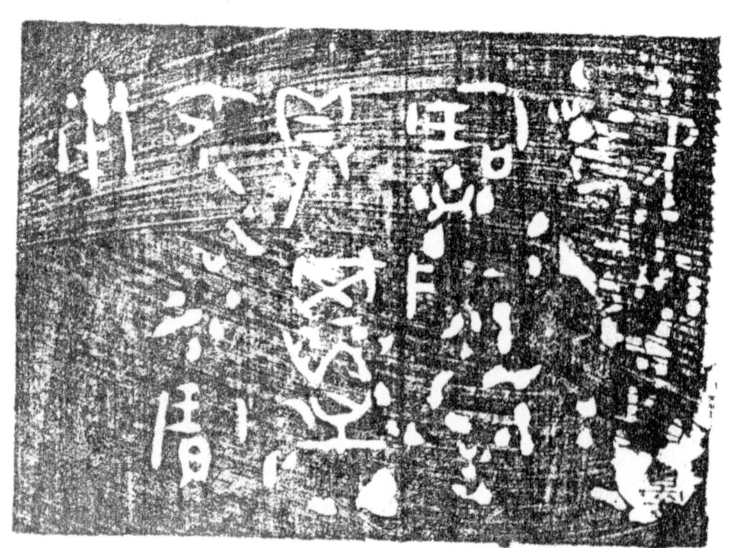

02472.A

史喜鼎

史喜乍（作）朕
文考翟祭，
厥日唯乙

02473

傑嗣寇鼎

傑嗣寇獸
肇乍（作）寶貞（鼎），
其永寶用

02474

内公鼎

內（芮）公乍（作）鑄
飤鼎，子孫
永寶用享

02475

専車季鼎

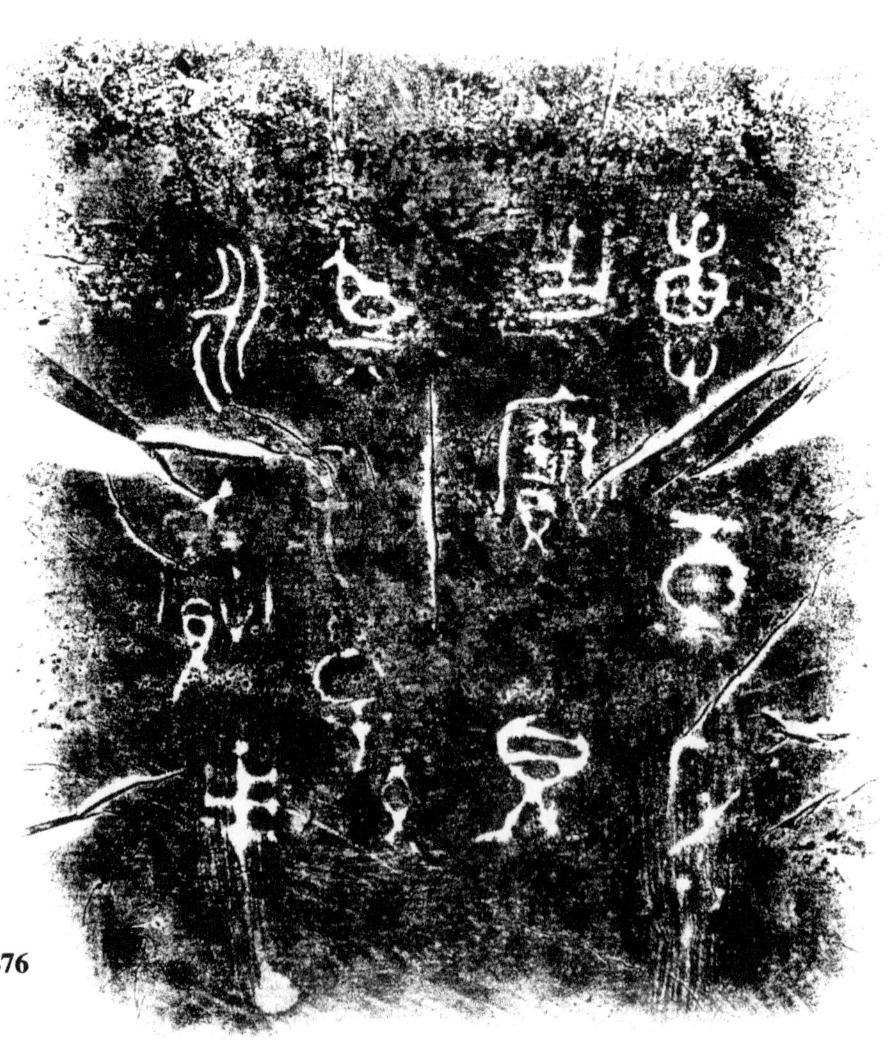

専車季
乍（作）寶鼎，
其子子孫孫
永寶
用

02476

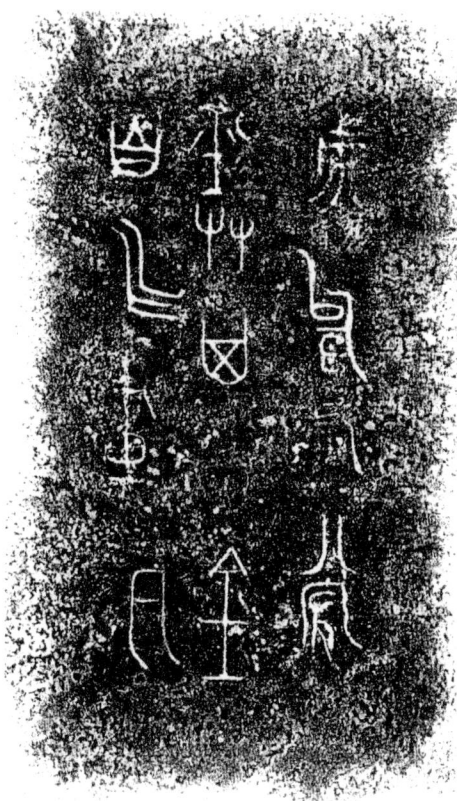

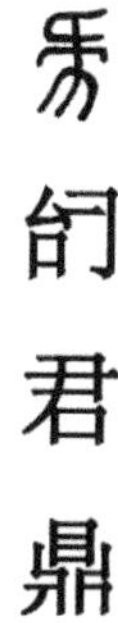

何訇君党

擇其吉金,

自乍(作)旅鼎

02477

鎬鼎

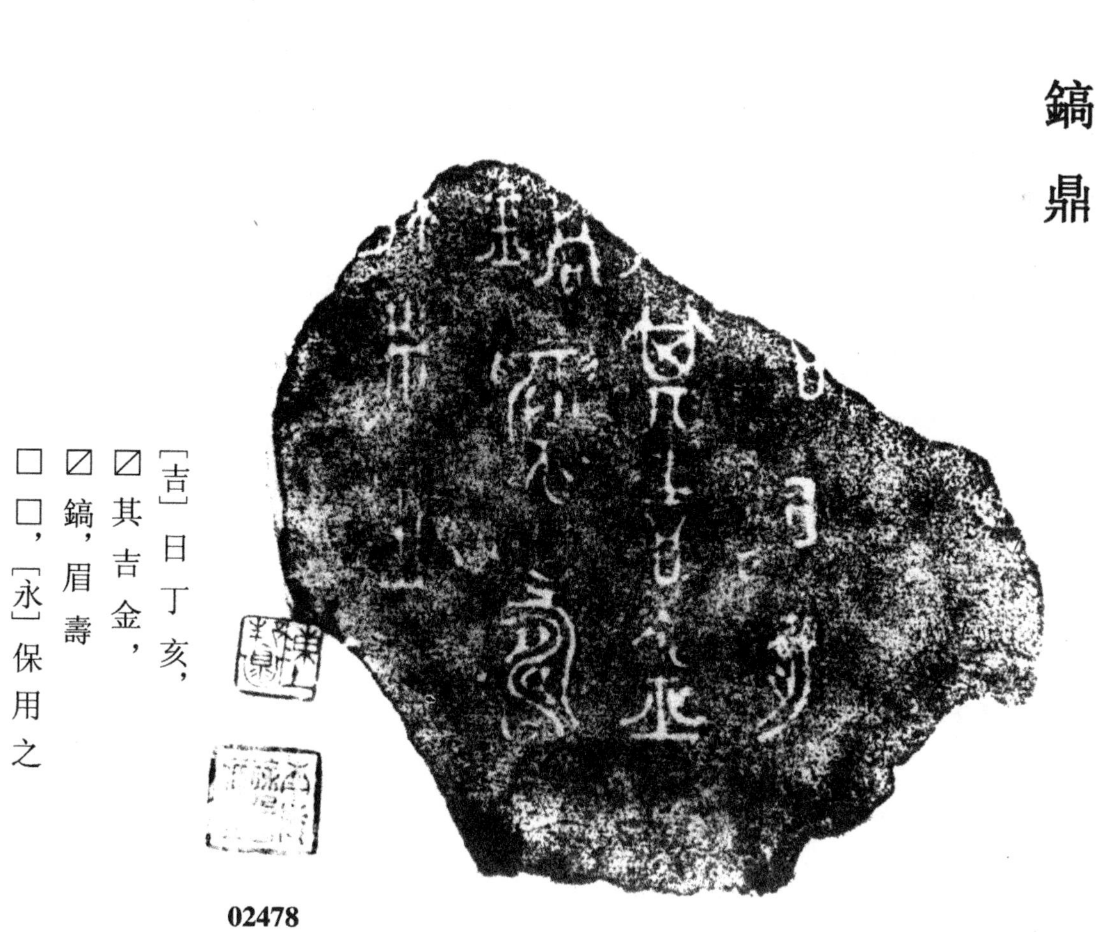

[吉]日丁亥,

▨其吉金,

▨鎬,眉壽

□□,[永]保用之

02478

楚王酓肯釶鼎

02479.1

楚王酓（熊）肯乍（作）鑄匜貞（鼎），台（以）共（供）歲棠（嘗）

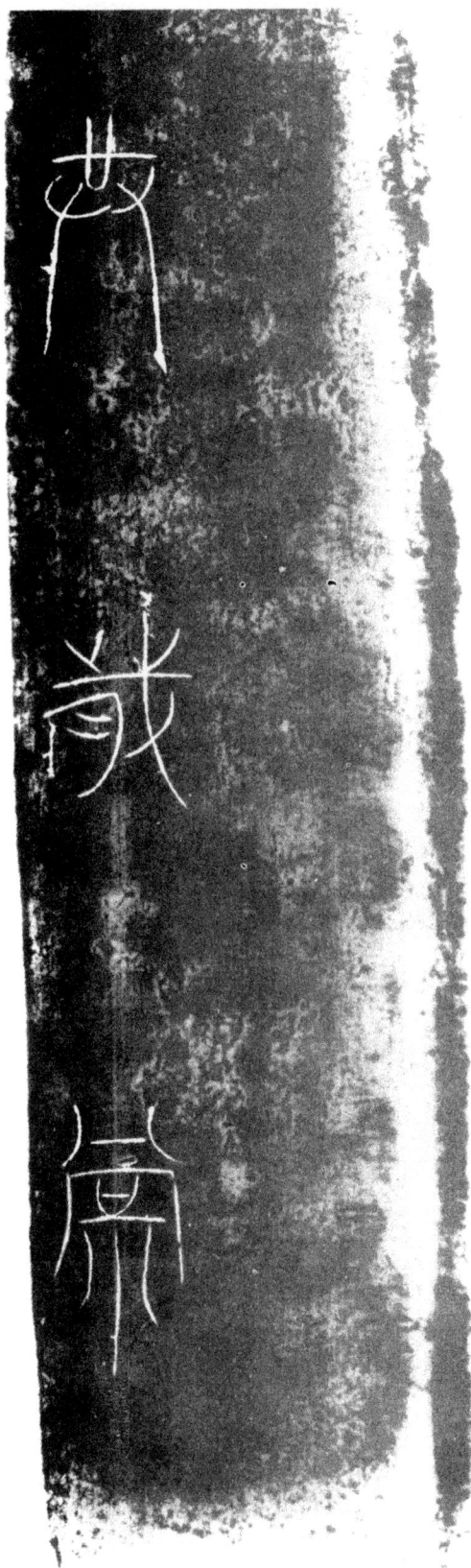

02479.2

鑄客鼎

鑄客爲集腏、伸腏、睘腋腏爲之

02480

二年寍鼎

二年，寧冡子得、冶諎爲財（鼒）四分⿱

02481

壴生鼎

彭生（甥）乍（作）［文考］日辛寶尊彝，𠈁册

02483

四年昌國鼎

四年，昌國𡰥工師翟伐、冶更所爲

02482

舟鼎

□舟乍（作）寶
鼎，其萬年，
子孫永寶用

02484

刺覲鼎

刺覲（肇）乍（作）寶
尊，其用盟鬻
宄嫣日辛

02485

禽鼎

禽乍（作）文考寶煄
鼎，子子孫孫永寶，亞束（刺）

02486

伯寂父鼎

伯寂父乍(作)
旅貞(鼎),用鄉(饗)王
逆造事(使)人

02487

右伯鼎

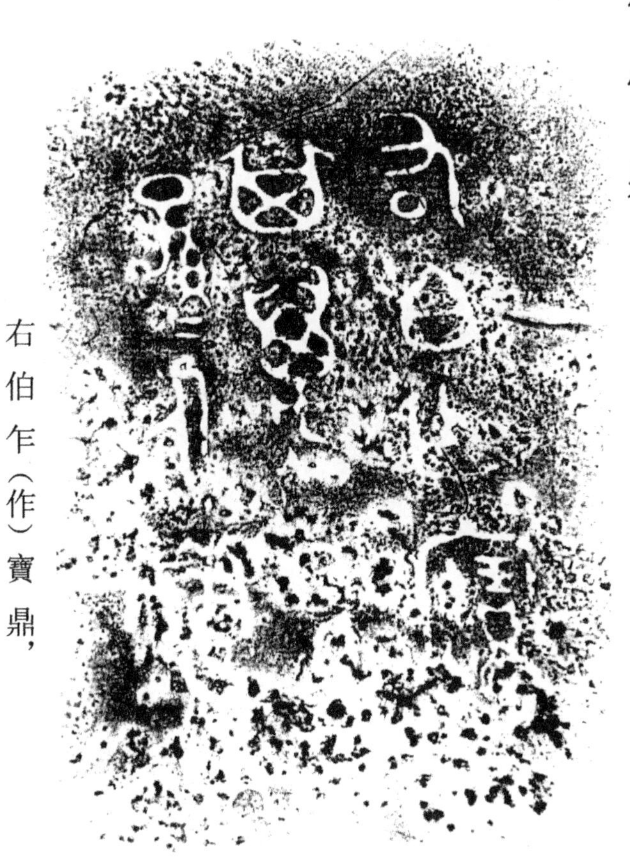

右伯乍(作)寶鼎,
其萬年,子子
孫孫永寶用

02488

伯衛父鼎

伯衛父乍(作)□䵼,
其孫孫子子邁(萬)年永寶

02489

叀鼎

叀乍（作）微伯娟（妘）氏勹（庖）鼎，永寶用，羊册

02490

居𦨶駷鼎

居舣（服）駷乍（作）用寶鼎，其萬年永寶用

02491

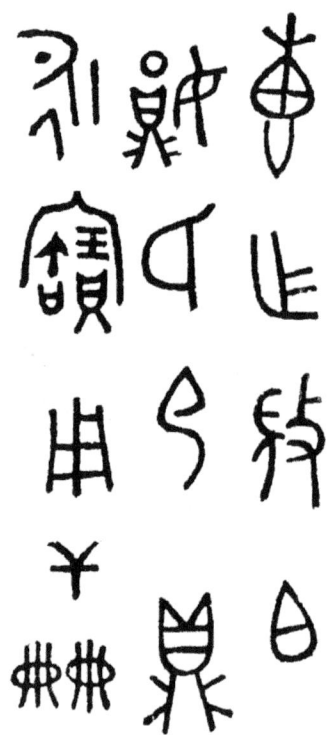

虢叔大父鼎

虢叔大父
乍(作)尊鼎，其
萬年永寶用

02492

鄭饔原父鼎

奠(鄭)饔邍父
鑄鼎，其邁(萬)
年子孫永用

02493

杞伯每匕鼎

02494.1

02494.2

杞伯每刅乍(作)敉(邾)
婕寶貞(鼎),子子
孫孫永寶用,
杞伯每刅乍(作)敉(邾)
婕寶貞(鼎),子子
孫孫永寶用

杞伯每匕鼎

杞伯每刃乍(作)
鼄(邾)嫀寶貞(鼎)，
子子孫孫永寶用

02495

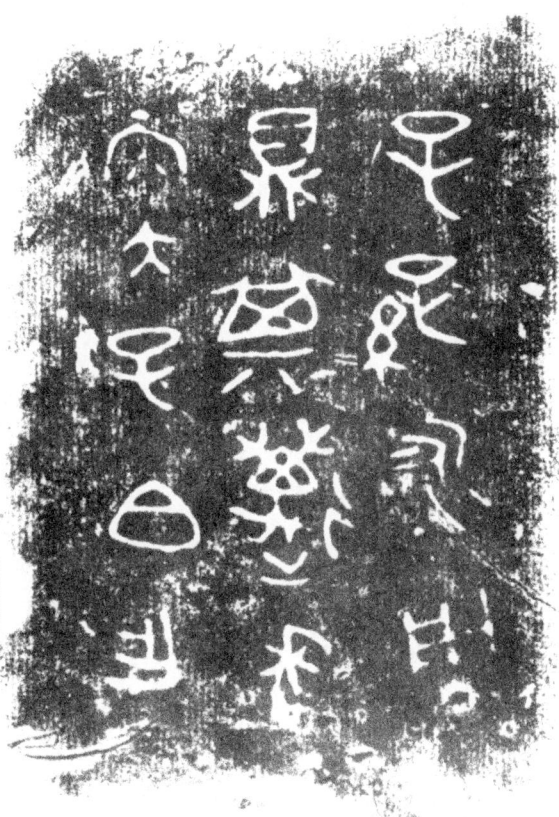

内大子白鼎

内(芮)大(太)子白乍(作)
鼎，其邁(萬)年，
子孫永用

02496

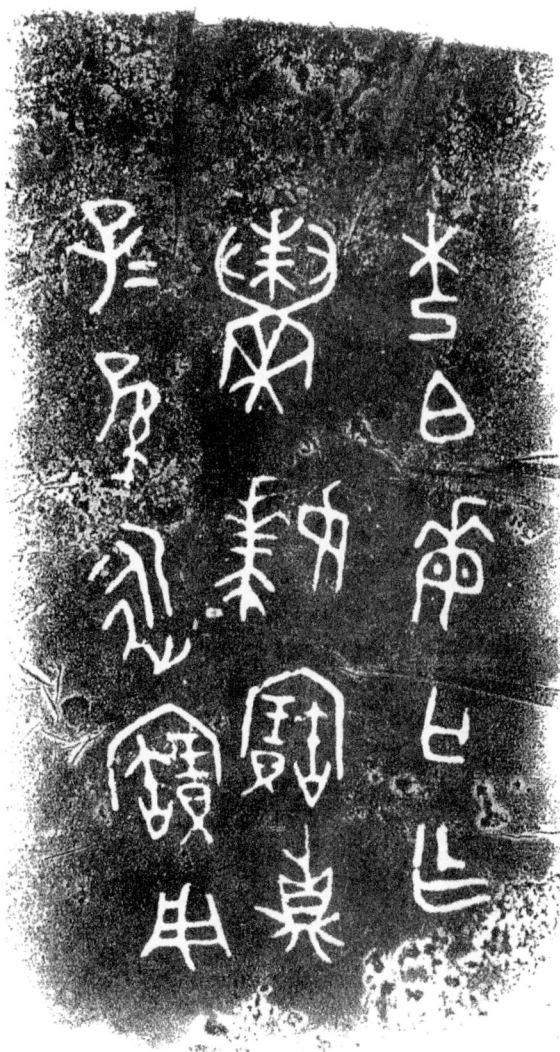

黄君孟鼎

02497

黄君孟自乍（作）行器[illegible]，子
孫則永祜寚（福）

鄾子蒷臺鼎

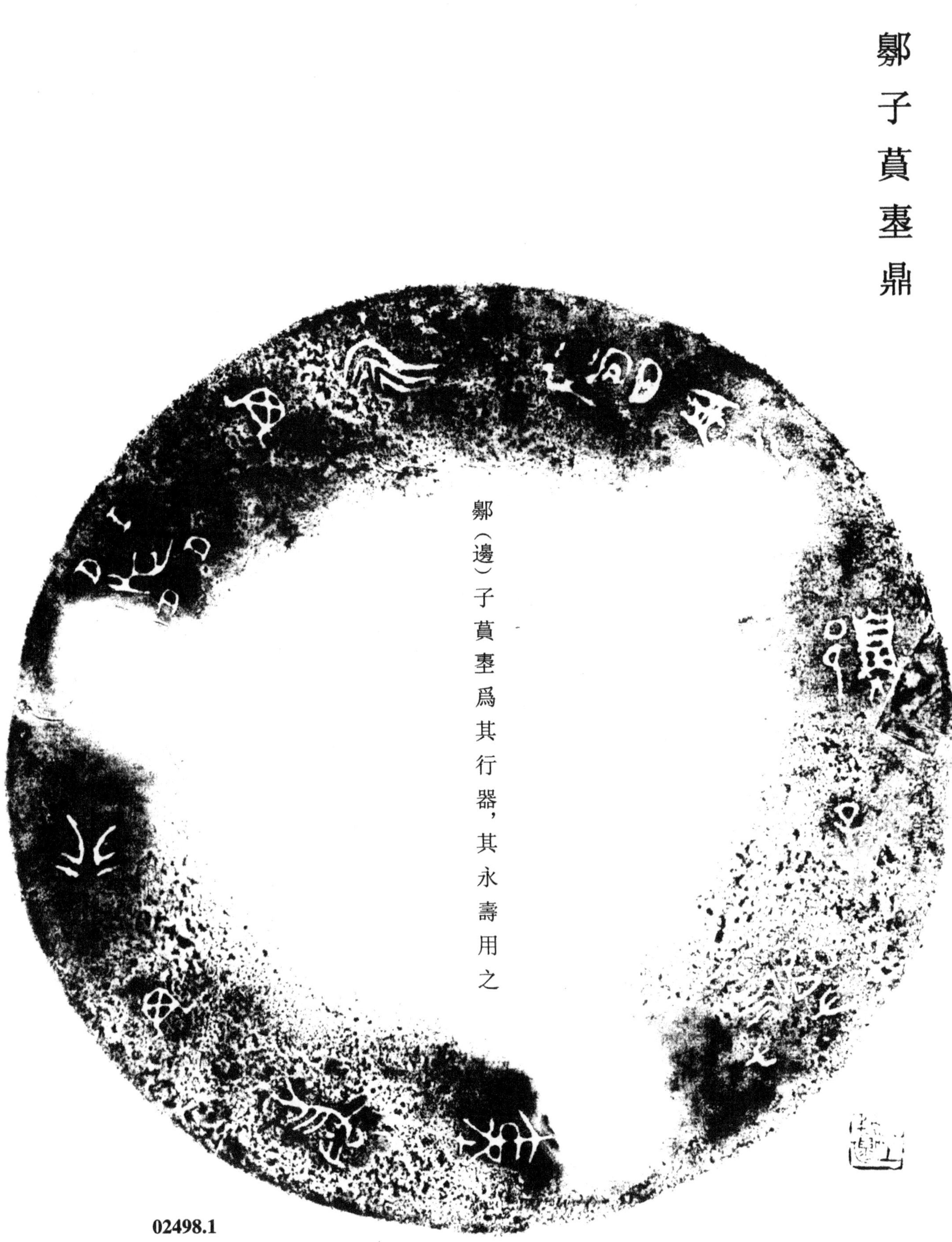

02498.1

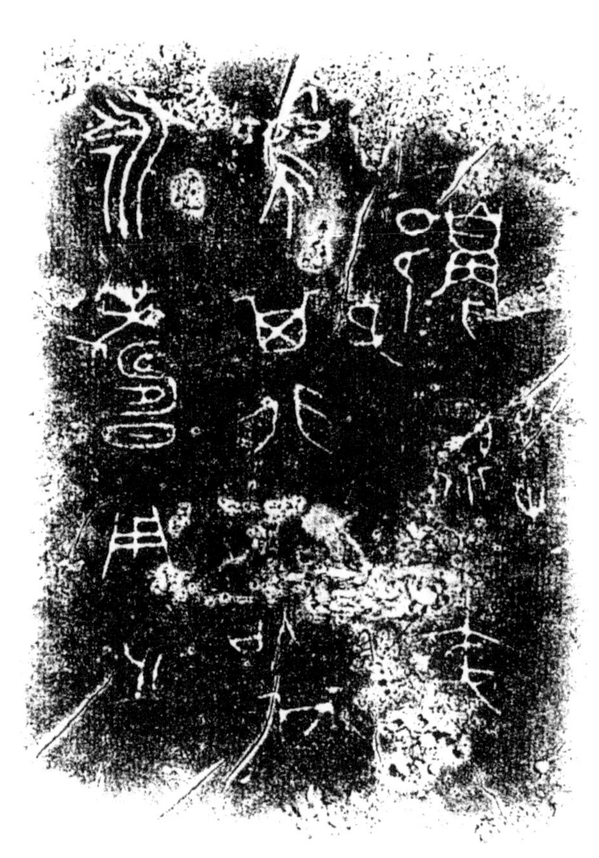

鄒（邊）子蒷臺
爲其行器，其
永壽用之

02498.2

斉父丁鼎

癸卯，尹商（賞）斉貝三朋，用乍（作）父丁尊彝

02499

伯𢉩父鼎

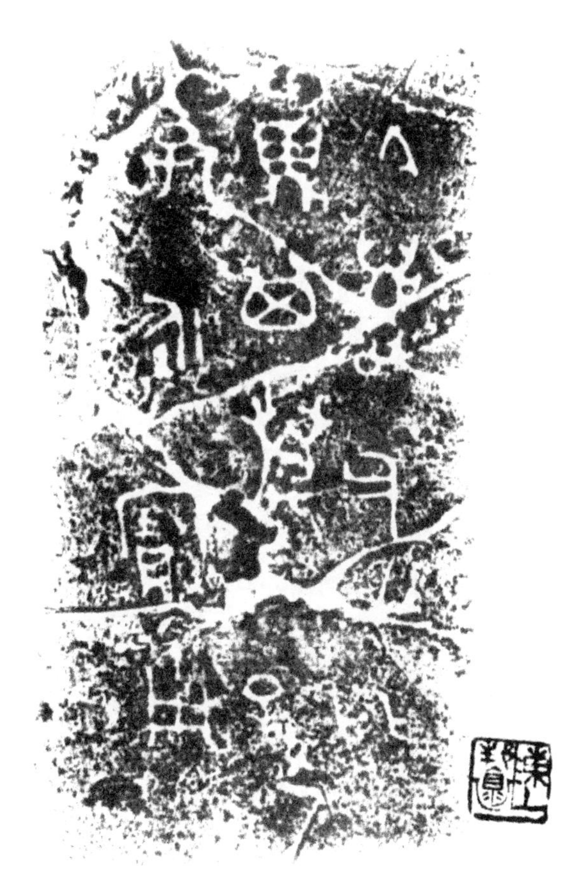

伯𪢉父乍（作）比鼎，其萬年，孫子永寶用

02500

嗣工殘鼎

☐霸，☐
嗣工☐[作]
册微霸，
☐女楚
☐女玄
☐旅
☐天
☐彝

02501

圓君鼎

圓(昆)君婦媿靁[作]
旅尊貞(鼎)，
其邁(萬)年永寶用

02502

𤇈子旅鼎

𤇈（榮）子旅乍（作）父戊寶尊彝，其孫子永寶

02503

作册䀠鼎

康侯在柯（柯）師（次），賜乍（作）册䀠貝，用乍（作）寶彝

02504

圉方鼎

休朕公君匽（燕）侯賜圉貝，用乍（作）寶尊彝

02505.1

休朕公君匽（燕）侯賜圉貝，用乍（作）寶尊彝

02505.2

罴作且乙鼎

己亥，王賜罴貝，用乍（作）
祖乙尊，田告亞

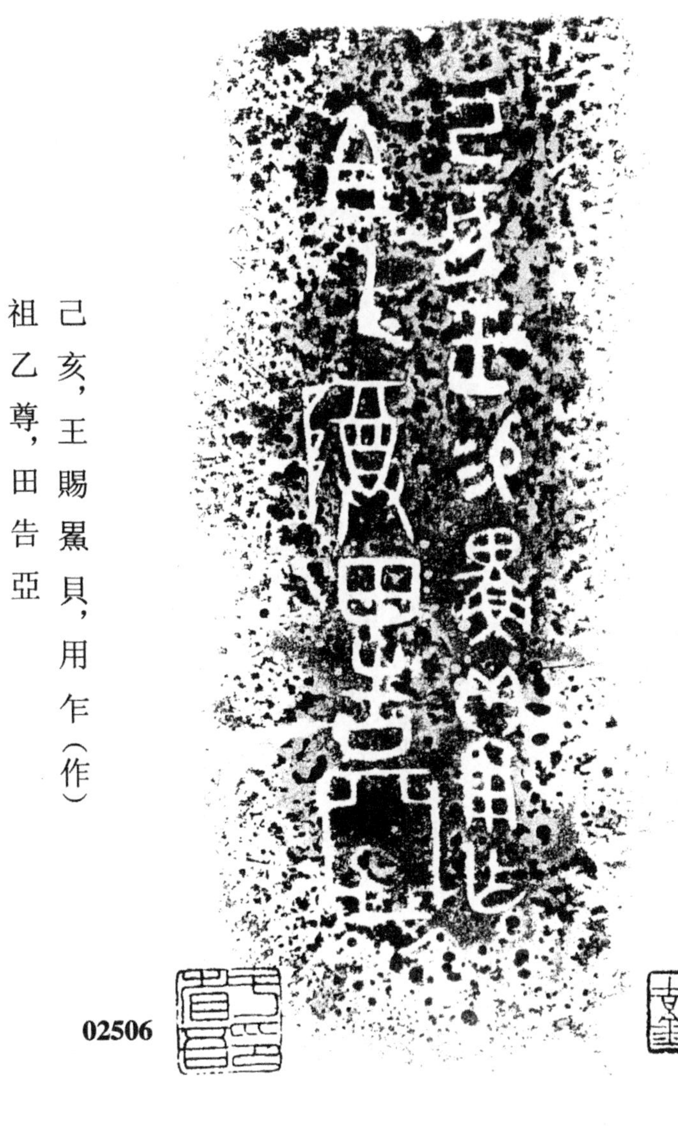

02506

復鼎

侯賞復貝
四朋，復用乍（作）父乙
寶尊彝，㠱

02507

伯考父鼎

伯考父乍(作)寶鼎，其邁(萬)年，子子孫永寶用

02508

屯鼎

屯蔑曆于亢衛，用乍(作)䵼彝，父己，馬夽(豨)

02509

屯鼎

屯蔑曆于亢衛，用乍(作)䵼彝，父己，馬夽(豨)

02510

叔⿱艹⿱㚘廾父鼎

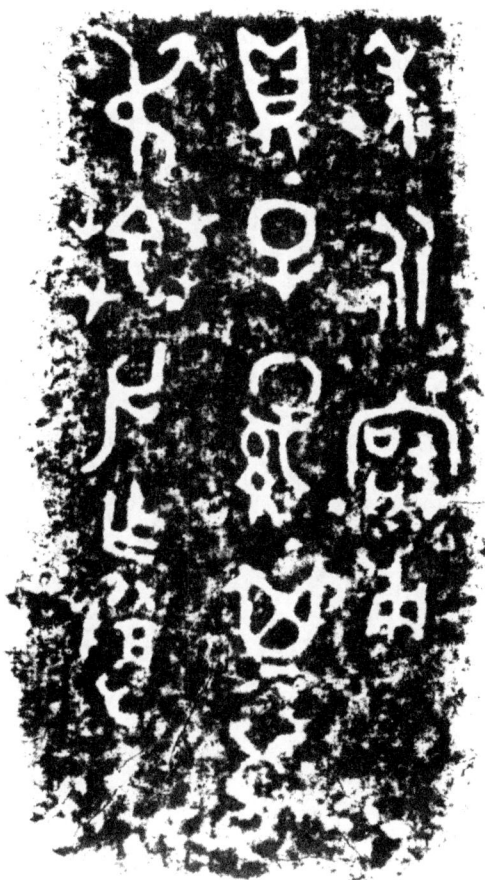

叔⿱艹⿱㚘廾父乍(作)尊鼎，子孫其萬年永寶用

02511

吉父鼎

吉父乍(作)旅鼎，其邁(萬)年，子子孫永寶用享

02512

伯筍父鼎

伯筍父乍(作)寶鼎，其萬年，子子孫孫永寶用

02513

伯筍父鼎

伯筍父乍(作)寶鼎，其萬年，子子孫孫永寶用

02514

史宜父鼎

史宜父乍（作）尊鼎，其萬年，子子孫孫永寶用

02515

糹合娟鼎

糹合娟（妘）乍（作）寶鼎，其萬年，子子孫永寶用享

02516

內子仲□鼎

內(芮)子仲殿(搬)
乍(作)叔媿尊
鼎，子子孫孫永寶
用

02517

蔡生鼎

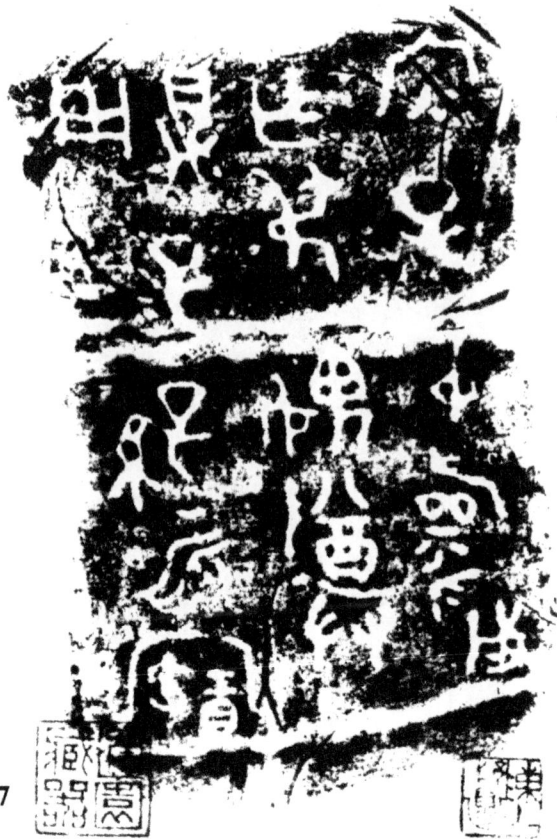

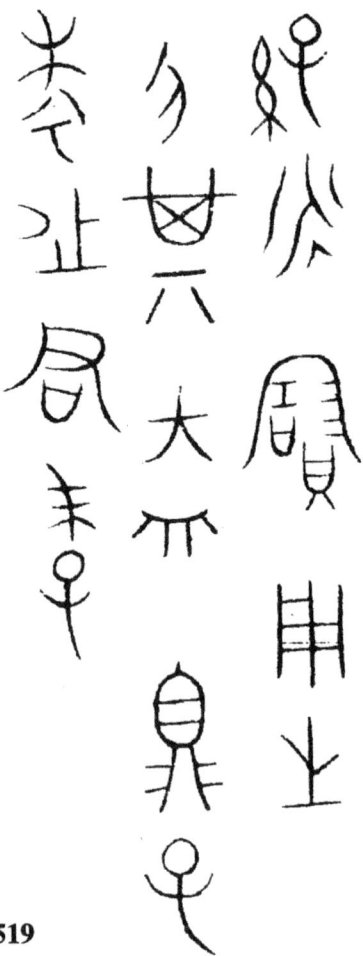

□蔡生(甥)□(坈)乍(作)
其貞(鼎)，子子孫孫，
邁(萬)年永寶用

02518

君季鼎

考𣥒(征延)君季自
乍(作)其盄鼎，子
孫永寶用之

02519

鄭戚句父鼎

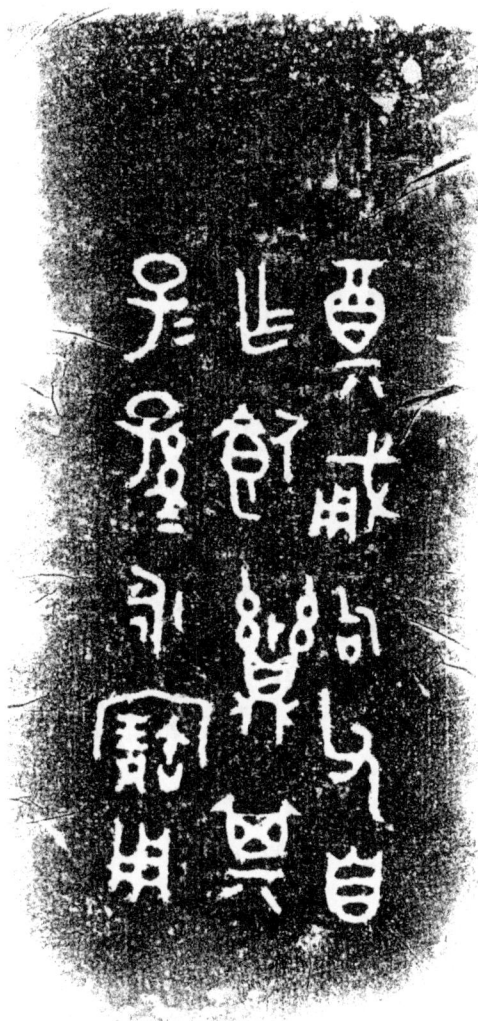

奠（鄭）戚（勇）句父自
乍（作）飤䵼，其
子子孫孫永寶用

02520

雍作母乙鼎

雍乍（作）母乙尊
鼎，其萬年，子子
孫孫永寶用

02521

武生鼎

武生（甥）毀（捏）
乍（作）其羞
鼎，子子孫孫，
永寶用之

02522

武生鼎

武生（甥）毀（捏）乍（作）
其羞鼎，
子子孫孫，永
寶用之

02523

㾓𢦏生鼎

㾓(䏍)奔(扶)生(甥)乍(作)成
媿賸(媵)貞(鼎)，其子子
孫孫永寶用

02524

郳伯御戎鼎

鼄(郳)伯御戎乍(作)
朕(滕)姬寶貞(鼎)，
子子孫孫永寶用

02525

穌冶妊鼎

穌（蘇）冶妊乍（作）虢
妃魚母賸（媵），子子
孫孫永寶用

02526

卅年鼎

卅年，虒谕（令）瘫、眂（視）事鷃、冶巡鑄，脣（容）四分

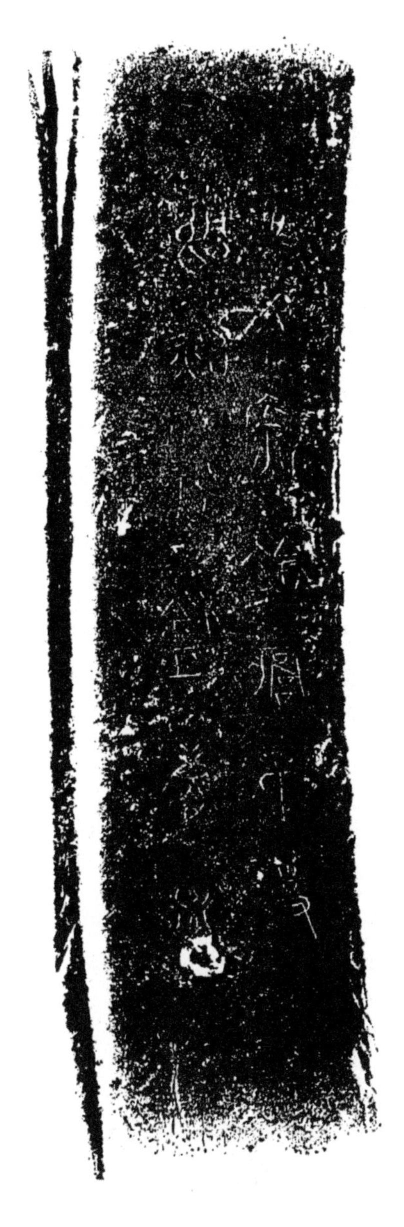

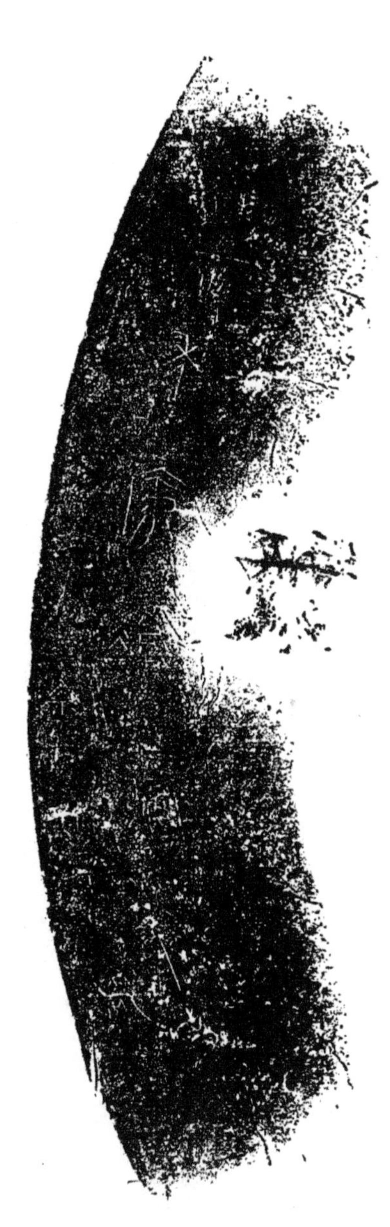

02527

𢀜□仲方鼎

登（鄧）小仲駊（騎）𢓊□□取，用乍（作）厥文祖寶𩰫尊盉（齍），□厥□□□宫

02528

仲再父鼎

[仲]再父乍（作）寶鼎，其萬年，子子孫永用享孝

02529

王子中府鼎

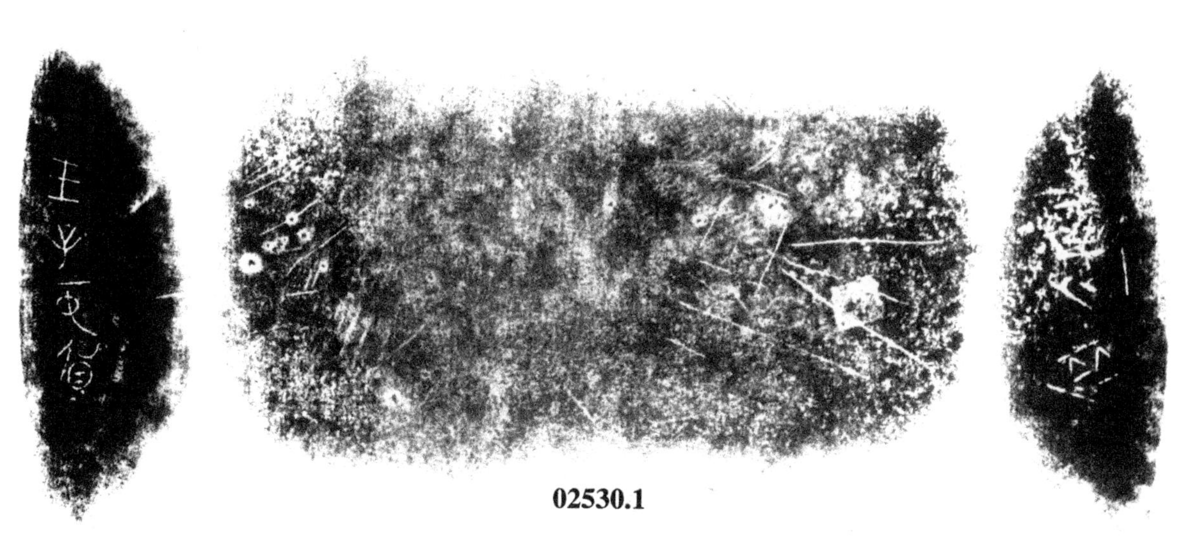

02530.1

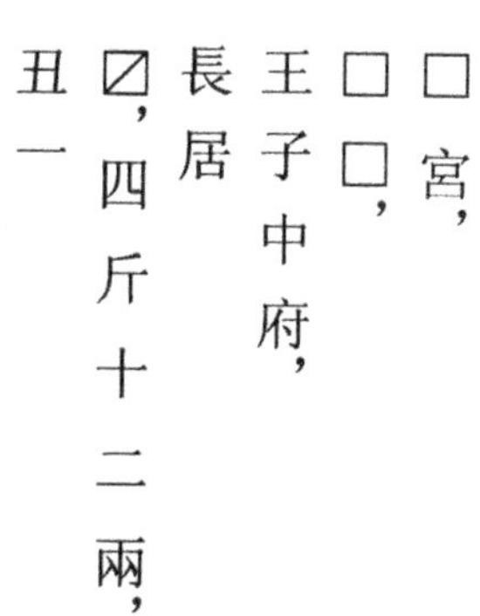

□宮，
□□，
王子中府，
長居
〼，四斤十二兩，
丑一

02530.3

02530.2

雍伯鼎

王令雍伯啚
于𡳿爲宮，雍
伯乍(作)寶尊彝

02531

乃𦡙子鼎

乃𦡙子乍(作)厥文
考尊彝，其
萬年用[illegible]祀

02532

仲𣄰父鼎

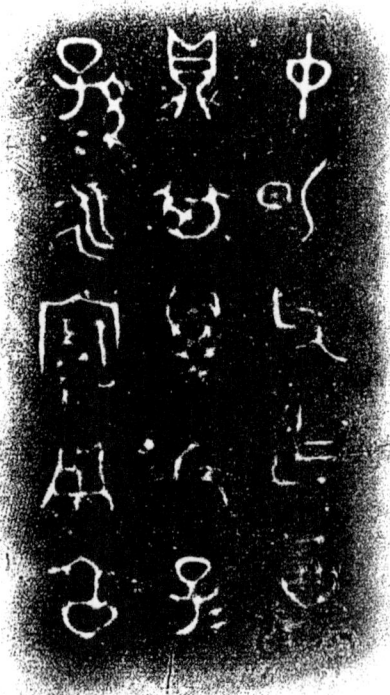

仲𣄰(豖)父乍(作)尊
鼎，其萬年，子子
孫孫，永寶用享

02533

屖伯魚父鼎

屖伯魚父乍（作）旅鼎，其萬年，子子孫孫永寶用

02534

伯虘父鼎

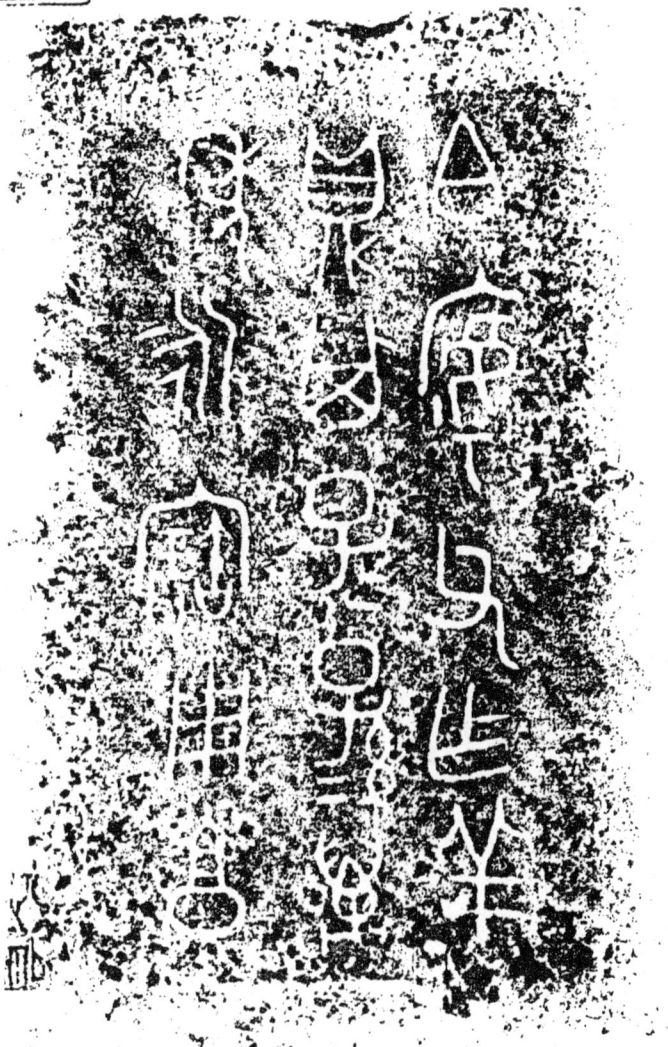

伯虘父乍（作）羊鼎，其子子孫孫萬年，永寶用享

02535

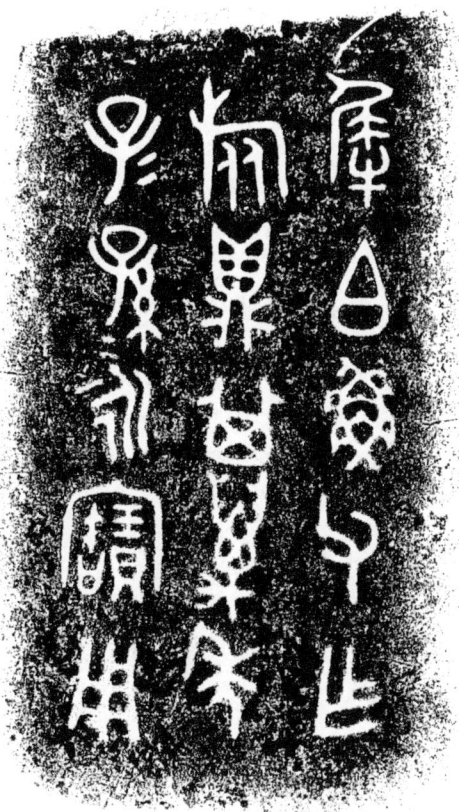

鄭登伯鼎

奠（鄭）登伯伋（及）叔
嬬乍（作）寶鼎，其
子子孫孫永寶用

02536

静叔鼎

静叔乍（作）䰟嬶
旅貞（鼎），其萬年
眉壽，永寶用

02537

伯冋鼎

伯堂肇其乍(作)
寶鼎，堂其萬
年，子子孫孫永寶

02538

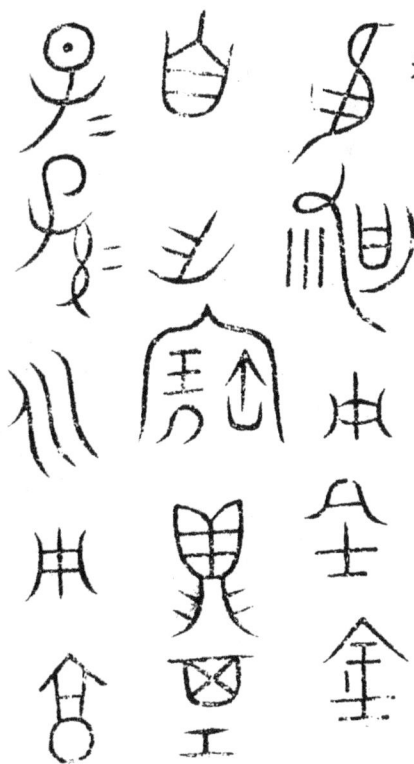

□鼎

唯□用吉金，
自乍(作)寶鼎，其
子子孫孫永用享

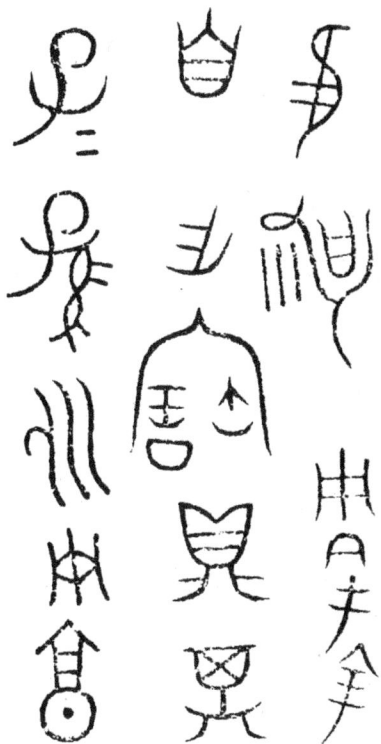

02539

□鼎

唯□用吉金，
自乍(作)寶鼎，其
子子孫孫永用享

02540

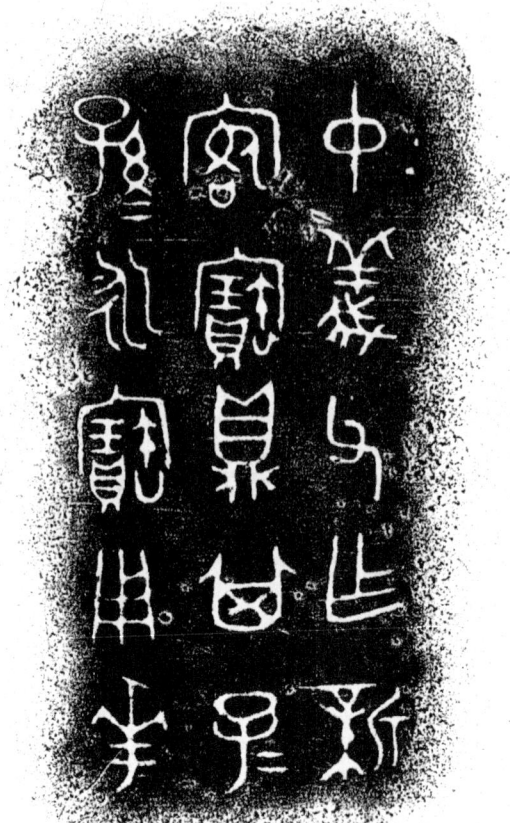

仲義父鼎

仲義父乍（作）新
㝅（客）寶鼎，其子子
孫孫永寶用，華

02541

仲義父鼎

仲義父乍（作）新
㝅（客）寶鼎，其子子
孫孫永寶用，華

02542

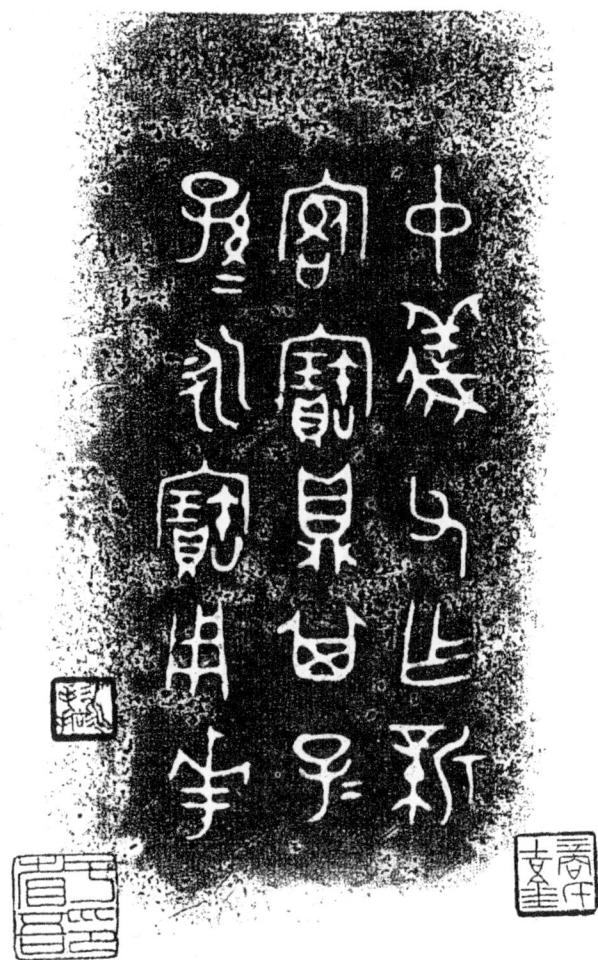

仲義父鼎

仲義父乍（作）新
㝰（客）寶鼎，其子子
孫孫永寶用，華

02543

仲義父鼎

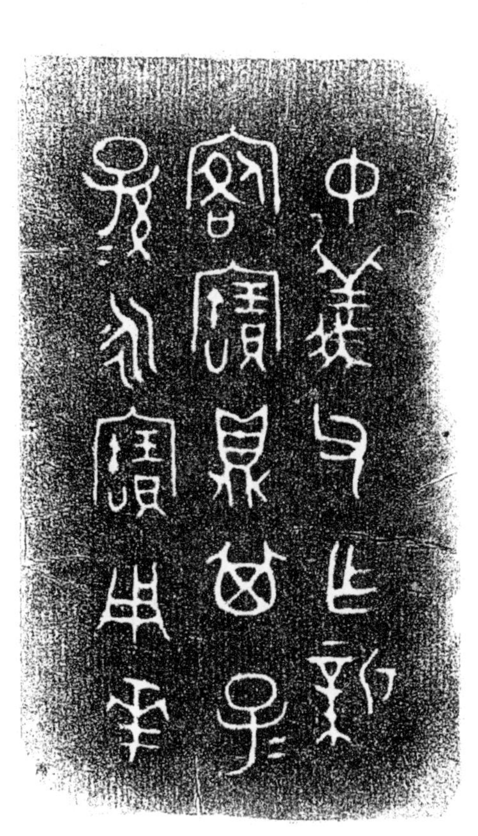

仲義父乍（作）新
㝰（客）寶鼎，其子子
孫孫永寶用，華

02544

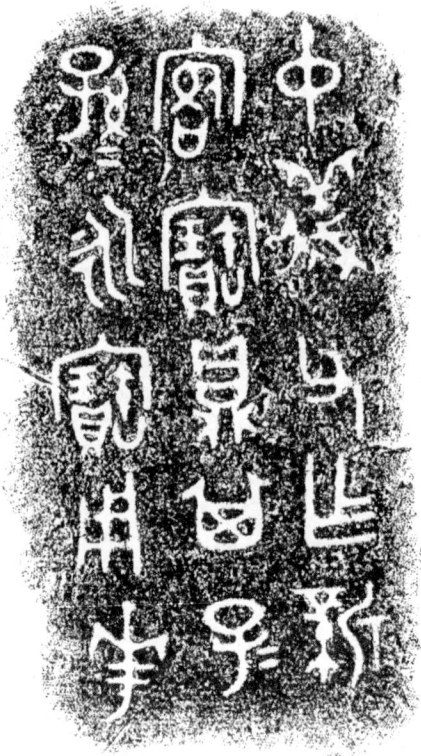

仲義父鼎

仲義父乍（作）新
客（客）寶鼎，其子子
孫孫永寶用，華

02545

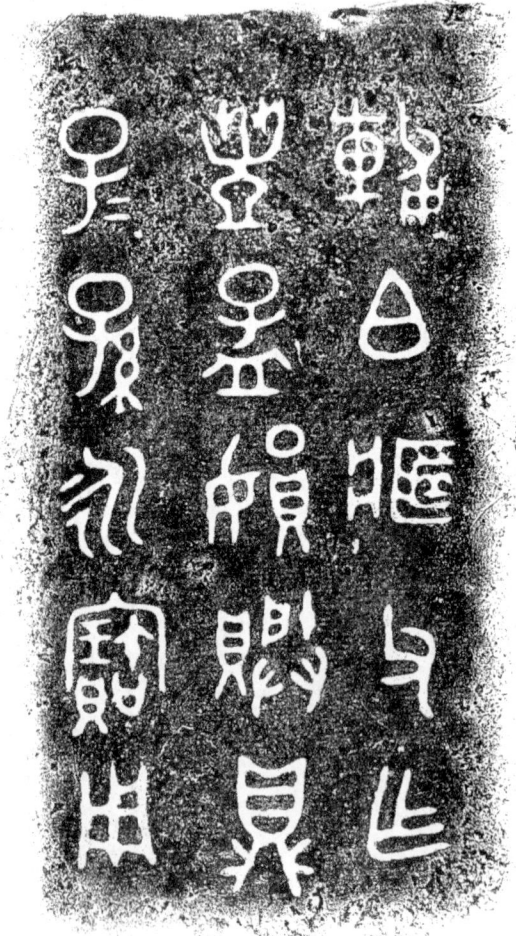

輔伯雁父鼎

輔伯雁父乍（作）
豐孟媜（妘）賸（媵）鼎，
子子孫孫永寶用

02546

華季益鼎

華季嗌乍(作)寶鼎，其萬年，子子孫孫，永寶用享

02547

函皇父鼎

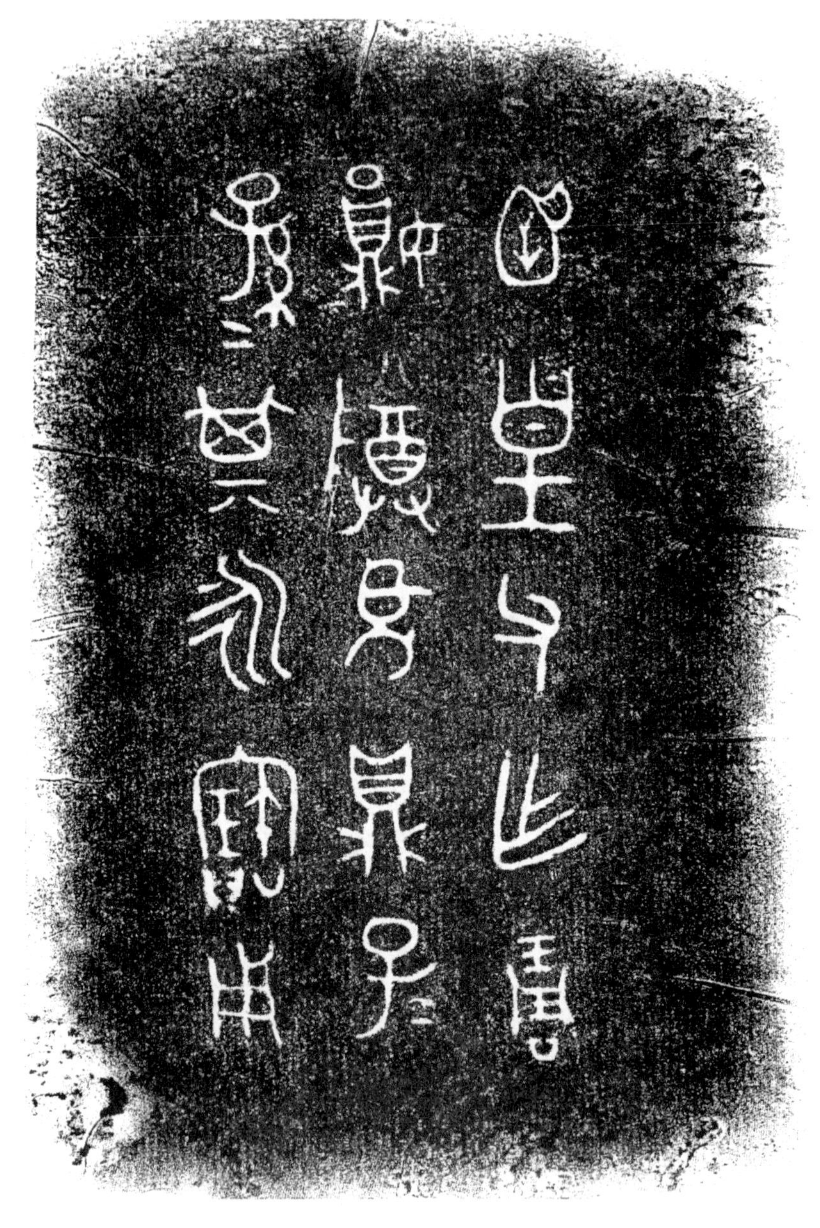

函皇父乍（作）琱娟（妘）尊兔鼎，子子孫孫，其永寶用

02548

𣪕男鼎

𣪕（許）男乍（作）成姜
逗（趣）女（母）朕（媵）尊
貞（鼎），子子孫孫永
寶用

02549

曾伯從寵鼎

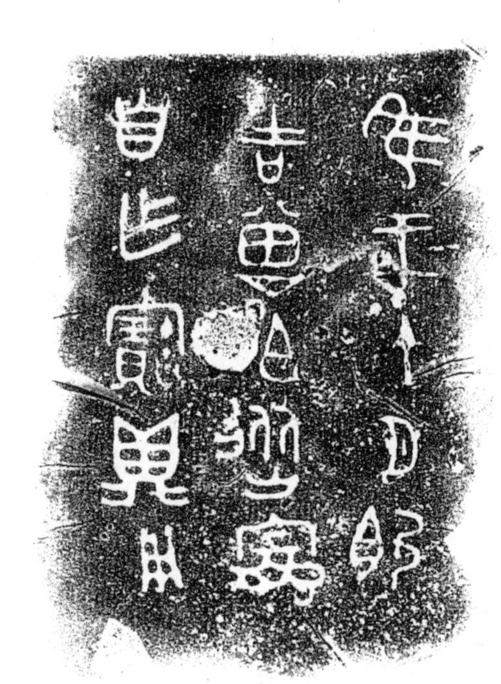

唯王十月既
吉，曾伯從寵
自乍（作）寶鼎用

02550

褱鼎

褱自乍(作)飤礘鼨，其眉壽無期，永保用之

02551.1

褱自乍(作)飤礘鼨，其眉壽無期，永保用之

02551.2

師麻孝叔鼎

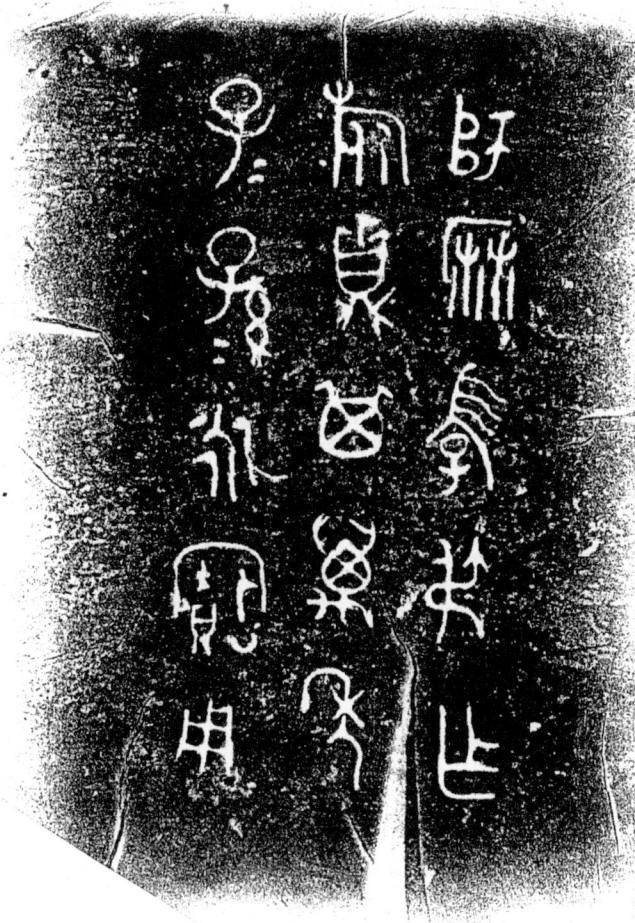

02552

師麻孝叔乍（作）旅貞（鼎），其萬年，子子孫孫永寶用

雁公鼎

膺（應）公乍（作）寶尊彝，曰：奄以乃弟用夙夕鬻享

02553

雁公鼎

膺（應）公乍（作）寶尊彝，曰：奄以乃弟用夙夕鬻享

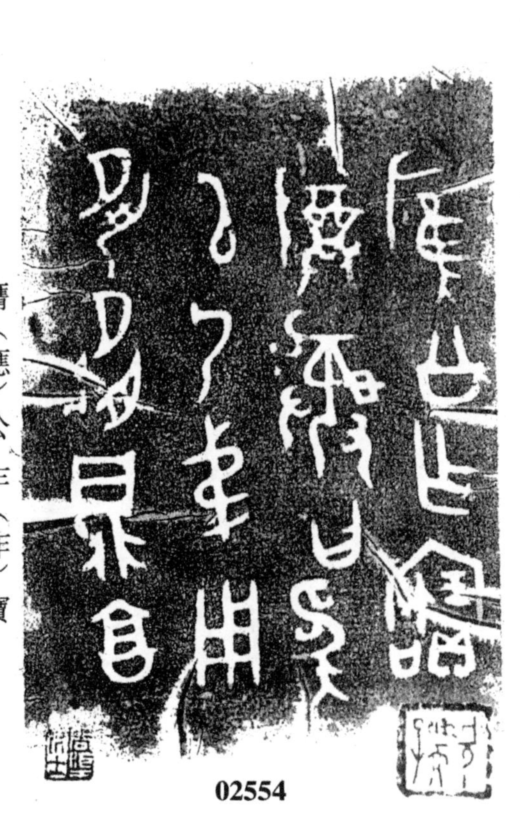

02554

旂鼎

文考遺寶
責(積)，弗敢喪，
旂用乍(作)父
戊寶尊彝

02555

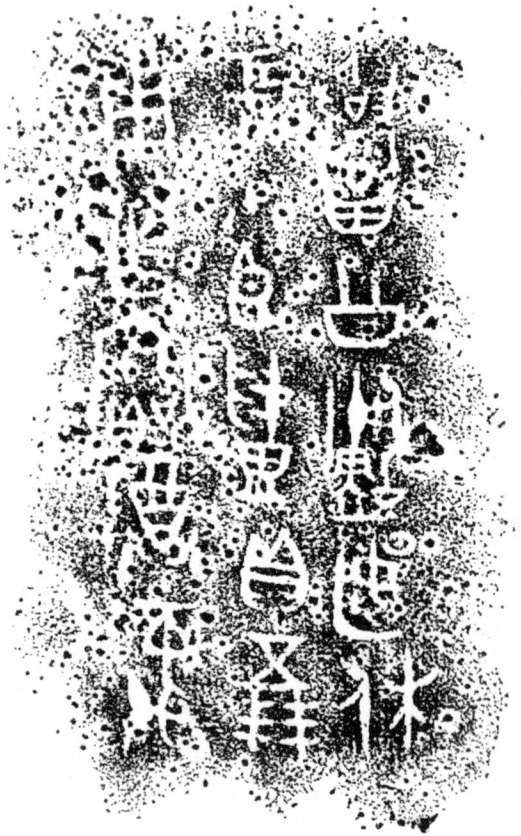

小臣𠪚鼎

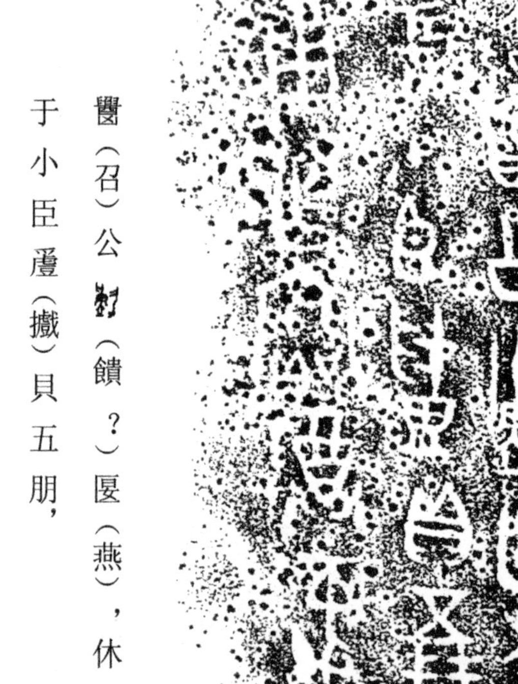

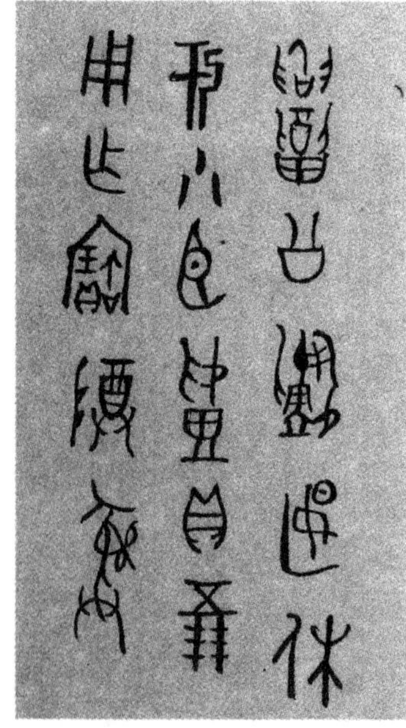

𠢕(召)公𩠣(饋？)匽(燕)，休
于小臣𠪚(𢦏)貝五朋，
用乍(作)寶尊彝

02556B

02556A

師𠂤鼎

師𠂤(帥)其乍(作)寶齋鼎，其萬年，子子孫孫永寶用，乛(攴)

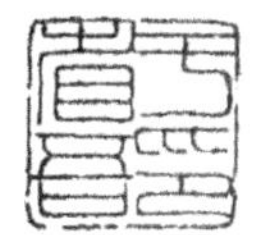

02557

師賸父鼎

師賸父乍(作)𡨦(豳)姬寶鼎，其萬年，子子孫孫永寶用

02558

雍伯原鼎

雍伯原乍（作）寶鼎，子子孫孫，其萬年永用享，射[图形字]

02559

王伯姜鼎

王伯姜乍（作）季姬⿱宀福母尊鼎，季姬其永寶用

02560

善夫伯辛父鼎

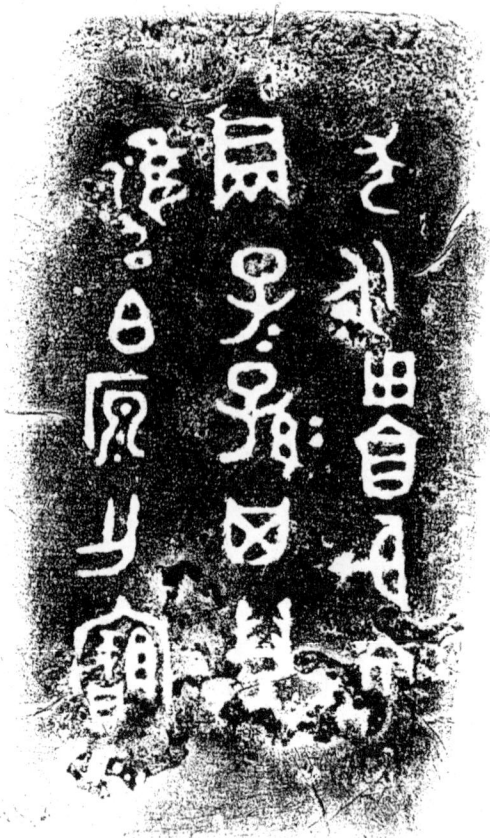

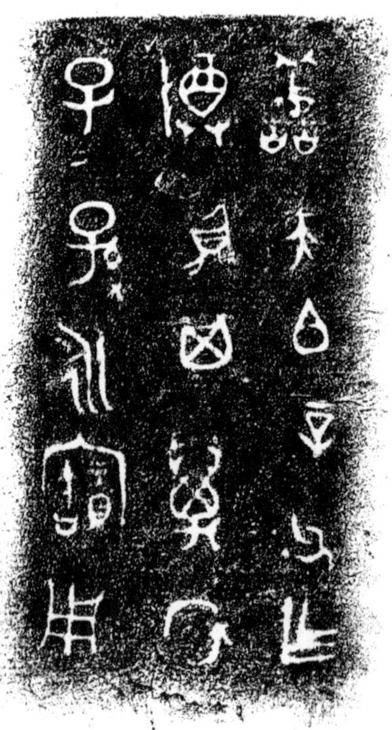

善（膳）夫伯辛父乍（作）尊鼎，其萬年，子子孫永寶用

02561

叔姬鼎

□金父乍（作）
叔姬寶尊
鼎，其萬子
孫永寶用

02562

曾者子鼎

曾者子𩚋（䲨）
用乍（作）淄（𩰫）鼎
用享于祖，
子子孫孫永壽

02563

曾仲子敔鼎

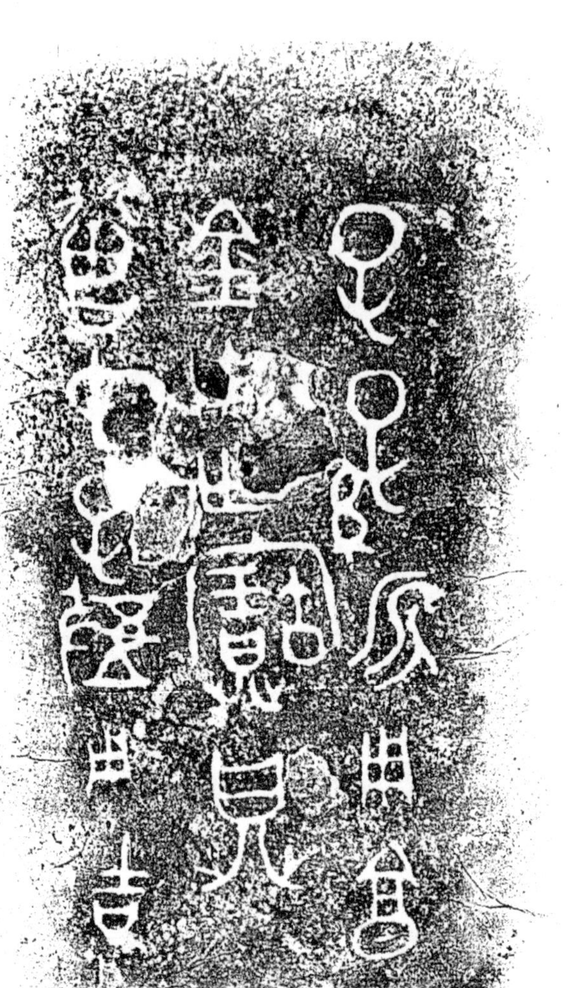

曾仲子敔用吉
金自乍（作）寶鼎，
子孫永用享

02564

黄季鼎

黄季乍（作）季嬴
寶鼎，其萬年，
子孫永寶用享

02565

黃子鼎

黃子乍（作）黃甫（夫）人行器，則永⿱宀祜（祜）⿱宀福（福），霝（靈）冬（終）霝（靈）後

02566

黃子鼎

黃子乍（作）黃甫（夫）人孟姬器，則永祜霝（靈）⿱宀⿰車矛（輮、蹂）

02567

鑄叔作嬴氏鼎

鑄叔乍（作）嬴氏

寶貞（鼎），其萬年

眉壽，永寶用

02568

㾜鼎

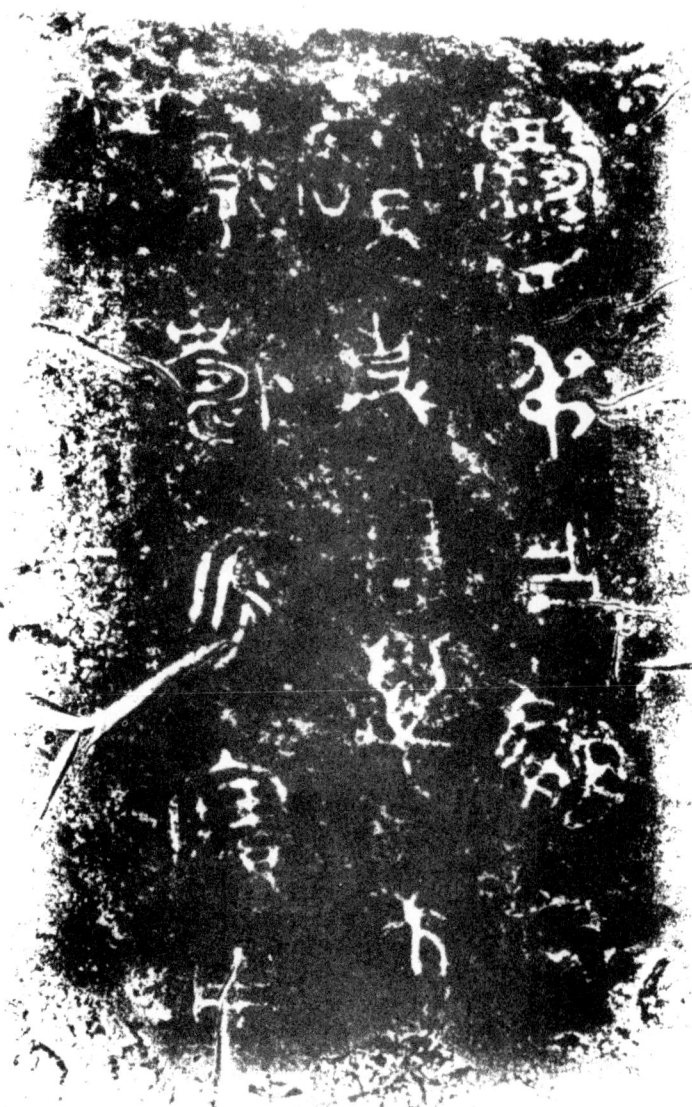

唯正月初［吉］，

㾜乍（作）其淄（釪）

鼎貞（鼎），子子孫孫，

永寶用之

02569

掃片昶[illegible]乍(作)寶鼎，其萬年，子子孫永寶用享

02570

昶鼎

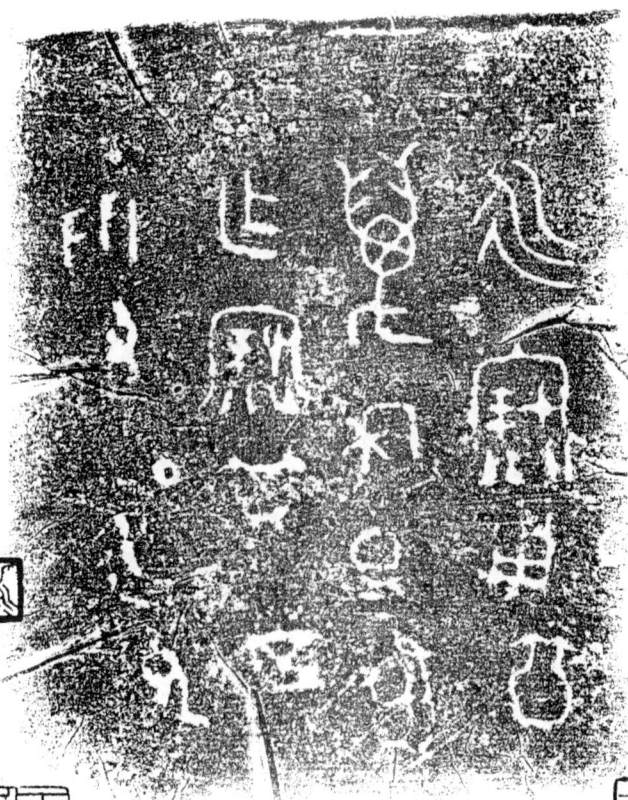

掃片昶[illegible]乍(作)寶鼎，其萬年，子子孫永寶用享

02571

交君子鼎

交君子叕
肇乍（作）寶鼎，
其眉壽萬
年，永寶用

02572

鄧公乘鼎

鄧公乘自
乍（作）飤䵼，其
眉壽無期，
羕（永）保用之

02573.1

鄧公乘自
乍（作）飤䵼，其
眉壽無期，
羕（永）保用之

02573.2

鄲孝子鼎

王四月，鄲（單）孝子台（以）庚寅之日，命鑄飤鼎鬲

02574.1

王四月，鄲（單）孝子台（以）庚寅之日，命鑄飤鼎鬲

02574.2

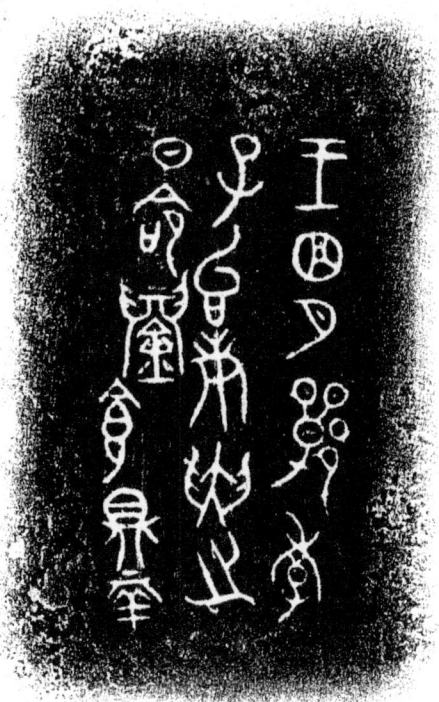

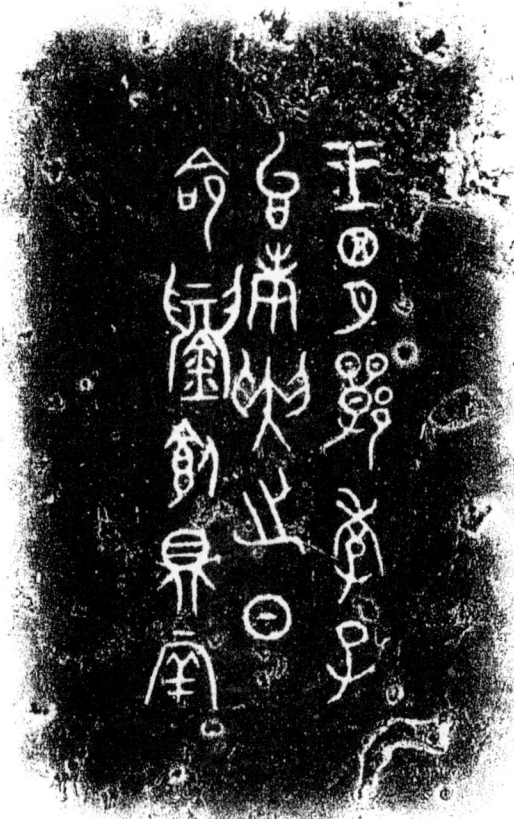

事□鼎

唯伯殷父北師（次）
叟年，事（史）盥（饋）
在井（邢），乍（作）考寶
尊彝

02575

平宮鼎

平宮右般，
十三兩
十七斤，
大宮，二斗，左中

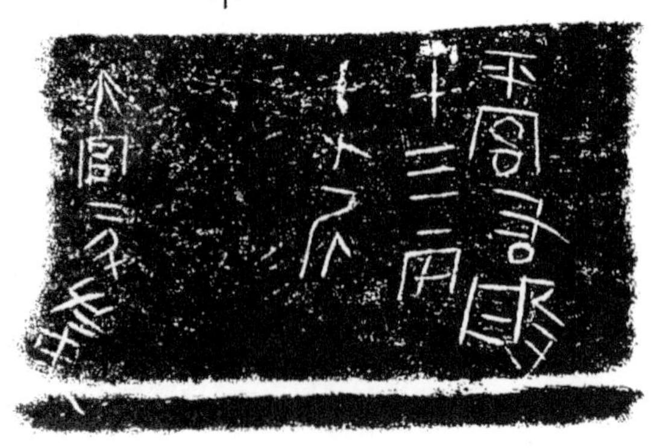

02576

十七年平陰鼎蓋

十七年，段
工師王馬重（童）、
眂（視）事鐙、
冶敬，在
平陰勹（庖）之所

02577A

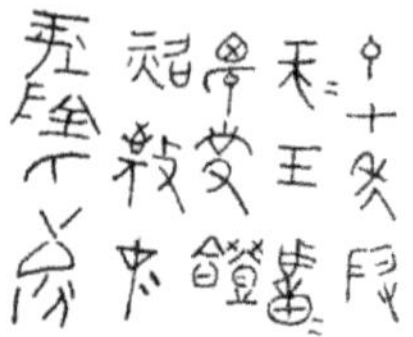

02577B

𡢁作父庚鼎

𡢁乍（作）父庚

鼒，𢊁册，

唯丁未，敢曰：□□

仲自乍（作）末（斡）鼎

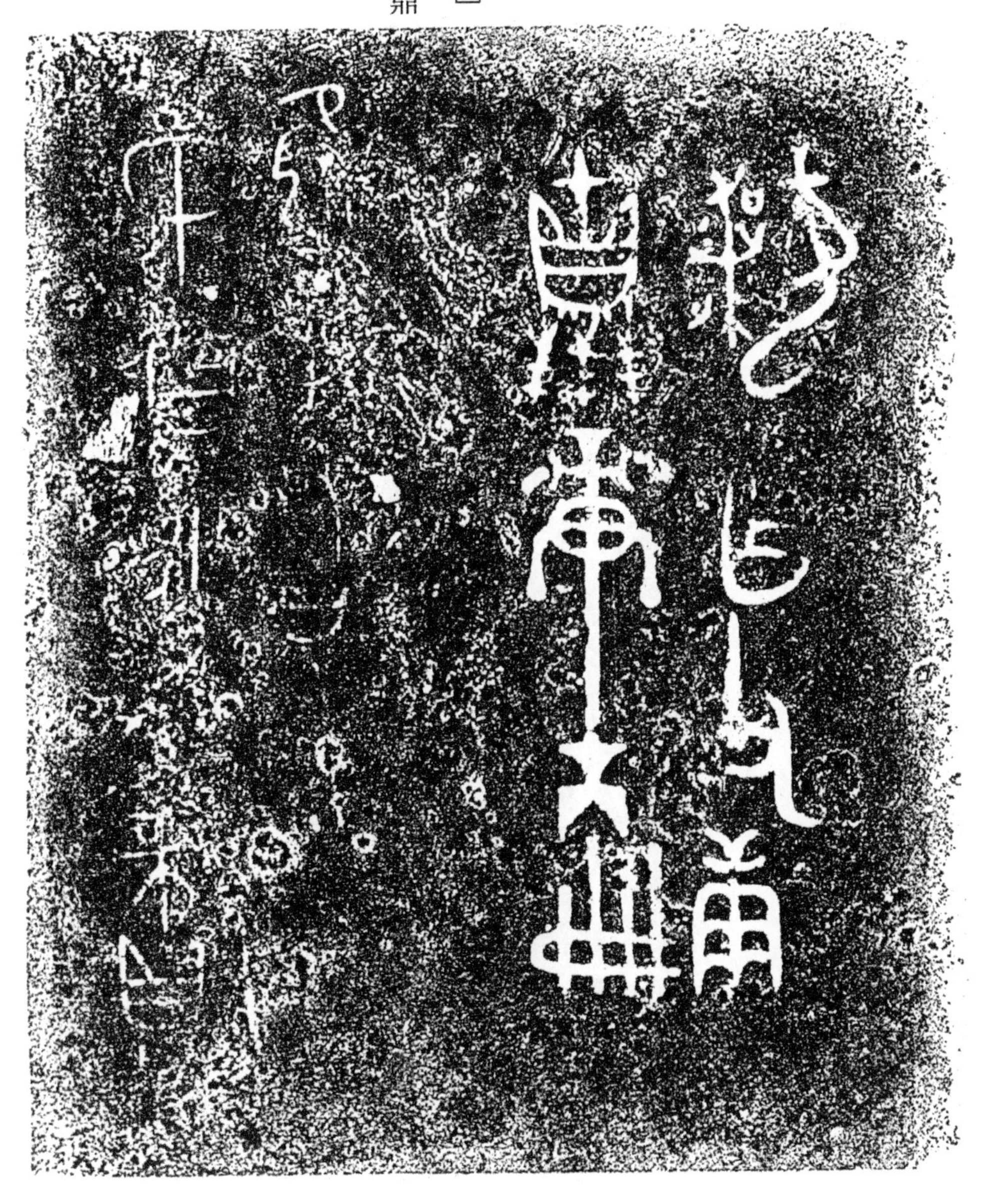

02578

雙方鼎

[illegible]◇，雙堇（覲）于王，癸日，商（賞）雙貝二朋，用乍（作）雙尊彝

02579

伯虎父鼎

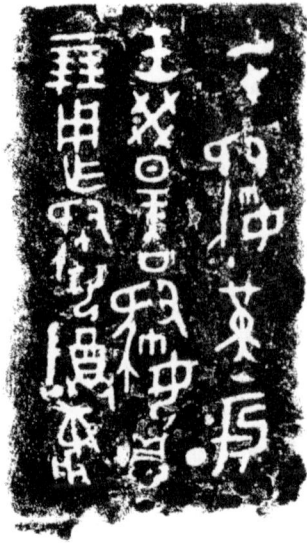

02580

大（太）師小子伯虎父乍（作）寶鼎，其萬年，子子孫孫永寶用

小臣⿺辶⿰木甫鼎

小臣⿺辶⿰木甫（逋）即事于西，休仲賜⿺辶⿰木甫鼎，揚仲皇，乍（作）寶

02581A

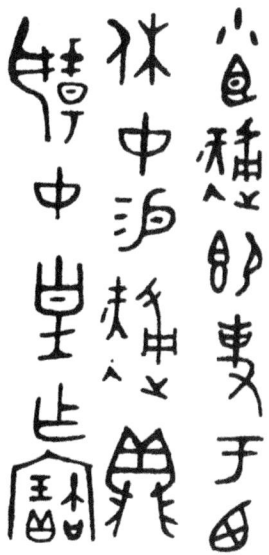

02581B

02581C

辛中姬皇母鼎

辛中姬皇母
乍(作)尊鼎，其子子孫孫
用享孝于宗老

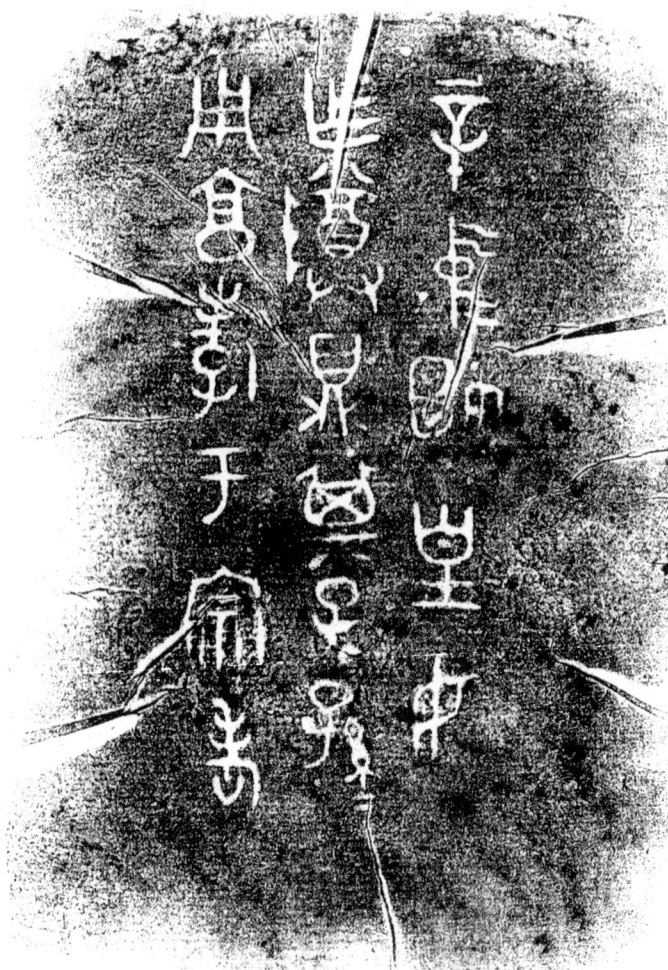

02582

辛中姬皇母鼎

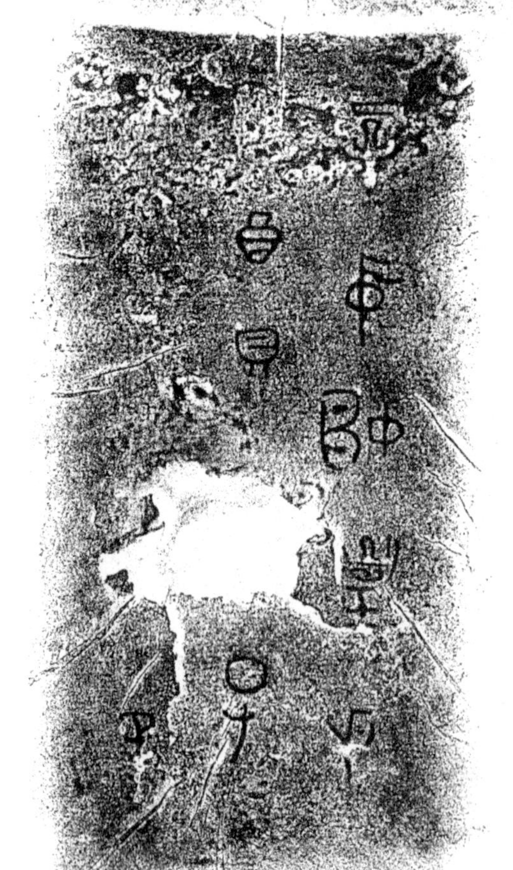

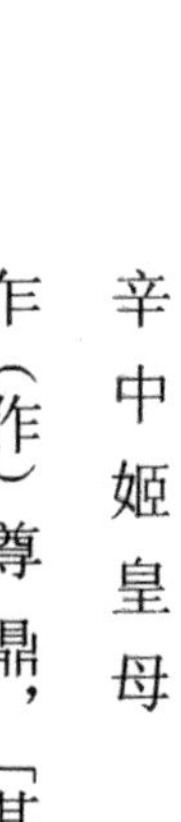

辛中姬皇母
乍(作)尊鼎，[其子子]孫孫
用享孝于宗老

02583

伯夏父鼎

伯夏父乍（作）畢姬尊鼎，其萬年，子子孫孫，永寶用享

02584

[illegible]季鼎

[illegible]季乍（作）鬳（甗）氏行鼎，子子孫其眉壽萬年，永用享

02585

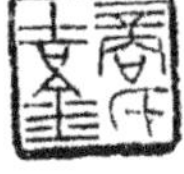

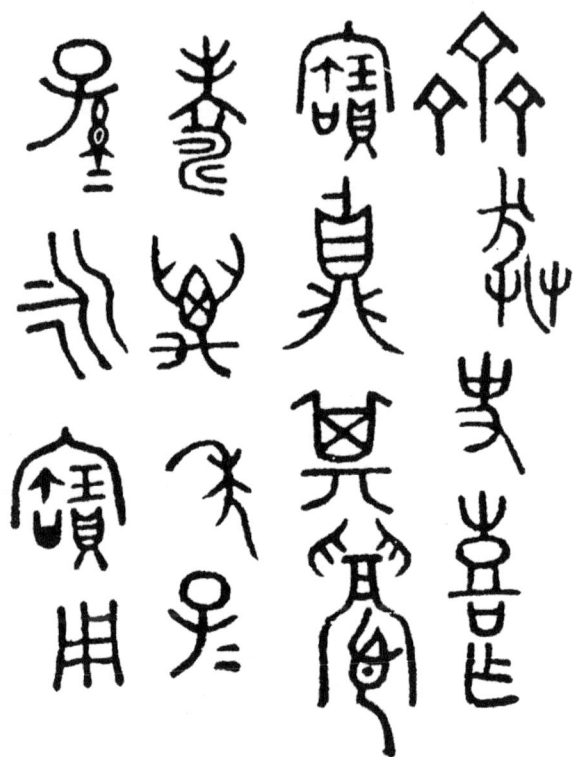

齊弅史喜鼎

齊弅(扷)史喜乍(作)
寶貞(鼎)，其眉
壽萬年，子子
孫孫永寶用

02586

鑄子叔黑𦣞鼎

鑄子叔黑𦣞
肇乍(作)寶貞(鼎)，其萬
年眉壽，永寶用

02587

趞亥鼎

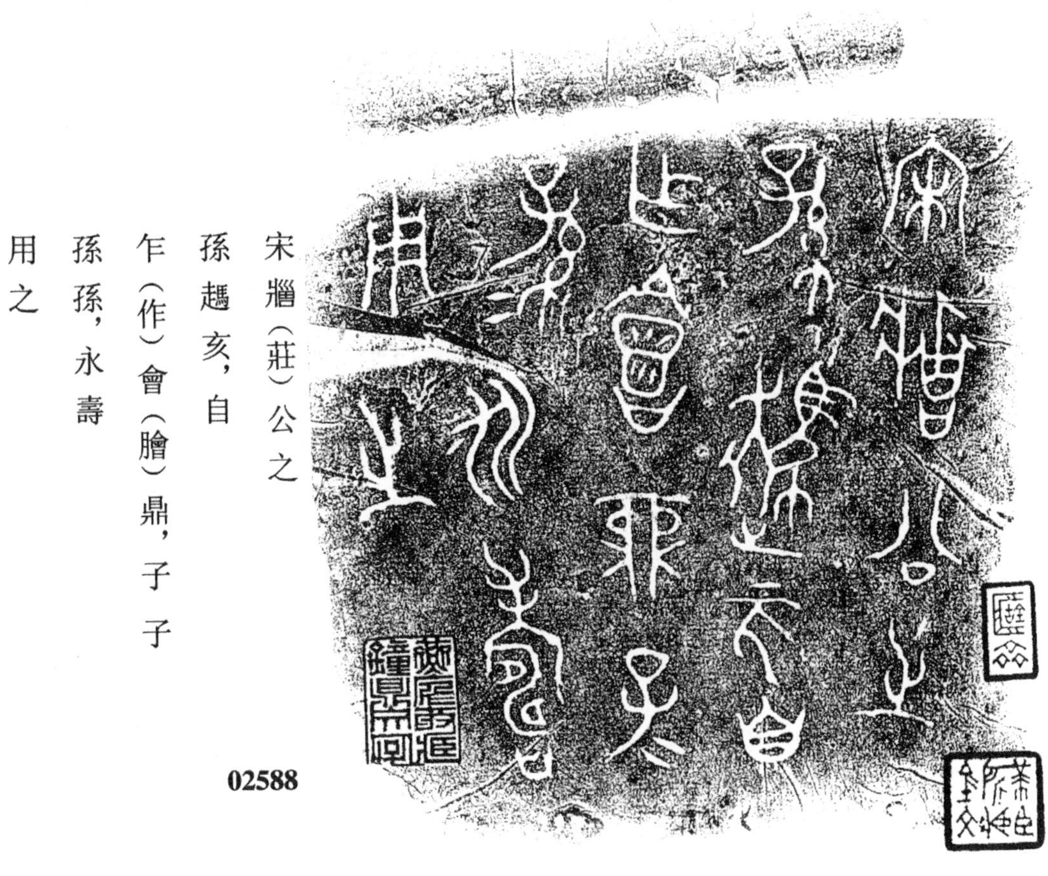

宋𨟻（莊）公之孫趞亥，自乍（作）會（𩞁）鼎，子子孫孫，永壽用之

02588

弗奴父鼎

弗奴父乍（作）孟姒府（府）賸（媵）貞（鼎），其眉壽萬年，永寶用

02589

十三年上官鼎

十三年，梁陰命（令）率上官冢子疾、冶勳鑄，膚（容）料（半）

02590

□□宰兩鼎

𪉖魯宰兩乍（作）其啞嘉寶鼎，其子子孫孫永寶用之

02591

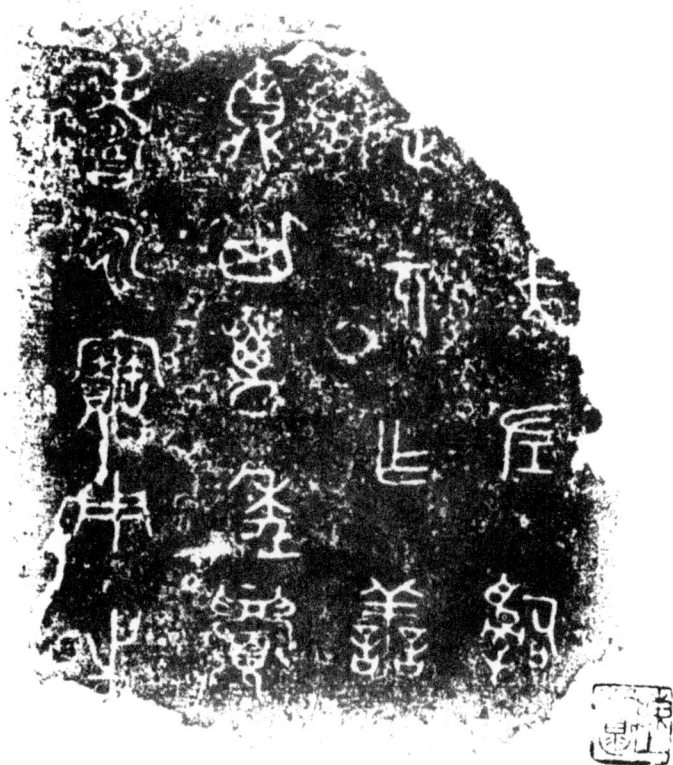

魯大左嗣徒元鼎

［魯］大左嗣徒元乍（作）善（膳）貞（鼎），其萬年眉壽，永寶用之

02592

魯大左嗣徒元鼎

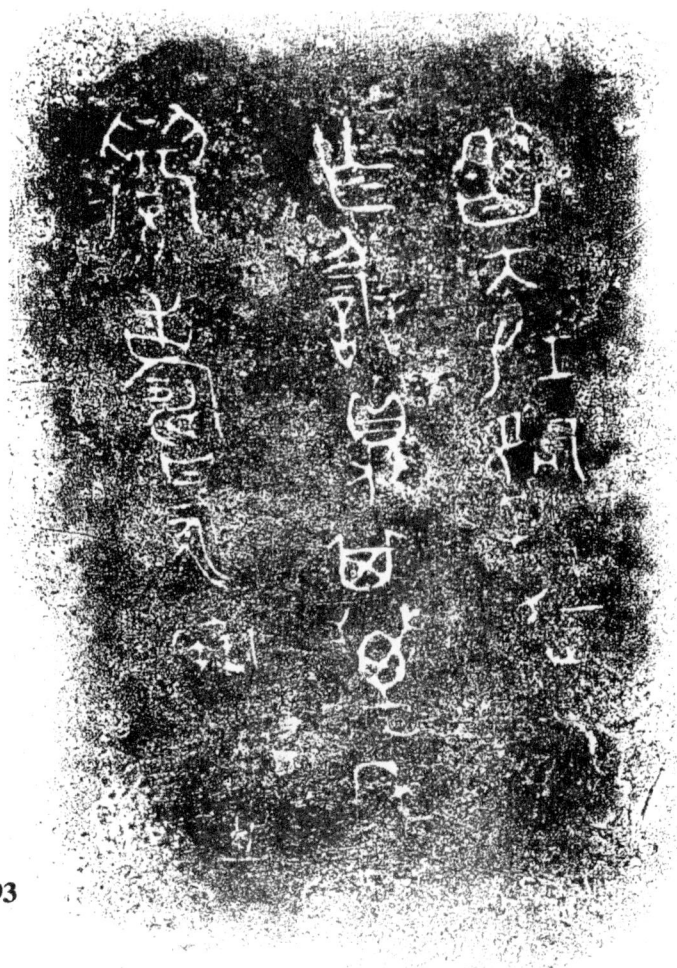

魯大左嗣徒元乍（作）善（膳）貞（鼎），其萬年眉壽，永寶用之

02593

戊寅作父丁方鼎

戊寅，王曰：⿰嘼攴
隰馬，⿰酉彡，賜
貝，用乍（作）父丁
尊彝，亞受

02594

臣卿鼎

公違省自東，
在新邑，臣卿賜金，
用乍（作）父乙寶彝

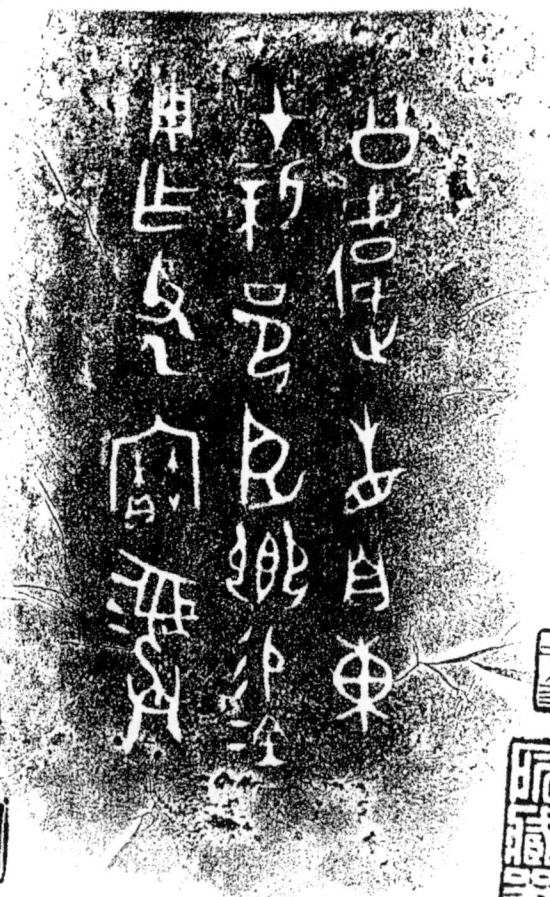

02595

叔碩父鼎

新宮叔碩父、監姬乍(作)寶鼎，其邁(萬)年，子子孫孫永寶用

02596

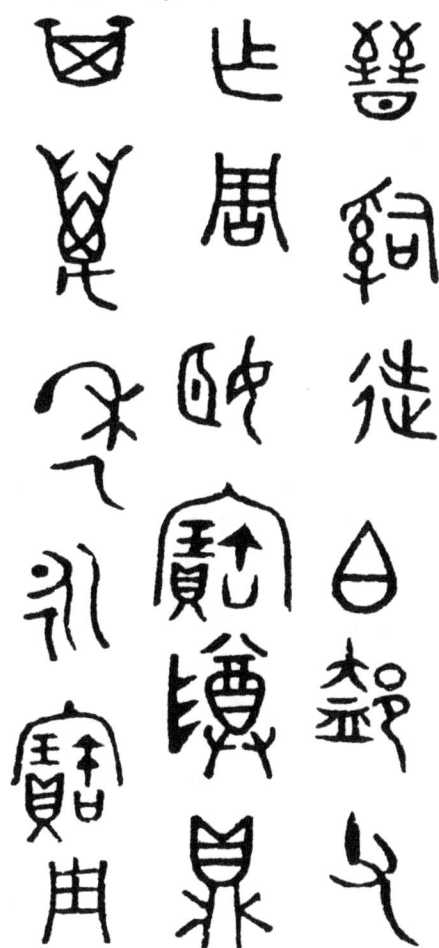

伯䣄父鼎

晉嗣徒伯䣄父乍(作)周姬寶尊鼎，其萬年永寶用

02597

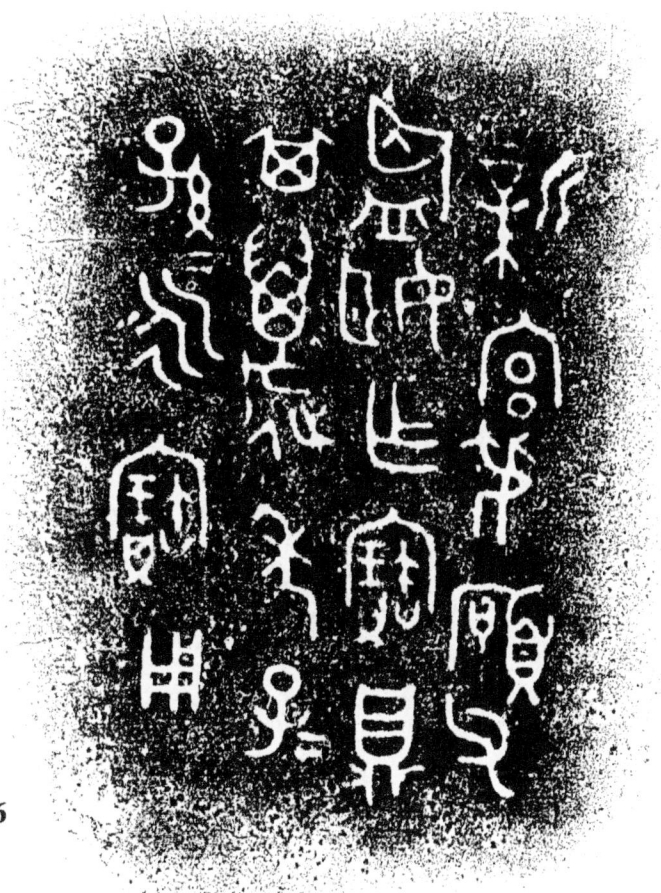

小子𤼈鼎

卡(叔)史小子𤼈乍(作)寒

姒好尊鼎，其邁(萬)

年，子子孫永寶用

02598

鄭虢仲鼎

奠(鄭)虢仲悆戜(勇)用

乍(作)皇祖、文考寶

鼎，子子孫永寶用

02599

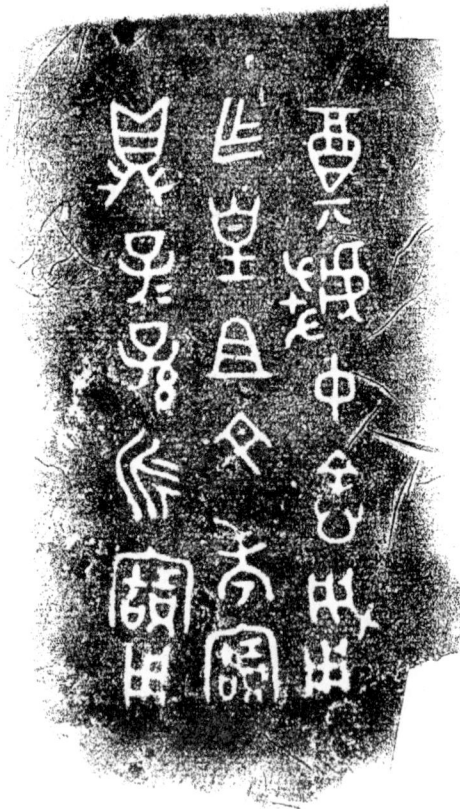

吳王姬鼎

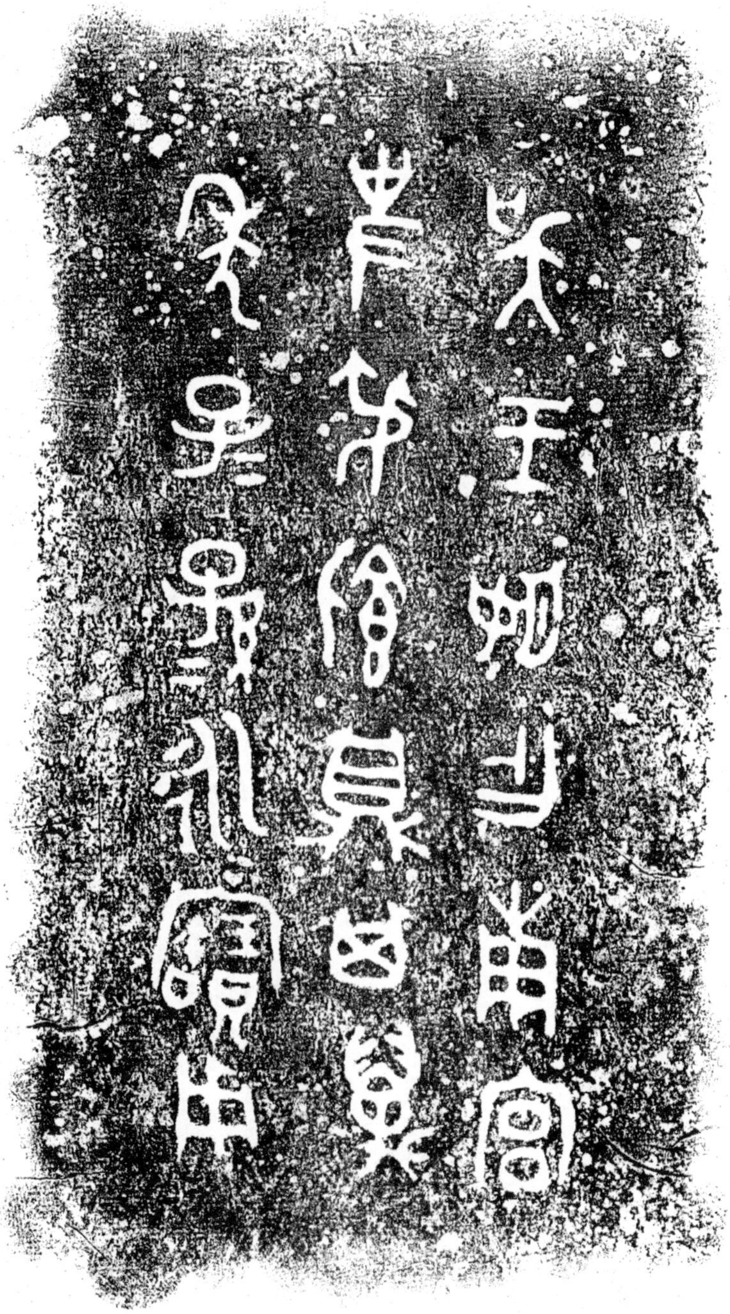

02600

吳王姬乍（作）南宮史叔飤鼎，其萬年，子子孫孫永寶用

02601

邿伯鼎

邿伯肇乍（作）孟妊善（膳）貞（鼎），其萬年眉壽，子子孫孫永寶用

郙伯祀鼎

02602

郙伯祀乍（作）善（膳）貞（鼎），其萬年，眉壽無疆，子子孫永寶用享

子丙車鼎

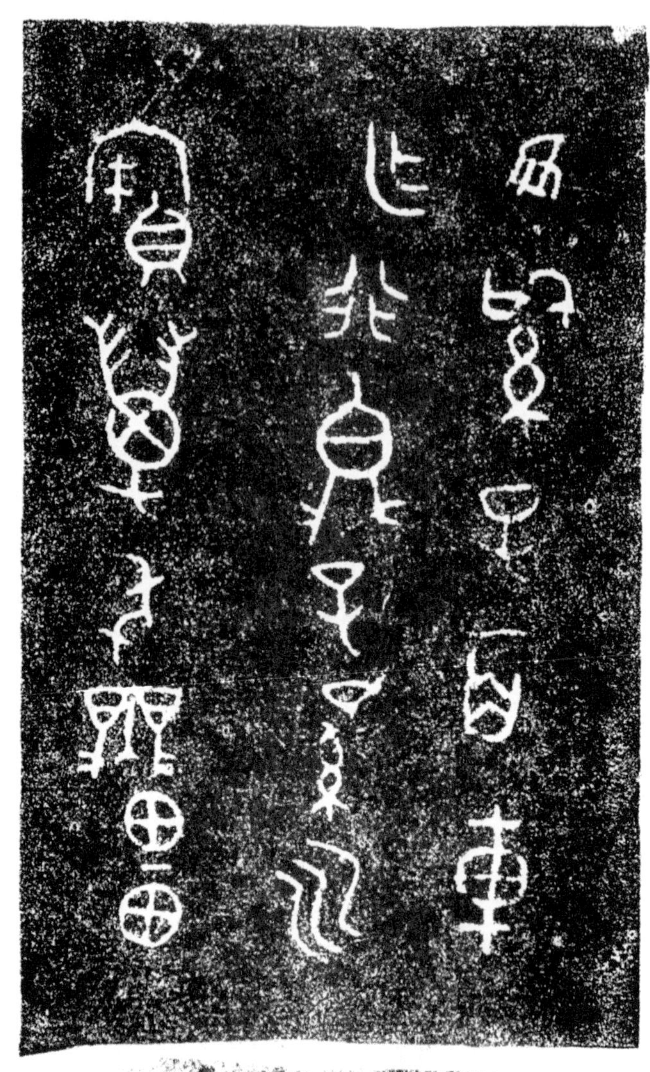

唯䌰（紽）子丙車乍（作）行貞（鼎），子孫永寶，萬年無疆

02603.1

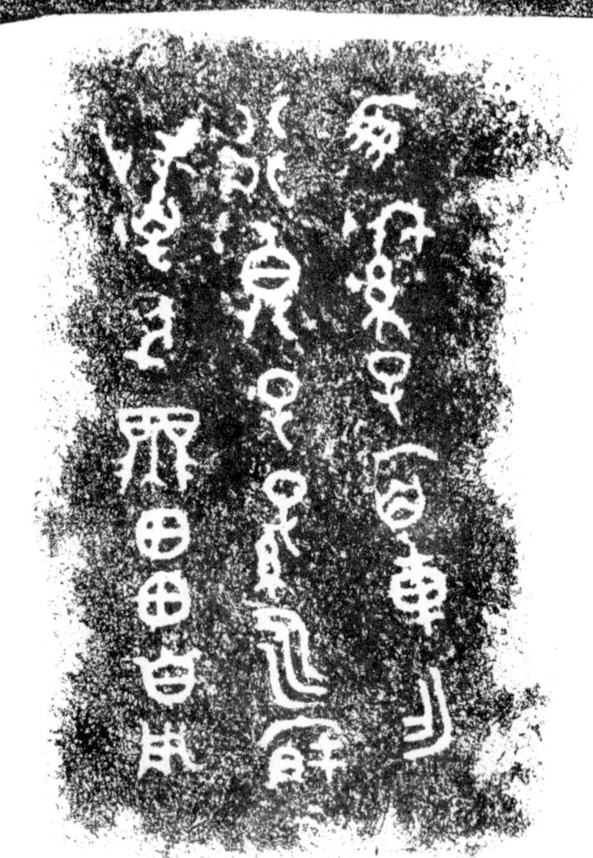

唯䌰（紽）子丙車乍（作）行貞（鼎），子孫永寶，萬年無疆，自用

02603.2

紷子丙車鼎

唯紧（紷）子丙車

乍（作）行貞（鼎），子孫永

寶，萬年無疆

02604.1

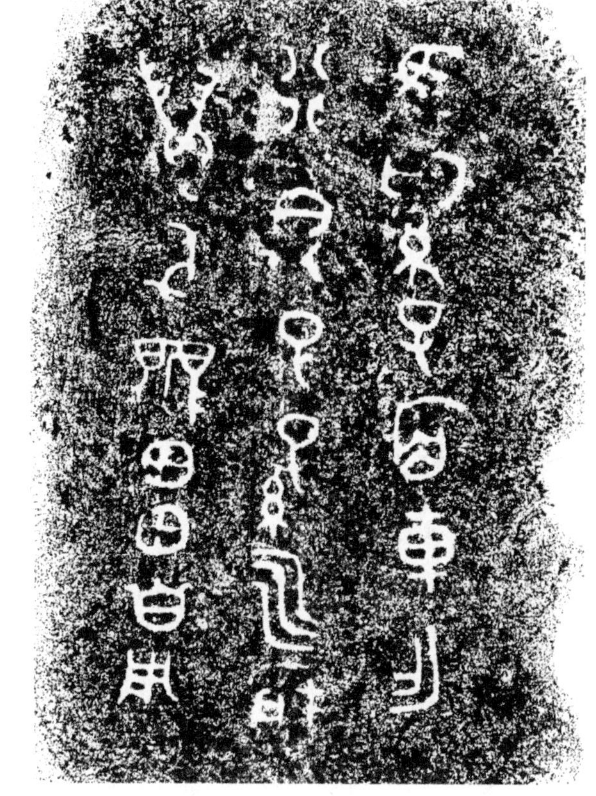

唯紧（紷）子丙車乍（作）

行貞（鼎），子孫永寶，

萬年無疆，自用

02604.2

鄦大邑魯生鼎

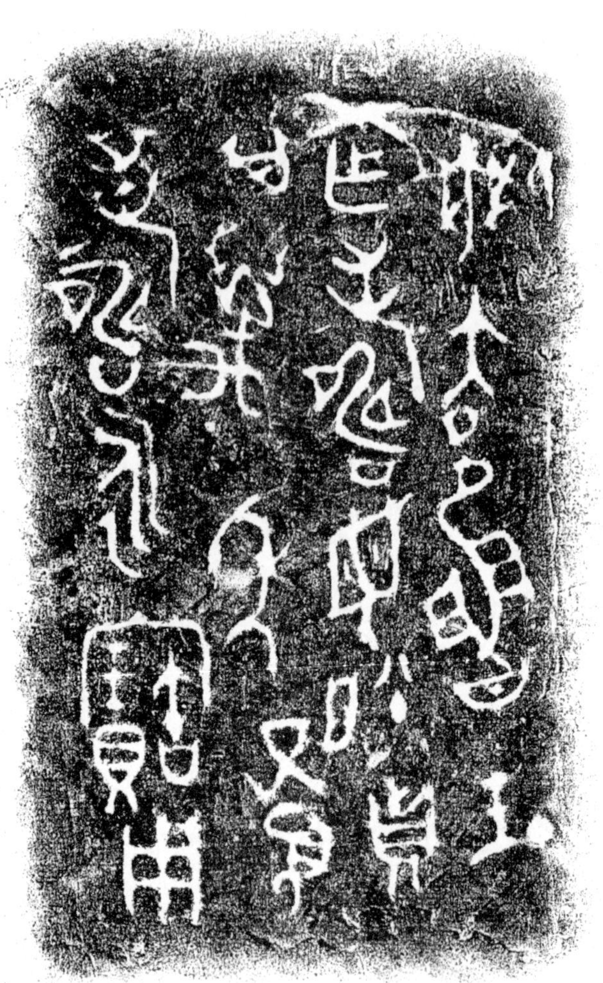

鄦(許)大邑魯生(甥)乍(作)壽母朕(媵)貞(鼎)，其萬年眉壽，永寶用

02605

曾孫無䫺鼎

曾孫無䫺(萁)自乍(作)飤繁，眉壽無疆，子孫永寶用之

02606

乙鼎

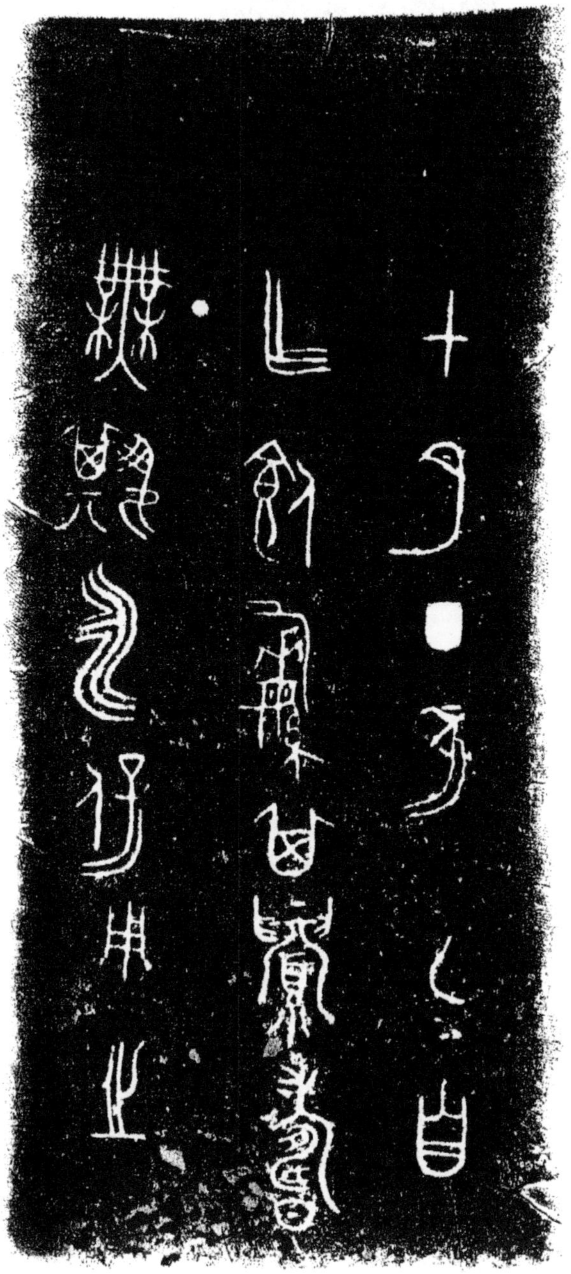

七月丁亥，乙自
乍(作)飤繁，其眉壽
無⿰其丮(諆、期)，永保用之

02607

十一年庫嗇夫鼎

十一年，庫嗇夫肖（趙）不㚢（㚢）、貯氏大䢵（令）所爲，空（容）二斗

02608

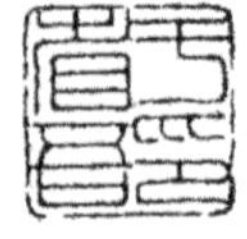

廿七年大梁司寇鼎

梁廿又七年，大梁司寇肖（趙）亡智鑄，爲量賡（容）四分

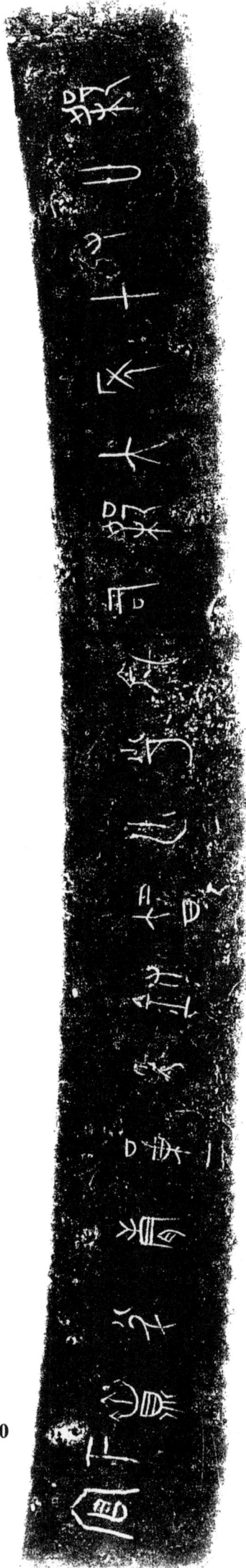

02609

廿七年大梁司寇鼎

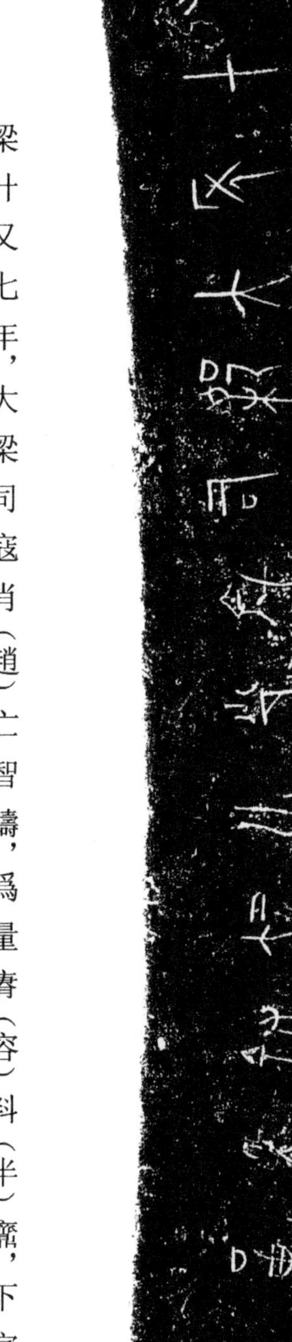

梁廿又七年，大梁司寇肖（趙）亡智鑄，爲量賡（容）料（半）齋，下官

02610

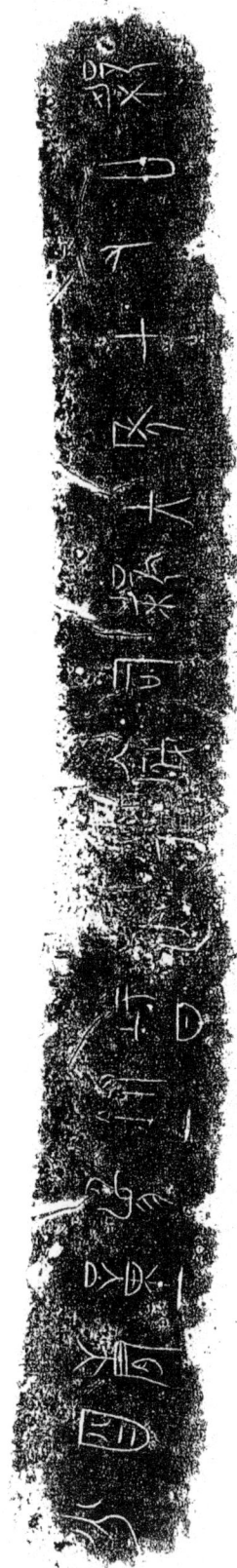

卅五年鼎

卅五年，虒命（令）周㚢、眂（視）事犽、冶期鑄，膐（容）料（半）齋，下官

02611.1

卅五年，虒命（令）周㚢、眂（視）事犽、冶期鑄，膐（容）料（半）齋，下官

02611.2

⿰王凡方鼎

己亥，揚見事于彭，車叔商（賞）揚馬，用乍（作）父庚尊彝，黿

02612

⿰王凡方鼎

己亥，揚見事于彭，車叔商（賞）揚馬，用乍（作）父庚彝，黿

02613

曆方鼎

曆肇對元德，考（孝）沓（友）唯井（型），乍（作）寶尊彝，其用夙夕𩰫享

02614

鳿叔鼎

鳿叔從王南征，唯歸，唯八月在皕（頣）应，誨（謱）乍（作）寶鬲鼎

02615

衛鼎

衛乍（作）文考小仲、姜氏盂鼎，衛其萬年，子子孫孫永寶用

02616

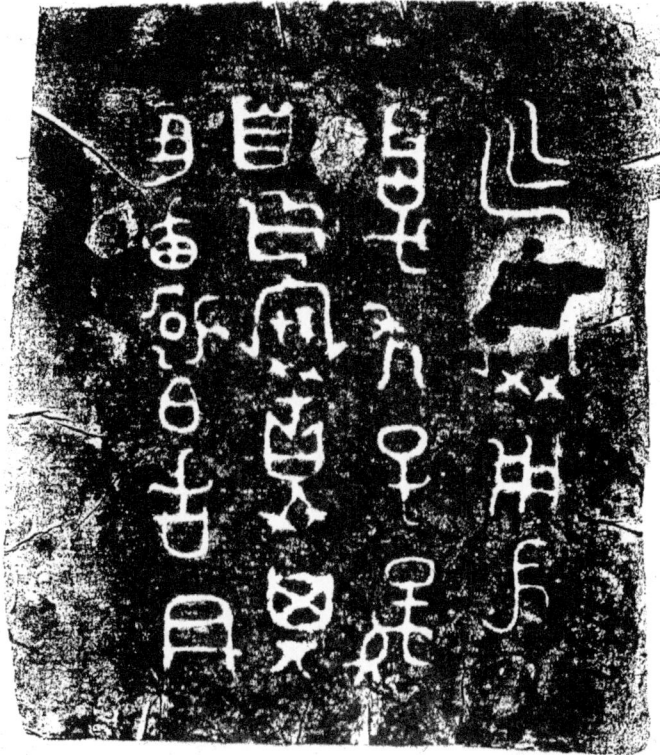

番昶伯者君鼎

唯番昶伯者尹
自乍（作）寶貞（鼎），其
萬年，子孫
永寶用，尹

02617

番昶伯者君鼎

唯番昶伯者尹
自乍（作）寶貞（鼎），其
萬年，子孫
永寶用，尹

02618

善夫旅伯鼎

善（膳）夫旅伯乍（作）
毛仲姬尊鼎，
其邁（萬）年，子子孫
永寶用享

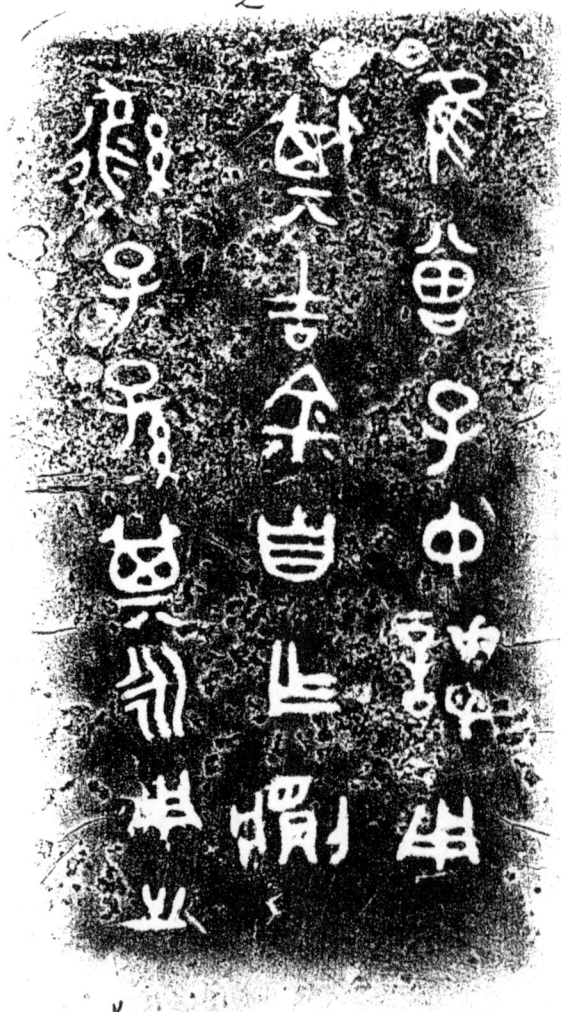

02619

曾子仲謱鼎

唯曾子仲謱用
其吉金，自乍（作）䵼
彝，子子孫孫，其永用之

02620

深伯鼎

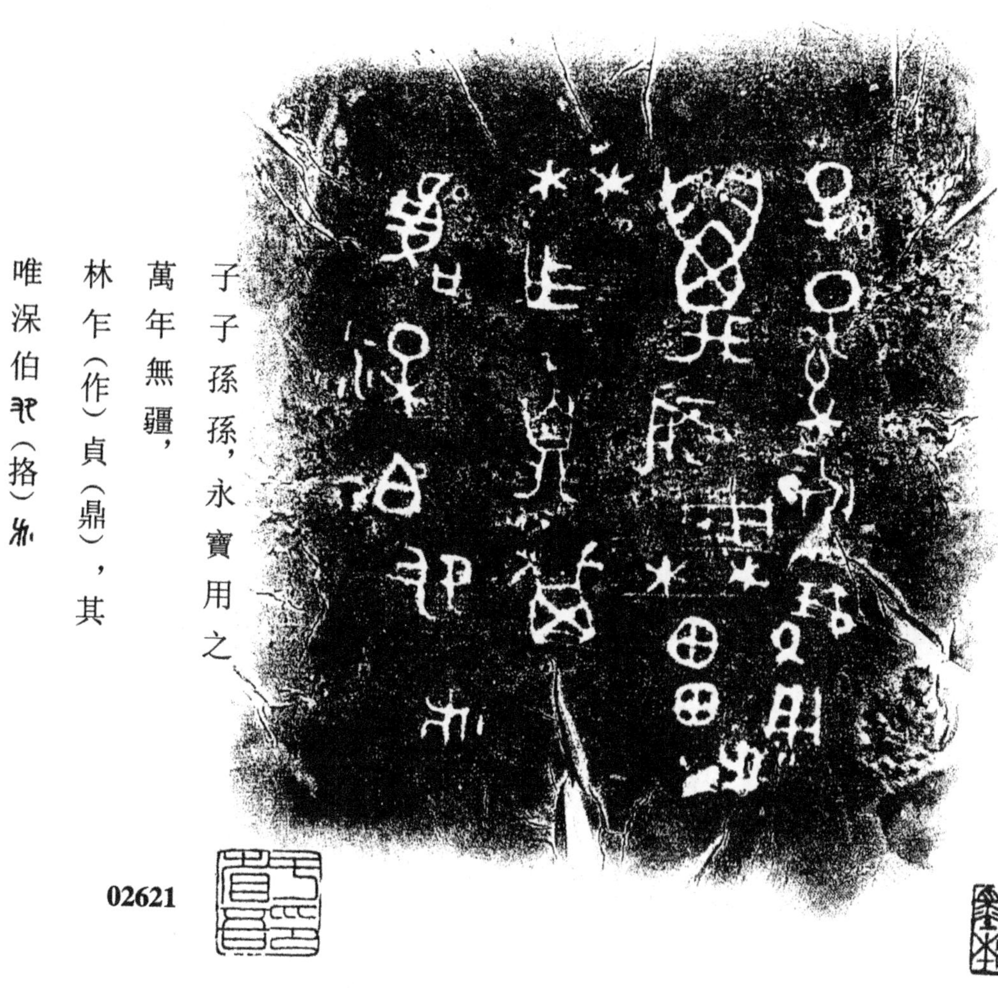

唯深伯□(洛)□林乍(作)貞(鼎)，其萬年無疆，子子孫孫，永寶用之

02621

昶伯□鼎

唯昶伯業自乍(作)寶□盜，其萬年無疆，子子孫孫，永寶用享

02622

楚王酓肯鼎

02623.1

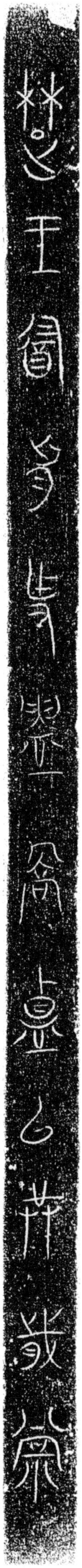

集脰（廚）社鼎，

集脰（廚），

楚王酓（熊）肯乍（作）鑄鐈貞（鼎），以共（供）歲棠（嘗）

02623.3

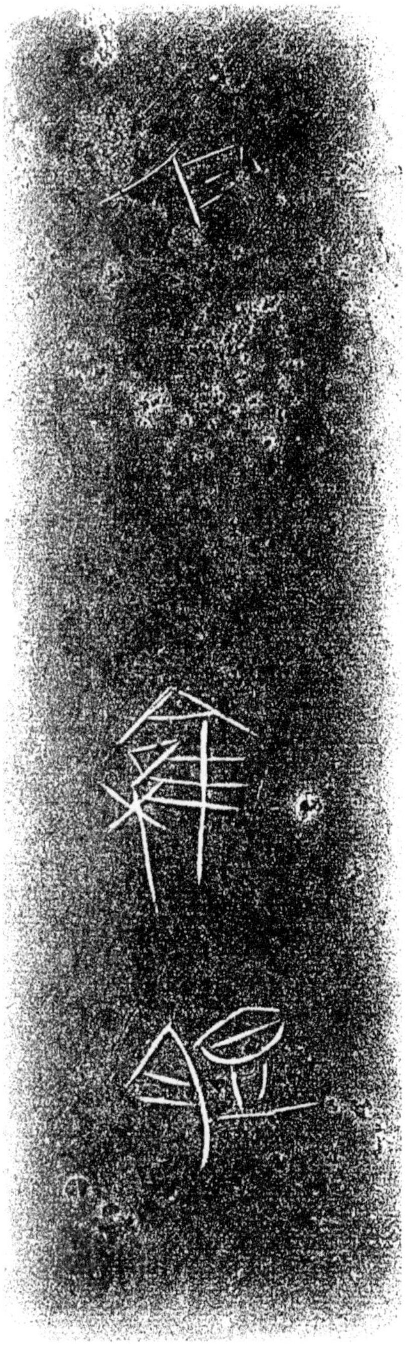

02623.2

樊季氏孫仲鼎

唯正月初吉乙亥，樊季氏孫仲

䰞[擇]其吉金，自乍(作)礪沱

02624.1

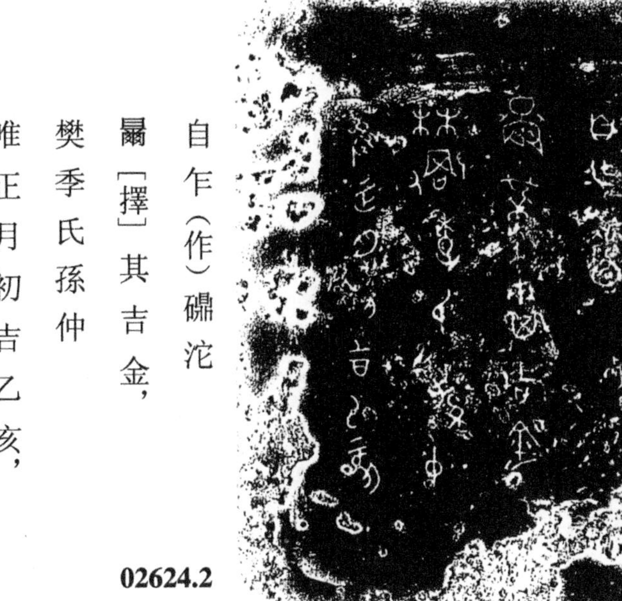

自乍（作）礴沱
鼎［擇］其吉金，
樊季氏孫仲
唯正月初吉乙亥，

02624.2

豊作父丁鼎

乙未，王商（賞）宗庚豊貝二朋，
彡日乙，豊用乍（作）父丁鼎，亞𠙵

02625

獻侯鼎

唯成王大桒(祓)在宗周，商(賞)獻侯顯貝，用乍(作)丁侯尊彝，黿

02626

獻侯鼎

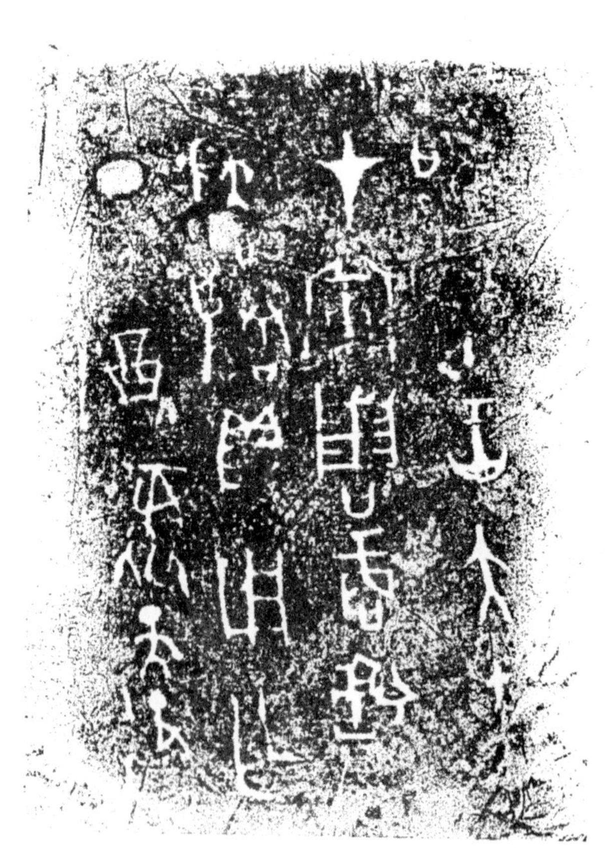

唯成王大桒(祓)在宗周，商(賞)獻侯顯貝，用乍(作)丁侯尊彝，黿

02627

匽侯旨鼎

匽（燕）侯旨初見
事于宗周，王
賞旨貝廿朋，用
乍（作）又（有）始（姒）寶尊彝

02628

舍父鼎

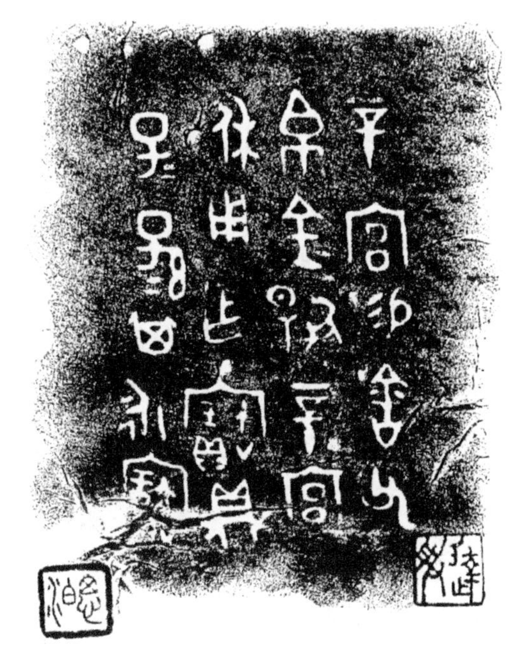

辛宮賜舍父
帛、金，揚辛宮
休，用乍（作）寶鼎，
子子孫孫其永寶

02629

伯陶鼎

伯陶乍(作)厥文
考宮叔寶䵼
彝，用匄永福，
子子孫孫其永寶

02630

南公有𤔲鼎

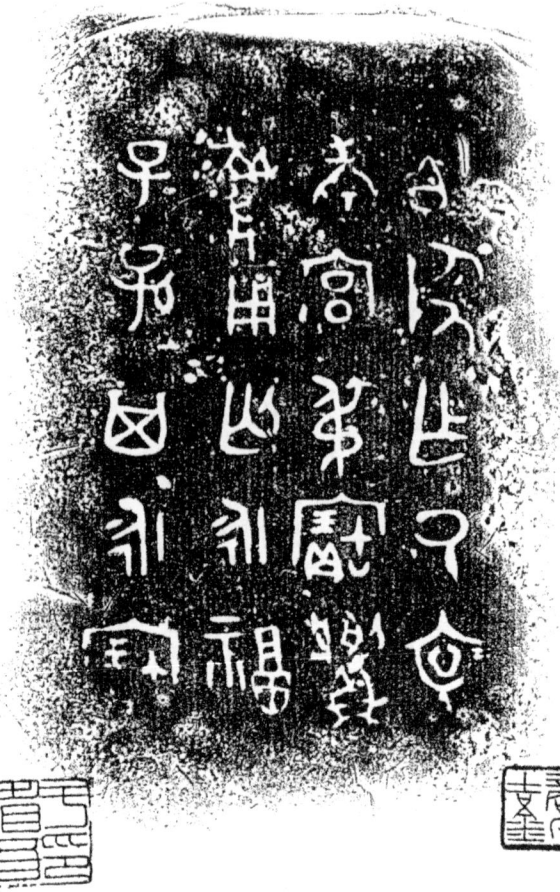

南公有𤔲⿱类曰(⿱类凶)
乍(作)尊鼎，其萬
年，子子孫孫永寶，
用享于宗廟

02631

□者生鼎

□偖生（甥）□用吉金，乍（作）寶鼎，其邁（萬）年，子子孫永寶用享

02632

□者生鼎

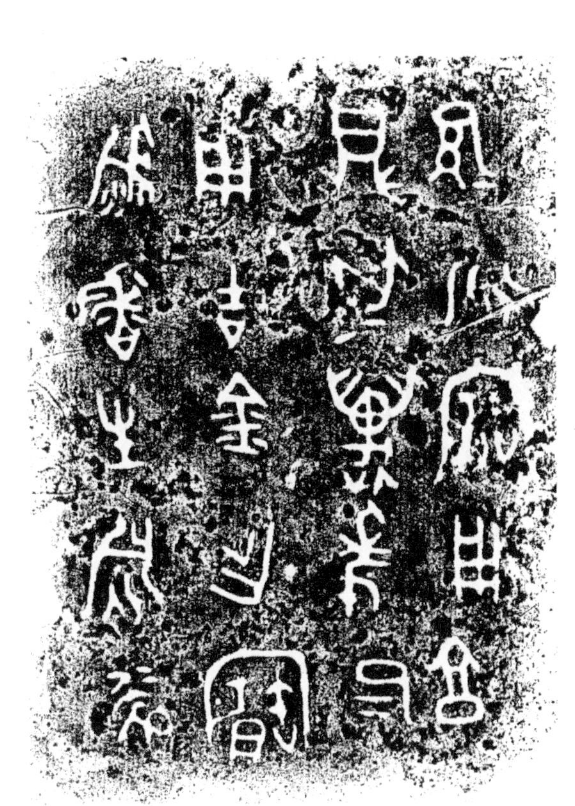

□偖生（甥）□用吉金，乍（作）寶鼎，其邁（萬）年，子子孫孫，永寶用享

02633

虢文公子佊鼎

虢文公子佊
乍(作)叔妃鼎，其
萬年無疆，子
孫孫永寶用享

02634

虢文公子㑆鼎

虢文公子㑆

乍（作）叔妃鼎，其

萬年無疆，子

孫孫永寶用享

02635

虢文公子㑋鼎

虢文公子㑋
乍（作）叔妃鼎，其
萬年無疆，子
孫孫永寶用享

02636

虢宣公子白鼎

虢宣公子白乍(作)尊鼎，用卲享于皇祖考，用[祈眉壽]，子子孫孫，永用爲寶

02637

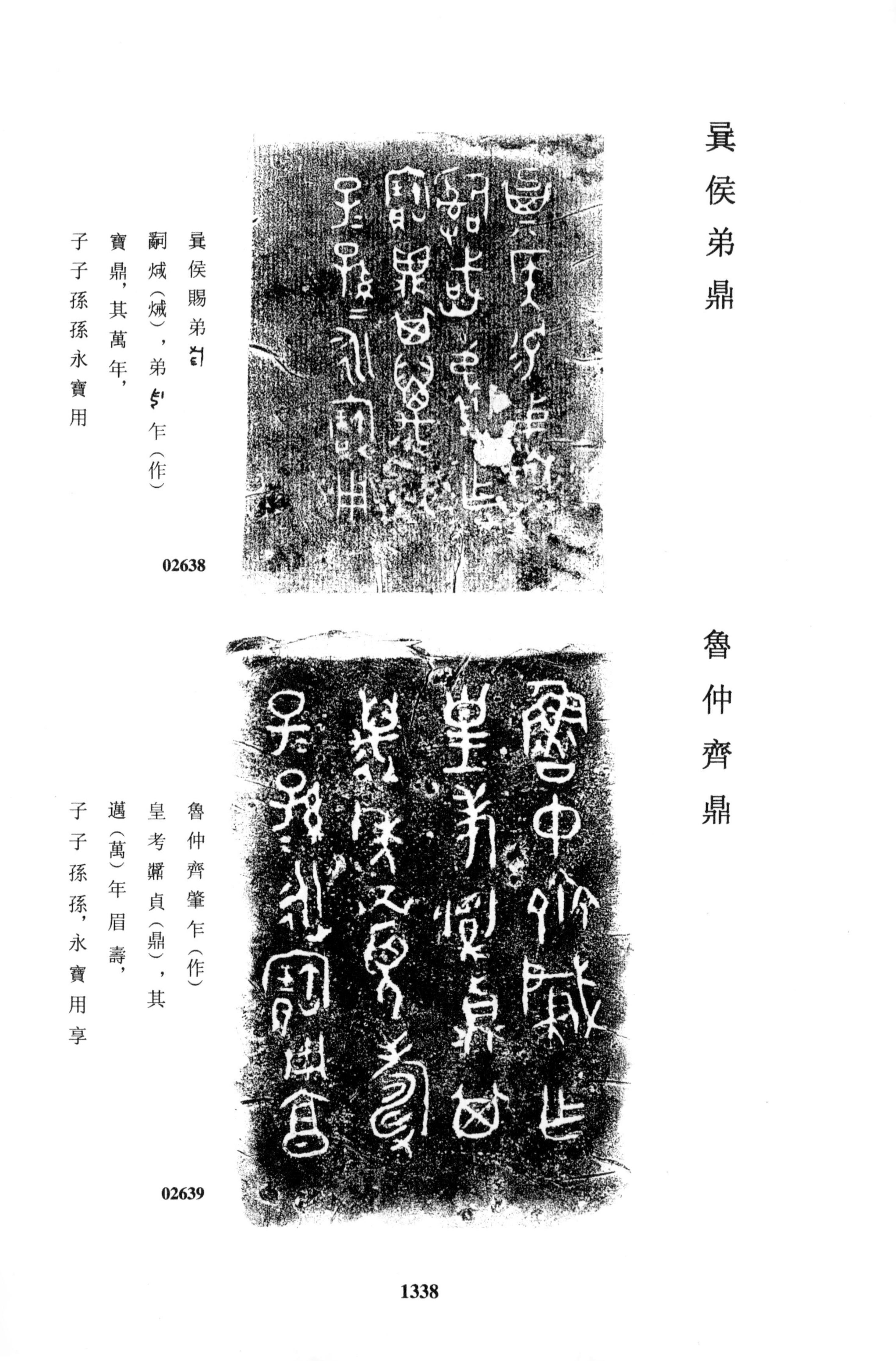

㠱侯弟鼎

㠱侯賜弟[illegible]
嗣㦲（㦲），弟[illegible]乍（作）
寶鼎，其萬年，
子子孫孫永寶用

02638

魯仲齊鼎

魯仲齊肇乍（作）
皇考𩰬貞（鼎），其
邁（萬）年眉壽，
子子孫孫，永寶用享

02639

邾□白鼎

鼄（邾）䎅（翔）伯乍（作）此嬴尊鼎，其萬年，眉壽無疆，子子孫孫永寶用

02640

邾□白鼎

鼄（邾）䎅（翔）伯乍（作）此嬴尊鼎，其萬年，眉壽無疆，子子孫孫永寶用

02641

杞伯每匕鼎

杞伯每刃乍（作）鼄（邾）
婡寶貞（鼎），其萬
年眉壽，子子孫
永寶用享

02642

伯氏始氏鼎

唯登（鄧）八月初吉，伯氏、始（姒）氏乍（作）𡢁（嬭）婞𡚬拜（䵼）貞（鼎），其永寶用

02643

郙季白歸鼎

郙季之伯歸
臺用其吉金，
自乍（作）寶鼎，子子
孫永寶用之

02644

郙季白歸鼎

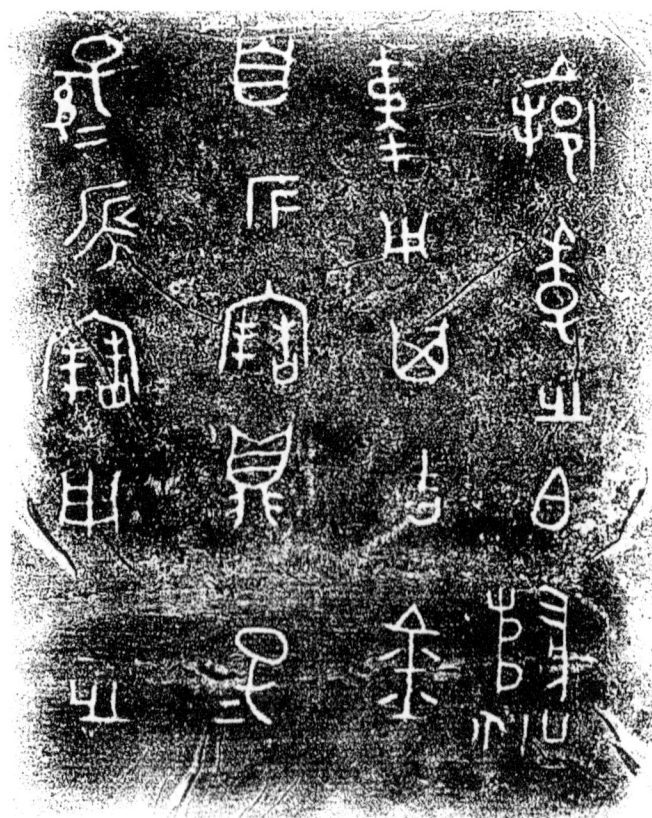

郙季之伯歸
臺用其吉金，
自乍（作）寶鼎，子子
孫孫，永寶用之

02645

叔夜鼎

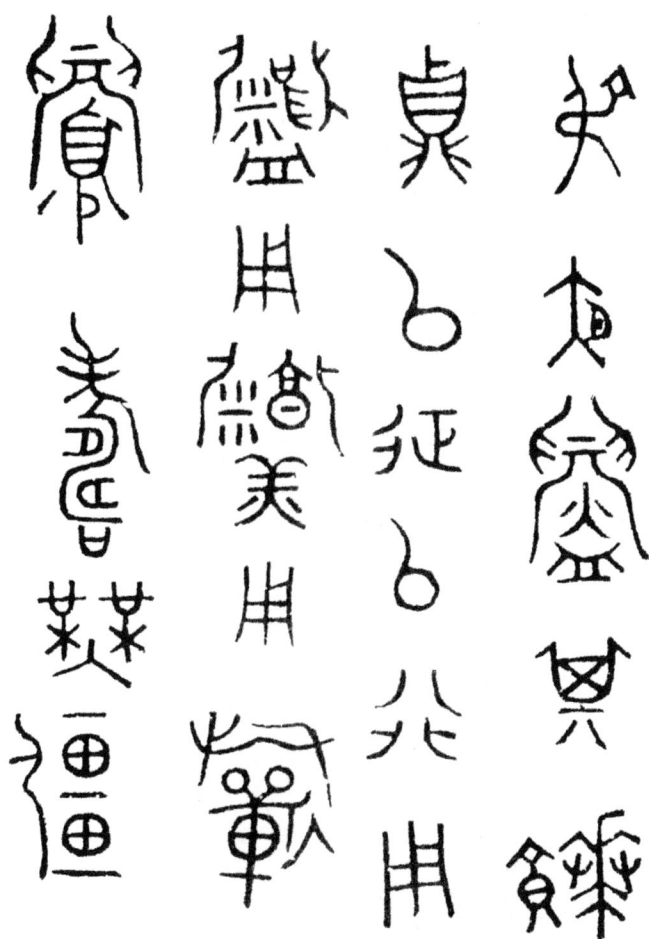

叔夜鑄其饙（饋）貞（鼎），以征以行，用盨（鬻）用鬻（烹），用祈眉壽無疆

02646

巍鼎

三斤十一兩，

魏廿六，魏三斗一升，

魏三斗一升，廿三斤

02647.1

02647.2

小子䍐鼎

乙亥，子賜小子𦋹（𦊰）王
商（賞）貝在□（兢）𠂤（次），𦋹（𦊰）用
乍（作）父己寶尊，㠱

02648.1

乙亥，子賜小子𦋹（𦊰）王
商（賞）貝在□（兢）𠂤（次），𦋹（𦊰）用
乍（作）父己寶尊，㠱

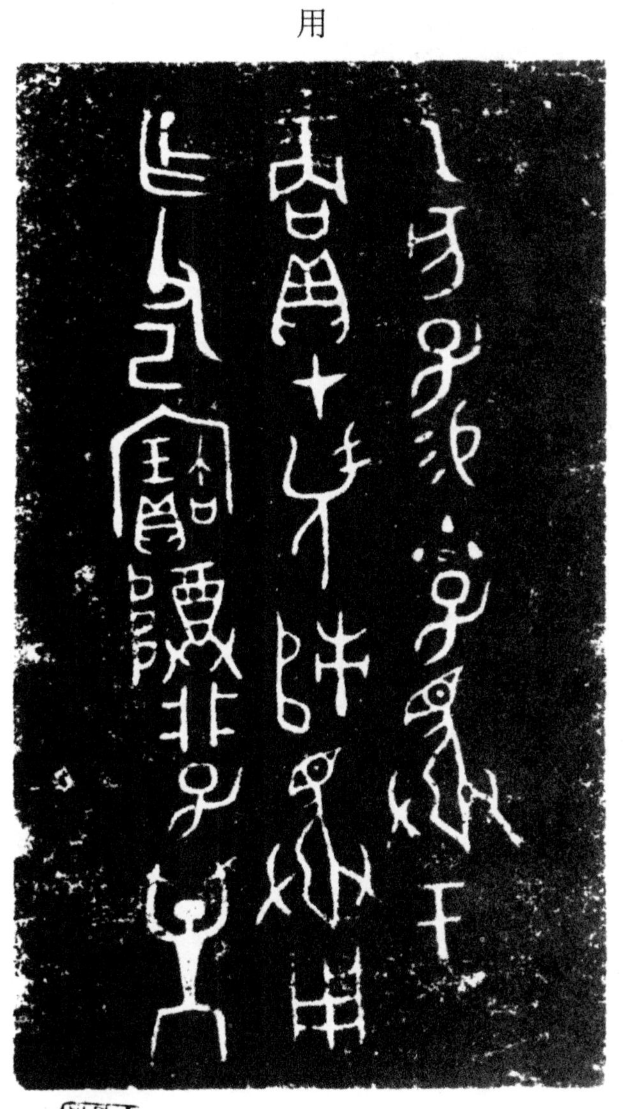

02648.2

伯顜父鼎

伯顜父乍（作）朕
皇考屖伯、吳姬
寶鼎，其邁（萬）年，
子子孫孫永寶用

02649

陳侯鼎

唯正月初吉丁亥，敶（陳）侯乍（作）鑄嫣囧母塍（媵）鼎，其永壽用之

02650

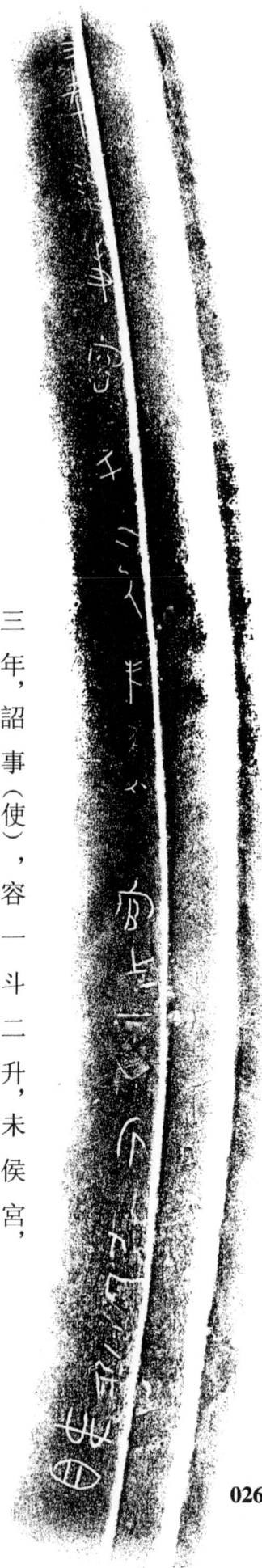

三年詔事鼎

三年，詔事（使），容一斗二升，未侯宮，
十一斤十四兩，卌（四十）四

02651

郤大子鼎

唯五月初吉丁亥，
涂大（太）子伯辰□乍（作）
爲其好妻□［鼎］，□
于橐匜（次），永寶用之

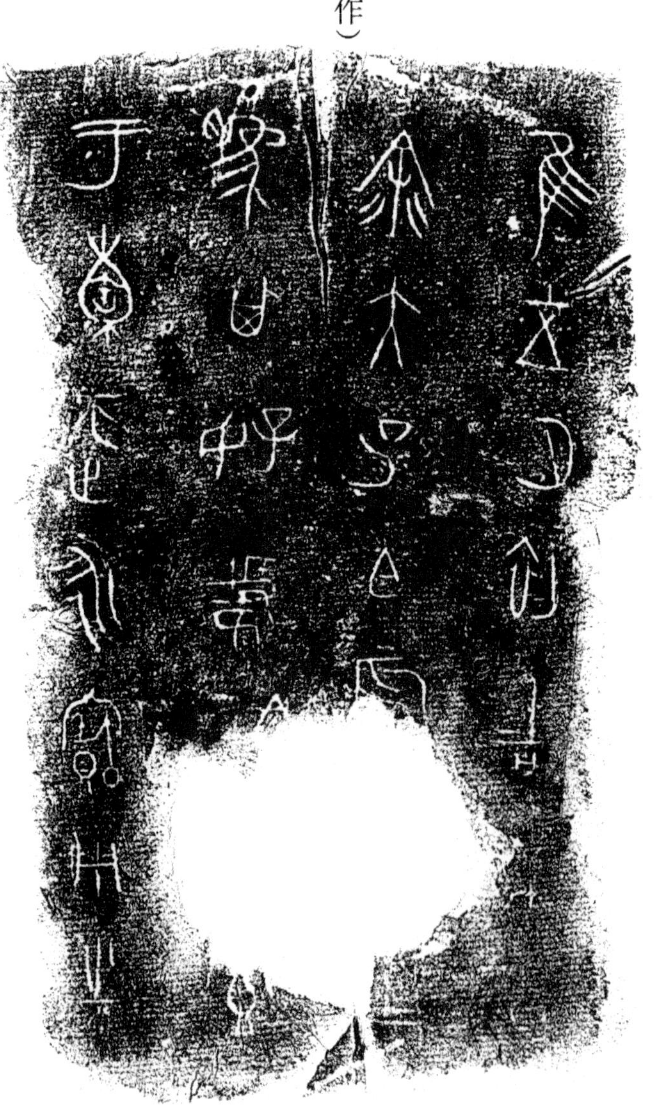

02652

小臣缶方鼎

王賜小臣缶湡責（積）五年，缶用乍（作）享大（太）子乙家祀尊，𦥑，父乙

02653

亳鼎

02654

公侯賜亳杞土、麇土、槑禾、𣏟禾，亳敢對公仲休，用乍（作）尊鼎

先獸鼎

02655

先（？）獸乍（作）朕老（考）寶尊鼎，獸其邁（萬）年永寶用，朝夕鄉（饗）厥多倗友

伯吉父鼎

唯十又二月初
士（吉），伯士（吉）父乍（作）毅
尊鼎，其萬年，
子子孫永寶用

02656

叔單鼎

唯黃孫子緌（紑）
君叔單自乍（作）貞（鼎），
其萬年無疆，
子孫孫永寶用享

02657

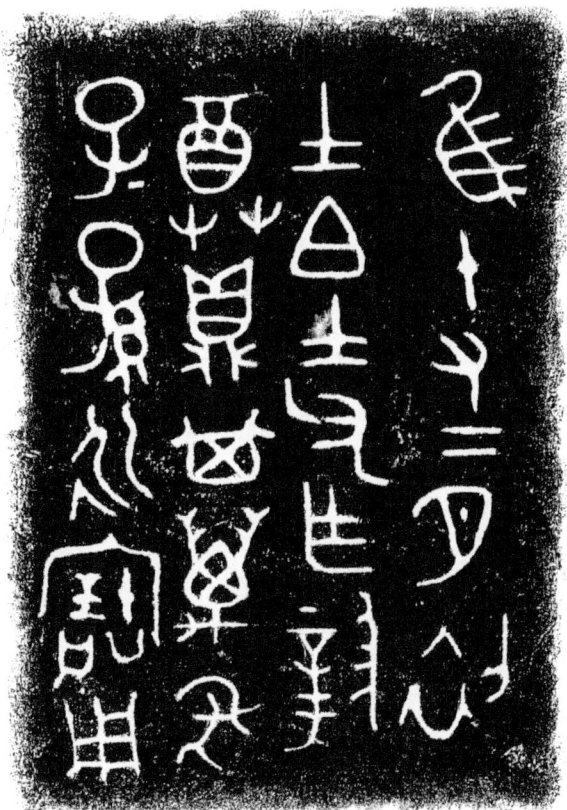

卅六年私官鼎

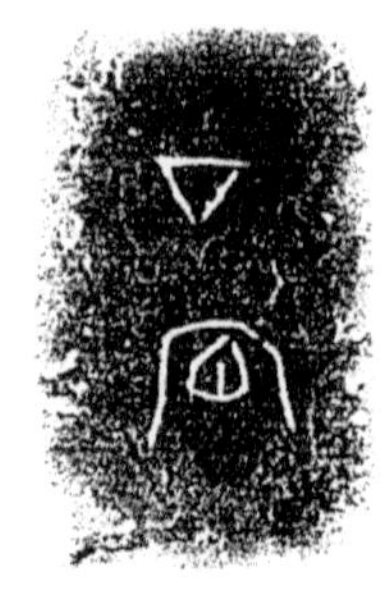

02658.1

02658.2

私官，卅六年，工師瘨、工疑，一斗半正，十三斤八兩十四朱（銖）

𤔲鼎

02659

王初𠭯（量）于成周，溓（濂）公蔑𤔲曆，賜睘□熉嬰，𤔲揚公休，用乍（作）父辛尊彝，𠕀

辛鼎

辛乍（作）寶，其亡（無）疆，
厥家擁（雍）德，㲽用
昔（穀）厥剌多友，多友釐（賚）
辛，萬年唯人（仁）

02660

德方鼎

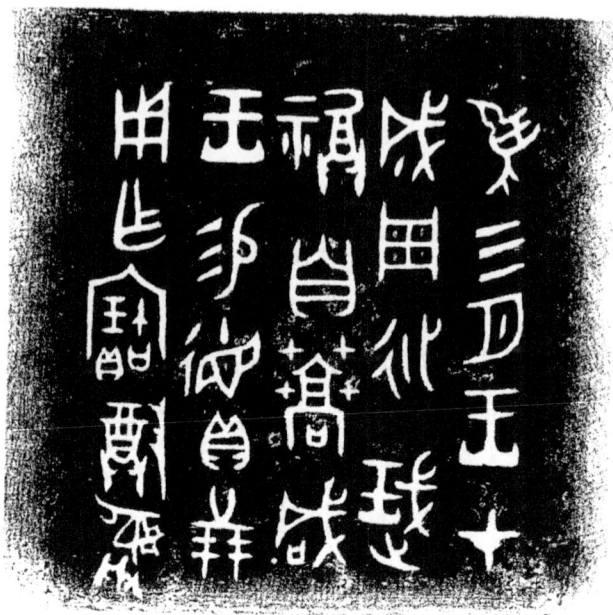

唯三月，王在
成周，祉（延、誕）武
福自蒿（鎬），咸，
王賜德貝廿朋，
用乍（作）寶尊彝

02661

或者鼎

或者乍（作）旅鼎，
用匄偁魯福，
用妥（綏）𧻚（福）彔（祿），用
乍（作）文考宮伯
寶尊彝

02662

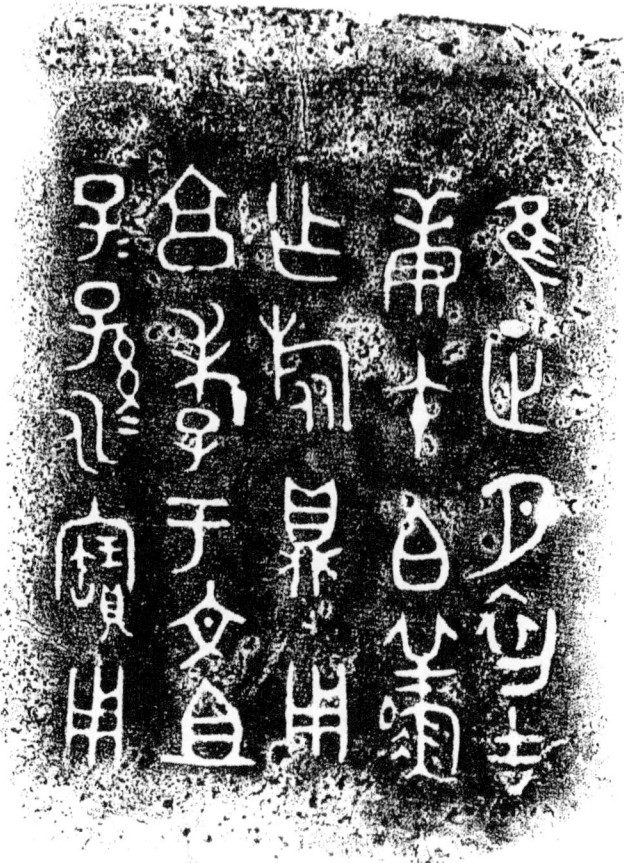

伯鮮鼎

唯正月初吉
庚午，伯鮮
乍（作）旅鼎，用
享孝于文祖，
子子孫孫永寶用

02663

伯鮮鼎

唯正月初吉
庚午，伯鮮乍（作）
旅鼎，用享孝
于文祖，子子
孫孫永寶用

02664

伯鮮鼎

唯正月初吉
庚午，伯鮮乍(作)
旅鼎，用享孝
于文祖，子子孫孫
永寶用

02665

伯鮮鼎

唯正月初吉
庚午，伯鮮
乍(作)旅鼎，用享
孝于文祖，子子
孫孫永寶用

02666

鄭伯士叔皇父鼎

奠（鄭）伯氏士叔皇父乍（作）旅鼎，其眉壽，萬年無疆，子子孫孫，永寶用享

02667

鐘伯侵鼎

唯正月初吉
己亥，大（太）帀（師）鐘
伯侵自乍（作）
石（碥）沱（盜），其子子孫孫
永寶用之

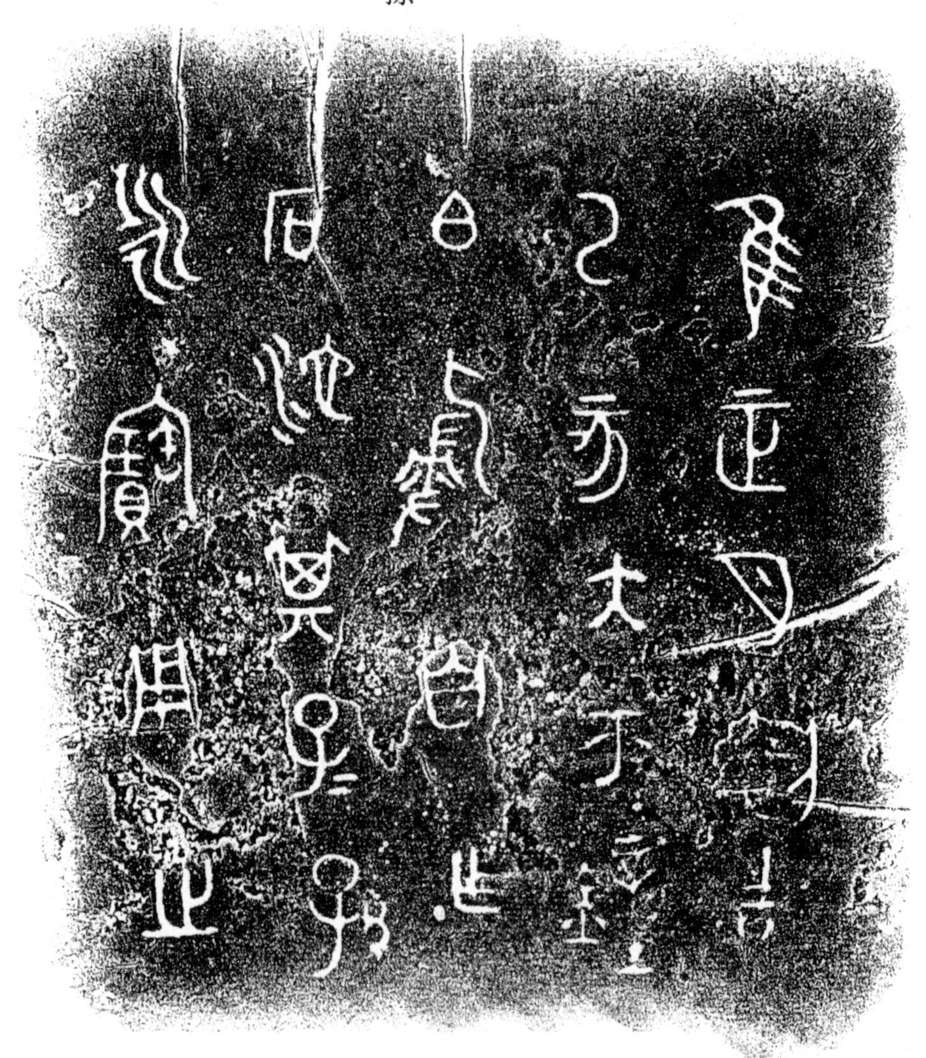

02668

叔液鼎

唯五月庚申，
叔液自乍(作)鍊(饙)
貞(鼎)，用祈眉
壽，萬年無疆，
永壽用之

02669

旂鼎

唯八月初吉，
辰在乙卯，公賜
旂僕，旂用乍(作)
文父日乙寶
尊彝，㠱

02670

㢊父鼎

㢊父乍（作）䵼（𤼈）寶鼎，

征（延、誕）令曰：有女（汝）多

兄（貺），毋又（有）違女（汝），唯

女（汝）率我多友以事

02671

㝬父鼎

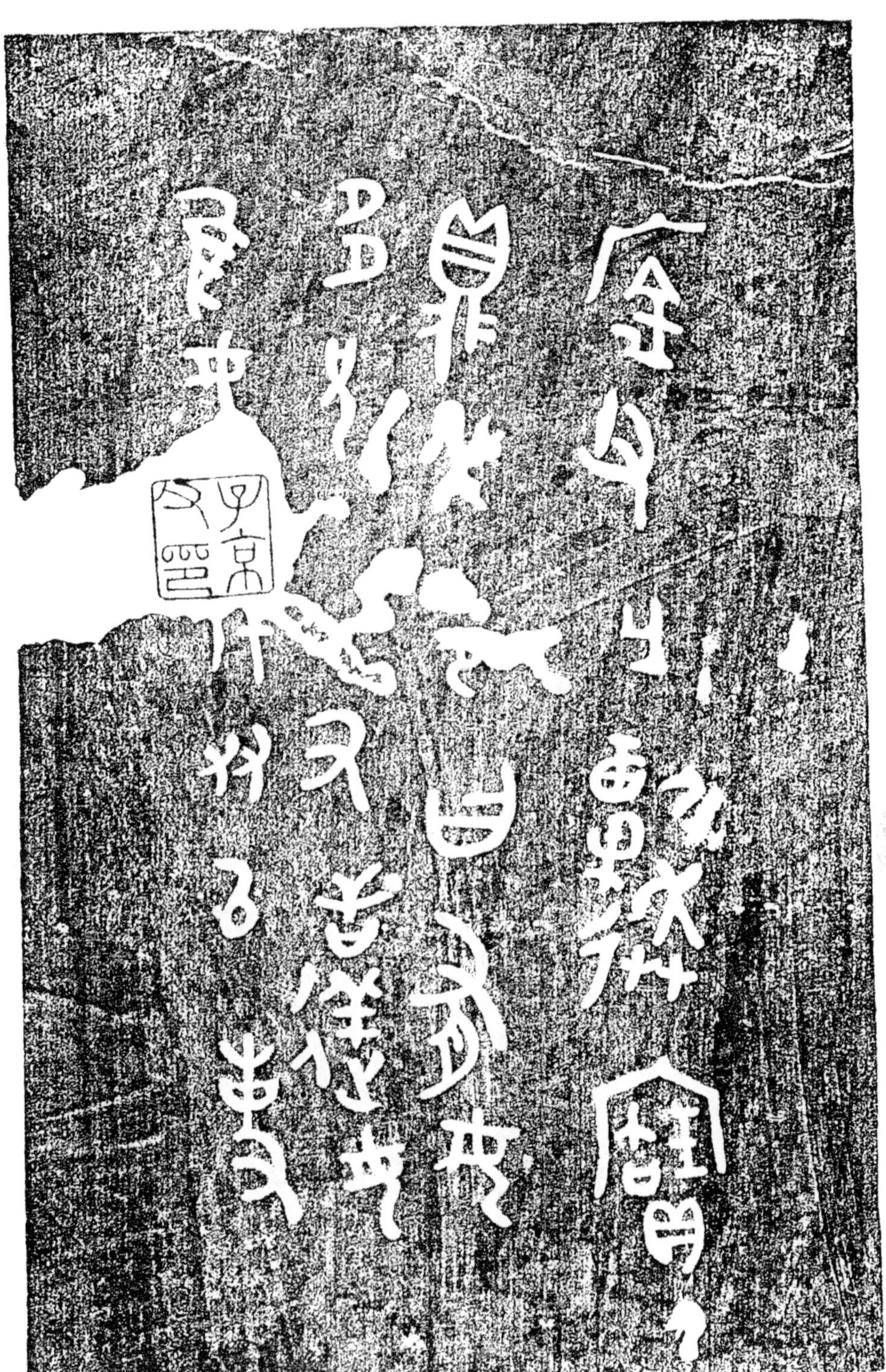

㝬父乍（作）𩰤（𢱧）寶
鼎，祉（延、誕）令曰：有女（汝）
多兄（貺），毋又（有）違女（汝），
唯女（汝）率我多友以事

02672

羌鼎

□令羌死(尸)嗣
□官，羌對揚
君令于彝，用
乍(作)文考寡叔
𪔀彝，永余寶

02673

征人鼎

丙午，天君鄉(饗)
禮酉(酒)，在斤，天
君賞厥征
人斤貝，用乍(作)
父丁尊彝，黿

02674

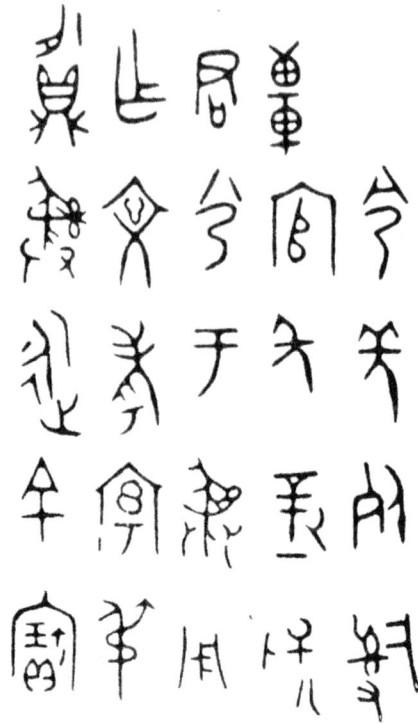

郐王䊢鼎

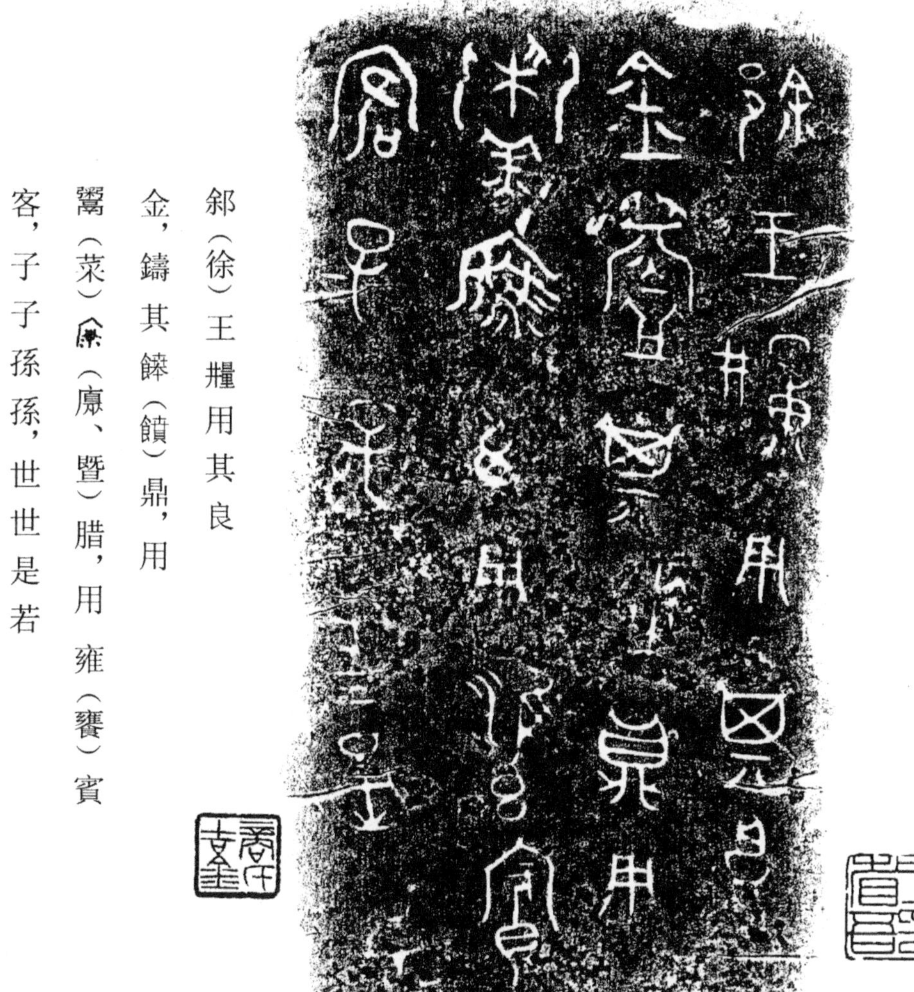

郐(徐)王䊢用其良金,鑄其𩞁(鐈)鼎,用鬻(煮)𩱧(䰞、𩰫)腊,用雍(饔)賓客,子子孫孫,世世是若

02675

𢐗伯鼎

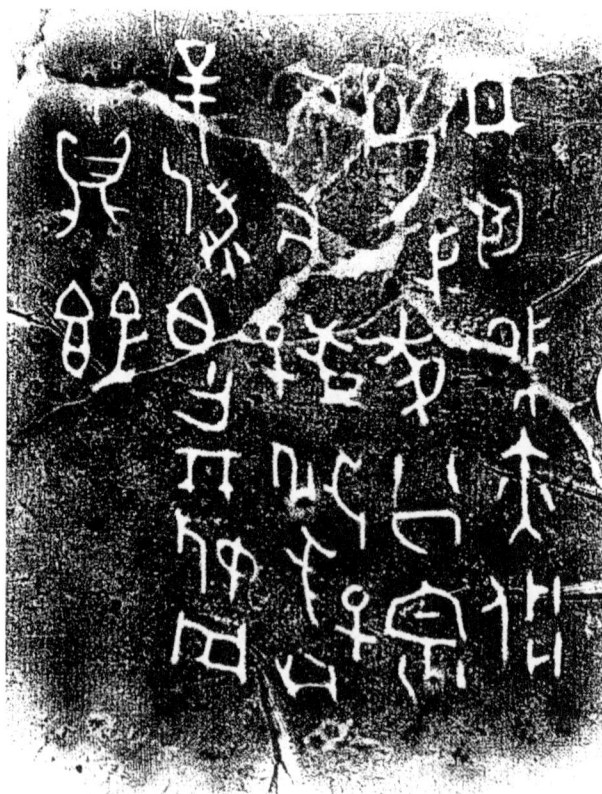

井姬婦亦侗祖考夌公宗室，又孝价孝，𦨶（艀）保𢐗伯，乍（作）井姬用貞（鼎）毁

02676

𢐗伯鼎

井姬婦亦侗祖考夌公宗室，又孝价孝，𦨶（艀）保𢐗伯，乍（作）井姬用貞（鼎）毁

02677

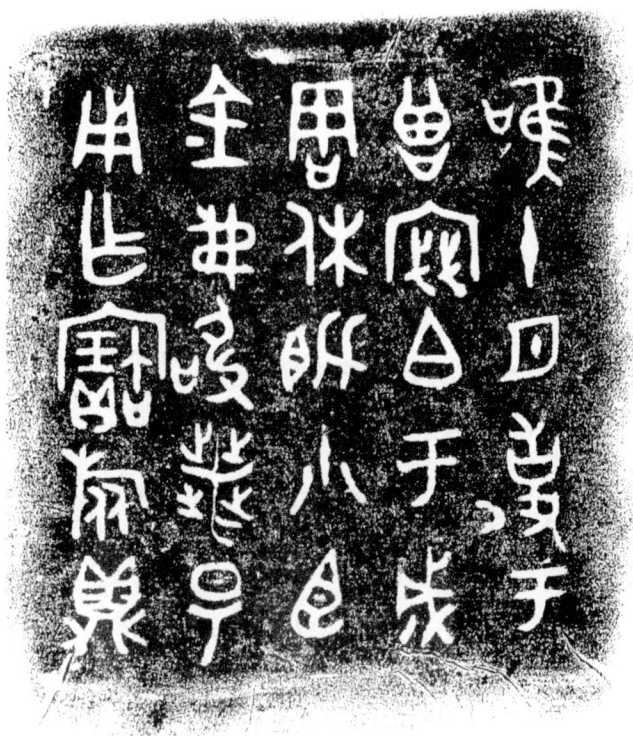

小臣鼎

唯十月，使于曾，宓伯于成周休畀小臣金，弗敢喪，昜（揚），用乍（作）寶旅鼎

02678

旟叔樊鼎

旟叔樊乍（作）易（陽）姚寶鼎，用享孝于朕文祖，其萬年無彊，子子孫永寶用

02679

諶鼎

諶肇乍(作)其皇考、皇母告比君䵼貞(鼎)，諶其萬年眉壽，子孫孫永寶用享

02680 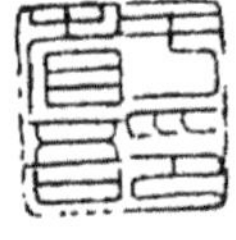

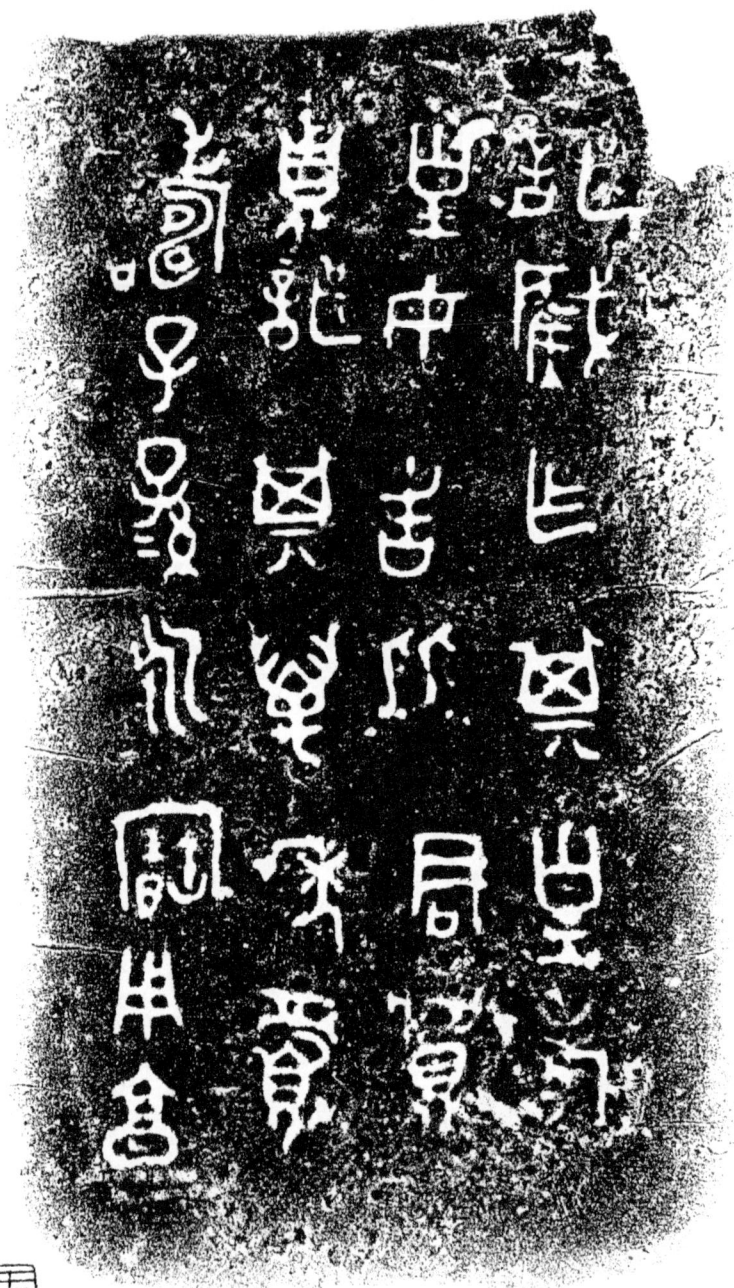

姬鼎

姬⿱將鼎彝，用烝
用嘗，用孝用享，
用匄眉壽無
疆，其萬年，
子子孫孫永寶用

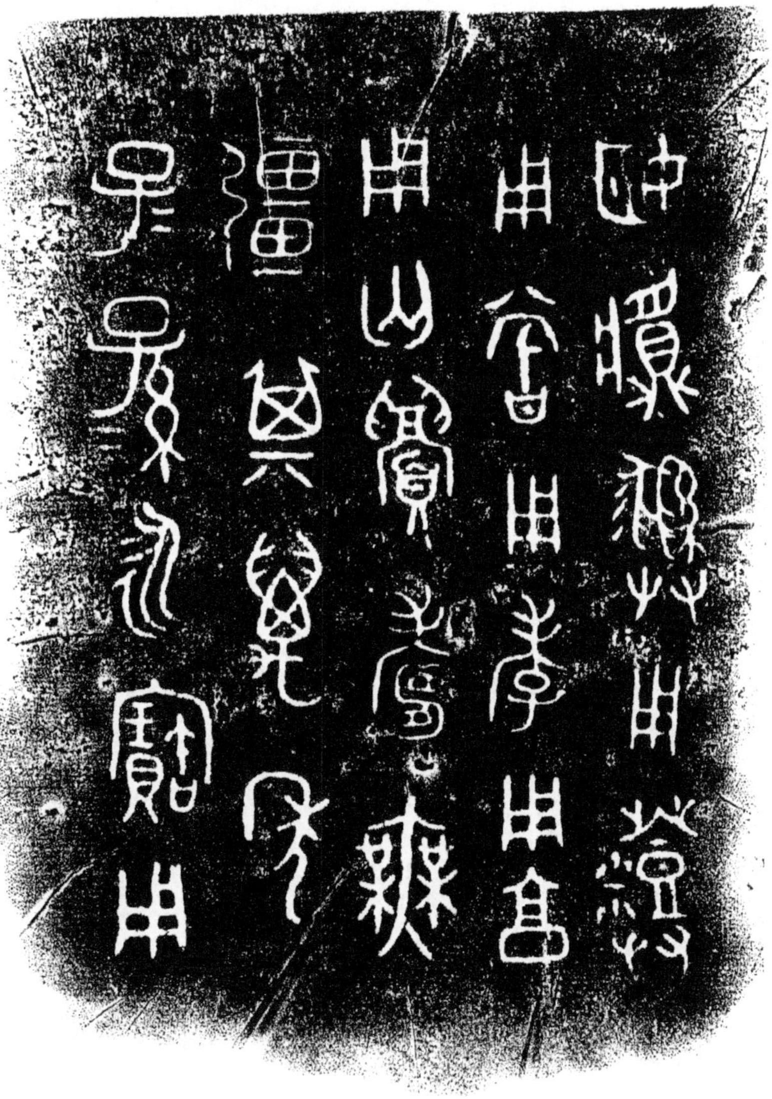

02681

新邑鼎

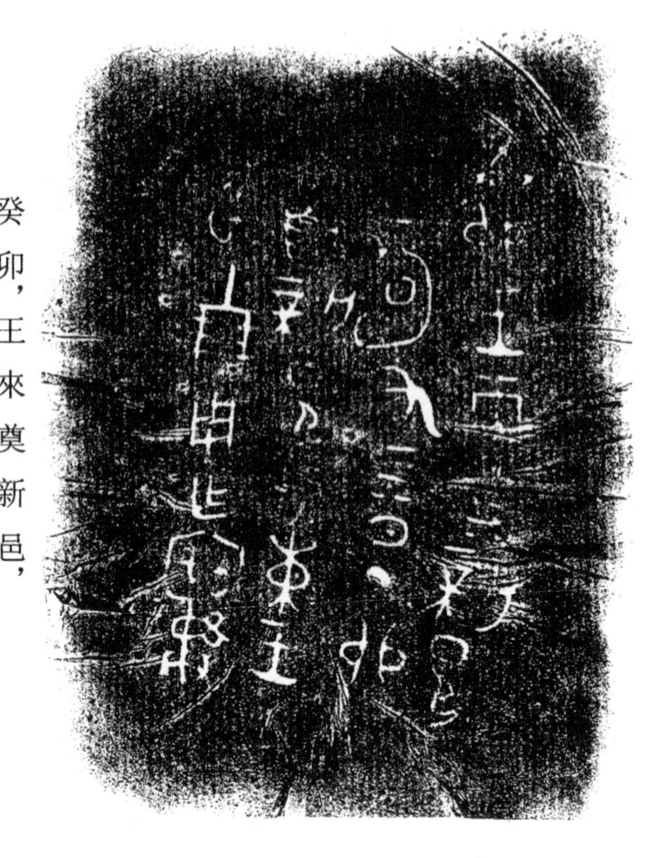

癸卯，王來奠新邑，[二]旬又四日丁卯，[往]自新邑于柬，王[賞]貝十朋，用乍（作）寶彝

02682

宗婦鄁嬰鼎

王子刺公之宗婦鄁（鄁）嬰，爲宗彝䵼彝，永寶用，以降大福，保辥（乂）鄁（鄁）國

02683

宗婦鄁嫛鼎

王子剌公之宗婦鄁(鄁)嫛，爲宗彝𩰫彝，永寶用，以降大福，保辥(嬖)鄁(鄁)國

02684

宗婦鄁嫛鼎

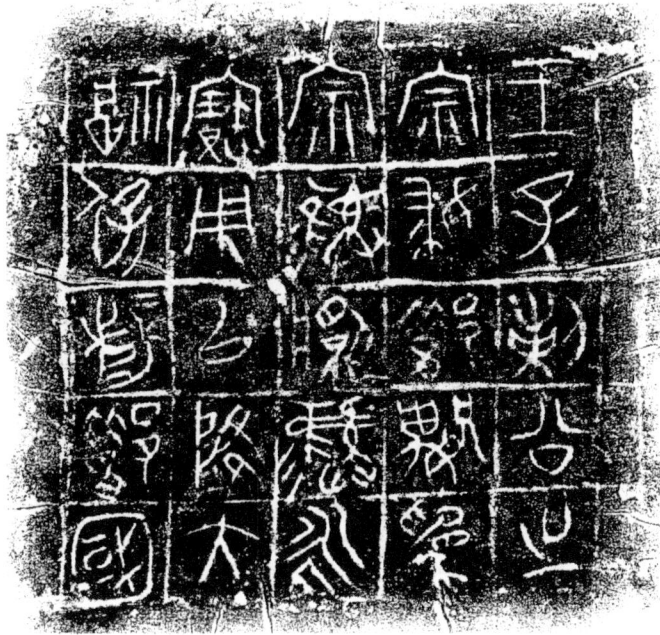

王子剌公之宗婦鄁(鄁)嫛，爲宗彝𩰫彝，永寶用，以降大福，保辥(嬖)鄁(鄁)國

02685

宗婦鄁嬰鼎

王子剌公之
宗婦鄁(鄁)嬰,爲
宗彝鬻彝,永
寶用,以降大
福,保辪(嬖)鄁(鄁)國

02686

宗婦鄁嬰鼎

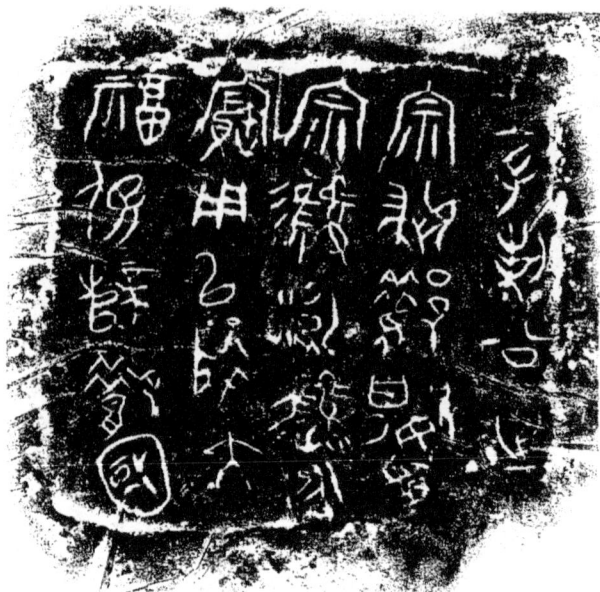

王子剌公之
宗婦鄁(鄁)嬰,爲
宗彝鬻彝,永
寶用,以降大
福,保辪(嬖)鄁(鄁)國

02687

宗婦鄁嬰鼎

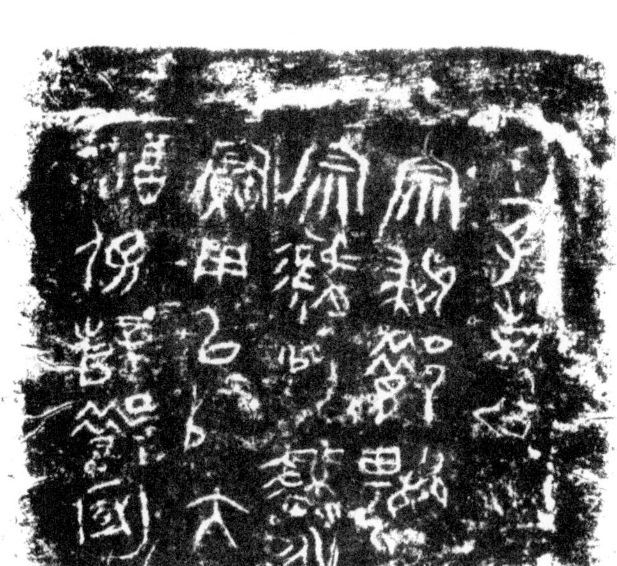

王子剌公之
宗婦鄁（鄁）嬰，爲
宗彝𪔂彝，永
寶用，以降大
福，保辪（嬖）鄁（鄁）國

02688

宗婦鄁嬰鼎

王子剌公爲
宗婦鄁（鄁）嬰
宗彝𪔂彝，[永]
寶用，以降大
福，保辪（嬖）鄁（鄁）國

02689

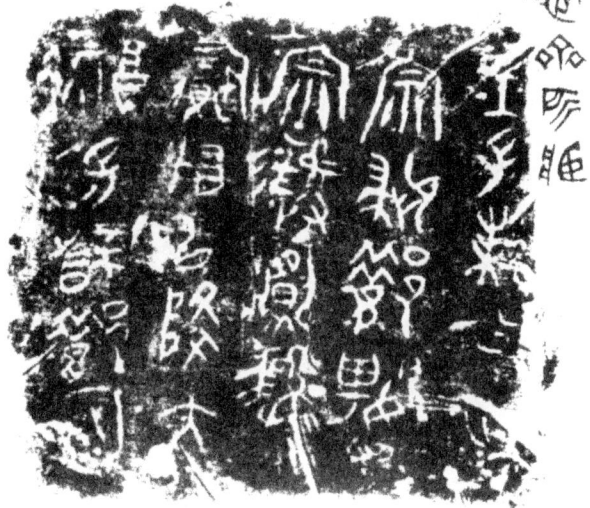

戈叔朕鼎

唯八月初吉
庚申，戈（戴）叔朕
自乍（作）𩝐（饙）鼎，其
萬年無疆，子子
孫孫，永寶用之

02690

𢦏叔朕鼎

唯八月初吉

庚申，𢦏（戴）叔朕

自乍（作）𩞁（饙）鼎，其

萬年無疆，子子

孫孫，永寶用之

02691

戈叔朕鼎

唯八月初吉
庚申，戈（戴）叔朕
自乍（作）𩞁（饙）鼎，其
萬年無疆，子子
孫孫，永寶用之

02692

廿三年㮚朝鼎

十九年，邛（江）干爲享陵肘（鼎），膚（容）半齋，五，

卄四年，㮚（槁）朝爲享陵鑄，膚（容）半齋，二

02693.2B　02693.2A　02693.1B　02693.1A

戍甬鼎

亞印（印），丁卯，王令宜子迨（會）西方于省，唯反（返），王賞戍甬貝二朋，用乍（作）父乙𩰫

02694

員方鼎

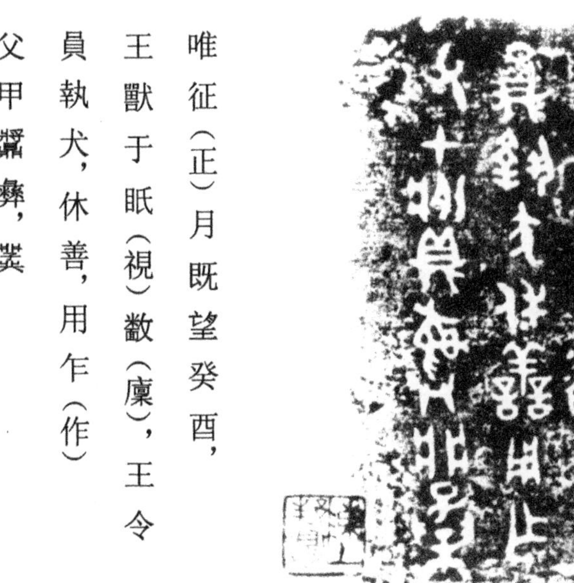

唯征（正）月既望癸酉，王獸于眂（視）𪆫（廩），王令員執犬，休善，用乍（作）父甲𩰫彝，𡚬

02695

𡨦鼎

內史令𡨦（并）事，賜金一勻（鈞）、非（緋）余（琜），曰：內史龏朕天君，其萬年，用爲考寶尊

02696

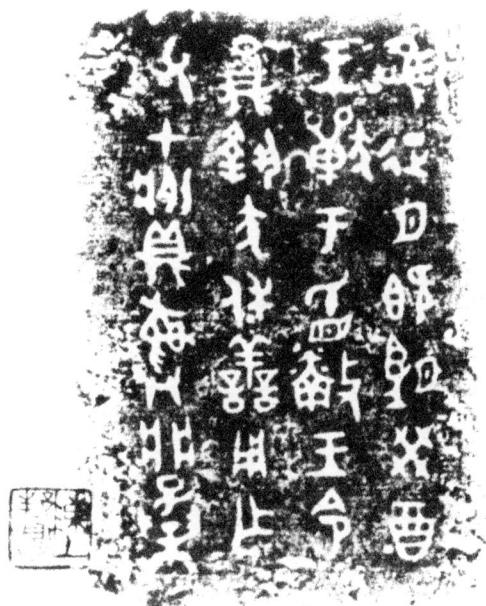

㪔伯車父鼎

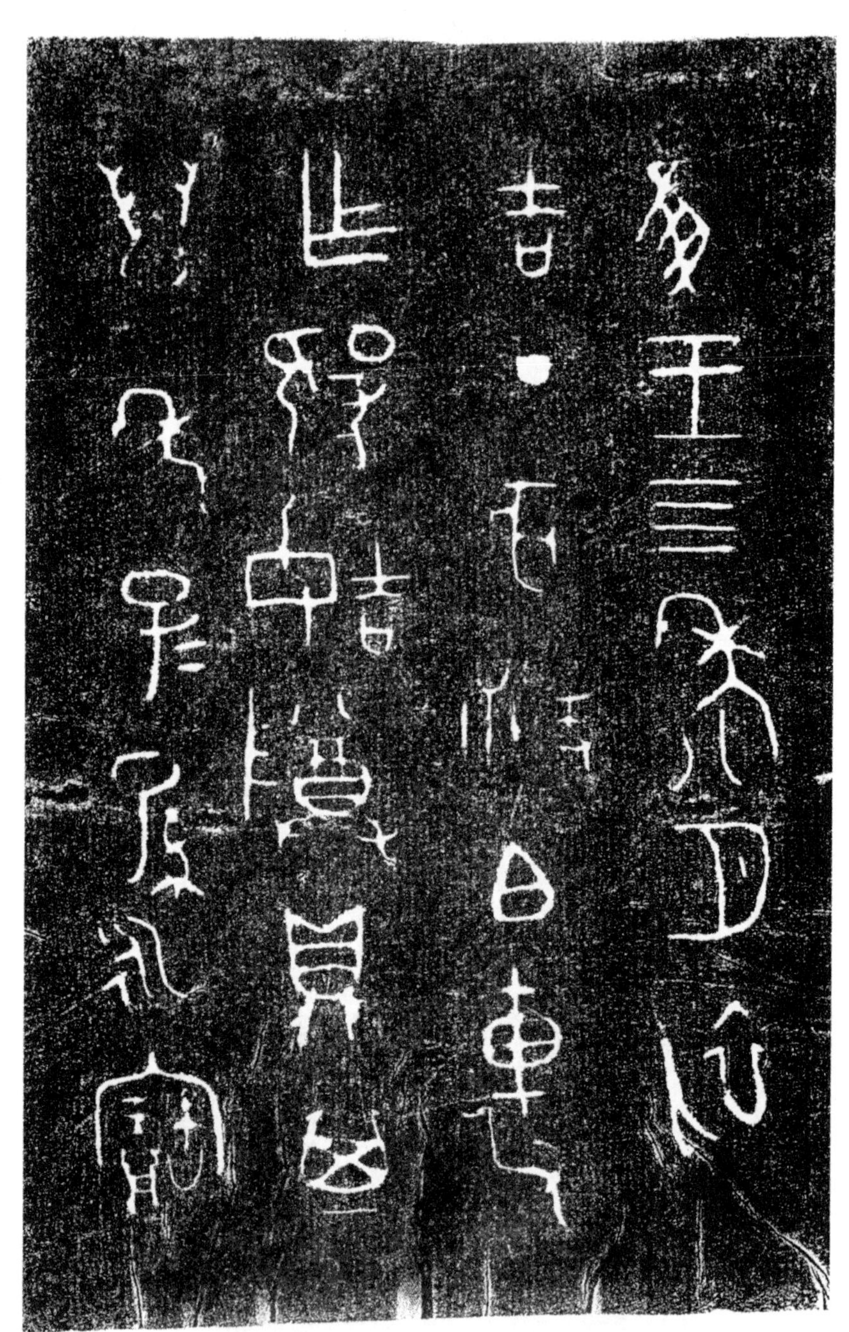

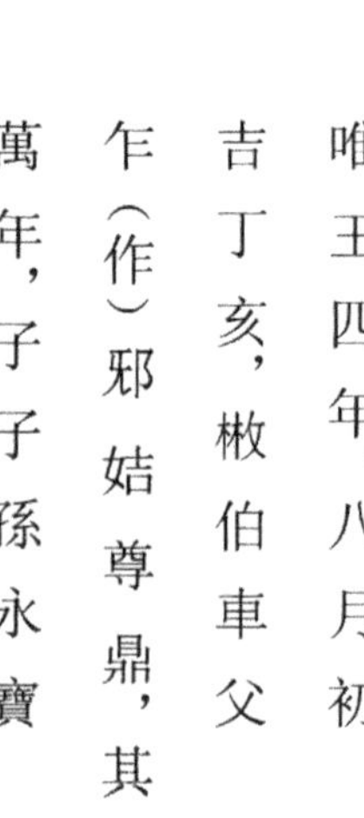

唯王四年，八月初
吉丁亥，㪔伯車父
乍(作)邪姑尊鼎，其
萬年，子子孫永寶

02697

楙伯車父鼎

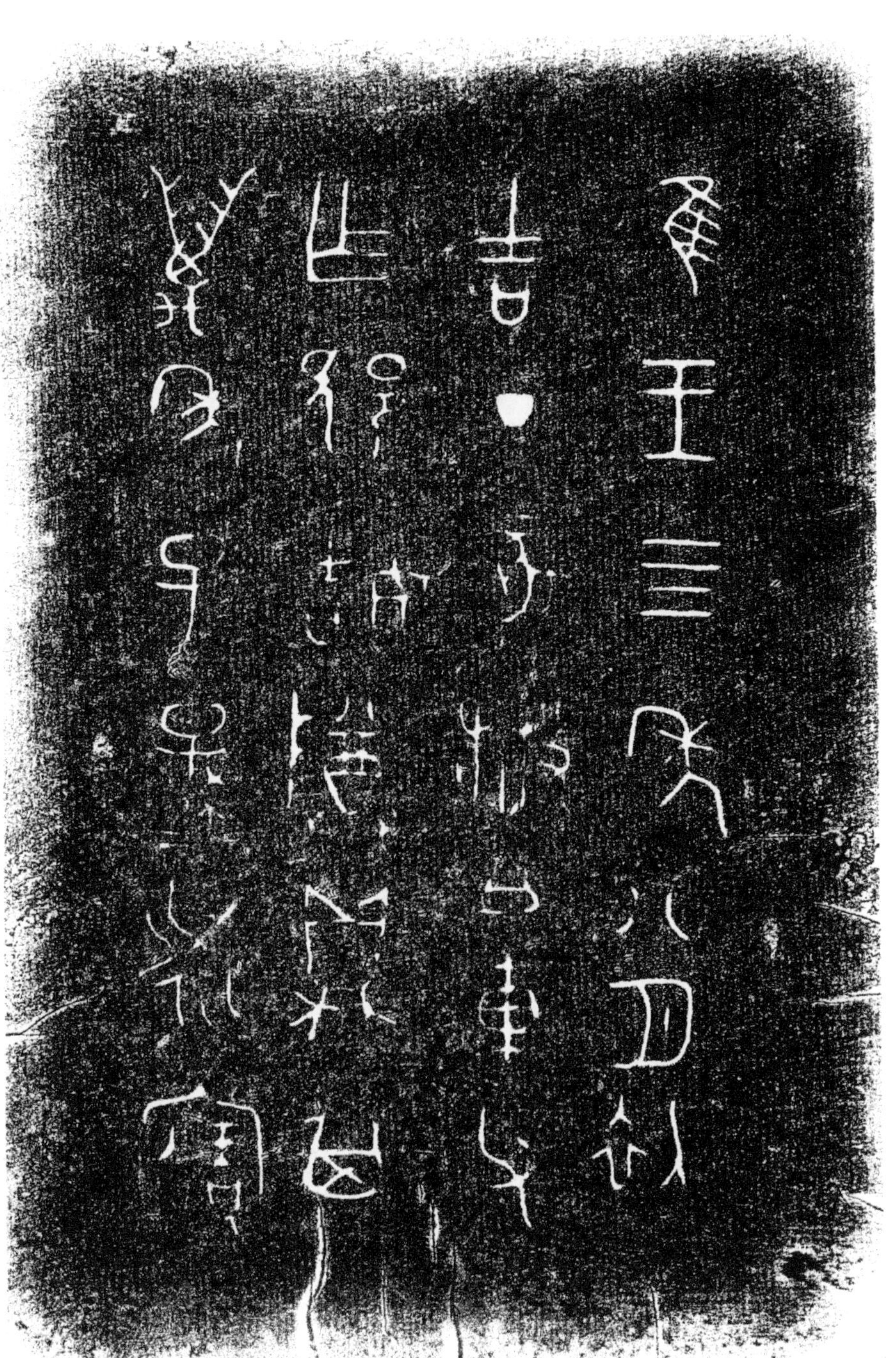

唯王四年，八月初
吉丁亥，楙伯車父
乍（作）邪姑尊鼎，其
萬年，子子孫孫永寶

02698

㭒伯車父鼎

唯王四年，八月初吉丁亥，㭒伯車父乍(作)邪姞尊鼎，其萬年，子子孫孫永寶

02699

橅伯車父鼎

唯王四年，八月初吉丁亥，橅伯車父乍(作)邪姞尊鼎，其萬年，子子孫孫永寶

02700

公朱左𠂤鼎

公朱（廚）左官，十一年十一月乙巳朏，左官冶大夫杕命冶㥬（懵）鑄貞（鼎），谷（容）一斛

02701.2

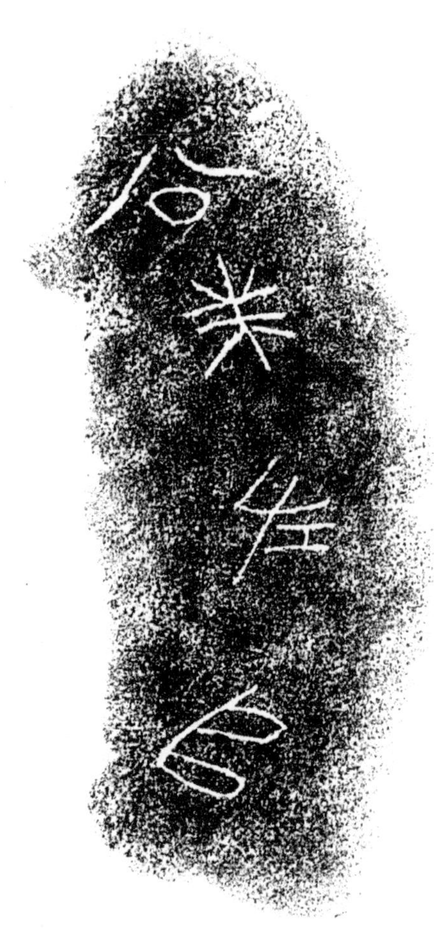

02701.1

嬰方鼎

丁亥，⿰女凡商（賞）又正

嬰（聯）嬰貝在穆

朋二百，嬰扆⿰女凡

商（賞），用乍（作）母己尊⿰火量，

亞㠱侯疑

02702

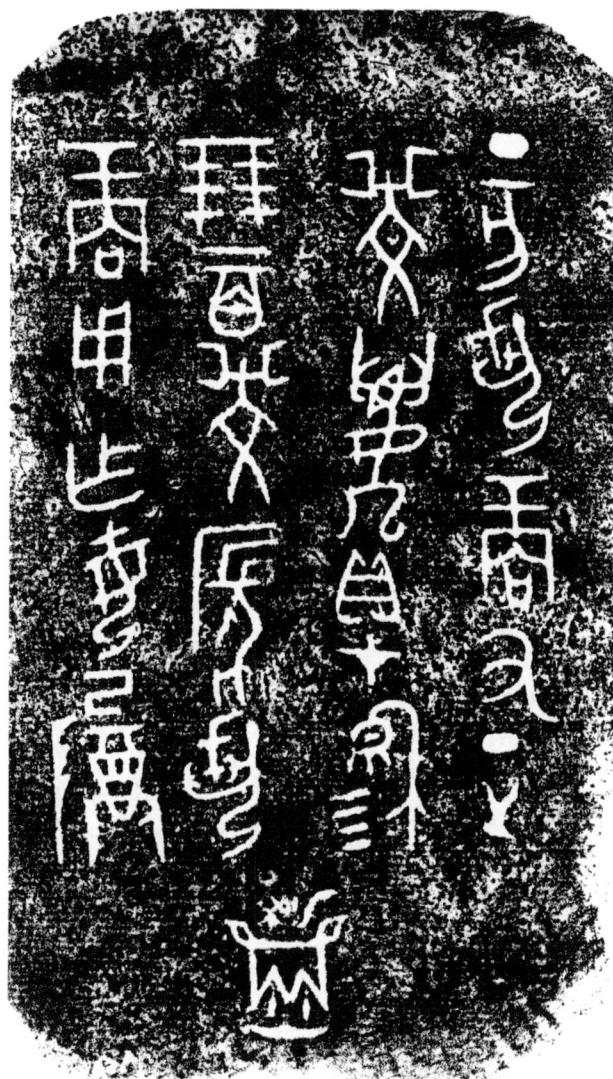

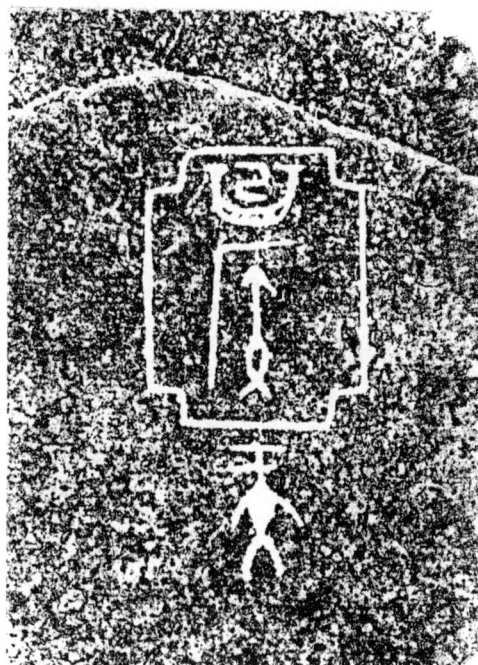

堇鼎

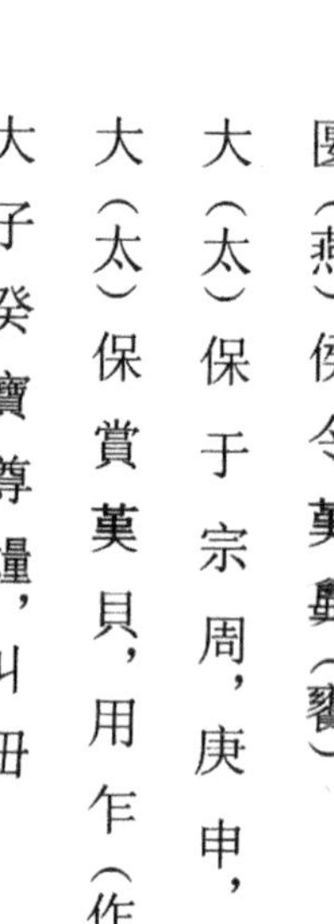

匽(燕)侯令𦰩⿱亯皿(饔)
大(太)保于宗周，庚申，
大(太)保賞𦰩貝，用乍(作)
大子癸寶尊⿰火畺，丩冊

02703

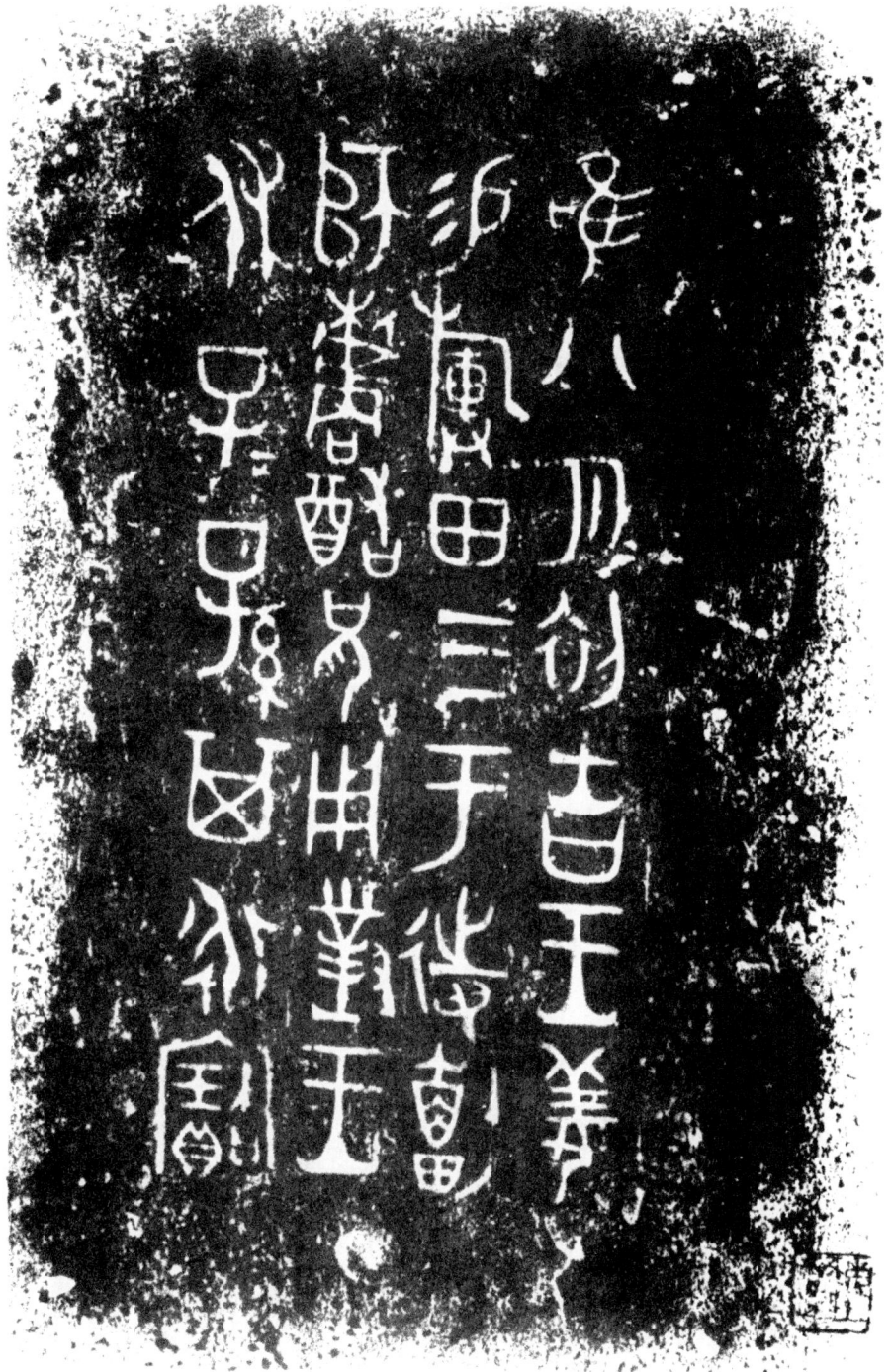

唯八月初吉，王姜

賜旗田三于待劃，

師櫨酤（舔）兄（貺），用對王

休，子子孫其永寶

02704

⿰各日鼎

祝（兄）人師眉嬴
王爲周客，賜
貝五朋，爲寶
器鼎二、𣪘二，其
用享于厥帝（嫡）考

02705

麥方鼎

唯十
又一月，
井（邢）侯
征（延）嗝（囋）
于麥，麥
賜赤
金，用
乍（作）鼎，
用從
井（邢）侯
征事，
用鄉（饗）多
⿰土尞（寮）友

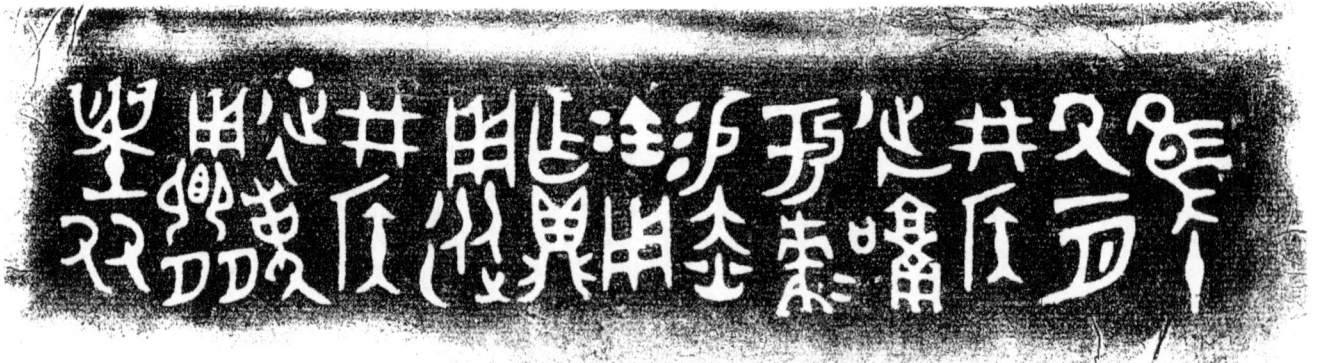

02706

右使車嗇夫鼎

02707.1

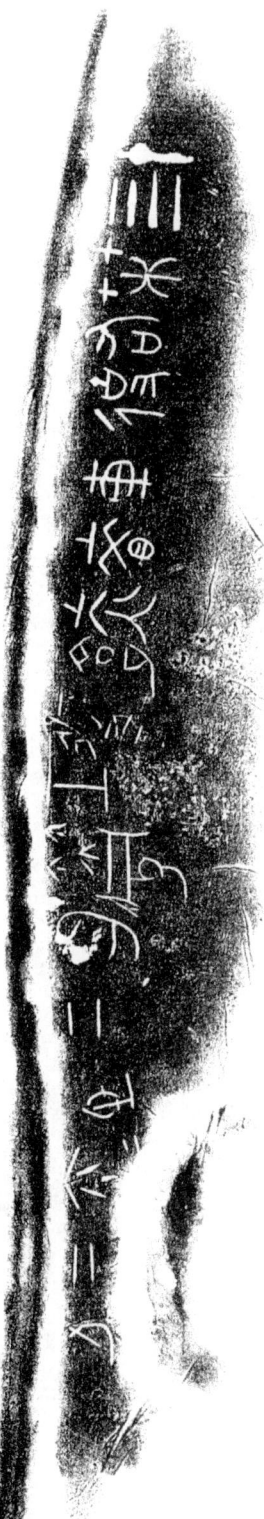

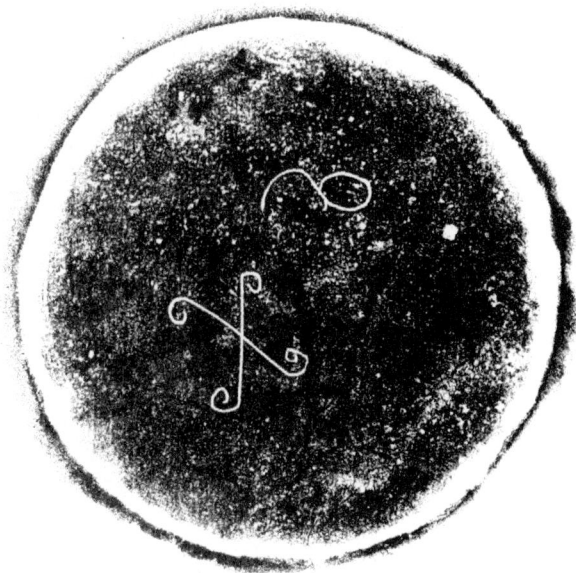

02707.2

02707.3

廥里，

十四茉，右使車嗇夫鄭（齊）痓、工簡、匀（鈞）二百六十二刀之

匀（鈞），奠□□，

癸巳

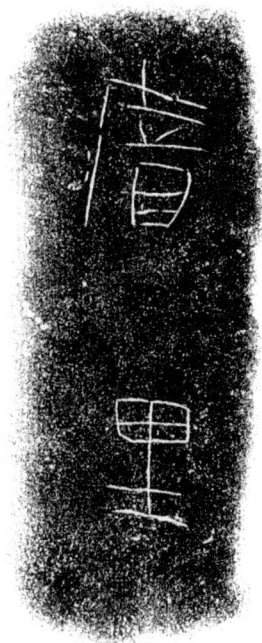

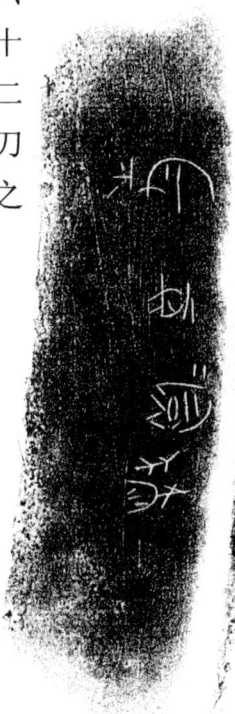

戍學鼎

丙午，王商（賞）戍嗣（學）貝廿朋，在闌（管）宗，用乍（作）父癸寶𩰫（餗），唯王𩱜闌（管）大室，在九月，犬魚

02708

遷方鼎

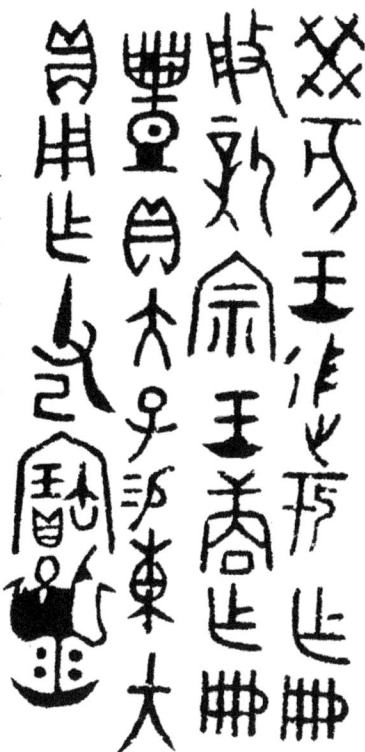

乙亥，王餗，在𨛭師（次），王鄉（饗）酉（酒），尹光遷，唯各，商（賞）貝，用乍（作）父丁彝，唯王正（征）井方，丙

02709

寧𦾔鼎

庚午，王令寢𦾔省北田四品，在二月，乍（作）册友史賜𤰇貝，用乍（作）父乙尊，羊册

02710

作册豊鼎

癸亥，王迖于乍（作）册般新宗，王商（賞）乍（作）册豊貝，大（太）子賜東大貝，用乍（作）父己寶𬊤

02711

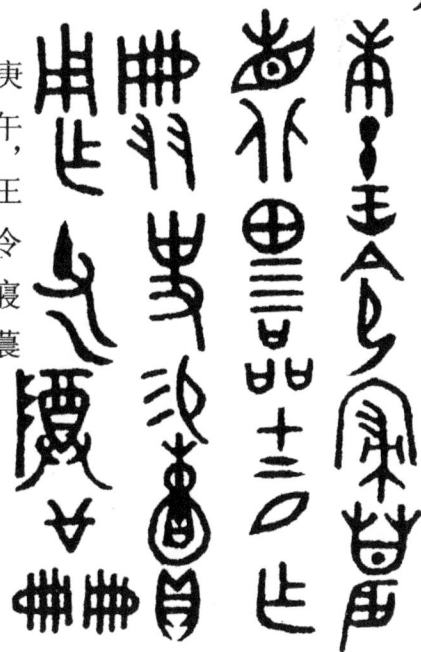

乃子克鼎

叔（翏）辛伯蔑乃子克曆，宔（貯）絲五十寽（鋝），用乍（作）父辛寶尊彝，辛伯其竝（普）受厥永畐（福），鼎

02712A

叔（翏）辛伯蔑乃子克曆，宔（貯）絲五十寽（鋝），用乍（作）父辛寶尊彝，辛伯其竝（普）受厥永畐（福），鼎

02712B

師趛鼎

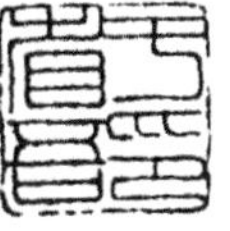

唯九月初吉庚寅，師趛乍(作)文考聖公、文母聖姬尊䵼，其萬年，子孫永寶用

02713

鄩公鼎

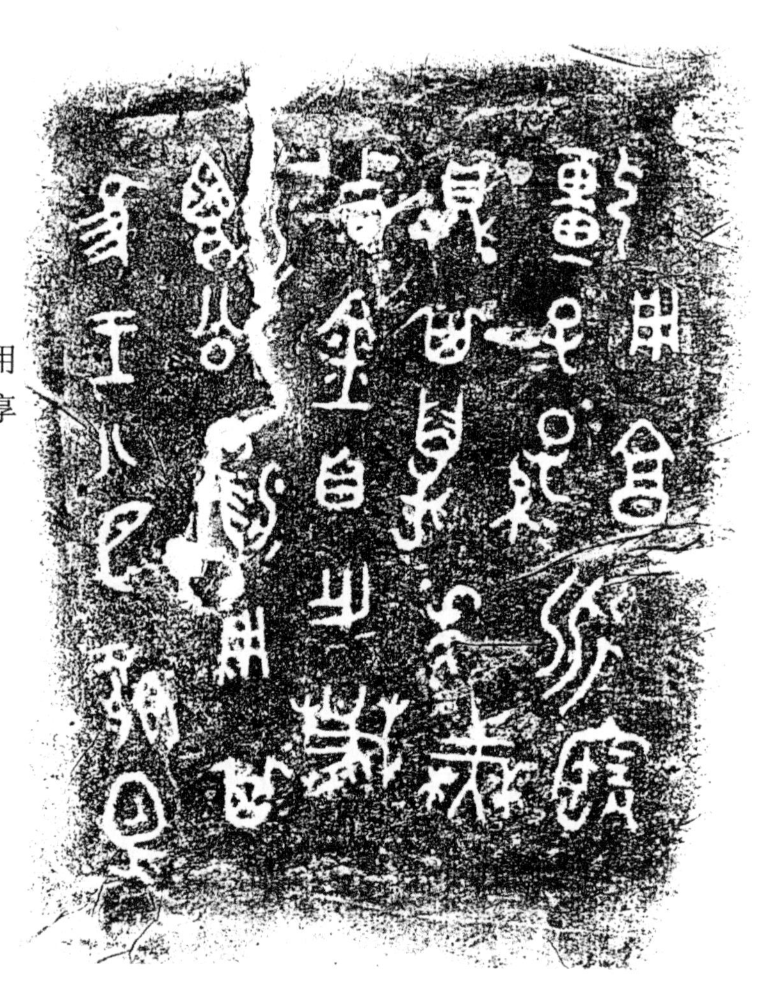

用享
疆，子子孫孫，永寶
鼎，其萬年無
吉金，自乍（作）薦
鄩公湯用其
唯王八月既望，

02714

庚兒鼎

唯正月初吉丁亥，郐(徐)王之子庚兒，自乍(作)飤繁，用征用行，用龢用鬻(菜)，眉壽無疆

02715

庚兒鼎

唯正月初吉丁亥，郐（徐）王之子庚兒，自乍（作）飤繁，用征用行，用龢用鬻（羹），眉壽無疆

02716

王子吳鼎

唯正月初吉

丁亥，王子昃（昃）

擇其吉金，自

乍（作）飤鼾，其眉

壽無諆（期），子子孫孫，

永保用之

02717

寓鼎

唯十又二月丁丑，寓

獻佩于王姛，賜寓

曼絲，對揚（揚）䖒（挂）王

姛休，用乍（作）父壬寶尊鼎

02718

公貿鼎

唯十又二月，初吉
壬午，叔氏使
貧（布）安曩伯，賓
貧（布）馬轡乘，
公貿用牧休
鱻，用乍（作）寶彝

02719

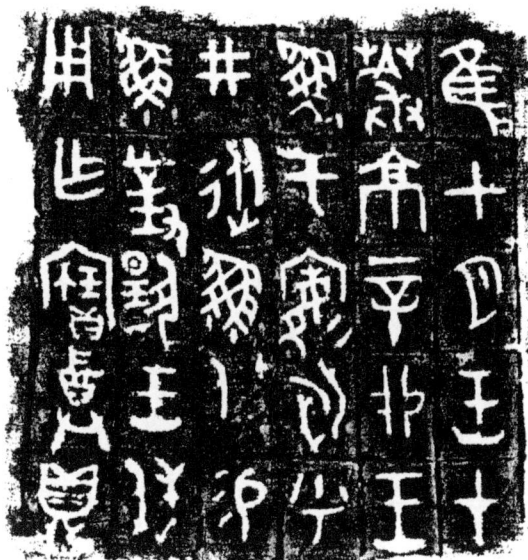

井鼎

唯七月，王在
莽京，辛卯，王
漁于㝩池，乎（呼）
井從漁，攸賜
漁（魚），對揚王休，
用乍（作）寶尊鼎

02720

㝬鼎

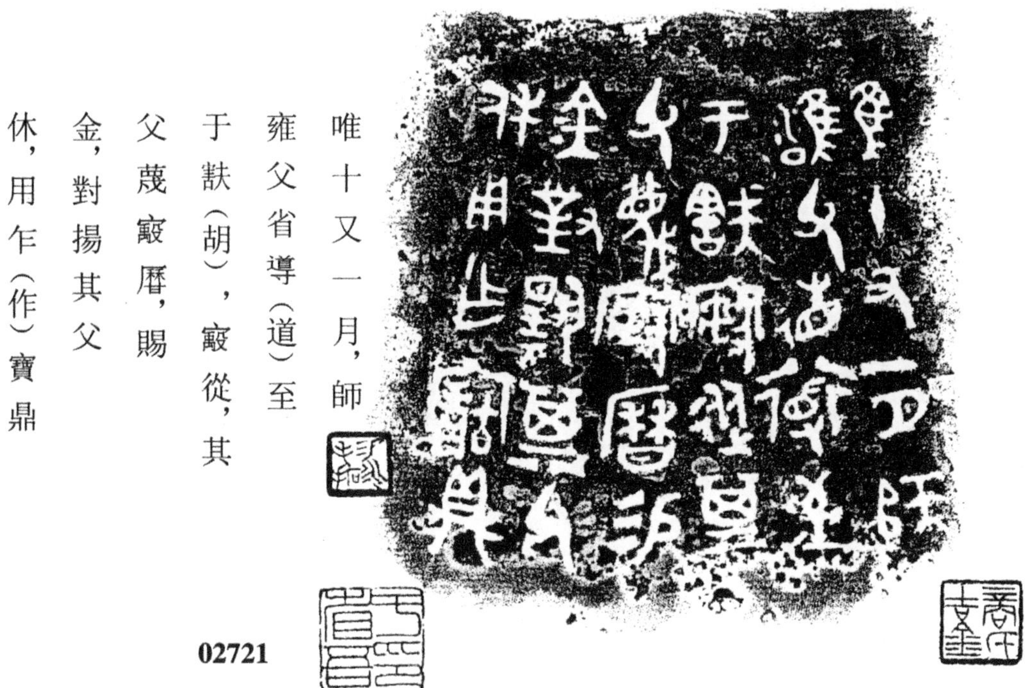

唯十又一月，師
雍父省導（道）至
于⿰古夫（胡），㝬從，其
父蔑㝬曆，賜
金，對揚其父
休，用乍（作）寶鼎

02721

寬兒鼎

唯正八月，初吉壬申，蘇公之孫寬兒，擇其吉金，自乍（作）飤繁，眉壽無期，永保用之

02722

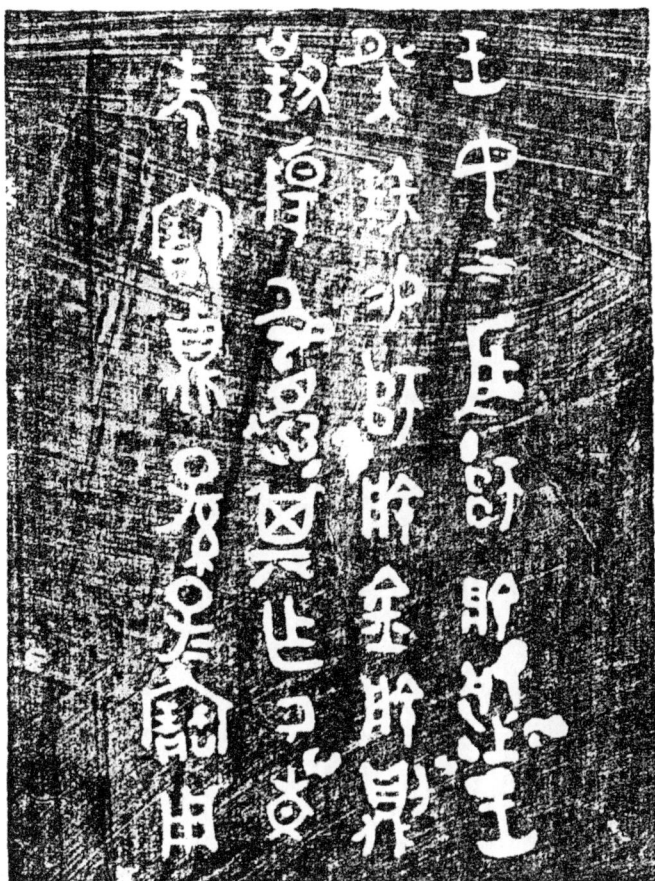

師艅鼎

王女（如）上侯，師俞從，王
夜（掖）功，賜師俞金，俞則
對揚厥德，其乍（作）厥文
考寶貞（鼎），孫孫子子寶用

02723

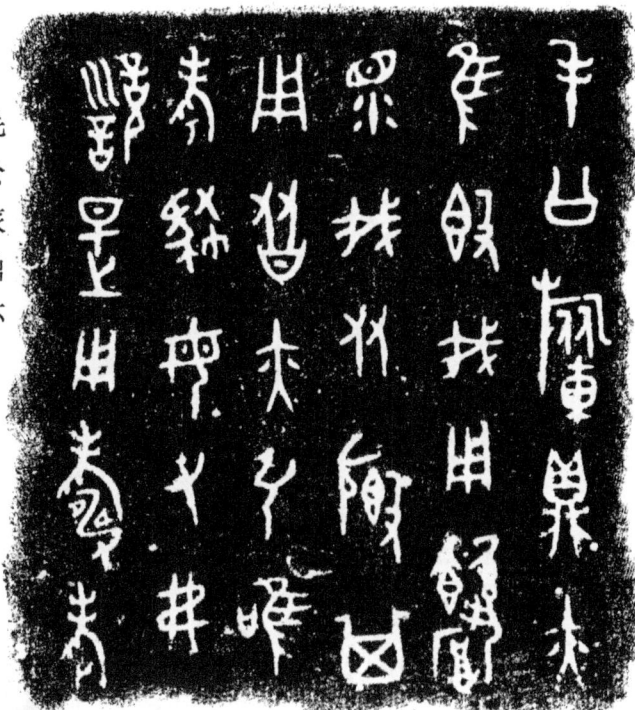

毛公旅方鼎

毛公旅鼎亦
唯毁，我用飲厚
眔我友，𩛥（飼、飤）
用友（侑），亦引唯
考（孝），肄（肆）毋又（有）弗
鐿（競），是用壽考

02724

歸⿰女凡方鼎

唯八月，辰在乙亥，王在𦷓京，王賜歸⿰女凡進金，肄（肆）[illegible]對揚王休，用乍（作）父辛寶齋，亞束（剌）

02725

歸⿰女凡方鼎

唯八月，辰在乙亥，王在𦷓京，王賜歸⿰女凡進金，肄（肆）[illegible]對揚王休，用乍（作）父辛寶齋，亞束（剌）

02726

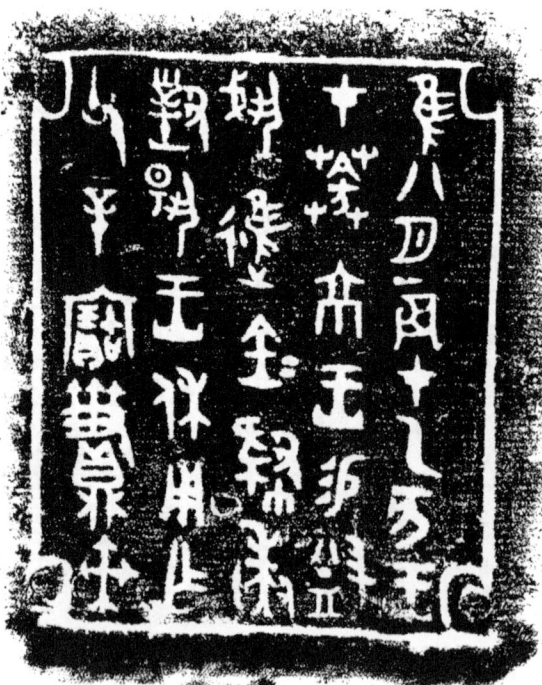

師器父鼎

師器父乍（作）尊鼎，用享考（孝）于宗室，用旂（祈）眉壽、黄句（耇）、吉康，師器父其萬年，子子孫孫永寶用

02727

旅鼎

02728

唯公大（太）保來
伐反（叛）尸（夷）年，在
十又一月庚申，公
在盩師（次），公賜
旅貝十朋，旅用
乍（作）父丁尊彝，來（萊）

𤔲𩲃方鼎

02729

唯二月初吉庚
寅，在宗周，楷仲
賞厥𩲃
逐毛兩、馬匹，對
揚尹休，用乍（作）己公
寶尊彝

厚趠方鼎

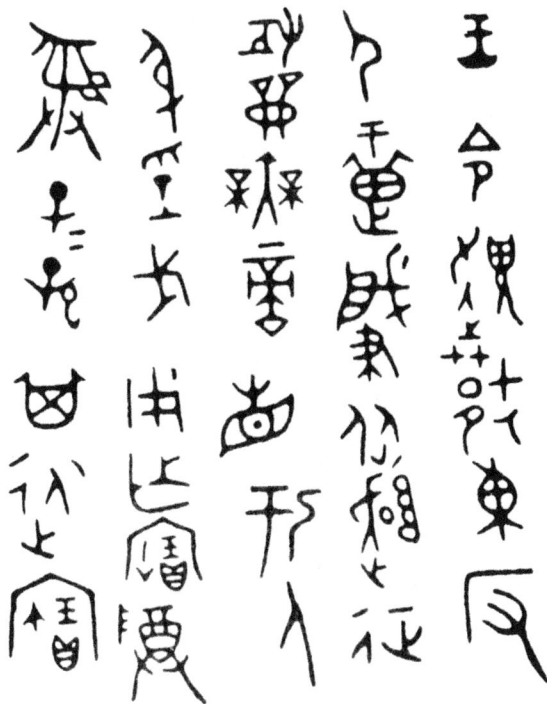

唯王來各于成周
年，厚趠又(有)償(饋)于
溓(濂)公，趠用乍(作)厥
文考父辛寶尊
齋，其子子孫孫永寶，朿(刺)

02730

䡴鼎

王令趞蔵(捷)東反(叛)
尸(夷)，䡴肇從趞征，
攻龠(踰)無啻(敵)，省于人
身，俘戈，用乍(作)寶尊
彝，子子孫孫其永寶

02731

簷大史申鼎

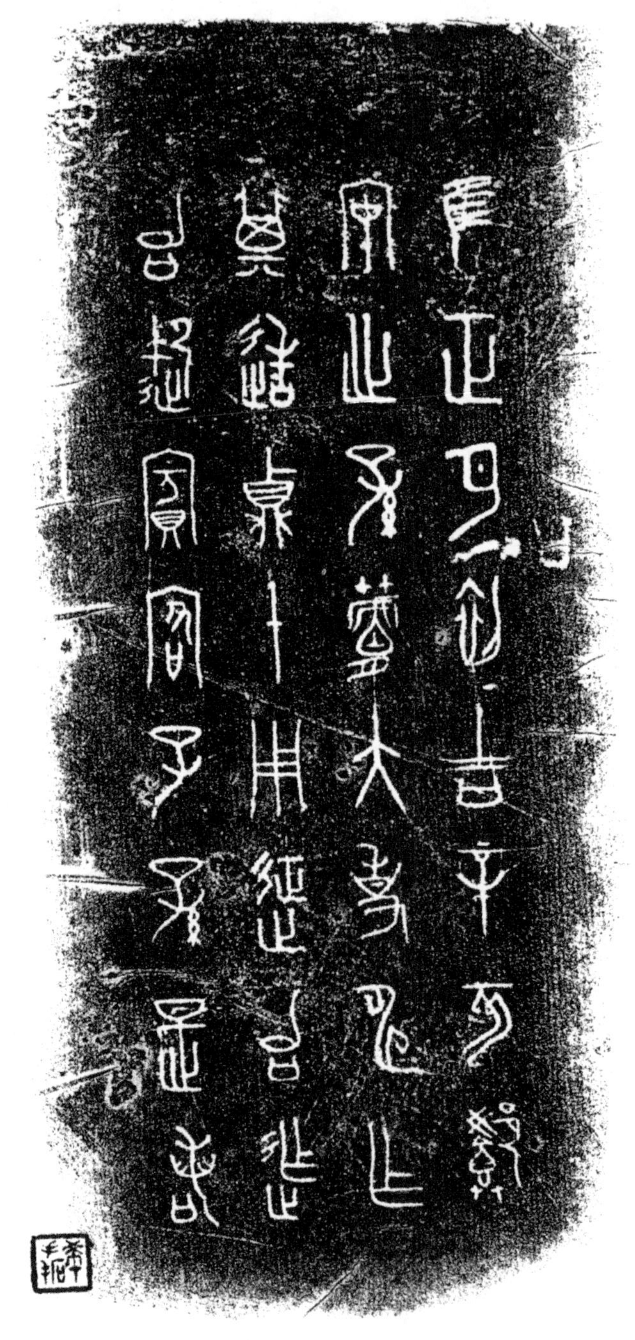

唯正月初吉辛亥，鄀（鄀）
宔之孫簷（莒）大（太）史申，乍（作）
其造（竈）鼎十，用征台（以）迮，
台（以）御賓客，子孫是若

02732

衛鼎

衛肇乍（作）厥文
考己仲寶䵼，
用𠦪（祓）壽、匄永福，
乃用鄉（饗）王出入
事（使）人，眔多倗
友，子孫永寶

02733

仲𢔔父鼎

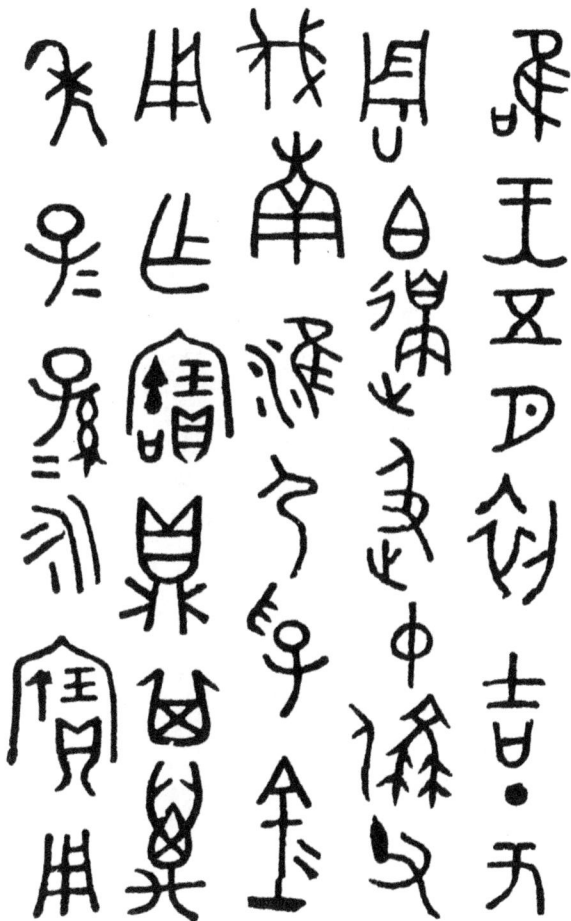

唯正五月，初吉丁亥，
周伯邊及仲儴（催）父
伐南淮尸（夷），孚金，
用乍（作）寶鼎，其萬
年，子子孫孫永寶用

02734

不指方鼎

唯八月既朢（望）戊辰，王
在上侯应，𡩋（祓）祼，不指賜
貝十朋，不指拜䭫首，敢
揚王休，用乍（作）寶鬻彝

02735

不指方鼎

唯八月既朢（望）戊辰，王
在上侯应，𡩋（祓）祼，不指賜
貝十朋，不指拜䭫首，敢
揚王休，用乍（作）寶鬻彝

02736

曾子仲宣鼎

曾子仲宣□用其吉金，自乍（作）寶貞（鼎），宣喪（尚）用雍（饔）其者（諸）父、者（諸）兄，其萬年無疆，子子孫孫，永寶用享

02737

蔡大師鼎

唯正月初吉丁亥，蔡大（太）師䑏媵（媵）鄦（許）叔姬可母飤繁，用祈眉壽，邁（萬）年無疆，子子孫孫，永寶用之

02738

塱方鼎

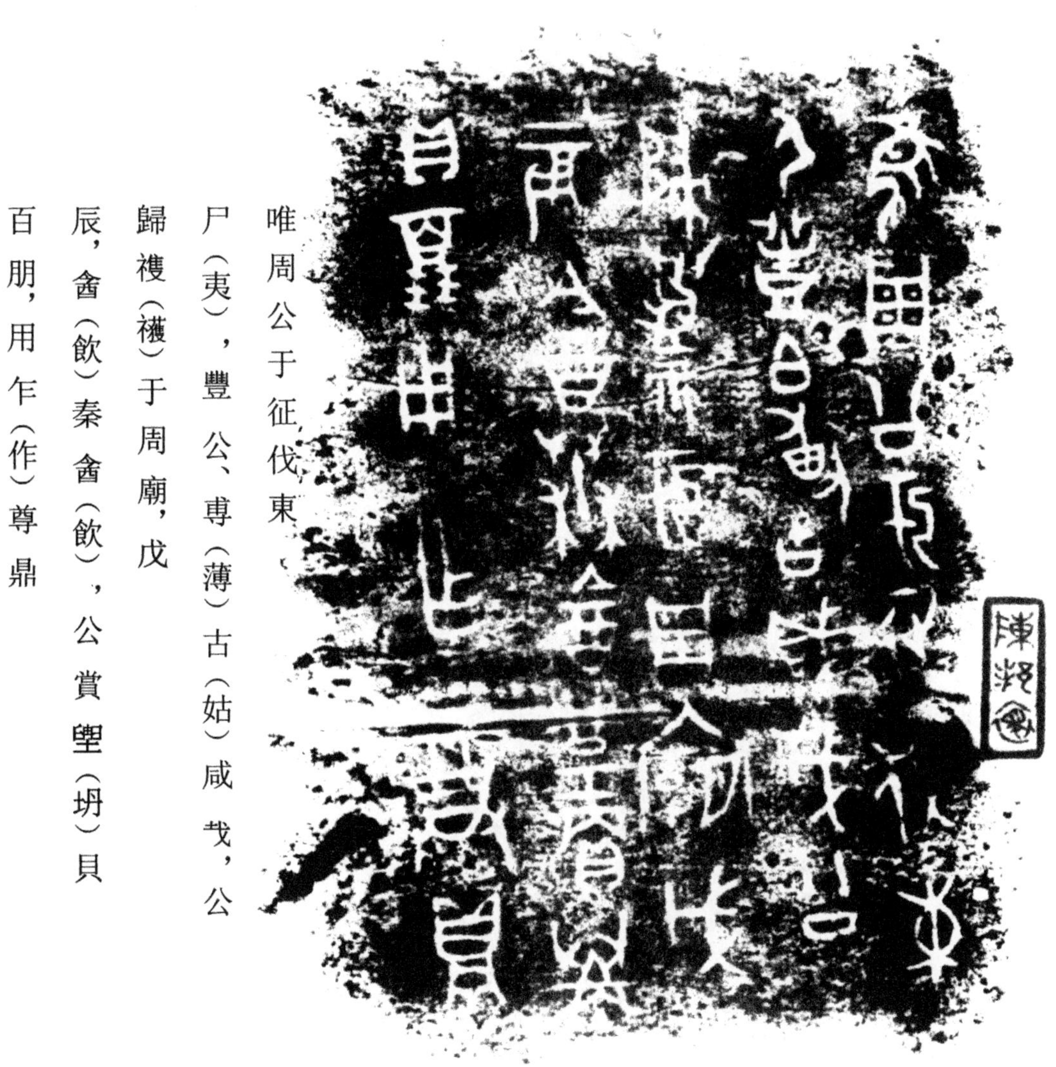

唯周公于征伐東尸（夷），豐公、尃（薄）古（姑）咸𢦏，公歸禩（禶）于周廟，戊辰，畲（飲）秦畲（飲），公賞塱（坍）貝百朋，用乍（作）尊鼎

02739

䨣鼎

唯王伐東尸（夷），溓（濂）公令䨣
眔史旗曰：以旴眔厥有
𤔲、後或（國）戜伐腺（貊），䨣俘貝，
䨣用乍（作）餽公寶尊鼎

02740

䨣鼎

唯王伐東尸（夷），溓（濂）公令䨣
眔史旗曰：以旴眔厥有
𤔲、後或（國）戜伐腺（貊），䨣俘貝，
䨣用乍（作）餽公寶尊鼎

02741

𤼈鼎

唯三年四月庚午，王在豐，王乎號叔召𤼈，賜駒兩，拜韻，用乍(作)皇祖文考盂鼎，𤼈萬年永寶用

02742

仲師父鼎

仲師父乍(作)季姒始寶尊鼎，其用享用考(孝)，于皇祖帝考，用賜眉壽無疆，其子子孫萬年，永寶用享

2743

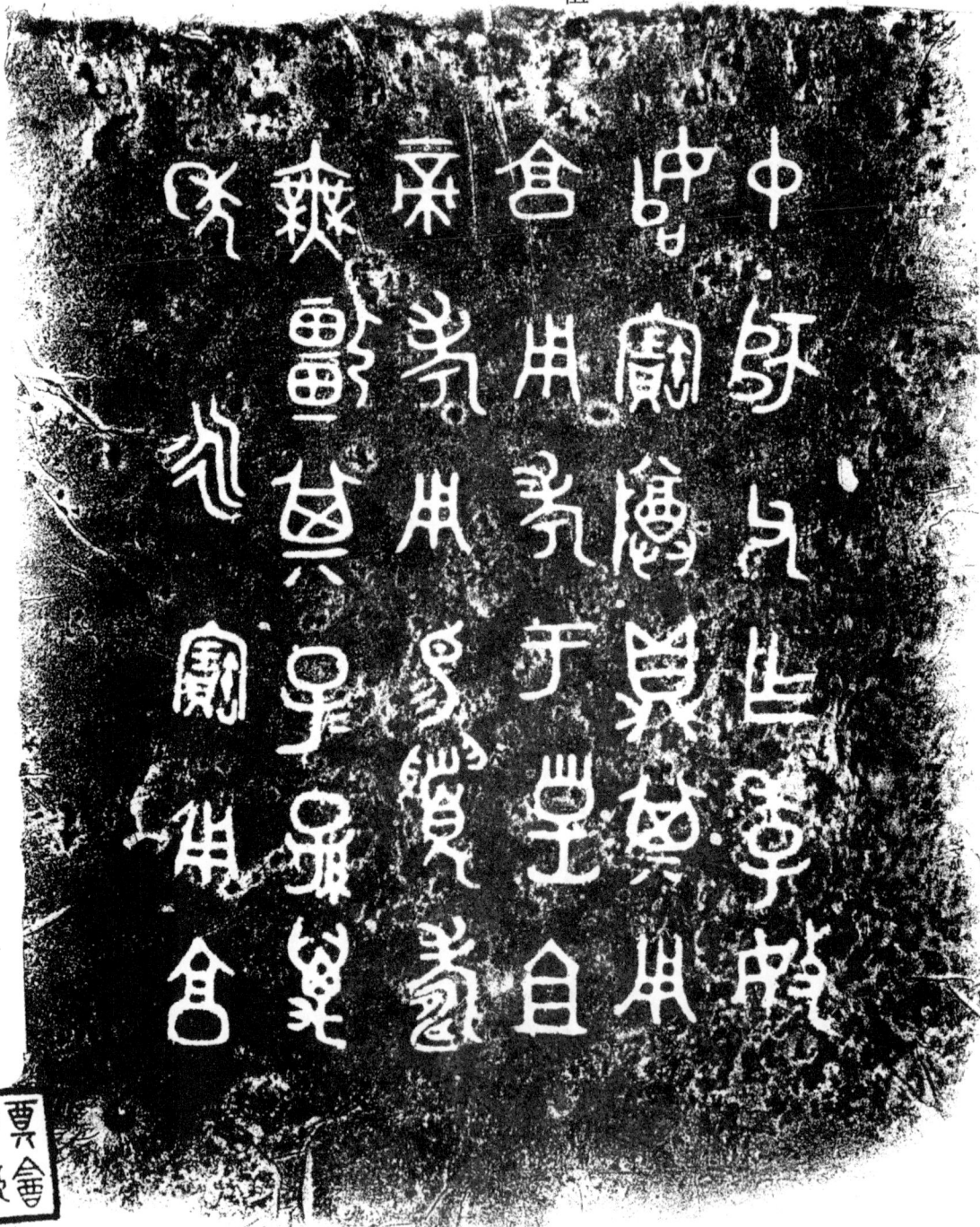

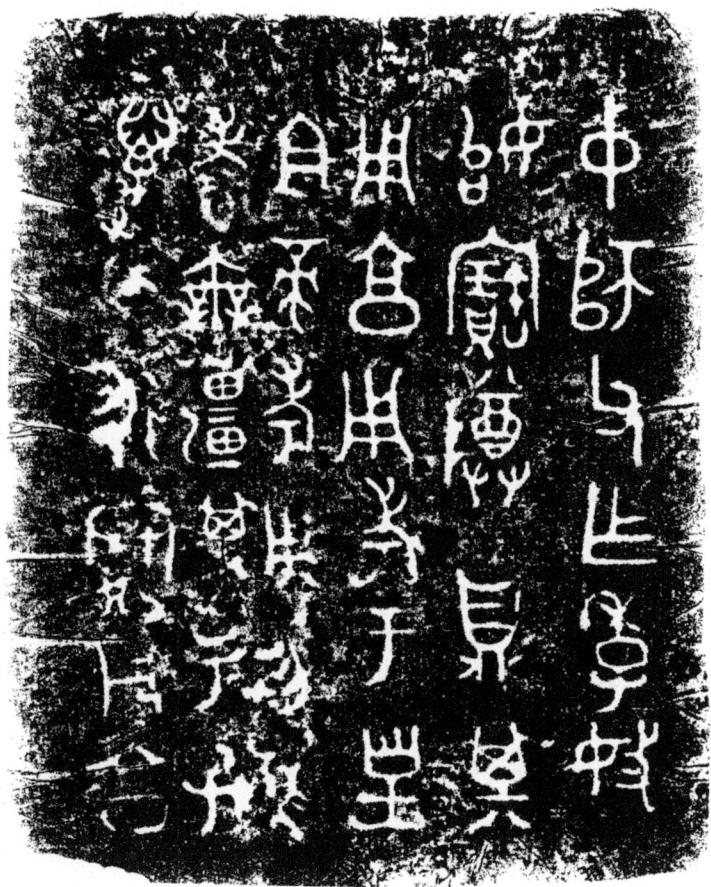

仲師父鼎

仲師父乍（作）季娍

始寶尊鼎，其

用享用考（孝），于皇

祖帝考，用賜眉

壽無疆，其子子孫

萬年，永寶用享

02744

圅皇父鼎

圅皇父乍(作)周嫚(妘)般(盤)盉尊器，鼎𣪘具，自豕鼎降十，又𣪘八，兩罍、兩壺，琱嫚(妘)其萬年，子子孫孫永寶用

02745

梁十九年亡智鼎

梁十九年，亡智求戟嗇夫庶魔擇吉金，鑄財（鼒），少料（半），穆穆魯辟，遭（徂）省朔旁（方），信于兹巽，鬲（歷）年萬不（丕）承

02746

師秦宮鼎

唯五月既望，王
[各]于師秦宮，王各
于享廟，王□賜⧄，
敢對揚天子不（丕）顯
休，用乍（作）尊鼎其
萬年永寶用

02747

庚嬴鼎

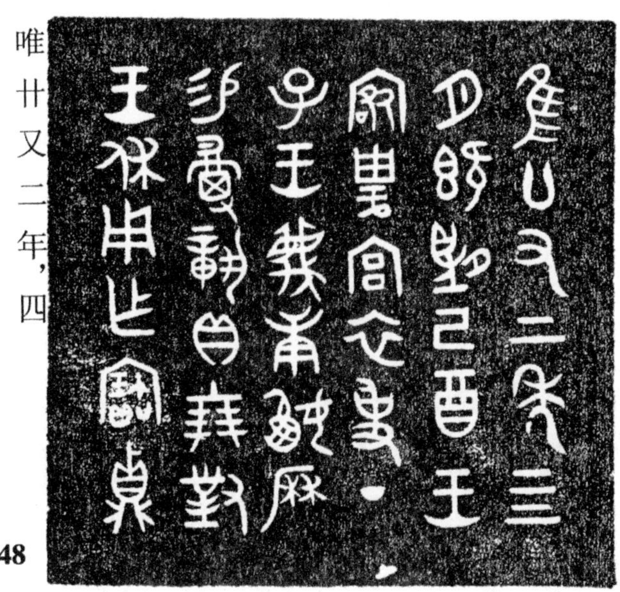

02748

唯廿又二年，四
月既望己酉，王
客琱宮，衣事，丁
巳，王蔑庚嬴曆，
賜裸𩊚（璋）、貝十朋，對
王休，用乍（作）寶貞（鼎）

憲鼎

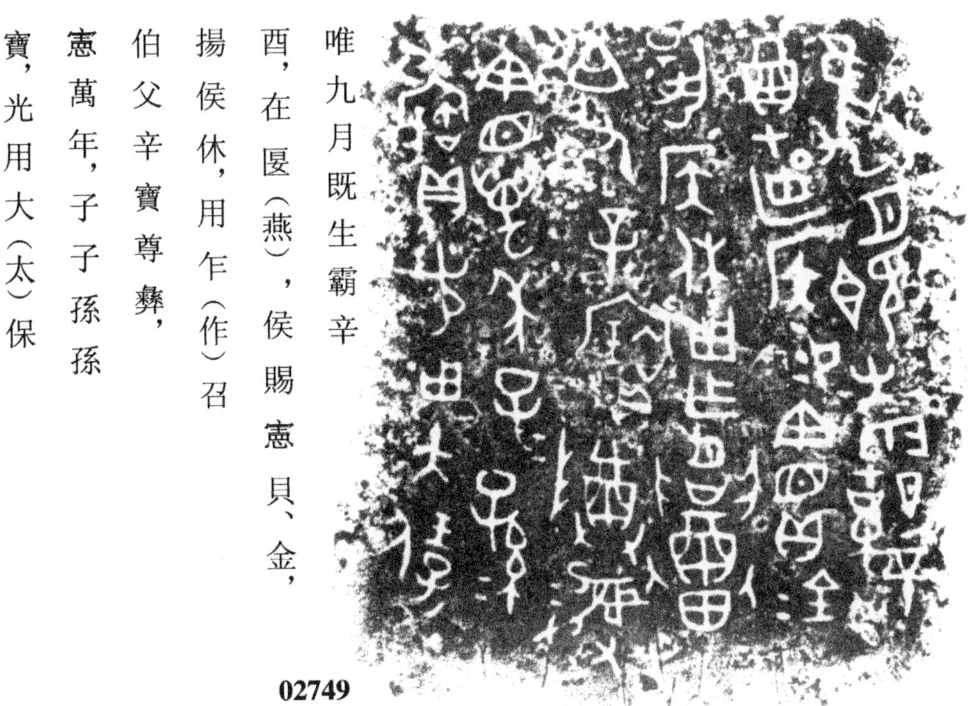

02749

唯九月既生霸辛
酉，在匽（燕），侯賜憲貝、金，
揚侯休，用乍（作）召
伯父辛寶尊彝，
憲萬年，子子孫孫
寶，光用大（太）保

上曾大子鼎

上曾大（太）子般殷，乃
擇吉金，自乍（作）𪔂彝，
心聖若慵（慮），哀哀利錐，用
考（孝）用享，既龢無測，
父母嘉寺（持），多用旨食

02750

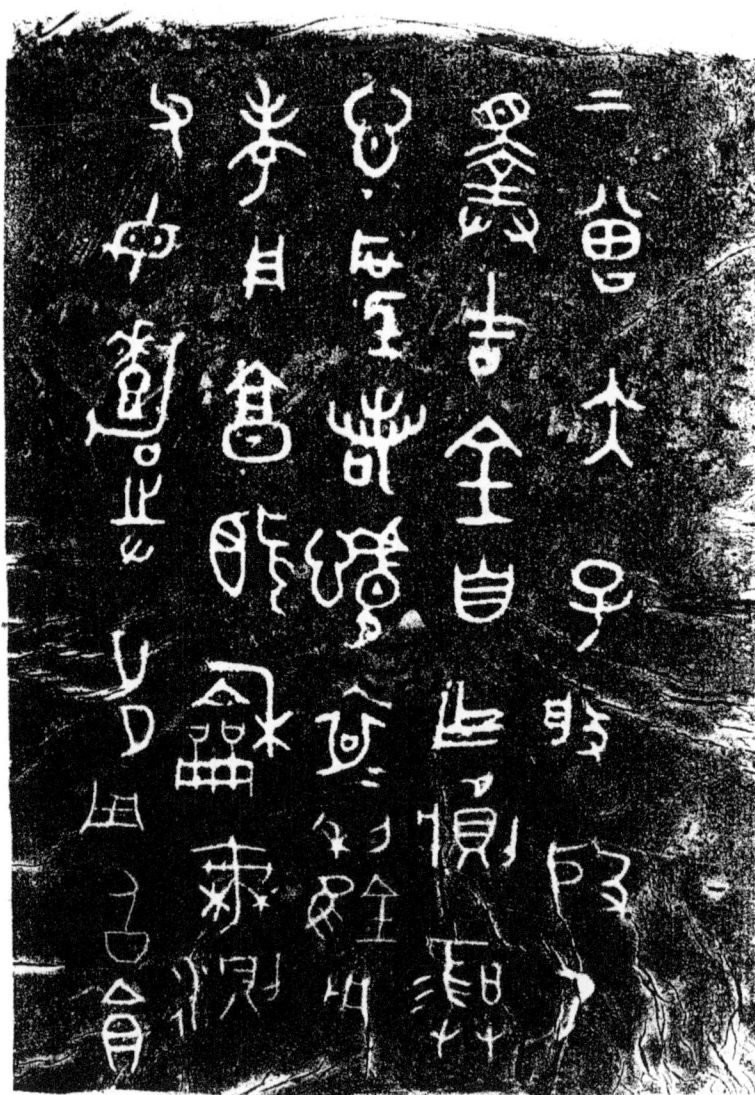

中方鼎

唯王令南宫伐反（叛）虎方之年，王令中先省南或（國）貫行，執（藝）王应，在夒陮真山，中乎歸（饋）生鳳于王，執（藝）于寶彝

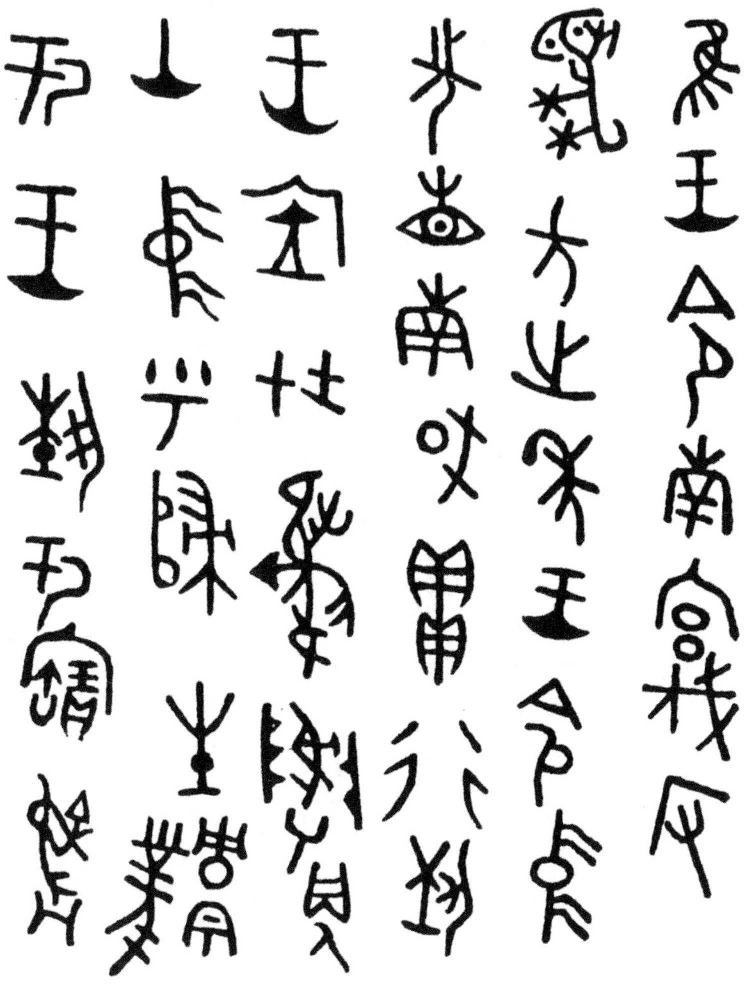

02751

中方鼎

唯王令南宫伐反（叛）虎方之年，王令中先省南或（國）貫行，執（藝）王应，在夒陮真山，中乎歸（饋）生鳳于王，執（藝）于寶彝

02752

鄀公諴鼎

唯十又四月，既死霸壬午，下蠚（鄀）雍公緘乍（作）尊鼎，用追享丂（孝）于皇祖考，用乞眉壽，萬年無疆，子子孫孫永寶用

02753

吕方鼎

唯五月既死霸，辰在
壬戌，王餗□大室，吕
䢔（延）于大室，王賜吕秬鬯
三卣、貝卅朋，對揚王休，
用乍（作）寶齋，子子孫孫永用

02754

㝐鼎

唯王九月既望乙巳，遣仲令㝐䡙(纘)䚄奠(甸)田，㝐拜䭫首，對揚遣仲休，用乍(作)朕文考釐叔尊貞(鼎)，其孫孫子子其永寶

02755

寓鼎

唯二月既生霸丁丑，王在葊京真□，戊寅，王蔑曆，史(使)𤕌(諄)大人賜乍(作)册寓䊽(纘)倬，寓拜䭫首，對王休，用乍(作)尊彝

02756

曾子斿鼎

曾子斿擇其吉金，用鑄𩰫彝，惠于剌曲，𠂤犀下保，臧敔集［功］，百民是莫，孔㞷□□，事四國，用考（孝）用享，民具（俱）卑（俾）鄉（饗）

02757

作册大方鼎

公朿（刺）鑄武王、
成王異鼎，唯四
月既生霸己
丑，公賞乍（作）册
大白馬，大揚
皇天尹大（太）保
宔（貯），用乍（作）祖丁
寶尊彝，雋册

02758

作册大方鼎

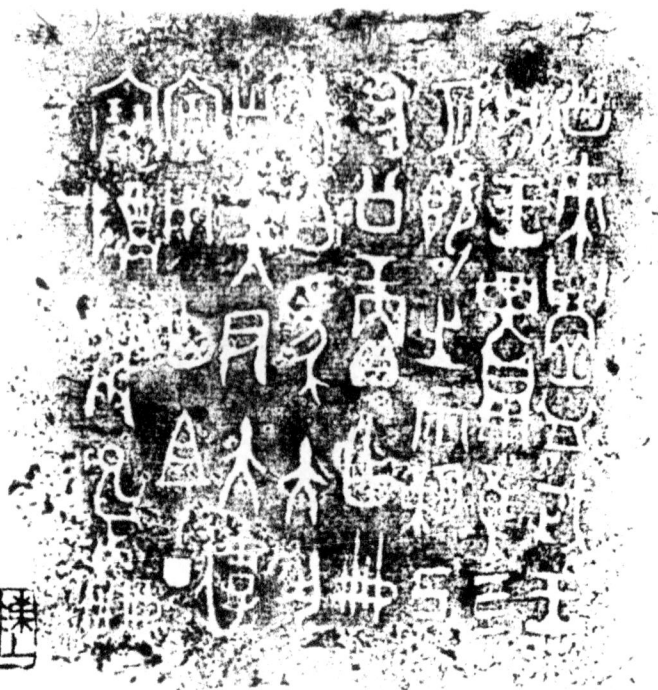

公朿（刺）鑄武王、
成王異鼎，唯
四月既生霸
己丑，公賞乍（作）册
大白馬，大揚
皇天尹大（太）保
宔（貯），用乍（作）祖丁寶
尊彝，雋册

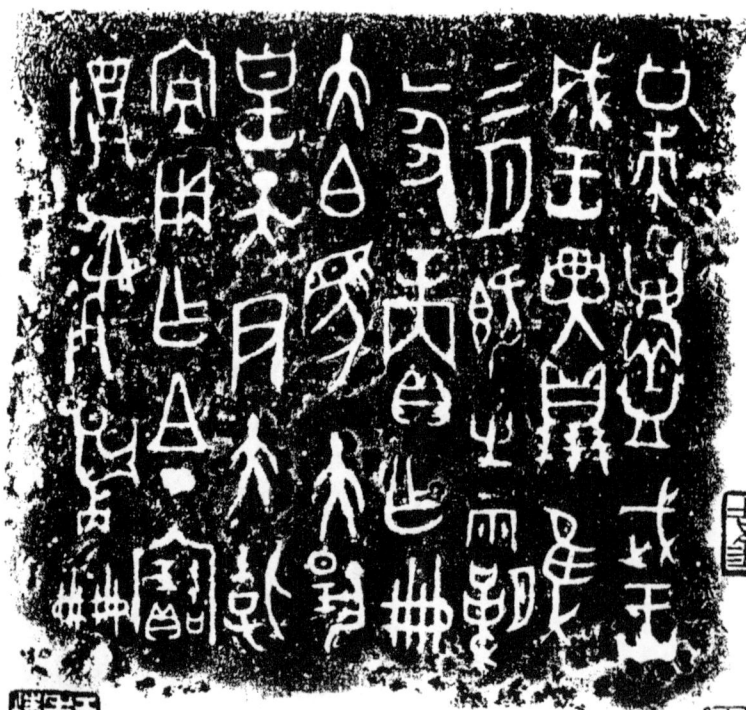

02759

作册大方鼎

公朿(刺)鑄武王、
成王異鼎，唯四
月既生霸己
丑，公賞乍(作)册
大白馬，大揚
皇天尹大(太)保
宝(貯)，用乍(作)祖丁
寶尊彝，雋册

02760

作册大方鼎

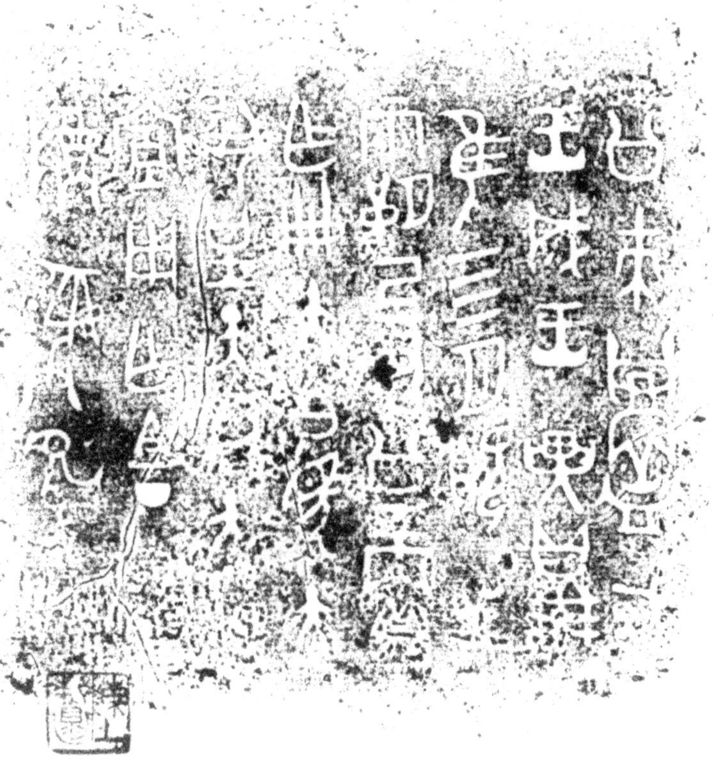

公朿(刺)鑄武
王、成王異鼎，
唯四月既生
霸己丑，公賞
乍(作)册大白馬，大
揚皇天尹大(太)保
宝(貯)，用乍(作)祖丁寶
尊彝，雋册

02761

史顯鼎

史顯（頙）乍（作）朕皇考釐仲、王（皇）母泉母尊鼎，用追公孝，用祈匄眉壽、永令（命）、靈（靈）冬（終），顯（頙）其邁（萬）年，多福無疆，子子孫孫，永寶用享

02762

我方鼎

唯十月又一月丁亥，我乍（作）禦祪（恤）祖乙、妣乙、祖己、妣癸，祉（延）礿𦃃（縮）二母，咸𢍏（羿）遣福二，𠦑貝五朋，用乍（作）父己寶尊彝，亞若

02763.1

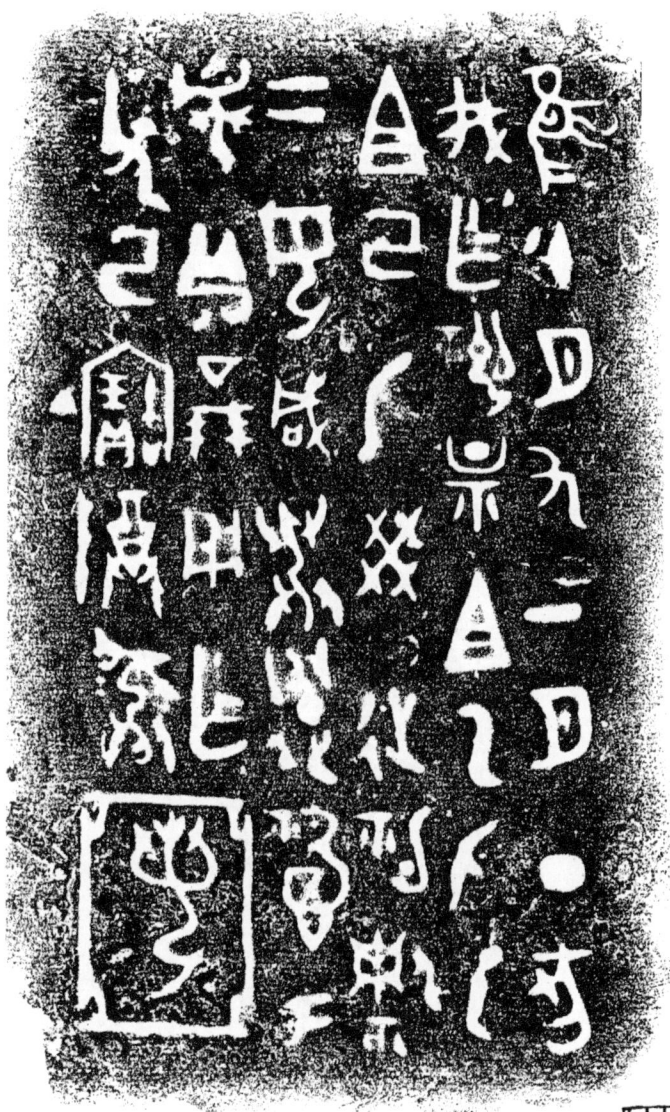

唯十月又一月丁亥，
我乍（作）禦䘏（恤）祖乙、妣乙、
祖己、妣癸，祉（延）礿繫（縮）
二母，咸异（羿）遣福二，
[illegible]貝五朋，用乍（作）
父己寶尊彝，亞若

02763.2 

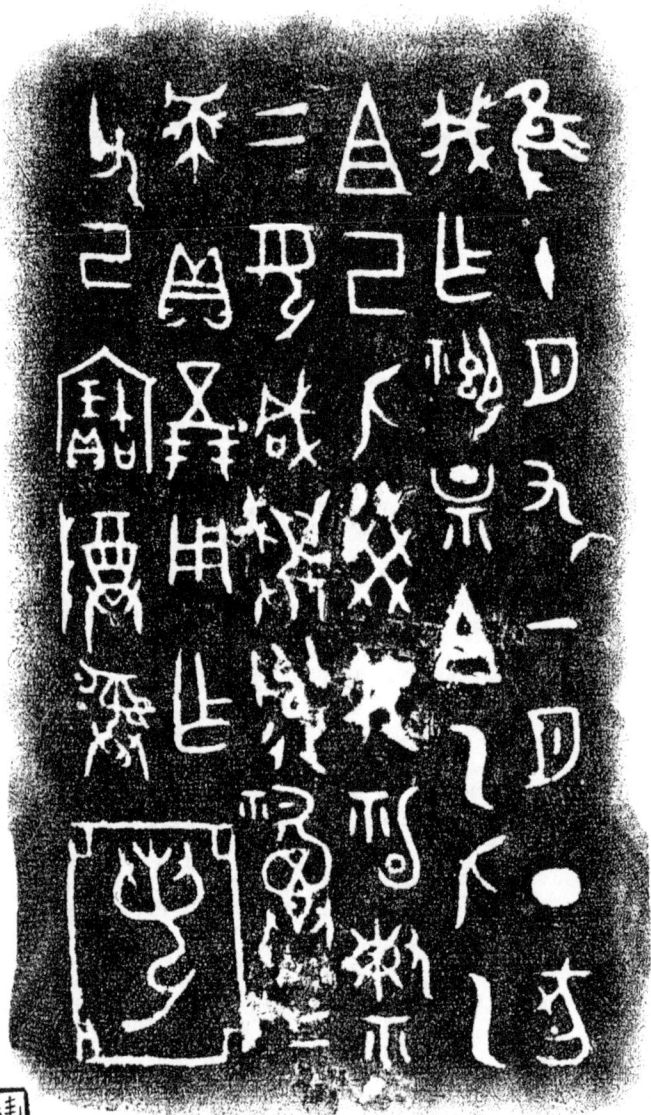

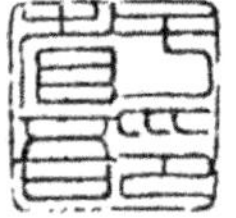

卅二年坪安君鼎

上官，坪安邦斪客，膚（容）四分齋，

02764.1

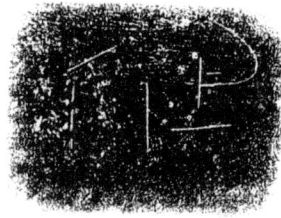

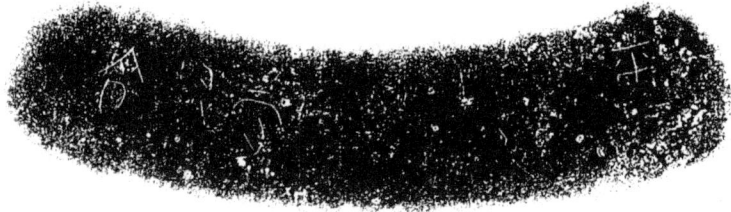

卅二年，坪安邦斪客，膚（容）四分齋，五益（鎰）六釿半釿四分釿之冢（重），

卅三年，單父上官嗣憙所受坪安君者也，上官

02764.2

𧊒鼎

唯三月初吉，𧊒（蚋）來遘于妊氏，妊氏令𧊒事保厥家，因付厥且僕二家，𧊒拜䭬首曰：休朕皇君弗醒（忘）厥寶臣，對昜（揚），用乍（作）寶尊

02765

郐䟫尹替鼎

眉壽無其（期），永保用之

俗，以知恤譕，壽躬穀子，

每（敏），余敢敬明（盟）祀，丩（糾）津涂

尹䜌自乍（作）湯貞（鼎），𠧪良聖

唯正月吉日初庚，郐（徐）䟫

02766.1

唯正月吉日初庚，郐(徐)䣄尹朁自乍(作)湯貞(鼎)，亩良聖每(敏)，余敢敬明(盟)祀，丩(糾)津涂俗，以知恤譕，壽躬穀子，眉壽無其(期)，永保用之

02766.2

㝬叔鼎

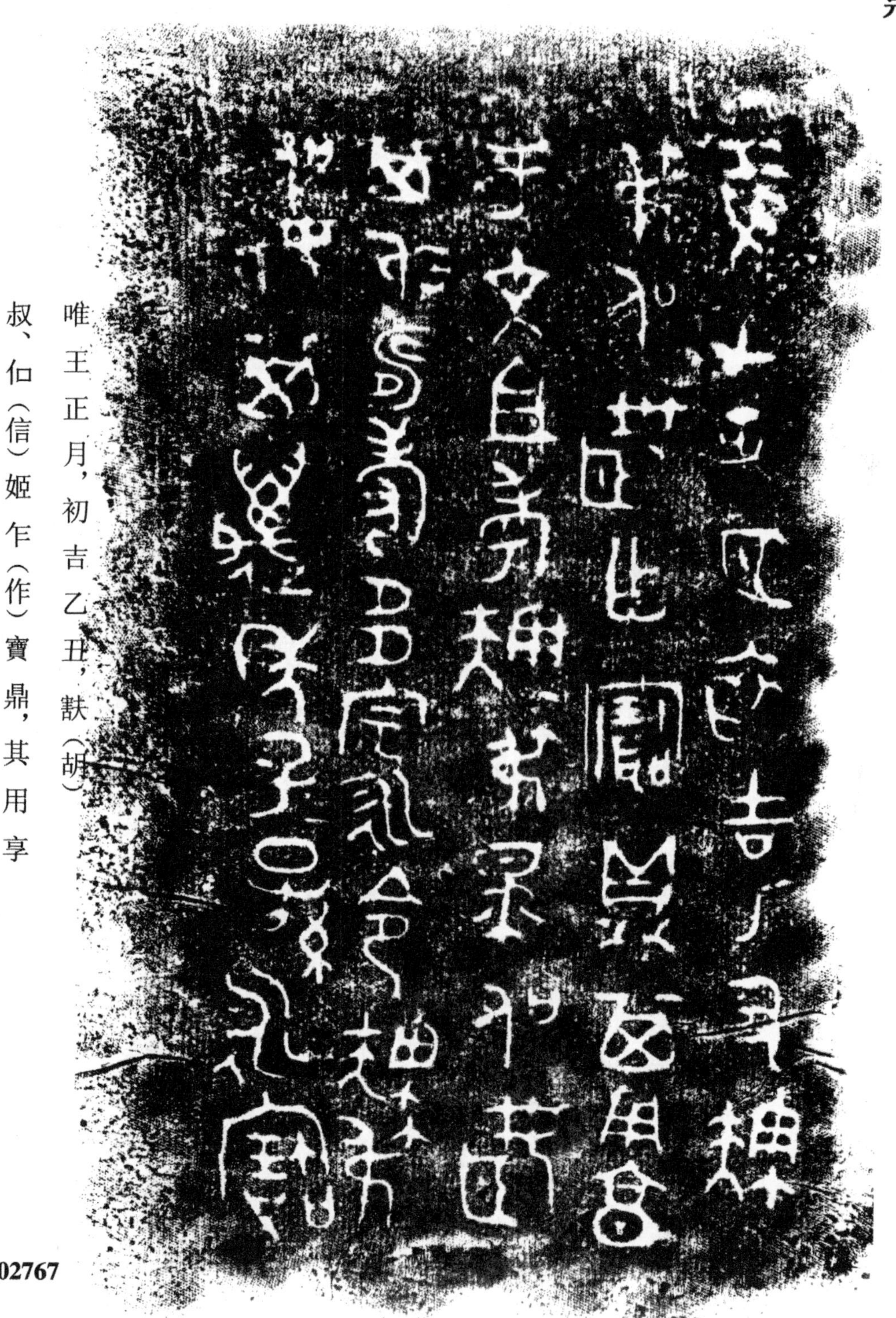

唯王正月，初吉乙丑，㝬（胡）
叔、㐰（信）姬乍（作）寶鼎，其用享
于文祖考，㝬（胡）叔眔㐰（信）姬
其壽耇（耆）、多宗、永令（命），㝬（胡）叔、
㐰（信）姬其邁（萬）年，子子孫永寶

02767

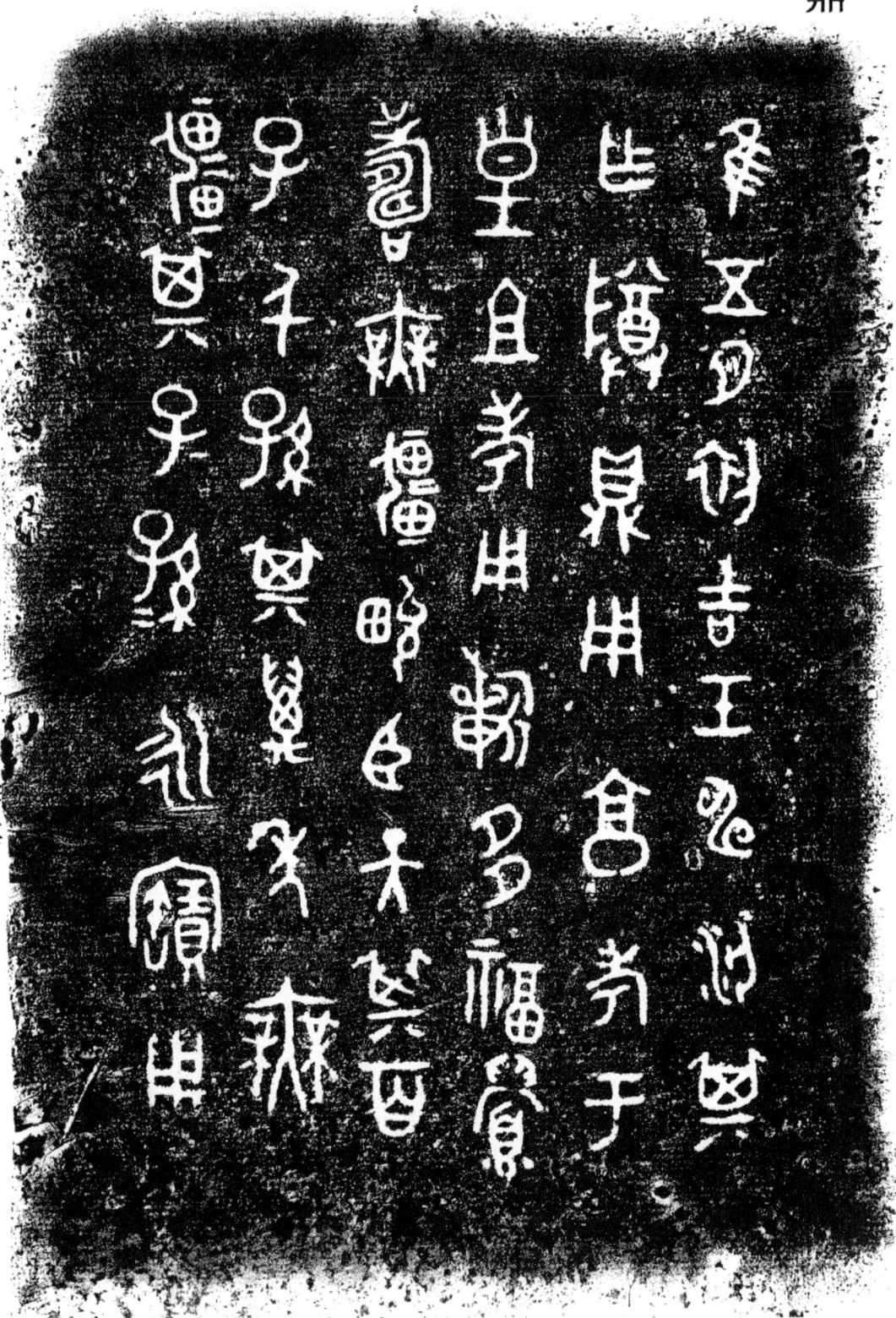

⿰氵刅其鼎

唯五月初吉壬申，梁其
乍（作）尊鼎，用享考（孝）于
皇祖考，用祈多福，眉
壽無疆，畯臣天［子］，其百
子千孫，其萬年無
疆，其子子孫孫永寶用

02768

沵其鼎

唯五月初吉壬申，梁其乍（作）尊鼎，用享考（孝）于皇祖考，用祈多福，眉壽無疆，畯臣天[子]，其百子千孫，其萬年無疆，其子子孫孫永寶用

02769

汈其鼎

唯五月初吉壬
申，梁
其乍（作）尊鼎，用
享考（孝）
于皇祖考，用祈
多福，
眉壽無疆，畯臣
天[子]，
其百子千孫，其
萬年無
疆，其子子孫孫
永寶用

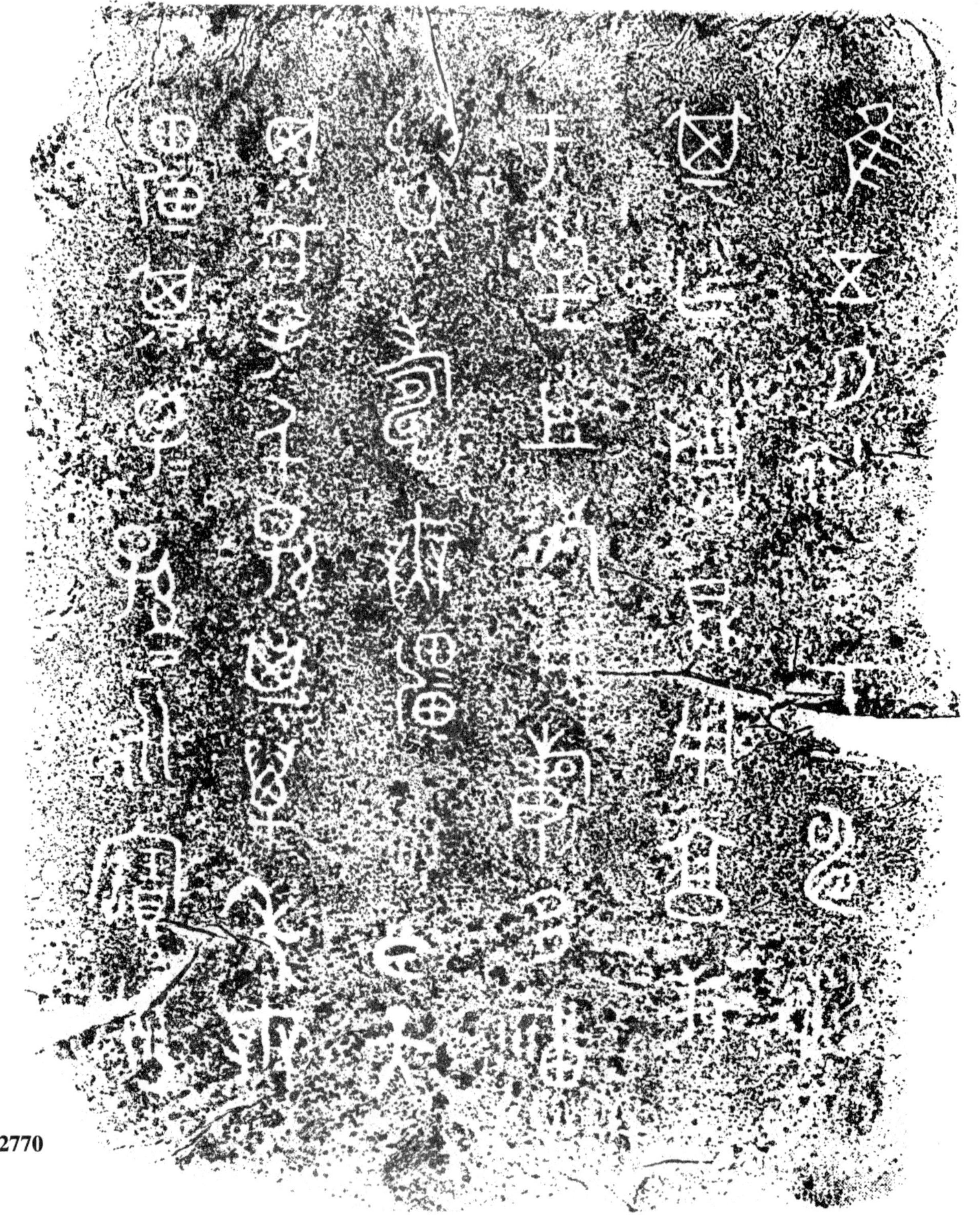

02770

鄀公平侯鼎

唯鄀八月，初吉癸未，公，于厥皇考屖盉（盂）公，用
鄀公平侯自乍（作）尊鋙（盂），賜（賜）眉壽，萬年無疆，
用追孝于厥皇祖晨　子子孫孫，永寶用享

02771

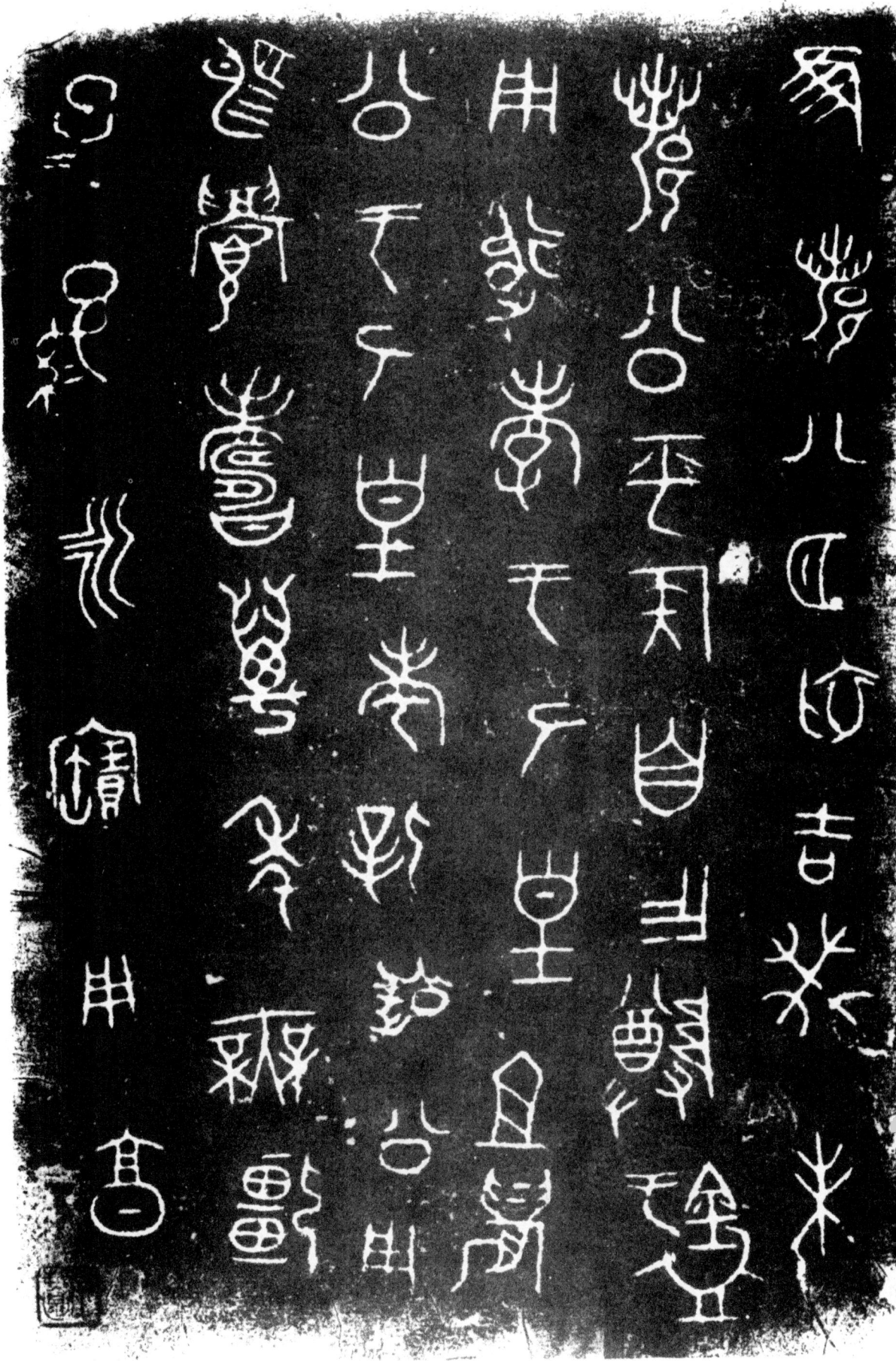

鄀公平侯鼎

唯鄀八月，初吉癸未，
鄀公平侯自乍（作）尊錳（盂），
用追孝于厥皇祖晨

公，于厥皇考屖𥁰（盂）公，
用賜（賜）眉壽，萬年無
疆，子子孫孫，永寶用享

02772

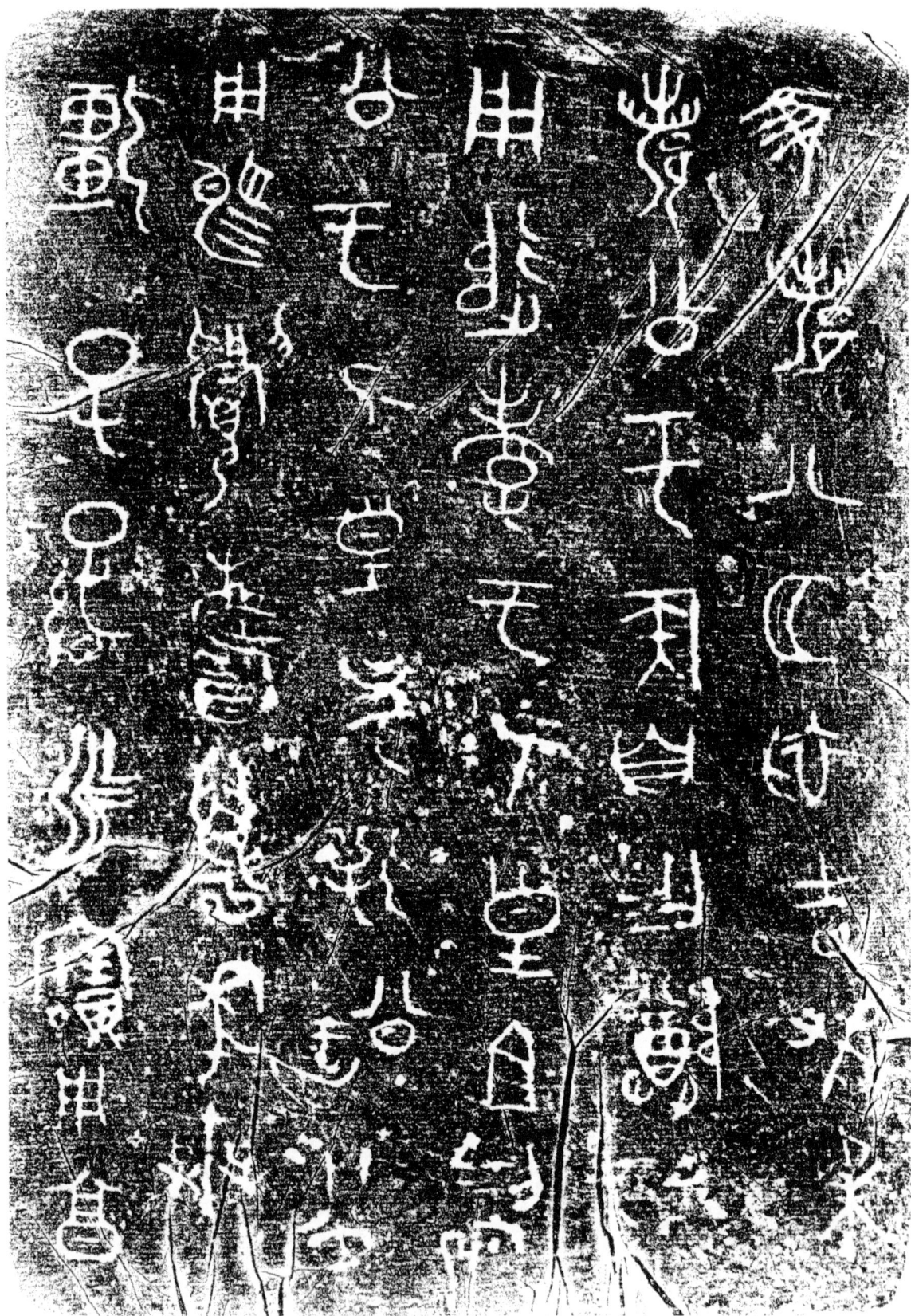

信安君鼎

訫（信）安君私官，㝔（容）料（半），眂（視）事敀、冶瘖，十二年，爯（稱）二益（鎰）六釿，下官，㝔（容）料（半），訫（信）安君私官，㝔（容）料（半），眂（視）事司馬敀、冶王石，十二年，爯（稱）九益（鎰），下官，㝔（容）料（半）

02773.1

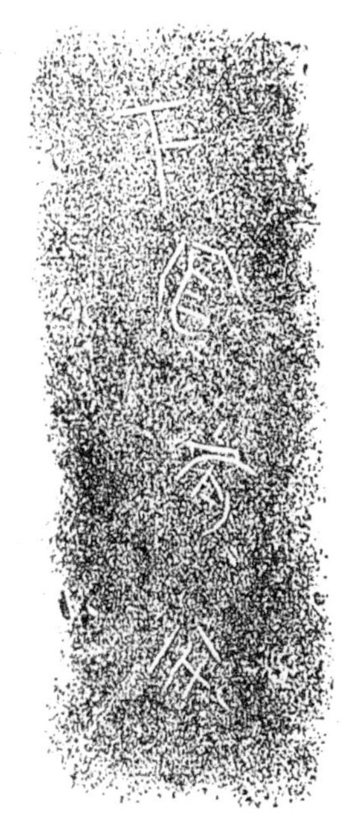

02773.2

帥隹鼎

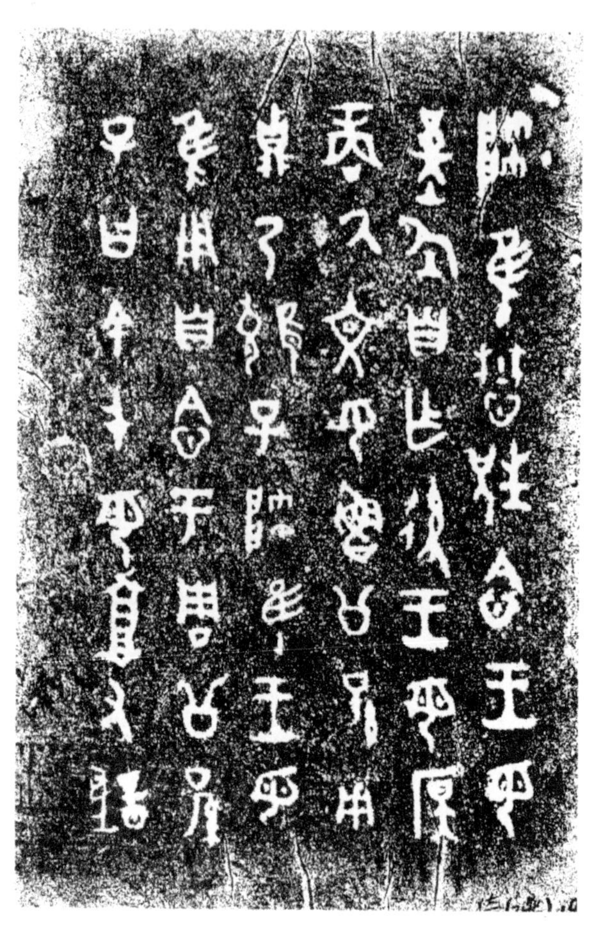

02774A

02774B

帥隹懋兕（睨），念王母
堇（勤）匋（陶），自乍（作）後王母，厚
商（賞）厥文母魯公孫用
貞（鼎），乃顉子帥隹，王母
唯用自念于周公孫
子，曰：余弋毋𤸆（庸）又（有）諲（忘）

小臣夌鼎

正月，王在成周，王逌于楚麓，令小臣夌先省楚应，王至于逌应，無遣（譴），小臣夌賜貝、賜馬丙（兩），夌拜䭫首，對揚王休，用乍（作）季娟（妘）寶尊彝

02775

刺鼎

唯五月，王在衣（殷），辰在丁卯，王啻（禘），用牡于大室，啻（禘）卲（昭）王，刺御，王賜刺貝卅朋，天子邁（萬）年，刺對揚王休，用乍（作）黄公尊䵼彝，其孫孫子子永寶用

02776

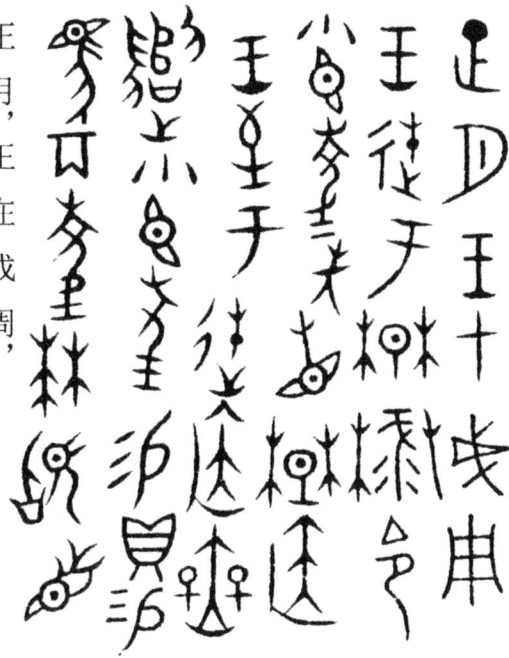

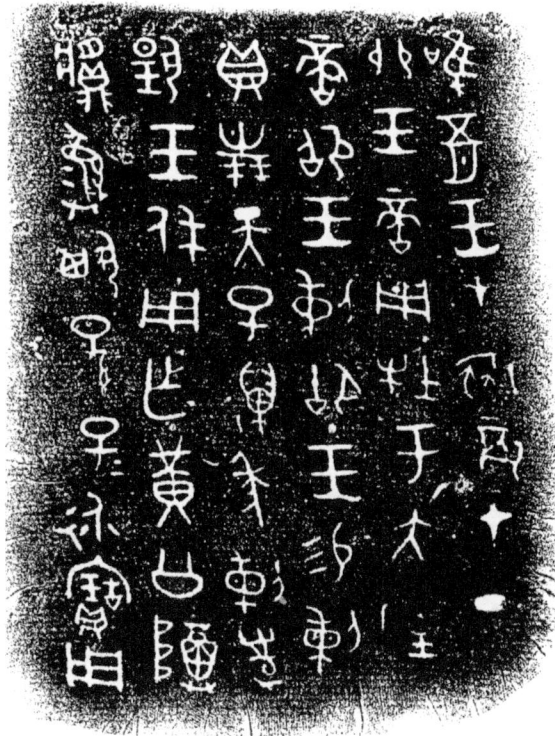

史伯碩父鼎

唯六年八月，初吉己巳，史伯碩父追考（孝）于朕皇考釐仲、王（皇）母泉母，尊鼎用祈匄百彔（禄）、眉壽、綰綽、永令（命），萬年無疆，子子孫孫，永寶用享

02777

史獸鼎

尹令史獸立（涖）工于成周，十又一月癸未，史獸獻工（功）于尹，咸獻工（功），尹賞史獸祼，賜豕鼎一、爵一，對揚皇尹不（丕）顯休，用乍（作）父庚永寶尊彝

02778

師同鼎

⿰夅刂（⿱夅廾）畀其井，師同從，折首執訊，俘車馬五乘，大車廿，羊百㓞（挈），用造王，羞黽，俘戎金□卅，戎鼎廿，鋪五十，鐱（劍）廿，用鑄茲尊鼎，子子孫孫，其永寶用

02779

師湯父鼎

唯十又二月，初吉丙午，王在周新宫，在射廬，王乎宰膺賜盛弓、象弭、矢臸、彤欮，師湯父拜䭫首，乍（作）朕文考毛叔䵼彝，其邁（萬）年，孫孫子子永寶用

02780

庚季鼎

唯五月既生霸
庚午，伯俗父右（佑）
□季，王賜赤□
芾、玄衣黹屯（純）、䜌（鑾）
旅（旂），曰：用又（佐）右（佑）俗
父嗣寇，□季拜
䭫首，對揚王休，
用乍（作）寶鼎，其萬
年，子子孫孫永用

02781

哀成叔鼎

正月庚午，嘉曰：
余𩔳（墓、鄭）邦之産，少
去母父，乍（作）鑄飤
器黄鑊，君既安
叀（惠），亦弗其𥁰獲，
嘉是唯哀成叔，哀成叔之
鼎，永用𤍽（煙、禋）祀，死（尸）于下
土，台（以）事康公，勿或能訇（已）

02782

七年趞曹鼎

唯七年十月既生霸，王在周般宮，旦，王各大室，井伯入右（佑）趞曹，立中廷，北鄉（嚮），賜趞曹載（緇）芾、冋（絅）黃（衡）、䜌（鑾），趞曹拜䭫首，敢對揚天子休，用乍（作）寶鼎，用鄉（饗）倗耆（友）

02783

十五年趞曹鼎

唯十又五年，五月既生霸壬午，龏（恭）王在周新宫，王射于射盧（廬），史趞曹賜弓矢、虎盧、九（厹）、冑、毌（干）、殳，趞曹敢對，曹拜䭫首，敢對揚天子休，用乍（作）寶鼎，用鄉（饗）倗沓（友）

02784

中方鼎

唯十又三月庚寅，王在寒𠂤（次），王令大（太）史兄（貺）褔土，王曰：中，茲褔人入史（事），賜于武王乍（作）臣，今兄（貺）畀女（汝）褔土，乍（作）乃采，中對王休令（命），䵼父乙尊，唯臣尚（常）中臣，七八六六六六，八七六六六六

02785

康鼎

唯三月初吉甲戌，王在康宮，焚（榮）伯內（入）右（佑）康，王令死（尸）𤔲王家，命女（汝）幽黄（衡）、鋚革（勒），康拜頴首，敢對揚天子不（丕）顯休，用乍（作）朕文考釐伯寶尊鼎，子子孫孫，其萬年永寶用，奠（鄭）井

02786

史頌鼎

唯三年五月丁巳，王在宗周，令史頌省穌（蘇）瀾（姻）友、里君、百生（姓），帥堣（偶）盩于成周，休又（有）成事，穌（蘇）賓章（璋）、馬四匹、吉金，用乍（作）𩰫彝，頌其萬年無疆，日運（揚）天子覭（景）令（命），子子孫孫永寶用

02787

史頌鼎

唯三年五月丁巳，王在宗周，令史頌省穌（蘇）灋（姻）友、里君、百生（姓），帥堣（偶）盩于成周，休又（有）成事，穌（蘇）賓章（璋）、馬四匹、吉金，用乍（作）𩰫彝，頌其萬年無疆，日遅（揚）天子覭（景）令（命），子子孫孫永寶用

02788

𢦚方鼎

唯九月既望乙丑，在
臺自(次)，王烱(𠡒)姜事(使)內史
友員賜𢦚玄衣、朱襮
裣，𢦚拜䭫首，對揚王
烱(𠡒)姜休，用乍(作)寶䵼
尊鼎，其用夙夜享孝
于厥文祖乙公，于文
妣日戊，其子子孫孫永寶

02789.1

唯九月既望乙丑，在
臺自(次)，王烱(𠡒)姜事(使)內史
友員賜𢦚玄衣、朱襮
裣，𢦚拜䭫首，對揚王
烱(𠡒)姜休，用乍(作)寶䵼
尊鼎，其用夙夜享孝
于厥文祖乙公，于文
妣日戊，其子子孫孫永寶

02789.2

微䜌鼎

唯王廿又三
年九月，王
在宗周，王令
微䜌䢅（纘）嗣
九陂，䜌乍（作）
朕皇考䵼彝
尊鼎，䜌用享
孝于朕皇
考，用賜康勱、魯
休、屯（純）右（佑）
眉壽、永令（命）、霝（靈）
冬（終），其萬年
無疆，䜌子子
孫永寶用享

02790

伯姜鼎

唯正月既生霸庚
申，王在莽京溼宮，天子溓
宦（貯）伯姜，賜貝百朋，伯姜對
揚天子休，用乍（作）寶尊彝，
用夙夜明（盟）享于卲伯日庚，
天子萬年，丙（百）世孫孫子子受
厥屯（純）魯，伯姜日受天
子魯休

02791

大矢始鼎

唯三月初吉庚寅，王在鮴宮，大矢始賜友[曰][illegible]，王在華宮[illegible]，王在邦宮，始獻工(功)，賜□、賜章(璋)，王

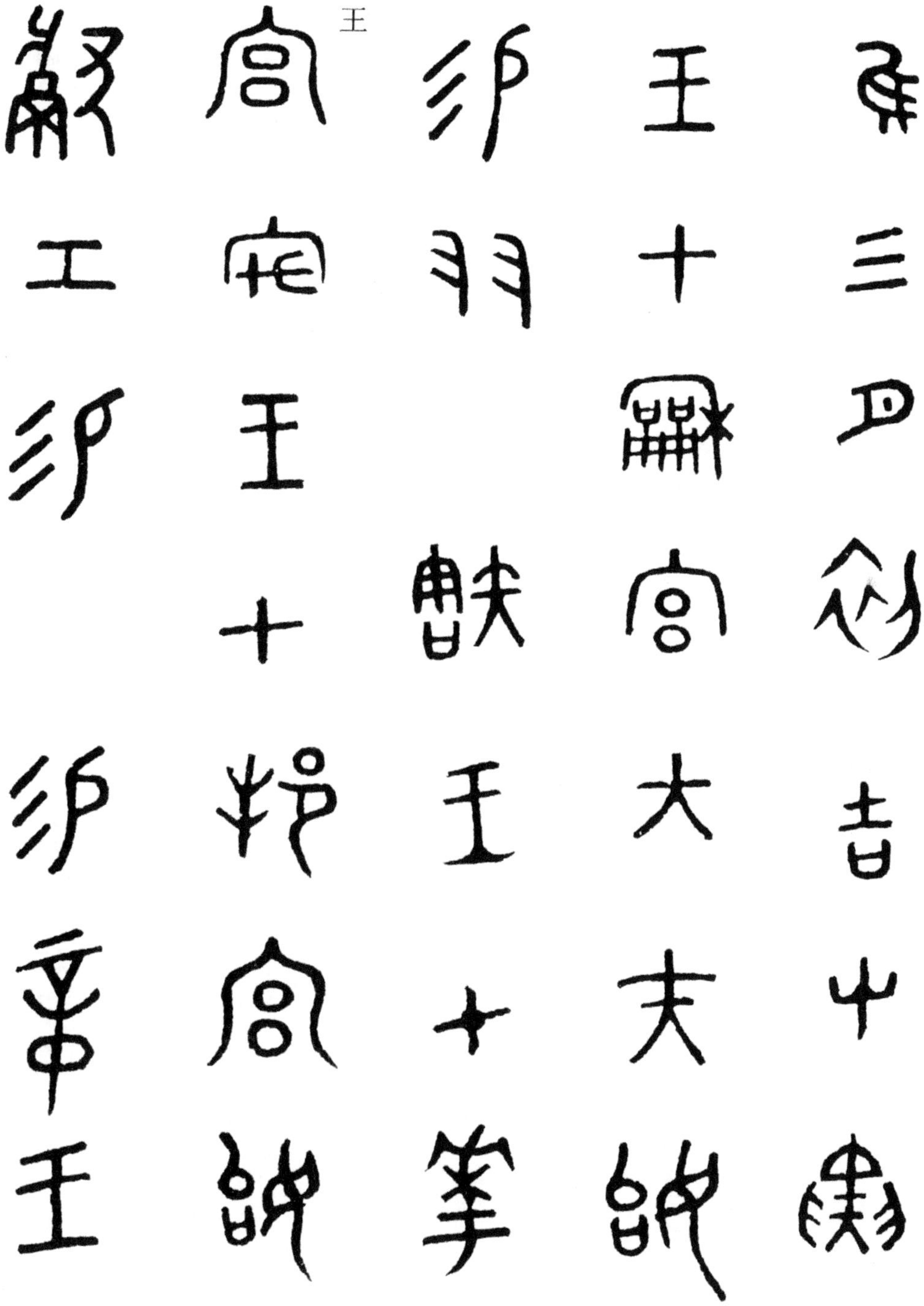

02792

在邦，始友曰考、曰
攸，大矢始敢對
揚天子休，用乍（作）文
考日己寶鼎，孫孫子子
永寶用

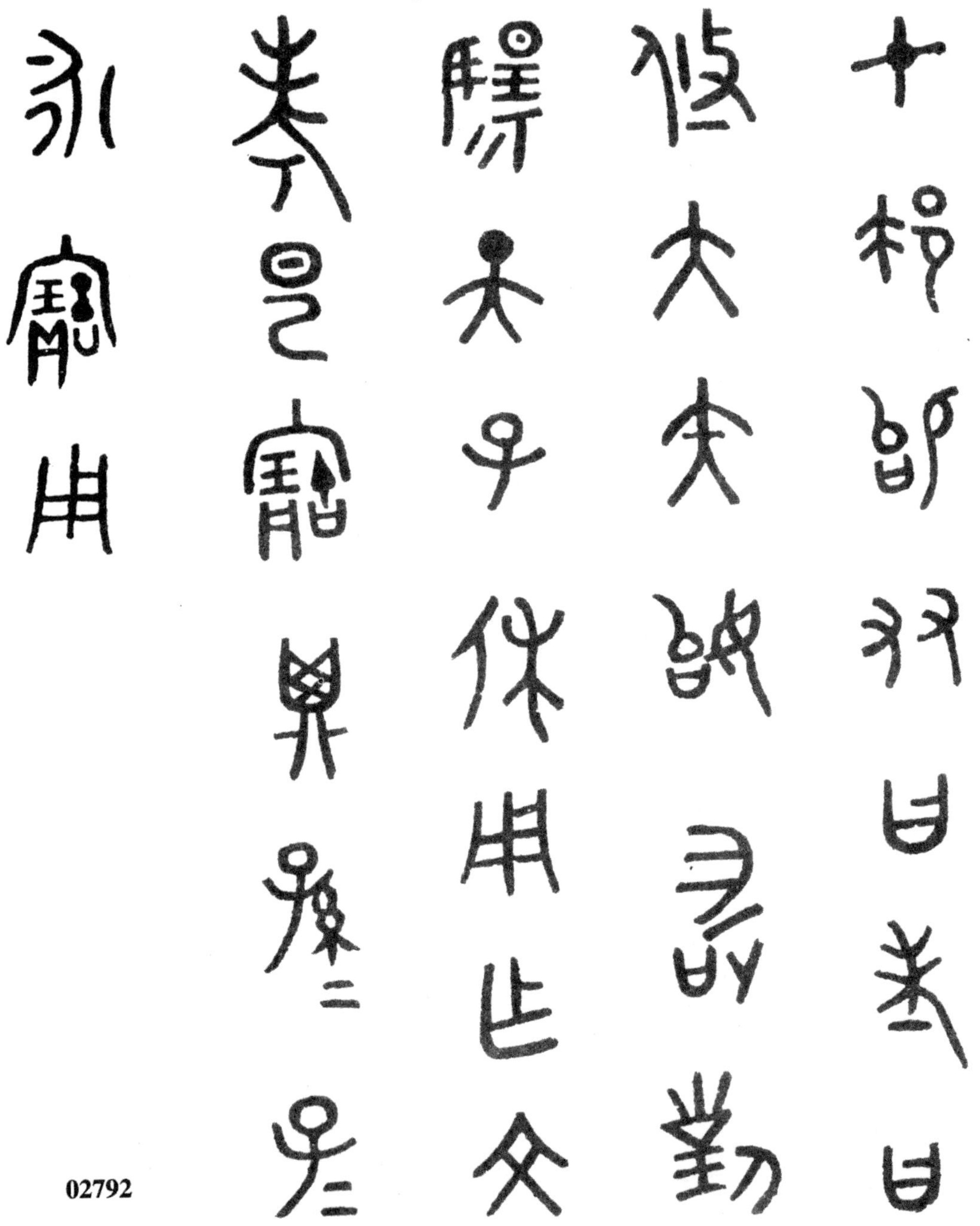

02792

坪安君鼎

廿八年，坪安邦斪客財（鼒），四分齋，一益（鎰），十釿，半釿，四分釿之冢（重），

卅三年，單父上官嗣憙所受坪安君者也，

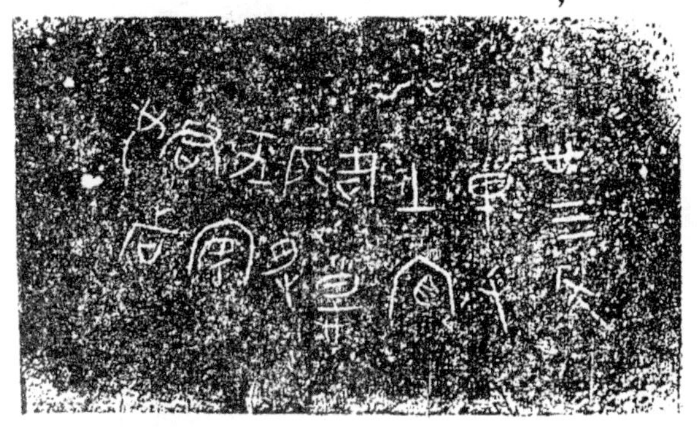

02793.1

廿八年，坪安邦斪客財（鼒），四分齋，六益（鎰），半釿之冢（重），

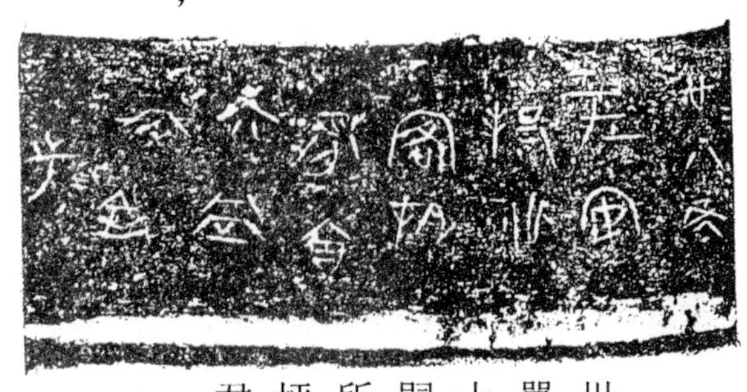

卅三年，單父上官嗣憙所受坪安君者也

02793.2

楚王酓忎鼎

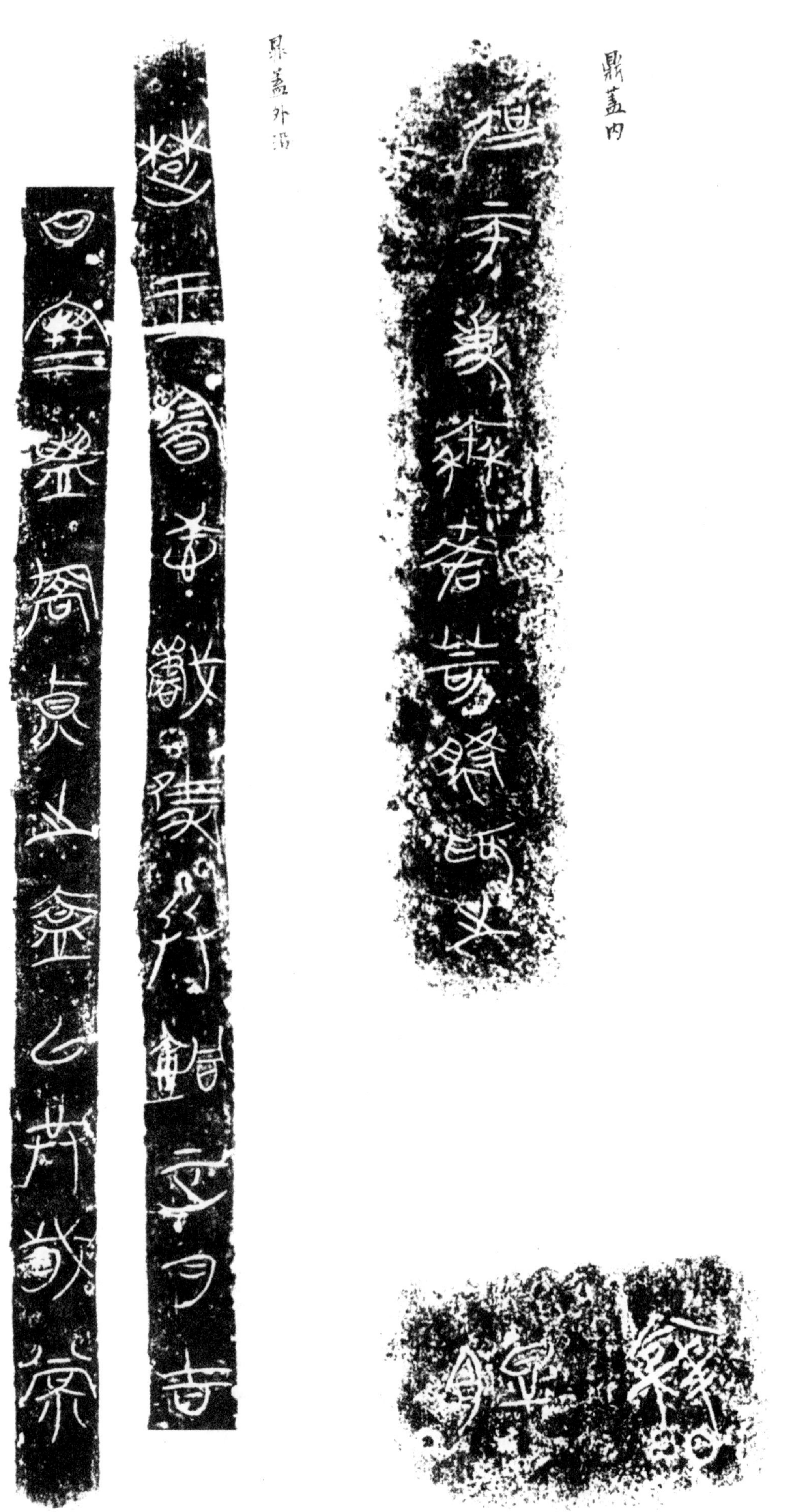

02794.1

鼎腹外

鼎腹外

鼎口沿外

鼎腹外二字刻

02794.2

楚王酓(熊)忎(悍)戰獲兵銅，正月吉
日，窒(室)鑄喬(鐈)貞(鼎)，以共(供)歲祟(嘗)
冶師史秦、差(佐)苛膽爲之，
集脰(廚)，
楚王酓(熊)忎(悍)戰獲兵銅，正月吉
日，窒(室)鑄喬(鐈)貞(鼎)之盍(蓋)，以共(供)歲祟(嘗)，
冶師盤埜、差(佐)秦忎爲之，
集脰(廚)，
三楚

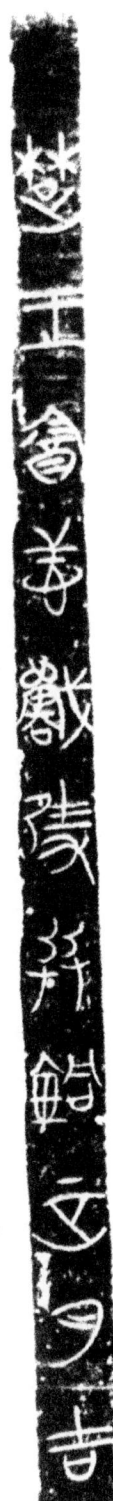

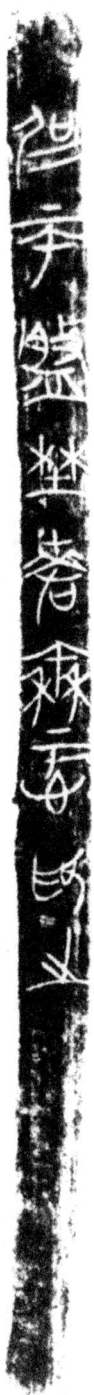

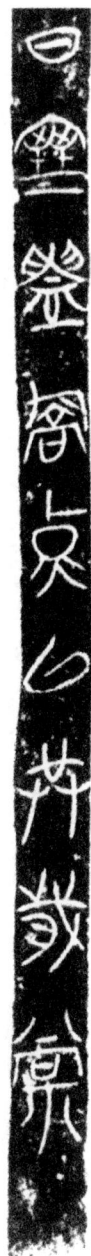

楚王酓忎鼎

02795.1

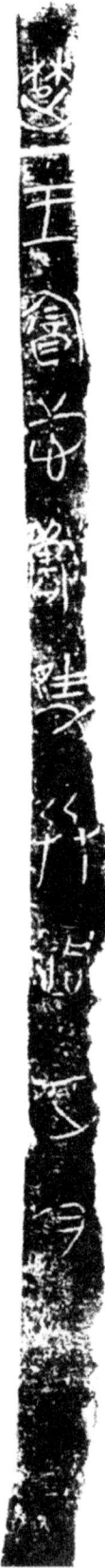

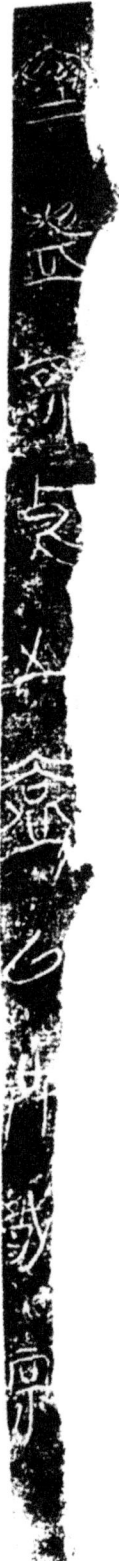

02795.2

楚王酓（熊）忎（悍）戰獲兵銅，正月吉日，
窒（室）鑄喬（鐈）貞（鼎），以共（供）歲棠（嘗），
冶師紹（紹）夅、差（佐）陳共爲之，
集脰（廚），
楚王酓（熊）忎（悍）戰獲兵銅，正月吉日，
窒（室）鑄喬（鐈）貞（鼎）之盍（蓋），以共（供）歲棠（嘗），
冶師紹（紹）夅、差（佐）陳共爲之

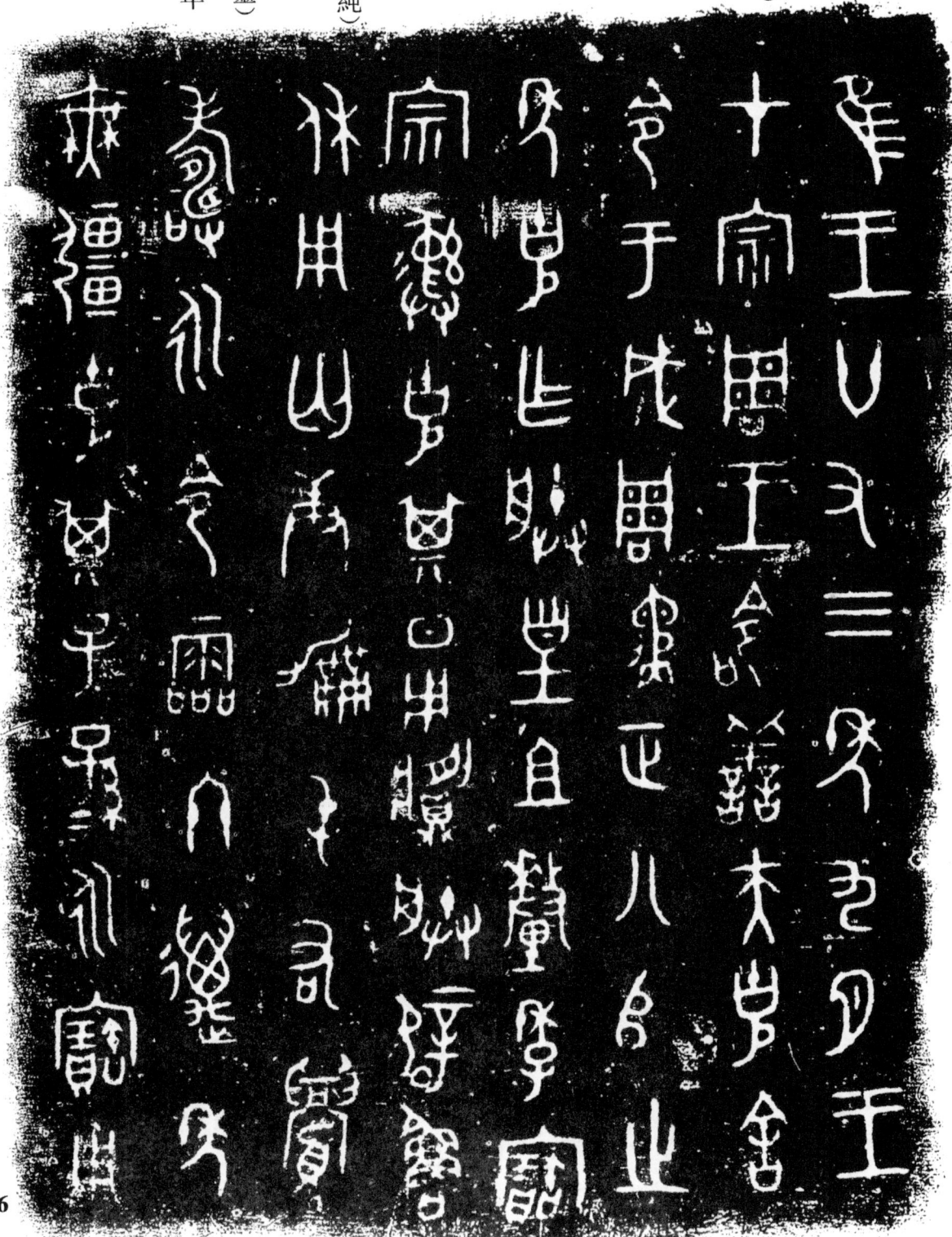

小克鼎

唯王廿又三年
九月，王
在宗周，王命善（膳）
夫克舍（捨）
令于成周，遹正
八師之
年，克乍（作）朕皇
祖釐季寶
宗彝，克其日
用𩛰，朕辟魯
休，用匄康勵、屯（純）
右（祐）、眉
壽、永令（命）、霝（靈）
冬（終），邁（萬）年
無疆，克其子子
孫孫永寶用

02796

小克鼎

唯王廿又三年九月，王在宗周，王令善（膳）夫克舍（捨）[令]于成周，遹正八師之年，克乍（作）朕皇祖釐季寶宗彝，克其日用饙，朕辟魯休，用匄康勵、屯（純）右（祐）、眉壽、永令（命）、霝（靈）冬（終），邁（萬）年無疆，克其子子孫孫永寶用

02797

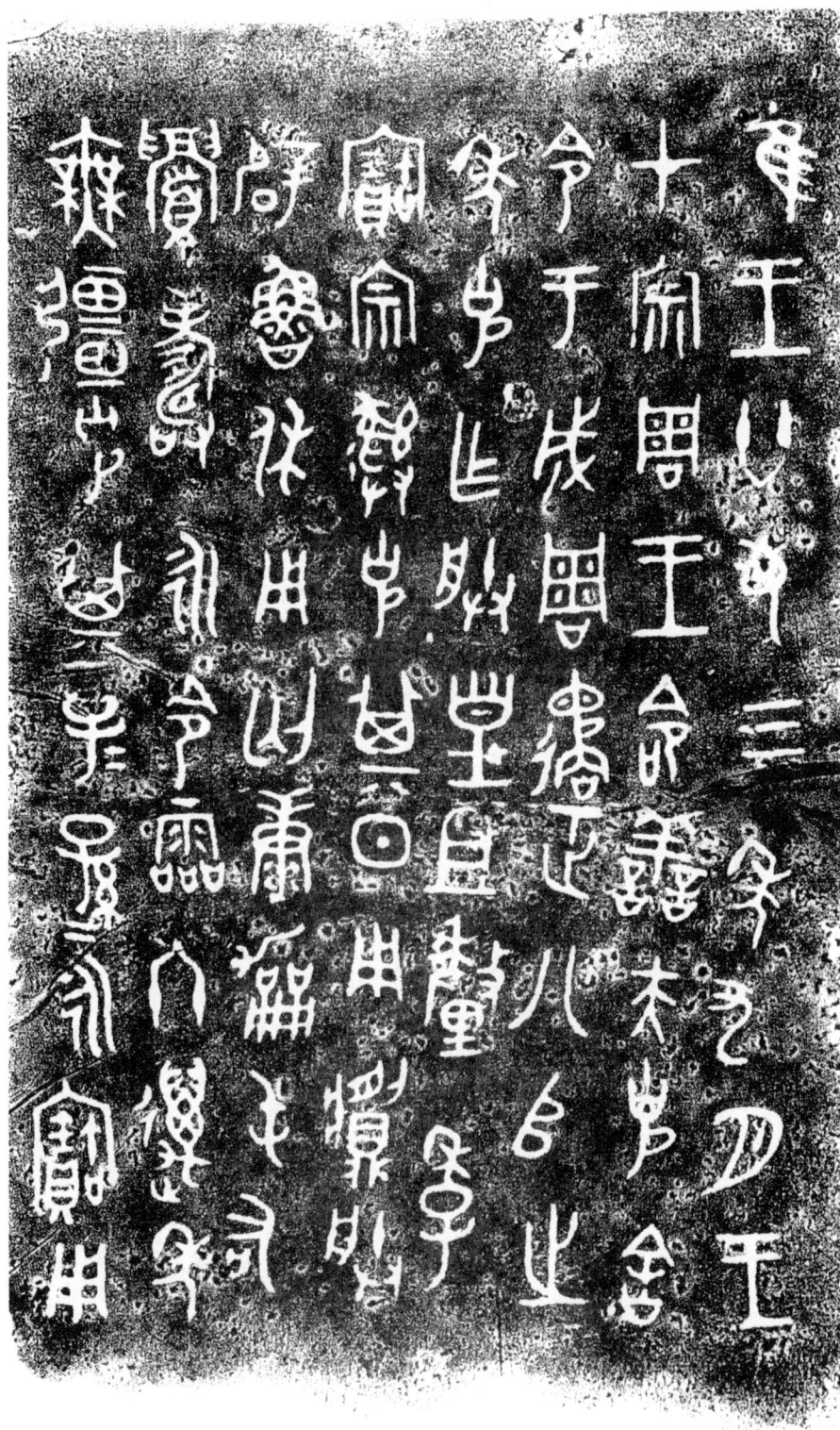

小克鼎

唯王廿又三年九月，王
在宗周，王命善（膳）夫克舍（捨）
令于成周，遹正八師之
年，克乍（作）朕皇祖釐季
寶宗彝，克其日用𩞁，朕
辟魯休，用匃康勴、屯（純）右（祐）、
眉壽、永令（命）、霝（靈）冬（終），邁（萬）年
無疆，克其子子孫孫永寶用

02798

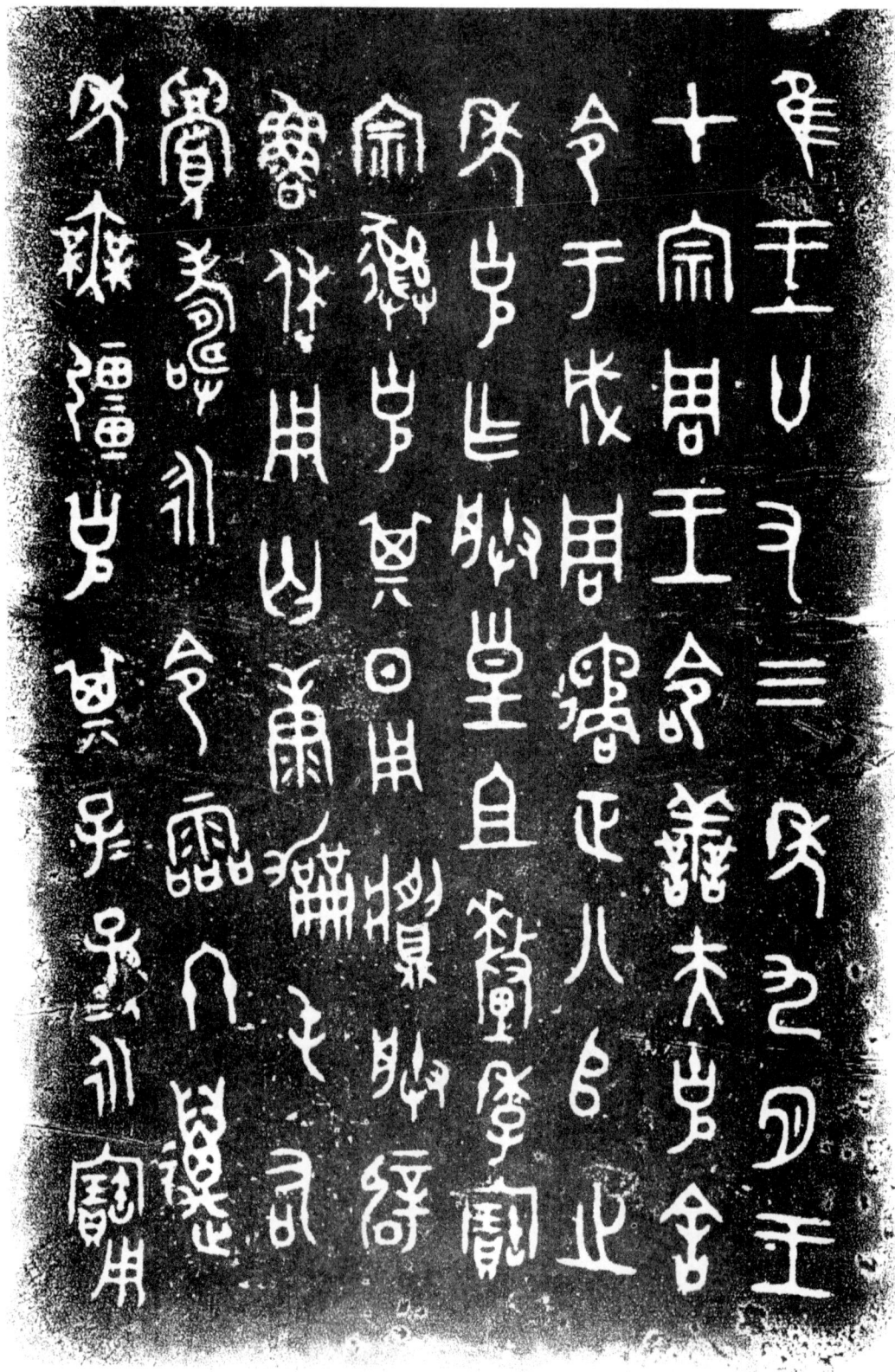

小克鼎

唯王卄又三年九月，王在宗周，王命善（膳）夫克舍（捨）令于成周，遹正八師之年，克乍（作）朕皇祖釐季寶宗彝，克其日用𩰫，朕辟魯休，用匄康勵、屯（純）右（祐）、眉壽、永令（命）、霝（靈）冬（終），邁（萬）年無疆，克其子子孫孫永寶用

02799

小克鼎

唯王廿又三年九月，王
在宗周，王命善（膳）夫
克舍（捨）
令（命）于成周，遹正八
師之年，
克乍（作）朕皇祖釐季寶宗
彝，克其日用䵼，朕辟魯
休，用匄康勵、屯（純）
右（祐）、眉壽、
永令（命）、霝（靈）冬（終），
邁（萬）年無疆，
克其子子孫孫永寶用

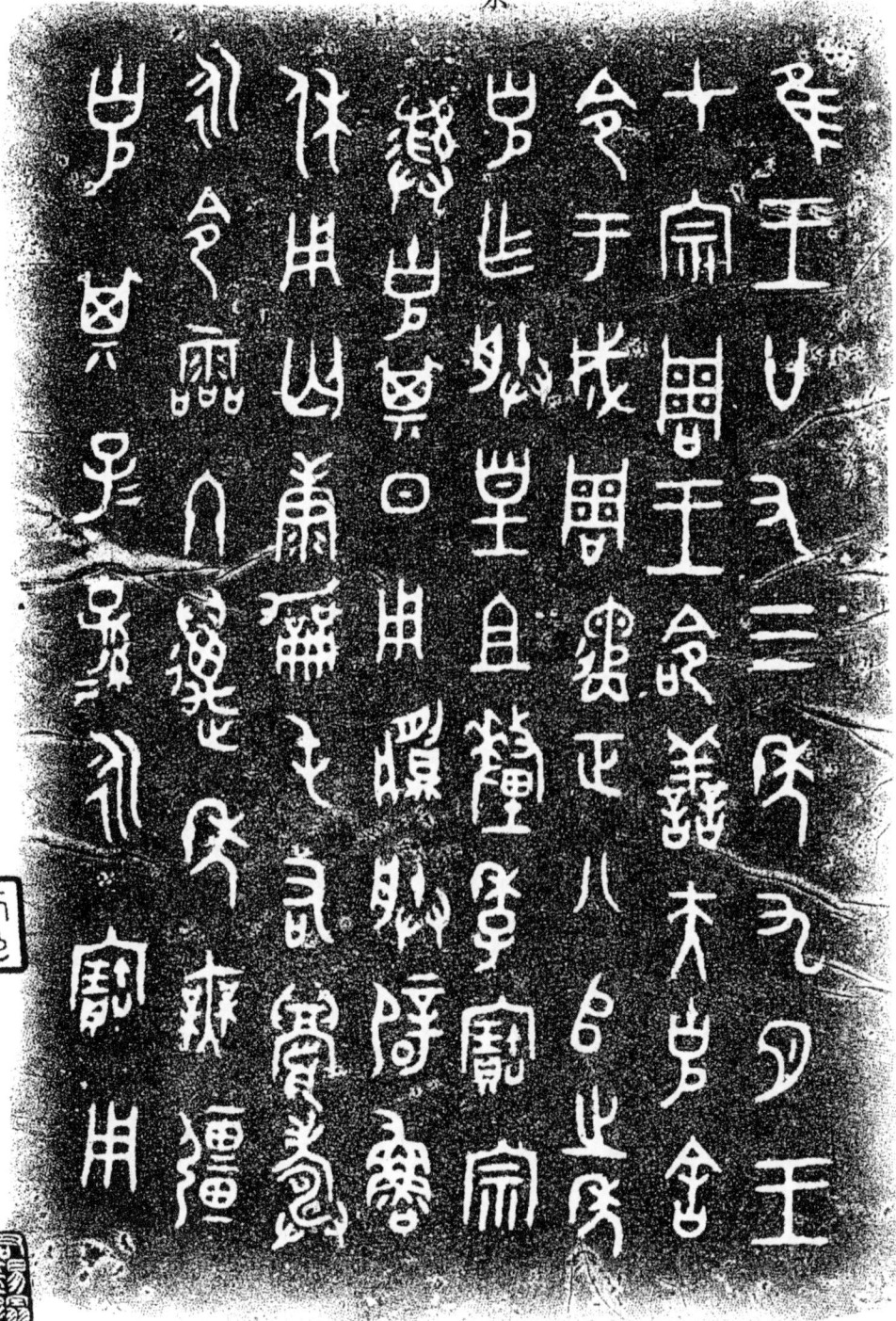

02800

小克鼎

唯王廿又三年九月，王在宗周，王命善（膳）夫克舍（捨）令于成周，遹正八師之年，克乍（作）朕皇祖釐季寶宗彝，克其日用鬻，朕辟魯休，用匄康勵、屯（純）右（祐）、眉壽、永令（命）、霝（靈）冬（終），邁（萬）無疆，克其子子孫孫永寶用

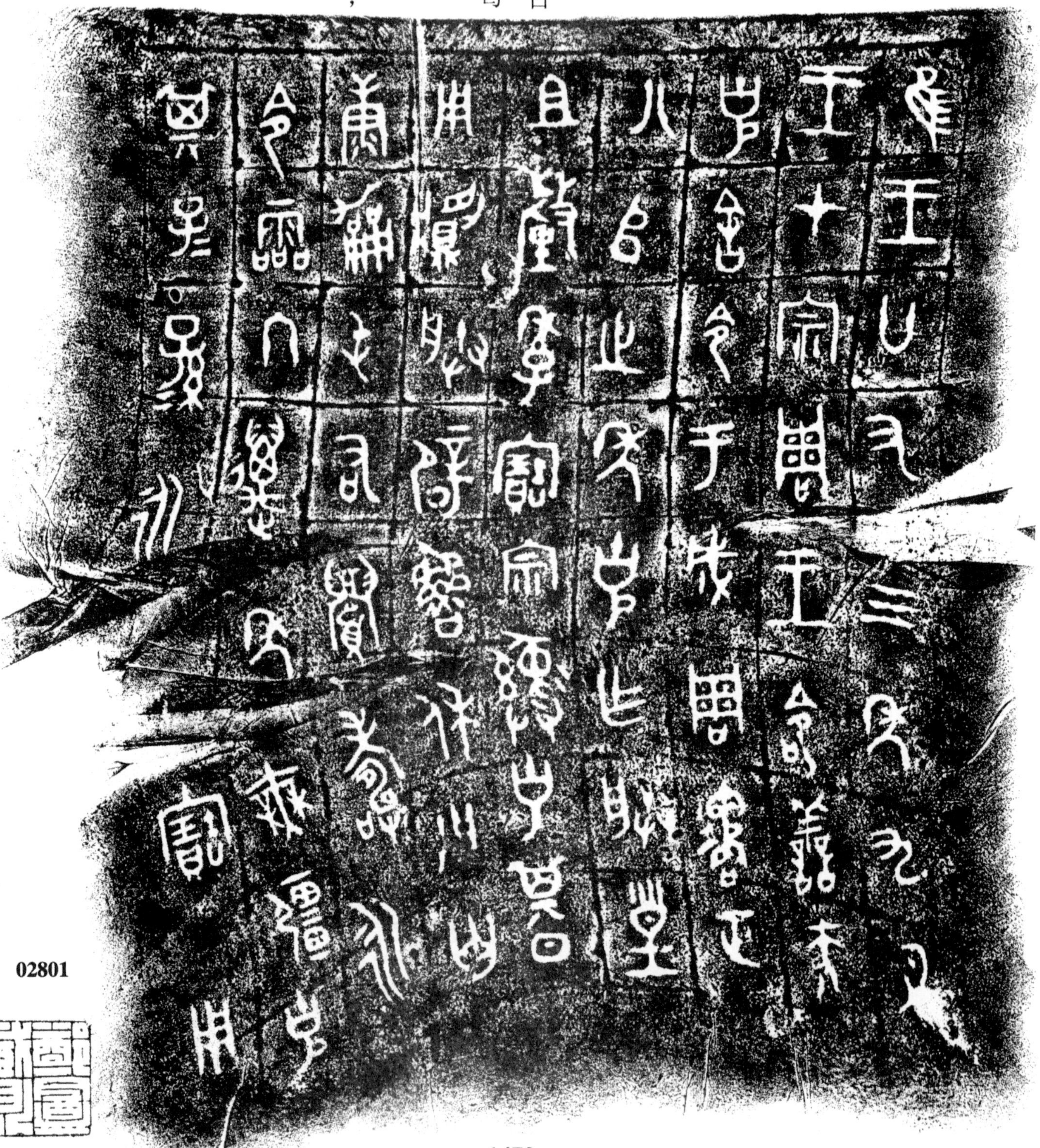

02801

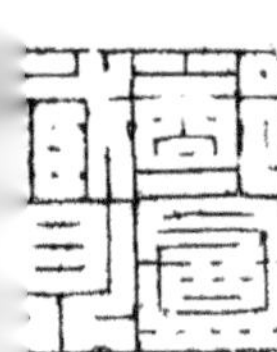

小克鼎

唯王廿又三年九月，王在宗周，王命善（膳）夫克舍令（命）于成周，遹正八師之年，克乍（作）朕皇祖釐季寶宗彝，克其日用𩰫，朕辟魯休，用匄康勵、屯（純）右（祐）、眉壽、永令（命）、霝（靈）冬（終），邁（萬）年無疆，克其子子孫孫永寶用

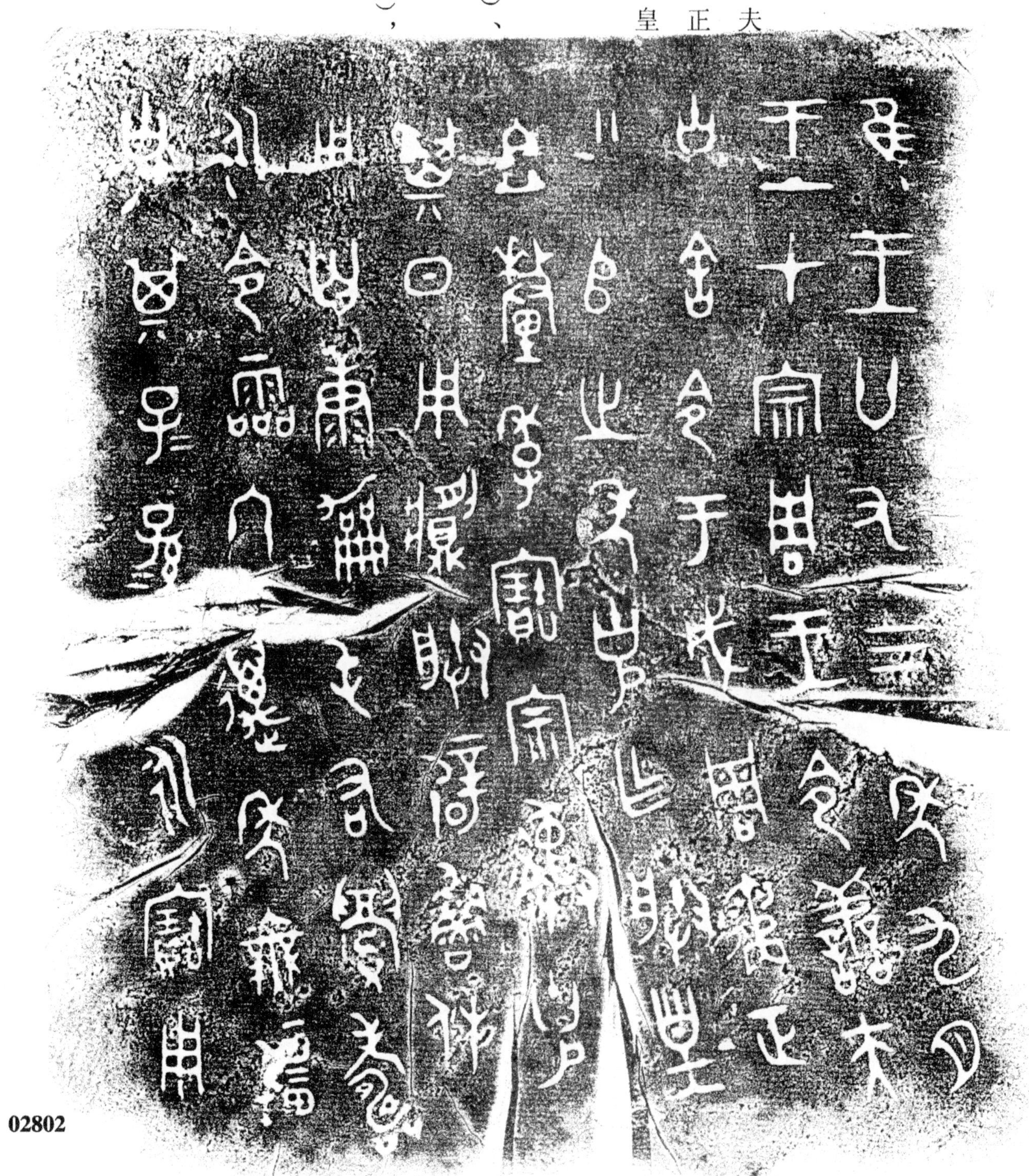

02802

令鼎

王大耤（藉）農于諆田，

餳（觴），王

射，有嗣眔師氏、小子卿（佮）

射，王歸自諆田，王馭溓（濂）

仲廙（僕），令眔奮先馬走，王

曰：令眔奮，乃克至，余

其舍（捨）女（汝）臣十家，王

至于

溓（濂）宮，敀（撫），令拜韻首，

曰：小

子迺學，令對揚王休

02803

利鼎

唯王九月丁亥，王客于般宫，井伯內（入）右（佑）利，立中廷，北鄉（嚮），王乎乍（作）命內史册命利，曰：賜女（汝）赤⊖芾、䜌（鑾）旂，用事，利拜䭫首，對揚天子不（丕）顯皇休，用乍（作）朕文考泖（漣）伯尊鼎，利其萬年，子孫永寶用

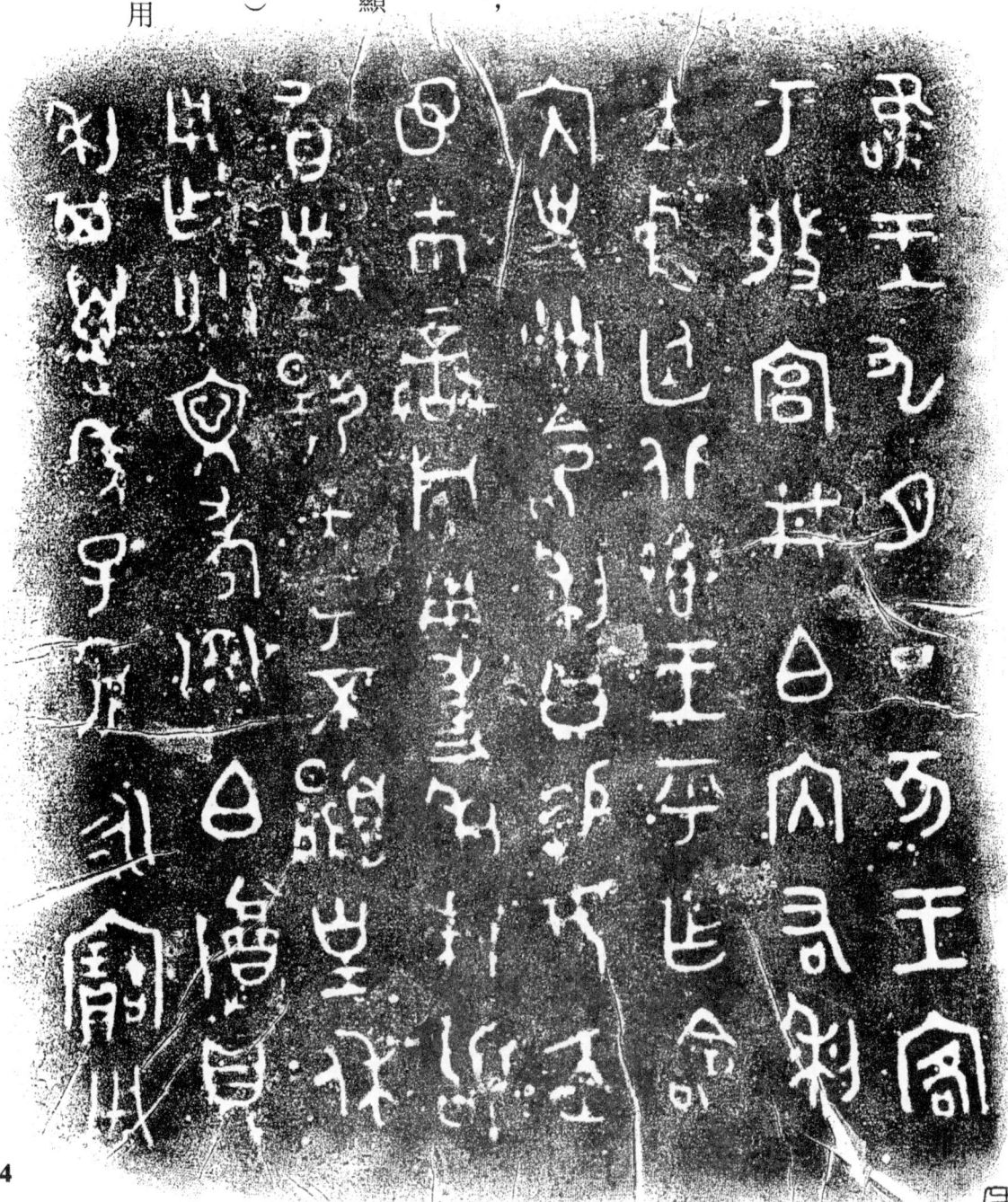

02804

南宮柳鼎

唯王五月，初吉甲寅，王在康廟，武公有（佑）南宮柳，即立中廷，北鄉（嚮），王乎乍（作）册尹册命柳：𤔲六師牧、陽（場）大𠂇（友），𤔲羲夷陽（場）佃史（事），賜女（汝）赤巿、幽黃（衡）、攸（鋚）勒，柳拜䭫首，對揚天子休，用乍（作）朕剌（烈）考尊鼎，其萬年，子子孫孫永寶用

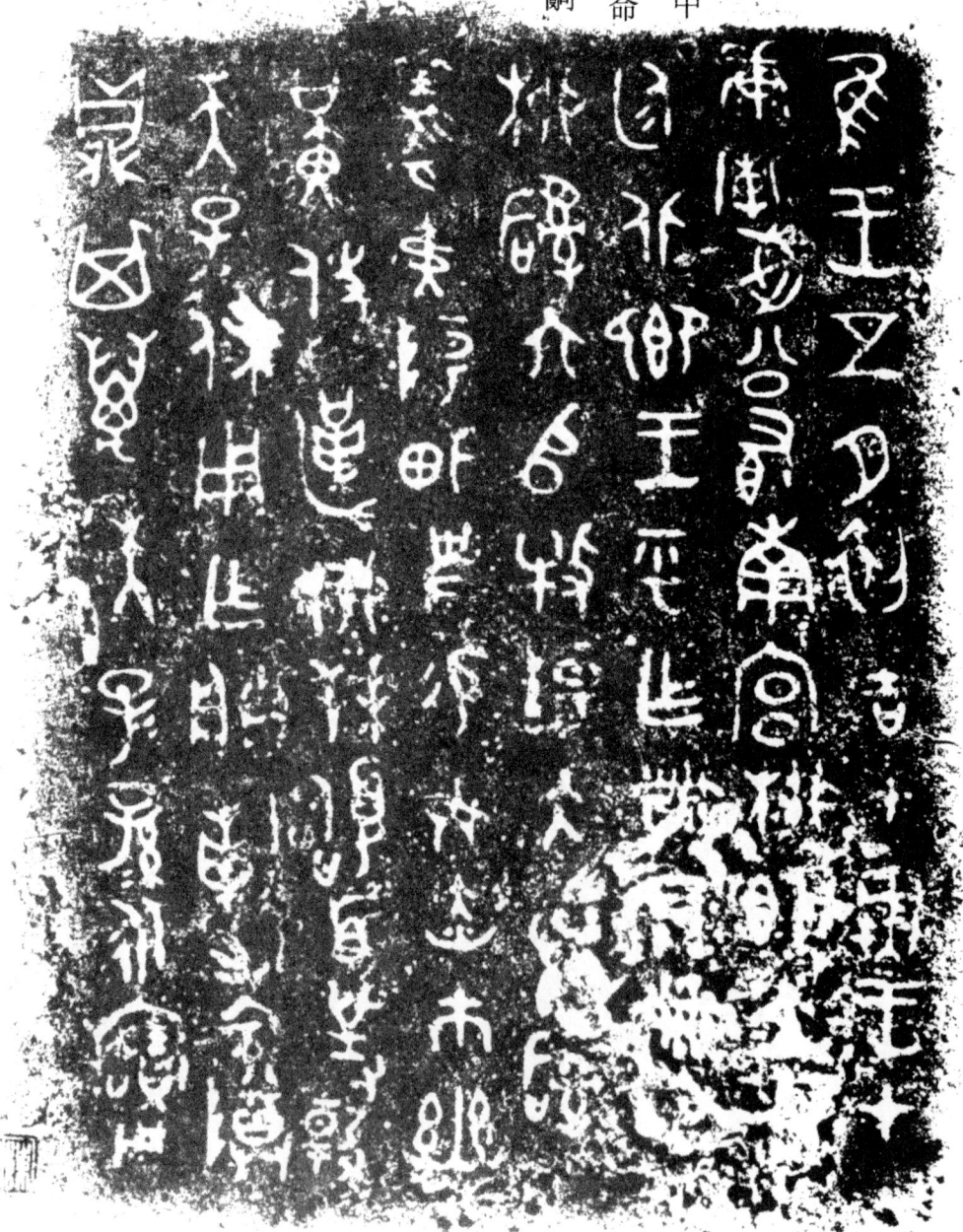

02805

大鼎

唯十又五年，三月既霸丁亥，王在𥂴侲宫，大以厥友守，王鄉（饗）［醴］，王乎善（膳）大（夫）☒，王召☒，令☐☐☐［卅］二匹賜大，☒子不（丕）顯休，用☒伯盉鼎，大其子［子孫孫邁］年永寶用

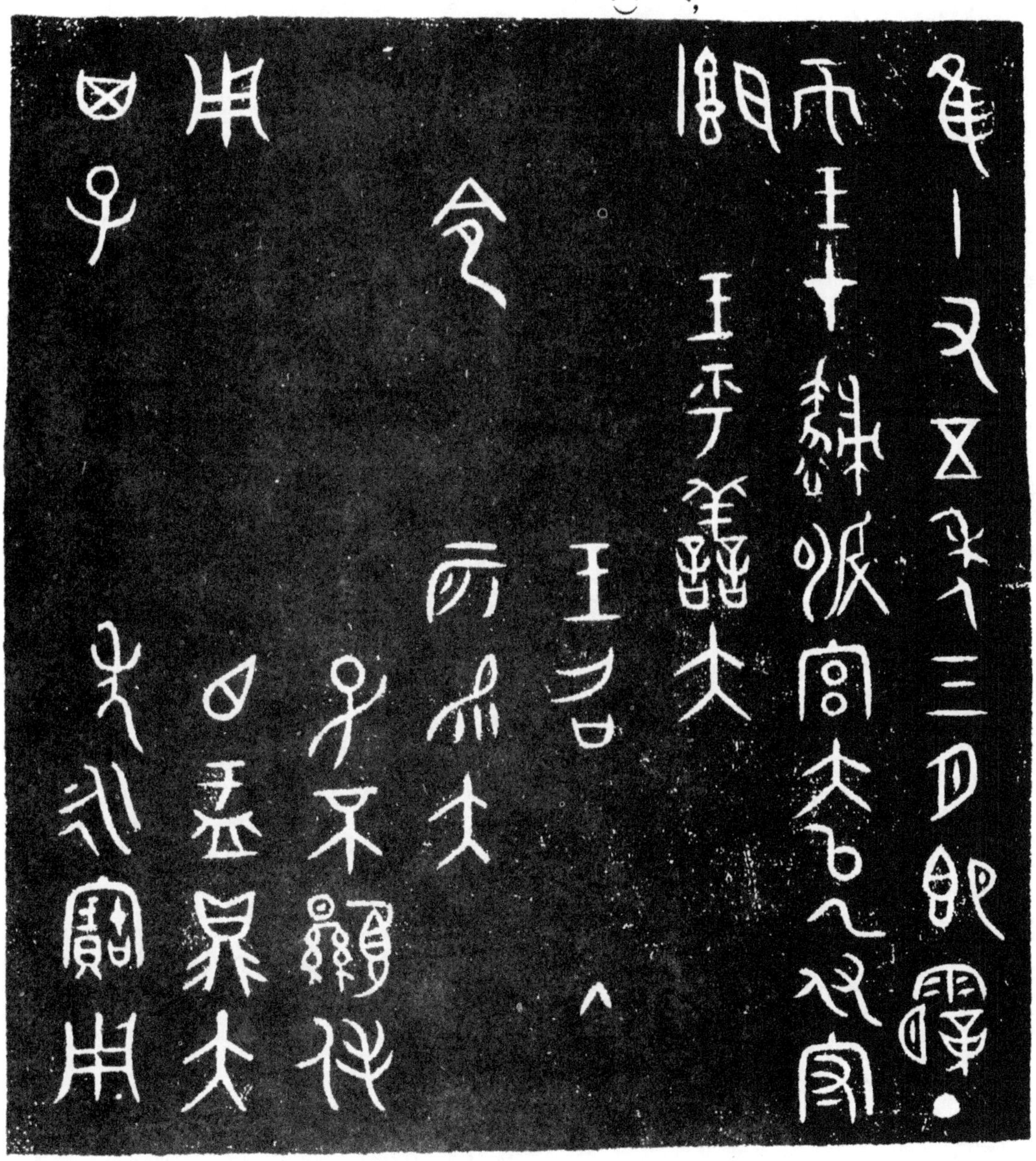

02806

大鼎

唯十又五年，三月
既霸丁
亥，王在⿱⿰米畐皿侲宮，大
以厥友守，
王鄉（饗）醴，王乎
善（膳）大（夫）駛召
大，以厥友入攼（捍），
王召走（趣）馬膺，
令取誰（骓）䮾卅二
匹賜大，大拜䭫
首，對揚天子不（丕）
顯休，用乍（作）
朕刺（烈）考己伯盂
鼎，大其
子子孫孫邁（萬）年永
寶用

02807

大鼎

唯十又五年，三月既霸丁亥，王在𩁹侲宮，大以厥友守，王鄉（饗）醴，王乎善（膳）大（夫）騣召大，以厥友入攼（捍），王召走（趣）馬膺，令取誰（騂）䮘（犅）卅二匹賜大，大拜䭫首，對揚天子不（丕）顯休，用乍（作）朕剌（烈）考己伯盂鼎，大其子子孫孫邁（萬）年永寶用

02808

師旂鼎

唯三月丁卯，師旂衆僕不從王征于方雷，使厥友引以告于伯懋父，在艿，伯懋父迺罰得㬎古三百寽（鋝），今弗克厥罰，懋父令曰：義（宜）敊（播），叡厥不從厥右（佑）征，今毋敊（播），其又（有）內（納）于師旂，引以告中史書，旂對厥贅（劾）于尊彝

02809

噩侯鼎

王南征，伐角、僪（遹），唯還自征，在坏（坯），噩（鄂）侯馭方內（納）壺于王，乃祼之，馭方畗（侑）王，王休偃（匽），乃射，馭方卿（佮）王射，馭方休闌，王宴，咸酓（飲），王寴（親）賜馭方玉五瑴、馬四匹、矢五束，馭方拜手䭫首，敢對揚天子不（丕）顯休釐（賚），用乍（作）尊鼎，其邁（萬）年，子孫永寶用

02810

王子午鼎

原高三四厘米

佣之遡(鈢)鼾,
唯正月初吉丁
亥,王子午擇
其吉金,自
乍(作)鬻
彝遡(鈢)鼎,用
享以
孝于我皇祖文
考,用祈眉壽,
[illegible]龏誅屖,畏
䢼(忌)
趩趩,敬厥盟
祀,永
受其福,余不畏
不差,惠于政德,
悊(淑)于威義(儀),
闌闌(簡簡)
獸獸(優優),
命(令)尹子庚,
殴民
之所亟(極),
萬年無
諆(期),子孫
是制

02811.1

02811.2

師望鼎

大（太）師小子師朢（望）
曰：不（丕）顯皇
考宄公，穆穆克盟（明）
厥心，哲
厥德，用辟于先王，得
屯（純）
亡臤（慜），朢（望）肇帥
井（型）皇考，虔
夙夜，出內（入）王命，
不敢不
夸不妻，王用弗諲忘
聖人
之後，多蔑曆賜休，
朢（望）敢
對揚天子不（丕）顯
魯休，用
乍（作）朕皇考宄公尊
鼎，師
朢（望）其萬年，子子
孫孫永寶用

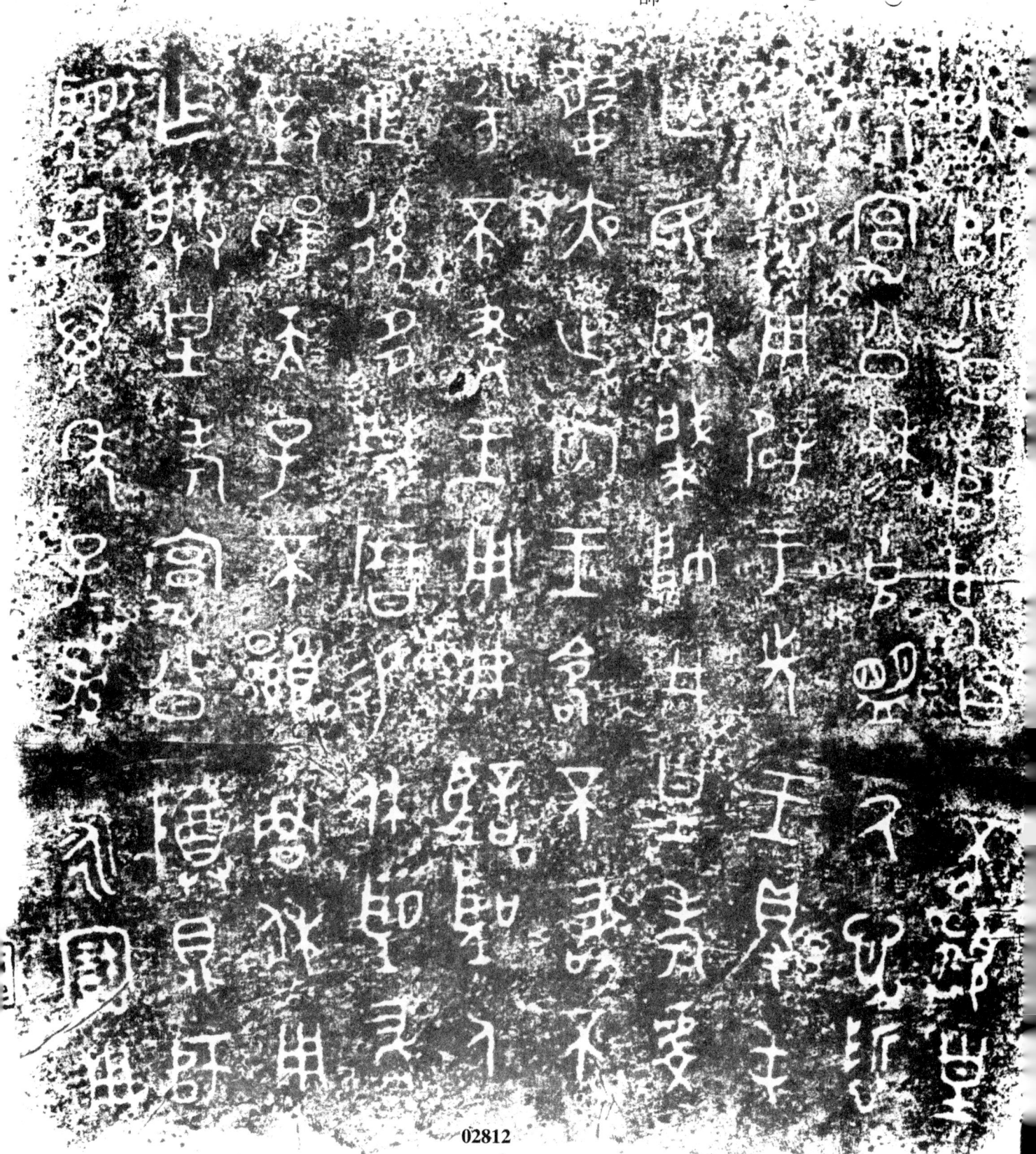

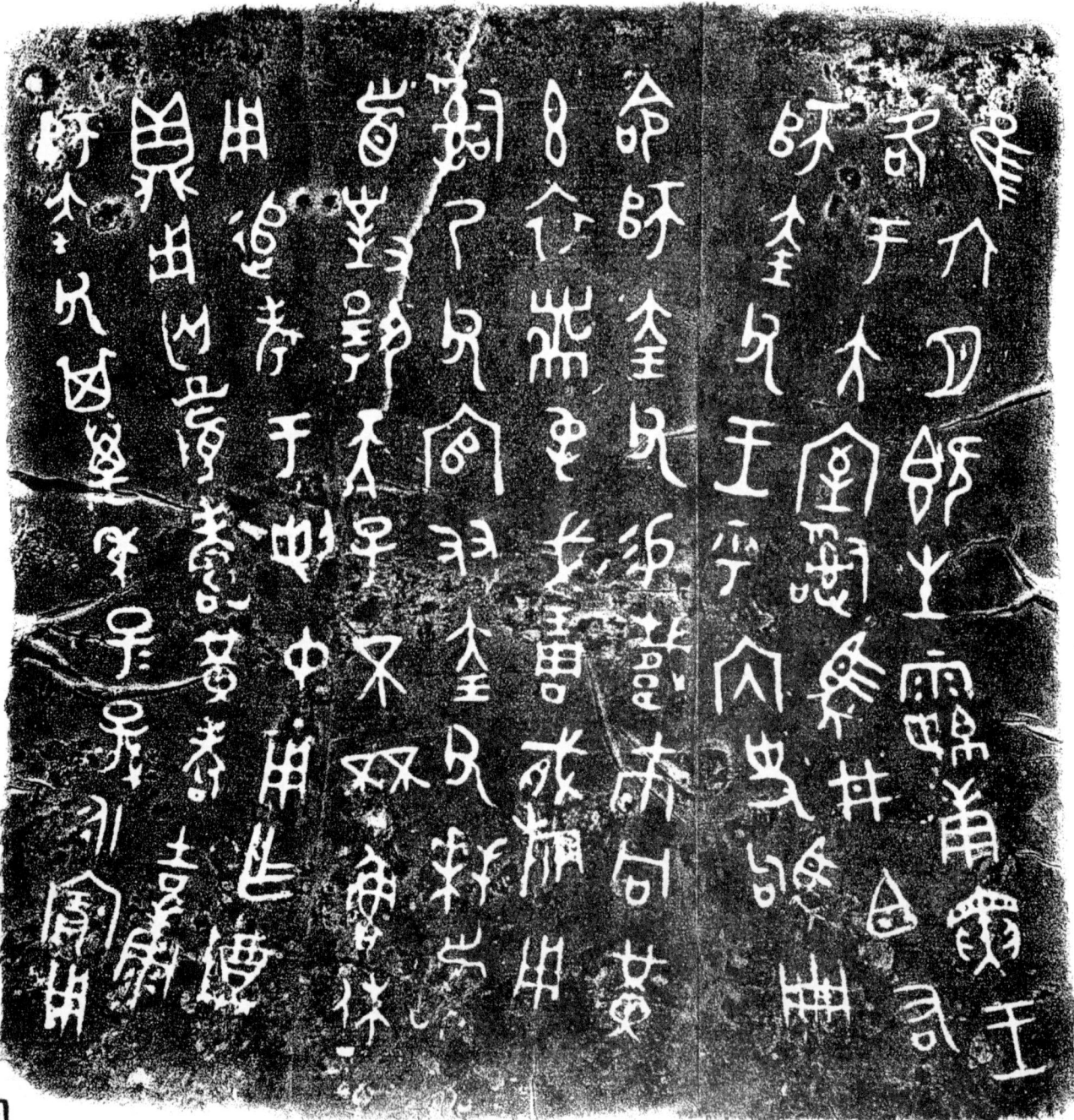

師奎父鼎

唯六月既生霸庚寅，王各于大室，嗣馬井伯右（佑）師奎父，王乎內史駒册命師奎父，賜載（緇）芾、冋（絅）黄（衡）、玄衣黹屯（純）、戈琱㦸、旂，用嗣乃父官、友，奎父拜韻首，對揚天子不（丕）杯（丕）魯休，用追考于剌仲，用乍（作）尊鼎，用匄眉壽、黄耇、吉康，師奎父其萬年，子子孫永寶用

813

無叀鼎

唯九月既望甲戌，王各
于周廟，灰（賄）于圖室，嗣徒
南仲右（佑）無（許）叀，內（入）門，
立中廷，
王乎史翏册令（命）無叀，曰：
官嗣穆王遉（正）側虎臣，賜
女（汝）玄衣黹屯（純）、戈琱㦸、
歆（厚）
必（柲）、彤沙（蘇）、攸（鋚）勒、
䜌（鑾）旂，無（許）叀
敢對揚天子不（丕）顯魯休，用
乍（作）尊鼎，用享于朕剌（烈）
考，用
割（匄）頪（眉）壽萬年，子孫永
寶用

02814

趞鼎

唯十又九年，四月既望辛
卯，王在周康卲宮，各于大
室，即立（位），宰訊
右（佑）趞，入門，立
中廷，北鄉（嚮），
史留（籀）受（授）
王令（命）
書，王乎內史□册
賜趞：
玄衣屯（純）黹、赤芾、
朱黄（衡）、䜌（鑾）
旂、攸（鋚）勒，用
事，趞拜䭫首，
敢對揚天子不（丕）
顯魯休，用
乍（作）朕皇考𩞁（郜）
伯、奠（鄭）姬寶鼎，
其眉壽萬年，子子
孫孫永寶

02815

伯晨鼎

唯王八月辰在
丙午王命䡨（垣）侯
伯晨曰：㠯（嗣）乃祖
考侯于䡨（垣）賜女（汝）
秬鬯一卣、玄衮衣、
幽夫（芾）、赤舄、駒車、
畫呻（紳）、幬（幃）
學（較）、虎幃（幬）、
冟衼里幽、攸（鋚）勒、
旅（旂）五旅（旂）、彤
弓、彤矢、旅（旅）
弓、旅（旅）矢、𢍰戈、
毓（皋）
冑用夙夜事勿
灋（廢）朕令晨拜䭫
首敢對揚王休
用乍（作）朕文考瀕
公宮尊鼎子孫
其萬年永寶用

02816

師晨鼎

02817A

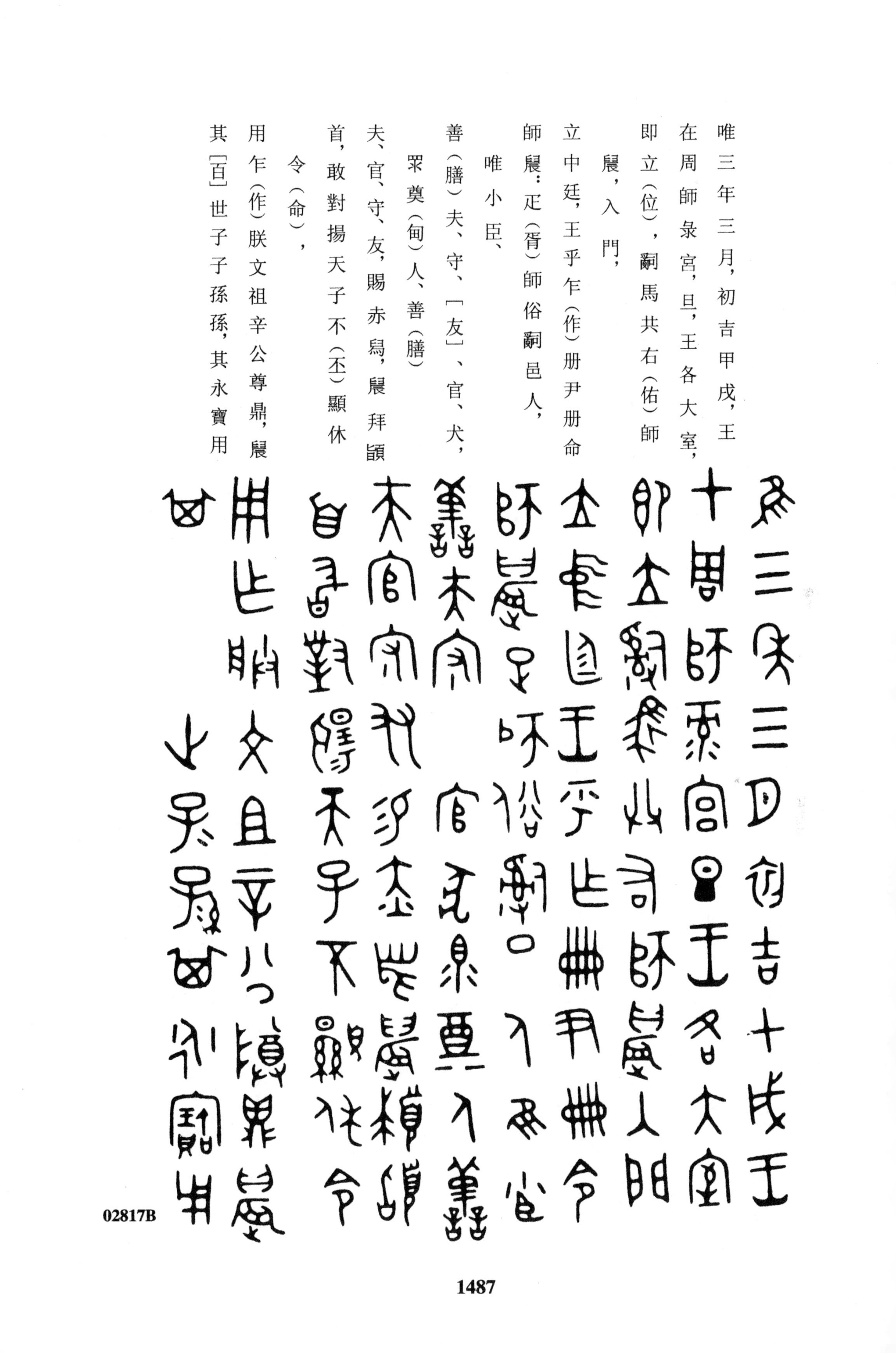

唯三年三月，初吉甲戌，王在周師彔宮，旦，王各大室，即立（位），𤔲馬共右（佑）師晨，入門，立中廷，王乎乍（作）册尹册命師晨：疋（胥）師俗𤔲邑人，唯小臣、善（膳）夫、守、［友］、官、犬，眔奠（甸）人、善（膳）夫、官、守、友，賜赤舄，晨拜𩒨首，敢對揚天子不（丕）顯休令（命），用乍（作）朕文祖辛公尊鼎，晨其［百］世子子孫孫，其永寶用。

02817B

鬲攸从鼎

唯卅又二年，三月初吉壬辰，王在周康宫徲大室，鬲比以攸衛牧告于王，曰：女（汝）覓我田，牧弗能許鬲比，王令省史南以即虢旅，虢旅迺事（使）攸衛牧誓曰：我弗具付鬲匕（比），其且（沮）射（厭）分田邑，則殺，攸衛牧則誓，比乍（作）朕皇祖丁公、皇考叀公尊鼎，鬲攸比其邁（萬）年，子子孫孫永寶用

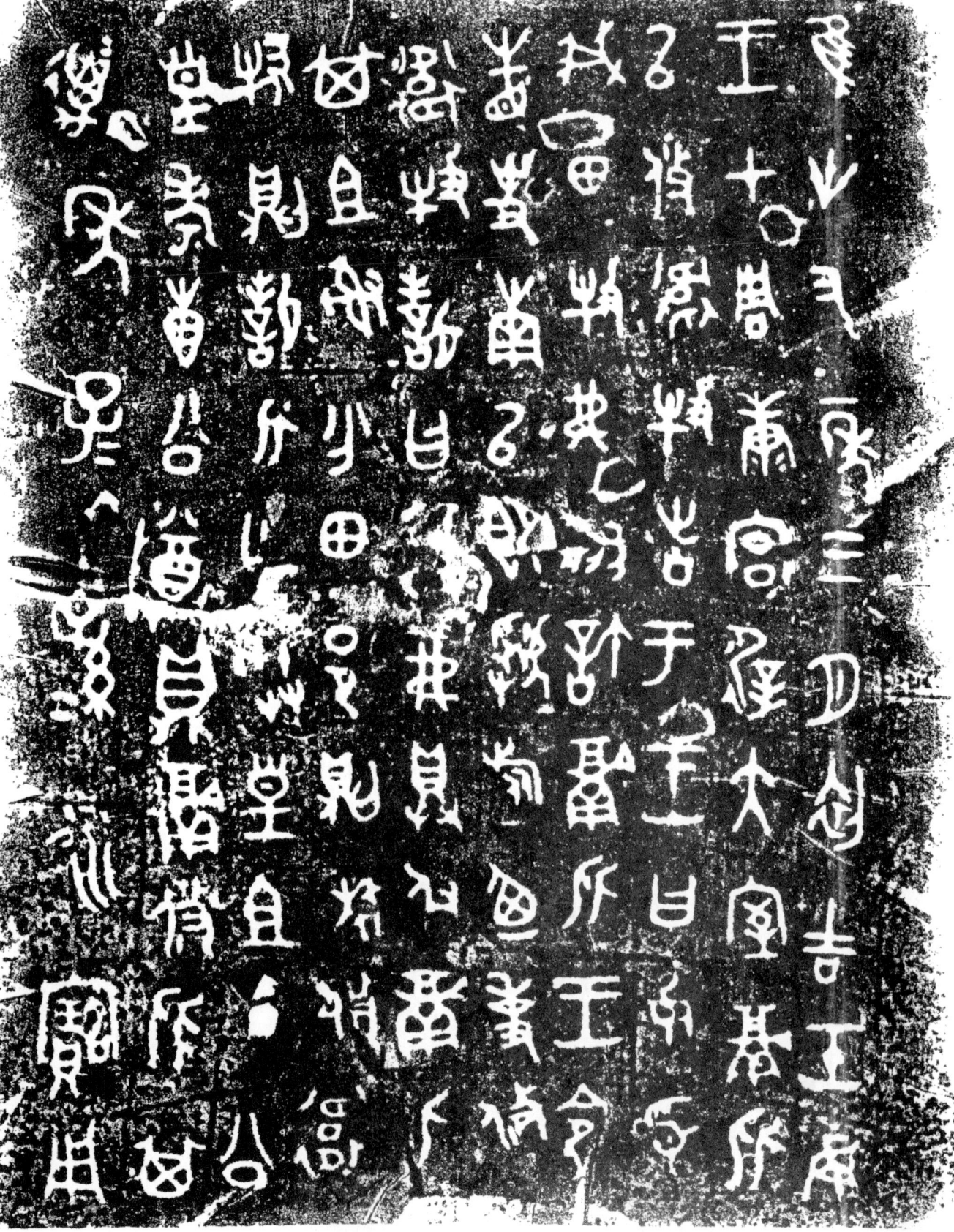

寰鼎

唯廿又八年，五月既望庚寅，王在周康穆宮，旦，王各大室，即立（位），宰頵右（佑）寰，入門，立中廷，北鄉（嚮），史黹受（授）王命書，王乎史減册賜寰：玄衣黹屯（純）、赤巿、朱黄（衡）、䜌（鑾）旂（旂）、攸（鋚）勒、戈琱戟、歕（厚）必（柲）、彤沙（蘇），寰拜䭫首，敢對揚天子不（丕）顯叚（遐）休令（命），用乍（作）朕皇考奠（鄭）伯、姬尊鼎，寰其邁（萬）年，子孫永寶用

02819

善鼎

唯十又二月初吉，辰在丁亥，
王在宗周，王各大（太）師
宮，王
曰：善，昔先王既令女（汝）
左（佐）疋（胥）
臯侯，今余唯肇醽（申）先王
令，令
女（汝）左（佐）疋（胥）臯侯，監
燹（豳）師戍，賜
女（汝）乃祖旂，用事，善敢
拜䭫
首，對揚皇天子不（丕）
杯（丕）休，用
乍（作）宗室寶尊，唯用妥（綏）
福，唬（號）
前文人，秉德共（恭）屯（純），
余其用
各我宗子雩（與）百生（姓），
余用匃
屯（純）魯雩（于）邁（萬）年，其
永寶用之

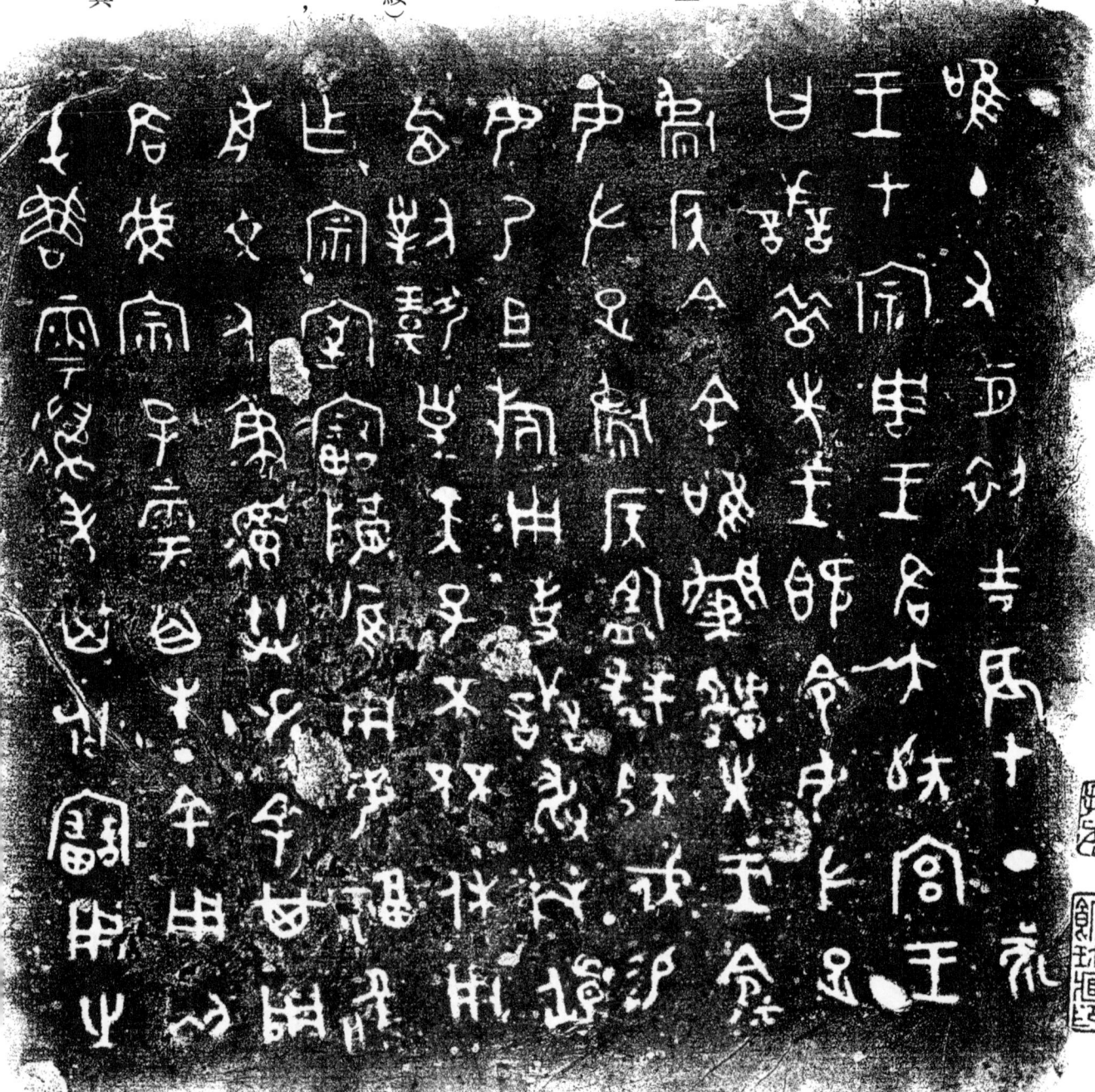

02820

此鼎

唯十又七年，十又
二月，既
生霸乙卯，王在周
康宮徲
宮，旦，王各大室，即
立（位），嗣土（徒）
毛叔右（佑）此，入門，
立中廷，王
乎史翏册令（命）此，
曰：旅邑人、
善（膳）夫，賜女（汝）玄
衣黹屯（純）、赤市、
朱黄（衡）、䜌（鑾）、旅（旂）
此敢對揚天子
不（丕）顯休令（命），
用乍（作）朕皇考癸
公尊鼎，用享孝于
文神，用
匃眉壽，此其萬年
無疆，畯
臣天子，霝（靈）冬（終），
子子孫永寶用

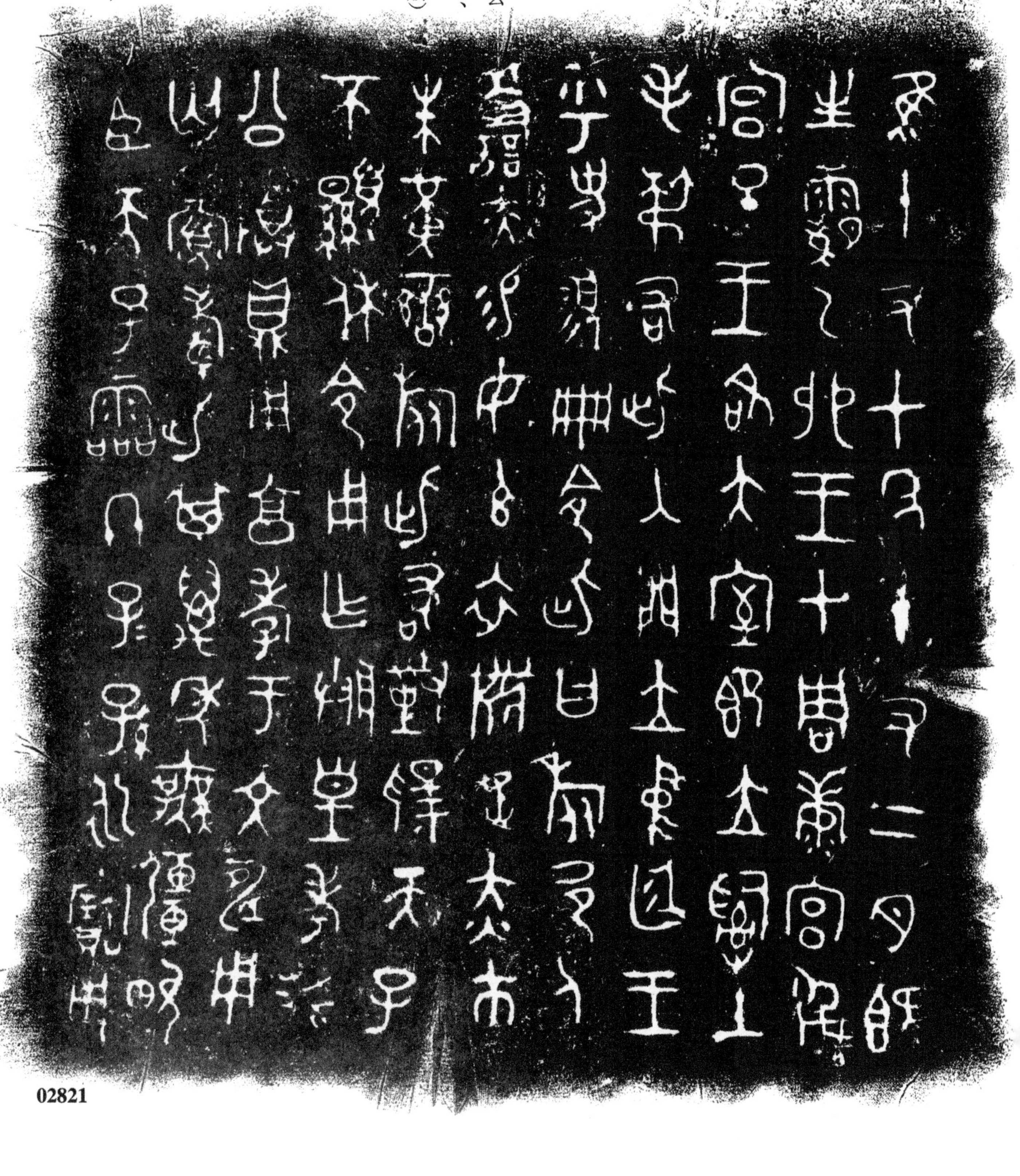

02821

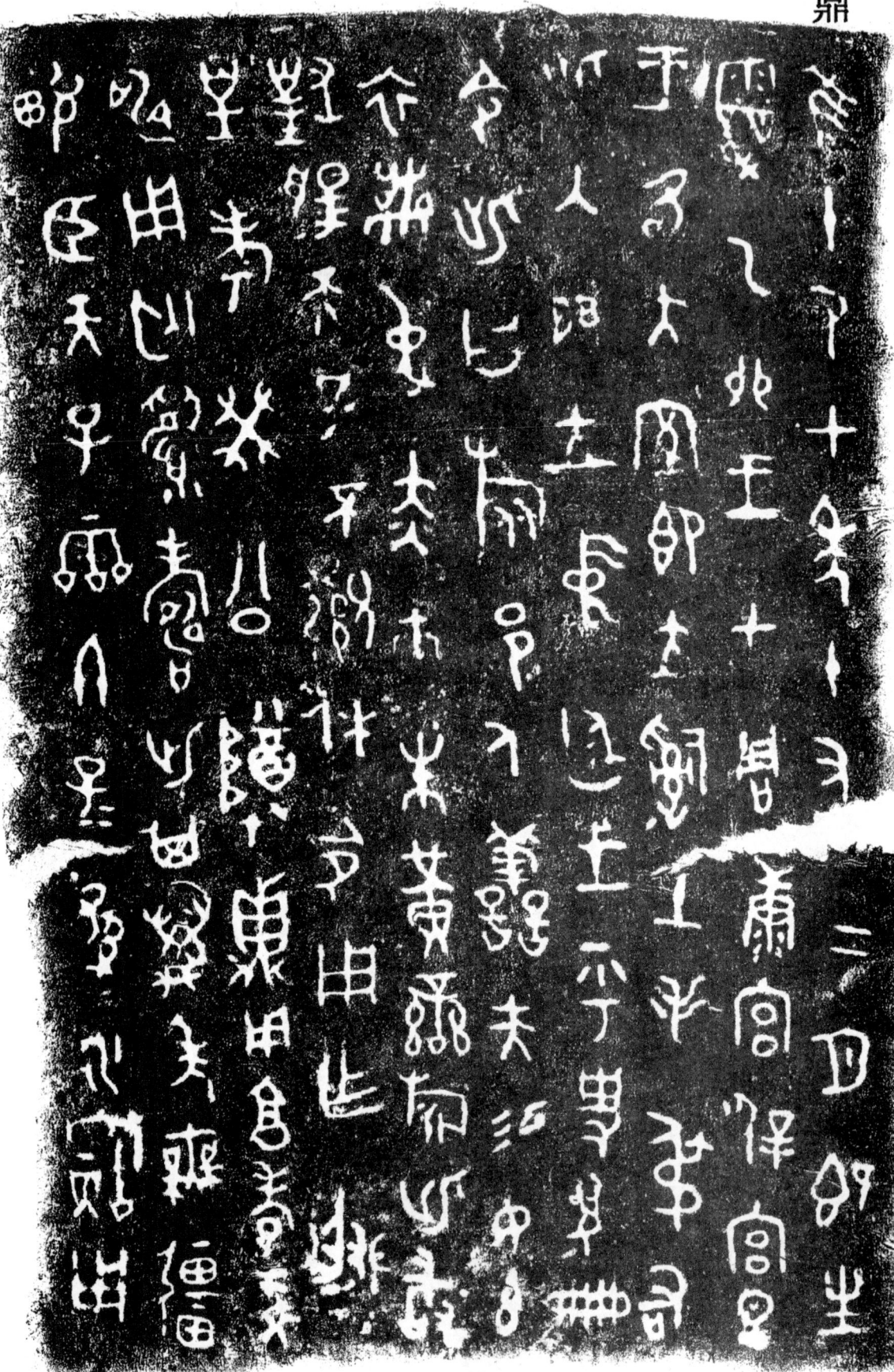

此鼎

唯十又七年，十又二月，既生霸乙卯，王在周康宫徲宫，旦，王各大室，即立(位)，𤔲土(徒)毛叔右(佑)此，入門，立中廷，王乎史翏册令(命)此，曰：旅邑人、善(膳)夫，賜女(汝)玄衣黹屯(純)、赤芾、朱黄(衡)、䜌(鑾)旂，此敢對揚天子不(丕)顯休令(命)，用乍(作)朕皇考癸公尊貞(鼎)，用享孝于文神，用匄眉壽，此其萬年無疆，畯臣天子，霝(靈)冬(終)，子子孫孫永寶用

02822

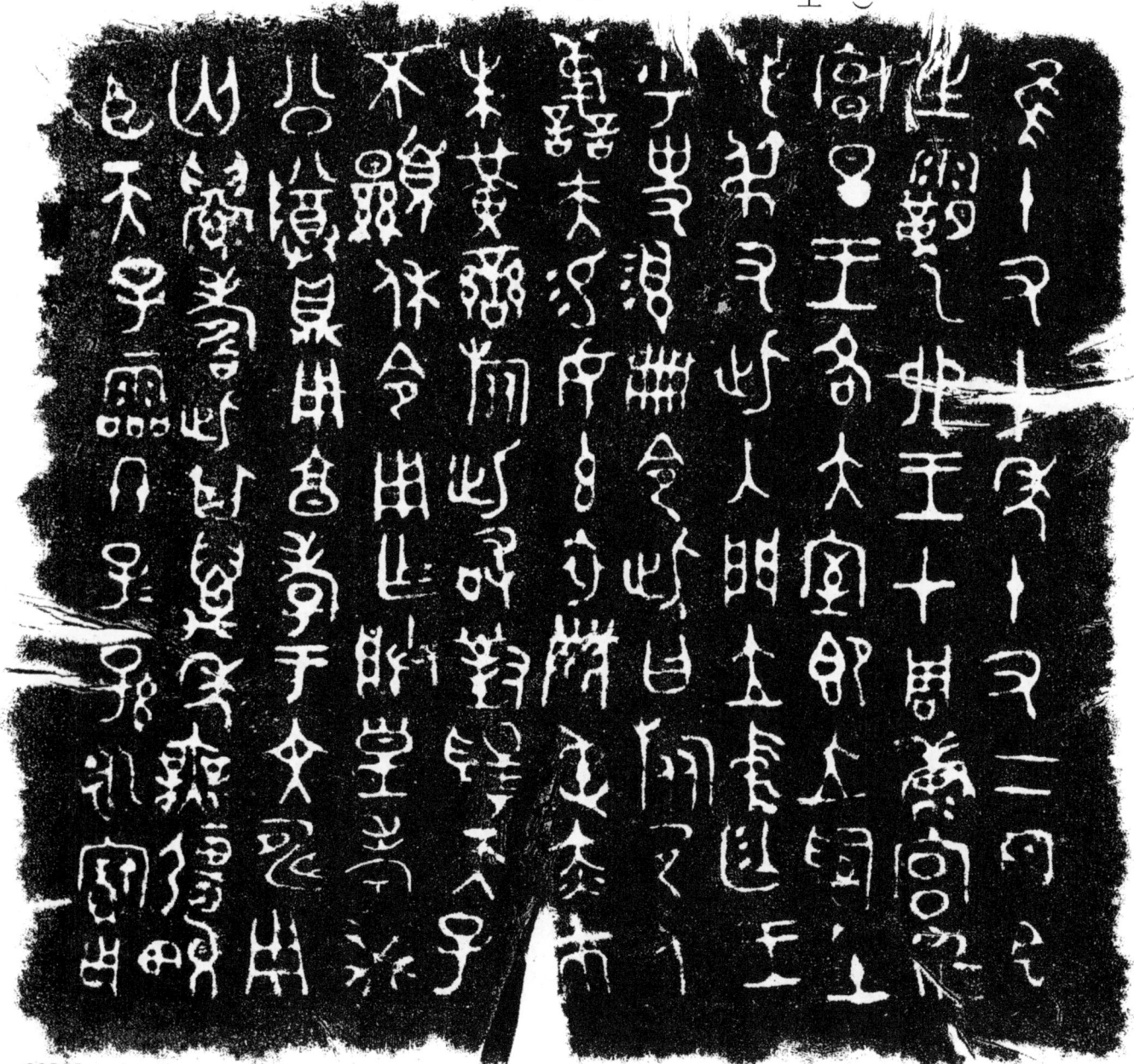

此鼎

唯十又七年，十又二月，既生霸乙卯，王在周康宫徲宮，旦，王各大室，即立（位）。嗣土（徒）毛叔又（佑）此，入門，立中廷，王乎史翏册令（命）此，曰：旅邑人、善（膳）夫，賜女（汝）玄衣黹屯（純）、赤巿、朱黄（衡）、䜌（鑾）旂（旂），此敢對揚天子不（丕）顯休令（命），用乍（作）朕皇考癸公尊鼎，用享孝于文神，用匄眉壽，此其萬年無疆，畯臣天子，霝（靈）冬（終），子子孫永寶用

02823

㦰方鼎

㦰曰：烏虖（乎），王唯念㦰辟剌（烈）考甲公，王用肇事（使）乃子㦰，率虎臣御（禦）淮戎，㦰曰：烏虖（乎），朕文考甲公、文母日庚弋休，則尚（常）安永宕乃子㦰心，安永襲㦰身，厥復享于天子，唯厥事（使）乃子㦰萬年辟事天子，毋又（有）眈于厥身，㦰拜韻首，對揚王令（命），用乍（作）文母日庚寶尊䵼彝，用穆穆夙夜，尊享孝妥（綏）福，其子子孫孫永寶茲剌（烈）

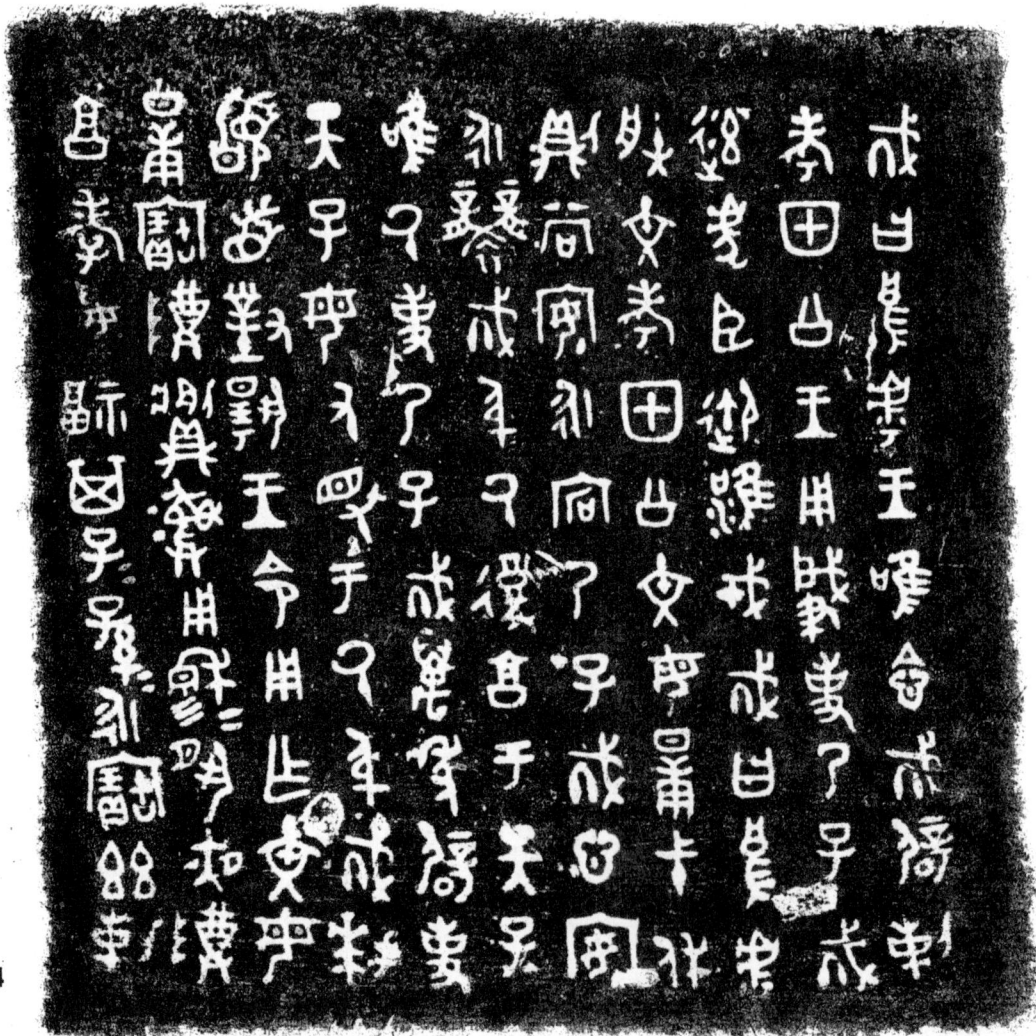

02824

善夫山鼎

原高二四厘米

唯卅又七年，正月初吉庚戌，王在周，各圖室，南宮乎入右（佑）善（膳）夫山，入門，立中廷，北鄉（嚮），王乎史桒册令（命）山，王曰：山，令女（汝）官嗣歙（飲）獻人于冕，用乍（作）憲司貯，毋敢不善，賜女（汝）玄衣黹屯（純）、赤巿、朱黄（衡）、䜌（鑾）旂，山拜䭫首，受册佩以出，反（返）入（納）堇（瑾）章（璋），山敢對揚天子休令（命），用乍（作）朕皇考叔碩父尊鼎，用祈匄眉壽、綽綰、永令（命）、霝（靈）冬（終），子子孫孫永寶用

02825

晉姜鼎

唯王九月乙亥，晉姜曰：余
唯司（嗣）朕先姑君晉邦，余不
叚（暇）妄（荒）寧，巠（經）雍明德，宣卲我
猷，用召（紹）匹辝（台）辟，每（敏）揚厥光
剌（烈），虔不彖（墜），魯覃京師，辥（乂）我
萬民，嘉遣我，賜鹵（滷）責（漬）千兩，
勿灋（廢）文侯覭（景）令（命），卑（俾）貫通□，
征繁湯（陽）𩤾，取厥吉金，用乍（作）
寶尊鼎，用康頣（揉）妥（綏）褱（懷）遠埶（邇）
君子，晉姜用祈綽綰、眉壽，
乍（作）疐爲亟（極），萬年無疆，用享
用德，畯保其孫子，三壽是利

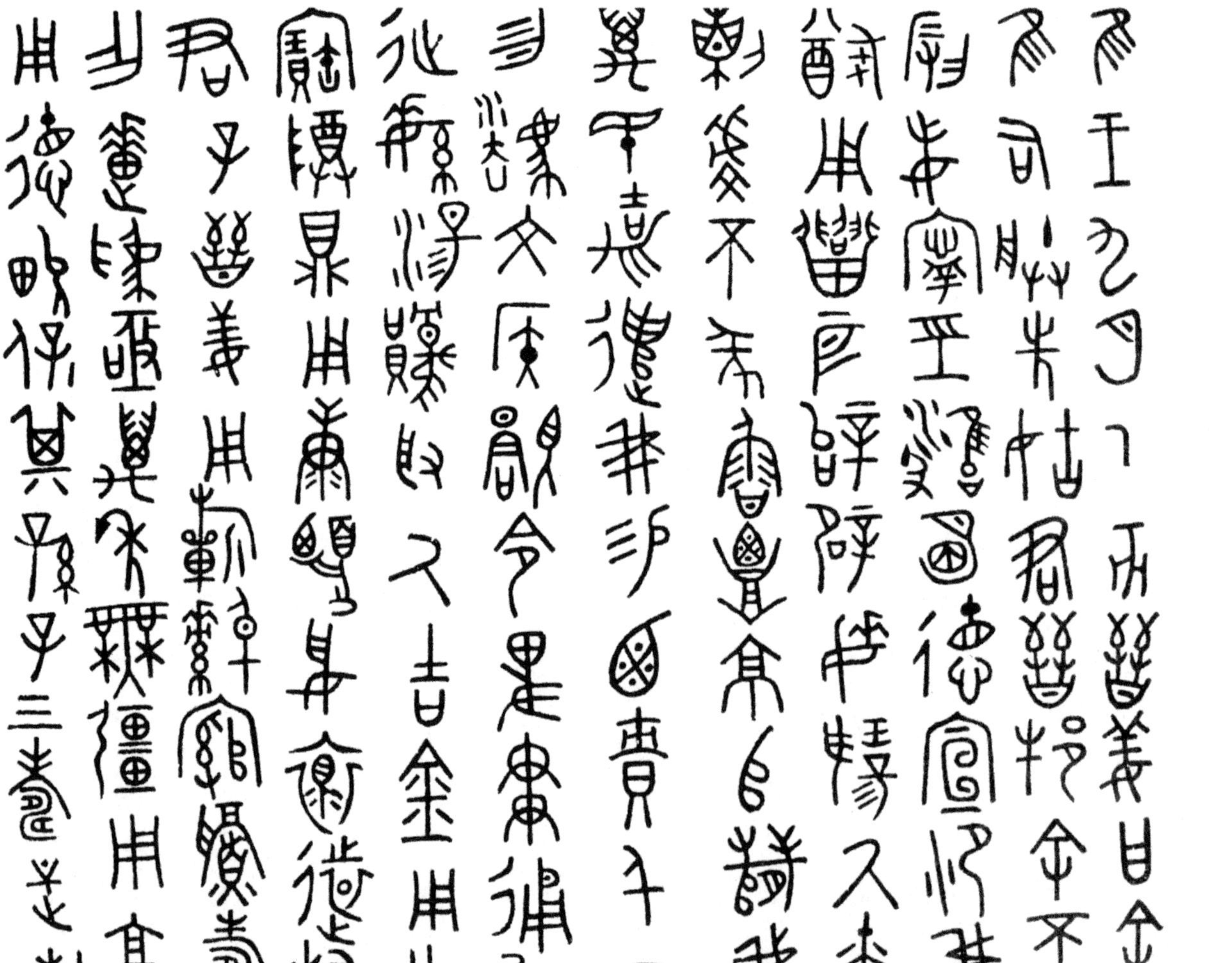

02826

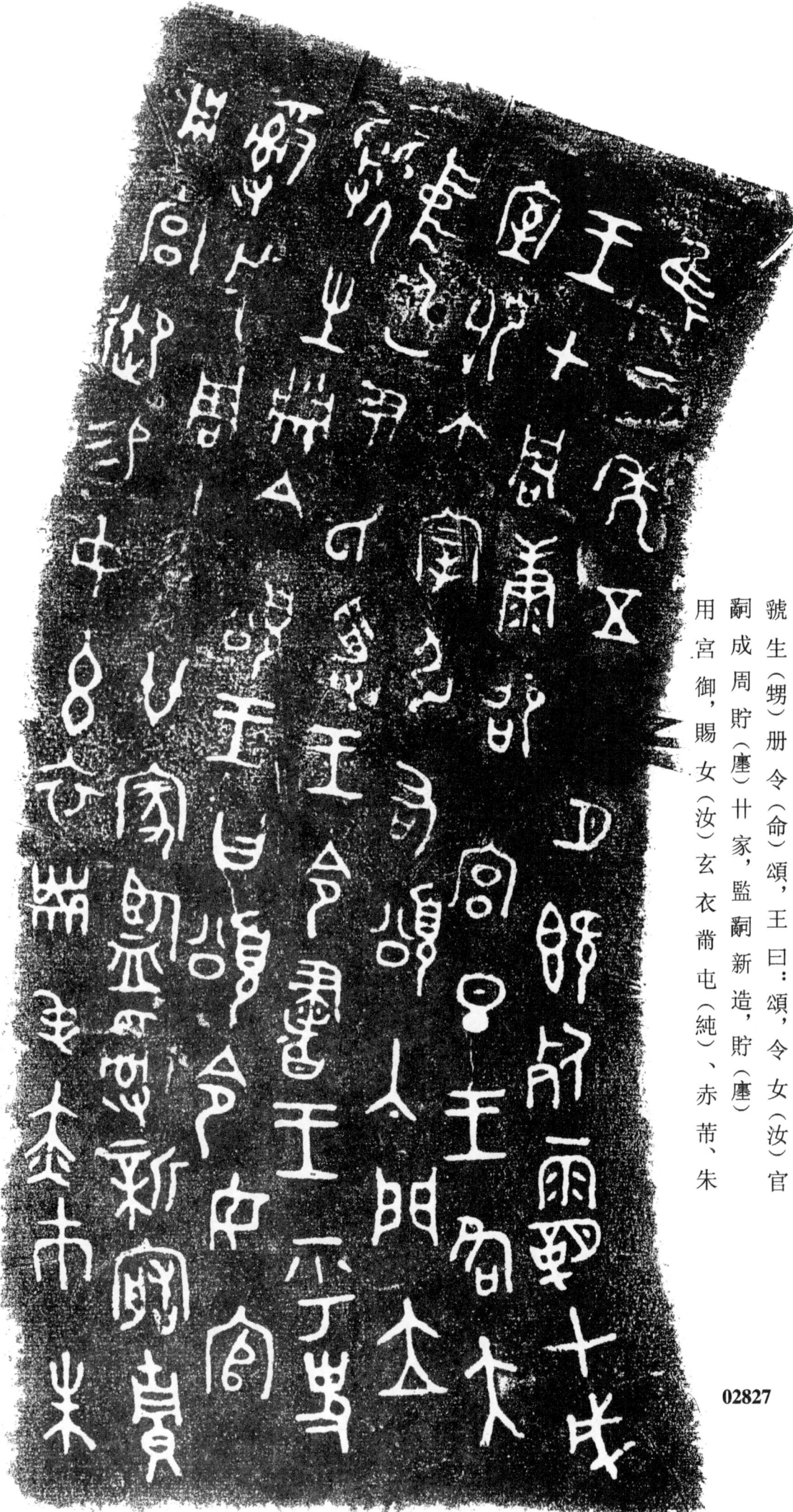

頌鼎

唯三年五月，既死霸甲戌，
王在周康卲宮，旦，王各大
室即立（位），宰引右（佑）頌，入門，立
中廷，尹氏受（授）王令（命）書，王乎史
虢生（甥）册令（命）頌，王曰：頌，令女（汝）官
嗣成周貯（廛）廿家，監嗣新造，貯（廛）
用宮御，賜女（汝）玄衣黹屯（純）、赤芾、朱

02827

黄(衡)、䜌(鑾)旂、攸(鋚)勒，用事，頌拜䭫首，受
令(命)册佩以出，反(返)入(納)堇(瑾)章(璋)，頌敢對
揚天子不(丕)顯魯休，用乍(作)朕皇
考龏叔、皇母龏始(姒)寶尊
鼎，用追孝祈匄康𥢚、屯(純)右(祐)、
通彔(禄)、永令(命)，頌其萬年眉壽，
畯臣天子，霝(靈)冬(終)，子子孫孫寶用

02827

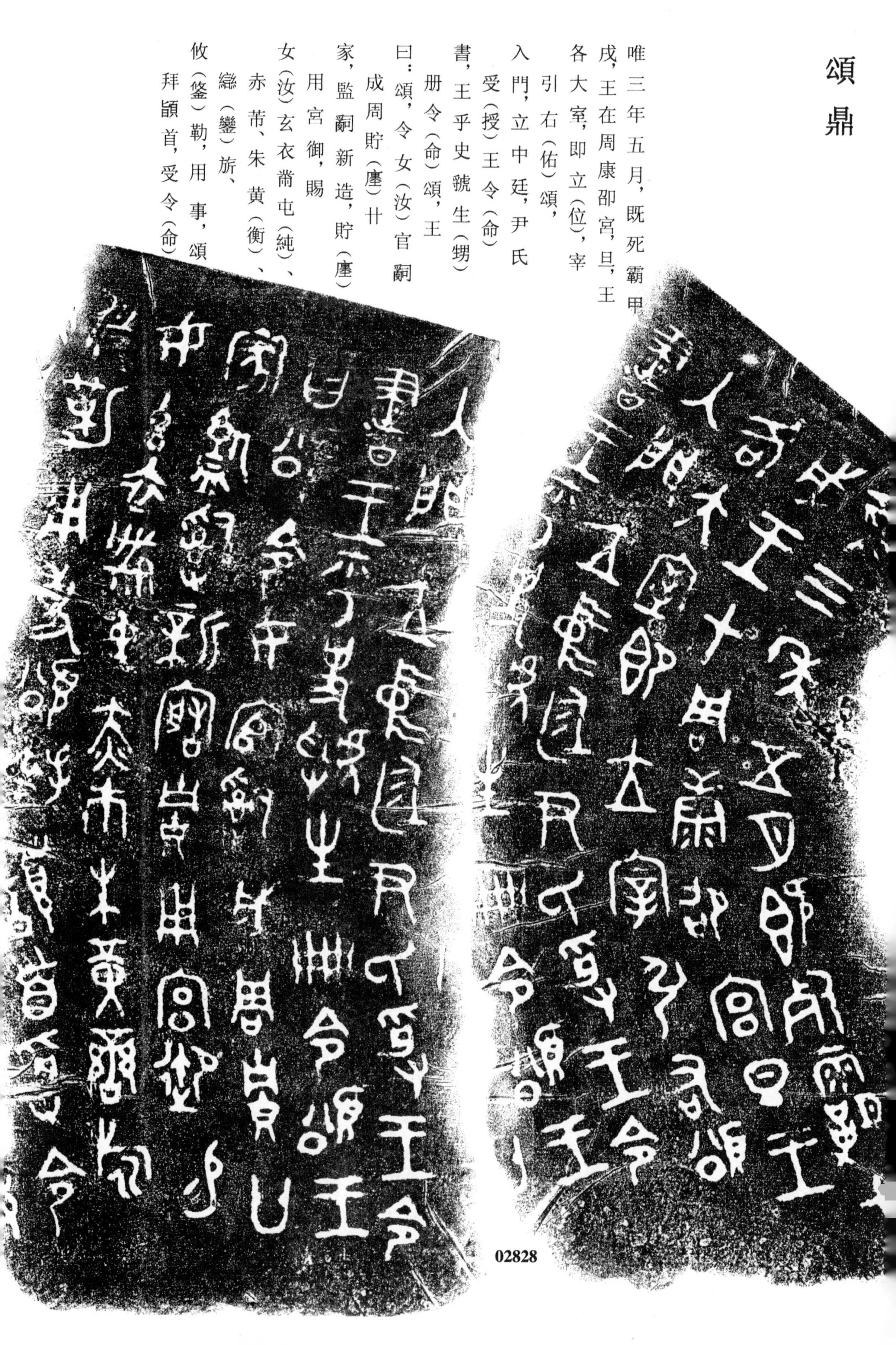

頌鼎

唯三年五月，既死霸甲戌，王在周康卲宮，旦，王各大室，即立（位），宰引右（佑）頌，入門，立中廷，尹氏受（授）王令（命）書，王乎史虢生（甥）册令（命）頌，王曰：頌，令女（汝）官嗣成周貯（廛）廿家，監嗣新造，貯（廛）用宫御，賜女（汝）玄衣黹屯（純）、赤巿、朱黄（衡）、䜌（鑾）旂、攸（鋚）勒，用事，頌拜䭫首，受令（命）

02828

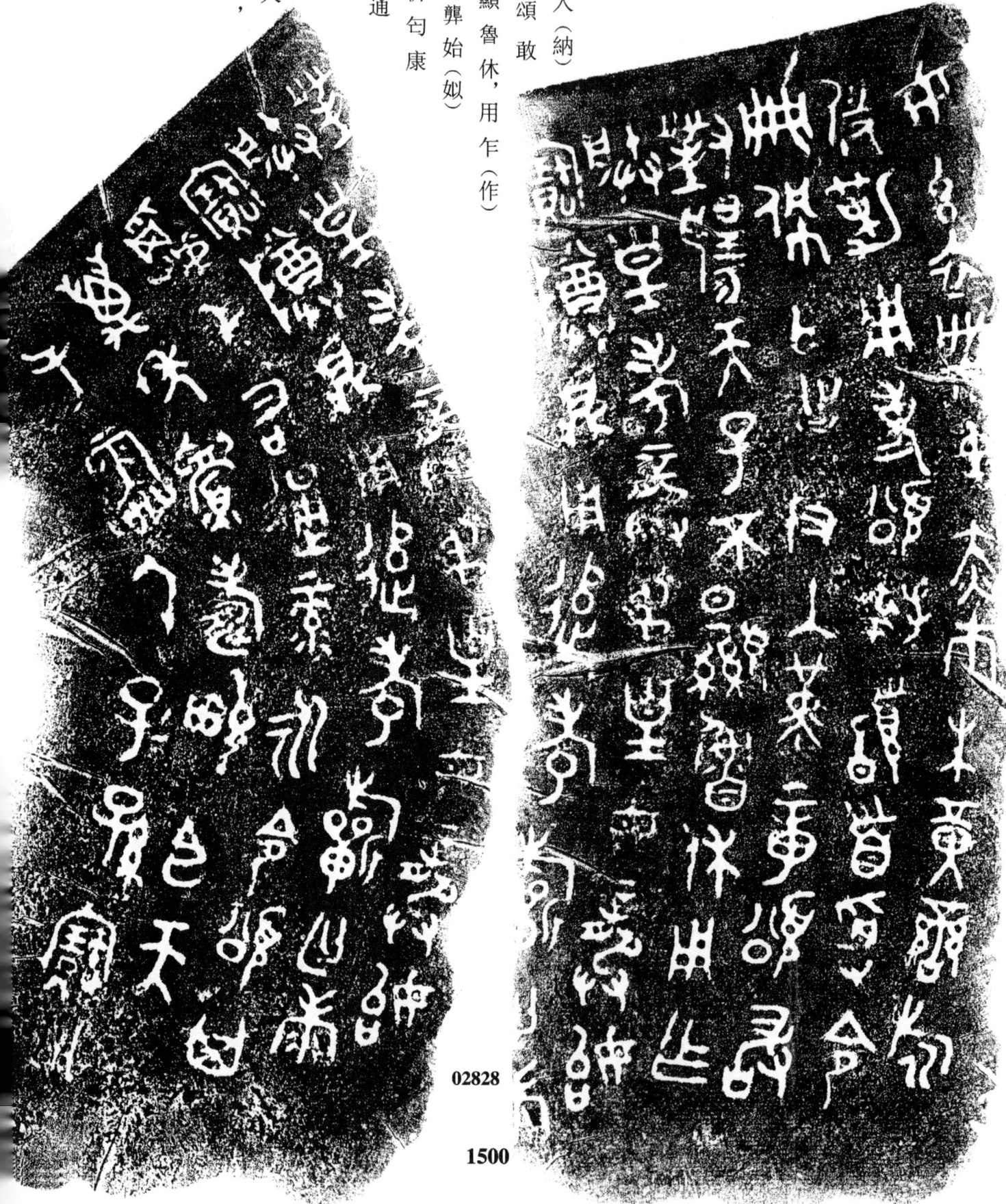

册佩以出，反（返）入（納）堇（瑾）章（璋），頌敢對揚天子不（丕）顯魯休，用乍（作）朕皇考龏叔、皇母龏始（姒）寶尊鼎，用追孝祈匄康𧻓、屯（純）右（祐）、通录（禄）、永令（命），頌其萬年眉壽，畯臣天子，霝（靈）冬（終），子子孫孫寶用

02828

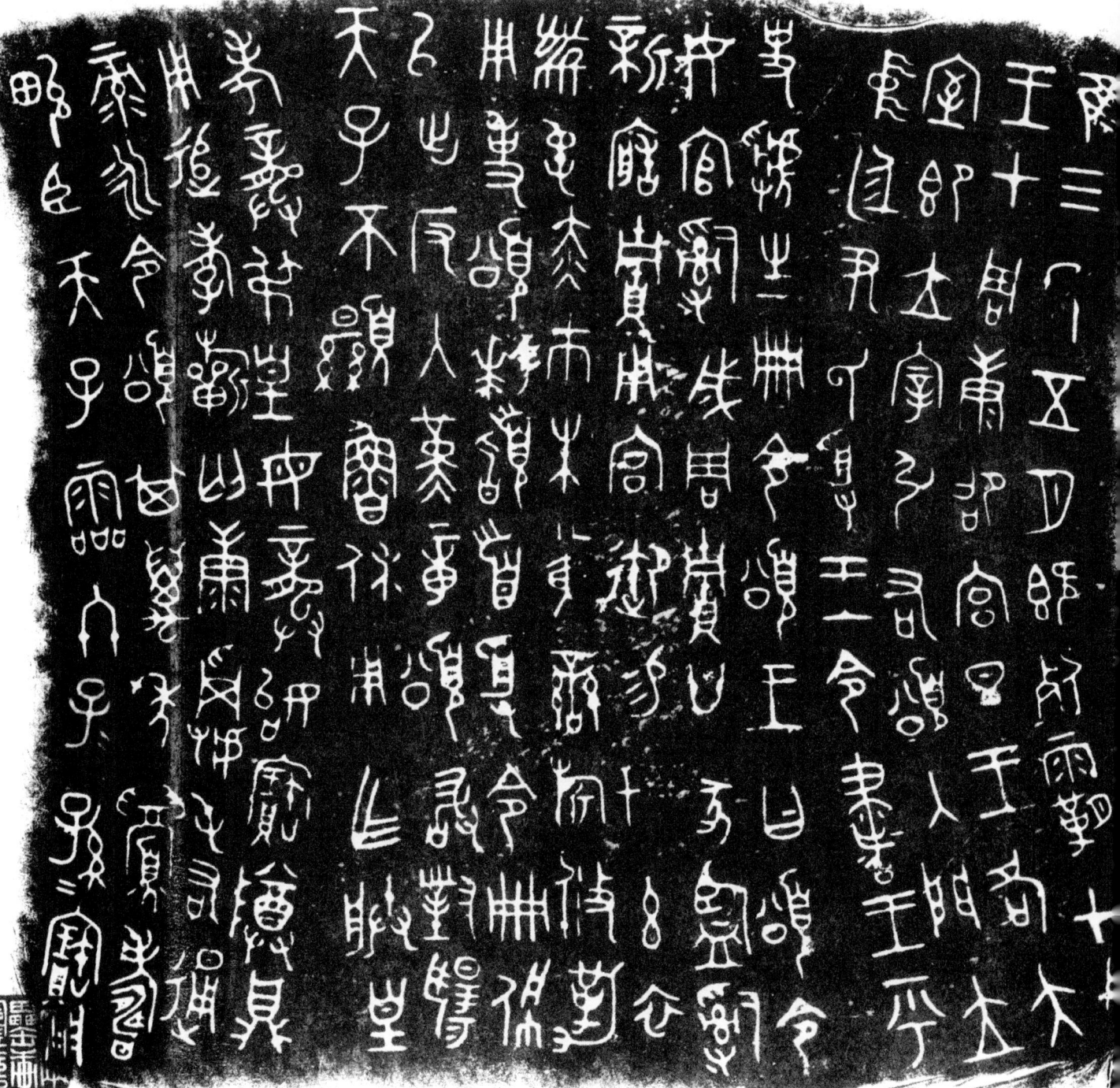

頌鼎

原高二三厘米

唯三年五月，既死霸甲戌，王在周康卲宮，旦，王各大室，即立（位），宰引右（佑）頌，入門，立中廷，尹氏受（授）王令（命）書，王乎史虢生（甥）册令（命）頌，王曰：頌，令女（汝）官嗣成周貯（廛）廿家，監嗣新造，貯（廛）用宮御，賜女（汝）玄衣黹屯（純）、赤巿、朱黄（衡）、䜌（鑾）旂、攸（鋚）勒，用事，頌拜䭫首，受令（命）册佩以出，反（返）入（納）堇（瑾）章（璋），頌敢對揚天子不（丕）顯魯休，用乍（作）朕皇考龔叔、皇母龔始（姒）寶尊鼎，用追孝祈匄康𩛥、屯（純）右（祐）、通彔（禄）、永令（命），頌其萬年眉壽，畯臣天子，霝（靈）冬（終），子子孫孫寶用

師𩛥鼎

02830 釋文

唯王八祀正月，辰在丁卯，
王曰：師𫑡，女（汝）克盡乃身，臣
朕皇考穆穆王，用乃孔德琢（遜）
屯（純），乃用引正乃辟安德，
叀（惟）余小子肇盄（淑）先王德，賜女（汝）
玄衣黼（黼）屯（純）、赤芾、朱橫（黄）（衡）、䜌（鑾）旂、
大（太）師金膺、攸（鋚）勒，用井（型）乃聖
祖考，隣明紷（令）辟前王，事余
一人，𫑡拜䭫首，休伯大（太）師肩（肩）
𫑡，𫑡臣皇辟天子，亦弗譔（忘）
公上父𪓑（胡）德，𫑡𧃍（蔑）曆伯大（太）師，
不（丕）自乍（作）小子，夙夜專由先祖
剌（烈）德，用臣皇辟，伯亦克𣄨（款）
由先祖𧽊孫子，一𫑡皇辟懿
德，用保王身，𫑡敢𠬝（釐）王，卑（俾）
天子邁（萬）年，𧟶𧟶伯大（太）師武，
臣保天子，用厥剌（烈）祖介德，
𫑡敢對王休，用妥（綏）乍（作）公上父
尊，于朕考墉（郭）季易父𢽲（秩）宗

九年衛鼎

原高一七厘米

02831

02831 釋文

唯九年正月，既死霸庚辰，

王在周駒宮，各廟，眉敖（敖）者

膚卓事見于王，王大黹，矩取

省車、軙𠦪（賁）𢐭、虎冟（幎）、𦮼（希）𢁵、畫

䡊、𩌏（鞭）厤（席）𩎦、帛轡（纏）乘、金鹿（鑣）鍾（鋞），

舍（捨）矩姜帛三兩，廼舍（捨）裘衛林

𦒱里，𢾊厥唯顏林，我舍（捨）顏

陳大馬兩，舍（捨）顏姒（姒）𧇊𤩾（吝），舍（捨）

顏有嗣壽商䙨（貉）裘、盠冟，矩

廼眔溓（濂）𤕌令壽商眔意，曰：

顜，履付裘衛林𦒱里，則乃

成夆（封）四夆（封），顏小子具（俱）叀（惟）夆（封），壽

商𪊨（？），舍（捨）盠冒梯、羝皮二、選

皮二、業舄通（筩）皮二，朏帛（白）金一

反（鈑），厥吳喜皮二，舍（捨）溓𢊁冟（幎）

𣪕（？）、𠦪（幩）、𩍿𢐭，東臣羔裘，顏下

皮二，眔受，衛小子𡨦（？）逆者（諸），其

匓（媵）衛臣虢朏，衛用乍（作）朕文

考寶鼎，衛其邁（萬）年永寶用

02832

五祀衛鼎

原高二〇厘米

02832 釋文

唯正月初吉庚戌，衛以邦君
厲告于井伯、伯邑父、定伯、琼伯、伯
俗父，曰：厲曰余執龏（恭）王恤工，
于邵大室東逆（朔），焚（營）二川，曰：余
舍（捨）女（汝）田五田，正迺訊厲曰：女（汝）
貯田不（否），厲迺許曰：余審貯田
五田，井伯、伯邑父、定伯、琼伯、伯俗
父迺顜，事（使）厲誓，迺令參有
嗣，嗣土（徒）邑人趙、嗣馬頵人邦、嗣
工陶矩，內史友寺芻，帥履裘
衛厲田四田，迺舍寓（宇）于厥邑，
厥逆（朔）疆眔厲田，厥東疆眔散
田，厥南疆眔散田，眔政父田，
厥西疆眔厲田，邦君厲眔付
裘衛田，厲叔子夙、厲有嗣醽（申）
季、慶癸、豩（豳）麑、荆人敢、井人
偈屖，衛小子逆其鄉（饗）、匔（賸），衛用
乍（作）朕文考寶鼎，衛其萬年
永寶用，唯王五祀

禹鼎

原高二一厘米

02833

02833 釋文

禹曰：不(丕)顯趄趄皇祖穆公，克
夾召(紹)先王奠四方，肄(肆)武公亦
弗叚(遐)朢(忘)賸(朕)聖祖考幽大
叔、懿叔，命禹仆(肖)賸(朕)祖考，政
于井邦，肄(肆)禹亦弗敢惷(惷)，賜(惕)
共(恭)賸(朕)辟之命，烏虖(乎)哀哉，用
天降大喪于下或(國)，亦唯噩(鄂)
侯馭方率南淮尸(夷)、東尸(夷)，廣
伐南或(國)、東或(國)，至于歷內，王
廼命西六師、殷八師曰：剿(撲)

伐噩(鄂)侯馭方，勿遺壽幼，肄(肆)
師彌宋(怵)匌匡(恇)，弗克伐噩(鄂)，肄(肆)
武公廼遣禹率公戎車百
乘、斯(廝)馭二百、徒千，曰：于匡朕
肅慕，叀(惟)西六師、殷八師伐
噩(鄂)侯馭方，勿遺壽幼，雩禹
以武公徒馭至于噩(鄂)，辜(敦)伐
噩(鄂)，休獲厥君馭方，肄(肆)禹又(有)成，敢對
揚武公不(丕)顯耿光，用乍(作)大
寶鼎，禹其萬年，子子孫孫寶用

禹鼎

禹曰：不（丕）顯走（趄趄）
皇祖穆公，克
夾召（紹）先王曰（奠）左（四）
方，穆（肄）武公
亦（弗）歷（叚）望（忘）（朕聖）
自（祖）考幽大
叔、懿（叔），命禹
允（仆）（朕）祖考，政
于井邦，弘（肄）（禹）
夫（亦）（弗敢惷），
賜（惕）（共）
工（虐）哀哉，用
朕般（辟）乍（之）命，臣（烏）
天降亦（大）喪于下或（國），
亦唯噩（鄂）
侯馭方率南（淮）尸（夷）、
東（尸）廣
（伐）南或（國）東或（國），至
于歷寒（內），王
（廼）命廼（西）六師、殷
八師曰：劐（撲）
伐噩（鄂）侯馭方，（勿）
眉（遺）壽子（幼），右（肄）

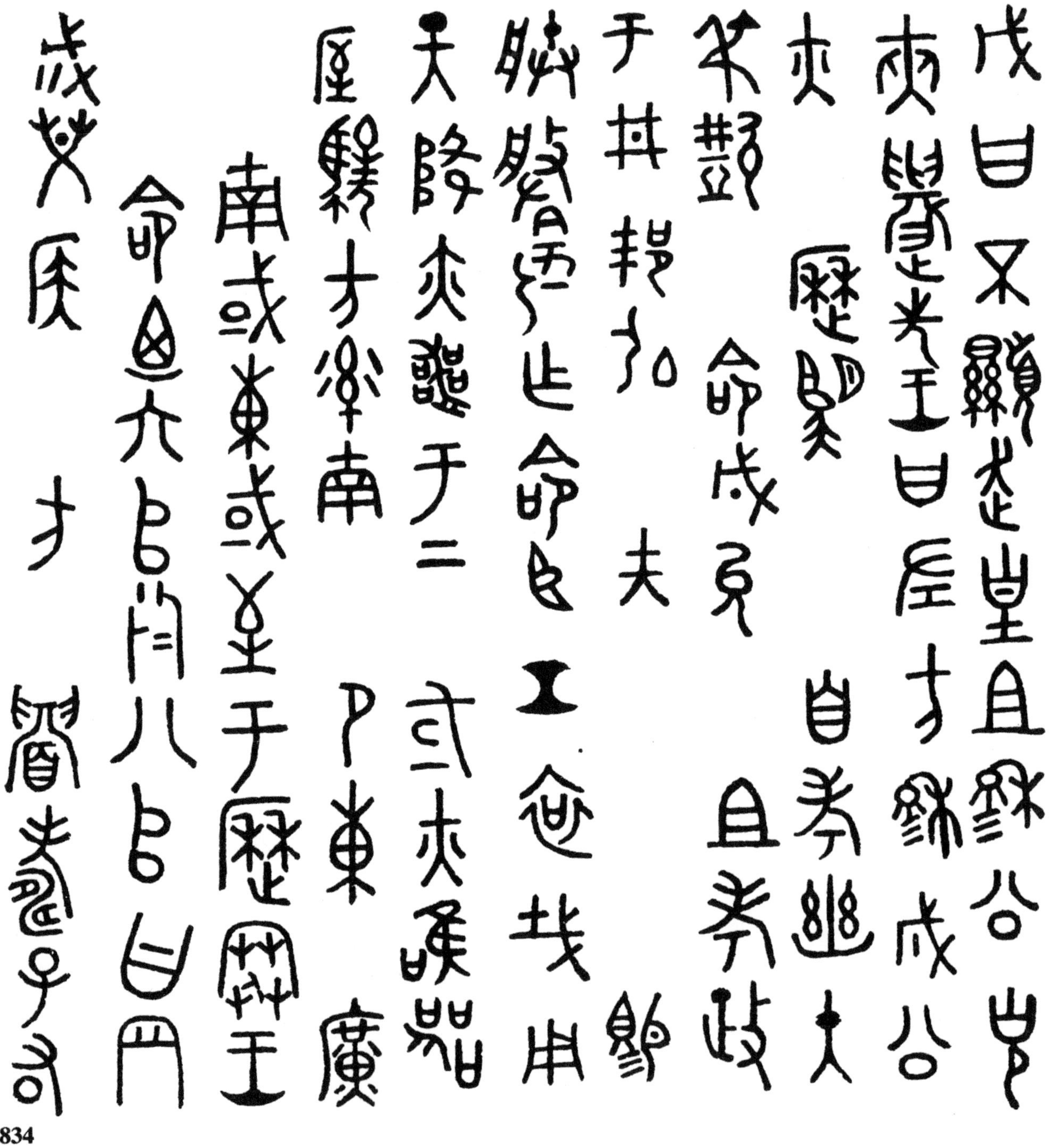

02834

師（彌）客（宋）欲（匋）匡，每（弗）
克我（伐）（噩），聞（肆）
武公廼（遣）我（禹）率公
朱（戎）車百
乘，斯（廝）馭二百、徒（千），
乍（曰）王（于）（匡）朕
（肅慕），叀（惟）揚（西）六師、
殷八師（伐
噩）侯馭方，勿（遺）壽幼，雩（禹）
以（武公徒馭）至于噩（鄂），
辜（敦）伐
（噩），（休獲厥君馭）方，
肆（肆）禹（有成），
用乍（作）大
（敢對揚武公丕顯耿）光，
寶（鼎），（禹）其萬（年），子子
孫孫寶用

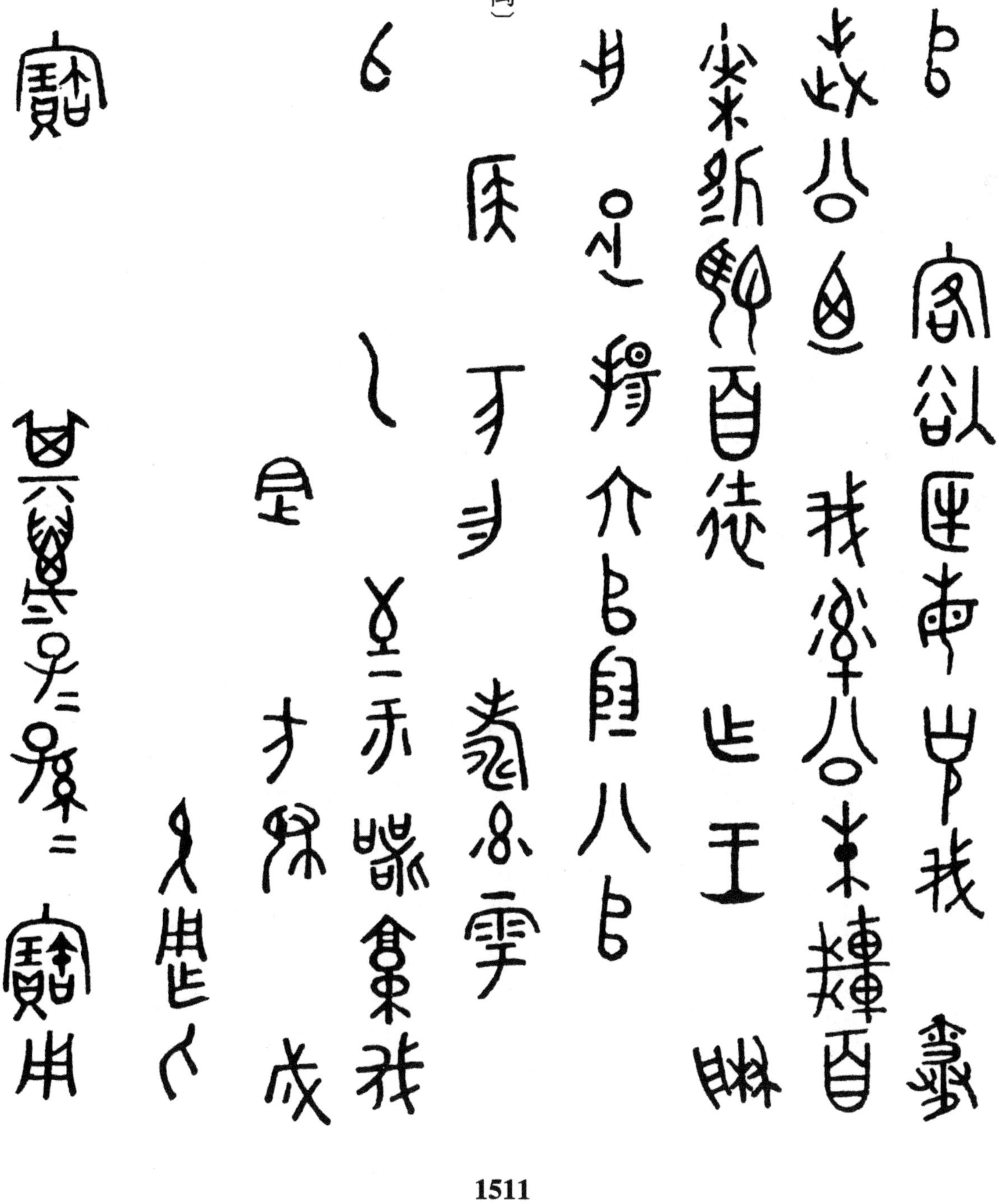

02834

02835

多友鼎 原高二〇厘米

02835 釋文

唯十月，用嚴（玁）允（狁）放（方）興，廣伐京師，
告追于王，命武公遣乃元士，羞追于
京師，武公命多友率公車，羞追
于京師，癸未，戎伐筍（郇），衣孚，多友西
追，甲申之脣（辰），搏于𨛭，多友右（有）折
首執訊，凡以公車折首二百又□又
五人，執訊廿又三人，孚戎車百乘
一十又七乘，衣（卒）復筍（郇）人孚，或（又）搏于
龏（共），折首卅又六人，執訊二人，孚車
十乘，從至，追搏于世，多友或（又）右（有）折
首執訊，𨔶（越）追至于楊冢（塚），公車折
首百又十又五人，執訊三人，唯孚
車不克以，衣（卒）焚，唯馬毆（毆）盡，復
奪京師之孚，多友廼獻孚聝訊
于公，武公廼獻于王，廼曰武公曰：女（汝）既
靜（靖）京師，贅（賚）女（汝），賜女（汝）土田，丁酉，武公
在獻宮，廼命向父（禹）佋多友，廼𨒪（延）
于獻宮，公窺（親）曰多友曰：余肇事（使）
女（汝），休不逆，又（有）成事，多禽（擒），女（汝）靜（靖）京
師，賜女（汝）圭瓚一、湯（鍚）鐘一𦉢（肆）、鐈
鋚百勻（鈞），多友敢對揚公休，用乍（作）尊
鼎，用倗用畜（友），其子子孫永寶用

大克鼎

原高三〇厘米

02836

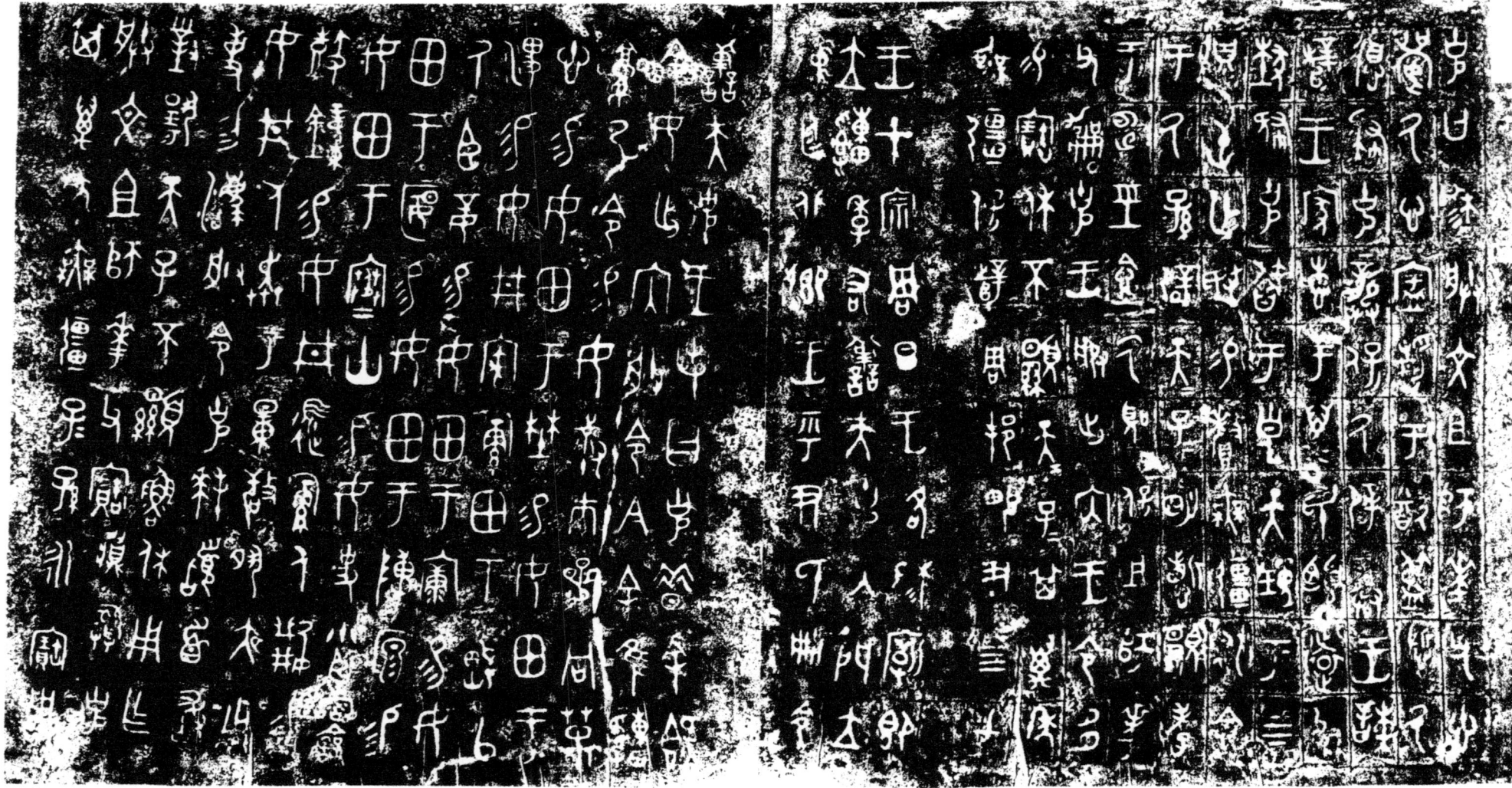

02836 釋文

克曰：穆穆朕文祖師華父，悤（聰）
㲻厥心，寍（宇）靜于猷，盄（淑）哲厥
德，肄（肆）克龏（恭）保厥辟龏（恭）王，諫
辥（乂）王家，叀（惠）于萬民，顋（柔）遠能
𤔲（邇），肄（肆）克𠇷于皇天，琟于上下，
得屯（純）亡敃（愍），賜贅（賚）無疆，永念
于厥孫辟天子，天子明哲，顯（景）孝
于神，巠（經）念厥聖保祖師華
父，勱克王服，出內（入）王令（命），多
賜寶休，不（丕）顯天子，天子其萬年
無疆，保辥（乂）周邦，畯尹四方，
王在宗周，旦，王各穆廟，即
立（位），醽（申）季右（佑）善（膳）夫克，入門，立
中廷，北鄉（嚮），王乎尹氏冊令（命）
善（膳）夫克，王若曰：克，昔余既
令女（汝）出內（入）朕令（命），今余唯醽（申）
𩫖（就）乃令（命），賜女（汝）叔（素）市、參冋（絅）、芇
悤（葱），賜女（汝）田于埜，賜女（汝）田于
渒，賜女（汝）井寓𠞤田于峻，以（與）
厥臣妾，賜女（汝）田于康，賜女（汝）
田于匽，賜女（汝）田于陣原，賜
女（汝）田于寒山，賜女（汝）史、小臣、霝（靈）龠（龢）
鼓鐘，賜女（汝）井、微、𠞤人，䡅（纘）賜
女（汝）井人奔于量，敬夙夜用
事，勿灋（廢）朕令（命），克拜稽首，敢
對揚天子不（丕）顯魯休，用乍（作）
朕文祖師華父寶䵼彝，克
其萬年無疆，子子孫孫永寶用

02837A

大盂鼎

原高三五厘米

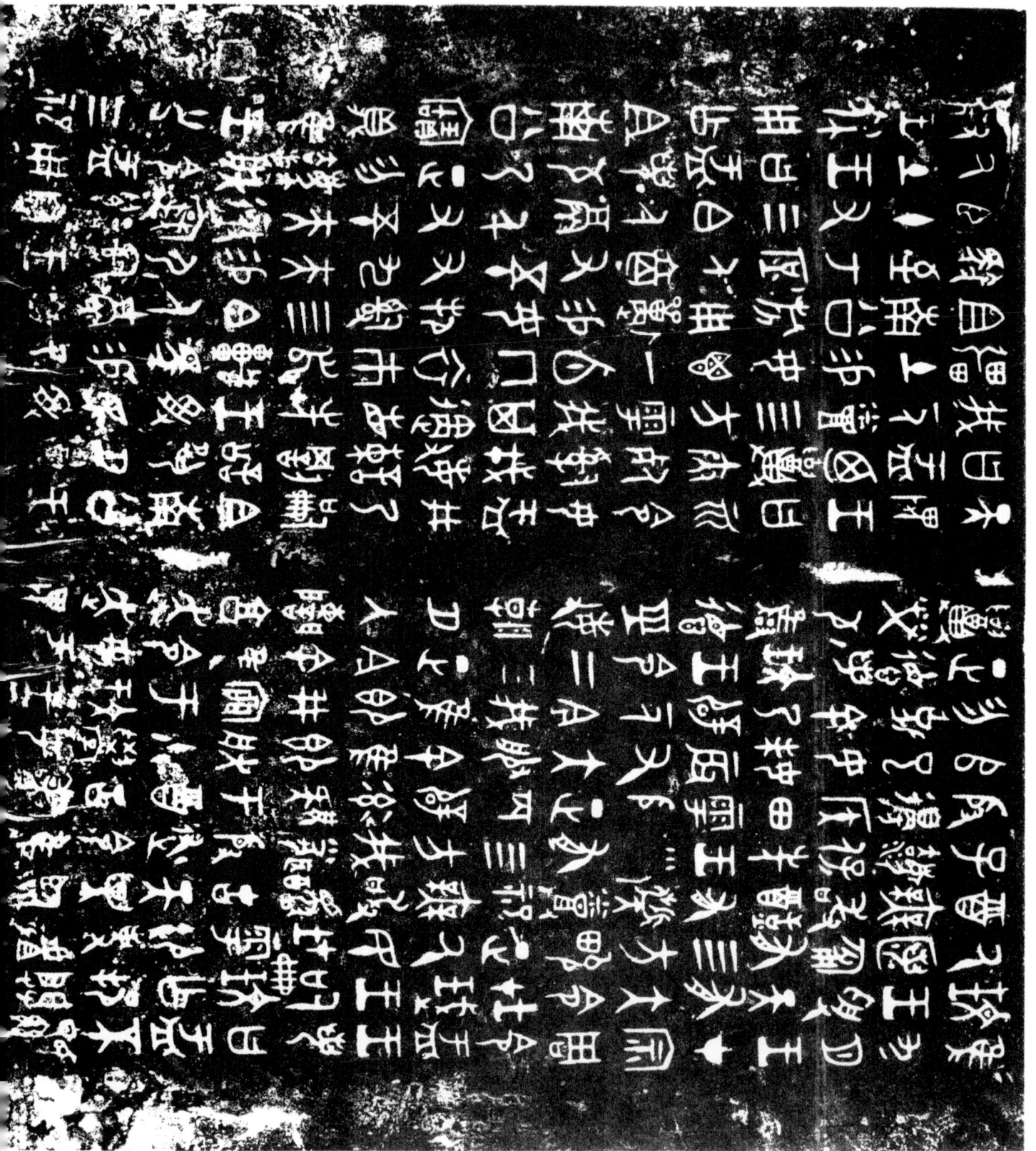

02837AB 釋文

唯九月，王在宗周，令（命）盂，王若曰：盂，不（丕）顯
文王，受天有大令（命），在武王嗣文乍（作）邦，辟（闢）
厥匿，匍（撫）有四方，畯正厥民，在雩（于）御事，𫲨
酉（酒）無敢𩰫（䤈），有髭（祡）烝祀無敢𩰫，古（故）天異（翼）臨
子，灋（法）保先王，（匍）有四方，我聞殷述（墜）令（命），唯
殷邊侯、田（甸）雩（與）殷正百辟，率肄于酉（酒），古（故）喪
師已（矣），女（汝）妹（昧）辰又（有）大服，余唯即朕小學，女（汝）
勿𠤳（蔽）余乃辟一人，今我唯即井（型）稟（禀）于文王
正德，若文王令二三正，今余唯令女（汝）盂
召（紹）𤇈（榮），敬擁（雍）德巠（經），敏朝夕入讕（諫），享奔走，畏
天畏（威），王曰：而（耐），令女（汝）盂井（型）乃嗣祖南公，王
曰：盂，廼召（紹）夾死（尸）𤔲戎，敏諫罰訟，夙夕召（紹）
我一人烝四方，雩我其遹省先王受民受
疆土，賜女（汝）鬯一卣、冂（䙢）衣、巿、舄、車、馬，賜乃
祖南公旂，用遷（狩），賜女（汝）邦𤔲四伯，人鬲自
馭至于庶人，六百又五十又九夫，賜尸（夷）𤔲王
臣十又三伯，人鬲千又五十夫，𨔝𡨦遷自
厥土，王曰：盂，若敬乃正，勿灋（廢）朕令（命），盂用
對王休，用乍（作）祖南公寶鼎，唯王廿又三祀

02837B

原高三五厘米

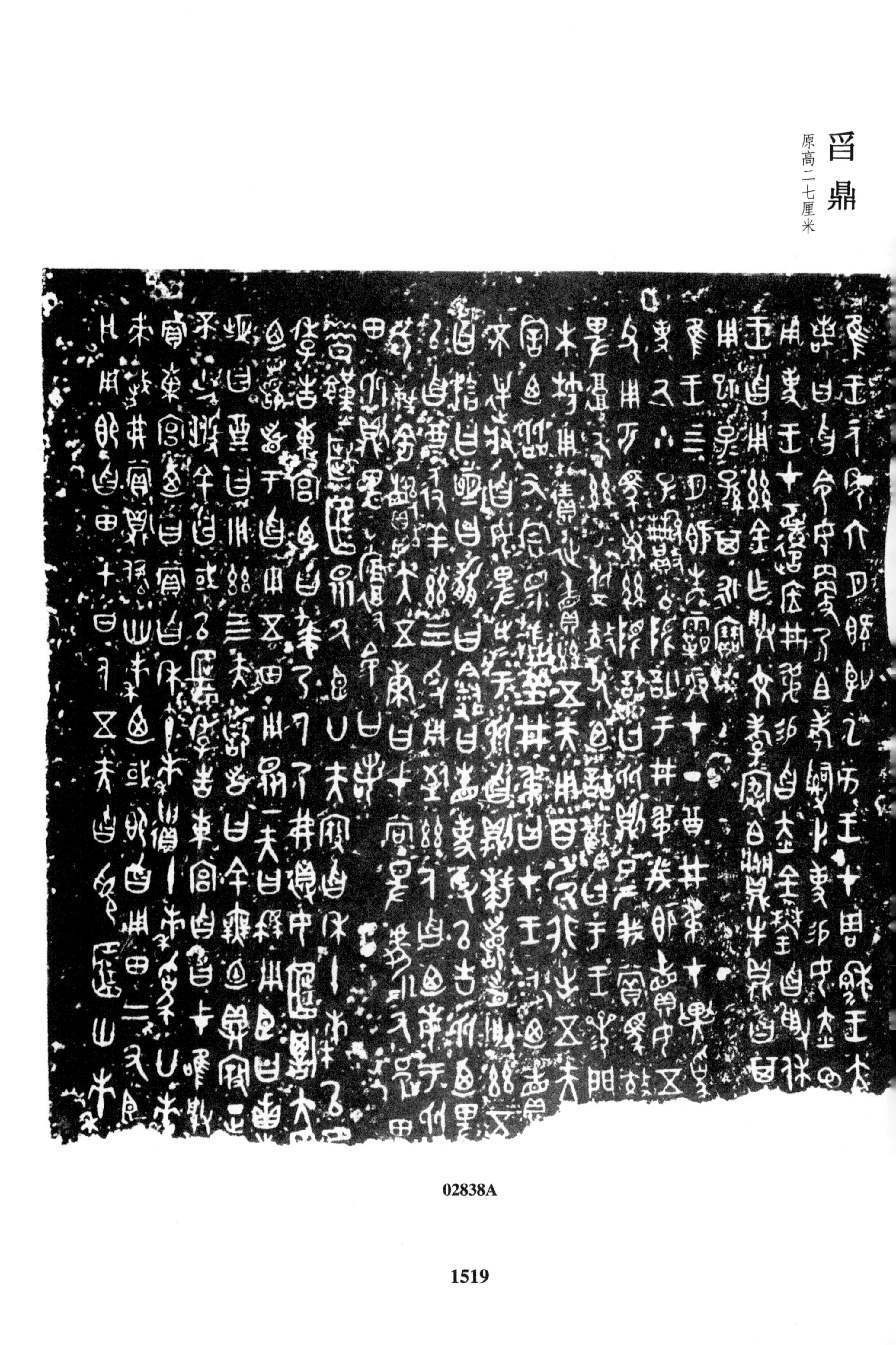

曶鼎

原高二七厘米

02838A

原高二八厘米

02838B

02838AB 釋文

唯王元年，六月既望乙亥，王在周穆王大（室），（王）
若曰：曶，令（命）女（汝）更乃祖考嗣卜事，賜女（汝）赤[illegible]（巿）、□，
用事，王在䢅应，井叔賜曶赤金、鬱，曶受休（命于）
王，曶用茲金乍（作）朕文孝（考）宂伯䵼牛鼎，曶其萬年
用祀，子子孫孫其永寶，
唯王四月既省（生）霸，辰在丁酉，井叔在異，爲□□，
事（使）厥小子𩰫（究）以限訟于井叔，我既賣（贖）女（汝）五夫，效
父用匹馬、束絲，限許曰：𠭰則卑（俾）我賞（償）馬，效父則
卑（俾）復厥絲束，䞓、效父迺許𢿟，曰：于王參門，□□
木枏，用徵祉（誕）賣（贖）茲五夫，用百寽（鋝），非出五夫，則□
訋（詢），迺䛗又（有）訋（詢）眔𧽊金，井叔曰：才（裁）：王人迺賣（贖）用徵，
不逆付，曶毋卑（俾）弍于𠭰，曶則拜䭫首，受茲五夫，
曰陪（陪）、曰恒、曰劦、曰𨥫、曰省，事（使）寽（鋝）以告𠭰，迺卑（俾）（饗）
以曶酉（酒）彶（及）羊、絲三寽（鋝），用到（致）茲人，曶迺每（誨）于䛗曰：
女（汝）其舍（捨）𩰫（究）矢五秉，曰：弋尚（當）卑（俾）處又（厥）邑，田厥
田，𠭰則卑（俾）復令（命）曰：若（諾），
昔饉歲，匡眔厥臣廿夫，寇曶禾十秭，以匡
季告東宮，東宮迺曰：求乃人，乃弗得，女（汝）匡罰大，匡
迺䭫首，于曶用五田，用眔一夫，曰嗌，用臣曰疐、曰
朏、曰奠，曰用茲四夫，䭫首曰：余無卣（由）具寇正（足）（秭），
不出，佞（鞭）余，曶或（又）以匡季告東宮，曶曰：弋唯朕禾是
賞（償），東宮迺曰：賞（償）曶禾十秭，遺（饋）十秭，爲廿秭，（若）
來歲弗賞（償），則付卌（四十）秭，迺或（又）即曶用田二，又臣一夫，
凡用即曶田七田、人五夫，曶覓匡三十秭

小盂鼎

原高三四厘米

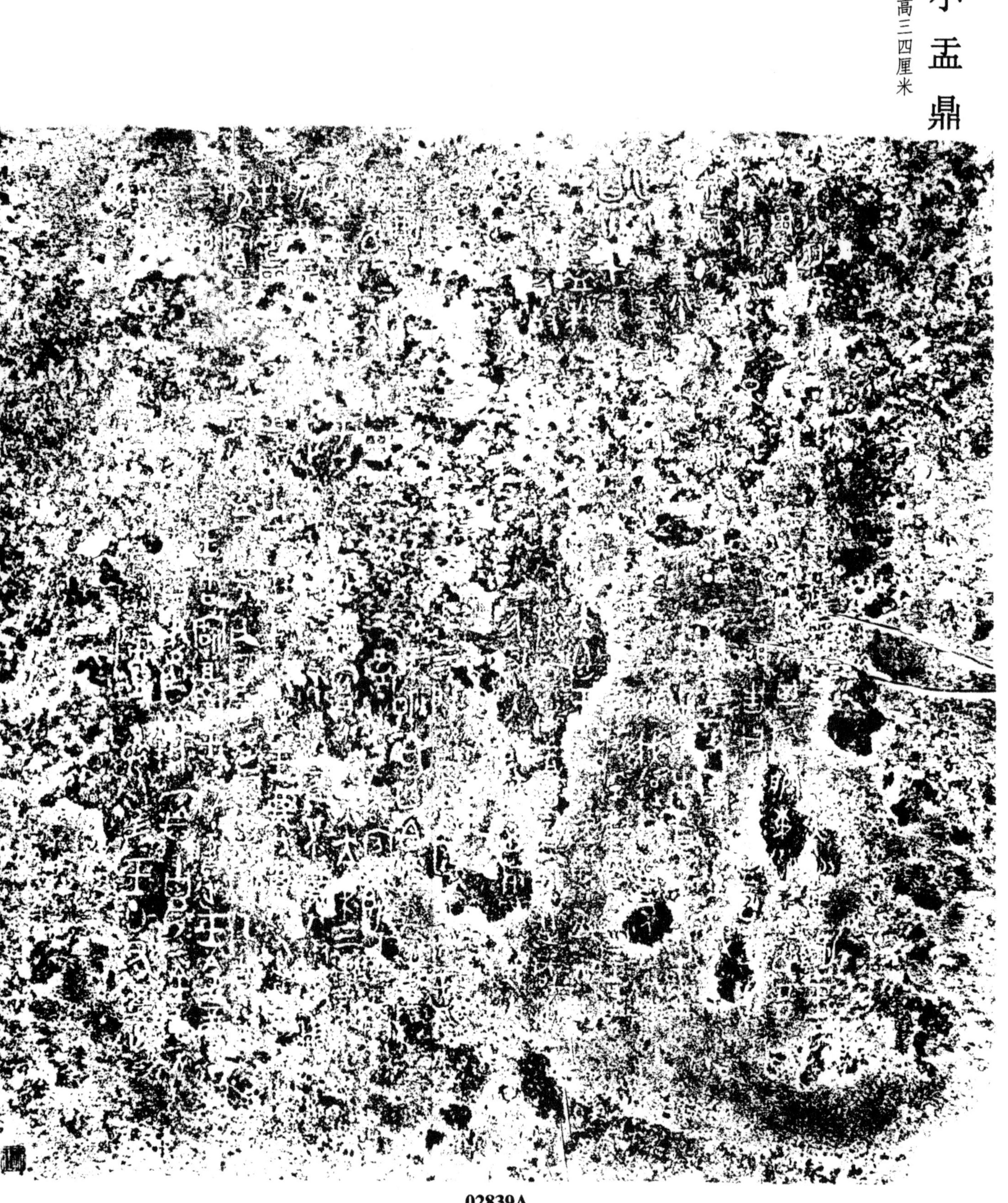

02839A

文約三百九十餘依原本每行分作兩行

唯八月既望，辰在甲申，昧喪（爽），
三左三右多君入服酉（酒），明，王
各周廟，□□□邦賓，征（延）邦賓
尊其旅服，東鄉（嚮），盂以多
旂佩，戜（鬼）方子□□入
三門，告曰：王令盂以□□
伐戜（鬼）方，□□□聝□，執嘼（酋）
三人，獲聝四千八百又二聝，俘
人萬三千八十一人，俘馬□□匹，
俘車卅兩（輛），俘牛三百五十五牛，羊
卅八羊，盂或（又）告曰：□□□□，
乎蔑我征，執嘼（酋）一人，獲聝
二百卅七聝，俘人□□人，俘
馬百四匹，俘車百□兩（輛），王若
曰：□，盂拜䭫首，以嘼（酋）進，即
大廷，王令焚（榮）邎
嘼（酋），焚（榮）即嘼（酋）邎厥故，□趞伯
□□戜（鬼）
旛（玁），戜（鬼）旛（玁）虘以新□從，咸，折
嘼（酋）于□，王乎贊伯令盂以

02839B

人聝入門，獻西旅，☐☐入
燎周廟，盂以☒
入三門，即立中廷，北鄉（嚮），盂
告。贊伯，即立（位），贊伯☐☐☐
☐于明伯、𢇍（繼）伯、𢉩伯，告咸，
盂以（與）者（諸）侯眔侯、田（甸）、男☐☐
從盂征，既咸，賓即立（位），贊
賓，王乎贊盂，以☐☐☐
進賓，☐☐大采，三周入
服酉（酒），王各廟，祝祉（延）
☒邦賓，不（丕）祼，☐☐用
牲啻（禘）周王、武王、成王，☐☐
卜有臧，王祼，祼述，贊
邦賓，王乎☐☐☐令盂以區入，
凡區以品，雩若翌日乙酉，☐
三事☐☐入服酉（酒），王各
廟，贊王邦賓，祉（誕）王令賞
盂，☐☐☐☐☐，弓一、矢百、
畫䩞（皋）一、貝冑一、金毌（干）一、
戧戈二、矢臸八，用乍（作）☐伯寶
尊彝，唯王廿又五祀

02839B

中山王譽鼎

原高二四厘米

1525

02840A

02840A

原高二四厘米

02840A

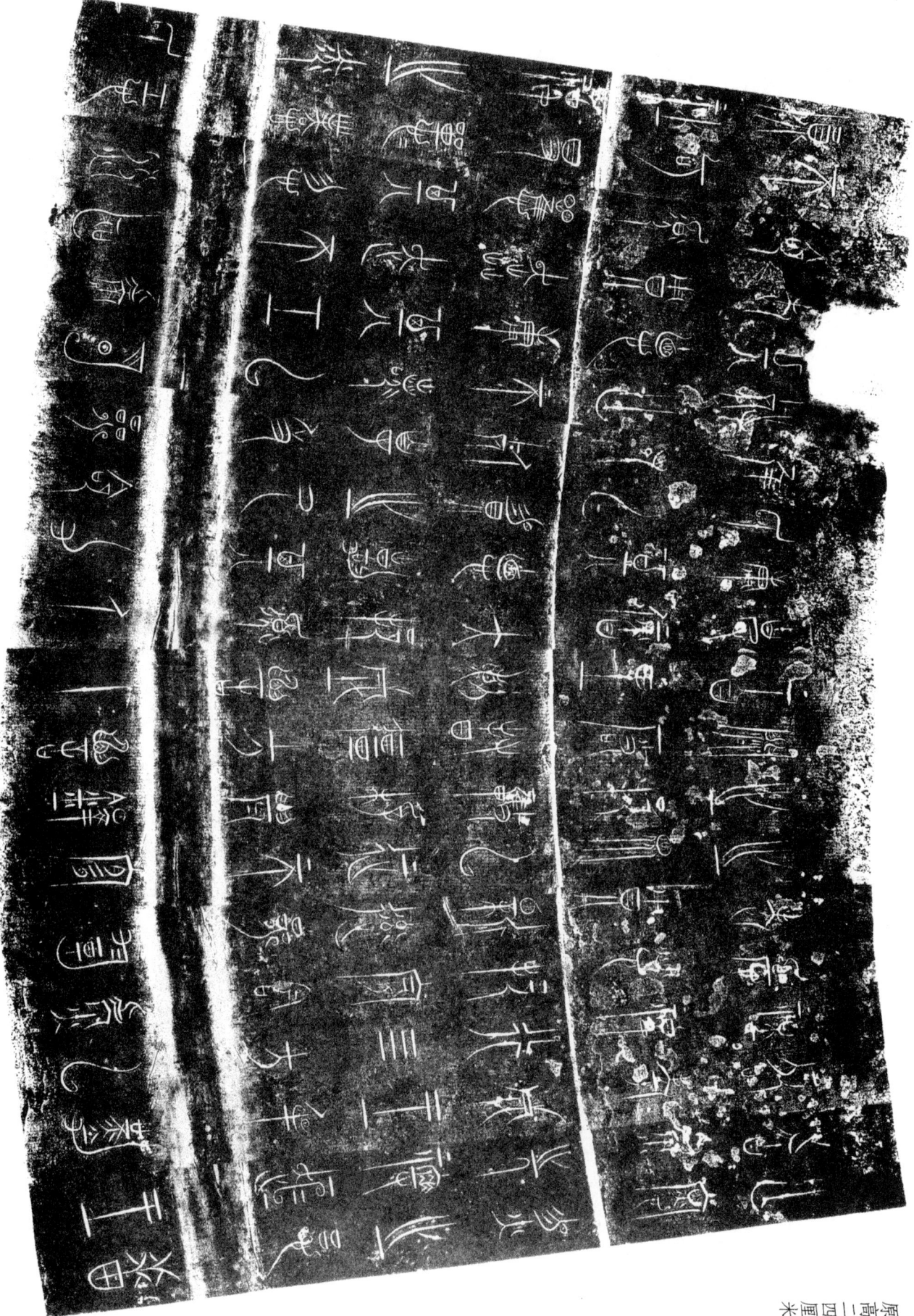

原高二四厘米

02840A

原高二四厘米

唯十四年，中山
王譽詐（作）貞（鼎），于銘
曰：於（烏）虖（乎），語不撥（廢）
𦎫（哉），寡人聞之，蒦（與）
其汋（溺）於人旃，寧
汋（溺）於淵，昔者，郾（燕）
君子徻（噲），觀（叡）弇夫
𧲜，張（長）爲人宔（主），閈
於天下之勿（物）矣，
猶粯（迷）惑於子之
而迮（亡）其邦，爲天
下𥅽（僇），而皇（況）才（在）於
少君虖（乎），昔者，䲆（吾）
先考成王早棄
群臣，寡人學（幼）踵（童），
未甬（通）智，唯俌（傅）㑄（姆）

02840B

氏（是）從，天降休命

于朕邦，又（有）厥忠

臣賙（賈），皮（克）怂（順）皮（克）卑，

亡不率𡰥（仁），敬怂（順）

天德，以[犭差]（佐）右（佑）寡

人，使智（知）社稷之

賃（任），臣宔（主）之宜，夙

夜不解（懈），以譯（誘）道（導）

寡人，含（今）舍（余）方壯，

智（知）天若否，侖（論）其

德，省其行，亡不

怂（順）道，考尾（度）唯型，

於（烏）虖（乎）折（哲）𢦏（哉），社稷

其庶虖（乎），厥業才（在）

祗，寡人聞之，事

少女（如）[镸辰]（長），事愚女（如）

02840B

智，此易言而難
行旃，非恁（信）與忠，
其隹（誰）能之，其隹（誰）能之，唯盧（吾）
老賙（賈），是皮（克）行之，
於（烏）虖（乎），攸（悠）𢦔（哉），天其
又（有）𠛬（型）于𢦔（在）厥邦，
氏（是）以寡人匡（委）賃（任）
之邦，而去之遊，
亡寠（懅）悬（惕）之慮（慮），昔
者，盧（吾）先祖趄王、
卲（昭）考成王，身勤
社禝行四方，以
憂慭（勞）邦家，含（今）盧（吾）
老賙（賈）親率參軍
之衆，以征不宜（義）
之邦，奮桴晨（振）鐸，

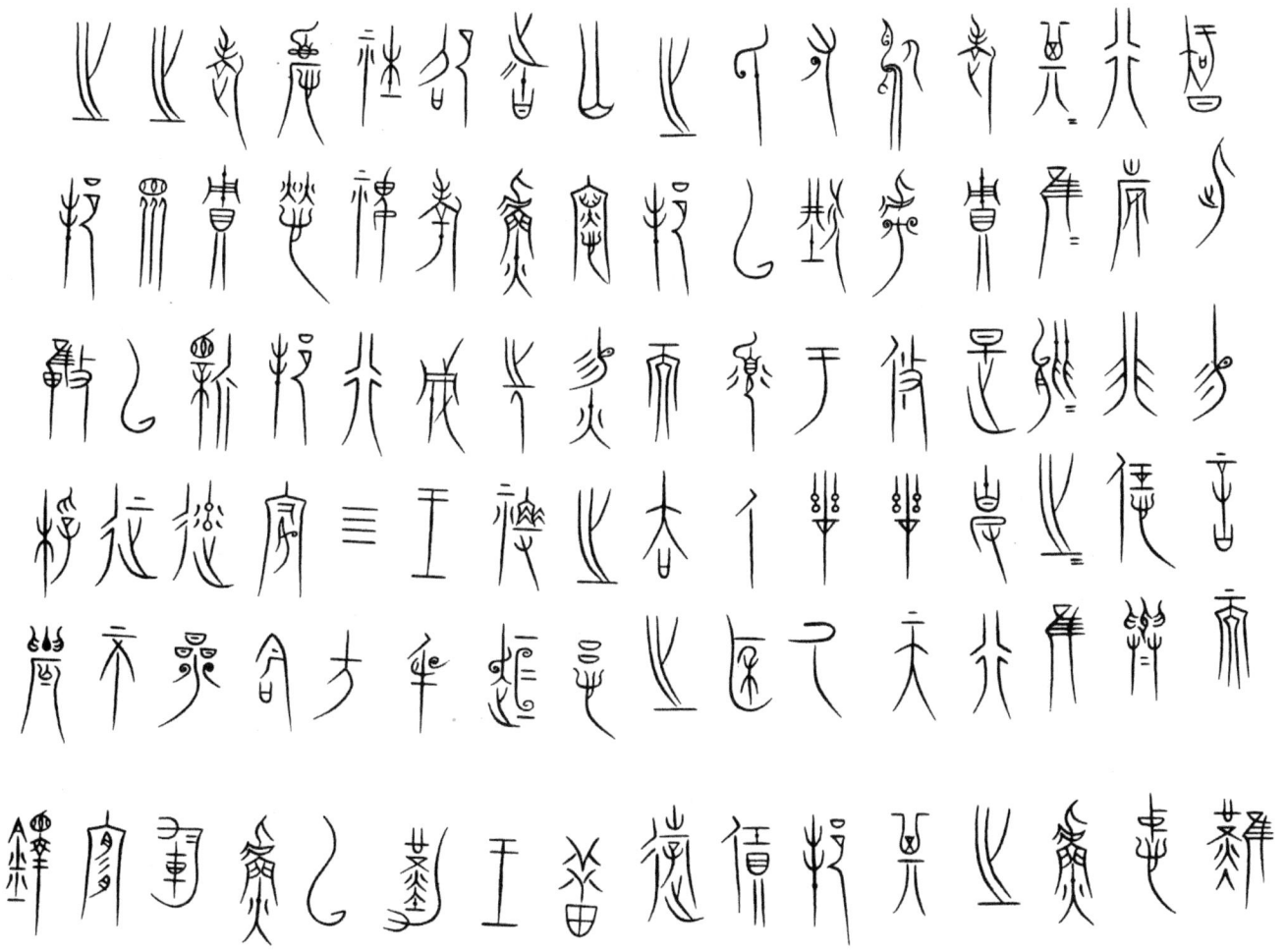

02840B

闢啟封疆，方譻(數)百里，剌(列)城譻(數)十，皮(克)倘(敵)大邦，寡人庸其德，嘉其力，氏(是)以賜之厥命：隹(雖)又(有)死辠(罪)，及參殜(世)，亡不若(赦)，以明其德，庸其工(功)，麔(吾)老賙(賈)奔走不聽命，寡人懼其忽然不可得，憚憚慄慄，忎(恐)隕社禝之光，氏(是)以寡人許之，悬(謀)㤐(慮)皆從，皮(克)又(有)工(功)，智旃，詒死辠(罪)之又(有)若(赦)，智(知)爲人臣之

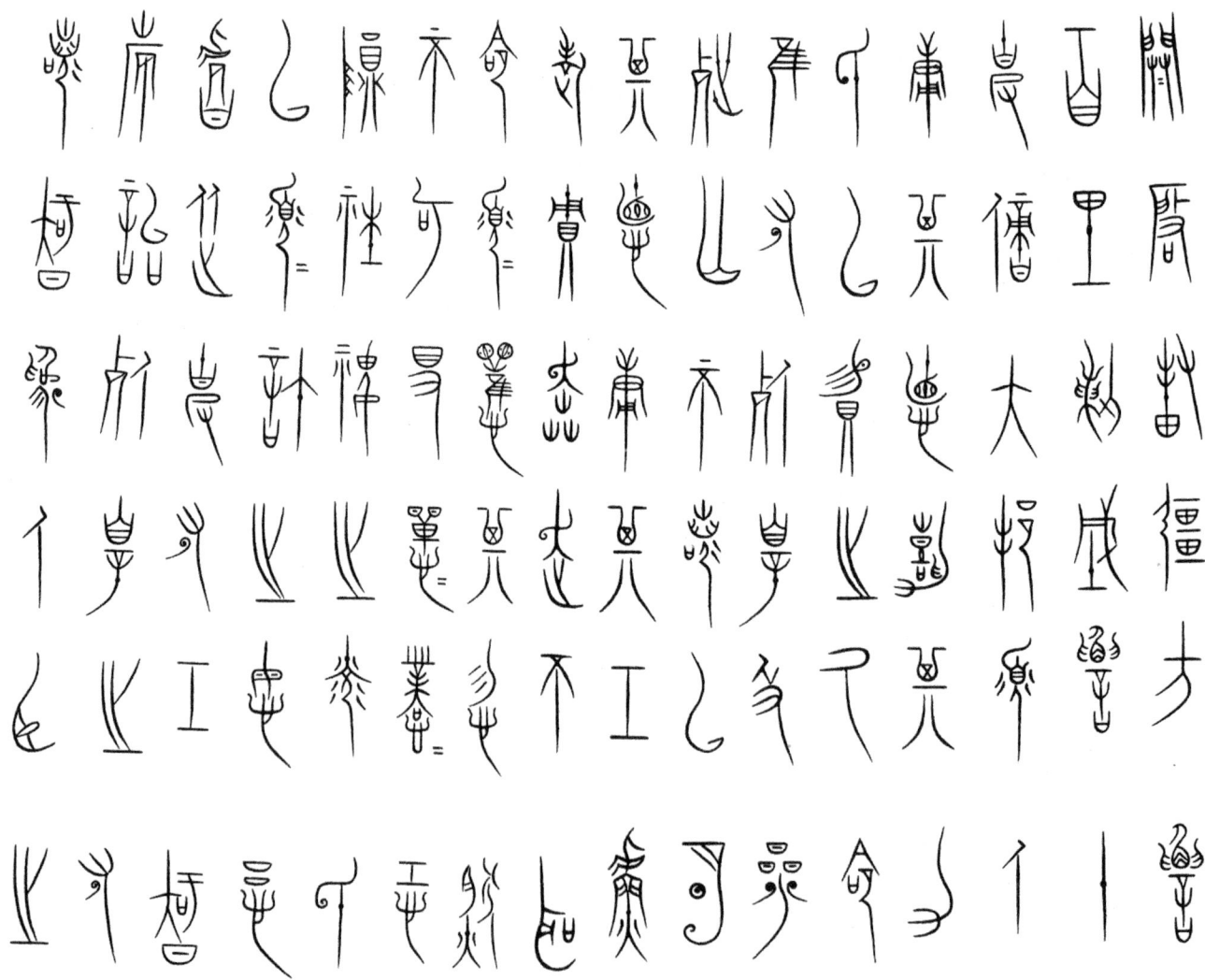

02840B

宜旃，於（烏）虖（乎），念（念）之
𢆷（哉），後人其庸庸之，
毋忘尔邦，昔者，
吳人并（併）雩（越），雩（越）人䭫（修）
教備恁（任），五年覆
吳，皮（克）并（併）之，至于
含（今），尔毋大而悕（肆），
毋富而喬（驕），毋眔
而囂，哭（鄰）邦難新（親），
戟（仇）人才（在）彷（旁），於（烏）虖（乎），
念（念）之𢆷（哉），子子孫孫，永
定保之，毋竝（替）厥
邦

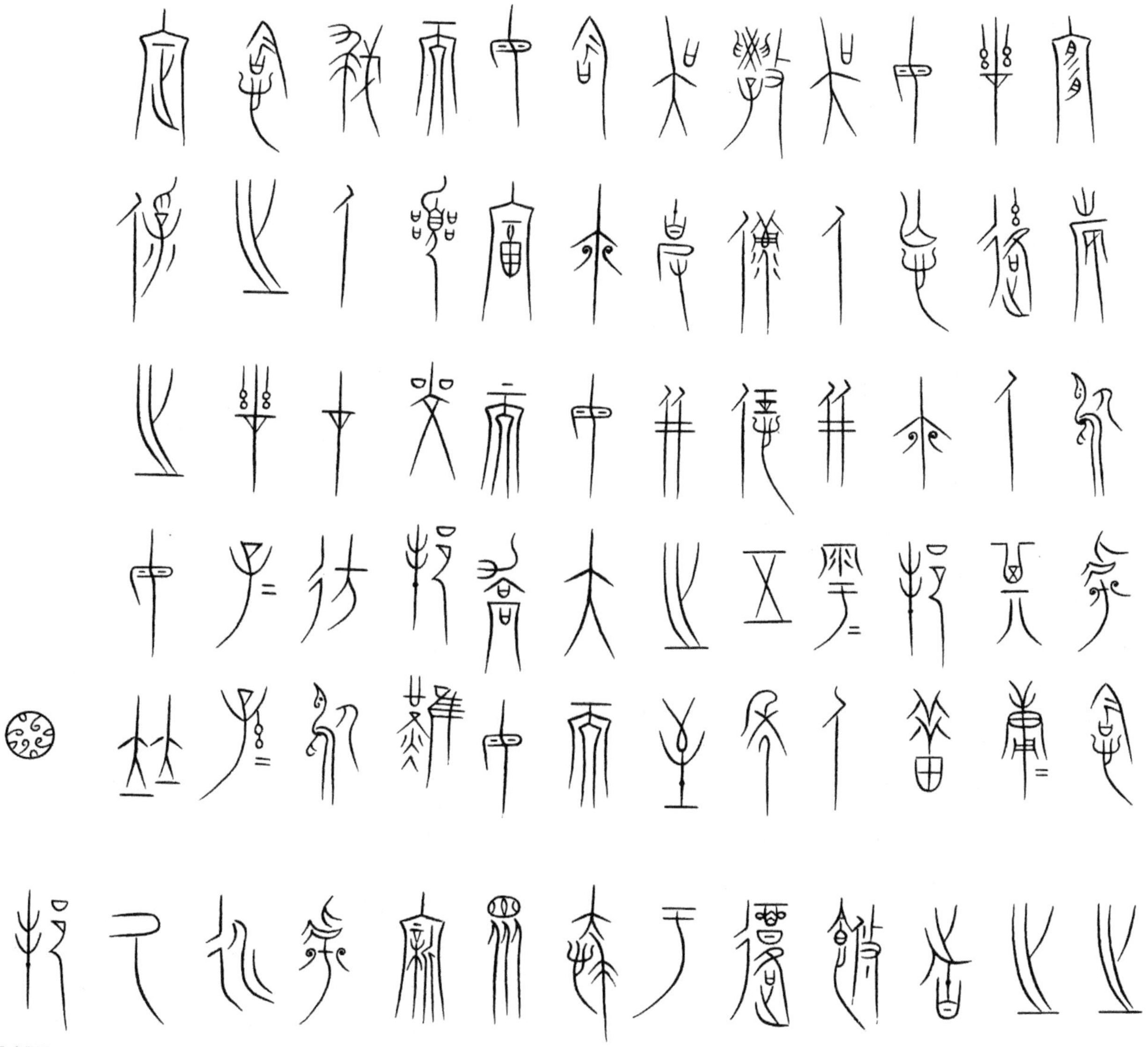

02840B

毛公鼎

原高四五厘米

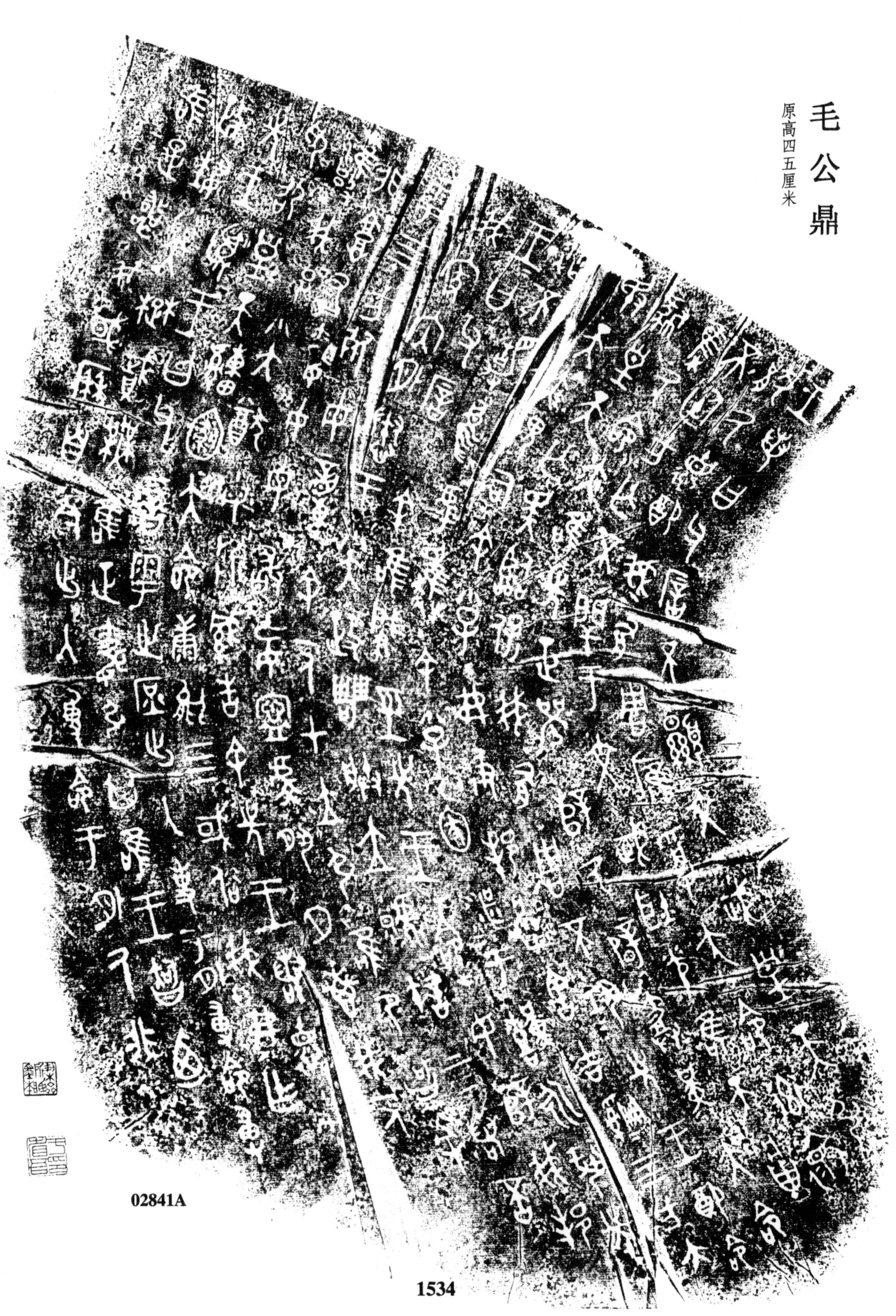

02841A

原高四二厘米

02841A

原高二二厘米

02841B

02841B

原高二二厘米

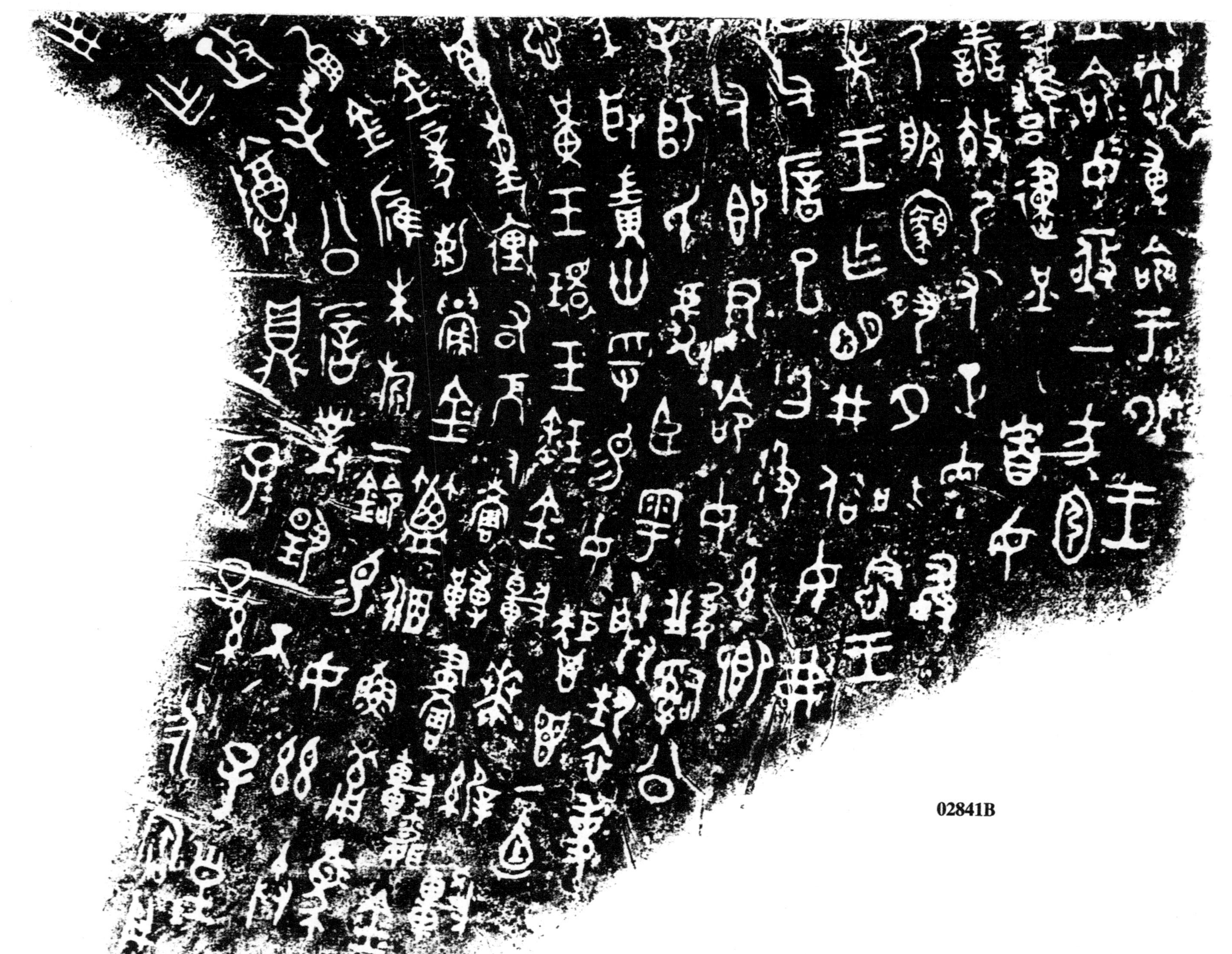

02841B

原高二一厘米

02841B

原高二三厘米

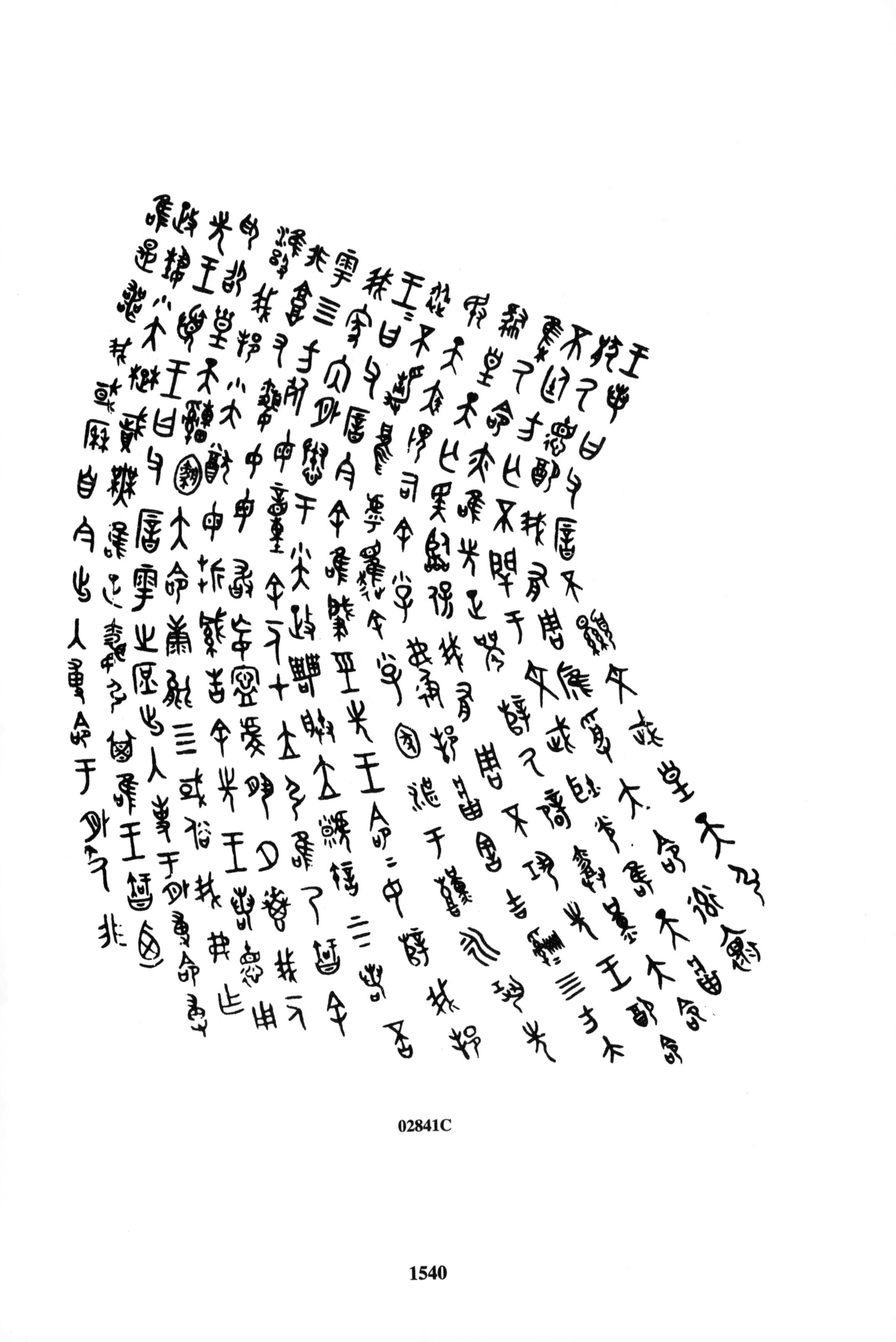

02841C

王若曰：父厝，不（丕）顯文、武，皇天引
猒（厭）厥德，配我有周，膺受大命，衛褱（懷）
不廷方，亡不閈于文、武耿光，唯天𤖼（壯）
集厥命，亦唯先正甹辪（嬖）厥辟，𤔲（勛）堇（勤）大命，
肄（肆）皇天亡罢（斁），臨保我有周，不（丕）巩（鞏）先王配命，
敃（旻）天疾畏（威），司余小子弗彶（及），邦𨟻（將）害（曷）吉，翩翩四方，大
從（縱）不靜（靖），烏虖（乎），趯余小子圂湛于艱，永巩（鞏）先
王，王曰：父厝，今余唯肇巠（經）先王命，命女（汝）辪（嬖）我邦、
我家內外，惷（惷）于小大政，甹（屏）朕立（位），虩許上下若否
雩（于）四方，死（尸）毋童（動）余一人在立（位），引唯乃智，余
非墉（庸）又聞（昏），女（汝）毋敢妄（荒）寧，虔夙夕叀（惠）我一人，
擁（雍）我邦小大猷，毋折緘，告余先王若德，用
印（仰）卲（昭）皇天，䌫（申）圝（恪）大命，康能四或（國），俗（欲）我弗乍（作）
先王憂，王曰：父厝，雩之庶出入事于外，尃（敷）命尃（敷）
政，執（藝）小大楚（胥）賦，無唯正聞（昏），引其唯王智，廼
唯是喪我或（國），歷自今，出入尃（敷）命于外，厥非

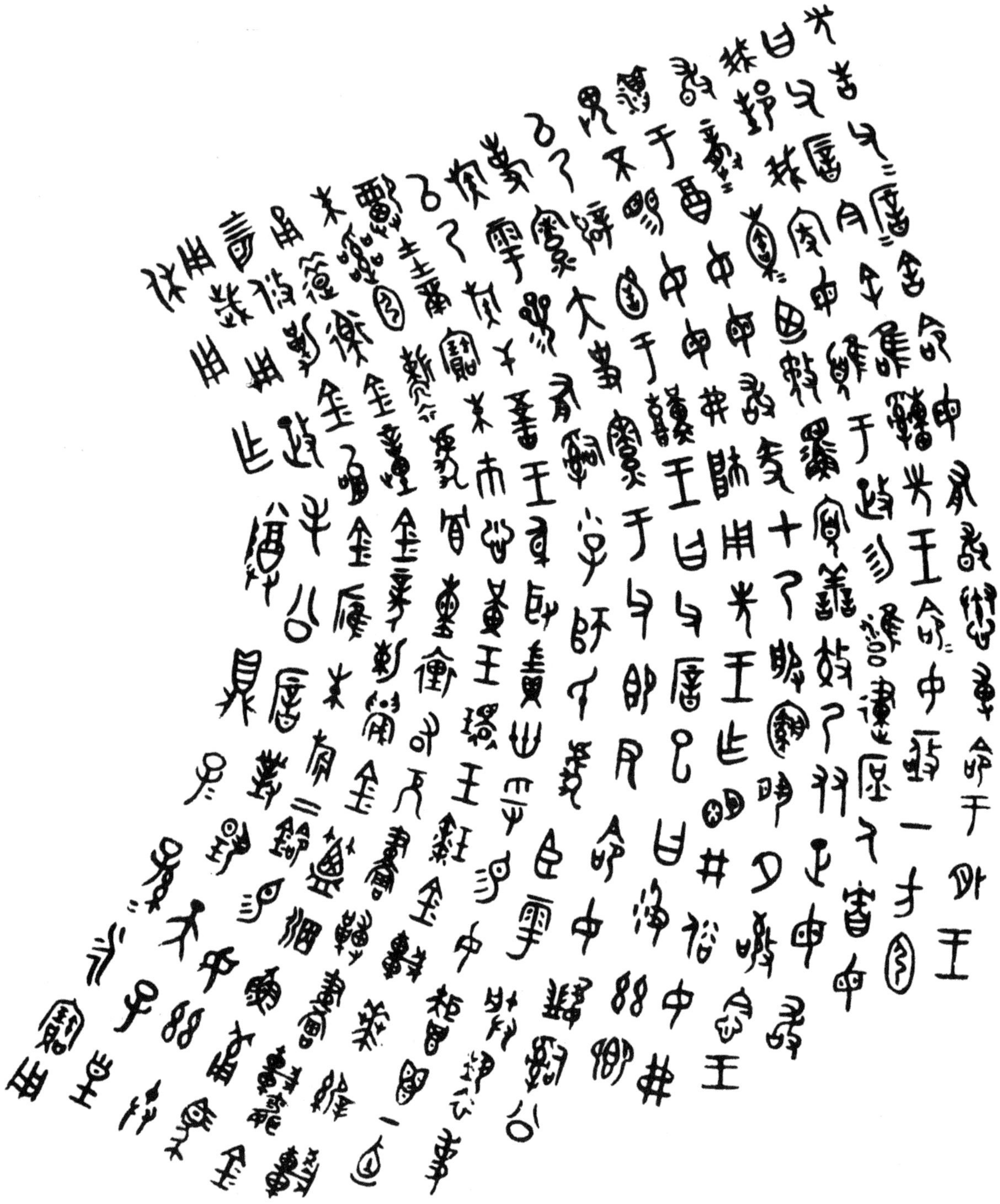

02841C

先告父厝，父厝舍（捨）命，毋有敢惷尃（敷）命于外，王
曰：父厝，今余唯醽（申）先王命，命女（汝）亟（極）一方，亙
我邦、我家，女（汝）頵于政，勿雍（壅）逮庶人[illegible]，毋
敢龏（拱）橐（苞），龏（拱）橐（苞），迺敄（侮）鰥寡，善效乃又（有）正，毋敢
[illegible]于酉（酒），女（汝）毋敢豕（墜）在乃服，圝（恪）夙夕，敬念王
畏（威）不睗（易），女（汝）毋弗帥用先王乍（作）明井（型），俗（欲）女（汝）弗
以乃辟圅（陷）于艱，王曰：父厝，已曰，彶（抄）茲卿
事寮、大（太）史寮于父即尹，命女（汝）𤔲（纘）嗣公
族，雩（與）參有嗣、小子、師氏、虎臣，雩（與）朕褻事，
以乃族干（捍）吾（敔）王身，取徵卅爰（鋝），賜女（汝）秬鬯一卣、
祼圭瓚寶、朱芾、悤（葱）黄（衡）、玉環、玉琮、金車、𠦪（賁）縟較（較）、
朱䵼（鞹）亙靳、虎冟（冪）、熏裏、右軛、畫轉、畫輯、金
甬（桶）、遣（錯）衡、金嶂（踵）、金豙（軝）、䡇（約）𩪘（盛）、金簟弼（茀）、魚箙、馬
四匹、攸（鋚）勒、金[illegible]（臺）、金膺、朱旂二鈴（鈴），賜女（汝）茲弁（賸），
用歲用政（征），毛公厝對揚天子皇
休，用乍（作）尊鼎，子子孫孫永寶用

銘文説明

〇〇九八四～〇二八四一

〇〇九八四～〇二八四一

鼎類

〇〇九八四　且鼎
字數　一
時代　西周早期
著録　綜覽・鼎　二六七
　　　薩克勒(西周)二〇
現藏　美國華盛頓薩克勒美術館
來源　綜覽
備注　西清一・一商祖鼎銘一且字，
　　　容庚疑僞

〇〇九八五　父鼎
字數　一
時代　殷
著録　故青　一六
現藏　北京故宮博物院
來源　考古研究所拓

〇〇九八六　丁鼎
字數　一
時代　殷
著録　總集　〇〇三二
　　　河南　一・三二八
出土　一九五二年安陽出土
現藏　新鄉市博物館
來源　河南

〇〇九八七　鬳鼎
字數　一
時代　殷
著録　總集　〇〇七五
　　　三代　二・六・五
　　　殷存上　二・一
　　　小校　六・七八・五
流傳　吴大澂舊藏(羅表)
現藏　北京故宮博物院
來源　考古研究所拓
備注　小校誤作角

〇〇九八八　鬳鼎
字數　一
時代　殷
著録　考古圖　一・三
　　　博古圖　一・一一
　　　薛氏　五・一
　　　嘯堂　二・四
出土　得于京師(考古圖)
流傳　李伯時舊藏(考古圖)
來源　嘯堂

〇〇九八九　辛鼎
字數　一
時代　殷或西周早期
著録　考古圖　一・三
　　　薛氏　五・二
出土　得于京師(考古圖)
流傳　李伯時舊藏(考古圖)
來源　薛氏

〇〇九九〇　斉鼎
字數　一
時代　殷
著録　總集　〇〇七三
　　　三代　二・六・六
來源　三代

〇〇九九一　天鼎
字數　一
時代　殷
著録　總集　〇〇〇一
　　　三代　二・一・一
　　　冠斝上　四
　　　綜覽・鼎　六六
流傳　北京故宮博物院
來源　考古研究所拓

〇〇九九二　[illegible]鼎
字數　一
時代　殷
著録　總集　〇〇〇二
　　　文物一九七五年三期八六頁
　　　圖一八
　　　陝青　一・八三
　　　綜覽・鼎　二三
出土　陝西綏德墕頭村窖藏(七四・八一)
流傳　陝西省博物館
來源　陝青

〇〇九九三　[illegible]鼎
字數　一
時代　殷
著録　博古　三・一五
　　　薛氏　七七・三
　　　嘯堂　一七・一
來源　嘯堂
備注　銘爲側立人形，博古之人形與
　　　薛氏、嘯堂方向相反

〇〇九九四　見鼎
字數　一
時代　殷
著録　綜覽・鼎　一三五
出土　傳出安陽
流傳　A・H舊藏(陳夢家中國銅器綜録
　　　稿本)
現藏　瑞典斯德哥爾摩遠東古物館
來源　綜覽

〇〇九九五　矢鼎
字數　一
時代　西周
著録　筠清　二・五
　　　攈古　一・一・二
　　　綴遺　五・一九
　　　小校　二・四・三
流傳　吴榮光舊藏(攈古録)
來源　小校

〇〇九九六　[illegible]鼎

字數　一
時代　殷或西周早期
著録　未見
現藏　北京故宮博物院
來源　考古研究所拓

〇〇九九七　[illegible]鼎

字數　一
時代　殷或西周早期
著録　未見
現藏　北京故宮博物院
來源　考古研究所拓

〇〇九九八　[女酉]鼎

字數　一
時代　殷或西周早期
著録　未見
來源　陳邦懷先生藏

〇〇九九九　好鼎

字數　一
時代　殷
著録　婦好墓　圖二九・八
　　綜覽・鼎　一五
出土　一九七六年安陽殷墟婦好墓（M五：八一九）
現藏　考古研究所
來源　考古研究所拓

〇一〇〇〇　竟鼎

字數　一
時代　西周早期
著録　總集　〇〇一〇
　　三代　二・一・七
　　殷存上　一・一一
來源　考古研究所藏

〇一〇〇一　保鼎

字數　一
時代　殷
著録　總集　〇〇一二
　　三代　二・一・一二
　　貞松　二・四
現藏　北京故宮博物院
來源　考古研究所拓

〇一〇〇二　保鼎

字數　一
時代　殷
著録　總集　〇〇一三
　　三代　二・一・一一
　　奇觚　六・一
　　殷存上　二
　　善齋　二・一
　　善彝　二〇
　　小校　二・三・二（又四・四・三）
　　故圖　下下　二三
　　商圖　五
流傳　劉體智舊藏
現藏　臺北故宮博物院
來源　考古研究所藏
備注　通考上二二〇頁云「銘疑僞刻」。奇觚、小校誤爲卣

〇一〇〇三　重鼎

字數　一
時代　殷
著録　總集　〇〇一五
　　三代　二・二・三
　　西清　三・三〇
　　愙齋　七・三・二
　　移林　二
　　殷存上　一・三
　　小校　二・三・四（又七・五四・二）
　　文物　一九六四年四期五二頁圖一
流傳　清宮、李佐賢、陳介祺、丁麟年舊藏
現藏　青島市博物館
來源　考古研究所藏
備注　愙齋及小校七・五四・二誤作毁

〇一〇〇四　重鼎

字數　一
時代　殷
著録　總集　〇〇一六
　　美集録　R　一八一
　　綜覽・鬲鼎　八
流傳　美國盧芹齋舊藏
來源　考古研究所藏

〇一〇〇五　[illegible]鼎

字數　一
時代　殷
著録　綴遺　五・一二・二
來源　綴遺

〇一〇〇六　[illegible]鼎

字數　一
時代　殷
著録　總集　〇〇〇六
　　三代　二・一・四
　　貞松　二・四
　　小校　二・三・五
流傳　劉體智舊藏
來源　三代

〇一〇〇七　[illegible]鼎

字數　一
時代　殷
著録　總集　〇〇〇七
　　三代　二・一・三
　　從古　一・三
　　攈古　一・一・二
　　綴遺　五・一二・一
　　續殷上　八・二
流傳　沈濤舊藏（從古）
來源　三代

〇一〇〇八　[犬戈]鼎

字數　一
時代　殷
著録　總集　〇〇〇九
　　三代　二・一・六
　　貞松　二・四・一
流傳　此器近見之都肆（貞松）
來源　三代

〇一〇〇九　[犬戈]鼎

字數　一
時代　殷
著録　總集　〇〇〇八
　　三代　二・一・五
來源　三代

〇一〇一〇　何鼎

字數　一
時代　殷
著録　懷履光（一九五六）八三頁三
出土　安陽郭家灣北地
現藏　加拿大多倫多安大略博物館
來源　考古研究所藏

〇一〇一一　伐鼎

字數　一
時代　殷
著録　總集　〇〇六五
　　彙編　八・一三五二
　　薩克勒（商）八二
現藏　美國華盛頓薩克勒美術館
來源　彙編
備注　此銘亦見「伐戈」（三代一九・

一・一），字形相仿佛

○一○一二 □鼎
字數 一
時代 殷或西周早期
著録 未見
現藏 北京故宮博物院
來源 考古研究所拓

○一○一三 □鼎
字數 一
時代 殷
著録 總集 ○二九四
　學報 一九七九年一期八三頁
　圖六○・九
　綜覽・鼎 三三
出土 河南安陽殷墟西區墓葬（M
　三三五：七）
現藏 考古研究所安陽工作站
來源 考古研究所拓

○一○一四 化鼎
字數 一
時代 殷
著録 未見
現藏 上海博物館
來源 上海博物館提供

○一○一五 文鼎
字數 一
時代 殷或西周早期
著録 未見
現藏 上海博物館
來源 上海博物館提供

○一○一六 付鼎
字數 一
時代 殷
著録 薛氏 八・二
來源 薛氏

○一○一七 □鼎
字數 一
時代 殷
著録 總集 ○○一四
　三代 二・二・四
　西甲 二・一○
流傳 頤和園舊藏
現藏 北京故宮博物院
來源 考古研究所拓

○一○一八 □鼎
字數 一
時代 殷
著録 未見
出土 一九七三年山東濟南市劉家莊
　墓葬
現藏 山東濟南市博物館
來源 考古研究所拓
備注 與殷、卣等器同出，卣銘從二
　手，鼎銘右上角之手泐。器殘

○一○一九 □鼎
字數 一
時代 殷或西周早期
著録 總集 ○○一一
　三代 二・二・六
　從古 一三・七
　擽古 一・二・四
　綴遺 五・二○
　敬吾上 三四
　續殷上 四・一一
流傳 吕堯仙、陳介祺舊藏（擽古録）
來源 三代

○一○二○ 㚇鼎
字數 一
時代 殷
著録 未見
現藏 北京故宮博物院
來源 考古研究所拓

○一○二一 㚇鼎
字數 一
時代 殷
著録 總集 ○○四五
　三代 二・四・六
　冠斝上 五
　綜覽・鼎 九四
流傳 榮厚舊藏
來源 三代

○一○二二 㚇鼎
字數 一
時代 殷
著録 總集 ○○四六
　三代 二・四・七
來源 三代

○一○二三 㚇鼎
字數 一
時代 殷
著録 總集 ○○四四
　三代 二・四・五
　頌續 三
出土 河南
現藏 廣州市博物館
來源 三代

○一○二四 □鼎
字數 一
時代 殷
著録 未見
現藏 中國歷史博物館
來源 考古研究所拓
備注 銘爲陽文光字，下作直立人形

○一○二五 光鼎
字數 一
時代 殷
著録 總集 ○○四七
　三代 二・四・八
　貞圖上 三
　續殷上 七・一二
　萃賞 二
現藏 香港思源堂
來源 考古研究所藏

○一○二六 戠鼎
字數 一
時代 西周早期
著録 未見
出土 洛陽
現藏 北京故宮博物院
來源 考古研究所拓

○一○二七 □鼎
字數 一
時代 殷
著録 總集 ○○一七
　三代 二・二・二
來源 三代

○一○二八 □鼎
字數 一
時代 殷或西周早期
著録 總集 ○○一八
　三代 二・二・一
來源 考古研究所藏

○一○二九 □鼎
字數 一
時代 殷

著録 未見
來源 北京某氏藏

〇一〇三〇 先鼎
字數 一
時代 殷
著録 巖窟上 六
綜覽・鼎 九四
出土 一九三二年河南安陽
流傳 梁上椿舊藏
來源 陳邦懷先生藏

〇一〇三一 □鼎
字數 一
時代 殷
著録 總集 〇〇四八
三代 二・四・九
雙吉上 五
十二貯 六
續殷上 七・一
綜覽・鼎 九八
出土 河南安陽
流傳 于省吾、王辰舊藏
現藏 旅順博物館
來源 考古研究所拓

〇一〇三二 □鼎
字數 一
時代 殷
著録 總集 〇〇六四
三代 二・五・八
十二貯 七
續殷上 八・一
綜覽・鼎 三〇
流傳 王辰舊藏
來源 考古研究所藏

〇一〇三三 □鼎
字數 一
時代 殷
著録 總集 〇一二七
録遺 三四
來源 録遺
備注 銘文中間爲髭之初文，其下尚有四點，今作一字計

〇一〇三四 □鼎
字數 一
時代 殷
著録 總集 〇一一八
録遺 二七
現藏 首都師範大學歷史博物館
來源 考古研究所拓

〇一〇三五 屰鼎
字數 一
時代 殷
著録 總集 〇一三九
美集録 R 四四八
彙編 八・一一〇七
綜覽・鬲鼎 二六
現藏 美國火奴魯魯美術學院
來源 考古研究所藏

〇一〇三六 屰鼎
字數 一
時代 殷
著録 未見
流傳 頤和園舊藏
現藏 北京故宮博物院
來源 考古研究所拓

〇一〇三七 兒鼎
字數 一
時代 西周中期
著録 寶鷄 二八八頁圖一九九・一
出土 一九七四年陝西寶鷄市茹家莊西周墓(M一甲：一)
現藏 寶鷄市博物館
來源 考古研究所拓

〇一〇三八 兒鼎
字數 一
時代 西周中期
著録 總集 〇一五二
文物 一九七六年四期五六頁圖五六
綜覽・鼎 二二五
寶鷄 二八八頁圖一九九・二
出土 一九七四年陝西寶鷄市茹家莊西周墓(M一甲：三)
現藏 寶鷄市博物館
來源 考古研究所拓
備注 綜覽之器形爲M一甲：二

〇一〇三九 兒鼎
字數 一
時代 西周中期
著録 寶鷄 二八八頁圖一九九・三
出土 一九七四年陝西寶鷄市茹家莊西周墓葬(M一甲：四)
現藏 寶鷄市博物館
來源 考古研究所拓

〇一〇四〇 □鼎
字數 一
時代 殷
著録 未見
現藏 中國歷史博物館
來源 考古研究所拓

〇一〇四一 □鼎
字數 一
時代 殷
著録 總集 〇一四九
美集録 R 二一六
彙編 九・一五一〇
流傳 盧芹齋舊藏
來源 考古研究所藏
備注 銘似有剔損

〇一〇四二 子鼎
字數 一
時代 殷
著録 博古 一・一〇
薛氏 六・一
嘯堂 二・三
來源 嘯堂

〇一〇四三 子鼎
字數 一
時代 殷
著録 西甲 一・四〇
流傳 清宮舊藏
來源 西甲
備注 容庚曾致疑

〇一〇四四 子鼎
字數 一
時代 殷
著録 懷履光(一九五六) 四〇頁四
三代補 五五六
出土 河南安陽
流傳 一九三三～一九三四年懷履光在開封購得
現藏 加拿大多倫多安大略博物館
來源 懷履光

〇一〇四五 子鼎
字數 一
時代 殷
著録 未見

現藏　北京故宮博物院
來源　考古研究所拓

〇一〇四六　子鼎
字數　一
時代　西周
著録　總集　〇〇五〇
三代　二・五・一〇
來源　三代

〇一〇四七　囝鼎
字數　一
時代　殷
著録　未見
來源　唐蘭先生藏

〇一〇四八　囝鼎
字數　一
時代　殷
著録　總集　〇一〇七
録遺　一六
來源　陳邦懷先生藏

〇一〇四九　𡥈鼎
字數　一
時代　西周早期
著録　總集　〇〇八七
學報　一九八〇年四期四六八頁圖
一六・四
出土　一九六七年陝西長安縣張家坡墓葬
（M五四：一）
現藏　考古研究所西安研究室
來源　考古研究所拓

〇一〇五〇　出鼎
字數　一
時代　殷
著録　未見
現藏　中國歷史博物館
來源　考古研究所拓

〇一〇五一　旋鼎
字數　一
時代　殷
著録　故青　一四
現藏　北京故宮博物院
來源　考古研究所拓

〇一〇五二　[illegible]鼎
字數　一
時代　殷
著録　總集　〇〇六六
三代　二・五・九
續殷上　七・三
小校　二・四・五
來源　三代

〇一〇五三　[illegible]鼎
字數　一
時代　殷
著録　未見
現藏　北京故宮博物院
來源　考古研究所拓

〇一〇五四　[illegible]鼎
字數　一
時代　殷
著録　未見
現藏　北京故宮博物院
來源　考古研究所拓

〇一〇五五　[illegible]鼎
字數　一
時代　殷
著録　總集　〇一一一
録遺　二一
來源　録遺

〇一〇五六　[illegible]鼎
字數　一
時代　殷
著録　未見
現藏　北京故宮博物院
來源　考古研究所拓

〇一〇五七　[illegible]鼎
字數　一
時代　殷
著録　未見
出土　河南安陽
現藏　北京故宮博物院
來源　考古研究所拓

〇一〇五八　[illegible]鼎
字數　一
時代　殷
著録　總集　〇一〇九
録遺　一九
故青　二一
流傳　德人楊寧史舊藏
現藏　北京故宮博物院
來源　考古研究所拓

〇一〇五九　[illegible]鼎
字數　一
時代　殷
著録　總集　〇一〇八
録遺　一八
流傳　德人楊寧史舊藏
現藏　北京故宮博物院
來源　考古研究所拓

〇一〇六〇　正鼎
字數　一
時代　殷
著録　總集　〇一一〇
侯家莊　第二本圖版二四二・二；
二四五・二
古器物研究專刊　第四本圖版二二
録遺　二〇
綜覽・鼎　一四
出土　一九三五年安陽侯家莊西北岡
一〇〇一號大墓（HPKM 一一三三：
三　殉葬人器）
現藏　歷史語言研究所
來源　録遺

〇一〇六一　正鼎
字數　一
時代　殷
著録　西清　一・七
來源　西清
備注　銘文倒鑄

〇一〇六二　徙鼎
字數　一
時代　殷
著録　未見
來源　北京某氏藏
備注　徙從行，與〇一六九二衖父癸鼎
之衖均爲徙字繁體

〇一〇六三　徙鼎
字數　一
時代　殷
著録　總集　〇一四三
河南　一・三三六
綜覽・方鼎　一〇
辭典　〇三六
青全　四・二〇
出土　一九六八年河南温縣小南張村
現藏　河南省博物館
來源　河南省博物館提供
備注　河南銘文拓本倒置

〇一〇六四 口鼎
字數 一
時代 殷
著録 總集 〇一〇三
録遺 一四
流傳 方若舊藏
現藏 中國歷史博物館
來源 考古研究所拓
備注 銘爲方字象形

〇一〇六五 〇鼎
字數 一
時代 殷
著録 總集 〇一〇四
録遺 一五
出土 傳出安陽
現藏 北京故宮博物院
來源 考古研究所拓
備注 銘文爲圓字象形

〇一〇六六 得鼎
字數 一
時代 殷
著録 總集 〇一三六
美集録 R 四八二
布倫戴奇(一九七七)圖八
彙編 八・一三七二
三代補 四八二
出土 同銘它器，傳安陽出土(美集録)
流傳 甘浦斯舊藏(美集録)
現藏 美國舊金山亞洲美術博物館(布倫戴奇藏品)(彙編)
來源 考古研究所藏

〇一〇六七 得鼎
字數 一
時代 殷
著録 未見
現藏 上海博物館
來源 上海博物館提供

〇一〇六八 妥鼎
字數 一
時代 殷
著録 總集 〇〇六三
三代 二・五・一一
來源 三代

〇一〇六九 叙鼎
字數 一
時代 殷
著録 未見
現藏 北京故宮博物院
來源 考古研究所拓

〇一〇七〇 羞鼎
字數 一
時代 殷
著録 總集 〇〇六〇
三代 二・五・六
筠清 二・七
攈古 一・一・二
愙齋 七・三・三
綴遺 五・一九
敬吾上 三四
續殷上 七・九
小校 二・二・三(又七・五四・三)
流傳 葉志詵舊藏(攈古録)
來源 考古研究所藏

〇一〇七一 羞鼎
字數 一
時代 殷
著録 未見
現藏 英國私人收藏
來源 英國倫敦不列顛博物館提供

〇一〇七二 羞方鼎
字數 一
時代 殷
著録 總集 〇〇六一
美集録 R 四四九
彙編 八・一三六四
流傳 盧芹齋舊藏
現藏 美國紐約布根博物館
來源 考古研究所藏

〇一〇七三 史鼎
字數 一
時代 殷
著録 總集 〇〇五三
三代 二・四・一二
來源 考古研究所藏

〇一〇七四 史鼎
字數 一
時代 殷
著録 未見
流傳 P・T・BrooKe 舊藏
現藏 英國倫敦不列顛博物館
來源 不列顛博物館提供

〇一〇七五 史鼎
字數 一
時代 殷
著録 西甲 一・一九
流傳 清宮舊藏
來源 西甲
備注 容庚曾置疑

〇一〇七六 史鼎
字數 一
時代 殷
著録 總集 〇〇五四
三代 二・五・一
來源 三代

〇一〇七七 史鼎
字數 一
時代 殷
著録 總集 〇〇五五
三代 二・五・二
澳銅選 六二頁圖五
彙編 九・一八一二(八・一三三四重出)
綜覽・鼎 四五
現藏 澳大利亞墨爾本國立維多利亞博物館
來源 三代
備注 彙編八・一三三四誤作殷

〇一〇七八 史鼎
字數 一
時代 殷
著録 總集 〇〇五六
三代 二・五・三
出土 器出安陽(考古所藏拓孫壯題跋)
來源 考古研究所藏

〇一〇七九 史鼎
字數 一
時代 殷
著録 總集 〇〇五七
三代 二・五・四
西乙 一・一二
寶蘊 一三
貞松 二・三
續殷上 五・一
通考 二
故圖下下 一三

綜覽・鼎 一五七
商圖 六
流傳 瀋陽故宮舊藏
現藏 臺北故宮博物院
來源 考古研究所藏

〇一〇八〇 史鼎
字數 一
時代 殷
著録 殷存上 一・九
續殷上 五・二

〇一〇八一 史鼎
來源 考古研究所藏
字數 一
時代 殷
著録 未見
現藏 北京故宮博物院
來源 考古研究所拓

〇一〇八二 史鼎
字數 一
時代 殷
著録 未見
現藏 北京故宮博物院
來源 考古研究所拓

〇一〇八三 史鼎
字數 一
時代 殷
著録 未見
現藏 北京故宮博物院
來源 考古研究所拓

〇一〇八四 史鼎
字數 一
時代 殷
著録 總集 〇〇五九
三代 二・五・五
陶續 一・一二
殷存上 一・八
小校 二・三・七
美集録 R 八九
三代補 八九
流傳 潘祖蔭、端方、山中商會舊藏（美集録）
現藏 美國堪薩斯納爾遜美術陳列館
來源 考古研究所藏
備注 〇〇四四八誤爲鬲，重出

〇一〇八五 史鼎
字數 一
時代 殷
著録 倫敦 圖版一：二一六
綜覽・鼎 九七（又 一二三）
現藏 英國劍橋費滋威廉博物館
來源 綜覽
備注 綜覽・鼎九七與一二三形制、紋飾，銘文字體都相似，今作一器處理

〇一〇八六 史鼎
字數 一
時代 殷
著録 小校 二・四・一
流傳 Oppenhein Bequese 舊藏
現藏 英國倫敦不列顛博物館
來源 不列顛博物館提供

〇一〇八七 史鼎
字數 一
時代 殷
著録 總集 〇〇五八
美集録 R 五一六
三代補 五一六
現藏 美國 Komor 氏
來源 考古研究所藏
備注 史字上部泐

〇一〇八八 史鼎
字數 一
時代 殷
著録 西乙 一・二二
故圖下下 二四
流傳 清宮舊藏
現藏 臺北故宮博物院
來源 故圖

〇一〇八九 [illegible]鼎
字數 一
時代 殷
著録 總集 〇〇五二
三代 二・四・一一
筠清 二・四
攈古 一・一・二二
窓齋 三・七
綴遺 五・八
奇觚 一・三
敬吾上 三四
陶續 一・一三
殷存上 一・一二
小校 二・三・三
美集録 R 七二
三代補 七二
彙編 八・一三五八
流傳 李宗昉、潘祖蔭、端方、日本某氏舊藏（筠清、奇觚、羅表）
現藏 美國堪薩斯納爾遜美術陳列館
來源 三代

〇一〇九〇 又鼎
字數 一
時代 殷
著録 總集 〇〇四九
三代 二・四・一〇
現藏 北京故宮博物院
來源 考古研究所拓

〇一〇九一 奴鼎
字數 一
時代 殷或西周早期
著録 西清 三・九
流傳 清宮舊藏
來源 西清

〇一〇九二 [illegible]方鼎
字數 一
時代 殷
著録 總集 〇一四一
美集録 R 二四
彙編 八・一三八一
綜覽・方鼎 二八
流傳 美國盧芹齋舊藏
現藏 美國哈佛大學福格美術博物館
來源 考古研究所藏

〇一〇九三 叟鼎
字數 一
時代 殷
著録 博古 一・九
薛氏 八・一
嘯堂 二・二
來源 嘯堂

〇一〇九四 叟鼎
字數 一
時代 殷
著録 鐃齋 二
綜覽・鼎 一一二
現藏 德國慕尼黑民俗博物館（綜覽）
來源 綜覽

〇一〇九五　叟鼎
字數　一
時代　殷
著録　總集　〇〇六二
三代　二・五・七
從古　八・五
善齋　二・九
貞續上　七・三
續殷上　七・一〇
小校　二・八・七
流傳　劉體智舊藏
來源　三代

〇一〇九六　□鼎
字數　一
時代　殷
著録　總集　〇一五四
文叢　一・一六〇頁圖一一
出土　一九七六年河北藁城縣前西關
現藏　石家莊地區文物管理委員會
來源　文叢

〇一〇九七　左鼎
字數　一（左右耳同銘）
時代　殷
著録　未見
現藏　北京故宮博物院
來源　考古研究所拓
備注　銘文在耳外側，右耳銘文規整清晰

〇一〇九八　□鼎
字數　一
時代　殷
著録　總集　〇〇〇五
學報　一九七九年一期圖五八・一二

殷青　七三・四
青全　二・一六
出土　河南安陽殷墟西區九〇七號墓（M九〇七：三）
現藏　考古研究所安陽工作站
來源　考古研究所拓
備注　銘文左半殘泐

〇一〇九九　聿鼎
字數　一
時代　殷
著録　未見
現藏　英國 Ingrom 氏（陳夢家筆記）
來源　考古研究所藏

〇一一〇〇　專鼎
字數　一
時代　殷
著録　未見
現藏　北京故宮博物院
來源　考古研究所拓

〇一一〇一　受鼎
字數　一
時代　殷
著録　總集　〇一一三
録遺　三〇
現藏　北京故宮博物院
來源　考古研究所拓

〇一一〇二　牛方鼎
字數　一
時代　殷
著録　總集　〇〇一二
侯家莊　第五本圖版一一六～一一七
插圖四七・二
古器物研究專刊　第四本圖版　二五
綜覽・方鼎　七

美全　四・二五
青全　二・四一
出土　一九三五年安陽侯家莊西北岡一〇〇四號大墓
現藏　歷史語言研究所
來源　侯家莊

〇一一〇三　牛鼎
字數　一
時代　殷或西周早期
著録　未見
現藏　北京故宮博物院
來源　考古研究所拓

〇一一〇四　牛鼎
字數　一（器蓋同銘）
時代　西周早期
著録　總集　〇〇二〇
三代　二・二・七～八
尊古　一・一二
小校　二・二・四
盧氏（一九四〇）圖版一七 No.二九
通考　一二
美集録　R 一八三ab
彙編　九・一六三七
綜覽・鼎　一六一
青全　五・二〇
流傳　黃濬、盧芹齋舊藏
現藏　美國費城賓省大學博物館
來源　考古研究所藏

〇一一〇五　羊鼎
字數　一
時代　殷
著録　總集　〇〇二四
三代　二・二・九

貞松　二・一
小校　七・一・五
來源　考古研究所藏

〇一一〇六　羊鼎
字數　一
時代　殷
著録　總集　〇〇二三
三代　二・二・一〇
殷存上　一・四
現藏　蘇州市博物館
來源　蘇州市博物館提供

〇一一〇七　𦘒鼎
字數　一
時代　殷
著録　總集　〇一四五
上海　三
銅器選　八
三代補　八六〇
彙編　九・一七〇三
綜覽・鼎　一三八
辭典　〇二七
青全　二・三二
上海（二〇〇四）　四五
出土　安陽殷墟出土
現藏　上海博物館
來源　上海博物館提供

〇一一〇八　𦘒鼎
字數　一
時代　殷
著録　總集　〇一四六
三代　二・一三・五
來源　三代

〇一一〇九　𦘒鼎
字數　一

時代 殷
著録 巴布選 一九四頁圖四
現藏 法國巴黎基美博物館
來源 巴布選

〇一一〇 鹿方鼎
字數 一
時代 殷
著録 總集 〇〇二二、補 〇〇二二
侯家莊 第五本圖版二一〇～二一一
插圖四七・一
古器物研究專刊 第四本圖版二九
綜覽・方鼎 八
青全 二・四二
出土 一九三五年安陽侯家莊西北岡一〇〇四號大墓
現藏 歷史語言研究所
來源 侯家莊

〇一一一 獸形銘鼎
字數 一
時代 西周早期
著録 未見
出土 山東滕縣東戈鄉辛緒村
現藏 滕縣博物館
來源 滕縣博物館提供

〇一一二 獸形銘鼎
字數 一
時代 殷或西周早期
著録 總集 〇〇二五
三代 二・二・一一
貞松 二・一・三
續殷上 四・三
流傳 溧陽濮氏舊藏（貞松）
來源 三代

〇一一三 冢鼎
字數 一
時代 殷
著録 總集 〇一六〇
三代 二・一・八
來源 考古研究所藏

〇一一四 冢鼎
字數 一
時代 殷
著録 總集 〇一五八
三代 二・一・九
來源 考古研究所藏

〇一一五 冢鼎
字數 一
時代 殷
著録 總集 〇一五九
三代 二・一・一〇
來源 三代

〇一一六 冢鼎
字數 一
時代 殷
著録 考古 一九八六年九期八三五頁圖二・七
現藏 北京清華大學圖書館
來源 考古研究所拓
備注 一一八二八誤爲鐘，重出

〇一一七 夔鼎
字數 一
時代 殷
著録 未見
現藏 北京故宮博物院
來源 考古研究所拓

〇一一八 夔鼎
字數 一
時代 殷
著録 未見
出土 傳出安陽一帶
現藏 北京故宮博物院
來源 考古研究所拓

〇一一九 龍鼎
字數 一
時代 殷或西周早期
著録 總集 〇〇二八
三代 二・三・二
來源 陳邦懷先生舊藏

〇一二〇 鳥形銘鼎
字數 一
時代 殷
著録 總集 〇〇二七
三代 二・三・一
西清 四・六
貞松 二・一・一
善齋 二・二
續殷上 四・一
小校 二・二・二
彙編 九・一六六七
流傳 清宮、劉體智舊藏
來源 考古研究所藏
備注 此器容庚疑僞

〇一二一 鳥形銘鼎
字數 一
時代 殷
著録 總集 〇〇二六
三代 二・二・一二
十二貯 五
續殷上 四・二
綜覽・鼎 一〇六
流傳 王辰舊藏
來源 考古研究所藏

〇一二二 隻鼎
字數 一
時代 殷
著録 未見
現藏 日本東京國立博物館
來源 東京國立博物館提供

〇一二三 鳶鼎
字數 一
時代 殷
著録 總集 〇一三四
美集録 R 一四
彙編 九・一六八四
青全 二・三七
現藏 美國哈佛大學福格美術博物館
來源 彙編

〇一二四 鳶鼎
字數 一
時代 殷
著録 總集 〇一三五
美集録 R 四四六
彙編 九・一六八三
綜覽・鼎 七三
流傳 羅比爾舊藏
現藏 美國西雅圖美術博物館（彙編）
來源 考古研究所藏
備注 此器形制、花紋、銘文和大小均同A七（R一四），疑同墓所出（美集録）

〇一二五 彝鼎
字數 一
時代 殷
著録 未見
來源 考古研究所藏

〇一二六 魚鼎

字數 一
時代 殷
著録 總集 補四
古器物研究專刊 第四本圖版 八
出土 一九三五年安陽侯家莊西北岡
一〇〇一號大墓(HPKM 一八八九
殉葬坑)
現藏 歷史語言研究所
來源 古器物研究專刊

〇一一二七 魚鼎
字數 一
時代 殷
著録 總集 〇〇二九
三代 二・三・三
貞松 二・二・一
來源 三代

〇一一二八 [illegible]鼎
字數 一
時代 殷
著録 總集 〇〇三〇
三代 二・三・四
綴遺 五・一四
貞續上 六・七
續殷上 四・四
來源 三代

〇一一二九 [illegible]鼎
字數 一
時代 殷
著録 總集 〇一一七
録遺 二六
綜覽・鼎 一三四
現藏 德國科隆東亞博物館
來源 陳邦懷先生藏

〇一一三〇 龜形銘鼎
字數 一
時代 殷
著録 文物 一九七七年一期二頁圖四
出土 一九七七年北京市平谷縣劉家河
二里崗期墓葬
現藏 北京市文物研究所
來源 陳邦懷先生藏

〇一一三一 奄鼎
字數 一
時代 殷
著録 總集 〇二五三
三代 二・一二・一
來源 三代

〇一一三二 奄鼎
字數 一
時代 殷
著録 西清 三・三六
流傳 清宮舊藏
現藏 北京故宮博物院
來源 考古研究所拓

〇一一三三 蒿鼎
字數 一
時代 殷或西周早期
著録 未見
現藏 陝西省博物館
來源 考古與文物編輯部提供

〇一一三四 萬鼎
字數 一
時代 殷
著録 考古圖 一・一一
博古 一・二八
薛氏 六・四
嘯堂 四・三
流傳 秘閣舊藏(考古圖)
來源 嘯堂

〇一一三五 㓞鼎
字數 一
時代 殷
著録 總集 〇一二六、補 〇一二六
録遺 三三
古器物研究專刊 第四本圖版二四
綜覽・鬲鼎 四三
出土 一九三五年安陽侯家莊西北岡
二〇二〇號大墓
現藏 歷史語言研究所
來源 録遺

〇一一三六 [illegible]鼎
字數 一
時代 殷
著録 總集 〇一四二
美集録 R 二七一
彙編 九・一七三六
三代補 二七一
現藏 美國紐約大都會美術博物館(彙編)
來源 考古研究所藏

〇一一三七 [illegible]鼎
字數 一
時代 殷
著録 未見
出土 傳一九三三年前安陽出土
現藏 加拿大多倫多安大略博物館
來源 考古研究所藏

〇一一三八 [illegible]鼎
字數 一
時代 殷
著録 未見
現藏 北京故宮博物院
來源 考古研究所拓

〇一一三九 鄉鼎
字數 一
時代 戰國
著録 古文字研究 一〇・二七九圖
三八・一
湖南考古輯刊 一・九三圖三・九
出土 五十年代長沙近郊出土
現藏 湖南省博物館
來源 商承祚先生藏

〇一一四〇 [illegible]鼎
字數 一
時代 殷
著録 總集 〇一三二
山東選 六五
綜覽・鼎 一一三
山東藏品 四二
出土 山東長清縣興復河
現藏 山東省博物館
來源 山東選
備注 同出兩件鼎，另一件殘，文物
一九六四年四期四二頁

〇一一四一 辜鼎
字數 一
時代 殷
著録 總集 〇一三〇
三代 二・一三・六
貞續上 九・一
小校 二・一〇・七
美集録 R 四〇
皮斯柏 七
彙編 九・一六八八
綜覽・鬲鼎 六〇
流傳 美國盧芹齋舊藏
現藏 美國米里阿波里斯美術館(皮斯柏

藏品）
來源　考古研究所藏

〇一一四二　倉鼎

字數　一
時代　殷
著録　總集 〇一一六
　　　録遺 二五
來源　録遺

〇一一四三　□鼎

字數　一
時代　殷
著録　未見
現藏　上海博物館
來源　上海博物館提供

〇一一四四　亞鼎

字數　一
時代　西周中期
著録　總集 〇一五三
　　　陝青 一・一七六
　　　文物 一九七六年五期四三頁
　　　圖二七
　　　綜覽・鼎 二八〇
出土　一九七五年陝西岐山縣董家村
　　　一號銅器窖藏
流傳　岐山縣博物館
來源　考古研究所藏

〇一一四五　亞鼎

字數　一
時代　殷
著録　總集 〇一〇〇
　　　三代 二・七・一〇
　　　西清 四・一六
　　　善齋 二・四
　　　貞續上 八・一
　　　續殷上 五・四
　　　善彝 二二
　　　小校 二・四・九
　　　彙編 八・一〇八四
流傳　清宮、劉體智舊藏
現藏　英國牛津雅士莫里博物館（彙編）
來源　考古研究所藏

〇一一四六　亞鼎

字數　一
時代　西周早期
著録　總集 〇一〇一
　　　三代 二・七・九
　　　貞松 二・五・三
　　　小校 二・四・一〇
　　　武英 一七
　　　續殷上 五・三
　　　故圖下下 一六
　　　商圖 一五
流傳　承德避暑山莊舊藏（貞松）
現藏　臺北故宮博物院
來源　考古研究所藏
備注　續殷拓本倒置

〇一一四七　亞鼎

字數　一
時代　殷
著録　總集 〇一〇二
　　　美集録 R 四四七
流傳　盧芹齋舊藏
來源　考古研究所藏

〇一一四八　舟鼎

字數　一
時代　殷
著録　總集 〇一五一
　　　學報 第五册圖版肆伍 五
　　　綜覽・鬲鼎 三三
出土　一九五〇年安陽武官村墓葬（W八）
現藏　中國歷史博物館
來源　考古研究所拓

〇一一四九　車鼎

字數　一
時代　西周晚期
著録　總集 〇一一二
　　　文叢 二・二四圖一〇
　　　陝青 四・一七八
出土　一九七〇年陝西乾縣薛禄鎮
現藏　陝西省博物館
來源　文叢

〇一一五〇　車鼎

字數　一
時代　殷
著録　未見
現藏　北京故宮博物院
來源　考古研究所拓
備注　花紋、銘文皆填漆，銘文中一輪
　　　偏離右上角，爲錯範所致

〇一一五一　□鼎

字數　一
時代　殷
著録　總集 〇一二〇
　　　録遺 二九
來源　録遺

〇一一五二　□鼎

字數　一
時代　殷
著録　總集 〇一二一
　　　美集録 R 二三
　　　彙編 九・一七九二
　　　三代補 二三
現藏　美國紐約大都會美術博物館（彙編）
來源　A、彙編；
　　　B、考古研究所藏

〇一一五三　□鼎

字數　一
時代　殷
著録　總集 〇〇八六
　　　三代 二・七・四
來源　三代

〇一一五四　□鼎

字數　一
時代　殷
著録　總集 〇〇八八
　　　三代 二・七・五
　　　小校 二・一・七
現藏　上海博物館
來源　三代

〇一一五五　□鼎

字數　一
時代　西周早期
著録　總集 〇〇八九
　　　三代 二・七・六
　　　小校 二・一・六
來源　三代

〇一一五六　□鼎

字數　一
時代　殷
著録　總集 〇〇九一
　　　陝青 三・一六二
出土　一九七七年陝西隴縣韋家莊墓葬
現藏　寶鷄市博物館
來源　考古研究所拓

〇一一五七　□鼎

字數　一

時代 西周早期
著録 總集 〇〇九〇
日精華 三・二〇〇
彙編 九・一四九九
三代補 六六一
流傳 日本東京文明商會舊藏
來源 彙編

〇一一五八 [illegible]鼎
字數 一
時代 殷
著録 總集 〇〇八二
三代 二・七・二
陶齋 一・一八
續殷上 七・六
美集録 R 五九
歐精華 二・八八
銅玉 圖七〇r
柏景寒 一四九頁
彙編 九・一四八六
綜覽・鼎 一一九
流傳 端方、盧芹齋舊藏
現藏 美國芝加哥美術館
來源 考古研究所藏

〇一一五九 [illegible]鼎
字數 一
時代 殷
著録 總集 〇〇八四
三代 二・七・三
貞松 二・三・三
流傳 丁彼農舊藏（羅表）
來源 三代

〇一一六〇 [illegible]鼎
字數 一
時代 殷
著録 總集 〇〇八五
美集録 R 六〇
彙編 九・一四八七
綜覽・鬲鼎 四七
流傳 盧芹齋舊藏
現藏 美國伏曼氏
來源 考古研究所藏

〇一一六一 [illegible]鼎
字數 一
時代 殷
著録 學報一九八一年四期五一三頁圖一五・一
殷青 五八・八
出土 河南安陽殷墟一七號墓（M一七：四）
現藏 考古研究所安陽工作站
來源 考古研究所拓

〇一一六二 [illegible]方鼎
字數 一
時代 殷
著録 總集 〇〇八三
文叢 三 圖版 八・一
山西珍品 一九
山西精華 三
青全 四・二一
出土 一九七六年山西靈石縣旌介村墓葬（M一：二）
現藏 山西省考古研究所
來源 文叢

〇一一六三 [illegible]方鼎
字數 一
時代 殷
著録 總集 〇一一三
録遺 二四
故青 八七
流傳 德人楊寧史舊藏
現藏 北京故宮博物院
來源 考古研究所拓

〇一一六四 [illegible]方鼎
字數 一
時代 殷
著録 總集 〇一一四
美集録 R 一七
彙編 九・一五一八
綜覽・方鼎 三三
三代補 一七
流傳 盧芹齋舊藏
現藏 美國紐約大都會美術博物館
來源 考古研究所藏

〇一一六五 [illegible]鼎
字數 一
時代 殷
著録 故青 八六
出土 傳安陽出土
現藏 北京故宮博物院
來源 考古研究所拓
備注 扁足

〇一一六六 宁鼎
字數 一
時代 殷
著録 總集 〇〇九七
三代 二・七・八
冠斝上 三
綜覽・鼎 七七
來源 三代
備注 冠斝銘文倒置

〇一一六七 貯鼎
字數 一
時代 殷
著録 總集 〇〇九八
彙編 九・一五一九
布倫戴奇（一九七七）圖五
三代補 八二八
現藏 美國舊金山亞洲美術博物館（布倫戴奇藏品）
來源 彙編

〇一一六八 買鼎
字數 一
時代 殷
著録 總集 〇〇七四
三代 二・六・七
攈古 一・一・二
殷存上 一・四
流傳 吳式芬舊藏（雙虞壺齋藏器目）
來源 陳邦懷先生藏

〇一一六九 [illegible]鼎
字數 一
時代 殷
著録 總集 〇〇九二
三代 二・七・七
來源 陳邦懷先生藏

〇一一七〇 [illegible]鼎
字數 一
時代 殷
著録 總集 〇〇九四
録遺 二三
來源 録遺

〇一一七一 [illegible]鼎
字數 一
時代 殷
著録 綜覽・鼎 九〇
來源 綜覽

○一一七二 □鼎
字數 一
時代 殷
著録 總集 ○○九五、○○九六
美集録 R五○一(附)
彙編 九・一六二五
三代補 五○一
現藏 美國火奴魯魯美術學院
來源 考古研究所藏

○一一七三 □鼎
字數 一
時代 殷
著録 總集 ○○九三
録遺 二二
青全 二・三一
上海(二○○四) 五○
現藏 上海博物館
來源 録遺

○一一七四 □鼎
字數 一
時代 殷
著録 總集 ○○六八
三代 二・五・一二
來源 三代

○一一七五 壴鼎
字數 一
時代 西周早期
著録 總集 ○○六七
三代 二・六・一
貞松 二・二・二
尊古 一・一四
通考 七
流傳 姚覲元舊藏(羅表)
來源 考古研究所藏

○一一七六 □鼎
字數 一
時代 殷
著録 總集 補二
古器物研究專刊 第四本圖版五
綜覽・鼎 六一
出土 一九三五年安陽侯家莊西北岡一五五○號大墓
現藏 歷史語言研究所
來源 古器物研究專刊

○一一七七 □鼎
字數 一
時代 殷或西周早期
著録 總集 ○○八○
出光(十五周年) 三九四頁一四
彙編 九・一四六四
三代補 七八六
綜覽・鼎 一二九
中藝 圖二拓二
現藏 日本東京出光美術館
來源 彙編

○一一七八 □鼎
字數 一
時代 殷
著録 西清 三・八
流傳 清宮舊藏
來源 西清

○一一七九 □鼎
字數 一
時代 殷
著録 總集 ○○七六(五五一七)
三代 二・六・八(又一一・四○・一)
懷米上 三
攈古 一・一・三
綴遺 五・一○・二
敬吾上 三六・八
殷存上 一・一
小校 二・一・五(又四・六九・二)
流傳 曹秋舫、潘季玉舊藏(攈古録、綴遺)
來源 考古研究所藏
備注 三代、小校重出誤作罍

○一一八○ □鼎
字數 一
時代 殷
著録 總集 ○○七七
三代 二・六・九
貞續上 八・二
續殷上 七・四
流傳 劉體智舊藏(羅表)
來源 考古研究所藏

○一一八一 □鼎
字數 一
時代 殷
著録 總集 ○○八一
三代 二・七・一
陶齋 一・一九
續殷上 七・五
流傳 端方舊藏
來源 三代

○一一八二 □鼎
字數 一(兩耳同銘)
時代 殷
著録 總集 ○○七九
三代 二・六・一一～一二
來源 考古研究所藏

○一一八三 □鼎
字數 一
時代 西周早期
著録 未見
來源 傳大卣同志藏

○一一八四 □鼎
字數 一
時代 西周早期
著録 綜覽・鼎 一六五
來源 綜覽

○一一八五 □鼎
字數 一
時代 西周早期
著録 綜覽・方鼎 六八
來源 綜覽

○一一八六 □鼎
字數 一
時代 西周早期
著録 博古 三・七
薛氏 七七・四
嘯堂 一五
來源 嘯堂

○一一八七 □鼎
字數 一
時代 西周早期
著録 薛氏 七・四
來源 薛氏
備注 銘文倒鑄

○一一八八 鼎鼎
字數 一
時代 西周早期
著録 彙編 九・一六一○
現藏 日本奈良天理參考館?
來源 彙編

○一一八九 鼎鼎
字數 一

時代 西周早期
著録 總集 〇〇三二
三代 二・三・五
窓齋 三・二
奇觚 一・二
殷存上 一・二
簠齋 鼎一九
小校 二・一・一
流傳 陳介祺、李山農舊藏(羅表)
來源 考古研究所藏

〇一一九〇 鼎鼎
字數 一
時代 西周早期
著録 考古與文物 一九八二年四期 二三頁圖一四・一
出土 一九七九年陝西鳳翔縣南指揮西村(七九M四二:五)
現藏 鳳翔雍城考古隊
來源 考古研究所拓

〇一一九一 □鼎
字數 一
時代 殷
著録 總集 〇〇五一
三代 二・三・六
貞續上 七・二
續殷上 七・八
小校 二・一・一
流傳 徐乃昌舊藏(貞續)
來源 陳邦懷先生藏

〇一一九二 □鼎
字數 一
時代 殷
著録 彙編 九・一五八七
來源 彙編

〇一一九三 勹方鼎
字數 一
時代 殷
著録 鄴三上 一三
鐃齋 五
綜覽・方鼎 一二
現藏 德國科隆東亞博物館
來源 鄴三

〇一一九四 中鼎
字數 一
時代 西周早期
著録 西甲 一・四四
流傳 清宮舊藏
來源 西甲

〇一一九五 戈鼎
字數 一
時代 殷
著録 總集 〇〇四一
美集録 R 四六
盧氏(一九四〇) 圖版六(NO・四)
流傳 盧芹齋舊藏
現藏 美國柏弗羅科學博物館借陳赫伊特藏品
來源 考古研究所藏

〇一一九六 戈鼎
字數 一
時代 殷
著録 總集 〇〇三五
三代 二・三・一〇
貞松 二・二・四
小校 二・二・六
來源 三代

〇一一九七 戈鼎
字數 一
時代 殷
著録 綜覽・鼎 一三七
現藏 美國克里夫蘭美術博物館
來源 綜覽

〇一一九八 戈鼎
字數 一
時代 西周早期
著録 總集 〇〇四二
陝圖 七二
出土 陝西涇陽縣北原
流傳 陝西省圖書館舊藏(分域)
現藏 陝西省博物館
來源 陝西省博物館提供

〇一一九九 戈鼎
字數 一
時代 殷
著録 博古 一・四〇
薛氏 六・二
嘯堂 五
來源 嘯堂

〇一二〇〇 戈鼎
字數 一
時代 殷
著録 未見
現藏 北京故宮博物院
來源 考古研究所拓

〇一二〇一 戈鼎
字數 一
時代 殷
著録 總集 〇〇四〇
三代 二・四・三
貞松 二・三
來源 三代

〇一二〇二 戈鼎
字數 一
時代 殷
著録 總集 〇〇三八
三代 二・四・一
殷存上 一・七
來源 考古研究所藏

〇一二〇三 戈鼎
字數 一
時代 殷
著録 總集 〇〇三四
三代 二・三・九
貞續上 七
現藏 北京故宮博物院
來源 考古研究所拓

〇一二〇四 戈鼎
字數 一
時代 殷
著録 總集 〇〇三七
三代 二・三・一二
貞松 二・二・三
武英 二〇
續殷上 四・七
通考 三〇
小校 二・二・七
故圖下下 二五
流傳 承德避暑山莊舊藏
現藏 臺北故宮博物院
來源 考古研究所藏

〇一二〇五 戈鼎
字數 一
時代 西周早期
著録 寶鷄 六〇頁圖四七・二
出土 陝西寶鷄市竹園溝西周墓(M一三:一七)

現藏 寶鷄市博物館
來源 寶鷄市博物館提供

○二二○六 戈鼎
字數 一
時代 殷
著録 總集 ○○三九
三代 二・四・二
綴遺 五・五・一
殷存上 一・六
流傳 丁筱農舊藏(羅表)
來源 考古研究所藏

○二二○七 戈鼎
字數 一
時代 殷
著録 總集 ○○三六
三代 二・三・一
綴遺 五・四・二
貞松 二・三・一
續殷上 四・八
流傳 溥倫、丁樹楨舊藏
現藏 山東省博物館
來源 考古研究所藏

○二二○八 戠鼎
字數 一
時代 殷
著録 雙古上 二
流傳 于省吾舊藏
來源 雙古

○二二○九 戠鼎
字數 一
時代 殷
著録 弗里爾(一九六七)一七九頁
彙編 九・一五四二
三代補 五三三
綜覽・鬲鼎 四六
現藏 美國華盛頓弗里爾美術陳列館
來源 彙編

○二二一○ 戠鼎
字數 一
時代 殷
著録 總集 ○一○六
録遺 一七
故青 一七
流傳 德人楊寧史舊藏
現藏 北京故宮博物院
來源 考古研究所拓

○二二一一 戠鼎
字數 一
時代 殷
著録 總集 ○一○五
婦好墓 五七頁圖三七・四
綜覽・扁足鼎 五
殷青 圖五一・八
出土 一九七六年安陽殷墟五號墓(M五:一一七三)
現藏 中國歷史博物館(考古研究所寄陳)
來源 考古研究所拓

○二二一二 爻鼎
字數 一
時代 殷
著録 未見
現藏 上海博物館
來源 上海博物館提供

○二二一三 [illegible]鼎
字數 一
時代 殷
著録 總集 ○○三三
三代 二・三・七
貞圖上 四
續殷上 四・九
來源 考古研究所藏

○二二一四 弓鼎
字數 一
時代 殷或西周早期
著録 未見
出土 陝西郿縣禮村
現藏 岐山縣博物館
來源 岐山縣博物館提供

○二二一五 葡鼎
字數 一
時代 殷
著録 總集 ○一二四
録遺 三二
現藏 北京故宮博物院
來源 考古研究所拓

○二二一六 葡鼎
字數 一
時代 殷
著録 鄴三上 一五
綜覽・扁足鼎 一二
出土 傳出安陽
來源 鄴三

○二二一七 葡鼎
字數 一
時代 殷
著録 鄴三上 一六
綜覽・鼎 五四
燕園 四八
出土 傳出安陽
現藏 北京大學賽克勒考古與藝術博物館
來源 鄴三

○二二一八 [illegible]鼎
字數 一
時代 殷或西周早期
著録 總集 ○一二五
録遺 三二
流傳 張瑋舊藏
現藏 首都博物館
來源 首都博物館提供

○二二一九 告鼎
字數 一
時代 春秋
著録 總集 ○一五五
考古 一九七三年一期三○頁
圖二
廣西出土文物 五頁
出土 廣西恭城縣秧家村
現藏 廣西壯族自治區博物館
來源 考古編輯部檔案

○二二二○ 舌方鼎
字數 一
時代 殷
著録 總集 ○○六九
三代 二・六・二
尊古 一・一三
鄴二上 三
通考一
美集録 R二
中國圖符 六
彙編 九・一七三三
出土 出于安陽(通考)
現藏 美國納爾遜美術陳列館
來源 考古研究所藏
備注 尊古誤以爲圓鼎(○二二二一)之拓

○二二二一 舌鼎
字數 一

時代 殷
著録 鄴二上四
出土 傳出安陽
來源 鄴二

〇一二二二 耳鼎
字數 一
時代 殷
著録 總集 〇二九六
使華 二
彙編 九·一四二八
三代補 七五二
綜覽·鼎 一三三
出土 安陽出土
流傳 德國陶德曼舊藏
來源 使華
備注 耳字上有兩點，可能是銹斑，今以一字計

〇一二二三 耶鼎
字數 一
時代 殷
著録 未見
來源 考古研究所藏

〇一二二四 [illegible]鼎
字數 一
時代 殷
著録 鄴三上六
出土 傳出安陽
來源 鄴三

〇一二二五 息鼎
字數 一
時代 殷
著録 未見
出土 一九八〇年河南羅山縣蟒張墓葬(M二八：一〇)
現藏 信陽地區文物管理委員會
來源 信陽地區文物管理委員會提供

〇一二二六 息鼎
字數 一
時代 殷
著録 總集 〇〇〇四
考古 一九八一年二期一一八頁圖一〇·一
出土 一九八〇年河南羅山縣蟒張墓葬(M五)
現藏 信陽地區文物管理委員會
來源 考古編輯部檔案

〇一二二七 息鼎
字數 一
時代 殷
著録 中原文物 一九八一年四期七頁圖四·四
出土 一九八〇年河南羅山縣蟒張墓葬(M二八：一二)
現藏 信陽地區文物管理委員會
來源 中原文物

〇一二二八 需鼎
字數 一
時代 殷
著録 總集 〇〇七二
三代 二·六·三
續殷上 四·六
流傳 至德周氏舊藏(分域)
來源 陳邦懷先生藏

〇一二二九 需鼎
字數 一
時代 殷
著録 總集 〇〇七一
三代 二·六·四
貞松 二·五·一
善齋 二·三
續殷上 四·四
小校 二·四·四
雙古上 五
綜覽·鼎 一五八
出土 此器近出洛陽(貞松)
現藏 劉體智、于省吾舊藏
來源 考古研究所藏

〇一二三〇 [illegible]鼎
字數 一
時代 殷
著録 總集 補三
古器物研究專刊 第四本圖版一七
綜覽·鼎 八一
青全 二·一五
出土 一九三五年安陽侯家莊西北岡一四三五號大墓(祭祀坑)
現藏 歷史語言研究所
來源 古器物研究專刊

〇一二三一 [illegible]鼎
字數 一
時代 西周早期
著録 辭典 三二八
故青 一〇七
出土 傳出陝西寶鷄
流傳 李德全舊藏
現藏 北京故宫博物院
來源 考古研究所拓

〇一二三二 [illegible]鼎
字數 一
時代 西周早期
著録 上海(二〇〇四) 二〇九
流傳 上海博物館
來源 上海博物館提供

〇一二三三 中方鼎
字數 一
時代 西周早期
著録 總集 〇一四八
陝青 三·一六七
出土 一九六三年陝西隴縣南村西周墓葬
現藏 陝西隴縣文化館
來源 陝青

〇一二三四 [illegible]鼎
字數 一
時代 殷或西周早期
著録 上海(二〇〇四) 二一〇
流傳 上海博物館
來源 考古研究所拓

〇一二三五 主鼎
字數 一
時代 殷
著録 總集 〇一四〇
美集録 R 一一四
流傳 盧芹齋舊藏
來源 考古研究所藏
備注 此銘暫從主字説

〇一二三六 平鼎
字數 一
時代 戰國中期或晚期
著録 總集 〇一五六
文物 一九七五年六期七四頁圖一二
出土 陝西咸陽市塔兒坡
流傳 咸陽市博物館
來源 考古研究所拓
備注 銘文在一耳外側

〇一二三七 [illegible]鼎

字數 一
時代 殷
著録 考古圖 一・二三
出土 得于鄴郡漳河之濱
流傳 鄴郡李氏舊藏
來源 考古圖

〇一二三八 [illegible]方鼎

字數 一
時代 殷
著録 西拾 三
寧壽 一・三九
流傳 清宮舊藏
來源 西拾

〇一二三九 [illegible]鼎

字數 一
時代 西周早期
著録 考古與文物 一九八四年五期
一〇頁圖二・一
出土 一九五六年岐山縣賀家村
現藏 岐山縣博物館
來源 考古與文物編輯部提供

〇一二四〇 [illegible]鼎

字數 一
時代 西周早期
著録 未見
流傳 上海博物館
來源 上海博物館提供

〇一二四一 S鼎

字數 一
時代 春秋
著録 未見
出土 傳出西安
現藏 北京故宮博物院
來源 考古研究所拓

備注 銘文在腹内底部，腹部及耳上均
飾S紋

〇一二四二 [illegible]方鼎

字數 一
時代 西周早期
著録 考古與文物 一九八三年六期七頁
圖四・三
現藏 寶鷄市博物館
來源 考古與文物

〇一二四三 [illegible]鼎

字數 一
時代 西周早期
著録 考古 一九八二年六期六六五頁
圖二
出土 山西屯留縣城郊
現藏 長治市博物館
來源 考古編輯部檔案

〇一二四四 𠂤鼎

字數 一
時代 殷
著録 總集 〇一四四
弗里爾(一九六七)一六三頁
彙編 九・一七二八
三代補 五三二
現藏 美國華盛頓弗里爾美術陳列館
來源 彙編

〇一二四五 束鼎

字數 一
時代 殷
著録 未見
流傳 頤和園舊藏
現藏 北京故宮博物院
來源 考古研究所拓

〇一二四六 束鼎

字數 一
時代 殷
著録 考古圖 一・四
博古 一・一二
薛氏 五
嘯堂 三・一
出土 得于京師(考古圖)
流傳 李伯時舊藏(考古圖)
來源 嘯堂

〇一二四七 束鼎

字數 一
時代 殷
著録 未見
現藏 北京故宮博物院
來源 考古研究所拓

〇一二四八 [illegible]鼎

字數 一
時代 殷
著録 總集 〇〇〇三
三代 二・一・二
殷存上 一・一〇
流傳 潘祖蔭舊藏(羅表)
現藏 北京故宮博物院
來源 考古研究所拓

〇一二四九 [illegible]鼎

字數 一
時代 西周晚期或春秋早期
著録 綜覽・鼎 三三六
薩克勒(西周)二二一
現藏 美國華盛頓薩克勒美術館
來源 考古研究所藏

〇一二五〇 [illegible]鼎

字數 一
時代 戰國晚期
著録 金石書畫 七一期第四版左
流傳 龍游余氏寒柯堂舊藏
來源 金石書畫
備注 另有一器與此同銘，未見著録，
銘在脣部

〇一二五一 且乙鼎

字數 二
時代 殷
著録 總集 〇一九五
三代 二・一〇・二
殷存上 二・七
小校 二・七・一
流傳 潘祖蔭舊藏(小校)
來源 三代

〇一二五二 且乙鼎

字數 二
時代 殷
著録 總集 〇一九四
筠清 二・一
攈古 一・一・二二
流傳 吳榮光舊藏
來源 攈古

〇一二五三 且戊鼎

字數 二
時代 殷
著録 總集 〇一九六
三代 二・一〇・三
夢郼上 五
續殷上 八・六
小校 二・七・二
流傳 羅振玉舊藏
來源 考古研究所藏

〇一二五四 且辛鼎

字數 二

時代 殷或西周早期
著録 彙編 七・九三〇
現藏 美國紐約私人收藏
來源 彙編

〇一二五五 父丁鼎
字數 二
時代 西周早期
著録 總集 〇一九七
三代 二・一〇・四
貞補上 三・一
流傳 萍鄉文氏寅齋舊藏(貞補)
來源 三代

〇一二五六 父丁鼎
字數 二
時代 西周早期
著録 未見
流傳 上海博物館
來源 上海博物館提供

〇一二五七 父戊鼎
字數 二
時代 殷
著録 總集 〇一九九
三代 二・一〇・五
殷存上 二・九
流傳 王懿榮舊藏
來源 考古研究所藏

〇一二五八 父戊鼎
字數 二
時代 殷
著録 總集 〇二一五
三代 二・一一・五
貞續上 九・四
來源 三代

〇一二五九 父戊方鼎
字數 二
時代 殷
著録 總集 〇二〇〇
三代 二・一〇・六
奇觚 一・一六
殷存上 二・八
小校 二・七・四
辭典 〇三七
青全 二・四八
上海(二〇〇四) 六三
流傳 潘祖蔭舊藏(奇觚)
現藏 上海博物館
來源 三代

〇一二六〇 父己鼎
字數 二
時代 殷
著録 總集 〇二〇一
三代 二・一〇・七
西乙 一・一
寶蘊 六
貞松 二・七・三
續殷上 八・八
故圖下下 三九
流傳 瀋陽故宮舊藏(貞松)
現藏 臺北故宮博物院
來源 考古研究所藏

〇一二六一 父己鼎
字數 二
時代 西周早期
著録 總集 〇二〇二
三代 二・一〇・八
善齋 二・七
續殷上 八・九
小校 二・七・六
流傳 劉體智舊藏
來源 三代

〇一二六二 父己鼎
字數 二
時代 西周早期
著録 總集 〇二〇三
三代 二・一〇・九
移林 三
續殷上 八・七
小校 二・七・五
流傳 丁麟年舊藏
來源 三代

〇一二六三 父己鼎
字數 二
時代 殷或西周早期
著録 總集 〇二〇四
三代 二・一〇・一〇
殷存上 二・一〇
善齋 二・六
小校 二・七・七
流傳 劉體智舊藏
來源 考古研究所藏

〇一二六四 父己鼎
字數 二
時代 殷
著録 鄴三上 一〇
綜覽・鼎 五九
出土 傳出安陽
現藏 首都博物館
來源 考古研究所藏

〇一二六五 父己方鼎
字數 二
時代 殷
著録 總集 〇二〇五
考古 一九六四年一期五九二頁圖一・三
河南 一・三二四
綜覽・方鼎 二〇
青全 二・四九
出土 安陽
現藏 新鄉市博物館
來源 考古編輯部檔案

〇一二六六 父己鼎
字數 二
時代 殷
著録 未見
現藏 北京故宮博物院
來源 考古研究所拓

〇一二六七 父辛鼎
字數 二
時代 殷
著録 總集 〇二〇八
三代 二・一〇・一二
愙齋 三・一三・二
綴遺 三・四・一
續殷上 八・一〇
小校 二・八・二
流傳 器新出，見於蘇州(綴遺)、徐士愷舊藏(羅表)
現藏 中國歷史博物館
來源 考古研究所拓

〇一二六八 父辛鼎
字數 二
時代 殷
著録 鄴初上 八
十二尊 五
綜覽・鼎 五〇
出土 傳出安陽

來源 考古研究所藏

〇一二六九 父辛鼎

字數 二
時代 殷
著録 未見
現藏 北京故宮博物院
來源 考古研究所拓

〇一二七〇 父辛方鼎

字數 二
時代 西周早期
著録 總集 〇二〇六
三代 二·一〇·一一
窓齋 三·七·二
奇觚 一·五·三
殷存上 二·一一
小校 二·八·一
流傳 潘祖蔭舊藏(奇觚)，後歸李蔭軒
現藏 上海博物館
來源 三代

〇一二七一 父辛方鼎

字數 二
時代 西周早期
著録 總集 〇二〇九
陝青 三·一九〇
綜覽·方鼎 四九
出土 一九五七年陝西郿縣鳳池村
現藏 郿縣文化館
來源 考古與文物編輯部提供

〇一二七二 壬父鼎

字數 二
時代 殷
著録 總集 〇二一〇
三代 二·一一·一
善齋 三·八
貞續上 一〇·一
續殷上 八·二
小校 二·八·三
流傳 劉體智舊藏
來源 考古研究所藏

〇一二七三 父癸鼎

字數 二
時代 西周早期
著録 總集 〇二一二
三代 二·一一·三
綴遺 三·四·二
貞續上 一〇·二
小校 二·八·四
流傳 劉體智舊藏
來源 三代

〇一二七四 父癸鼎

字數 二
時代 西周早期
著録 總集 〇二一四
彙編 七·九二九
現藏 美國普林斯頓大學博物館(卡特氏藏品)
來源 彙編

〇一二七五 父癸方鼎

字數 二
時代 殷
著録 總集 〇二一一
三代 二·一一·二
攈古 一·一·二〇
綴遺 三·五·一
殷存上 二·一二
流傳 吳式芬舊藏(雙虞壺齋藏器目)
來源 考古研究所藏

〇一二七六 父癸鼎

字數 二
時代 殷
著録 鄴二上 七
出土 安陽出土
來源 鄴二

〇一二七七 父癸鼎

字數 二
時代 殷或西周早期
著録 未見
現藏 上海博物館
來源 考古研究所拓

〇一二七八 父癸鼎

字數 二
時代 西周早期
著録 總集 〇二一三
三代 二·一一·四
奇觚 一·三·二
續殷上 九·一
小校 二·八·五 (又七·五六·二)
來源 考古研究所藏
備注 小校重出誤作毁

〇一二七九 父癸鼎

字數 二
時代 西周早期
著録 琉璃河 一一四頁圖七七
出土 一九七五年北京市琉璃河西周墓(M二五一：二四)
現藏 首都博物館
來源 考古研究所拓

〇一二八〇 文父方鼎

字數 存二
時代 殷
著録 蘇黎世(一九七五~一九七六)四
現藏 瑞士蘇黎世瑞列保博物館
來源 蘇黎世

〇一二八一 母乙鼎

字數 二
時代 殷
著録 總集 〇二九五
三代 二·一六·一
小校 二·九·三
來源 三代

〇一二八二 癸母鼎

字數 二
時代 殷
著録 未見
現藏 北京故宮博物院
來源 考古研究所藏

〇一二八三 乙鼎

字數 二
時代 西周
著録 薛氏 八·四
來源 薛氏

〇一二八四 乙手鼎

字數 二
時代 殷
著録 考古圖 一·二二
博古 一·一四~一五
薛氏 一·八
嘯堂 三
續考 二·一三
出土 得于鄴郡亶甲城(考古圖)
流傳 河南文氏舊藏(考古圖)
來源 嘯堂

〇一二八五 酉乙鼎

字數 二

時代 殷
著録 總集 〇二三八
三代 二・一一・一二
美集録 R 二〇四
中國圖符 四八
皮斯柏 圖八
三代補 二〇四
綜覽・鼎 八七
流傳 盧芹齋舊藏
現藏 美國米里阿波里斯美術館（皮斯柏藏品）（彙編）
來源 考古研究所藏

〇一二八六 [illegible]乙鼎
字數 二
時代 殷
著録 總集 〇二三七
美集録 R 二四三
三代補 二四三
彙編 八・一六〇三
流傳 美國山中商會舊藏
現藏 美國哈佛大學福格美術博物館
來源 考古研究所藏

〇一二八七 乙戎鼎
字數 二
時代 殷
著録 總集 〇二〇三
三代 二・三一・二
貞補上 六・一
小校 二・二一・五
彙編 九・一五五〇
綜覽・鼎 六五
出土 往歲出洛陽，近在都市（貞補），河南彰德出土（羅表）
現藏 美國普林斯頓大學博物館（卡特氏藏品）（彙編）
來源 考古研究所藏

〇一二八八 丁鼎
字數 二
時代 殷
著録 總集 〇二五〇
三代 二・一二・一〇
貞補上 三・二
來源 三代

〇一二八九 丁𦎧鼎
字數 二
時代 殷
著録 總集 〇二四〇
三代 二・三一・三
西清 三・三七
殷存上 五・三
流傳 清宮、王錫棨舊藏
來源 三代

〇一二九〇 弔丁鼎
字數 二
時代 殷
著録 總集 〇二三九
三代 二・一二・一
鄴初上 一一
續殷上 九・六
出土 傳出安陽
現藏 英國
來源 考古研究所藏

〇一二九一 [illegible]戊鼎
字數 二
時代 殷或西周早期
著録 未見
現藏 北京故宮博物院
來源 考古研究所拓

〇一二九二 己𦎧鼎
字數 二
時代 殷
著録 寧壽 一・一
流傳 清宮舊藏
來源 寧壽

〇一二九三 戈己鼎
字數 二
時代 殷或西周早期
著録 總集 〇二四二
三代 二・一二・二
貞續上 一〇・三
續殷上 一一・二
來源 三代

〇一二九四 己[illegible]鼎
字數 二
時代 殷
著録 總集 〇二三六
三代 二・一二・三
西乙 一・三二
寶蘊 五
貞松 二・八
故圖下下 二七
商圖 九
流傳 瀋陽故宮舊藏（貞松）
現藏 臺北故宮博物院
來源 考古研究所藏

〇一二九五 [illegible]己鼎
字數 二
時代 殷
著録 未見
來源 考古研究所藏

〇一二九六 辛𦎧鼎
字數 二
時代 殷或西周早期
著録 總集 〇二八三
三代 二・一五・一〇
西清 三・三八
流傳 清宮舊藏
來源 考古研究所藏

〇一二九七 𦎧青鼎
字數 二
時代 殷
著録 西甲 一・二七
流傳 清宮舊藏
來源 西甲
備注 容庚疑僞。青字所摹疑有筆誤

〇一二九八 [illegible]辛鼎
字數 二
時代 殷
著録 總集 〇二四三
三代 二・一一・五
貞松 二・七・四
上海（二〇〇四）六四
現藏 上海博物館
來源 三代

〇一二九九 [illegible]壬鼎
字數 二
時代 西周早期
著録 總集 〇一五〇
考古 一九七六年一期四二頁
圖五・三
綜覽・鼎 一六三
青全 六・一八四
出土 甘肅靈臺縣洞山一號墓（M一：六）
現藏 靈臺縣文化館
來源 考古編輯部檔案

〇一三〇〇 正癸鼎

字數 一
時代 殷
著録 總集 〇二四五
三代 二・一二・八
冠斝上 八
來源 三代
流傳 榮厚舊藏

〇一三〇一 子妥鼎
字數 二
時代 殷
著録 總集 〇二二二
三代 二・一一・九
續殷上 九・四
十二尊 五～六
鄴初上 九
通考 二〇
彙編 七・九二三
綜覽・鼎 七九
商圖 二
出土 安陽
現藏 黄濬舊藏
來源 考古研究所藏

〇一三〇二 子妥鼎
字數 二
時代 殷
著録 總集 〇二二三
三代 二・一一・一〇
來源 三代

〇一三〇三 子妥鼎
字數 二
時代 殷
著録 巴布選 一九一頁圖一
現藏 法國巴黎基美博物館
來源 巴布選

〇一三〇四 子妥鼎
字數 二
時代 殷
著録 未見
現藏 北京故宫博物院
來源 考古研究所拓
備注 妥字寫法近于奴字，暫釋爲妥

〇一三〇五 子妥鼎
字數 二
時代 殷
著録 未見
現藏 首都師範大學歷史博物館
來源 考古研究所拓

〇一三〇六 子韓鼎
字數 二
時代 殷
著録 總集 〇二二五
録遺 三七
來源 録遺

〇一三〇七 子韓鼎
字數 二
時代 殷
著録 總集 〇二二六
録遺 三八
來源 録遺

〇一三〇八 子韓鼎
字數 二
時代 殷
著録 懷履光（一九五六）一五〇頁A
綜覽・鼎 一二五
出土 河南輝縣
現藏 加拿大多倫多安大略博物館
來源 懷履光

〇一三〇九 子要鼎
字數 二
時代 殷
著録 使華 五
彙編 八・一二二五
綜覽・扁足鼎 一九
三代補 七五三
出土 安陽（使華）
流傳 德國陶德曼舊藏
來源 彙編

〇一三一〇 子廟鼎
字數 二
時代 殷或西周早期
著録 總集 〇二二一
三代 二・一一・八
貞松 二・八
綴遺 五・二一
來源 三代
流傳 日本小川氏舊藏（羅表）

〇一三一一 子𣥫鼎
字數 二
時代 殷
著録 總集 〇二一九
三代 二・一一・七
貞松 二・八・三
貞圖上 八
續殷上 九・二
彙編 七・九二六
流傳 羅振玉舊藏
現藏 首都博物館
來源 考古研究所藏

〇一三一二 子𣥫鼎
字數 二
時代 殷
著録 總集 〇二二〇
美集録 R 五一一
三代補 五一一
現藏 美國紐約 Herbert Weinmann
來源 考古研究所藏

〇一三一三 子亯鼎
字數 二
時代 西周早期
著録 總集 〇二一八
三代 二・一一・六
西乙 一・三八
貞松 二・八・二
寶藴 一七
續殷上 九・三
藝展 九
通考 九
故圖下下 四六
流傳 瀋陽故宫舊藏
現藏 臺北故宫博物院
來源 考古研究所藏

〇一三一四 子亯方鼎
字數 二
時代 西周早期
著録 寶鷄 六〇頁圖四七・一
出土 陝西寶鷄市竹園溝西周墓葬（M一三：一九）
現藏 寶鷄市博物館
來源 寶鷄市博物館提供

〇一三一五 子乙鼎
字數 二
時代 殷
著録 總集 〇二一六
美集録 R 一〇八
彙編 八・一二二六
三代補 一〇八

綜覽・鼎 一二〇
現藏 美國火奴魯魯美術學院
來源 考古研究所藏

〇一三一六 子戊鼎
字數 二
時代 殷
著録 總集 〇二二四
録遺 三六

〇一三一七 子癸鼎
字數 二
時代 殷
著録 未見
現藏 遼寧省博物館
來源 考古研究所拓

〇一三一八 [illegible]鼎
字數 二
時代 殷或西周早期
著録 總集 〇一四七
文物 一九五九年二期三六頁
山西珍品 六六
出土 一九五八年長子縣西旺村
現藏 山西省博物館
來源 文物

〇一三一九 子[illegible]鼎
字數 二
時代 殷
著録 總集 〇二一七
銅玉 圖七〇e
中銅 七四頁
出光(十五周年) 三九四頁八
彙編 八・一二二〇
三代補 七八三
綜覽・鼎 一二八

中藝 圖一拓一
出土 傳出洛陽(銅玉)
現藏 日本東京出光美術館
來源 彙編

〇一三二〇 婦好鼎
字數 二
時代 殷
著録 殷青 圖一〇五
出土 一九七六年安陽殷墟婦好墓
(M五:七五四)
現藏 考古研究所安陽工作站
來源 考古研究所拓

〇一三二一 婦好鼎
字數 二
時代 殷
著録 殷青 圖一〇二
出土 一九七六年安陽殷墟婦好墓
(M五:七五五)
現藏 考古研究所
來源 考古研究所拓

〇一三二二 婦好鼎
字數 二
時代 殷
著録 總集 〇三一〇
婦好墓 四〇頁圖二七・四
出土 一九七六年安陽殷墟婦好墓
(M五:七五六)
現藏 考古研究所安陽工作站
來源 考古研究所拓

〇一三二三 婦好鼎
字數 二
時代 殷
著録 未見
出土 一九七六年安陽殷墟婦好墓
(M五:七五八)
現藏 考古研究所安陽工作站
來源 考古研究所拓

〇一三二四 婦好鼎
字數 二
時代 殷
著録 總集 〇三一五
婦好墓 四〇頁圖二七・八
殷青 四四・七
出土 一九七六年安陽殷墟婦好墓
(M五:七六〇)
現藏 考古研究所
來源 考古研究所拓

〇一三二五 婦好鼎
字數 二
時代 殷
著録 總集 〇三一六
婦好墓 四〇頁圖二七・九
殷青 四四・一
出土 一九七六年安陽殷墟婦好墓
(M五:七六一)
現藏 考古研究所
來源 考古研究所拓

〇一三二六 婦好鼎
字數 二
時代 殷
著録 總集 〇三一三
婦好墓 四〇頁圖二七・六
綜覽・鼎 七二
殷青 四四・三
出土 一九七六年安陽殷墟婦好墓
(M五:七六二)
現藏 考古研究所
來源 考古研究所拓

〇一三二七 婦好墓
字數 二
時代 殷
著録 總集 〇三一一
婦好墓 四二頁圖二七・五
出土 一九七六年安陽殷墟婦好墓
(M五:八一四)
現藏 考古研究所
來源 考古研究所拓

〇一三二八 婦好鼎
字數 二
時代 殷
著録 總集 〇三一四
婦好墓 四〇頁圖二七・七
青全 二・六
出土 一九七六年安陽殷墟婦好墓
(M五:八一五)
現藏 考古研究所
來源 考古研究所拓

〇一三二九 婦好墓
字數 二
時代 殷
著録 總集 〇三一二
婦好墓 四〇頁圖二七・三
青全 二・四
出土 一九七六年安陽殷墟婦好墓
(M五:八二一)
現藏 考古研究所安陽工作站
來源 考古研究所拓

〇一三三〇 婦好墓
字數 二
時代 殷
著録 總集 〇三一七
婦好墓 四三頁圖二九・一

殷青 四四・六

出土 一九七六年安陽殷墟婦好墓（M五：八一六）

現藏 考古研究所

來源 考古研究所拓

〇一三三一 婦好墓

字數 二

時代 殷

著録 總集 〇三一八
婦好墓 四三頁圖二九・二
殷青 四四・五

出土 一九七六年安陽殷墟婦好墓（M五：八三二）

現藏 考古研究所

來源 考古研究所拓

〇一三三二 婦好鼎

字數 二

時代 殷

著録 總集 〇三一九
婦好墓 四三頁圖二九・三
綜覽・鼎 一三
殷青 四四・四
青全 二・七

出土 一九七六年安陽殷墟婦好墓（M五：七七五）

現藏 考古研究所安陽工作站

來源 考古研究所拓

〇一三三三 婦好墓

字數 二

時代 殷

著録 總集 〇三二〇
婦好墓 四三頁圖二九・四
綜覽・鼎 三八

出土 一九七六年安陽殷墟婦好墓（M五：八三五）

現藏 中國歷史博物館（考古研究所寄陳）

來源 考古研究所拓

〇一三三四 婦好鼎

字數 二

時代 殷

著録 總集 〇三二一
婦好墓 四三頁圖二九・五

出土 一九七六年安陽殷墟婦好墓（M五：七七六）

現藏 河南省博物館（考古研究所借陳）

來源 考古研究所拓

〇一三三五 婦好鼎

字數 二

時代 殷

著録 總集 〇三二二
婦好墓 四三頁圖二九・六

出土 一九七六年安陽殷墟婦好墓（M五：八一七）

現藏 考古研究所

來源 考古研究所拓

〇一三三六 婦好鼎

字數 二

時代 殷

著録 總集 〇三二三
婦好墓 四三頁圖二九・七
綜覽・扁足鼎 八
殷青 四四・八
青全 二・五三
辭典 三四

出土 一九七六年安陽殷墟婦好墓（M五：一一五〇）

現藏 考古研究所

來源 考古研究所拓

〇一三三七 婦好方鼎

字數 二

時代 殷

著録 總集 〇三二五
學報 一九七七年二期六五頁圖五・九
婦好墓 四〇頁圖二七・一
綜覽・扁足鼎 一一
銘文選 〇〇三
殷青 四三・四
美全 四・三〇
青全 二・四〇

出土 一九七六年安陽殷墟婦好墓（M五：八一三）

現藏 河南省博物館（考古研究所借陳）

來源 考古研究所拓

〇一三三八 婦好方鼎

字數 二

時代 殷

著録 總集 〇三〇九
婦好墓 四〇頁圖二七・二
綜覽・方鼎 三
殷青 四四・九

出土 一九七六年安陽殷墟婦好墓（M五：八三四）

現藏 中國歷史博物館（考古研究所寄陳）

來源 考古研究所拓

〇一三三九 婦好帶流鼎

字數 二

時代 殷

著録 總集 〇三二六
婦好墓 四三頁圖二九・九
綜覽・匜 一一

出土 一九七六年安陽殷墟婦好墓（M五：七六三）

現藏 考古研究所

來源 考古研究所拓

備注 此器有流有鋬耳，形似匜，或可稱匜鼎

〇一三四〇 婦旋鼎

字數 二

時代 殷

著録 總集 〇三〇八
録遺 四三

來源 録遺

〇一三四一 婦[illegible]鼎

字數 二

時代 殷或西周早期

著録 總集 〇三〇四
三代 二・三一・八

來源 三代

〇一三四二 婦[illegible]鼎

字數 二

時代 殷或西周早期

著録 總集 〇三〇五
三代 二・三一・一
積古 一・七・二
攈古 一・二・二
綴遺 三・九・二
奇觚 一六・二・一
周金 二・六六・六
小校 二・一〇・四

流傳 潘祖蔭舊藏（周金）

來源 三代

〇一三四三 婦[illegible]鼎

字數 二

時代 殷或西周早期

著録 周金 二・六六・五

考古 一九八六年九期八三五頁
圖二・八
流傳 潘祖蔭舊藏
現藏 北京清華大學圖書館
來源 考古研究所拓

〇一三四四 [旅皿]婦鼎
字數 二
時代 殷
著錄 總集 〇二六一
三代 二・一六・一
來源 三代

〇一三四五 [虍]公鼎
字數 二
時代 戰國
著錄 貞續上 一二・四
來源 貞續

〇一三四六 向公鼎
字數 二
時代 戰國
著錄 未見
來源 考古研究所藏

〇一三四七 公[夾火]鼎（公乘鼎）
字數 二
時代 戰國
著錄 總集 〇二九〇
三代 二・一六・六
貞松 二・九・三
希古 二・一
來源 三代

〇一三四八 國子鼎
字數 二（器蓋同銘）
時代 戰國早期
著錄 總集 〇五三〇
考古通訊 一九五八年六期五一
頁圖四
山東藏品 六九
青全 九・五
出土 山東省臨淄縣姚王村
現藏 山東省博物館
來源 考古研究所拓
備注 同出八鼎、六豆、二壺等。考古
通訊所發拓本倒置

〇一三四九 向斿子鼎
字數 二（又合文一，蓋耳同銘）
時代 戰國晚期
著錄 總集 〇二九三
三代 二・一六・七～八
貞補上 四・一～二
尊古 三・四七
來源 考古研究所藏
備注 斿子合文或釋爲孝子

〇一三五〇 保[亼口]鼎
字數 二
時代 殷
著錄 未見
現藏 上海博物館
來源 上海博物館提供

〇一三五一 尹臾鼎
字數 存二
時代 西周早期
著錄 總集 〇二七九
文物 一九七二年六期二五頁
圖一
陝青 一・一五三
綜覽・鬲鼎 八〇
出土 一九六六年陝西岐山縣賀家村西
壕墓葬（七二・二〇二）
現藏 陝西省博物館
來源 考古研究所拓
備注 全銘似爲四字，二字泐

〇一三五二 尹臾鼎
字數 存二
時代 西周早期
著錄 未見
來源 傅大卣同志藏

〇一三五三 史番鼎
字數 二
時代 戰國
著錄 未見
來源 陳邦懷先生藏
備注 字刻在耳上

〇一三五四 史次鼎
字數 二
時代 西周早期
著錄 總集 〇二八九
三代 二・一六・五
貞補上 四・二
十二式五
小校 二・一一・五
出土 洛陽（羅表）
流傳 孫政舊藏
現藏 北京故宮博物院
來源 考古研究所藏
備注 銘爲耳上刻款，次或以爲㳄字

〇一三五五 [广鬲]冊鼎
字數 二
時代 殷
著錄 綴遺 五・三二
來源 綴遺

〇一三五六 冊[異]鼎
字數 二
時代 殷
著錄 從古 一一・三
來源 從古

〇一三五七 [女見]冊鼎
字數 二
時代 殷
著錄 總集 〇二五四
三代 二・一三・二
寧壽 一・二三
續殷上 一〇・五
故宮 三八期
故圖下上 二八
流傳 清宮舊藏
現藏 臺北故宮博物院
來源 考古研究所藏

〇一三五八 [止壴][炎]鼎
字數 二
時代 殷
著錄 總集 〇二五八
三代 二・一三・七
小校 二・四・六
來源 考古研究所藏

〇一三五九 陸冊鼎
字數 二
時代 殷或西周期
著錄 西甲 一・四三
流傳 清宮舊藏
來源 西甲

〇一三六〇 叀冊鼎
字數 二
時代 殷
著錄 未見
現藏 北京故宮博物院
來源 考古研究所拓

〇一三六一 美宁鼎

字數 二
時代 殷
著録 總集 〇三〇〇
美集録 R 一七三
海外銅 四
中國圖符 三七
彙編 九・一五六九
綜覽・鼎 七一
現藏 美國納爾遜美術陳列館
來源 考古研究所藏

〇一三六二 鄉宁鼎
字數 二
時代 殷
著録 總集 〇二四七、〇三〇一
美集録 R 三〇
銅玉 圖八〇H
布倫戴奇（一九七七）圖三
彙編 八・一二八八
青全 二・三八
出土 一九三〇年左右安陽出土（美集録）
流傳 盧芹齋舊藏
現藏 美國舊金山亞洲美術博物館（布倫戴奇藏品）
來源 考古研究所藏

〇一三六三 鄉宁鼎
字數 二
時代 殷
著録 未見
現藏 瑞典斯德哥爾摩遠東古物館
來源 考古研究所藏

〇一三六四 鄉宁鼎
字數 二
時代 殷
著録 未見
來源 考古研究所藏

〇一三六五 劦宁鼎
字數 二
時代 殷
著録 未見
現藏 上海博物館
來源 上海博物館提供

〇一三六六 酉宁鼎
字數 二
時代 殷
著録 總集 〇〇九九
鄴三上 五
使華 一
彙編 九・一五二二
三代補 七五一
綜覽・鼎 一一八
出土 安陽
流傳 德人陶德曼舊藏（使華）
來源 鄴三

〇一三六七 父宁鼎
字數 二
時代 殷
著録 未見
現藏 北京故宫博物院
來源 考古研究所拓

〇一三六八 告宁鼎
字數 二
時代 殷
著録 總集 〇二四一
學報 一九七九年一期八一頁
圖五八・一〇
綜覽・鼎 四六
殷青 七七・八
青全 二・二六
出土 一九六九～一九七七年河南安陽殷墟西區墓葬（M一一一八：一）
現藏 考古研究所安陽工作站
來源 考古研究所拓

〇一三六九 夆旅鼎
字數 二
時代 殷
著録 總集 〇〇一九
三代 二・二・五
西清 一・三二
貞續上 七・四
續殷上 七・一一
流傳 清宫舊藏
現藏 北京故宫博物院
來源 考古研究所拓

〇一三七〇 夆旅鼎
字數 二
時代 殷
著録 未見
流傳 德人楊寧史舊藏
現藏 北京故宫博物院
來源 考古研究所拓

〇一三七一 夆旅方鼎
字數 二
時代 殷
著録 彙編 八・一三一五
現藏 美國紐約布根博物館
來源 彙編

〇一三七二 左敹鼎
字數 二
時代 殷
著録 彙編 八・一三六五
現藏 法國巴黎賽爾諾什博物館
來源 彙編

〇一三七三 ⿱目豕冊鼎
字數 二
時代 殷
著録 總集 〇六〇一
三代 二・四一・三
善齋 二・四〇
貞續上 一九・一
小校 二・二七・六
流傳 劉體智舊藏
來源 三代

〇一三七四 ⿱目豕冊鼎
字數 二
時代 殷
著録 未見
現藏 北京故宫博物院
來源 考古研究所拓

〇一三七五 ⿱目豕冊鼎
字數 二
時代 殷
著録 未見
現藏 英國 Ingrom 氏
來源 考古研究所藏
備注 此器與〇三一〇八毁重出，據考古研究所藏陳夢家資料，應爲鼎

〇一三七六 ⿱目豕冊鼎
字數 二
時代 殷
著録 總集 〇六〇〇
三代 二・四一・四
貞松 二・二四・四
小校 二・二七・五
流傳 劉體智舊藏
來源 三代

〇一三七七　射女鼎

字數　二

時代　殷

著録　總集　〇二八五

三代　二・一五・一一

西清　三・一四

流傳　頤和園舊藏

現藏　北京故宮博物院

來源　考古研究所藏

〇一三七八　射女鼎

字數　二

時代　殷

著録　總集　〇二八六

三代　二・一三・三

西清　三・一三

貞松　二・一七

故宮　一二期

續殷上　一七・一二

藝展　五

通考　四

故圖下上　一二七

倫敦　圖版二・一一

禮器　一七七

流傳　清宮舊藏

現藏　臺北故宮博物院

來源　考古研究所藏

〇一三七九　射女鼎

字數　二

時代　殷

著録　青全　二・三三

上海(二〇〇四)　四八

現藏　上海博物館

來源　上海博物館提供

〇一三八〇　芺叡鼎

字數　二

時代　殷

著録　文物　一九八二年九期三九頁

圖一〇

出土　傳一九八一年山東費縣出土

現藏　北京市文物研究所

來源　考古研究所拓

備注　另一同銘鼎僅存殘片，口徑二五・七

厘米，比此器大

〇一三八一　冄耒鼎

字數　二

時代　殷

著録　總集　〇二三四

三代　二・一三・一一

綴遺　五・一一・二

貞松　二・九・一

彙編　九・一四六七

上海(二〇〇四)　五九

流傳　吴大澂、吴湖帆舊藏

現藏　上海博物館

來源　上海博物館提供

〇一三八二　冄𤔲鼎

字數　二

時代　殷

著録　雙古上一

綜覽・鼎　六九

流傳　于省吾舊藏

現藏　英國私人收藏

來源　英國不列顛博物館提供

〇一三八三　冄耒鼎

字數　二

時代　殷

著録　總集　〇二三三

美集録　R六七

鄴三上九

綜覽・鬲鼎　三九(又　五九)

出土　傳出安陽

流傳　黄濬舊藏

現藏　美國伏克氏

來源　考古研究所藏

〇一三八四　冄耒鼎

字數　二

時代　殷

著録　總集　〇二三五

録遺　四一

來源　録遺

〇一三八五　乙冄鼎

字數　二

時代　殷

著録　總集　〇二二九

三代　二・一一・一二

來源　考古研究所藏

〇一三八六　丁冄方鼎

字數　二

時代　殷

著録　總集　〇〇七八

三代　二・六・一〇

綴遺　五・一一・一

貞續上　八・一

小校　二・一・四

流傳　劉體智舊藏

現藏　上海博物館

來源　三代

備注　據小校定方鼎

〇一三八七　己冄鼎

字數　二

時代　殷或西周早期

著録　總集　〇二二七

三代　二・一二・四

陶齋　一・二二

小校　二・九・四

流傳　端方舊藏

來源　三代

〇一三八八　己冄鼎

字數　二

時代　殷或西周早期

著録　總集　〇二二八

考古　一九六三年一二期六四八

頁圖四

湖南省博物館　一三

出土　一九六二年湖南寧鄉張家坳出土

(考古)，一九六三年寧鄉黄材水

塘灣(湖南省博物館)

流傳　湖南省博物館

來源　考古編輯部檔案

〇一三八九　冄辛鼎

字數　二

時代　殷

著録　總集　〇二三〇

三代　二・一二・六

白鶴　二

白鶴撰　一五

日精華　三・一九九

彙編　九・一四八二

綜覽・鼎　一二四

現藏　日本神户白鶴美術館

來源　三代

〇一三九〇　冄辛鼎

字數　二

時代　殷

著録　西清　三・二

流傳　清宮舊藏

來源 西清
備注 容庚疑僞

〇一三九一 癸冈方鼎
字數 二
時代 殷
著録 總集 〇二三二
布倫戴奇（一九七七）圖三七
彙編 九・一四八〇
現藏 美國舊金山亞洲美術博物館（布倫戴奇藏品）
來源 彙編

〇一三九二 癸冈方鼎
字數 二
時代 殷
著録 總集 〇二三一
文物 一九七九年一二期七三頁圖一
彙編 九・一四七九
綜覽・方鼎 二二
現藏 美國西雅圖美術博物館
來源 彙編

〇一三九三 亞弜鼎
字數 二
時代 殷
著録 西清 四・一五
流傳 清宮舊藏
來源 西清

〇一三九四 亞弜鼎
字數 二
時代 殷
著録 總集 〇二七一
三代 二・一四・九
續殷上 九・一一
來源 考古研究所藏

〇一三九五 亞弜鼎
字數 二
時代 殷
著録 總集 〇二七三
三代 二・一四・一〇
貞續上 一一・一
來源 三代

〇一三九六 亞弜鼎
字數 二
時代 殷
著録 總集 〇二七四
三代 二・一四・一一
來源 三代

〇一三九七 亞弜鼎
字數 二
時代 殷
著録 總集 〇二七五
三代 二・一四・一二
來源 三代

〇一三九八 亞弜鼎
字數 二
時代 殷
著録 總集 〇二七七
美集録 R 一二八
三代補 一二八
流傳 美國盧芹齋舊藏
來源 考古研究所藏

〇一三九九 亞弜鼎
字數 二
時代 殷
著録 總集 〇二七二
小校 二・一一・一
流傳 王辰舊藏
來源 小校

備注 此器銘文筆畫與西清四・一五近似，今作二器處理

〇一四〇〇 亞弜鼎
字數 二
時代 殷
著録 總集 〇二七六
婦好墓 五七頁圖三七・五
綜覽・鼎 七四
美全 二・八
辭典 〇一九
青全 四・二八
出土 一九七六年安陽殷墟婦好墓（M五：八〇八）
現藏 考古研究所
來源 考古研究所拓

〇一四〇一 亞豕鼎
字數 二
時代 殷
著録 總集 〇二七八
三代 二・一五・一
貞圖上 七
通考 六
現藏 北京故宮博物院
來源 考古研究所藏

〇一四〇二 亞[?]鼎
字數 二
時代 殷
著録 總集 補五
侯家莊 第二本圖版二四二・一、二四五・一
古器物研究專刊 第四本圖版七
綜覽・鼎 二七
出土 一九三五年安陽侯家莊西北岡一〇〇一號大墓（HPKM 一一三三：四殉葬坑）
現藏 歷史語言研究所
來源 古器物研究專刊

〇一四〇三 亞□鼎
字數 二
時代 殷或西周早期
著録 未見
現藏 北京故宮博物院
來源 考古研究所拓
備注 亞中之字不清晰，似爲父字

〇一四〇四 北亞鼎
字數 二
時代 殷
著録 未見
現藏 上海博物館
來源 上海博物館提供

〇一四〇五 亞絴鼎
字數 二
時代 殷
著録 未見
現藏 開封市文物商店
來源 考古研究所拓

〇一四〇六 亞舟鼎
字數 二
時代 殷
著録 未見
現藏 北京故宮博物院
來源 考古研究所拓
備注 此器銘文或以爲僞

〇一四〇七 亞舟鼎
字數 二
時代 殷
著録 總集 〇五一九
美集録 R 一二三

中國圖符一
弗里爾(一九六七)一七五頁
彙編 八・一〇三〇
綜覽・鼎 一〇五
青全 二・三五
出土 傳出安陽(美集録)
流傳 盧芹齋舊藏
現藏 美國華盛頓弗里爾美術陳列館
來源 考古研究所藏

〇一四〇八 亞天鼎
字數 二
時代 殷或西周早期
著録 總集 〇一六八
三代 二・八・三
窓齋 三・四・一
殷存上 二・三
小校 二・五・四
流傳 李山農舊藏(羅表)
來源 考古研究所藏

〇一四〇九 亞厷方鼎
字數 二
時代 殷
著録 總集 〇一六九
三代 二・八・四
筠清 二・六
攈古 一・一・二三
殷存上 二・四
小校 二・五・八
流傳 龔自珍舊藏(攈古録)
來源 三代

〇一四一〇 亞告鼎
字數 二
時代 殷
著録 總集 〇一七〇
三代 二・八・五
貞續上 八・四
續殷上 六・一〇
小校 二・五・六
流傳 劉體智舊藏
來源 三代

〇一四一一 亞告鼎
字數 二
時代 殷
著録 總集 〇一七一
三代 二・八・六
貞補上 二・四
小校 二・五・七
尊古 一・一五・二
現藏 北京故宮博物院
來源 考古研究所拓

〇一四一二 亞□鼎
字數 二
時代 殷或西周早期
著録 總集 〇一七三
三代 二・八・七
來源 考古研究所藏

〇一四一三 亞卯方鼎
字數 二
時代 殷
著録 總集 〇一七二
三代 二・八・八
貞續上 九・一
續殷上 六・九
善齋 三・二
小校 二・五・五
雙古上 六
流傳 李山農、劉鶚、劉體智、于省吾舊藏(唐蘭藏拓題跋)
現藏 英國
來源 考古研究所藏

〇一四一四 亞明鼎
字數 二
時代 西周
著録 總集 〇一七四
三代 二・八・九
來源 三代
備注 此器銘文真僞待酌，暫收於此

〇一四一五 亞要鼎
字數 二
時代 殷
著録 總集 〇一七七
三代 二・八・一〇
彙編 八・一〇二二
綜覽・鼎 一七一
現藏 日本私人收藏(彙編)
來源 三代

〇一四一六 亞备鼎
字數 二
時代 殷
著録 總集 〇五一七
録遺 五二
來源 録遺

〇一四一七 亞备鼎
字數 二
時代 殷
著録 辨僞録 二七頁
現藏 北京故宮博物院
來源 考古研究所拓

〇一四一八 亞□鼎
字數 二
時代 殷
著録 總集 〇一七八
三代 二・八・一一
貞圖上 五
綜覽・鼎 七八
出土 安陽(通論二八頁)
來源 考古研究所藏

〇一四一九 亞□鼎
字數 二
時代 殷
著録 總集 〇一八〇
三代 二・九・一
來源 考古研究所藏

〇一四二〇 亞□鼎
字數 二
時代 殷
著録 總集 〇一七九
三代 二・八・一二
尊古 一・一六・二
來源 考古研究所藏

〇一四二一 亞□鼎
字數 二
時代 殷
著録 總集 〇一八二
三代 二・九・三
積古 一・九・一
攈古 一・二・四
綴遺 五・三・二
彙編 八・一〇七六
流傳 蔣生沐舊藏(攈古録)
來源 三代

〇一四二二 亞□鼎
字數 二
時代 殷
著録 總集 〇一八一
三代 二・九・二

貞松 二・五・四
續殷上 五・九
武英 一〇
小校 二・六・三
故圖下下 二二
流傳 承德避暑山莊舊藏(貞松)
現藏 臺北故宮博物院
來源 考古研究所藏

〇一四二三 亞寠鼎
字數 二
時代 殷
著録 總集〇一八四
三代 二・九・四
來源 三代
備注 銘文筆畫疲軟，真僞待酌

〇一四二四 亞[illegible]鼎
字數 二
時代 殷
著録 總集〇一八三
三代 二・一五・四
攈古 一・二・四九
綴遺 五・二・二
續殷上 六・六
小校 二・六・一
海外吉 一
泉屋 一・一
通考 一六
日精華 三・一八四
彙編 八・一〇一五
泉屋博古 六
流傳 吴式芬、李佐賢舊藏(羅表)
現藏 日本京都泉屋博古館
來源 三代

〇一四二五 亞[illegible]鼎
字數 二
時代 殷或西周早期
著録 總集〇一八五
三代 二・九・五
來源 考古研究所藏

〇一四二六 亞吴鼎
字數 二
時代 殷
著録 總集〇一六四
三代 二・八・一
夢郼續 二
續殷上 五・五
小校 二・六・七
綜覽・鼎 一〇八
流傳 羅振玉舊藏
來源 考古研究所藏

〇一四二七 亞吴鼎
字數 二
時代 殷
著録 總集〇一六五
三代 二・八・二
現藏 遼寧省旅順博物館
來源 考古研究所拓

〇一四二八 亞吴鼎
字數 二
時代 殷
著録 總集〇一六六
録遺 四〇
來源 録遺

〇一四二九 亞吴鼎
字數 二
時代 殷
著録 總集〇一六七、六三三八
三代 一四・三五・六
貞續中 三・二
美集録 R 一四一
三代補 一四一
流傳 Kleijkamp 舊藏
現藏 美國魏格氏
來源 陳邦懷先生藏
備注 此器，三代误以爲觶，本書〇六一五八觶沿袭其误，重出

〇一四三〇 亞吴鼎
字數 二
時代 殷
著録 總集〇一七六、〇二九七
日精華 八七
美集録 R 一二四
現藏 美國波士頓麥克里奥特氏
來源 考古研究所藏
備注 此器舊稱亞蚊鼎，蚊字所釋有誤

〇一四三一 亞吴鼎
字數 二
時代 殷
著録 未見
現藏 北京故宮博物院
來源 考古研究所拓

〇一四三二 亞吴方鼎
字數 二
時代 殷
著録 總集〇一六二
三代 二・七・一一
筠清 四・九
攈古 一・一・二〇
綴遺 五・三〇・一
敬吾上 三六・一
續殷上 五・六
小校 二・六・六
日精華 三・一九五
彙編 八・一〇三五
出土 傳出安陽大墓
流傳 吴式芬、韓芸舫舊藏(筠清、攈古録)
現藏 日本奈良寧樂美術館
來源 考古研究所藏

〇一四三三 亞醜鼎
字數 二
時代 殷
著録 總集〇一八八
三代 二・九・九
懷米上 五
攈古 一・二・四九
綴遺 五・二
殷存上 二・六
小校 二・五・一
流傳 曹秋舫舊藏
來源 三代

〇一四三四 亞醜鼎
字數 二
時代 殷
著録 三代 二・一〇・一
西乙 一・四二
貞松 二・七・二
故圖下下 一七
流傳 清宮舊藏
現藏 臺北故宮博物院
來源 考古研究所藏

〇一四三五 亞醜鼎
字數 二
時代 殷
著録 西清 四・一四
流傳 清宮舊藏

現藏 北京故宮博物院
來源 考古研究所拓

〇一四三六 亞醜鼎
字數 二
時代 殷
著録 西甲 二・一七
流傳 清宮舊藏
來源 西甲
備注 容庚曾疑僞

〇一四三七 亞醜鼎
字數 二
時代 殷
著録 未見
來源 陳邦懷先生藏

〇一四三八 亞醜方鼎
字數 二
時代 殷
著録 總集 〇一八六
三代 二・九・一
貞松 二・七・一
武英 五
續殷上 六・二
小校 二・五・三
通考 一二八
故圖下下 一九
禮器 五七一
流傳 承德避暑山莊舊藏(貞松)
現藏 臺北故宮博物院
來源 考古研究所藏

〇一四三九 亞醜方鼎
字數 二
時代 殷
著録 西清 四・一八
流傳 清宮舊藏

來源 西清
備注 容庚曾疑僞

〇一四四〇 亞醜方鼎
字數 二
時代 殷
著録 總集 〇一八九
三代 二・九・八
寧壽 一・三三
貞續上 九・二
續殷上 五・一
故圖下上 一四
故宮 四〇期
禮器 五五七
流傳 清宮舊藏
現藏 臺北故宮博物院
來源 考古研究所藏
備注 容庚曾疑僞

〇一四四一 亞醜方鼎
字數 二
時代 殷
著録 西清 四・一三
流傳 清宮舊藏
來源 西清

〇一四四二 亞醜方鼎
字數 二
時代 殷
著録 總集 〇一九〇
三代 二・九・一〇
貞松 二・六・二
武英 七
續殷上 五・二
小校 二・五・二
通考 一三〇
故圖下下 一八

禮器 五六一
流傳 承德避暑山莊舊藏
現藏 臺北故宮博物院
來源 考古研究所藏

〇一四四三 亞醜方鼎
字數 二
時代 殷
著録 總集 〇一九三
巖窟上 四
出土 傳出安陽
流傳 梁上椿舊藏
來源 巖窟

〇一四四四 亞醜方鼎
字數 二
時代 殷
著録 總集 〇一九一
三代 二・九・二
貞松 二・六・一
續殷上 六・一
故圖下上 一五
禮器 五六五
流傳 清宮舊藏
現藏 臺北故宮博物院
來源 考古研究所藏

〇一四四五 亞醜方鼎
字數 二
時代 殷
著録 未見
現藏 北京故宮博物院
來源 考古研究所拓

〇一四四六 亞□鼎
字數 二
時代 殷
著録 未見

出土 陝西長安縣灃西墓葬
現藏 考古研究所西安研究室
來源 考古研究所拓

〇一四四七 亞戈鼎
字數 二
時代 殷
著録 巴洛(一九六三)一四三頁
三代補 七一七
現藏 英國阿倫或巴洛氏
來源 考古研究所藏
備注 巴洛係摹本，拓本未見著録

〇一四四八 戈宁鼎
字數 二
時代 西周晚期
著録 總集 〇〇四三
三代 二・四・四
貞圖上 六
貞松 二・五
續殷上 六・一二
流傳 羅振玉舊藏
備注 容庚云「與器形不合，僞」，不確

〇一四四九 弓辜方鼎
字數 二
時代 殷或西周早期
著録 總集 〇一二八
中國圖符 六九
皮斯柏 圖三
録遺 三五
美集録 R三九
三代補 三九
彙編 九・一五七一
綜覽・方鼎 二六
流傳 盧芹齋舊藏

現藏 美國米里阿波里斯美術館（皮斯柏藏品）
來源 考古研究所藏

○一四五○ 冬刃鼎
字數 二
時代 殷
著録 中國歷史博物館館刊 一九八二年四九一頁圖二
出土 傳出安陽
流傳 中國歷史博物館
來源 考古研究所拓
備注 冬刃二字或釋爲一字，今取二字説

○一四五一 冬刃鼎
字數 二
時代 殷
著録 故青 一九
故宮五十 八四
現藏 北京故宮博物院
來源 考古研究所拓

○一四五二 冬刃鼎
字數 二
時代 殷
著録 鄴三上 八
出土 傳出安陽
來源 鄴三

○一四五三 矢宁鼎
字數 二
時代 殷
著録 小校 二・一○・六
善齋 二・一二
上海（二○○四） 四六
出土 鄴下出土（唐蘭藏拓題跋）
現藏 上海博物館

來源 考古研究所藏

○一四五四 [illegible]鼎
字數 二
時代 殷
著録 未見
來源 傳大卣同志藏

○一四五五 車[illegible]鼎
字數 二
時代 殷
著録 日精華 三・一七七
三代補 六五七
彙編 九・一五九六
綜覽・鼎 一三六
現藏 日本奈良寧樂美術館
來源 彙編

○一四五六 車[illegible]鼎
字數 二
時代 殷
著録 未見
現藏 北京故宮博物院
來源 考古研究所拓

○一四五七 舟尹鼎
字數 二
時代 殷或西周早期
著録 小校 二・一○・三
善齋 二・一一・一
流傳 劉體智舊藏
來源 考古研究所藏
備注 舟尹或釋爲一字，今暫取二字説

○一四五八 尹舟鼎
字數 二
時代 殷或西周早期
著録 總集 ○一一五
彙編 八・一三四五

三代補 五四四
綜覽・鼎 九六
現藏 美國聖路易市美術館
來源 彙編

○一四五九 [illegible]舟鼎
字數 二
時代 殷
著録 總集 ○一三八
美集録 R 一七○
彙編 八・一二六七
綜覽・鼎 五八
薩克勒（商） 八三
流傳 盧芹齋舊藏
現藏 美國華盛頓薩克勒美術館
來源 考古研究所藏

○一四六○ [illegible]女鼎
字數 二
時代 殷或西周早期
著録 總集 ○二四九
博古 二・三二
薛氏 七八・一
嘯堂 一二
復齋 一四
積古 四・三～四
攈古 一・一・二○～二一
來源 嘯堂
備注 積古、攈古據復齋摹入

○一四六一 [illegible]女鼎
字數 二
時代 殷或西周早期
著録 總集 ○二四八
三代 二・一二・九
攈古 一・一・二一
綴遺 五・一三

殷存上 三・一
流傳 李方赤舊藏（綴遺）
來源 三代

○一四六二 聑[illegible]鼎
字數 二
時代 殷
著録 總集 ○三○六
録遺 三九
來源 録遺

○一四六三 羊[illegible]鼎
字數 二
時代 殷
著録 總集 ○三○七
鄴三上 七
録遺 四二
綜覽・鼎 九九
上海（二○○四） 五三
出土 傳出安陽
現藏 上海博物館
來源 考古研究所藏

○一四六四 魚羌鼎
字數 二
時代 殷
著録 總集 ○二六○
三代 二・一三・一○
續殷上 一一・四
來源 三代

○一四六五 魚從鼎
字數 二
時代 西周早期
著録 總集 ○二五九
三代 二・一三・九
善齋 二・一三
貞續上 一○・四

小校 二・一一・一
頌續 一三
通考 三二
綜覽・鼎 一四五
出土 洛陽（通考）
流傳 劉體智舊藏
來源 考古研究所藏

〇一四六六 □鼎
字數 二
時代 殷
著録 未見
現藏 北京故宫博物院
來源 考古研究所拓

〇一四六七 □鼎
字數 二
時代 殷
著録 未見
出土 一九五八年河南安陽大司空村墓葬（M五一：三）
現藏 河南省文物研究所
來源 考古研究所藏
備注 考古通訊一九五八年一〇期五五頁文中報道此器銘文，未附拓本

〇一四六八 弔龜鼎
字數 二
時代 殷
著録 總集 〇二五二
三代 二・一二・三
續殷上 一一・一二
鄴初上 一〇
綜覽・鼎 八〇
出土 安陽
現藏 北京故宫博物院
來源 考古研究所藏

〇一四六九 弔龜鼎
字數 二
時代 殷
著録 鄴二上 六
綜覽・鼎 三二
出土 安陽
來源 鄴二

〇一四七〇 □載鼎
字數 二
時代 殷
著録 未見
現藏 北京故宫博物院
來源 考古研究所拓

〇一四七一 己□鼎
字數 二
時代 殷
著録 録遺 三六四
彙編 九・一六九八
現藏 英國 Ingrom 氏（陳夢家筆記），美國哈佛大學福格美術博物館（彙編）
來源 考古研究所藏
備注 録遺誤作觶，銘文拓本倒置

〇一四七二 大禾方鼎
字數 二
時代 殷
著録 文物 一九六〇年一〇期五七頁
湖南省文物圖録 圖版四
湖南省博物館 一一
綜覽・方鼎 二九
辭典 〇四三
美全 四・一一二
青全 四・二四
出土 一九五九年湖南寧鄉黄材
現藏 湖南省博物館
來源 陳邦懷先生藏

〇一四七三 笅伕鼎
字數 二
時代 戰國
著録 未見
現藏 北京故宫博物院
來源 考古研究所拓

〇一四七四 □鼎
字數 二
時代 殷
著録 總集 〇一五七
考古 一九六五年五期二二五頁圖一・一
河南 一・三五六
出土 一九五二年河南輝縣褚邱村
現藏 河南新鄉市博物館
來源 考古編輯部檔案

〇一四七五 守雩鼎
字數 二
時代 殷
著録 總集 〇一一九
録遺 二八
來源 北京某氏藏

〇一四七六 得鼎
字數 二
時代 殷
著録 薛氏 七八・二
復齋 一四
積古 四・三
攈古 一・一・一九
來源 薛氏
備注 積古、攈古據復齋摹入

〇一四七七 又穻鼎
字數 二
時代 殷
著録 總集 〇二八一
三代 二・一五・八
現藏 北京故宫博物院
來源 考古研究所拓

〇一四七八 穻又鼎
字數 二
時代 殷
著録 未見
現藏 北京故宫博物院
來源 考古研究所拓

〇一四七九 皿丶鼎
字數 二
時代 殷
著録 總集 〇二六二
三代 二・一四・一
綴遺 五・二二・一
續殷上 九・九
彙編 八・一三六九
流傳 方濬益舊藏
來源 陳邦懷先生藏

〇一四八〇 皿丶鼎
字數 二
時代 殷
著録 總集 〇二六三
三代 二・一四・二
攈古 一・二・五
續殷上 九・八
小校 二・一〇・五
流傳 李璋煜舊藏（攈古録）
來源 陳邦懷先生藏

〇一四八一 交鼎鼎
字數 二

時代 殷
著録 未見
來源 陳邦懷先生藏

〇一四八二 告田鼎
字數 二
時代 殷
著録 總集 〇二八二
三代 二・一五・九
周金 二補一四・二
貞松 二・九・二
希古 二・一
小校 三・五二・五
來源 三代
備注 小校稱告田鬲

〇一四八三 告田鼎
字數 二
時代 殷
著録 未見
現藏 北京故宮博物院
來源 考古研究所拓

〇一四八四 東宮方鼎
字數 二
時代 西周早期
著録 考古圖 一・一三
薛氏 七八・三
出土 得于扶風（考古圖）
流傳 扶風乞伏氏舊藏
來源 薛氏
備注 容庚曾以爲僞

〇一四八五 ◇單鼎
字數 二
時代 西周中期
著録 總集 〇一三二
陝青 三・一一二

考古與文物 一九八〇年四期
二二頁圖二一・三
綜覽・鼎 二三四
出土 一九六四年陝西扶風縣柳東村
現藏 扶風縣博物館
來源 扶風縣博物館提供

〇一四八六 ◆乚鼎
字數 二
時代 西周
著録 總集 〇二六四
彙編 九・一七一八
現藏 美國舊金山亞洲美術博物館（布倫戴奇藏品）
來源 彙編

〇一四八七 ◇⊙鼎
字數 二
時代 殷
著録 未見
現藏 北京故宮博物院
來源 考古研究所拓

〇一四八八 嬓鼎
字數 二
時代 殷
著録 總集 〇二五五
三代 二・一三・一
窓齋 一二・四・一
綴遺 五・二七・二
續殷上 九・一〇
小校 七・六〇・二
流傳 金蘭坡、李山農舊藏（綴遺、羅表）
來源 考古研究所藏

〇一四八九 瞉鼎
字數 二

時代 西周早期
著録 總集 〇二七〇
三代 二・一四・八
貞補上 三・四
流傳 日本某氏藏，近見之遼東（貞補）
現藏 遼寧省博物館
來源 考古研究所藏
備注 唐蘭曾疑僞

〇一四九〇 徽鼎
字數 二
時代 殷
著録 總集 〇二五七
三代 二・一三・四
綴遺 三・六
十二雙 一～二
流傳 于省吾舊藏
來源 考古研究所藏

〇一四九一 聳鼎
字數 二
時代 西周早期
著録 總集 〇二五六
三代 二・一三・三
貞松 二・九・四
貞圖上 九
續殷上 一一・六
小校 二・一三・三
流傳 羅振玉舊藏
來源 考古研究所藏

〇一四九二 遽從鼎
字數 二
時代 西周早期
著録 總集 〇二六五
三代 二・一四・三
貞續上 一一・三

小校 二・一〇・一
上海（二〇〇四）二一六
現藏 上海博物館
來源 陳邦懷先生藏

〇一四九三 遽從鼎
字數 二
時代 西周早期
著録 總集 〇二六六
三代 二・一四・四
貞續上 一一・二
小校 二・一〇・二
現藏 上海博物館
來源 三代

〇一四九四 遽從鼎
字數 二
時代 西周早期
著録 總集 〇二六七
三代 二・一四・五
貞續上 一一・四
小校 二・九・八
來源 三代

〇一四九五 遽從鼎
字數 二
時代 西周早期
著録 總集 〇二六八
三代 二・一四・六
來源 陳邦懷先生藏

〇一四九六 遽從鼎
字數 二
時代 西周早期
著録 總集 〇二六九
三代 二・一四・七
來源 陳邦懷先生藏

〇一四九七 周登鼎

字數 二
時代 戰國
著録 總集 〇三二八
錄遺 四四
現藏 北京故宮博物院
來源 考古研究所拓

〇一四九八 襄鼎
字數 二
時代 殷
著録 總集 〇二八〇
三代 二・一五・七
鄴初上 一二
續殷上 一七・一〇
出土 傳出安陽
現藏 瑞典斯德哥爾摩遠東古物館
來源 考古研究所藏

〇一四九九 [illegible]徒鼎
字數 二
時代 戰國
著録 未見
現藏 北京故宮博物院
來源 考古研究所拓
備注 銘文在耳上端

〇一五〇〇 正昜鼎
字數 二（器蓋同銘）
時代 戰國晚期
著録 總集 〇三三七
考古 一九六三年九期四六七頁
圖一二
古文字研究 一〇・二七七圖
三六・二
湖南考古輯刊 一・九三圖三・
七，圖四・一
出土 一九五八年湖南常德德山二六墓
現藏 湖南省博物館
來源 考古編輯部檔案
備注 銘文在蓋沿内外及器身口沿，共
三處，均係刻款

〇一五〇一 [illegible]鼎
字數 二
時代 殷
著録 總集 〇二八四
三代 二・一五・一二
來源 三代

〇一五〇二 滁鼎
字數 二
時代 戰國
著録 總集 〇二九八
三代 二・一六・九
貞補上 四・四
善齋 二・一五
小校 二・九・六
現藏 北京故宮博物院
來源 考古研究所藏

〇一五〇三 西官鼎
字數 二
時代 戰國
著録 未見
現藏 北京故宮博物院
來源 考古研究所拓

〇一五〇四 作鼎鼎
字數 二
時代 西周早期
著録 考古與文物 一九八三年六期七頁
圖四・四
現藏 寶鷄市博物館
來源 考古與文物

〇一五〇五 作寶鼎
字數 二
時代 西周
著録 薛氏 八・五
來源 薛氏

〇一五〇六 作用鼎
字數 二
時代 西周
著録 未見
現藏 北京故宮博物院
來源 考古研究所拓

〇一五〇七 半齋鼎
字數 二
時代 戰國
著録 未見
現藏 北京故宮博物院
來源 考古研究所拓

〇一五〇八 私官鼎
字數 二（又合文一）
時代 戰國
著録 總集 〇五二八
文物 一九六六年一期九頁圖五
出土 一九五六年陝西臨潼縣斜口地
窖村
流傳 陝西省博物館
來源 文物

〇一五〇九 杅氏鼎
字數 二
時代 戰國晚期
著録 未見
現藏 天津市歷史博物館
來源 考古研究所拓

〇一五一〇 [illegible]且丁鼎
字數 三
時代 殷或西周早期
著録 總集 〇三三〇
三代 二・一七・三
續殷上 一一・一〇
故宮 二八期
故圖下上 一六
流傳 清宫養心殿舊藏（故宫）
現藏 臺北故宮博物院
來源 考古研究所藏

〇一五一一 戈且辛鼎
字數 三
時代 殷或西周早期
著録 總集 〇三三三
三代 二・一七・五
西清 一・一三
綴遺 五・六・一
貞松 二・一〇・三
續殷上 一二・三
流傳 清宫舊藏，後歸丁筱農（羅表）
來源 陳邦懷先生藏

〇一五一二 象且辛鼎
字數 三
時代 殷
著録 總集 一八四九
三代 二・一七・四
窓齋 三・三・一
續殷上 一二・二
小校 二・一二・六
銅玉圖八一
流傳 許延暄、盛昱舊藏（羅表）
來源 考古研究所藏
備注 此器銘文與小校五・七・六象且
辛尊同銘，銘文字體相近，今作
兩器處理

〇一五一三 戈且癸鼎

字數 三
時代 殷或西周早期
著録 總集 〇三三三
三代 二・一八・一
西清 一・一九
綴遺 五・五・二
貞松 二・一〇・四
續殷上 一二・四
小校 二・一二・七
流傳 清宮舊藏
來源 陳邦懷先生藏

〇一五一四 戈且癸鼎
字數 三
時代 西周早期
著録 總集 〇三三四
三代 二・一八・二
來源 三代

〇一五一五 戈匕辛鼎
字數 三
時代 殷
著録 總集 〇四五〇
三代 二・三一・一
陶續 補四
續殷上 一七・八
來源 三代

〇一五一六 𢍰匕癸方鼎
字數 三
時代 西周早期
著録 總集 〇四四三
出光(十五周年) 三九四頁一
彙編 八・一一五八
銅玉 圖七〇
中銅(一九六六) 八〇
綜覽・方鼎 四一

現藏 日本東京出光美術館
來源 出光美術館提供
備注 出光(十五周年)名作饕餮文方鼎，彙編誤作父癸鼎

〇一五一七 戈父甲鼎
字數 三
時代 西周早期
著録 博古 一・四一
薛氏 八
嘯堂 六・一
來源 嘯堂

〇一五一八 戈父甲方鼎
字數 三
時代 西周早期
著録 總集 〇三三七
彙編 九・一五五四
美集録 R 四八、R 四九一(P)
流傳 盧芹齋舊藏
現藏 美國哈佛大學福格美術博物館
來源 考古研究所藏

〇一五一九 戈父甲方鼎
字數 三
時代 西周早期
著録 彙編 九・一五五三
三代補 七一九
沃森 七〇頁圖五：一〇(摹本)
塞利格曼(五七) 四二頁圖一
現藏 英國倫敦不列顛博物館
來源 不列顛博物館提供
備注 此器銘文與上器酷似

〇一五二〇 咸父甲鼎
字數 三
時代 殷
著録 總集 〇三三八
三代 二・一八・四
懷米上 一
攈古 一・二・五〇
綴遺 五・九・一
小校 二・二一・八
流傳 曹秋舫、李蔭軒舊藏
現藏 上海博物館
來源 考古研究所藏

〇一五二一 𦫵父甲鼎
字數 三
時代 殷
著録 總集 〇三三六
三代 二・一八・五
甲骨學 一二號圖 一、四C、四D
現藏 日本東京湯島孔廟斯文會
來源 三代
備注 父甲倒稱爲甲父

〇一五二二 [illegible]父甲鼎
字數 三
時代 殷
著録 總集 〇五一一
録遺 四六
現藏 北京故宮博物院
來源 考古研究所拓

〇一五二三 𦫵父乙方鼎
字數 三
時代 殷
著録 西甲 一・四
流傳 清宮舊藏
來源 西甲

〇一五二四 𦫵父乙方鼎
字數 三
時代 殷
著録 總集 〇三五四
三代 二・二〇・六
十二式 一～三
續殷上 一三・三
小校 二・一五・一
流傳 孫秋帆舊藏
現藏 北京故宮博物館
來源 考古研究所拓

〇一五二五 𦫵父乙鼎
字數 三
時代 殷
著録 總集 〇三五三
三代 二・二〇・四
續殷上 一三・四
來源 陳邦懷先生藏

〇一五二六 𦫵父乙鼎
字數 三
時代 殷
著録 總集 〇三五二
三代 二・二〇・三
貞松 二・一一・四
武英 一八
續殷上 一三・五
小校 二・一五・二
故圖下下 三三
彙編 八・一一四六
綜覽・扁足鼎 一八
禮器 二〇一
流傳 承德避暑山莊舊藏
現藏 臺北故宮博物院
來源 考古研究所藏

〇一五二七 𦫵父乙鼎
字數 三
時代 殷
著録 未見

流傳　頤和園舊藏
現藏　北京故宮博物院
來源　考古研究所拓

○一五二八　□父乙鼎
字數　三
時代　西周早期
著録　未見
現藏　北京故宮博物院
來源　考古研究所拓

○一五二九　□父乙方鼎
字數　三
時代　西周早期
著録　綜覽・方鼎　四三
現藏　英國倫敦不列顛博物館
來源　不列顛博物館提供

○一五三○　光父乙方鼎
字數　三
時代　殷
著録　總集　○五一三
　中銅（一九六六）八四
　出光（十五周年）三九四頁七
　彙編　八・一二五三
現藏　日本東京出光美術館
來源　出光美術館提供

○一五三一　父乙□鼎
字數　三
時代　西周早期
著録　總集　○三五○
　三代　二・一九・八
　貞補上　四
出土　一九二九年洛陽馬坡
流傳　萍鄉文氏寅齋舊藏（貞補）
來源　三代

○一五三二　父乙欠鼎
字數　三
時代　西周早期
著録　善齋　二・一七
　續殷上　一三・六
　小校　二・一三・五
　善彝　二九
　故圖下下　二九
　綜覽・鼎　二七○
流傳　劉體智舊藏
現藏　臺北故宮博物院
來源　考古研究所藏

○一五三三　□父乙鼎
字數　三
時代　殷
著録　總集　○三四七
　學報　一九七九年一期八一頁
　圖五八・四
　綜覽・鼎　一三二
　青全　二・二五
　殷青　八四・四
出土　殷墟西區二八四號墓葬（M二八四：一）
現藏　考古研究所安陽工作站
來源　考古研究所拓

○一五三四　子父乙鼎
字數　三
時代　西周早期
著録　西清　一・二
流傳　清宮舊藏
來源　西清

○一五三五　息父乙鼎
字數　三
時代　殷
著録　總集　○三五五
　考古　一九八一年二期一一七頁
　圖八・一
出土　一九七九年河南羅山縣蟒張六號墓
現藏　河南省信陽地區文物管理委員會
來源　考古編輯部檔案

○一五三六　□父乙鼎
字數　三
時代　殷
著録　總集　○三四六
　三代　二・一九・五
　綴遺　五・一○・一
　貞松　二・一一・三
　續殷上　一二・六
現藏　北京故宮博物院
來源　考古研究所拓

○一五三七　□父乙鼎（權衡形父乙鼎、成父乙鼎）
字數　三
時代　殷
著録　綴遺　五・二三・二
　小校　二・一四・一
現藏　上海博物館
來源　上海博物館提供

○一五三八　紟父乙鼎
字數　三
時代　西周早期
著録　總集　○五二四
　文物　一九五五年四期五○頁圖五
　山西珍品　六○
出土　一九五四年山西洪趙縣坊堆
現藏　山西省博物館
來源　考古研究所藏

○一五三九　葡父乙鼎
字數　三
時代　殷
著録　總集　○三五七
　美集録　R　五三
　蘇黎世（七五）三一頁
　彙編　九・一五七八
　綜覽・鬲鼎　七三
流傳　盧芹齋舊藏
現藏　瑞士蘇黎世瑞列堡博物館（彙編）
來源　考古研究所藏

○一五四○　㚔父乙鼎
字數　三
時代　殷或西周早期
著録　未見
流傳　頤和園舊藏
現藏　北京故宮博物院
來源　考古研究所拓
備注　㚔下似有筆畫，可能是旅字，全銘或許有四字，今暫作三字處理

○一五四一　□父乙鼎
字數　三
時代　殷
著録　總集　○三四二
　三代　二・一九・一
　貞續上　一三・一
　續殷上　一三・一
　小校　二・一三・一
現藏　上海博物館
來源　陳邦懷先生藏

○一五四二　□父乙鼎
字數　三
時代　西周早期
著録　總集　○三四三
　三代　二・一九・二

來源 三代
窓齋 三・一〇・二
續殷上 一三・二

〇一五四三 □父乙方鼎(鬲父乙鼎、炳父乙鼎)
字數 三
時代 西周早期
著録 總集 〇三四一
三代 二・一八・八
小校 二・一三・二
流傳 器見京師(綴遺)
現藏 北京故宮博物院
來源 考古研究所拓

〇一五四四 □父乙鼎
字數 三
時代 西周早期
著録 總集 〇一五四四
三代 二・一九・三
續殷上 一二・五・五
故圖下上 三三
現藏 臺北故宮博物院
來源 考古研究所藏

〇一五四五 父乙□鼎
字數 三
時代 殷
著録 總集 〇三四五
三代 二・一九・四
來源 三代

〇一五四六 父乙鼏方鼎
字數 三
時代 殷
著録 總集 〇五一四
録遺 四八
來源 考古研究所藏

〇一五四七 父乙鼏鼎
字數 三
時代 殷
著録 總集 〇五一五
録遺 四九
彙編 八・一三八六
現藏 香港趙不波氏(彙編)
來源 録遺
備注 此器與上器同銘，形制未詳

〇一五四八 □父乙鼎
字數 三
時代 殷
著録 未見
來源 陳邦懷先生藏

〇一五四九 具父乙鼎
字數 三
時代 西周早期
著録 未見
現藏 北京故宮博物院
來源 考古研究所拓

〇一五五〇 析父乙鼎(枚父乙鼎)
字數 三
時代 西周早期
著録 總集 〇三五六
善齋 二・一八
續殷上 一二・一〇
小校 二・一四・二
頌續 一二
綜覽・鼎 二五六
出土 洛陽出土(頌續)
流傳 劉體智、容庚舊藏
現藏 廣州市博物館
來源 考古研究所藏
備注 花紋及文字内皆填黑漆

〇一五五一 魚父乙鼎
字數 三
時代 殷或西周早期
著録 總集 〇三三九
三代 二・一八・六
貞松 二・一一・二
續殷上 一二・八
銅玉 圖八一d
流傳 徐乃昌、馮恕舊藏
現藏 北京故宮博物院
來源 考古研究所藏

〇一五五二 魚父乙鼎
字數 三
時代 殷或西周早期
著録 雙古上 四
流傳 于省吾舊藏
來源 雙古

〇一五五三 魚父乙鼎
字數 三
時代 殷或西周早期
著録 總集 〇三四〇
三代 二・一八・七
貞松 二・一一・一
續殷上 一二・九
小校 二・一四・三
流傳 徐乃昌舊藏(小校)
來源 陳邦懷先生藏

〇一五五四 黿父乙鼎
字數 三
時代 殷或西周早期
著録 總集 〇五五六
三代 二・三七・四
貞續上 一八・二
現藏 浙江省博物館
來源 考古研究所拓

〇一五五五 黿父乙鼎
字數 三
時代 殷或西周早期
著録 總集 〇五五七
三代 二・三七・五
窓齋 三・九・四
殷存上 五・五
小校 二・一四・五
彙編 八・一一七〇
來源 三代

〇一五五六 黿父乙鼎
字數 三
時代 殷或西周早期
著録 未見
現藏 天津市藝術博物館
來源 陳邦懷先生藏

〇一五五七 黿父乙鼎
字數 三
時代 殷或西周早期
著録 總集 〇五五八
三代 二・三七・六
續殷上 一八・八
貞續上 一八・一
小校 二・一四・四
流傳 劉體智舊藏(羅表)
來源 考古研究所藏

〇一五五八 黿父乙鼎
字數 三
時代 殷或西周早期
著録 總集 〇五五九
三代 二・三七・七
殷存上 五・四
綴遺 三・三・一

流傳　吴大澂舊藏(綴遺)
來源　考古研究所藏

○一五五九　黿父乙方鼎
字數　三
時代　殷或西周早期
著録　綜覽・方鼎　三〇
現藏　日本東京國立博物館
來源　A、考古研究所藏；
　　　B、東京國立博物館提供

○一五六〇　爻父乙方鼎
字數　三
時代　殷
著録　總集　〇五三二
　　　考古與文物　一九八〇年四期一三頁圖八・六
　　　陝青　三・六五
　　　綜覽・方鼎　六六
出土　一九五〇年扶風縣雲塘村出土
現藏　陝西省扶風縣博物館
來源　扶風縣博物館提供

○一五六一　山父乙鼎
字數　三
時代　殷
著録　未見
現藏　北京故宫博物院
來源　考古研究所拓

○一五六二　未父乙鼎
字數　三
時代　西周中期
著録　未見
流傳　德人楊寧史舊藏
現藏　北京故宫博物院
來源　考古研究所拓

○一五六三　祺父乙鼎(綦鼎)
字數　三
時代　西周早期
著録　博古　一・四四
　　　薛氏　九・一
　　　嘯堂　六・三
來源　嘯堂

○一五六四　作父乙鼎
字數　三
時代　西周早期
著録　未見
現藏　上海博物館
來源　上海博物館提供

○一五六五　犬父丙鼎
字數　三
時代　殷
著録　總集　〇三六三
　　　三代　二・二一・一
　　　冠斝上　七
　　　銅玉　圖八一h
流傳　榮厚舊藏
來源　冠斝

○一五六六　□父丙鼎(舉父丙鼎)
字數　三
時代　殷
著録　總集　〇三六〇
　　　三代　二・二〇・七
　　　恒軒上　七
　　　愙齋　三・六・三
　　　續殷上　一三・八
　　　小校　二・一五・四
　　　歐精華　二・九一
　　　彙編　九・一四七〇
流傳　蒲城楊氏舊藏(恒軒)
現藏　美國波士頓美術博物館
來源　陳邦懷先生藏
備注　歐精華以爲銘文後刻

○一五六七　父丙□鼎
字數　三
時代　殷或西周早期
著録　續殷上　一三・九
來源　考古研究所藏

○一五六八　□父丙鼎
字數　三
時代　西周中期
著録　總集　〇三六二
　　　三代　二・二〇・八
　　　續殷上　一三・七
現藏　遼寧省博物館
來源　考古研究所藏

○一五六九　鼀父丙鼎
字數　三
時代　西周早期
著録　總集　〇三六一
　　　三代　二・二一・二
　　　攈古　一・二・四
　　　綴遺　五・一五・二
　　　敬吾上　三六・七
　　　殷存上　三・四
　　　小校　二・一五・五
流傳　吴式芬舊藏
來源　陳邦懷先生藏

○一五七〇　□父丁鼎
字數　三
時代　殷
著録　薛氏　一〇・二
來源　薛氏

○一五七一　□父丁鼎
字數　三
時代　殷
著録　薛氏　一〇・三
來源　薛氏

○一五七二　□父丁鼎
字數　三
時代　殷
著録　總集　〇三八五
　　　三代　二・二三・四
　　　殷存上　五・六
來源　陳邦懷先生藏

○一五七三　□父丁方鼎
字數　三
時代　殷
著録　總集　〇三八六
　　　貞松　二・一二・四
　　　故圖下下　三五
流傳　承德避暑山莊舊藏
現藏　臺北故宫博物院
來源　貞松

○一五七四　□父丁鼎(舉父丁鼎)
字數　三
時代　西周早期
著録　總集　〇三六六
　　　三代　二・二一・八
　　　貞松　二・一二・二
　　　武英　二一
　　　續殷上　一三・一〇
　　　小校　二・一五・八
　　　故圖下下　三四
　　　綜覽・鼎　一七三
流傳　承德避暑山莊舊藏
現藏　臺北故宫博物院
來源　考古研究所藏

○一五七五　□父丁鼎(舉父丁鼎)

字數 三
時代 殷
著録 總集 〇三六五
陶齋 一・二二
小校 二・一五・七
流傳 端方舊藏
來源 小校

〇一五七六 父丁□鼎
字數 三
時代 殷或西周早期
著録 上海(二〇〇四) 五五
現藏 上海博物館
來源 上海博物館提供

〇一五七七 □父丁鼎
字數 三
時代 殷或西周早期
著録 三代 二・二二・四
來源 三代

〇一五七八 □父丁方鼎
字數 三
時代 殷
著録 總集 〇三七六(〇三七七)
三代 二・二二・五
攈古 一・二・五
綴遺 五・二三・一
敬吾上 三五・六
雙王 六
小校 二・一五・六
山東存附 一七・四
流傳 劉喜海、周鴻孫舊藏(攈古録、羅表)
來源 陳邦懷先生藏

〇一五七九 □父丁方鼎
字數 三
時代 殷
著録 總集 〇三七五
三代 二・二二・六
西清 一・九
殷存上 三・六
貞續上 一三・三
續殷上 一四・二
故宮 一四期
故圖下上 二一
山東存附 一七・五
商圖 三八
流傳 清宮舊藏
現藏 臺北故宮博物院
來源 考古研究所藏

〇一五八〇 □父丁鼎
字數 三
時代 殷
著録 未見
現藏 中國歷史博物館
來源 考古研究所拓

〇一五八一 □父丁方鼎
字數 三
時代 殷
著録 總集 〇三七九
三代 二・二三・三
綜覽・方鼎 四二
現藏 日本兵庫縣黑川古文化研究所
來源 三代

〇一五八二 奞父丁鼎
字數 三
時代 殷
著録 總集 〇五七三
三代 二・二一・四
寧壽 一・二
貞續上 一四・一
故宮 一六期
續殷上 一九・五
故圖下上 二〇
綜覽・鬲鼎 九〇
商圖 三二
流傳 清宮舊藏
現藏 臺北故宮博物院
來源 唐蘭先生藏

〇一五八三 黽父丁鼎(詹諸父丁鼎)
字數 三
時代 殷或西周早期
著録 總集 〇三七〇
三代 二・二一・六
恒軒 一・八
綴遺 五・一六・一
殷存上 三・九
小校 二・一六・一
流傳 吳大澂舊藏
來源 考古研究所藏

〇一五八四 黽父丁鼎
字數 三
時代 殷或西周早期
著録 總集 〇三六九
三代 二・二一・七
貞松 二・一二・三
續殷上 一四・五
來源 考古研究所藏

〇一五八五 魚父丁鼎
字數 三
時代 殷或西周早期
著録 總集 〇三六七
三代 二・二一・五
殷存上 三・一〇
流傳 丁筱農舊藏(羅表)
來源 陳邦懷先生藏

〇一五八六 □父丁鼎
字數 三
時代 殷
著録 中國歷史博物館館刊 一九八二年四期九二頁
出土 傳河南安陽出土
現藏 中國歷史博物館
來源 考古研究所拓

〇一五八七 冊父丁鼎(叔父丁鼎)
字數 三
時代 西周中期
著録 總集 〇三七二
澳銅選 六一頁圖二
彙編 九・一六四九
現藏 澳大利亞墨爾本國立維多利亞博物館
來源 彙編

〇一五八八 冊父丁鼎(叔父丁鼎)
字數 三
時代 西周中期
著録 總集 〇三七三
澳銅選 六一頁圖三
彙編 九・一六四八
現藏 澳大利亞墨爾本國立維多利亞博物館
來源 彙編
備注 形制同上器，未見著録，通高三六・五厘米，口徑三一・五厘米

〇一五八九 冊父丁鼎
字數 三
時代 西周中期

著録　綜覽・鼎　二四四
來源　日本林巳奈夫教授提供

〇一五九〇　大父丁鼎
字數　三
時代　殷或西周早期
著録　薛氏　九・二
來源　薛氏

〇一五九一　何父丁方鼎
字數　三
時代　殷
著録　未見
現藏　北京故宮博物院
來源　考古研究所拓

〇一五九二　[illegible]父丁鼎(荷貝父丁鼎)
字數　三
時代　殷或西周早期
著録　總集　〇三八〇
三代　二・二一・三
積古　一・八
攈古　一・二・五
殷存上　三・五
流傳　王錫棨舊藏(選青閣藏器目)
來源　陳邦懷先生藏

〇一五九三　[illegible]父丁方鼎
字數　三
時代　殷
著録　總集　〇三六八
三代　二・二二・一
續殷上　一四・六
弗里爾(六七)　一九九頁
彙編　九・一五一一
現藏　美國華盛頓弗里爾美術陳列館
來源　陳邦懷先生藏
備注　弗里爾與三代拓本字口略異

〇一五九四　[illegible]父丁鼎
字數　三
時代　殷
著録　總集　〇三七一
三代　二・二二・三
西乙　一・四三
寶蘊　四
貞松　二・一二・一
續殷上　一三・一二
故圖下下　三三
商圖　一一
流傳　瀋陽故宮舊藏
現藏　臺北故宮博物院
來源　陳邦懷先生藏

〇一五九五　[illegible]父丁鼎(延父丁鼎)
字數　三
時代　殷或西周早期
著録　總集　〇三六四
三代　二・二二・二
貞松　二・一三・一
續殷上　一三・一一
流傳　往歲見之都肆(貞松)
來源　考古研究所藏

〇一五九六　子父丁鼎
字數　三
時代　殷
著録　未見
現藏　上海博物館
來源　上海博物館提供

〇一五九七　[illegible]父丁鼎
字數　三
時代　殷或西周早期
著録　總集　〇三八四
三代　二・二三・二
寧壽　一・三
貞續上　一三・四
續殷上　一四・一
故宮　三一期
流傳　清宮永壽宮舊藏(故宮)
來源　考古研究所藏

〇一五九八　息父丁鼎
字數　三
時代　西周早期
著録　未見
出土　一九八〇年陝西岐山縣京當公社王家嘴西周墓葬(M一)
現藏　周原岐山文物管理所
來源　周原岐山文物管理所提供

〇一五九九　戈父丁鼎
字數　三
時代　殷
著録　總集　〇三八二
三代　二・二二・七
續殷上　一四・四
彙編　九・一五五六
流傳　美國賓夕法尼亞李察布氏舊藏
現藏　日本東京松岡美術館
來源　唐蘭先生藏

〇一六〇〇　[illegible]父丁鼎
字數　三
時代　西周早期
著録　總集　〇五三九
上海　四
銅器選　九
彙編　九・一四二三
辭典　二九
綜覽・扁足鼎　一七
青全　五・三九
上海(二〇〇四)　二一五
流傳　吳清漪舊藏(上海)
現藏　上海博物館
來源　上海博物館提供

〇一六〇一　[illegible]父戊鼎
字數　三
時代　西周早期
著録　總集　〇三八七
三代　二・二三・七
貞補上　五・一
賸稿　四
綜覽・鼎　一八六
出土　河南洛陽出土(賸稿)
流傳　河南博物館舊藏
現藏　河南省博物館?
來源　三代

〇一六〇二　大父己鼎
字數　三
時代　殷
著録　故圖下下　三七
商圖　一
現藏　臺北故宮博物院
來源　故圖

〇一六〇三　萁父己鼎
字數　三
時代　殷
著録　總集　〇四〇一
三代　二・二五・五
懷米上　二
綴遺　三・五
攈古　一・三・七
續殷上　一五・四
流傳　曹秋舫舊藏
來源　三代

〇一六〇四 [illegible]父己鼎
字數 三
時代 殷
著録 彙編 八・一一四四
綜覽・鬲鼎 七〇
薩克勒(商) 九五
現藏 美國華盛頓薩克勒美術館
來源 綜覽

〇一六〇五 奚父己鼎
字數 三
時代 殷
著録 總集 〇三九九
三代 二・二五・一
貞松 二・一四・一
善齋 二・二三
續殷上 一四・一二
小校 二・一七・四
流傳 劉體智舊藏
來源 陳邦懷先生藏

〇一六〇六 戈父己鼎
字數 三
時代 西周早期
著録 總集 〇三九〇
三代 二・二四・二
貞續上 一四・三
續殷上 一五・二
小校 二・一七・三
來源 考古研究所藏

〇一六〇七 [illegible]父己鼎
字數 三
時代 殷
著録 考古圖 二・五
薛氏 四六・二
出土 得於鄴城(考古圖)
來源 薛氏

〇一六〇八 [illegible]父己鼎
字數 三
時代 殷或西周早期
著録 總集 〇三九六
三代 二・二四・六
貞續上 一四・四
續殷上 一五・一
藝展 七
故宮 三五期
故圖下上 二二
倫敦圖版 二・二三
綜覽・鬲鼎 八七
流傳 清宮舊藏
現藏 臺北故宮博物院
來源 考古研究所藏

〇一六〇九 冂父己鼎(炳父己鼎)
字數 三
時代 殷
著録 小校 二・一六・八(又 四・一九・八)
奇觚 六・三・二
來源 小校
備注 奇觚六・三・二與小校四・一九・八稱卣，小校二・一六・八稱鼎

〇一六一〇 [illegible]父己方鼎
字數 三
時代 殷
著録 西拾 一
通考 一二六
綜覽・鼎 五〇
流傳 頤和園舊藏
來源 西拾

〇一六一一 冂父己鼎
字數 三
時代 殷
著録 小校 二・一七・一
現藏 上海博物館
來源 上海博物館提供
備注 上博拓本與小校拓本筆畫略異

〇一六一二 [illegible]父己鼎(卿父己鼎)
字數 三
時代 殷
著録 總集 〇三九一
三代 二・二四・三
貞松 二・一三・四
武英 一一
續殷上 一四・一一
小校 二・一七・六
故圖下下 三八
商圖 一〇
流傳 承德避暑山莊舊藏
現藏 臺北故宮博物院
來源 考古研究所藏

〇一六一三 亼父己鼎
字數 三
時代 殷
著録 西甲 一・二
流傳 清宮舊藏，後歸丁筱農、李山農(羅表)
來源 西甲

〇一六一四 斧父己鼎
字數 三
時代 殷
著録 總集 〇三九五
三代 二・二四・七
來源 三代

〇一六一五 斧父己鼎
字數 三
時代 殷
著録 總集 〇三九四
三代 二・二四・八
殷存上 三・一一
雙吉上 七
流傳 于省吾舊藏
來源 考古研究所藏

〇一六一六 舌父乙鼎
字數 三
時代 殷
著録 總集 〇三九七
三代 二・二五・四
來源 三代

〇一六一七 [illegible]父己鼎(周社鼎)
字數 三
時代 殷
著録 西清 二・四一
流傳 清宮舊藏
現藏 北京故宮博物院
來源 考古研究所藏

〇一六一八 耒父己鼎(聿父己鼎)
字數 三
時代 西周中期
著録 總集 〇三九三
三代 二・二四・四
奇觚 一・五・一
移林 四
殷存上 三・一二
小校 二・一七・五
流傳 丁麟年舊藏
來源 三代

〇一六一九 林父己鼎(秝父己鼎)
字數 三

時代　西周早期
著録　博古　一・二二
　　　薛氏　九・四
　　　嘯堂　三
來源　嘯堂

〇一六二〇　作父己鼎

字數　三
時代　西周早期
著録　總集　〇四〇〇
　　　三代　二・二五・二
　　　貞松　二・一三・三
　　　善齋　二・二三
　　　小校　二・一七・七
　　　頌續　五
　　　續殷上　一四・一〇
出土　陝西鳳翔出土(頌續)
流傳　溥倫、劉體智、容庚舊藏
來源　考古研究所藏

〇一六二一　子父己鼎

字數　三
時代　殷或西周早期
著録　總集　〇三九二
　　　三代　二・二四・五
　　　薩克勒(商)　九三
現藏　美國華盛頓薩克勒美術館
來源　三代

〇一六二二　父己車鼎

字數　三
時代　殷
著録　總集　〇三九八
　　　美集録　R 一六三、R 四八七P
現藏　美國布拉馬氏
來源　考古研究所藏

〇一六二三　史父庚鼎

字數　三
時代　殷
著録　總集　〇四〇七
　　　三代　二・二六・一
　　　窓齋　三・七
　　　小校　二・一八・四
來源　唐蘭先生藏

〇一六二四　史父庚鼎

字數　三
時代　西周早期
著録　總集　〇四〇六
　　　三代　二・二五・八
　　　栘林　五
　　　殷存上　四・一
　　　小校　二・一八・五
流傳　丁麟年舊藏
現藏　北京故宮博物院
來源　陳邦懷先生藏

〇一六二五　兪父庚鼎

字數　三
時代　殷
著録　總集　〇四〇四
　　　三代　二・二六・五
　　　西清　一・一二
　　　續殷上　一五・五
　　　澳銅選　圖一
　　　彙編　九・一五七九
流傳　清宮舊藏，後流至英國(澳銅選)
現藏　澳大利亞墨爾本買亞氏(彙編)
來源　三代

〇一六二六　幸父庚鼎

字數　三
時代　殷或西周早期
著録　總集　〇四〇五
　　　三代　二・二六・六
　　　陶續　一・一四
　　　善齋　二・二五
　　　續殷上　一五・八
　　　小校　二・一八・六
　　　雙古上　三
　　　綜覽・鼎　一四八
流傳　端方、劉體智、于省吾舊藏
來源　考古研究所藏

〇一六二七　羊父庚鼎

字數　三
時代　殷
著録　總集　〇四〇二
　　　三代　二・二六・二
　　　西清　四・三
　　　窓齋　三・一〇・四
　　　殷存上　四・二
　　　小校　二・一八・二
　　　盧氏(一九二四)　圖版一四
　　　美集録　R 五七
　　　彙編　九・一七二四
　　　薩克勒(西周)　一
流傳　清宮、溥倫、盧芹齋舊藏(美集録)
現藏　美國華盛頓薩克勒美術館
來源　考古研究所藏

〇一六二八　父庚[illegible]鼎

字數　三
時代　殷
著録　寧壽　一・四
流傳　清宮舊藏
來源　寧壽
備注　容庚西清金文真僞存佚表疑僞，禮器二一九頁銘文拓片與此雷同

〇一六二九　虎父庚鼎

字數　三
時代　西周
著録　小校　二・一八・一
來源　陳邦懷先生藏

〇一六三〇　[illegible]父庚鼎(薛父庚鼎)

字數　三
時代　西周中期
著録　總集　〇四〇三
　　　三代　二・二六・三
　　　貞松　二・一四・三
　　　善齋　二・二四
　　　續殷上　一五・七
　　　小校　二・一八・三
流傳　劉體智舊藏
現藏　北京故宮博物院
來源　考古研究所藏

〇一六三一　亞父辛鼎

字數　三
時代　殷
著録　考古與文物　一九八二年四期二三頁圖一四・二
出土　一九八〇年陝西鳳翔縣南指揮西村一一二號墓(M一一二：一)
現藏　鳳翔縣雍城考古隊
來源　鳳翔雍城考古隊提供

〇一六三二　旅父辛鼎

字數　三
時代　殷或西周早期
著録　小校　二・一九・二
來源　唐蘭先生藏
備注　旅字省一人，作此形的族氏名曾見于殷墟卜辭及其他銘文

〇一六三三　[illegible]父辛鼎(光父辛鼎)

字數 三
時代 西周早期
著録 總集 〇四一四
三代 二・二七・三
小校 二・二〇・三
出土 河南洛陽
現藏 北京故宮博物院
來源 考古研究所拓
備注 銘文字内填漆

〇一六三四 □父辛鼎

字數 三
時代 殷
著録 中國歷史博物館館刊 一九八二年四期九二頁右上
現藏 中國歷史博物館
來源 考古研究所拓

〇一六三五 □父辛鼎（子父辛鼎）

字數 三
時代 殷
著録 總集 〇四一二
三代 二・二七・二
綴遺 三・二・二
殷存上 四・八
小校 二・一九・四
流傳 器見京師（綴遺），王錫棨舊藏（羅表）
來源 三代

〇一六三六 □父辛鼎

字數 三
時代 殷
著録 總集 〇四一三
殷存上 四・九
流傳 潘祖蔭舊藏（羅表）
來源 殷存

〇一六三七 □父辛鼎

字數 三
時代 殷或西周早期
著録 總集 〇四二四
三代 二・二八・五
貞松 二・一五・二
流傳 此器往歲見之津沽（貞松）
來源 三代

〇一六三八 戈父辛鼎

字數 三
時代 西周早期
著録 總集 〇四一六
三代 二・二七・五
貞補上 五
續殷上 一五・一二
十二式 三～四
綜覽・鼎 二一八
流傳 孫秋帆舊藏
來源 考古研究所藏

〇一六三九 戈父辛鼎

字數 三
時代 西周早期
著録 總集 〇四一五
三代 二・二七・四
貞松 二・一四・四
流傳 此器往歲見之津沽（貞松），後歸方若
現藏 中國歷史博物館
來源 考古研究所藏

〇一六四〇 □父辛鼎

字數 三
時代 殷或西周早期
著録 總集 〇六八二
筠清 四・一八
攈古 一・三・八
來源 攈古
備注 第一字爲獸字繁體，字形與下器略異

〇一六四一 □父辛鼎（商父辛鼎、犴鼎）

字數 三
時代 殷或西周早期
著録 總集 〇六八一
三代 二・四八・二
西清 四・八
寧壽 一・七
奇觚 一・五・二
貞松 二・二六・三
續殷上 一六・五
小校 二・一九・七
故宮 一三期
流傳 清宮玉粹軒舊藏（故宮）
來源 考古研究所藏

〇一六四二 田父辛方鼎

字數 三
時代 殷
著録 總集 〇四一八
三代 二・二七・七
貞松 二・一五
董盦 一
日精華 三・一九六
彙編 九・一〇七二
綜覽・方鼎 二四
出土 一九一八年山東長清縣出土（日精華）
現藏 日本大阪齋藤悦藏氏
來源 三代

〇一六四三 魚父辛鼎

字數 三
時代 殷或西周早期
著録 未見
現藏 北京故宮博物院
來源 考古研究所拓

〇一六四四 □父辛鼎（宰牲形文辛鼎）

字數 三
時代 殷
著録 總集 〇四二五
三代 二・二八・六
窓齋 三・一四・二
殷存上 四・四
小校 二・一九・六
流傳 潘祖蔭舊藏（羅表）
現藏 上海博物館
來源 陳邦懷先生藏

〇一六四五 父辛豽鼎

字數 三
時代 殷
著録 西清 四・九
流傳 清宮舊藏
來源 西清
備注 豽字作貎，呈繁體構形，豽字曾見殷墟一期卜辭

〇一六四六 □父辛鼎（父辛鬲、炳父辛鼎）

字數 三
時代 西周早期
著録 總集 〇四二三
三代 二・二八・三
積古 二・二〇・四
攈古 一・二・三六
殷存上 二二・六
善齋 二・二七
小校 二・一八・八

流傳 王錫棨、劉體智舊藏（選青閣藏器目、羅表）
來源 考古研究所藏
備注 殷存誤作尊，積古、攈古誤作鬲

〇一六四七 [illegible]父辛鼎
字數 三
時代 殷
著録 總集 六四九四
三代 一四・四六・六
續殷下 五九・六
來源 陳邦懷先生藏
備注 三代、續殷作觶，陳邦懷記録爲鼎，今從陳説

〇一六四八 [illegible]父辛鼎
字數 三
時代 西周早期
著録 未見
現藏 中國歷史博物館
來源 考古研究所藏

〇一六四九 [illegible]父辛鼎
字數 三
時代 西周早期
著録 未見
流傳 頤和園舊藏
現藏 北京故宮博物院
來源 考古研究所拓

〇一六五〇 [illegible]父辛鼎（舉父辛鼎乙）
字數 三
時代 西周早期
著録 總集 〇四〇九
三代 二・二六・八
窓齋 三・七・一
續殷上 一五・一〇
小校 二・一九・一

來源 考古研究所藏

〇一六五一 [illegible]父辛鼎
字數 三
時代 殷
著録 總集 〇四〇八
考古 一九七四年六期三六六頁圖三・三
綜覽・鼎 一六〇
出土 一九七三年遼寧喀左縣北洞村二號窖藏
現藏 遼寧省博物館
來源 考古編輯部檔案

〇一六五二 [illegible]父辛鼎
字數 三
時代 殷
著録 總集 〇四一〇
三代 二・二六・七
西乙 一・四五
寶蘊 二二
貞松 二・一五・三
續殷上 一五・一一
故圖下下 四一
流傳 瀋陽故宮舊藏（寶蘊、貞松）
現藏 臺北故宮博物院
來源 考古研究所藏

〇一六五三 [illegible]父辛鼎
字數 三
時代 西周早期
著録 甲骨學 一二號圖一、九C、九D
現藏 日本東京湯島孔廟斯文會
來源 考古研究所藏

〇一六五四 木父辛鼎
字數 三
時代 殷
著録 總集 〇四一七
三代 二・二七・六
殷存上 四・五
小校 二・二〇・二
流傳 劉鶚舊藏（羅表）
來源 考古研究所藏

〇一六五五 [illegible]父辛鼎
字數 三
時代 西周早期
著録 總集 〇四一九
三代 二・二七・八
殷存上 四・一〇
流傳 潘祖蔭舊藏（羅表）
來源 三代

〇一六五六 [illegible]父辛鼎（壺形父辛鼎、豆父辛鼎）
字數 三
時代 殷
著録 總集 〇四二〇
三代 二・二八・一
懷米上 四
筠清 二・三
攈古 一・二・三
綴遺 五・二五
流傳 曹秋舫舊藏
來源 三代

〇一六五七 眲父辛鼎
字數 三
時代 殷
著録 總集 〇四二三
三代 二・二八・四
續殷上 一六・三
美集録 R 二二三
彙編 九・一四二七
現藏 美國柏弗羅科學博物館
來源 考古研究所藏

〇一六五八 [illegible]父辛鼎（句鼎）
字數 三
時代 殷或西周早期
著録 總集 〇四二六
從古 一一・四
綴遺 五・二五・二
流傳 平湖孟乙清擳視器（從古）
來源 綴遺

〇一六五九 束父辛鼎
字數 三
時代 西周早期
著録 總集 〇五二六
濬縣 四
辛村 圖版五五・四
綜覽・鼎 一九七
出土 一九三三年河南濬縣辛村六〇號墓
現藏 歷史語言研究所
來源 考古研究所藏

〇一六六〇 串父辛鼎
字數 三
時代 殷
著録 總集 〇四二一
三代 二・二八・二
西甲 一・二一
貞續上 一五・二
續殷上 一六・一
故宮 三九期
故圖下上 一二三
綜覽・鬲鼎 七九
流傳 清宮摛藻堂舊藏（故宮）
現藏 臺北故宮博物院

來源　考古研究所藏

○一六六一　子父辛鼎
字數　三
時代　殷
著録　總集　○四一一
三代　二・二七・一
殷存上　四・七
小校　二・一九・三
流傳　劉鶚舊藏(羅表)
現藏　德國斯圖加特林登博物館
來源　考古研究所藏

○一六六二　父辛[illegible]鼎
字數　三
時代　殷
著録　吉志　三・二六
續殷上　一六・二
來源　陳邦懷先生藏
備注　第三字即詒字古文，見殷墟卜辭

○一六六三　作父辛鼎
字數　三
時代　殷
著録　巖窟上　一一
出土　河南安陽三十二年春新出土(巖窟)，一九二九年寶鷄祀鷄臺出土(右輔瓌寶留珍)
來源　巖窟

○一六六四　□父辛鼎
字數　三
時代　殷
著録　考古與文物　一九八三年六期七頁
圖四・六
現藏　寶鷄市博物館
來源　考古與文物
備注　第一字字形不清晰

○一六六五　木父壬鼎
字數　三
時代　殷
著録　總集　○四二九
三代　二・二九・二
殷存上　四・一一
流傳　許延暄舊藏(羅表)
來源　考古研究所藏

○一六六六　重父壬鼎
字數　三
時代　殷
著録　殷青　八八・二
出土　一九八二年河南安陽小屯西地墓葬出土(M一：一一)
現藏　考古研究所安陽工作站
來源　考古研究所拓

○一六六七　大父癸鼎
字數　三
時代　殷
著録　未見
現藏　北京故宮博物院
來源　考古研究所拓

○一六六八　[illegible]父癸鼎
字數　三
時代　殷或西周早期
著録　綜覽・鼎　一五〇
現藏　丹麥哥本哈根國家博物館民族學研究部
來源　日本林巳奈夫教授提供

○一六六九　奚父癸鼎
字數　三
時代　殷
著録　薛氏　一〇・五
嘯堂　六・二
續考　四・二三
來源　嘯堂

○一六七〇　[illegible]父癸方鼎
字數　三
時代　西周早期
著録　西甲　一・一七
流傳　清宮舊藏
來源　西甲

○一六七一　[illegible]父癸方鼎
字數　三
時代　殷或西周早期
著録　總集　○四三二
三代　二・二九・八
續殷上　一七・六
美集録　R　一九六
彙編　九・一六九四
現藏　美國哈佛大學福格美術博物館
來源　考古研究所藏

○一六七二　[illegible]父癸鼎
字數　三
時代　殷或西周早期
著録　賽爾諾什　一〇頁
三代補　七三三
現藏　法國巴黎賽爾諾什博物館
來源　賽爾諾什

○一六七三　[illegible]父癸鼎
字數　三
時代　殷
著録　總集　○四三八
彙編　九・一四九〇
綜覽・鼎　九二
來源　彙編

○一六七四　[illegible]父癸鼎
字數　三
時代　西周早期
著録　西清　三・四
流傳　清宮舊藏
來源　西清

○一六七五　[illegible]父癸鼎
字數　三
時代　西周早期
著録　總集　○四四五
彙編　九・一四七二
現藏　日本奈良天理參考館
來源　彙編

○一六七六　戈父癸鼎
字數　三
時代　殷
著録　總集　○四四〇
三代　二・三〇・六
積古　一・三
攈古　一・二・一
奇觚　一六・一
來源　三代
備注　積古等三書著録的字形與三代稍有區別，且攈古有器銘、蓋銘，它們與三代是否一器，尚無法判別，今暫以一器計

○一六七七　[illegible]父癸方鼎
字數　三
時代　殷
著録　總集　○四三九
三代　二・三〇・四
殷存上　五・一
小校　二・二一・三
流傳　丁麟年舊藏(羅表)
來源　考古研究所藏

○一六七八　弓父癸鼎

字數　三
時代　西周早期
著録　總集　〇四四一
三代　二・三〇・五
貞松　二・一六・二
善齋　二・二九
續殷上　一七・四
小校　二・二一・二
流傳　劉體智舊藏
來源　考古研究所藏

〇一六七九　□父癸鼎
字數　三
時代　殷
著録　總集　〇四三三
三代　二・二九・五
西乙　一・一三
寶蘊　一九
貞松　二・一六・三
續殷上　一六・八
流傳　瀋陽故宮舊藏
來源　考古研究所藏

〇一六八〇　□父癸方鼎（尊父癸鼎、酉父癸鼎）
字數　三
時代　殷
著録　總集　〇四三二
三代　二・二九・六
夢續　三
殷存上　四・一二
小校　二・二〇・六
山東存附　一七・七
流傳　李佐賢、丁樹楨、羅振玉舊藏（石泉書屋藏器目、羅表）
現藏　瑞典斯德哥爾摩遠東古物館

來源　考古研究所藏

〇一六八一　□父癸鼎（皿父癸鼎）
字數　三
時代　殷
著録　總集　〇四三五
三代　二・三〇・一
貞續上　一六・一
續殷上　一七・三
善齋　二・二八
小校　二・二一・一
故圖下下　四二
彙編　九・一六一九
綜覽・扁足鼎　一〇
流傳　劉體智舊藏
現藏　臺北故宮博物院
來源　三代

〇一六八二　奄父癸鼎
字數　三
時代　殷
著録　綴遺　三・三
來源　綴遺

〇一六八三　奄父癸鼎
字數　三
時代　殷
著録　總集　〇五八五
三代　二・三九・七
西甲　一・三
流傳　頤和園舊藏
現藏　北京故宮博物院
來源　考古研究所

〇一六八四　奄父癸方鼎
字數　三
時代　殷或西周早期
著録　總集　〇五八六
三代　二・三九・八
西乙　一・二
寶蘊　一六
貞松　二・二一・四
續殷上　二〇・二
通考　一二四
故圖下下　四四
商圖　三〇
流傳　瀋陽故宮舊藏
現藏　臺北故宮博物院
來源　考古研究所藏

〇一六八五　鳥父癸鼎
字數　三
時代　殷
著録　總集　〇四三〇
三代　二・二九・四
貞松　二・一六・一
續殷上　一六・七
流傳　蕭山陸氏慎齋舊藏（貞松）
現藏　北京故宮博物院
來源　考古研究所拓

〇一六八六　魚父癸方鼎
字數　三
時代　殷或西周早期
著録　總集　〇四二八
三代　二・二九・三
長安　一・二
攈古　一・二・一
綴遺　五・一五
流傳　劉喜海、許閣舊藏（羅表）
來源　三代

〇一六八七　□父癸鼎
字數　三
時代　殷
著録　西清　三・一〇
流傳　清宮舊藏
現藏　北京故宮博物院
來源　考古研究所拓

〇一六八八　夒父癸鼎（周瞿鼎）
字數　三
時代　殷
著録　西甲　二・二〇
流傳　清宮舊藏
來源　西甲

〇一六八九　夒父癸鼎（商瞿鼎）
字數　三
時代　殷
著録　總集　〇四三六
三代　二・三〇・二
西甲　二・一九
貞續上　一五・三
續殷上　一七・一
故圖下上　二五
商圖　一四
流傳　清宮舊藏
現藏　臺北故宮博物院
來源　考古研究所藏

〇一六九〇　夒父癸鼎
字數　三
時代　西周早期
著録　總集　〇四三七
三代　二・三〇・三
貞續上　一五・四
續殷上　一七・二
故宮　一一期
故圖下上　二六
流傳　清宮舊藏
現藏　臺北故宮博物院

來源 考古研究所藏
備注 第一字爲瞏字省寫

〇一六九一 目父癸鼎
字數 三
時代 西周早期
著録 寶鷄 一〇八頁圖八五・四
出土 陝西寶鷄竹園溝墓葬(M七：二)
現藏 寶鷄市博物館
來源 寶鷄市博物館提供
備注 目字異于通常寫法

〇一六九二 銜父癸鼎
字數 三
時代 殷或西周早期
著録 總集 〇四四六
盧目(一九四〇)一五圖版六
美集録 R 一九七
彙編 九・一四一二
薩克勒(商) 九四
流傳 盧芹齋舊藏
現藏 美國華盛頓薩克勒美術館
來源 陳邦懷先生藏
備注 美集録與彙編拓本字體肥瘦略異，第一字爲徙字

〇一六九三 串父癸鼎
字數 三
時代 殷
著録 總集 〇四三四
三代 二・二九・七
西乙 一・三二
寶蘊 七
貞松 二・一六・四
續殷上 一六・六
禮器 二一三
流傳 瀋陽故宮舊藏
現藏 臺北故宮博物院
來源 考古研究所藏

〇一六九四 父癸巛鼎
字數 三
時代 殷
著録 未見
出土 湖北江陵縣五三農場出土
現藏 荊州地區博物館
來源 考古研究所拓
備注 第三字似可隸定爲川或巛

〇一六九五 [illegible]父癸鼎(成父癸鼎)
字數 三
時代 殷
著録 總集 〇四四七
博古 一・二六
薛氏 九・五
復齋 五
嘯堂 四・一
積古 一・五
攈古 一・二・一
來源 嘯堂
備注 積古以後諸書皆據宋本摹翻。故圖下下四三酷似此器

〇一六九六 [illegible]父一鼎
字數 三
時代 西周早期
著録 總集 〇三八八
三代 二・二三・八
貞補上 五・二
賸稿 三
綜覽・鼎 二五四
出土 河南洛陽(賸稿)
現藏 河南省博物館
來源 三代
備注 父下一字或釋戊，或釋甲，銘泐僅剩一形，不能確釋

〇一六九七 子父[illegible]鼎
字數 三
時代 殷或西周早期
著録 博古 三・三三
薛氏 七八・四
嘯堂 一八・四
來源 嘯堂

〇一六九八 [illegible]戈父鼎
字數 三
時代 殷
著録 湖南省博物館 一二
流傳 一九七四年從長沙市廢銅倉庫收集
現藏 湖南省博物館
來源 湖南省博物館提供
備注 第一字疑爲責字

〇一六九九 鄉乙宁鼎
字數 三
時代 殷
著録 總集 〇三二九
日精華 三・一七八
彙編 八・一二九八
現藏 日本箱根美術館(彙編)
來源 彙編

〇一七〇〇 鄉宁癸方鼎
字數 三
時代 殷
著録 總集 〇四四八
彙編 八・一三〇〇
薩克勒(商) 八八
現藏 美國華盛頓薩克勒美術館
來源 彙編

〇一七〇一 鄉癸宁鼎
字數 三
時代 殷
著録 總集 〇四四九
彙編 八・一三〇一
現藏 澳大利亞墨爾本國立維多利亞博物館
來源 彙編

〇一七〇二 乙■車方鼎
字數 三
時代 殷
著録 總集 〇三五八
美集録 R 一五七
流傳 美國紐約 Komor 氏舊藏
現藏 美國紐約梅益氏
來源 考古研究所藏

〇一七〇三 亞乙丁鼎
字數 三
時代 殷或西周早期
著録 貞松 二・一〇・二
小校 二・一一・六
流傳 劉體智舊藏
來源 小校
備注 貞松和小校的拓本方向相反

〇一七〇四 甫母丁鼎
字數 三
時代 西周早期
著録 總集 〇四五三
三代 二・三一・四
十二契 一八
續殷上 一七・九
流傳 商承祚舊藏
來源 考古研究所藏

〇一七〇五 作[illegible]鼎
字數 三

時代 殷或西周早期
著録 殷續上 一八・三
來源 考古研究所藏
備注 容庚金文編八八一頁曾録用此器，或以爲僞，因無器形可參考，無法判別，暫收於此

〇一七〇六 司母戊方鼎
字數 三
時代 殷
著録 總集 〇五一六
録遺 五〇
銘文選 〇〇一
綜覽・方鼎 六
辭典 〇三九
美全 四・五一
青全 二・四七
出土 一九三九年河南安陽武官村
流傳 南京博物院舊藏
現藏 中國歷史博物館
來源 考古研究所藏

〇一七〇七 司母辛方鼎
字數 三
時代 殷
著録 總集 〇五二三
婦好墓 三七頁圖二五・一
殷青 四三・一
出土 一九七六年春安陽殷墟婦好墓（M五：七八九）
現藏 考古研究所安陽工作站
來源 考古研究所拓

〇一七〇八 司母辛方鼎
字數 三
時代 殷
著録 總集 〇五二二
婦好墓 三七頁圖二五・二
銘文選 〇〇二
綜覽・方鼎 五
美全 四・二九
辭典 三五
青全 二・三九
出土 一九七六年春安陽殷墟五號墓（M五：八〇九）
現藏 考古研究所藏品
來源 考古研究所拓

〇一七〇九 [illegible]婦姃鼎
字數 三
時代 殷或西周早期
著録 西清 三・六
流傳 清宮舊藏
來源 西清
備注 第二字從字形看，應爲姨，有可能是婦字摹誤

〇一七一〇 婦姘告鼎
字數 三
時代 殷
著録 巖窟上 七
出土 一九四〇年河南安陽出土
流傳 梁上椿舊藏
來源 巖窟
備注 出土兩器，同形同銘，著録一器

〇一七一一 奄帚方鼎
字數 三
時代 殷
著録 總集 〇六四七
録遺 五七
美集録 R 八七
布倫戴奇（一九七七）圖三六
彙編 八・一一六九
綜覽・方鼎 一四
現藏 美國舊金山亞洲美術博物館（布倫戴奇藏品）
來源 考古研究所藏

〇一七一二 辛女彝鼎
字數 三
時代 西周早期
著録 未見
來源 考古研究所藏
備注 西甲二・四爲與此同銘之鼎，但字劃欠佳

〇一七一三 舟册婦鼎
字數 三
時代 殷
著録 未見
來源 陳邦懷先生藏
備注 殷墟卜辭有[illegible]字，[illegible]有可能是此字繁文，但也可能是舟册二字繁文，今暫取舟册二字説，全銘以三字計

〇一七一四 中婦鼎
字數 三
時代 西周早期
著録 總集 〇四五二
三代 二・三一・七
攈古 二・一四
窓齋 六・一六
恒軒上 六
綴遺 三・八
續殷上 一七・一一
小校 二・二一・五
美集録 R 二六二
彙編 七・八八一
綜覽・鬲鼎 八五
流傳 潘祖蔭、盧芹齋舊藏
現藏 美國紐約某處
來源 考古研究所藏杉林館金文拓本

〇一七一五 子[illegible]鼎
字數 三
時代 殷
著録 總集 〇四五九
三代 二・三一・六
來源 三代

〇一七一六 子[illegible]鼎
字數 三
時代 殷
著録 總集 〇四五八
三代 二・三一・五
鄴二 一・五
美集録 R 一一三
彙編 八・一二〇七
現藏 美國紐約大都會美術博物館（彙編）
來源 考古研究所藏

〇一七一七 子雨己鼎
字數 三
時代 殷
著録 總集 〇四五四
三代 二・三一・五
貞補上 六
小校 二・二三・八
美集録 R 一一六
綜覽・扁足鼎 二〇
流傳 劉體智舊藏（貞補）
現藏 美國紐約穆爾氏
來源 三代
備注 美集録與三代拓本字體肥瘦略異

〇一七一八 屰子干鼎

字數 三
時代 殷
著録 未見
來源 陳邦懷先生藏
備注 第三字從陳邦懷先生釋干。殷墟卜辭單字有作此形者

〇一七一九 北子鼎
字數 三
時代 西周中期
著録 總集 〇五二七
文物 一九六三年二期五四頁
考古 一九六三年四期二二四頁
綜覽・鼎 三七五
青全 三七五
出土 一九六一年湖北江陵縣萬城西周墓葬(考古)
現藏 湖北省博物館
來源 考古編輯部檔案
備注 文物以爲一九六二年出土

〇一七二〇 伯作鼎
字數 三
時代 西周中期
著録 文物 一九八六年一期一二頁圖一七
出土 一九八一年陝西長安縣花園村一七號墓
現藏 陝西省文物管理委員會
來源 陝西省文物管理委員會提供

〇一七二一 伯作鼎
字數 三
時代 西周中期
著録 總集 〇四七〇
貞續上 一六
希古 二・二
美集録 R 三八四
弗里爾(六七) 一八八頁
彙編 七・八八二
綜覽・鼎 二四一
現藏 美國華盛頓弗里爾美術陳列館
來源 考古研究所藏

〇一七二二 伯作鼎
字數 三
時代 西周早期或中期
著録 總集 〇四七〇
考古與文物 一九八〇年一期一五頁圖五・一
陝青 四・一三三
出土 一九七一年寶鷄市茹家莊西周墓葬
現藏 寶鷄市博物館
來源 寶鷄市博物館提供

〇一七二三 伯作鼎
字數 三
時代 西周早期
著録 未見
來源 考古研究所藏

〇一七二四 伯作鼎
字數 三
時代 西周早期
著録 未見
現藏 北京故宫博物院
來源 考古研究所拓

〇一七二五 伯作寶鼎
字數 三
時代 西周早期
著録 總集 〇四八八
陝青 三・四八
出土 一九七二年陝西扶風縣劉家村豐姬墓
現藏 陝西省博物館
來源 陳邦懷先生藏

〇一七二六 伯作⿱將鼎鼎
字數 三
時代 西周早期
著録 薛氏 七九・三
來源 薛氏
備注 ⿱將鼎字上部作般形，如係般字，則全銘應爲四字，然般鼎之稱未見，此字可能是⿱將鼎之摹誤

〇一七二七 伯作彝鼎
字數 三
時代 西周早期
著録 總集 〇四六八
攈古 一・二・二
流傳 呂堯仙舊藏(攈古録)
來源 攈古

〇一七二八 伯作彝鼎(伯鼎)
字數 三
時代 西周早期
著録 總集 〇四六七
三代 二・三三・五
攈古 一・二・三
愙齋 六・一八・一
奇觚 一・四・二
周金 二・六六・二
簠齋 一鼎 一一
小校 二・一二・八
流傳 陳介祺舊藏
來源 考古研究所藏
備注 吴大澂云：「疑刻文非鑄文，當亦晚周之器。」(愙賸)因原器未見，無由驗證吴説

〇一七二九 伯作彝鼎
字數 三
時代 西周早期
著録 寶鷄 一五二頁圖一一八・四
青全 六・一五四
出土 陝西寶鷄市竹園溝西周墓(M 四：一〇)
現藏 寶鷄市博物館
來源 寶鷄市博物館提供

〇一七三〇 伯旅鼎
字數 三
時代 西周早期
著録 總集 〇四六九
三代 二・三三・六
貞松 二・一七
希古 二・二
流傳 羅振玉舊藏
來源 三代

〇一七三一 仲作⿱齊鼎鼎
字數 三
時代 西周早期
著録 總集 〇四八九
三代 二・三四・七
來源 三代

〇一七三二 叔作寶鼎
字數 三
時代 西周早期
著録 總集 〇四六一
美集録 R 三八三
彙編 七・八七八
綜覽・鼎 一八三
現藏 美國哈佛大學福格美術博物館
來源 考古研究所藏

〇一七三三 [illegible]叔鼎

字數 三
時代 西周早期
著録 總集 〇五二〇
考古 一九七六年一期四二頁圖五・一
出土 一九七二年甘肅靈臺縣姚家河西周墓葬
現藏 甘肅省博物館
來源 考古編輯部檔案

〇一七三四 成王方鼎
字數 三
時代 西周早期
著録 總集 〇四五六
綴遺 四・一・二
小校 二・二一・六
盧氏(一九四〇) 三〇
美集録 R 三七〇
周金 二補八
銅玉 圖七一i
斷代 六九
美全 四・一九九
青全 五・一
彙編 七・八七五
綜覽・方鼎 六〇
流傳 沈秉成、盧芹齋舊藏(美集録)
現藏 美國堪薩斯納爾遜美術陳列館
來源 陳邦懷先生藏
備注 于省吾先生對此銘文曾致疑

〇一七三五 大保方鼎
字數 三
時代 西周早期
著録 總集 〇四五七
三代 二・三三・四
攈古 一・二・五
窓齋 七・六・一
綴遺 四・二・一
奇觚 一・四・一
敬吾下 五一・三五
小校 二・二一・七
斷代 六八
銘文選 〇三五
美全 四・一七七～一七八
綜覽・方鼎 七一
辭典 二八三
青全 五・四
出土 山東壽張縣所出梁山七器之一
流傳 鍾養田、張筱農、李山農舊藏(攈古録、奇觚、綴遺)、鍾、李、丁彦臣、端方(斷代)
現藏 天津市藝術博物館
來源 考古研究所藏
備注 窓齋誤作敦，敬吾誤作鬲

〇一七三六 □史己鼎
字數 三
時代 殷
著録 未見
流傳 德人楊寧史舊藏
現藏 北京故宫博物院
來源 考古研究所拓
備注 史上一字作梯形

〇一七三七 册可宅鼎
字數 三
時代 殷
著録 未見
來源 唐蘭先生藏

〇一七三八 左癸敎鼎
字數 三
時代 殷
著録 巖窟上 五
出土 河南安陽
流傳 梁上椿舊藏
來源 巖窟

〇一七三九 又癸敎鼎
字數 三
時代 殷
著録 出光(十五周年) 三九四頁三
中藝 圖六拓五
現藏 日本東京出光美術館
來源 出光美術館提供

〇一七四〇 亞受方鼎
字數 三
時代 殷
著録 總集 〇四六〇B
三代 二・三二・七
貞松 二・一九・三
武英 一
通考 一二七
續殷上 一八・二
小校 二・二五・一
故圖下下 二〇
商圖 二三
流傳 承德避暑山莊舊藏
現藏 臺北故宫博物院
來源 考古研究所藏
備注 商圖銘文最清晰

〇一七四一 亞魚鼎
字數 三
時代 殷
著録 總集 〇五〇二
三代 二・一三・八
續殷上 一〇・一
來源 考古研究所藏

〇一七四二 亞憂鼎(亞形鹿鼎、亞夋鼎)
字數 三
時代 西周早期
著録 總集 〇五〇一
三代 二・一五・五
綴遺 五・一七・一
貞松 二・一〇・一
小校 二・六・八
續殷上 九・一二
流傳 丁樹楨舊藏(貞松)
現藏 北京故宫博物院
來源 考古研究所拓
備注 憂或當釋夒

〇一七四三 亞豈鼎
字數 三
時代 殷
著録 總集 〇五〇三
三代 二・一五・二
十二契 七～八
續殷上 一〇・七
綜覽・鬲鼎 八八
流傳 商承祚舊藏
來源 陳邦懷先生藏

〇一七四四 亞豈鼎
字數 三
時代 殷
著録 總集 〇五〇四
三代 二・一五・三
十二契 六～七
續殷上 一〇・六
綜覽・鼎 一四三
流傳 商承祚舊藏
來源 陳邦懷先生藏

〇一七四五　亞□矣鼎

字數　三
時代　西周早期
著録　未見
來源　陳邦懷先生藏

〇一七四六　亞矣辛方鼎

字數　三
時代　西周早期
著録　總集　〇五〇五
　　　三代　二・一五・六
　　　陶續　一・一五
　　　續殷上　一〇・八
　　　彙編　八・一〇四二
流傳　端方舊藏
現藏　美國堪薩斯納爾遜美術陳列館
來源　三代

〇一七四七　北單戈鼎

字數　三
時代　殷
著録　總集　〇二九一
　　　日精華　三・一七九
　　　彙編　八・一三二〇
　　　綜覽・鼎　三二
現藏　日本奈良寧樂美術館
來源　彙編

〇一七四八　北單戈鼎

字數　三
時代　殷
著録　總集　〇二九二
　　　日精華　三・一九三
　　　彙編　八・一三二二
　　　綜覽・扁足鼎　七
現藏　日本京都藤井有鄰館
來源　彙編

〇一七四九　北單戈鼎

字數　三
時代　殷
著録　布倫戴奇（一九七七）　圖四
現藏　美國舊金山亞洲美術博物館（布倫戴奇藏品）
來源　布倫戴奇

〇一七五〇　北單戈鼎

字數　三
時代　殷
著録　未見
現藏　北京故宮博物院
來源　考古研究所拓

〇一七五一　貞鼎（員鼎）

字數　三
時代　西周中期
著録　總集　〇四六三
　　　三代　二・三三・一
　　　貞松　二・一九・一
　　　善齋　二・三〇
　　　小校　二・二二・二
流傳　劉體智舊藏
來源　考古研究所藏

〇一七五二　十朋鼎

字數　三
時代　殷
著録　總集　〇二八七
　　　三代　二・六・二～三
　　　十二貯　三～四
　　　續殷上　一一・七
　　　綜覽・鼎　一一〇
出土　安陽（通考）
流傳　王辰舊藏
來源　考古研究所藏

〇一七五三　□鼎

字數　三（器蓋同銘）
時代　西周早期
著録　綜覽・鼎　一九八
　　　薩克勒（西周）　一六
現藏　美國華盛頓薩克勒美術館
來源　陳邦懷先生藏

〇一七五四　□鼎

字數　三
時代　西周早期
著録　總集　〇四六五
　　　三代　二・三三・三
　　　貞松　二・一九・二
　　　貞續上　一六・三
來源　陳邦懷先生藏

〇一七五五　□鼎

字數　三
時代　西周早期
著録　總集　〇四六六
　　　三代　二・三三・四
　　　貞續上　一六・二
來源　三代
備注　三代二・三三・三～四分爲二器，然據綜覽之器看，器蓋同銘，故〇一七五四、〇一七五五有可能是一器之二拓，未見器形，暫分爲二器

〇一七五六　□丁方鼎

字數　三
時代　西周早期
著録　總集　〇三四九
　　　三代　二・一七・一
　　　奇觚　六・四・一
　　　小校　二・一一・二
　　　寶鼎　一〇四頁
　　　彙編　九・一五六七
流傳　潘祖蔭舊藏（羅表）
現藏　荷蘭萬孝臣氏
來源　陳邦懷先生藏
備注　奇觚誤作卣

〇一七五七　者□鼎

字數　三
時代　西周早期
著録　未見
現藏　上海博物館
來源　上海博物館提供
備注　以數字組成的重卦符號按一字計

〇一七五八　亞□丁鼎

字數　三
時代　殷
著録　總集　〇一七五
　　　録遺　五三
　　　美集録　R　一二九
　　　布倫戴奇（一九七七年）　圖二
　　　彙編　八・一〇五〇
流傳　盧芹齋舊藏
現藏　美國舊金山亞洲美術博物館（布倫戴奇藏品）（彙編）
來源　録遺
備注　第二字疑爲亢字

〇一七五九　止亞方鼎

字數　三
時代　西周早期
著録　總集　〇五〇七
　　　三代　二・一六・一〇
　　　愙齋　三・四・二
　　　殷存上　三・二
　　　小校　二・一一・七
流傳　李山農舊藏（愙齋）

現藏 北京故宫博物院
來源 考古研究所拓
備注 第一字似可釋爲圵字

〇一七六〇 力鼎
字數 三
時代 殷
著録 總集 〇五一八
鄴三上 一一
録遺 五一
綜覽・鼎 七〇
出土 傳河南安陽出土
現藏 瑞典某氏
來源 唐蘭先生藏

〇一七六一 册戈鼎
字數 三
時代 西周晚期
著録 總集 〇二五一
考古 一九八三年三期二一八頁
圖二・四
出土 一九八二年陝西長安縣灃西新旺村窖藏
現藏 考古研究所西安研究室
來源 考古研究所拓

〇一七六二 [illegible]見册鼎
字數 三
時代 殷
著録 未見
現藏 北京故宫博物院
來源 考古研究所拓
備注 此器銘或可釋爲梘齒册，現暫據録遺二一三隸定爲[illegible]見册三字。同銘者尚有尊、罍等

〇一七六三 耳秉[illegible]鼎
字數 三
時代 殷
著録 博古 一・三〇
薛氏 一一・二
復齋 二五
嘯堂 四
積古 一・六
攈古 一・一・二二
來源 嘯堂
備注 積古、攈古據復齋摹入。第三字即巛字

〇一七六四 秉[illegible][illegible]鼎(秉中戊形鼎)
字數 三
時代 殷
著録 綴遺 五・二四・一
現藏 上海博物館
來源 上海博物館提供

〇一七六五 [illegible][illegible]鼎
字數 三
時代 殷或西周早期
著録 總集 〇四五五
三代 二・三二・二
來源 考古研究所藏

〇一七六六 月魚鼎
字數 三
時代 西周早期或中期
著録 博古 一・三七~三八
薛氏 九・六
嘯堂 五・二
來源 嘯堂

〇一七六七 [illegible]作尊方鼎
字數 三
時代 西周早期
著録 總集 〇五二三
文物 一九七二年一二期八頁
圖一五
學報 一九七七年二期一〇八頁
圖八・一三
綜覽・方鼎 六一
青全 六・一八三
出土 一九六七年甘肅靈臺縣白草坡西周墓葬
現藏 甘肅省博物館
來源 考古編輯部檔案

〇一七六八 [illegible][illegible]方鼎([illegible][illegible]方鼎、揚[illegible]方鼎)
字數 三
時代 西周早期
著録 總集 〇四五一
三代 二・三一・六
長安 一・三
攈古 一・二・六
敬吾上 二八・三
周金 二・六六・一
小校 二・二二・三
出土 道光年間得於長安
流傳 劉喜海舊藏
現藏 上海博物館
來源 考古研究所藏

〇一七六九 尚方鼎(冏鼎、尚[illegible])
字數 三
時代 西周早期
著録 總集 〇五〇〇
筠清 四・二三・二
古文審 二・一五
從古 八・八
攈古 一・二・二
敬吾上 二八
周金 二・六五
小校 二・二二・一
流傳 瞿世瑛、李國松舊藏(攈古録、小校)
來源 陳邦懷先生藏

〇一七七〇 差鼎
字數 三
時代 西周中期
著録 總集 〇四六二
三代 二・三二・八
西乙 一・三三
貞松 二・一七・三
寶蘊 三〇
故圖下下 七七
周録 五一
流傳 瀋陽故宫舊藏
現藏 臺北故宫博物院
來源 考古研究所藏

〇一七七一 [illegible]鼎(車鼎)
字數 三
時代 西周
著録 總集 〇六五〇
西甲 一・四一
録遺 六〇
流傳 頤和園舊藏
現藏 北京故宫博物院
來源 考古研究所藏

〇一七七二 [illegible]作旅鼎
字數 三
時代 西周早期
著録 未見
現藏 北京故宫博物院
來源 考古研究所拓

〇一七七三 作旅鼎
字數 三

時代 西周中期
著録 總集 〇四七三
三代 二・三三・七
求古上 一九
綴遺 三・一七
流傳 陳經舊藏
來源 陳邦懷先生藏

〇一七七四 作旅鼎

字數 三
時代 西周中期
著録 總集 〇四七六
三代 二・三三・八
窓齋 六・一七
綴遺 三・一七
小校 二・二三・四
來源 考古研究所藏

〇一七七五 作旅鼎

字數 三
時代 西周中期
著録 總集 〇四七八
三代 二・三四・一
攈古 一・二・五一
綴遺 三・一六
小校 二・二三・三
流傳 洪小筠舊藏(攈古録)
來源 三代

〇一七七六 □作旅鼎

字數 三
時代 西周中期
著録 總集 〇四九〇
三代 二・三四・八
來源 三代
備注 首字不清，有可能是伯字

〇一七七七 作旅鼎

字數 三
時代 西周中期
著録 總集 〇四七四
文物 一九七九年一一期三頁
圖四・一
陝青 三・一六
出土 陝西扶風縣齊家村一九號墓(M一九：二七)
現藏 周原扶風文物管理所
來源 周原扶風文物管理所提供

〇一七七八 作旅鼎

字數 三
時代 西周中期
著録 總集 〇四七七
陝青 三・一七
出土 陝西扶風縣齊家村墓葬(M一九：二八)
現藏 周原扶風文物管理所
來源 周原扶風文物管理所提供

〇一七七九 作寶鼎

字數 三
時代 西周早期
著録 總集 〇四八〇
三代 二・三四・三
貞松 二・一八・一
希古 二・一・三
流傳 丁筱農舊藏(羅表)
來源 陳邦懷先生藏

〇一七八〇 作寶鼎

字數 三
時代 西周早期
著録 總集 〇四八四
三代 二・三四・四
貞松 二・一八・二
希古 二・一・四
來源 陳邦懷先生藏

〇一七八一 作寶鼎

字數 三
時代 西周早期
著録 總集 〇四八三
三代 二・三四・五
貞松 二・一八・三
希古 二・一・五
流傳 劉鶚舊藏(貞松)
現藏 北京故宮博物院
來源 考古研究所拓

〇一七八二 作寶鼎

字數 三
時代 西周中期
著録 總集 〇四八二
恒軒上 二〇
小校 二・二三・一
周金 二補二二・二
流傳 吳大澂舊藏
來源 陳邦懷先生藏

〇一七八三 作寶鼎

字數 三
時代 西周中期
著録 總集 〇四八五
三代 二・三四・六
頌齋 三
貞續上 一七・一
希古 二・二・一
小校 二・二三・二
故圖下下 七一
綜覽・鼎 二五一
出土 山西長子縣(頌齋)
流傳 容庚舊藏
現藏 臺北故宮博物院
來源 考古研究所藏

〇一七八四 作寶鼎

字數 三
時代 西周
著録 總集 〇四八一
彙編 七・八七六
薩克勒(西周) 一九
現藏 美國華盛頓薩克勒美術館
來源 彙編

〇一七八五 作寶鼎

字數 三
時代 西周早期
著録 未見
現藏 北京故宮博物院
來源 考古研究所拓

〇一七八六 作寶鼎

字數 三
時代 西周早期
著録 總集 〇四八七
陝圖 二八
五省 圖版叁拾 一
學報 一九五七年一期七九頁
圖二・二圖版叁 一
綜覽・鼎 二六五
出土 陝西長安縣斗門鎮墓葬
現藏 陝西省博物館？
來源 考古學報編輯部

〇一七八七 作寶鼎

字數 三
時代 西周中期
著録 歐遺 一〇六
現藏 瑞典斯德哥爾摩遠東古物館
來源 考古研究所藏

〇一七八八 作旅彝鼎
字數 三
時代 西周早期
著録 未見
來源 考古研究所藏

〇一七八九 作旅彝鼎
字數 三
時代 西周早期
著録 總集 〇四六四
三代 二・三三・二
來源 陳邦懷先生藏

〇一七九〇 作旅寶鼎
字數 三
時代 西周早期
著録 總集 〇四七九
三代 二・三四・二
貞松 二・一八・四
善齋 二・三一
小校 二・二三・五
流傳 劉鶚、劉體智舊藏(羅表)
來源 考古研究所藏

〇一七九一 作寶彝方鼎
字數 三
時代 西周早期
著録 陝青 四・四二
寶鷄 二八八頁圖一九九・八
出土 一九七四年陝西寶鷄市茹家莊西周墓(M一乙：一六)
現藏 寶鷄市博物館
來源 寶鷄市博物館提供

〇一七九二 作寶彝鼎
字數 三
時代 西周早期
著録 總集 〇四八六
學報 一九八〇年四期四六八頁圖一六・八
出土 一九六七年陝西長安縣張家坡西周墓(M八七：一)
現藏 考古研究所
來源 考古研究所拓

〇一七九三 作寶彝方鼎
字數 三
時代 西周早期
著録 未見
現藏 北京故宮博物院
來源 考古研究所拓
備注 此器有可能是一九二九年寶鷄祀鷄臺出土銅器之一。參石輔環寶留珍(稿本)

〇一七九四 作寶鼎方鼎
字數 三
時代 西周早期
著録 故青 一一二
現藏 北京故宮博物院
來源 考古研究所拓

〇一七九五 作寶彝鼎
字數 三
時代 西周早期
著録 未見
來源 考古研究所藏

〇一七九六 作寶彝鼎
字數 三
時代 西周早期
著録 未見
來源 陳邦懷先生藏

〇一七九七 作从彝方鼎
字數 三
時代 西周早期
著録 未見
現藏 上海博物館
來源 上海博物館提供
備注 器形未見著録，爲方鼎

〇一七九八 子□氏鼎
字數 三
時代 戰國
著録 巖窟上 一〇
出土 一九四二年春安徽壽縣出土
流傳 梁上椿舊藏
來源 巖窟

〇一七九九 □鼎蓋(掌鼎蓋)
字數 三
時代 戰國
著録 總集 〇四九一
三代 二・三五・一
貞續上 一七
現藏 北京故宮博物院
來源 考古研究所拓

〇一八〇〇 長倉鼎
字數 三
時代 戰國晚期
著録 總集 〇四九八
美集録 R 四三五(P)
彙編 七・八八三
現藏 美國西雅圖美術博物館
來源 考古研究所藏
備注 倉字爲會字古文

〇一八〇一 右夅刃鼎
字數 三
時代 戰國
著録 楚展 六八
湖南考古輯刊一 圖版拾肆一〇～一一
出土 解放前湖南長沙出土
現藏 湖南省博物館
來源 湖南省博物館提供
備注 鼎蓋近環處、鼎蓋内面、鼎内各刻同銘三字

〇一八〇二 □頣官鼎
字數 三(器蓋同銘)
時代 戰國晚期
著録 未見
現藏 北京故宮博物院
來源 考古研究所拓
備注 第二字爲夏字

〇一八〇三 客豊愻鼎
字數 三
時代 戰國晚期
著録 總集 〇四九三
三代 二・三五・三
小校 二・二四・二
楚録 八
徽銅 八一
出土 一九三三年安徽壽縣朱家集
現藏 安徽省博物館
來源 三代
備注 或以爲三代二・三五・三與二・三六・一爲一器，器蓋同銘。第三字上部左右從二阜，或可隸定爲隓

〇一八〇四 客豊愻鼎
字數 三
時代 戰國晚期
著録 總集 〇四九二
三代 二・三五・二
小校 二・二四・一
安徽金石 一・七・三

出土 一九三三年安徽壽縣朱家集
流傳 安徽省立圖書館舊藏(安徽金石)
現藏 安徽省博物館
來源 三代

〇一八〇五 客𣅀悤鼎
字數 三
時代 戰國晚期
著録 總集 〇四九四
三代 二・三五・四
小校 二・二四・三
安徽金石 一・七・二
出土 一九三三年安徽壽縣朱家集
流傳 安徽省立圖書館舊藏(安徽金石)
現藏 安徽省博物館
來源 三代

〇一八〇六 客𣅀悤鼎
字數 三
時代 戰國晚期
著録 總集 〇四九五
三代 二・三六・一
小校 二・二四・四
徽銅 八一
出土 一九三三年安徽壽縣朱家集
來源 三代
備注 或以爲三代二・三五・三與二・三六・一爲一器，器蓋同銘

〇一八〇七 集脰鼎(大子鼎)
字數 三
時代 戰國晚期
著録 楚録 九
出土 一九三三年安徽壽縣朱家集
現藏 安徽省博物館
來源 安徽省博物館提供
備注 現器上有大子二字，係後刻，故未録

〇一八〇八 四分鼎
字數 存三
時代 戰國晚期
著録 總集 〇四九六
三代 二・三六・二
武英 三三
小校 二・三六・八
流傳 承德避暑山莊舊藏
來源 考古研究所藏

〇一八〇九 秉父辛鼎
字數 存三
時代 西周早期
著録 寶鷄 六〇頁圖四七・五
出土 陝西寶鷄市竹園溝西周墓葬(M一三：一八)
現藏 寶鷄市博物館
來源 寶鷄市博物館提供
備注 第二字殘泐不清，秉或釋禾

〇一八一〇 文方鼎
字數 存三
時代 西周早期
著録 總集 〇四九九
三代 二・三六・四
貞松 二・二五
武英 八
小校 二・三〇・七
藝展 一〇
通考 一三一
故圖下下 四七
流傳 承德避暑山莊舊藏
現藏 臺北故宮博物院
來源 考古研究所藏

〇一八一一 王且甲方鼎(雙獸形王且甲鼎)
字數 四
時代 西周早期
著録 總集 〇六六九
三代 二・四六・三
陶齋 一・二三
續殷上 一一・九
小校 二・一二・三
美集録 R二四一
綜覽・方鼎 二七
流傳 端方舊藏
來源 考古研究所藏

〇一八一二 [illegible]作且丁鼎
字數 四
時代 殷或西周早期
著録 未見
現藏 上海博物館
來源 上海博物館提供

〇一八一三 且丁癸□鼎
字數 四
時代 殷
著録 總集 〇五五二
三代 二・三六・五
小校 二・三八・三
貞續上 一七・三
來源 陳邦懷先生藏

〇一八一四 [illegible]作且戊鼎
字數 四
時代 西周早期
著録 總集 〇五五一
三代 二・三六・六
貞松 二・一九
善齋 二・三三
續殷上 一八・四
小校 二・二五・二
善彝 二六
頌續 四
綜覽・鼎 二一九
流傳 劉體智舊藏
來源 考古研究所藏

〇一八一五 且己父癸鼎
字數 四
時代 殷或西周早期
著録 總集 〇五五三
三代 二・三七・一
綴遺 三・一
貞續上 一七・四
現藏 北京故宮博物院
來源 考古研究所拓

〇一八一六 [illegible]亞且癸鼎
字數 四
時代 殷或西周早期
著録 總集 〇五五四
三代 二・三七・二
貞松 二・二〇
續殷上 一八・五
貞圖上 一〇
流傳 羅振玉舊藏
現藏 歷史語言研究所
來源 考古研究所藏

〇一八一七 亞鳥父甲鼎
字數 四
時代 殷
著録 攈古 一・二・四九
綴遺 五・一七
來源 攈古

〇一八一八 亞攸父乙鼎
字數 四

時代 殷
著録 總集 〇五三四
美集録 R 一五二
柏景寒 一四七頁
綜覽・方鼎 三二
現藏 美國芝加哥美術館
來源 考古研究所藏

〇一八一九 亞醜父乙鼎
字數 四
時代 殷
著録 總集 〇五三一
三代 二・二〇・二
西清 一・五
貞續上 一三・二
故圖下上 一八
流傳 清宮舊藏
現藏 臺北故宮博物院
來源 考古研究所藏
備注 故圖云：父乙二字疑僞

〇一八二〇 亞戲父乙鼎
字數 四
時代 殷
著録 未見
現藏 北京故宮博物院
來源 考古研究所拓

〇一八二一 □册父乙方鼎
字數 四
時代 殷
著録 總集 〇六七五
三代 二・四七・五
十六 一・一
積古 一・三
從古 一〇・九
攈古 一・三・三九
流傳 阮元舊藏(積古)
來源 考古研究所藏猗文閣拓本
備注 第一字爲扶字。羅表在五字册册父乙方鼎下誤將兩罍、愙齋及奇觚之僞器收作一器

〇一八二二 天册父乙鼎
字數 四
時代 殷或西周早期
著録 未見
現藏 北京故宮博物院
來源 考古研究所拓

〇一八二三 □父乙鼎(鷺刀父乙鼎)
字數 四
時代 殷或西周早期
著録 總集 〇三四八
三代 二・一九・七
愙齋 三・一〇・一
綴遺 五・二八・一
續殷上 一二・七
小校 二・一三・七
流傳 徐子静舊藏(愙齋)，後歸李蔭軒
現藏 上海博物館
來源 考古研究所藏

〇一八二四 鄉宁父乙方鼎
字數 四
時代 殷
著録 總集 〇五六三(〇六四三)
鄴三 一・一四
美集録 R 三六
中國圖符 一五・一六
録遺 五四
綜覽・方鼎 一六
出土 傳出安陽
現藏 美國紐約凡特畢爾特夫人處(美集録)
來源 考古研究所藏

〇一八二五 矢宁父乙方鼎
字數 四
時代 西周早期
著録 總集 〇五六二
基建 圖版五五
陝圖 一
陝青 一・一五
綜覽・鼎 四七
出土 陝西岐山縣禮村
現藏 中國歷史博物館
來源 陝青

〇一八二六 子刀父乙方鼎
字數 四
時代 殷
著録 攈古 一・二・四五
綴遺 五・二九
流傳 韓崇舊藏(攈古録)
來源 攈古

〇一八二七 子□父乙鼎
字數 四
時代 西周
著録 未見
現藏 上海博物館
來源 上海博物館提供
備注 第二字僅可見下部之皿，上部已泐

〇一八二八 子鼏父乙鼎
字數 四
時代 殷
著録 考古 一九八六年九期三八五頁
圖二・一一
現藏 北京清華大學圖書館
來源 考古研究所拓

〇一八二九 庠父乙乙鼎
字數 四
時代 殷
著録 總集 〇五六一
三代 二・三八・一
奇觚 一・六
小校 二・二五・四
流傳 潘祖蔭舊藏(小校)
來源 考古研究所藏

〇一八三〇 □□父丁鼎
字數 四
時代 殷或西周早期
著録 總集 〇五六〇
三代 二・三七・八
續殷上 一八・一〇
來源 考古研究所藏

〇一八三一 □□父乙鼎
字數 四
時代 殷或西周早期
著録 總集 〇六六〇
西清 三・五
頌續 一
綜覽・鼎 一三〇
流傳 清宮舊藏，後歸容庚
現藏 廣州市博物館
來源 陳邦懷先生藏

〇一八三二 □作父乙鼎
字數 四
時代 西周早期
著録 未見
來源 考古研究所藏

〇一八三三 父乙爻□鼎
字數 四

時代 殷或西周早期
著録 西清 一・四
流傳 清宮舊藏
來源 西清
備注 第四字應爲□字之摹誤

〇一八三四 耳銜父乙鼎

字數 四
時代 殷
著録 總集 〇五七四
三代 二・四七・一
貞續上 一八
美集録 R 一九〇
布倫戴奇（一九七七） 圖六
綜覽・鬲鼎 九一
流傳 美國紐約辛科維奇舊藏
現藏 美國舊金山亞洲美術博物館（布倫戴奇藏品）
來源 考古研究所藏

〇一八三五 耳銜父乙鼎

字數 四
時代 殷
著録 總集 〇五七六
三代 二・四七・三
來源 三代

〇一八三六 宁羊父丙鼎

字數 四
時代 西周早期
著録 琉璃河 一一四頁圖七五C
出土 北京房山縣琉璃河西周墓（M二五三：二一）
現藏 首都博物館
來源 考古研究所拓

〇一八三七 亞醜父丙方鼎

字數 四
時代 殷
著録 總集 〇五三五
西拾 二
通考 一二九
流傳 頤和園舊藏
來源 西拾

〇一八三八 □父丁鼎

字數 四
時代 殷
著録 上海（二〇〇四） 五六
現藏 上海博物館
來源 唐蘭先生藏

〇一八三九 亞醜父丁方鼎

字數 四
時代 殷
著録 總集 〇五三七
三代 二・二三・五
窓齋 三・五
奇觚 一・七
殷存上 三・七
小校 二・一六・五
故青 七九
流傳 潘祖蔭舊藏（奇觚）
現藏 北京故宮博物院
來源 考古研究所拓
備注 銘文曾有致疑者

〇一八四〇 亞醜父丁方鼎

字數 四
時代 殷
著録 總集 〇五三六
三代 二・二三・六
殷存上 三・八
善齋 三・三
小校 二・一六・六
善彝 四〇
通考 一二三
綜覽・方鼎 二三
流傳 劉體智舊藏
來源 考古研究所藏

〇一八四一 亞獏父丁鼎

字數 四
時代 殷
著録 總集 〇五七〇
美集録 R 一四六e
流傳 美國盧芹齋舊藏
來源 考古研究所藏

〇一八四二 亞獏父丁鼎

字數 四
時代 殷
著録 總集 〇五六七
三代 二・三八・五
綴遺 五・一八
夢郼續 四
續殷上 一九・四
小校 二・一六・七
銅玉 圖八一九
流傳 丁樹楨、羅振玉舊藏（羅表）
來源 考古研究所藏

〇一八四三 亞獏父丁鼎

字數 四
時代 殷
著録 總集 〇五七一
彙編 八・九九四
高本漢（一九五八） 三八頁圖一
現藏 瑞典斯德哥爾摩遠東古物館（韋森氏藏品）
來源 彙編

〇一八四四 亞獏父丁鼎

字數 四
時代 殷
著録 總集 〇五六八（〇五六九）
三代 二・三八・六
續殷上 一九・三
鏡齋 一頁三
綜覽・鬲鼎 六四
出土 傳安陽出土
來源 考古研究所藏

〇一八四五 亞犬父丁方鼎

字數 四
時代 殷
著録 博古 一・一七
薛氏 一〇・一
嘯堂 一
來源 嘯堂

〇一八四六 亞㫃父丁鼎

字數 四
時代 殷
著録 總集 〇五四〇
美集録 R 一四八
中國圖符 九
綜覽・鬲鼎 四〇
流傳 美國盧芹齋舊藏
來源 考古研究所藏

〇一八四七 亞酉父丁鼎

字數 四
時代 殷
著録 總集 〇五七八
彙編 八・一〇七八
綜覽・鬲鼎 六五
薩克勒（西周） 二
現藏 美國華盛頓薩克勒美術館
來源 彙編

〇一八四八　亞豈父丁鼎
字数　四
時代　殷
著録　三代 一四・四三・一一
　　貞松 九・一九・四
　　小校 二・二六・三
來源　三代
備注　三代、貞松作觶，小校稱鼎，今從小校

〇一八四九　田告父丁鼎
字数　四
時代　西周早期
著録　上海(二〇〇四) 二〇二
現藏　上海博物館
來源　上海博物館提供

〇一八五〇　子羊父丁鼎
字数　四
時代　殷
著録　總集 〇五六六
　　三代 二・三八・四
來源　三代

〇一八五一　寧母父丁方鼎
字数　四
時代　殷
著録　總集 〇五六四
　　三代 二・三八・二
　　愙齋 三・一四
　　綴遺 三・九
　　奇觚 一・七
　　敬吾上 一
　　殷存上 五・七
　　小校 二・二六・二
流傳　朱爲弼、潘祖蔭舊藏(綴遺)，後歸李蔭軒
現藏　上海博物館
來源　考古研究所藏
備注　敬吾誤作盤

〇一八五二　臤父丁鼎
字数　四
時代　殷或西周早期
著録　總集 〇五六五
　　三代 二・三八・三
　　彙編 九・一六七六
　　綜覽・扁足鼎 二八
　　薩克勒(西周) 七五
出土　一九二九年黨毓坤由寶鷄祀鷄臺盜掘
流傳　美國布倫戴奇舊藏
現藏　美國華盛頓薩克勒美術館
來源　三代

〇一八五三　耳銜父丁鼎
字数　四
時代　殷
著録　總集 〇五七七
　　三代 二・三八・八
　　從古 七・五
　　擄古 一・三・三九
　　綴遺 三・二
　　敬吾上 三五
　　續殷上 一九・二
　　小校 二・三二・二
流傳　瞿穎山、夏松如舊藏(擄古録、敬吾)
來源　三代

〇一八五四　耳夅父丁鼎
字数　四
時代　殷
著録　西清 一・八
流傳　清宮舊藏
來源　西清
備注　按器形、銘文相合，但銘文摹寫甚劣

〇一八五五　庚豩父丁方鼎
字数　四
時代　殷
著録　殷青 八八・一
出土　一九八二年河南安陽小屯西地墓葬(M一：四四)
現藏　考古研究所安陽工作站
來源　考古研究所拓

〇一八五六　𦋍父丁冊方鼎
字数　四
時代　殷
著録　總集 〇七五八
　　三代 三・一・八
　　冠斝上 一〇
　　綜覽・鼎 五三
流傳　榮厚舊藏
來源　三代

〇一八五七　尹舟父丁鼎(般父丁鼎)
字数　四
時代　殷
著録　總集 〇三七八
　　三代 二・二三・一
　　擄古 一・二・五〇
　　綴遺 五・二八・二
　　敬吾上 三六・四
　　續殷上 一四・八
　　小校 二・一六・二
來源　三代
備注　尹舟或以爲一字，今暫取二字説

〇一八五八　□父丁冊方鼎
字数　四
時代　殷
著録　總集 〇六五四
　　文物 一九六四年四期四九頁圖一
現藏　中國歷史博物館
來源　考古研究所拓

〇一八五九　弓䩜父丁方鼎
字数　四
時代　殷或西周早期
著録　總集 〇六七六
　　三代 二・四七・七
　　擄古 一・三・八
　　綴遺 五・二三
　　續殷上 一四・七
　　澂秋 一
　　美集録 R 三八
　　皮斯柏 一
　　中國圖符 五
　　彙編 九・一五七二
出土　見于長安(擄古録)
流傳　陳承裘舊藏(澂秋)
現藏　美國米里阿波里斯美術館(皮斯柏藏品)
來源　考古研究所藏
備注　弓䩜或釋一字，以爲即彈，今暫取二字説

〇一八六〇　作父丁□方鼎
字数　四
時代　西周早期
著録　故青 二四
現藏　北京故宮博物館
來源　考古研究所拓

〇一八六一　□父丁鼎
字数　四

時代 西周
著録 未見
來源 陳邦懷先生藏

〇一八六二 季父戊子鼎
字数 四
時代 殷
著録 彙編 八・一二三四
出光(十五周年) 三九四頁二
中藝 圖八拓七
現藏 日本東京出光美術館
來源 出光美術館提供

〇一八六三 亞[illegible]父戊鼎
字数 四
時代 殷或西周早期
著録 總集 〇五四一
三代 二・二四・一
西清 一・一〇
貞補上 五
故宮 一八期
禮器 一八七
流傳 清宮舊藏
來源 考古研究所藏
備注 故宮以爲銘文後刻

〇一八六四 角戊父字鼎
字数 四
時代 殷
著録 總集 〇六四八
録遺 五八
弗里爾(一九六七) 一六九頁
彙編 九・一八〇七
現藏 美國華盛頓弗里爾美術陳列館
來源 録遺

〇一八六五 亞[illegible]父己鼎
字数 四
時代 殷
著録 總集 〇五四四
彙編 八・一〇一九
荷、比 八四頁圖版二・二
現藏 荷蘭某氏處
來源 彙編

〇一八六六 亞[illegible]父己鼎
字数 四
時代 殷
著録 總集 〇五四三
三代 二・二五・七
彙編 八・一〇一八
現藏 日本兵庫縣黑川古文化研究所
來源 彙編

〇一八六七 父己亞醜方鼎
字数 四
時代 殷
著録 總集 〇五四五
三代 二・二五・六
故青 七八
現藏 北京故宮博物院
來源 考古研究所拓

〇一八六八 亞㠱父己鼎
字数 四
時代 殷
著録 總集 〇五八〇
三代 二・三九・二
窓齋 三・五
綴遺 五・三一
小校 二・二六・七
流傳 方濬益舊藏
來源 三代

〇一八六九 亞戈父己鼎
字数 四
時代 殷
著録 總集 〇五八一
美集録 R 一五〇
皮斯柏 四
彙編 八・一〇六九
綜覽・扁足鼎 二二
流傳 美國盧芹齋舊藏
現藏 美國米里阿波里斯美術館(皮斯柏藏品)
來源 考古研究所藏
備注 彙編誤作方鼎

〇一八七〇 亞獸父己鼎
字数 四
時代 殷
著録 總集 〇五四六
考古與文物 一九八〇年二期一六頁
出土 一九七五年陝西渭南縣陽郭鄉南堡村墓葬
現藏 渭南縣圖書館?
來源 考古與文物

〇一八七一 亞旟父己鼎
字数 四
時代 殷
著録 未見
現藏 北京故宮博物院
來源 考古研究所拓

〇一八七二 亞[illegible]父己鼎
字数 四
時代 殷
著録 總集 〇五四二
三代 二・二五・三
貞松 二・一四・二
武英 一三
續殷上 一五・三
小校 二・一七・八
故圖下下 三六
商圖 一八
流傳 承德避暑山莊舊藏
現藏 臺北故宮博物院
來源 考古研究所藏

〇一八七三 子申父己鼎
字数 四
時代 西周早期
著録 文物 一九五七年五期八五頁
文叢 三四五頁圖一二
青全 五・三八
流傳 一九五七年洛陽專區文物普查隊在伊川寺後村收集
現藏 洛陽市博物馆
來源 洛陽市博物馆提供

〇一八七四 小子父己方鼎
字数 四
時代 殷
著録 中國歷史博物館館刊 一九八二年四期九一頁
出土 傳出河南安陽
現藏 中國歷史博物館
來源 考古研究所拓

〇一八七五 又敎父己鼎
字数 四
時代 殷
著録 總集 〇五七九
三代 二・三九・一
十二貯 七～八
小校 二・三三・四
綜覽・鼎 一一一
出土 傳出安陽

流傳 王辰舊藏
來源 考古研究所藏

〇一八七六 弓𦎫父己鼎
字數 四
時代 殷或西周早期
著録 總集 〇六七九
三代 二・四七・八
愙齋 三・六
殷存上 五・八
小校 二・二六・六
來源 陳邦懷先生藏

〇一八七七 遽作父己鼎
字數 四
時代 西周中期
著録 三代 二・三六・三
善齋 二・三四
小校 二・二六・五
貞松 二・二一・一
續殷上 一九
流傳 劉體智舊藏
來源 考古研究所藏
備注 遽字已不清晰

〇一八七八 作父己[illegible]鼎
字數 四
時代 殷或西周早期
著録 總集 〇五八二
三代 二・三九・三
貞松 二・二〇・四
善齋 二・三五
續殷上 一九・六
小校 二・二六・四
彙編 七・七九九
流傳 劉體智舊藏
來源 考古研究所藏

〇一八七九 子[illegible]父己鼎(持刀父己鼎、子父己鼎)
字數 四
時代 殷或西周早期
著録 博古 一・二三
薛氏 九・三
嘯堂 三
來源 嘯堂
備注 第二字或可釋刀字

〇一八八〇 亞得父庚鼎
字數 四
時代 殷
著録 三代 二・二六・四
貞續上 一五・一
小校 二・一八・七
尊古 一・一七
綜覽・扁足鼎 二六
流傳 劉體智舊藏
現藏 北京故宮博物院
來源 考古研究所拓

〇一八八一 子刀父辛鼎
字數 四
時代 殷或西周早期
著録 未見
現藏 北京故宮博物院
來源 考古研究所拓

〇一八八二 子刀父辛方鼎
字數 四
時代 殷
著録 總集 〇五八七
三代 二・三九・六
攈古 一・二・四六
愙齋 三・七
綴遺 五・二九
敬吾上 三五
續殷上 一九・一〇
小校 二・二六・八
流傳 程洪溥舊藏(攈古録)
來源 考古研究所藏

〇一八八三 亞卣父辛鼎
字數 四
時代 殷或西周早期
著録 總集 〇五五〇
三代 二・二八・八
西清 一・一四
綴遺 五・四
殷存上 四・六
流傳 清宮舊藏，後歸丁筱農(綴遺)
來源 唐蘭先生藏
備注 小校二・二〇・四仿此僞作

〇一八八四 亞醜父辛鼎
字數 四
時代 殷
著録 總集 〇五四八
三代 二・二九・一
敬吾上 三六・五
殷存上 四・三
小校 二・二〇・五
來源 三代

〇一八八五 虎重父辛鼎
字數 四
時代 西周早期
著録 未見
現藏 北京故宮博物院
來源 考古研究所拓

〇一八八六 [illegible]作父辛鼎
字數 四
時代 殷或西周早期
著録 總集 〇五八三
三代 二・三九・四
貞松 二・二一
善齋 二・三六
小校 二・二七・二
流傳 劉體智舊藏
來源 考古研究所藏

〇一八八七 父辛[illegible]册鼎
字數 四
時代 西周早期
著録 總集 〇六八〇
三代 二・四八・一
貞松 二・二六
現藏 旅順博物馆
來源 考古研究所拓
備注 貞松誤記爲方鼎

〇一八八八 逆[illegible]父辛鼎
字數 四
時代 西周早期
著録 總集 〇五八四
三代 二・三九・五
善齋 二・三七
續殷上 一九・九
小校 二・二七・一
故圖下下 四〇
現藏 臺北故宮博物院
來源 三代

〇一八八九 [illegible]父辛鼎
字數 四
時代 殷
著録 總集 〇四二七
三代 二・二八・七
貞松 二・一五
善齋 二・二六

續殷上 一六・四
小校 二・一九・五
故圖下下 二八
綜覽・鼎 九一
流傳 劉體智舊藏
現藏 臺北故宮博物院
來源 三代
備注 故圖器名誤爲「父乙」

〇一八九〇 父辛夨鼎
字数 四
時代 西周早期
著録 總集 〇六五二
文物 一九七七年八期一六頁
綜覽・鼎 一七五
出土 一九七六年河南襄縣丁營鄉霍莊村墓葬
現藏 河南省博物馆
來源 文物

〇一八九一 子□父癸鼎
字数 四
時代 殷
著録 總集 〇五八八
三代 二・四〇・一
續殷上 二〇・三
來源 唐蘭先生藏

〇一八九二 亞□父癸鼎
字数 四
時代 西周
著録 未見
來源 陳邦懷先生藏

〇一八九三 何父癸鼎
字数 四
時代 殷
著録 總集 〇五九一
三代 二・四〇・四
貞松 二・二一・三
善齋 二・三九
續殷上 二〇・四
小校 二・二七・四
流傳 劉體智舊藏
來源 考古研究所藏

〇一八九四 何父癸鼎
字数 四
時代 殷
著録 總集 〇五九二
三代 二・四〇・五
貞補上 六
續殷上 二〇・五
小校 二・二七・三
善齋 二・三八・一
彙編 七・九二四
流傳 劉體智舊藏
來源 考古研究所藏

〇一八九五 射獸父癸鼎
字数 四
時代 殷
著録 博古 一・二五
薛氏 一〇・四
嘯堂 四
復齋 六
積古 一・五
攈古 一・二・五一
來源 嘯堂
備注 積古、攈古據復齋本摹入

〇一八九六 銜天父癸鼎
字数 四
時代 殷
著録 西清 一・二一
流傳 清宮舊藏
來源 西清

〇一八九七 册□父癸鼎
字数 四
時代 殷
著録 總集 〇六八六
三代 二・四八・四
綴遺 五・三三
續殷上 二〇・七
小校 二・三三・六
來源 陳邦懷先生藏

〇一八九八 册□父癸鼎
字数 四
時代 殷
著録 總集 〇六八五
三代 二・四八・三
攈古 一・三・三
綴遺 五・三三
敬吾上 三五・二
殷存上 五・一〇
小校 二・三二・七
尊古 一・一九
甲骨學 一二號圖～三C、三D
流傳 劉喜海舊藏（攈古録）
現藏 日本東京湯島孔廟斯文會（甲骨學）
來源 考古研究所藏

〇一八九九 允册父癸鼎
字数 四
時代 殷或西周早期
著録 未見
現藏 北京故宮博物院
來源 考古研究所拓

〇一九〇〇 父癸疋册鼎
字数 四
時代 殷
著録 録遺 五五
綜覽・扁足鼎 一四
薩克勒（商） 八一
現藏 美國華盛頓薩克勒美術館
來源 録遺

〇一九〇一 □作父癸鼎
字数 四
時代 殷或西周早期
著録 總集 〇五九〇
三代 二・四〇・三
續殷上 二〇・六
尊古 一・一八・一
使華 六
彙編 七・八〇四
綜覽・鬲鼎 七七
出土 傳洛陽出土（使華）
流傳 德國陶德曼舊藏
來源 考古研究所藏

〇一九〇二 □□父癸鼎
字数 四
時代 西周早期
著録 總集 〇五八九
三代 二・四〇・二
續殷上 二〇・一
來源 三代

〇一九〇三 作母□彝鼎
字数 四
時代 西周早期
著録 未見
現藏 北京故宮博物院
來源 考古研究所拓

〇一九〇四 聑□婦□鼎
字数 四

時代 殷
著録 總集 〇五二五
文物 一九七八年五期九五頁圖九
河南 一・三四八
出土 一九五二年河南輝縣褚邱出土
現藏 新縣市博物馆
來源 河南省文物研究所提供

〇一九〇五 [大黽]婦未于方鼎
字数 四
時代 殷
著録 總集 〇六四五(〇六四六)
録遺 五六
彙編 八・一一六八
澳銅選 六二頁圖四
現藏 澳洲墨爾本買亞氏(彙編、澳銅選)
來源 録遺

〇一九〇六 司母㠯康方鼎
字数 四
時代 西周早期
著録 總集 〇六五三
文物 一九七八年二期九五頁圖 四
陝青 一・五一
綜覽・方鼎 四四
辭典 四〇
出土 一九七五年陝西扶風縣白龍村墓葬
現藏 扶風縣博物馆
來源 扶風縣博物馆提供
備注 此器司母㠯康或可釋㚸母康及㚸康，今暫作四字計

〇一九〇七 彭女彝鼎
字数 四
時代 西周早期
著録 總集 〇五九六
三代 二・四一・一
愙齋 六・一七・一
周金 三・一一七
小校 二・三〇・六
續殷上 二〇・九
彙編 七・八〇三
綜覽・鼎 一一五
流傳 潘祖蔭舊藏(愙齋)
現藏 美國普林斯頓大學博物馆(卡特氏藏器)(彙編)
來源 考古研究所藏移林館金文拓本

〇一九〇八 彭女彝鼎
字数 四
時代 西周早期
著録 總集 〇五九七
三代 二・四一・二
貞松 二・二四・一
來源 考古研究所藏

〇一九〇九 亞□女子鼎
字数 四
時代 殷
著録 總集 〇五九五
三代 二・四〇・八
殷存上 五・二
流傳 丁筱農舊藏(羅表)
來源 考古研究所藏

〇一九一〇 子□君妻鼎
字数 四
時代 殷或西周早期
著録 總集 〇六四一
三代 六・二二・五
貞松 四・三五
希古 四・二
續殷上 四一・一
小校 二・三〇・五
上海(二〇〇四) 五七
青全 四・九
流傳 潘祖蔭舊藏
現藏 上海博物馆
來源 考古研究所藏移林館金文拓本
備注 妻下似有皿，此字可隸定作[妻皿]

〇一九一一 北伯作[阝尊]鼎
字数 四
時代 西周早期
著録 總集 〇六〇四
三代 二・四一・八
貞松 二・二二
希古 二・三・三
出土 「光緒十六年(一八九〇)直隸淶水張家窪出土古器十餘，皆有北白字，此鼎其一也」(貞松)
來源 三代

〇一九一二 伯作寶方鼎
字数 四
時代 西周早期
著録 未見
現藏 北京故宮博物馆
來源 考古研究所拓

〇一九一三 或伯鼎(臧伯鼎)
字数 四
時代 西周早期
著録 總集 〇五九九
三代 二・四一・七
筠清 二・三・二
攈古 一・二・四七
綴遺 四・二四・二
流傳 吳式芬舊藏(雙虞壺齋藏器目)
來源 考古研究所藏
備注 據上海博物館藏三代容庚眉批云是鬲，因未見器形，暫仍稱作鼎

〇一九一四 伯作寶鼎
字数 四
時代 西周早期
著録 總集 〇六一四
三代 二・四三・一
愙齋 六・一八・二
周金 二・六五・三
小校 二・二九・七
流傳 丁筱農、許延暄舊藏(周金、羅表)
現藏 北京清華大學圖書館
來源 考古研究所拓

〇一九一五 伯作旅鼎
字数 四
時代 西周中期
著録 總集 〇六二一
三代 二・四四・一
冠斝上 九
綜覽・鼎 二〇三
流傳 榮厚舊藏
現藏 北京故宮博物院
來源 考古研究所拓
備注 旅字省一人

〇一九一六 伯作旅彝鼎
字数 四
時代 西周早期
著録 總集 〇六四九
録遺 五九
來源 考古研究所藏

〇一九一七 伯作寶彝鼎
字数 四

時代 西周早期
著録 總集 〇六三〇
三代 二・四四・七
來源 三代

〇一九一八 伯作寶彝鼎
字數 四
時代 西周早期
著録 總集 〇六三一
三代 二・四四・八
希古 二・二・五
貞松 二・二四・三
來源 三代

〇一九一九 伯作寶彝鼎
字數 四
時代 西周早期
著録 總集 〇六三二
三代 二・四五・一
貞松 二・二四・二
武英 一五
故圖下下 六三
小校 二・二九・六
流傳 承德避暑山莊舊藏
現藏 臺北故宮博物院
來源 考古研究所藏
備注 故圖上下爲六三，故圖下下作六二

〇一九二〇 伯作寶彝鼎
字數 四
時代 西周早期
著録 考古 一九八六年九期八三五頁圖二・九
現藏 北京清華大學圖書館
來源 考古研究所拓

〇一九二一 伯作旅鼎
字數 四
時代 西周中期
著録 總集 〇六二五
三代 二・四四・五
現藏 旅順博物館
來源 考古研究所拓
備注 首字經刮磨，原爲伯字，筆畫猶依稀可辨

〇一九二二 仲作旅鼎
字數 四
時代 西周中期
著録 總集 〇六三五
積古 四・二
攈古 一・三・二
求古 一・一七
流傳 陳經、素夢蟾舊藏(攈古録)
來源 攈古

〇一九二三 叔作寶彝鼎
字數 四
時代 西周
著録 未見
來源 陳邦懷先生藏

〇一九二四 内叔作鼎
字數 四
時代 西周中期
著録 博古 三・一八
薛氏 七九・一
嘯堂 一七
來源 嘯堂

〇一九二五 叔尹作旅方鼎
字數 四
時代 西周早期
著録 總集 〇六五五
文物 一九七七年一二期二八頁圖一三
綜覽・方鼎 七五
出土 一九七四年遼寧喀左縣山灣子村西周窖藏
現藏 遼寧省博物館
來源 考古研究所拓

〇一九二六 叔作穌子鼎
字數 四
時代 春秋早期
著録 總集 〇六五一
上村嶺 三五頁
綜覽・鼎 三二一
出土 一九五七年河南陝縣上村嶺虢國墓地一七五三號墓(M一七五三：一)
現藏 中國歷史博物館
來源 考古研究所拓

〇一九二七 叔作隮鼎
字數 四
時代 西周早期
著録 總集 〇六〇八
三代 二・四二・二
貞續上 一九・二
善齋 二・四三
小校 二・二九・八
頌續 七
出土 洛陽出土(頌續)
流傳 劉體智、容庚舊藏
現藏 廣州市博物館
來源 考古研究所藏

〇一九二八 叔作旅鼎
字數 四
時代 西周中期
著録 總集 〇六二六
學報 一九五四年第八册圖版捌
陝圖 九
綜覽・鼎 二六六
出土 一九五四年陝西長安縣斗門鎮普渡村二號墓
現藏 陝西省博物館
來源 考古編輯部檔案

〇一九二九 叔作旅鼎
字數 四
時代 西周中期
著録 未見
現藏 北京故宮博物院
來源 考古研究所拓

〇一九三〇 叔我鼎
字數 四
時代 西周早期
著録 總集 〇五九八
三代 二・四一・六
筠清 四・一九
古文審 二・五
攈古 一・二・四八
愙齋 六・一六
敬吾上 三八・二
小校 二・三〇・二
流傳 葉志詵舊藏(平安館藏器目)
來源 考古研究所藏葉志詵手拓本

〇一九三一 季作寶彝鼎
字數 四
時代 西周早期
著録 總集 〇六六一
文物 一九八一年九期二〇頁圖四
出土 一九七九年山東濟陽縣劉臺子二號墓
現藏 濟陽縣圖書館

來源 濟陽縣圖書館提供

〇一九三二 師公鼎

字數 四

時代 戰國晚期

著録 考古 一九八六年九期八三九頁圖五

現藏 北京清華大學圖書館

來源 考古研究所拓

〇一九三三 中脯王鼎

字數 四

時代 戰國晚期

著録 湖南考古輯刊 一期九三頁圖三・八 古文字研究 一〇期二七七圖三六・三 辭典 八三〇

出土 一九七六年湖南漵浦縣馬田坪二六號墓

現藏 湖南省博物館

來源 湖南省博物館提供

〇一九三四 公鼎

字數 四

時代 西周早期

著録 未見

流傳 德人楊寧史舊藏

現藏 北京故宮博物院

來源 考古研究所拓

〇一九三五 國子鼎

字數 四（器蓋各二字）

時代 戰國早期

著録 考古通訊 一九五八年六期五一頁圖四

出土 一九五六年山東臨淄姚王村

現藏 山東省博物館

來源 考古研究所拓

備注 同銘八器，此其一

〇一九三六 㦰史繇鼎

字數 四

時代 西周中期

著録 小校 二・二七・八

來源 小校

〇一九三七 大祝禽方鼎

字數 四

時代 西周早期

著録 總集 〇六〇二 十六 一・一五 積古 四・四～五 金索 一・三三 攈古 一・二・四七 周金 二・六五・二 小校 二・二七・七

流傳 錢坫、阮元、江寧胡氏舊藏（十六、積古、周金）

來源 考古研究所藏僧達受手拓本

備注 此與三代二・四一・五並非一器，過去各家均誤合爲一

〇一九三八 大祝禽方鼎

字數 四

時代 西周早期

著録 總集 〇六〇三 三代 二・四一・五 尊古 一・二四 鏡齋 六 銘文選 〇二八 綜覽・方鼎 三六

流傳 德國艾克舊藏

現藏 德國科隆東亞美術博物館

來源 考古研究所藏

備注 十六、積古等著録乃另一同銘方鼎，一真一僞，抑或一對真品，因未驗原器不能定。今暫作二器處理

〇一九三九 又敉父癸鼎

字數 四

時代 殷

著録 總集 〇五九三 三代 二・四〇・六

來源 三代

〇一九四〇 更鼎

字數 四

時代 西周早期或中期

著録 文物 一九八六年一期一一頁圖一八

出土 一九八一年陝西長安縣普渡村一四號墓葬

現藏 陝西省文物管理委員會

來源 陝西省文物管理委員會提供

〇一九四一 劦册)(辛鼎

字數 四

時代 殷

著録 未見

流傳 丁樹楨舊藏

現藏 山東省博物館

來源 王獻唐先生提供

〇一九四二 臣辰册方鼎

字數 四

時代 西周早期

著録 總集 〇五〇八 彙編 九・一四二九

現藏 加拿大多倫多士棟夫人處

來源 彙編

備注 彙編一四二九、一四三〇兩器，銘文字體與它器有別，因未見原器難以定真僞，姑收于此以待考定

〇一九四三 臣辰册方鼎

字數 四

時代 西周早期

著録 總集 〇五〇九 彙編 九・一四三〇

現藏 加拿大多倫多士棟夫人處

來源 彙編

〇一九四四 亞[illegible]方鼎

字數 四

時代 殷

著録 總集 〇六六四 録遺 六一

現藏 北京故宮博物院

來源 考古研究所拓

〇一九四五 徝[illegible]右𠂤鼎

字數 四

時代 戰國

著録 未見

流傳 某華僑捐獻，一九五七年文化部文物局撥交故宮博物院

現藏 北京故宮博物院

來源 考古研究所拓

備注 器已殘。第二字係公字。第四字爲官字。中原文物一九八一年四期四一頁有徝公右官鼎摹本

〇一九四六 公朱右𠂤鼎

字數 四

時代 戰國晚期

著録 未見

現藏 中國歷史博物館

來源 考古研究所拓

○一九四七　滑斿子鼎（滑孝子鼎）
字数　四（又合文二）
時代　戰國晚期
著録　未見
現藏　中國歷史博物館
來源　考古研究所藏
備注　斿子或釋孝子，從字形看，似是斿子合文，今暫取斿子説

○一九四八　戈作寶鼎
字数　四
時代　西周早期
著録　總集　○六一九
三代　二・四三・五
攈古　一・二・四八
清愛　一九
窓齋　三・二
綴遺　三・一二
敬吾上　三八・四
小校　二・二九・一
三代補　七三四
賽爾諾什　一八頁
出土　「丙戌三月得于邗上」（清愛）
流傳　劉喜海舊藏
現藏　法國巴黎賽爾諾什博物館
來源　唐蘭先生藏

○一九四九　甲作寶方鼎
字数　四
時代　西周早期
著録　總集　○六一六
三代　二・四三・六
貞續上　一八・四
來源　三代

○一九五〇　𠁩作寶鼎（束鼎）
字数　四
時代　西周早期
著録　總集　○六一○
三代　二・四二・五
積古　四・四
攈古　一・二・四六
周金　二・六五・四
小校　二・二八・二
來源　考古研究所藏

○一九五一　車作寶鼎
字数　四
時代　西周中期
著録　總集　○六一七
三代　二・四三・三
周金　二・六五・七
貞松　二・二二
善齋　二・四二
小校　二・二八・六
流傳　劉體智舊藏
來源　考古研究所藏

○一九五二　車作寶方鼎
字数　四
時代　西周中期
著録　未見
現藏　北京故宫博物院
來源　考古研究所拓

○一九五三　舟作寶鼎
字数　四
時代　西周中期
著録　西清　四・一九
流傳　清宫舊藏
來源　西清

○一九五四　舟作寶鼎
字数　四
時代　西周中期
著録　未見
現藏　北京故宫博物院
來源　考古研究所拓

○一九五五　鼎之伐鼎
字数　四
時代　春秋
著録　未見
出土　湖北天門縣黄檀出土
現藏　荆州地區博物館
來源　考古研究所拓

○一九五六　右作旅鼎
字数　四
時代　西周早期
著録　總集　○六二二
三代　二・四四・二
周金　二補
夢郼上　六
小校　二・二九・三
彙編　七・八○五
流傳　盛昱、羅振玉舊藏
現藏　瑞典斯德哥爾摩遠東古物館
來源　考古研究所藏

○一九五七　中作寶鼎
字数　四
時代　西周早期
著録　博古　二・一六
薛氏　七九・二
嘯堂　七
出土　「重和戊戌（一一一八）安州孝感縣民耕地得之」（金石録）
來源　嘯堂
備注　此爲安州六器之一

○一九五八　員作用鼎
字数　四
時代　西周早期或中期
著録　未見
現藏　中國歷史博物館
來源　考古研究所拓

○一九五九　舌臣鼎
字数　四
時代　殷
著録　未見
現藏　北京故宫博物院
來源　考古研究所拓
備注　舌臣如果釋爲𦣝字，則此器銘應爲三字

○一九六〇　毛作寶鼎
字数　四
時代　西周中期
著録　總集　○六一八
三代　二・四三・四
貞松　二・二三・一
善齋　二・四一
小校　二・二八・八
流傳　劉體智舊藏
現藏　北京故宫博物院
來源　考古研究所拓
備注　第一字與一般毛字寫法不同，暫從舊説釋毛

○一九六一　益作寶鼎
字数　四
時代　西周中期
著録　博古　二・三四
薛氏　七八・五
嘯堂　一二
來源　嘯堂
備注　益或釋嗌，與從水從皿之益有别，其造字本意不明

〇一九六二　興作寶鼎
字数　四
時代　西周中期
著録　總集　〇六〇七
　三代　二・四二・四
　恒軒　一九
　小校　二・二八・五
出土　陝西鳳翔出土
流傳　潘祖蔭舊藏
來源　三代

〇一九六三　興作寶鼎
字数　四
時代　西周中期
著録　總集　〇六〇六
　陝青　二・一一九
出土　一九七七年陝西扶風縣齊家村一號墓
現藏　周原扶風文物管理所
來源　陝青

〇一九六四　[illegible]作寶鼎
字数　四
時代　西周中期
著録　總集　〇六一二
　三代　二・四二・八
　貞松　二・二三・三
　希古　二・三・一
　小校　二・二八・七
流傳　羅振玉舊藏(貞松)
來源　考古研究所藏

〇一九六五　[illegible]作寶鼎
字数　四(器蓋同銘)
時代　西周中期
著録　總集　〇六一三
　三代　二・四二・七
　積古　四・五
　攈古　一・三・二
　周金　二補
　小校　二・三〇・一
流傳　吳大澂舊藏(愙齋先生所藏古器物目)
現藏　上海博物館
來源　三代
備注　三代僅録一拓本，攈古録二銘

〇一九六六　章作寶鼎
字数　四
時代　西周早期
著録　總集　〇六一一
　三代　二・四二・六
　筠清　四・二四
　攈古　一・二・四六
　敬吾上　二七
　小校　二・二八・三
流傳　陳介祺、王錫棨、李璋煜舊藏(選青閣藏器目、本所藏拓題跋、羅表)
來源　考古研究所藏

〇一九六七　[illegible]作寶[illegible]鼎
字数　四
時代　西周中期
著録　總集　〇六一五
　三代　二・四三・二
現藏　北京故宮博物院
來源　考古研究所拓

〇一九六八　寡長方鼎
字数　四
時代　西周早期
著録　總集　〇六二〇
　三代　二・四三・七
　攈古　一・二・四七
　周金　二・六五・五
　小校　二・二八・四
流傳　金蘭坡舊藏(羅表)
來源　考古研究所藏

〇一九六九　樂作旅鼎
字数　四
時代　西周中期
著録　總集　〇六二四
　三代　二・四四・三
　貞松　二・二三
　希古　二・二
來源　三代

〇一九七〇　樂作旅鼎
字数　四
時代　西周中期
著録　總集　〇六二三
　三代　二・四四・四
來源　考古研究所藏

〇一九七一　攸作旅鼎
字数　四
時代　西周早期
著録　總集　〇六二七
　考古　一九七九年一期二四頁圖二
出土　一九七八年河北元氏縣西張村西周墓葬
現藏　河北省文物研究所
來源　考古編輯部檔案

〇一九七二　[illegible]作寶彝鼎
字数　四
時代　西周早期
著録　總集　〇六四〇
　三代　六・二三・一
　筠清　四・三四
　攈古　一・二・五五
　綴遺　二七・六
流傳　葉志詵舊藏(筠清)
來源　唐蘭先生藏
備注　此器三代稱彝，筠清、綴遺稱鬲，容庚以爲鼎，此從容氏定爲鼎

〇一九七三　[illegible]作寶彝鼎
字数　四
時代　西周中期
著録　總集　〇六二九
　三代　二・四四・六
　周金　二補
　貞松　二・二三
　希古　二・三・二
　小校　二・二九・五
　貞圖上　一一
流傳　盛昱、羅振玉舊藏(希古、貞松)
現藏　北京故宮博物院
來源　考古研究所藏

〇一九七四　[illegible]作寶器鼎
字数　四
時代　西周中期
著録　總集　〇六三三
　三代　二・四五・二
　愙齋　六・一三
　夢郼續　五
　小校　二・三〇・三
　彙編　七・八七三
流傳　丁樹楨、李山農、羅振玉舊藏(羅表)
來源　考古研究所藏

〇一九七五　雁[illegible]作旅鼎
字数　四
時代　西周早期

著録 總集 〇六三八
三代 二・四五・四
奇觚 一・六
周金 二・六五・六
小校 二・二九・二
流傳 潘祖蔭舊藏（奇觚）
來源 三代

〇一九七六 誂禾作旅鼎
字数 四
時代 西周早期
著録 總集 〇六三九
三代 二・四五・五
來源 考古研究所藏

〇一九七七 考作寶鼎
字数 四
時代 西周中期
著録 總集 〇六〇九
三代 二・四二・三
陶齋 一・三三
小校 二・二八・一
流傳 端方舊藏
來源 三代

〇一九七八 𠙵作旅鼎
字数 四
時代 西周早期
著録 未見
出土 一九七四年北京房山縣琉璃河
二〇九號墓
現藏 首都博物館
來源 考古研究所拓
備注 第一字或可釋由。琉璃河未載此器

〇一九七九 𢻫作旅鼎
字数 四
時代 西周早期
著録 攈古 一・二・四六
出土 得之汴梁
流傳 楊石卿舊藏
來源 攈古

〇一九八〇 邵之飤鼎
字数 四
時代 戰國早期
著録 文物 一九八一年六期七頁圖
一四・二
出土 一九八〇年四川新都縣晒壩墓葬
現藏 四川省博物館
來源 四川省博物館提供

〇一九八一 作𦓏從彝方鼎
字数 四
時代 殷
著録 中國考古學報第二册 圖版二四
出土 一九三一年山東益都蘇埠屯墓葬
流傳 山東省圖書館舊藏
現藏 山東省博物館
來源 王獻唐先生提供

〇一九八二 作𦓏从彝鼎
字数 四
時代 殷
著録 未見
現藏 北京故宮博物院
來源 考古研究所拓

〇一九八三 作寶隣彝鼎
字数 四
時代 西周早期
著録 總集 〇六三四
三代 二・四五・三
來源 考古研究所藏

〇一九八四 作寶隣彝鼎
字数 四
時代 西周早期
著録 山東藏品 四八
流傳 丁樹楨舊藏
現藏 山東省博物館
來源 王獻唐先生提供

〇一九八五 作寶隣彝方鼎
字数 四（器蓋同銘）
時代 西周早期
著録 未見
來源 陳邦懷先生藏

〇一九八六 作寶隣彝鼎
字数 四
時代 西周早期
著録 綜覽・鬲鼎 一〇三
流傳 英國布魯克舊藏
現藏 英國倫敦不列顛博物館
來源 不列顛博物館提供

〇一九八七 辛作寶彝鼎
字数 四
時代 西周早期
著録 小校 二・二九・四
來源 小校

〇一九八八 明我作鼎
字数 四
時代 西周早期或中期
著録 總集 〇六〇五
三代 二・四二・一
筠清 四・一六
攈古 一・二・四八
敬吾上 三八
小校 二・三〇・四
流傳 吴式芬舊藏（雙虞壺齋藏器目）
來源 考古研究所藏

〇一九八九 眉壽作彝鼎
字数 四
時代 西周早期
著録 未見
現藏 北京故宮博物院
來源 考古研究所拓

〇一九九〇 𢿡之行鼎
字数 四
時代 春秋
著録 總集 〇六二八
江漢考古 一九八三年一期七五頁
圖二左
出土 一九七六年湖北隨縣義地岡出土
現藏 湖北省博物館
來源 考古研究所拓

〇一九九一 昜兒鼎
字数 四
時代 戰國晚期
著録 總集 〇六三六
三代 二・四五・六
西清 七・三
貞松 二・二五・三
流傳 清宮舊藏，後歸容庚（貞松）
來源 三代
備注 兼字不清，該器年代下限有可能稍晚

〇一九九二 宜陽右蒼鼎
字数 四
時代 戰國
著録 未見
來源 陳邦懷先生藏

〇一九九三 今永里鼎
字数 四
時代 戰國晚期
著録 總集 〇六三七
三代 二・四五・七

陶齋 五・七
小校 二・三一・二
流傳 端方舊藏
來源 三代
備注 此器年代下限較晚

〇一九九四 巨荁十九鼎
字数 四
時代 戰國晚期
著録 總集 〇六五七
文物 一九五七年七期八三頁
出土 一九五五年安徽蚌埠市東郊出土
現藏 安徽省博物館
來源 安徽省博物館提供

〇一九九五 安氏私官鼎
字数 四
時代 戰國
著録 未見
現藏 上海博物館
來源 上海博物館提供

〇一九九六 盜且庚父辛鼎
字数 五
時代 殷
著録 總集 〇六七〇
三代 二・四六・四
貞補上 六
續殷上 二〇・一〇
流傳 萍鄉文氏寅齋舊藏(貞補)
來源 續殷

〇一九九七 木且辛父丙鼎
字数 五
時代 殷或西周早期
著録 考古 一八八四年九期七八六
頁圖 三・二
出土 一九六一年陝西長安縣張家坡一工區墓葬(M一〇六:三)
現藏 考古研究所西安研究室
來源 考古研究所拓

〇一九九八 亞冂覃父甲鼎(西宮父甲鼎)
字数 五
時代 殷
著録 總集 〇七三八
積古 一・一八
綴遺 五・二九
敬吾上 三六
續殷上 二〇・一一
小校 二・三〇・八(又五・一七・一)
來源 敬吾
備注 小校五・一七・一據積古誤作尊

〇一九九九 作父甲鼎
字数 五
時代 殷或西周早期
著録 總集 〇六七一
三代 二・四六・五
十二契 一七～一八
貞補上 七
續殷上 二〇・一二
綜覽・鬲鼎 九四
燕園 六一
流傳 商承祚舊藏
現藏 北京大學賽克勒考古與藝術博物館
來源 考古研究所藏

〇二〇〇〇 馬羊[illegible]父乙鼎
字数 五
時代 殷
著録 總集 〇五一二
録遺 四七
塞利格曼 A二
彙編 八・一一七二
銅玉 圖八一j
綜覽・鬲鼎 七五
流傳 英國塞利格曼舊藏
現藏 英國倫敦不列顛博物館
來源 不列顛博物館提供

〇二〇〇一 西單光父乙鼎(單冏父乙鼎)
字数 五
時代 殷
著録 博古 二・三二～三三
薛氏 七九
嘯堂 一二
來源 嘯堂

〇二〇〇二 辰行[爫大]父乙鼎
字数 五
時代 殷
著録 總集 〇五七五
三代 二・四七・二
貞松 二・二五
續殷上 一八・一二
來源 考古研究所藏

〇二〇〇三 臣辰父乙鼎
字数 五
時代 西周早期
著録 總集 〇六七三
三代 二・四六・七
貞補上 七
賸稿 五
出土 洛陽出土(羅表)
流傳 河南博物館舊藏(羅表)
來源 三代

〇二〇〇四 臣辰父乙鼎
字数 五
時代 西周早期
著録 總集 〇六七二
三代 二・四六・八
出土 洛陽出土
來源 陳邦懷先生藏

〇二〇〇五 臣辰父乙鼎
字数 五
時代 西周早期
著録 未見
出土 洛陽出土
現藏 中國歷史博物館
來源 考古研究所拓

〇二〇〇六 父乙臣辰鼎
字数 五
時代 西周早期
著録 懷履光(一九五六) 一四〇頁四
綜覽・鼎 一九五
出土 洛陽出土
現藏 加拿大多倫多安大略博物館
來源 懷履光(一九五六)

〇二〇〇七 作父乙鼎
字数 五
時代 西周早期
著録 總集 〇六七七
三代 二・四六・六
從古 三・七
愙齋 三・九
清儀 一・二五
續殷上 二一・一
小校 二・三一・四
流傳 張廷濟道光癸未購于郡城(清儀)
來源 清儀

〇二〇〇八 作父乙[illegible]鼎

字数　五
時代　殷
著録　故青　二〇
出土　傳河南安陽出土
現藏　北京故宮博物院
來源　考古研究所拓

〇二〇〇九　旁父乙鼎

字数　五
時代　殷或西周早期
著録　三代　二・四七・四
　　　西乙　一・一四
　　　寶蘊　一八
　　　貞松　二・二六
　　　續殷上　一八・九
　　　故圖下下　三一
　　　綜覽・鼎　一七二
流傳　瀋陽故宮舊藏
現藏　臺北故宮博物院
來源　考古研究所藏

〇二〇一〇　宰𢇛宄父丁鼎

字数　五
時代　西周早期
著録　總集　〇六七八
　　　三代　二・四七・六
　　　清愛　一三
　　　擴古　一・三・七
　　　綴遺　三・一四
　　　續殷上　二二・二
流傳　劉喜海舊藏
來源　續殷

〇二〇一一　[?]作父戊鼎

字数　五
時代　殷
著録　巴布選　一九一頁圖二
現藏　法國巴黎基美博物館
來源　巴布選

〇二〇一二　[?]作父戊鼎

字数　五
時代　西周早期
著録　考古　一九八一年六期五五八頁
　　　圖三・三
出土　一九七六年甘肅靈臺縣鄭家窪垯
　　　窪墓地(M二:一)
現藏　靈臺縣文化館
來源　考古編輯部檔案

〇二〇一三　奄作父戊方鼎

字数　五
時代　殷或西周早期
著録　總集　〇七五九
　　　三代　三・二・二
　　　愙齋　三・九
　　　奇觚　一・一六
　　　殷存上　六・一
　　　小校　二・三二・三
流傳　潘祖蔭舊藏(羅表)
現藏　上海博物館
來源　考古研究所藏猗文閣拓本

〇二〇一四　父己亞𠭯史鼎

字数　五
時代　殷或西周早期
著録　總集　〇七四六
　　　陝青　一・一四五
　　　考古與文物　一九八二年二期七頁
　　　圖二・二
　　　綜覽・鬲鼎　六九
出土　一九七五年陝西岐山縣北寨子出
　　　土
現藏　岐山博物館
來源　岐山縣博物館提供

〇二〇一五　小子作父己鼎

字数　五
時代　殷
著録　總集　〇七四三
　　　廬目(一九四一)二三
　　　美集録　R　二〇九
　　　綜覽・鼎　七六
流傳　美國盧芹齋舊藏
來源　考古研究所藏

〇二〇一六　小子作父己方鼎

字数　五
時代　殷
著録　總集　〇七四四
　　　彙編　七・七四一
　　　綜覽・方鼎　四
現藏　美國聖路易市美術館
來源　彙編

〇二〇一七　子册父辛鼎

字数　五
時代　殷
著録　總集　〇六八四
　　　擴古　一・三・三
　　　綴遺　三・七
來源　擴古

〇二〇一八　子作鼎盥彝鼎(子刄鼎)

字数　五
時代　殷
著録　未見
流傳　汪硯山舊藏
來源　唐蘭先生藏
備注　第二字或釋刄

〇二〇一九　蔑兄戊父癸鼎

字数　五
時代　殷
著録　總集　〇五九四
　　　三代　二・四〇・七
　　　貞松　二・二二
　　　小校　二・三三・二
流傳　粵中某氏舊藏(貞松)
來源　考古研究所藏

〇二〇二〇　蔑母𠂤父癸鼎

字数　五
時代　殷
著録　總集　〇六八九
　　　三代　二・四八・七
來源　三代

〇二〇二一　孔作父癸鼎

字数　五
時代　西周早期
著録　總集　〇六八七
　　　三代　二・四八・五
　　　愙齋　六・一四
　　　綴遺　三・一二
　　　奇觚　一・一〇
　　　簠齋　一鼎九
　　　殷存上　六・四
　　　小校　二・三三・一
　　　山東存附　一七
流傳　陳介祺舊藏
來源　考古研究所藏

〇二〇二二　[?]父鼎(執父鼎)

字数　五
時代　西周早期
著録　西甲　一・二四
流傳　清宮舊藏
來源　西甲

〇二〇二三　婺父方鼎

字数 五
時代 西周早期或中期
著録 總集 〇七五一
陝青 三・八四
文物 一九八〇年四期四二頁圖
六・一
綜覽・方鼎 七六
出土 一九七六年陝西扶風縣雲塘村
一〇號墓
現藏 周原扶風文物管理所
來源 周原扶風文物管理所提供

〇二〇二四 考句鼎(孝句鼎)
字数 五
時代 西周早期或中期
著録 總集 〇六九九
三代 二・五〇・七
貞松 二・二八・二
周金 二補二二・五
希古 二・四・一
現藏 北京故宮博物院
來源 考古研究所拓
備注 考字不清，待酌

〇二〇二五 己方鼎
字数 五
時代 西周早期
著録 總集 〇七四二
陝圖 一二
陝青 四・一〇一
綜覽・方鼎 六九
出土 一九五五年陝西寶鷄縣號鎮
現藏 陝西省博物館
來源 陝圖

〇二〇二六 □母鼎(尊形每鼎、周山鼎)
字数 五
時代 殷
著録 總集 〇七一八
三代 二・五二・七
西乙 一・三六
寶蘊 二〇
貞松 二・三〇
續殷上 二一・五
故圖下下 四五
商圖 三九
流傳 瀋陽故宮舊藏
現藏 臺北故宮博物院
來源 考古研究所藏

〇二〇二七 嬴氏鼎
字数 五
時代 西周中期
著録 總集 〇七一〇
三代 二・四九・七
窓齋 六・一四・二
周金 二補二〇・三
小校 二・三四・一
夢郼上 七
綜覽・鼎 二〇二
流傳 盛昱、羅振玉舊藏(夢郼、羅表)
來源 考古研究所藏

〇二〇二八 亶姜鼎
字数 五
時代 西周中期
著録 總集 〇七〇五
三代 二・五〇・五
貞松 二・二七
希古 二・四・三
小校 二・三四・六
來源 三代

〇二〇二九 散姬方鼎
字数 五
時代 西周中期
著録 總集 〇七〇一
三代 二・五一・一
貞松 二・二八
小校 二・三三・四
流傳 劉體智舊藏(羅表)
來源 三代

〇二〇三〇 王伯鼎
字数 五
時代 西周早期
著録 博古 二・一二
薛氏 七九
嘯堂 七
續考 四・一〇
流傳 松島吴衍舊藏(續考)
來源 嘯堂

〇二〇三一 王季作鼎彝鼎
字数 五
時代 西周早期
著録 未見
出土 一九七九年山東濟陽縣劉臺子
三號墓
現藏 濟陽縣圖書館
來源 濟陽縣圖書館提供

〇二〇三二 小臣鼎
字数 五
時代 西周早期
著録 總集 〇七一六
三代 二・五一・七
窓齋 六・一四
周金 二・六四・八
小校 二・三六・一
流傳 潘祖蔭舊藏(羅表)
來源 三代

〇二〇三三 亞寞鼎(召夫鼎)
字数 五
時代 殷
著録 總集 〇六六五
博古 一・一六
薛氏 一二
嘯堂 一
商拾上 五
來源 嘯堂

〇二〇三四 亞白禾鼎
字数 五
時代 殷或西周早期
著録 總集 〇六六六
三代 二・四五・八
貞續上 一九・三
小校 二・三一・一
現藏 上海博物館
來源 三代

〇二〇三五 亞㠱矣鼎
字数 五
時代 西周早期
著録 琉璃河 一一二頁圖七四C
出土 一九七五年北京房山縣琉璃河西
周墓(M二五三：二四)
現藏 首都博物館
來源 考古研究所拓

〇二〇三六 史吷鼎
字数 五
時代 西周早期
著録 總集 〇七三三
文物 一九七二年一〇期二三頁
圖七

綜覽・鼎 二五四
北窑 二〇八頁圖一〇八・二
出土 一九六四年河南洛陽市龐家溝西周墓(M四一〇：三)
現藏 洛陽市博物館
來源 文物

〇二〇三七 酗鼎
字数 五
時代 西周早期
著録 考古 一九八〇年一期三八頁圖七・二
出土 一九七五年山東滕縣金莊墓葬出土
現藏 滕縣博物館
來源 考古編輯部檔案

〇二〇三八 伯員鼎
字数 五
時代 西周
著録 薛氏 八〇
來源 薛氏

〇二〇三九 伯申鼎
字数 五
時代 西周早期
著録 博古 一・三九
薛氏 一一
復齋 六
嘯堂 五(又九六)
積古 一・六
攈古 一・三・七
來源 嘯堂
備注 積古、攈古據復齋摹入

〇二〇四〇 伯旂鼎
字数 五
時代 西周中期
著録 總集 〇七一二
三代 二・四九・三
移林 六
周金 二補二・六
小校 二・三四・三
流傳 丁麟年舊藏
來源 考古研究所藏

〇二〇四一 閱伯鼎
字數 五
時代 西周早期
著録 總集 〇六九二
三代 二・四九・一
筠清 五・一八
攈古 一・三・七
流傳 李璋煜、王錫棨、葉志詵舊藏(羅表)
來源 考古研究所藏
備注 「筠清館録葉眉洲搨本誤彝」(攈古録)

〇二〇四二 閱伯鼎
字數 五
時代 西周早期
著録 未見
出土 陝西扶風縣北呂西周一四八號墓出土
現藏 扶風縣博物館
來源 扶風縣博物館提供

〇二〇四三 戲伯鼎
字數 存五
時代 西周晚期
著録 周金 二・五七・七
來源 周金

〇二〇四四 [illegible]伯鼎
字數 五
時代 西周中期
著録 總集 〇六九三
三代 二・四九・二
貞松 二・二七・三
周金 二補八・五
希古 二・五・一
出土 山東黄縣萊陰(分域)
來源 考古研究所藏

〇二〇四五 檇仲鼎
字數 五
時代 西周中期
著録 總集 〇七〇二
三代 二・五一・二
燕園 六三
現藏 北京大學賽克勒考古與藝術博物館
來源 考古研究所藏

〇二〇四六 仲𠂤父鼎(中𠂤父鼎)
字數 五
時代 西周中期
著録 總集 〇六九四
攈古 一・三・四
敬吾上 二八・八
周金 二・六三
小校 二・三五・二
流傳 蔣生沐舊藏(攈古録)
來源 考古研究所藏

〇二〇四七 仲作寶鼎
字數 五
時代 西周中期
著録 未見
現藏 上海博物館
來源 上海博物館提供

〇二〇四八 仲作旅寶鼎
字數 五
時代 西周中期
著録 總集 〇六九五
三代 二・四九・四
積古 四・一
攈古 一・三・二
周金 二・六三・七
小校 二・三四・五
流傳 長白素夢蟾舊藏(攈古録)
來源 考古研究所藏猗文閣拓本

〇二〇四九 叔攸作旅鼎
字數 五
時代 西周
著録 總集 〇七〇九
三代 二・四九・五
周金 二補
貞松 二・二七
希古 二・四・四
小校 二・三五・五
來源 考古研究所藏猗文閣拓本

〇二〇五〇 叔伐父作鼎
字數 五
時代 西周晚期
著録 古文字研究 九・三二四
山西珍品 七三
出土 一九七九年山西芮城縣柴郈廟後溝出土
現藏 芮城縣文化館
來源 考古研究所藏

〇二〇五一 叔作懿宗方鼎
字數 五
時代 西周
著録 總集 〇七〇八
三代 二・四九・五
奇觚 一・一七

周金 五・一〇三
希古 二・七・三
小校 二・三六・六
流傳 潘祖蔭、李蔭軒舊藏
現藏 上海博物館
來源 三代

〇二〇五二 叔鼎
字數 五（器蓋同銘）
時代 西周早期
著録 總集 〇七三六
彙編 七・七三九
綜覽・鼎 二二二
薩克勒（西周）一五
流傳 美國布倫戴奇舊藏（彙編）
現藏 美國華盛頓薩克勒美術館
來源 一、彙編；二、綜覽

〇二〇五三 叔作寶障彝鼎
字數 五
時代 西周早期
著録 未見
出土 一九六四年北京市房山縣琉璃河採集
現藏 首都博物館
來源 考古研究所拓

〇二〇五四 叔作寶障彝鼎
字數 五
時代 西周早期
著録 總集 〇七三五
考古 一九六三年一〇期五七五頁圖五・四
陝青 四・三五
出土 一九五八年寶鷄市東北郊五里廟發現
現藏 寶鷄市博物館
來源 考古編輯部檔案

〇二〇五五 單光方鼎（單從方鼎）
字數 五
時代 西周早期
著録 考古圖 四・九
薛氏 一一一・四
出土 河南河清出土（考古圖）
來源 薛氏
備注 僅存器身，四足殘失

〇二〇五六 單光方鼎（單從鼎）
字數 五
時代 西周早期
著録 博古 三・五～六
薛氏 八〇・一
嘯堂 一五
出土 河南河清出土
來源 嘯堂

〇二〇五七 良季鼎
字數 五
時代 西周晚期
著録 未見
出土 傳出陝西扶風、岐山間，與函皇父諸器同出
來源 傳大亩同志藏

〇二〇五八 竟鼎
字數 五
時代 西周早期
著録 總集 〇七一四
三代 二・五二・一
貞松 二・二九
善齋 二・四四
續殷上 二一・六
小校 二・三六・五
流傳 劉體智舊藏
來源 考古研究所藏

〇二〇五九 丂隻鼎
字數 五
時代 西周早期
著録 總集 〇六九八
三代 二・五一・六
西乙 一・三五
寶蘊 一二
貞松 二・二九・一
續殷上 二一・七
故圖下下 六二
周録 九
流傳 瀋陽故宮舊藏
現藏 臺北故宮博物院
來源 考古研究所藏

〇二〇六〇 [illegible]鼎
字數 五
時代 西周早期
著録 總集 〇六九六
三代 二・五一・三
愙齋 六・一五・一
奇觚 一・九・一
周金 二・六四・一
綴遺 四・一八・一
小校 二・三六・四
流傳 張筱農、丁筱農舊藏（奇觚、羅表）
來源 考古研究所藏移林館金文拓本

〇二〇六一 腹鼎
字數 五
時代 西周早期
著録 總集 〇七一一
三代 二・五〇・一
貞松 二・二七・一
希古 二・五・三
來源 考古研究所藏

〇二〇六二 作寶障彝方鼎
字數 五
時代 西周早期
著録 汉漢考古 一九八二年二期四五頁圖六・七
出土 一九七八年湖北黃陂縣魯臺山墓葬（M三〇：六）
現藏 湖北省博物館
來源 湖北省博物館提供

〇二〇六三 [illegible]鼎
字數 五
時代 西周早期或中期
著録 總集 〇七〇七
三代 二・四九・八
攈古 一・三・四
筠清 四・二三・一
周金 二・六五・一
小校 二・三三・七
清愛 一一
攀古 一・一六・一
恒軒 一八
流傳 劉喜海、陳介祺、潘祖蔭舊藏（攈古録、羅表），後歸李蔭軒
現藏 上海博物館
來源 考古研究所藏

〇二〇六四 [illegible]鼎
字數 五
時代 西周早期
著録 綴遺 四・一
流傳 器見京師
來源 綴遺

〇二〇六五 [illegible]鼎

字數 五
時代 西周中期
著録 總集 〇七〇四
三代 二・五〇・二
夢鄣上 八
小校 二・三四・四
流傳 羅振玉舊藏
來源 考古研究所藏
備注 第一字待考，暫隸定作此形

〇二〇六六 訴啓鼎
字數 五
時代 西周中期
著録 總集 〇七〇三
三代 二・五〇・六
貞松 二・二八・一
小校 二・三五・五
希古 二・四・二
善齋 二・四六・一
頌續 九
出土 傳出洛陽(頌續)
流傳 溥倫、劉體智、容庚舊藏(羅表)
現藏 廣州市博物館
來源 考古研究所藏

〇二〇六七 盩鼎
字數 五(器蓋同銘)
時代 西周早期或中期
著録 總集 〇七〇六
三代 二・五〇・三～四
銘文選 三〇〇
愙齋 六・九・二～三
攈古 一・三・四
簠齋 一鼎七
奇觚 一・一〇・一～二
周金 二・六四・四～五

小校 二・三五・三～四
流傳 陳介祺舊藏
現藏 上海博物館
來源 考古研究所藏

〇二〇六八 姚鼎
字數 五
時代 西周中期
著録 總集 〇七〇〇
三代 二・五〇・八
貞補上 七・三
小校 二・三五・一
尊古 一・二一・一
流傳 劉體智舊藏(羅表)
現藏 北京故宮博物院
來源 考古研究所拓

〇二〇六九 立鼎
字數 五
時代 西周中期
著録 總集 〇七一三
三代 二・五一・四
貞續上 一九・四
小校 二・三四・八
善齋 二・四七・一
頌續 八
綜覽・鼎 二三七
流傳 劉體智、容庚舊藏
現藏 廣州市博物館
來源 考古研究所藏

〇二〇七〇 遣鼎(農鼎)
字數 五
時代 西周早期或中期
著録 總集 〇六九七
三代 二・五一・五
小校 二・三五・七

貞松 二・二九～三〇
善齋 二・四八
頌續 一〇
彙編 七・七四五
流傳 劉體智、容庚舊藏
來源 考古研究所藏

〇二〇七一 旁肁鼎(旁肇鼎)
字數 五
時代 西周
著録 總集 〇七一七
三代 二・五二・二
攈古 一・三・三
愙齋 六・一五・四
簠齋 一鼎一六
奇觚 一・九・二
從古 一三・一七・一
敬吾上 二八・七
周金 二・六四・六
小校 二・三五・七
上海(二〇〇四) 三〇一
流傳 陳介祺舊藏
現藏 上海博物館
來源 考古研究所藏

〇二〇七二 [illegible]鼎(⿰宜刂鼎)
字數 五
時代 西周早期
著録 總集 〇七一五
三代 二・五二・三
西乙 一・三四
寶蘊 一〇
續殷上 二一・四
貞松 二・二九・三
故圖下下 五三
流傳 瀋陽故宮舊藏

現藏 臺北故宮博物院
來源 考古研究所藏

〇二〇七三 [illegible]建鼎
字數 五
時代 西周中期
著録 總集 〇七二三
三代 二・五二・五
貞松 二・三〇
續殷上 二一・八
流傳 溥倫舊藏(貞松)
來源 考古研究所藏

〇二〇七四 [illegible]鼎
字數 五
時代 西周中期
著録 總集 〇七三四
陝青 二・一〇一
文物 一九七六年六期五八頁圖一九
綜覽・鼎 二三六
青全 五・二七
出土 一九七五年陝西扶風縣莊白家村墓葬
現藏 扶風縣博物館
來源 扶風縣博物館提供

〇二〇七五 [illegible]鼎
字數 五
時代 西周中期
著録 未見
現藏 北京故宮博物院
來源 考古研究所拓

〇二〇七六 觀[illegible]鼎
字數 五
時代 西周
著録 未見
現藏 北京故宮博物院

來源　考古研究所拓

〇二〇七七　龏鼎
字數　五
時代　西周中期
著録　總集　〇七四五
　　陝青　一・一七〇
　　陝圖　八三
　　綜覽・鼎　二九三
出土　一九六二年陝西岐山縣高店出土
現藏　陝西省博物館
來源　陝西省博物館提供

〇二〇七八　事作小旅鼎
字數　五
時代　西周早期
著録　小校　二・三六・二
　　美集録　R　三四五
　　彙編　七・七六八
來源　小校
備注　此據小校誤以爲鼎，後查得美集録A四三九器形，應入尊

〇二〇七九　[illegible]鼎
字數　五
時代　西周早期
著録　博古　一・三二
　　薛氏　一一
　　嘯堂　一
來源　嘯堂

〇二〇八〇　□作氒鼎
字數　五
時代　西周
著録　總集　〇七二五
　　三代　二・五二・八
來源　三代

〇二〇八一　本鼎
字數　五
時代　西周中期
著録　攈古　一・三・五
來源　攈古

〇二〇八二　虘北鼎
字數　五
時代　春秋早期
著録　總集　〇六六八
　　三代　二・四六・二
　　西乙　一・三〇
　　寶蘊　三二
　　貞松　二・二五
　　通考　八一
　　故圖下下　八八
流傳　瀋陽故宮舊藏
現藏　臺北故宮博物院
來源　考古研究所藏

〇二〇八三　連迁鼎
字數　五
時代　春秋
著録　考古　一九八二年二期一四三頁
　　圖三・九
出土　一九七五年湖北隨縣均川劉家崖
現藏　隨州市博物館
來源　考古編輯部檔案

〇二〇八四　連迁鼎(殘耳)
字數　五
時代　春秋
著録　考古　一九八二年二期一四三頁
　　圖三・七～八
出土　一九七五年湖北隨縣均川劉家崖
現藏　隨州市博物館
來源　考古編輯部檔案
備注　原考古簡報稱，形制相同的三件耳外均鑄相同的銘文，此其一。
　　又，迁字誤作迁

〇二〇八五　登鼎
字數　五(器蓋同銘)
時代　春秋中期或晚期
著録　未見
出土　湖北京山縣
現藏　荊州地區博物館
來源　考古研究所拓

〇二〇八六　君子之弄鼎
字數　五
時代　春秋晚期或戰國早期
著録　未見
出土　傳河南輝縣出土
流傳　曾在北京，後歸東北人民大學
現藏　吉林大學歷史系陳列室
來源　考古研究所藏

〇二〇八七　悇子鼎
字數　五
時代　春秋晚期或戰國早期
著録　總集　〇七三七
　　癡盦下　九
　　録遺　六二
　　故青　一三二
現藏　北京故宮博物院
來源　考古研究所拓
備注　銘文在蓋上圈形捉手內，悇殆即蔡之借

〇二〇八八　左使車工[illegible]鼎
字數　五
時代　戰國晚期
著録　文字編　一二二頁
　　中山王墓　四三二頁圖一八七・一～二
出土　一九七四年河北平山縣中山王墓
　　(MI東庫一)
現藏　河北省文物研究所
來源　故宮博物院陳列部藏

〇二〇八九　左使車工[illegible]鼎
字數　五
時代　戰國晚期
著録　文字編　一二二頁
　　中山王墓　四三二頁圖一八七・三～四
出土　一九七四年河北平山縣中山王墓
　　(MI東庫二)
現藏　河北省文物研究所
來源　故宮博物院陳列部藏

〇二〇九〇　左使車工[illegible]鼎
字數　五
時代　戰國晚期
著録　文字編　一二二頁
　　中山王墓　四三二頁圖一八七・五～六
出土　一九七四年河北平山縣中山王墓
　　(MI東庫三)
現藏　河北省文物研究所
來源　故宮博物院陳列部藏

〇二〇九一　左使車工㬎鼎
字數　五
時代　戰國晚期
著録　文字編　一二七頁
　　中山王墓　四二九頁圖一八四・一～二
出土　一九七四年河北平山縣中山王墓
　　(MI西庫三)
現藏　河北省文物研究所

〇二〇九二　左使車工北鼎

字數 五
時代 戰國晚期
著録 文字編 一二七頁
中山王墓 四三〇頁圖一八五・一～二
出土 一九七四年河北平山縣中山王墓(MI 西庫五)
現藏 河北省文物研究所
來源 故宮博物院陳列部藏

〇二〇九三 左徒車工蔡鼎

字數 五
時代 戰國晚期
著録 文字編 一二七頁
中山王墓 四三一頁圖一八六・一～二
出土 一九七四年河北平山縣中山王墓(MI 西庫七)
現藏 河北省文物研究所
來源 故宮博物院陳列部藏

〇二〇九四 左徒車工蔡鼎

字數 五
時代 戰國晚期
著録 文字編 一二七頁
中山王墓 四三一頁圖一八六・三～四
出土 一九七四年河北平山縣中山王墓(MI 西庫一〇)
現藏 河北省文物研究所
來源 故宮博物院陳列部藏
備注 此爲流鼎。東庫一～三爲小鼎 西庫三・五・七爲升鼎

〇二〇九五 集脰大子鼎

字數 五（左耳二、右耳三）
時代 戰國晚期
著録 總集 〇七二九
三代 二・五五・二～三
小校 二・三七・二～四
安徽金石 一・七・五
出土 一九三三年安徽壽縣朱家集
流傳 安徽省立圖書館舊藏（安徽金石）
現藏 安徽省博物館
來源 右耳銘拓安徽省博物館提供；左耳銘拓考古研究所藏

〇二〇九六 集脰大子鼎

字數 五（蓋）
時代 戰國晚期
著録 總集 〇七三〇
三代 二・五五・一
小校 二・三七・五
安徽金石 一・七・四
楚録 七
出土 一九三三年安徽壽縣朱家集
流傳 安徽省立圖書館舊藏
來源 三代

〇二〇九七 王后鼎

字數 五
時代 戰國晚期
著録 未見
來源 考古研究所藏
備注 此契齋拓本，未見著録。與十二契二・二三及三代二・五四・三內容相似，但非一器

〇二〇九八 無臭鼎

字數 五（器蓋同銘）
時代 戰國晚期
著録 總集 〇七一九
三代 二・五三・一～二
長安 一・一二
擴古 一・三・六
貞圖上 一二
大系 一九九
流傳 劉喜海舊藏
來源 考古研究所藏
備注 貞圖上一二後拓本爲器銘

〇二〇九九 無臭鼎

字數 五（器蓋同銘）
時代 戰國晚期
著録 總集 〇七二〇
三代 二・五三・三～四
小校 二・三三・五
周金 二・六四・二～三
來源 陳邦懷先生藏

〇二一〇〇 半斗鼎

字數 五（蓋二、器三）
時代 戰國晚期
著録 總集 〇五二九
文物 一九七五年六期七五頁圖一三・三～四
出土 一九六六年陝西咸陽市塔兒坡墓葬
現藏 咸陽市博物館
來源 考古研究所拓

〇二一〇一 三斗鼎

字數 五
時代 戰國
著録 總集 〇七二七
三代 二・五四・二
小校 二・四四・四
陶齋 五・六
流傳 端方舊藏
來源 陶齋

〇二一〇二 中厶官鼎

字數 五（器蓋同銘）
時代 戰國
著録 總集 〇七二六
三代 二・五三・一〇～一一
貞續上 二〇・一
來源 考古研究所藏

〇二一〇三 眉脒鼎

字數 五
時代 戰國
著録 總集 〇七二一・二
三代 二・五四・一
窓齋 六・一八・三
奇觚 一一・八・一
周金 二・六四・七（又二・六六・九）
簠齋 一鼎二〇
小校 二・三八・二
流傳 陳介祺舊藏
來源 考古研究所藏
備注 蓋銘「商」字乃漢後人所刻，未予收録

〇二一〇四 上芆床鼎

字數 五（又合文一）
時代 戰國晚期
著録 總集 〇七四九
文物 一九五九年八期六一頁圖一
來源 文物

〇二一〇五 上樂床鼎

字數 五（又合文二）
時代 戰國晚期
著録 總集 〇七四八
三代 二・五三・七
貞松 二・三〇
通考 一一六

出土 傳河南洛陽金村出土
流傳 加拿大明義士舊藏(貞松)
現藏 北京故宮博物院
來源 考古研究所藏

○二一○六 君夫人鼎

字數 五(器蓋同銘)
時代 戰國
著録 上海(二○○四) 五九五
現藏 上海博物館
來源 考古研究所藏
備注 器上銘文模糊

○二一○七 寧女方鼎

字數 存五
時代 西周早期
著録 綜覽・方鼎 五一
來源 日本林巳奈夫教授提供

○二一○八 褱閂鼎

字數 五(又合文一)
時代 戰國
著録 未見
現藏 上海博物館
來源 上海博物館提供

○二一○九 玐伯鼎

字數 六
時代 西周早期
著録 總集 一三八八
三代 五・一六・二
貞補上 一五・四
彙編 七・六五四
現藏 日本奈良寧樂美術館
來源 陳邦懷先生藏
備注 三代稱鬲，陳邦懷先生以爲鼎，因未見圖像著録，暫作鼎處理

○二一一○ [illegible]作且丁鼎

字數 六
時代 西周早期
著録 總集 ○七五二
三代 三・一・一
西清 二・二九
殷存上 五・一
流傳 清宮舊藏，後歸李蔭軒
現藏 上海博物館
來源 陳邦懷先生藏

○二一一一 且辛禹方鼎

字數 六
時代 殷
著録 總集 ○八一六
文物 一九六四年四期四六頁
圖一一
辭典 四一
美全 四・八二
山東藏品 三六
青全 二二～二三
出土 一九七五年山東長清縣興復河北岸發現(附一)
現藏 山東省博物館
來源 考古研究所拓

○二一一二 且辛禹方鼎

字數 六
時代 殷
著録 總集 ○八一五
文物 一九六四年四期四六頁
圖一二
綜覽・方鼎 三四
山東精萃 一○七
出土 一九七五年山東長清縣興復河北岸發現(附二)
現藏 山東省博物館
來源 考古研究所拓

○二一一三 犬且辛且癸鼎

字數 六
時代 殷
著録 總集 ○七五三
三代 三・一・三
續殷上 二一・九
來源 三代

○二一一四 般作父乙方鼎

字數 六
時代 殷
著録 總集 ○八七九
美集録 R 一○一
綜覽・方鼎 三九
流傳 盧芹齋舊藏
現藏 美國紐約康恩氏
來源 考古研究所藏

○二一一五 臣辰册父乙鼎

字數 六
時代 西周早期
著録 總集 ○七五四
三代 三・一・四
小校 二・三九・一
美集録 R 三一○
綜覽・鬲鼎 九二
出土 傳一九二九年洛陽馬坡出土
流傳 美國紐約 Kleij Kamp 舊藏(美集録)
現藏 美國紐約魏格氏
來源 考古研究所藏

○二一一六 臣辰册父乙鼎

字數 六
時代 西周早期
著録 未見
出土 傳一九二九年洛陽馬坡出土
流傳 侯外廬舊藏
現藏 中國歷史博物館
來源 考古研究所藏

○二一一七 亼犬犬魚父乙鼎

字數 六
時代 殷
著録 總集 ○七五五
三代 三・一・五
綴遺 五・一八
續殷上 一九・一
十二鏡 二
小校 二・二六・一
流傳 張瑋舊藏
現藏 北京故宮博物院
來源 考古研究所拓
備注 此器銘文似經酸處理，或以爲僞

○二一一八 疋作父丙鼎

字數 六
時代 殷
著録 總集 ○七五六
三代 三・一・六
擄古 一・三・三八
綴遺 三・七
殷存上 五・二
流傳 吳式芬舊藏(擄古録)
來源 考古研究所藏

○二一一九 作父丙殘鼎

字數 六
時代 西周早期
著録 未見
來源 考古研究所藏
備注 寶障彝三字形殘缺

○二一二○ 韋作父丁鼎

字數　六
時代　西周早期
著録　總集 〇七六一
　三代 三・二・一
　西清 三・三二
流傳　清宮舊藏
現藏　北京故宮博物院
來源　考古研究所拓

〇二二二一　歸作父丁鼎
字數　六
時代　西周早期或中期
著録　總集 〇七五七
　三代 三・一・七
　貞松 二・三二・一
　貞圖上 一三
　彙編 七・六四三
出土　此器與[illegible]且壬鼎同出洛陽（貞松）
流傳　羅振玉、容庚舊藏（羅表）
現藏　北京故宮博物院
來源　考古研究所拓

〇二二二二　[illegible]作父丁障鼎
字數　六
時代　西周早期
著録　未見
出土　陝西武功縣出土
現藏　武功縣文化館
來源　武功縣文化館提供
備注　第一字下部殘泐

〇二二二三　涉作父丁鼎
字數　六
時代　西周
著録　薛氏 一二
　續考 四・一三
流傳　曾藏張才元處（續考）
來源　薛氏
備注　首字字形不清，暫釋涉字

〇二二二四　[illegible]日戊鼎
字數　六
時代　殷或西周早期
著録　總集 〇七六九
　三代 二・五二・四
來源　考古研究所藏

〇二二二五　束册作父己鼎
字數　六
時代　殷或西周早期
著録　總集 〇七六〇
　三代 三・二・三
　攈古 一・三・四三
　殷存上 六・二
流傳　吴式芬舊藏（攈古録）
來源　考古研究所藏

〇二二二六　[illegible]作父己鼎
字數　六
時代　西周早期
著録　未見
現藏　上海博物館
來源　上海博物館提供
備注　第一字與奉字形同，但丰字部分倒寫

〇二二二七　[illegible]作父庚鼎
字數　六
時代　殷或西周早期
著録　總集 〇七六三
　三代 三・二・五
　殷存上 六・三
現藏　北京故宮博物院
來源　考古研究所拓
備注　第一字或可釋刺

〇二二二八　具作父庚鼎
字數　六
時代　西周中期
著録　總集 〇七六二
　三代 三・二・四
　陶齋 一・二八
　小校 二・三九・二
流傳　端方舊藏
現藏　北京故宮博物院
來源　考古研究所藏

〇二二二九　作父辛方鼎
字數　六
時代　西周早期
著録　總集 〇七六四
　三代 三・二・六
　貞續上 二〇・二
　續殷上 二一・一
　海外吉 五
　彙編 七・六四七
現藏　日本神户白鶴美術館
來源　三代

〇二二三〇　作父辛方鼎
字數　六
時代　西周早期
著録　白鶴 三
　通考 一二〇
　日精華 三・一九七
　彙編 七・六四六
　綜覽・鼎 四五
現藏　日本神户白鶴美術館
來源　白鶴

〇二二三一　木作父辛鼎
字數　六
時代　西周早期
著録　總集 〇八〇九
　録遺 六三
現藏　北京故宮博物院
來源　考古研究所拓

〇二二三二　匚賓父癸鼎
字數　六
時代　西周早期
著録　總集 〇八一〇
　録遺 六四
　綜覽・鼎 二一五
出土　傳陝西出土
現藏　瑞典斯德哥爾摩遠東古物館
來源　録遺

〇二二三三　或作父癸方鼎
字數　六
時代　西周早期
著録　總集 〇八二三
　上海 三〇
　彙編 六・六三七
　綜覽・方鼎 三八
　辭典 三八
　上海（二〇〇四）二〇一
現藏　上海博物館
來源　上海博物館提供

〇二二三四　或作父癸方鼎
字數　六
時代　西周早期
著録　未見
現藏　上海博物館
來源　上海博物館提供

〇二二三五　臣辰父癸鼎
字數　六
時代　西周早期
著録　總集 〇八四六

三代 三・八・七
貞圖上 一六
綜覽・鬲鼎 九六
出土 一九二九年洛陽馬坡出土
流傳 羅振玉舊藏
現藏 旅順博物館
來源 考古研究所拓

〇二一三六 子父癸鼎
字數 六
時代 殷
著録 總集 〇七六六
三代 三・二・八
貞松 二・三一・二
續殷上 二二・一
十二雪 一～二
流傳 孫壯舊藏
現藏 北京故宮博物院
來源 考古研究所拓
備注 或疑字僞

〇二一三七 黿婦姑鼎
字數 六
時代 殷
著録 總集 〇八五八A
三代 三・一〇・四
從古 三・八
攈古 二・一・三
綴遺 三・一一・二
愙齋 五・二一
周金 二・六〇・五
清儀 一・二四
小校 二・四三・一
流傳 張廷濟舊藏(攈古録)
來源 考古研究所藏僧達受手拓本

〇二一三八 黿婦姑方鼎
字數 六
時代 殷
著録 總集 〇八五七
綴遺 三・一一・一
流傳 「斌笠耕觀察藏」(清儀)
來源 綴遺

〇二一三九 爻癸婦鼎
字數 六
時代 殷或西周早期
著録 西甲 二・九
流傳 清宮舊藏
來源 西甲

〇二一四〇 [illegible]婦方鼎
字數 六
時代 殷或西周早期
著録 總集 〇八〇〇
三代 三・七・三
愙齋 三・五・三
續殷上 二二・四
小校 二・四二・七
彙編 七・六四五
流傳 王懿榮、劉鶚舊藏(羅表)
現藏 美國普林斯頓大學美術館(卡特氏藏品)
來源 考古研究所藏

〇二一四一 犾父鼎
字數 六
時代 西周早期
著録 總集 〇七八八
三代 三・五・五
貞松 二・三四
希古 二・六・二
現藏 北京故宮博物院
來源 考古研究所拓

〇二一四二 安父鼎
字數 六
時代 西周早期
著録 總集 〇八〇八
攈古 一・三・四六
綴遺 四・一一
小校 二・四二・三
流傳 吴式芬舊藏(攈古録)
來源 小校
備注 綴遺云「據僧六舟手拓本摹入」

〇二一四三 鮮父鼎
字數 六
時代 西周早期
著録 總集 〇七八三
三代 三・四・五
貞松 二・三五
十二雪 二～三
彙編 六・六三八
流傳 溥倫、孫壯舊藏(貞松、十二)
現藏 北京故宮博物院
來源 考古研究所拓

〇二一四四 旂父鼎
字數 六
時代 西周早期
著録 總集 〇七八四
三代 三・五・一
綴遺 四・一〇
貞松 二・三四
小校 二・四三・三
流傳 上海陳氏舊藏(貞松)
來源 小校

〇二一四五 田告母辛方鼎
字數 六(器蓋同銘)
時代 西周早期
著録 總集 〇七六七
三代 三・三・一～二
續殷上 二二・二～三
尊古 一・二五
通考 一二二
綜覽・方鼎 三五
故青 二三
出土 傳陝西寶鷄出土(分域)
流傳 南皮張氏舊藏(分域)
現藏 北京故宮博物院
來源 考古研究所拓

〇二一四六 [illegible]母鼎
字數 六
時代 西周早期
著録 總集 〇八三六
陝青 三・五四
出土 一九七一年陝西扶風縣齊鎮一號墓
現藏 寶鷄市博物館
來源 寶鷄市博物館提供

〇二一四七 王作仲姬方鼎
字數 六
時代 西周早期
著録 總集 〇八二〇
陝青 一・一三七
出土 解放後陝西岐山縣禮村出土
現藏 岐山縣博物館
來源 岐山縣博物館提供

〇二一四八 齊姜鼎
字數 六
時代 西周早期
著録 張家坡墓地 一三八頁圖一〇三・二
出土 陝西長安縣張家坡墓葬(M五一・一)
現藏 考古研究所西安研究室

來源 考古研究所拓

〇二一四九 夨王方鼎蓋

字數 六
時代 西周早期
著録 總集 〇七七一
三代 三·三·六
銘文選 一四七
貞松 二·三二
希古 二·七·一
十二居 五
通考 一四一
彙編 七·六四一
上海(二〇〇四) 二〇七
流傳 丁樹楨舊藏，後歸至德周氏居貞草堂
現藏 上海博物馆
來源 考古研究所藏

〇二一五〇 雁公方鼎

字數 六
時代 西周早期
著録 總集 〇七七三
三代 三·三·三
綴遺 四·二二
周金 二·五一·三
貞松 二·三五
小校 二·四一·四
流傳 平湖韓氏舊藏(羅表)
來源 考古研究所藏猗文閣拓本

〇二一五一 雁公方鼎

字數 六
時代 西周早期
著録 未見
流傳 頤和園舊藏
現藏 北京故宮博物院

來源 考古研究所拓

〇二一五二 豐公鼎

字數 六
時代 西周早期
著録 寶鷄 一〇八頁圖八五·一
出土 陝西寶鷄市竹園溝西周墓(M七∶三)
現藏 寶鷄市博物馆
來源 寶鷄市博物馆提供

〇二一五三 康侯丰鼎

字數 六
時代 西周早期
著録 總集 〇七七〇
銘文選 〇五五
三代 三·三·四
筠清 四·五
攈古 一·三·四〇
愙齋 六·二
綴遺 三·一八
奇觚 一·一(又一六·一)
敬吾上 二九
周金 二·六一·四
小校 二·四三·四
故圖下下 六〇
彙編 七·六四二
綜覽·方鼎 六四
青全 六·二八
周録 五
流傳 國子監舊藏(攈古録)
現藏 臺北故宮博物院
來源 考古研究所藏猗文閣拓本

〇二一五四 滕侯方鼎

字數 六(器蓋同銘)
時代 西周早期

著録 考古 一九八四年四期三三五頁圖四
山東精萃 一一〇
辭典 二九四
青全 六·七六
出土 一九八二年山東滕縣莊里西村西周墓
現藏 滕縣博物馆
來源 考古研究所拓

〇二一五五 堇伯鼎

字數 六
時代 西周早期
著録 總集 〇七六八
三代 三·三·五
愙齋 六·一〇
綴遺 三·一五
奇觚 一·一八
周金 二·六三·六
簠齋 一鼎一八
續殷上 二二·五
小校 二·四二·八
流傳 陳介祺舊藏
來源 考古研究所藏

〇二一五六 堇伯鼎

字數 六
時代 西周早期
著録 未見
現藏 上海博物館
來源 上海博物館提供

〇二一五七 大保方鼎

字數 六
時代 西周早期
著録 總集 〇七九七
三代 三·六·四

西甲 一·一〇
貞補上 七
山東存下 五·二
出土 傳山東壽張縣梁山下出土
流傳 清宮舊藏
來源 三代

〇二一五八 大保方鼎

字數 六
時代 西周早期
著録 總集 〇七九五
三代 三·六·五
西甲 一·一二
積古 五·三〇
攈古 一·三·四三
奇觚 一·一四
陶續 一·一六
小校 二·四二·六
山東存下 五·三
出土 傳山東壽張縣梁山下出土
流傳 清宮舊藏，後先後歸潘祖蔭、端方、吴榮光(攈古録、羅表)
來源 考古研究所藏猗文閣拓本
備注 此器舊誤作彝

〇二一五九 大保方鼎

字數 六
時代 西周早期
著録 總集 〇七九六
三代 三·六·六
山東存下 五·四
綜覽·扁足鼎 三四
出土 傳山東壽張縣梁山下出土
流傳 瑞典卡爾貝克氏(Orvar Karlbeck)舊藏
現藏 瑞典斯德哥爾摩遠東古物館

來源 三代
備注 陳夢家先生以爲瑞典藏器爲三代三·六·五

〇二一六〇 𨺅伯方鼎
字數 六
時代 西周早期
著録 未見
出土 一九七二年甘肅靈臺縣城西北三十里白草坡(M二:二)
現藏 甘肅省博物館
來源 甘肅省博物館提供

〇二一六一 𨺅伯方鼎
字數 六
時代 西周早期
著録 總集 〇八二四
學報 一九七七年二期一〇八頁圖八·一九
綜覽·方鼎 五五
出土 一九七二年甘肅靈臺縣城西北三十里白草坡(M二:一)
現藏 甘肅省博物館
來源 考古編輯部檔案

〇二一六二 大丏方鼎
字數 六
時代 西周早期
著録 總集 〇八〇一
三代 三·七·四
貞松 二·三六·一
希古 二·五
出土 器出近畿(貞松)
流傳 羅振玉舊藏(羅表)
來源 考古研究所藏

〇二一六三 大丏方鼎
字數 六
時代 西周早期
著録 總集 〇八〇二
三代 三·七·五
貞松 二·三五·四
希古 二·五
出土 器出近畿(貞松)
流傳 羅振玉舊藏
來源 考古研究所藏

〇二一六四 史逨方鼎(史迹方鼎)
字數 六
時代 西周早期
著録 總集 〇八二一
文物 一九七二年六期二六頁圖三
陝青 一·一五四
綜覽·方鼎 五九
出土 一九六六年陝西岐山縣賀家村西周墓葬
現藏 陝西省博物館
來源 陝西省博物館提供
備注 第二字或釋速,或釋逮

〇二一六五 史逨方鼎(史迹方鼎)
字數 六
時代 西周早期
著録 總集 〇八二二
陝青 一·一五五
出土 一九六六年陝西岐山縣賀家村西周墓葬
現藏 陝西省博物館
來源 陝西省博物館提供

〇二一六六 𢼸史鼎
字數 六
時代 西周早期
著録 總集 〇八二八
琉璃河 一二〇頁圖七九
出土 一九七三年北京房山縣琉璃河西周墓(M五四:二七)
現藏 首都博物館
來源 考古研究所拓

〇二一六七 伯卿鼎
字數 六
時代 西周早期
著録 總集 〇七七四
三代 三·三·八
西清 二·二六
愙齋 六·一五
綴遺 四·二〇
周金 二·六一·五
小校 二·四一·六
流傳 清宮舊藏,後歸丁筱農(羅表)
來源 陳邦懷先生藏

〇二一六八 伯魚鼎
字數 六
時代 西周早期
著録 總集 〇七七二
三代 三·三·七
攈古 一·三·四三
愙齋 六·一六·三
簠齋 一鼎一五
奇觚 一·一五
從古 一三·一四·一
周金 二·六三·五
綴遺 四·一九·二
小校 二·四一·七
出土 河北易州出土(羅表)
流傳 陳介祺舊藏
來源 考古研究所藏

〇二一六九 史戎鼎
字數 六
時代 西周早期
著録 總集 〇七九一
三代 三·六·一
周金 二·六三·一
貞松 二·三一·四
小校 二·四一·一
來源 小校
備注 史字寫作事

〇二一七〇 伯矩鼎
字數 六
時代 西周早期
著録 總集 四七三九
三代 一一·二一·四
周金 二·六三·四
小校 二·四二·二
流傳 潘祖蔭舊藏(小校)
來源 小校

〇二一七一 嬴霝德鼎
字數 六
時代 西周早期
著録 總集 〇七九三
三代 三·六·三
貞松 二·三二
故青 一〇六
流傳 武進陶祖光舊藏(貞松、羅表)
現藏 北京故宮博物院
來源 考古研究所拓
備注 貞松云:「此鼎特小,異乎常器」

〇二一七二 雁叔鼎
字數 六
時代 西周早期
著録 總集 〇七八二
三代 三·四·三
攈古 一·三·四〇

從古 七・二五
綴遺 四・二四
敬吾上 二八・一
小校 二・四一・五
銘文選 三六五
流傳 何夙明、瞿世瑛、夏之盛舊藏
（攈古録、羅表）
來源 陳邦懷先生藏

〇二一七三 北單從鼎
字數 六
時代 殷
著録 總集 〇七二四
三代 二・五二・六
十二鏡 一
綜覽・鬲鼎 一〇四
流傳 張瑋舊藏
現藏 北京故宮博物院
來源 考古研究所拓

〇二一七四 田蕽鼎
字數 六
時代 西周早期
著録 總集 〇八一一
録遺 六六
現藏 上海博物館
來源 録遺

〇二一七五 □呂作旅鼎
字數 六
時代 西周早期
著録 總集 〇八一二
録遺 六八
來源 陳邦懷先生藏
備注 第一字或釋虫字

〇二一七六 烏壬侜鼎
字數 六
時代 西周早期
著録 總集 〇八三四
陝青 一・一四八
出土 一九七〇年陝西岐山縣出土
現藏 岐山縣博物館
來源 陝青

〇二一七七 □逘鼎
字數 六
時代 西周早期
著録 總集 〇七八九
三代 三・五・六
來源 三代

〇二一七八 □逘鼎
字數 六
時代 西周早期
著録 總集 〇七九〇
録遺 六七
日精華 三・二〇一
彙編 七・六四八
有鄰館精華 圖版二
綜覽・鼎 一九二
出土 傳河南濬縣出土
現藏 日本京都藤井有鄰館
來源 録遺

〇二一七九 吹作楀妊鼎
字數 六
時代 西周早期
著録 總集 〇八四九
三代 三・九・二
貞圖上 一四
通考 一三六
綜覽・方鼎 七九
流傳 羅振玉舊藏
來源 考古研究所藏

〇二一八〇 向方鼎
字數 六
時代 西周早期
著録 寧壽 一・三〇
流傳 清宮舊藏
現藏 北京故宮博物院
來源 考古研究所拓

〇二一八一 作公障彝鼎
字數 六
時代 西周早期
著録 總集 〇八六三
三代 三・一〇・六
小校 二・四二・四
來源 三代

〇二一八二 作囗寶障彝鼎（封鼎）
字數 六
時代 西周早期
著録 綴遺 三・一三
流傳 宜都曹氏舊藏
來源 綴遺

〇二一八三 才俱父鼎
字數 六
時代 西周中期
著録 總集 〇七八五
三代 三・五・二
西甲 一・二三
故青 一四八
流傳 頤和園舊藏
現藏 北京故宮博物院
來源 考古研究所拓

〇二一八四 霸姞鼎
字數 六（器蓋同銘）
時代 西周早期
著録 總集 〇七九四
三代 三・五・七～八
從古 七・二七
攈古 一・三・四二
綴遺 四・一六
奇觚 一・二九
周金 二・六一・二～三
小校 二・四四・三
出土 海寧陳受笙得之都中（攈古録）
來源 考古研究所藏
備注 本所藏拓本與三代相符，與小校器蓋銘相反

〇二一八五 伯⿰矢旨方鼎
字數 六
時代 西周中期
著録 總集 〇八二六
文物 一九七六年四期五五頁圖四八
陝青 四・四一
寶鷄 二八八頁圖一九九・七
綜覽・方鼎 八二
青全 六・一五五
出土 一九七四年陝西寶鷄市茹家莊西周墓（M一乙：一五）
現藏 寶鷄市博物館
來源 寶鷄市博物館提供

〇二一八六 外叔鼎
字數 六
時代 西周早期或中期
著録 總集 〇八一八
文物 一九五九年一〇期八四頁
陝青 一・一三八
綜覽・鼎 二六三
辭典 二八一
青全 五・二二

出土 一九五二年陝西岐山縣丁童家南
壕出土(陝青)
現藏 陝西省博物館
來源 陳邦懷先生藏

〇二一八七 叔旛鼎
字數 六
時代 西周早期或中期
著録 總集 〇七八一
三代 三・四・一
貞補上 八
十二雪 三～四
綜覽・鼎 二一〇
流傳 孫壯舊藏
來源 考古研究所藏
備注 第二字或即旅字

〇二一八八 考作𠷎父鼎(友父鼎)
字數 六
時代 西周早期或中期
著録 總集 〇七八七
三代 三・五・四
筠清 四・一九
攈古 一・三・四一
小校 二・四〇・一
流傳 葉志詵舊藏(攈古録)
來源 陳邦懷先生藏

〇二一八九 史昔鼎
字數 六
時代 西周早期或中期
著録 總集 〇七九二
三代 三・六・二
貞松 二・三三・一
貞圖上 一五
綜覽・鼎 二五七
流傳 羅振玉舊藏
來源 考古研究所藏

〇二一九〇 伯趞方鼎
字數 六
時代 西周早期
著録 未見
現藏 旅順博物館
來源 考古研究所拓

〇二一九一 王作仲姜鼎
字數 六
時代 西周中期
著録 總集 〇八一九
考古與文物 一九八二年二期六頁
圖四
出土 一九八一年陝西郿縣油房堡西周
窖藏
現藏 寶鷄市博物馆
來源 寶鷄市博物馆提供

〇二一九二 彊作井姬鼎
字數 六
時代 西周中期
著録 總集 〇八二五
文物 一九七六年四期五四頁圖
四〇
陝青 四・八一
綜覽・鼎 二一四
寶鷄 三七〇 頁圖 二五三・一
出土 一九七四年陝西寶鷄市茹家莊西
周墓(M二：一)
現藏 寶鷄市博物館
來源 寶鷄市博物館提供

〇二一九三 驫姛鼎
字數 六
時代 西周中期
著録 總集 〇七九九
三代 三・七・二
貞松 二・三五・二
彙編 七・六五三
綜覽・鬲 一五
流傳 此器往歲見之都肆，不知歸何所
(貞松)
來源 A、三代；B、貞松

〇二一九四 [illegible]父鼎(棨父鼎)
字數 六
時代 西周中期
著録 中原文物 一九八二年四期六五頁
圖四
流傳 一九七六年河南文物商店從洛陽市
廢品中選得
現藏 河南省博物館？
來源 中原文物

〇二一九五 伯遟父鼎
字數 六
時代 西周中期
著録 總集 〇八一三
録遺 六九
攈古 一・三・四二
巖窟上 九
綜覽・鼎 二六八
北大 五八
出土 傳河南出土
流傳 葉志詵舊藏(攈古録)
現藏 北京大學賽克勒考古與藝術博物館
來源 陳邦懷先生藏

〇二一九六 史盄父鼎
字數 六
時代 西周晚期
著録 總集 〇七八六
三代 三・五・三
來源 考古研究所藏

〇二一九七 伯咸父鼎
字數 六
時代 西周
著録 薛氏 八一
嘯堂 九一
流傳 全椒吴氏舊藏(薛氏)
來源 嘯堂

〇二一九八 陵叔鼎
字數 六
時代 西周中期
著録 總集 〇七七五
三代 三・四・二
陶齋 一・二七
小校 二・四〇・二
流傳 端方舊藏
來源 唐蘭先生藏

〇二一九九 井季夐鼎
字數 六
時代 西周中期
著録 總集 〇八〇四
貞松 二・三三
希古 二・六・一
流傳 羅氏雪堂藏器，宣統辛亥航載至
海東，殘破不復可拓，但存墨本
(希古)
來源 希古

〇二二〇〇 鯀還鼎
字數 六
時代 西周晚期
著録 總集 〇七九八
三代 三・七・一
貞松 二・三二・一
希古 二・七・四

來源 A、三代；B、貞松

〇二二〇一 丵攸鼎
字數 六
時代 西周中期
著録 總集 〇八〇三
三代 三・七・六
貞松 二・三二・四
流傳 此器往歲見之都肆(貞松)
現藏 旅順博物館
來源 考古研究所拓

〇二二〇二 孟[illegible]鼎
字數 六
時代 西周
著録 復齋 二九・一
積古 四・八
攈古 一・三・三九
流傳 畢良史得古器於盱眙榷場，摹十五種以納秦[illegible]，此鼎其一也(復齋)
來源 復齋
備注 積古、攈古據復齋摹入

〇二二〇三 史宋鼎
字數 六
時代 春秋晚期
著録 未見
現藏 上海博物館
來源 上海博物館提供

〇二二〇四 羌鼎
字數 六
時代 西周
著録 未見
現藏 上海博物館
來源 上海博物館提供

〇二二〇五 鶾安父鼎
字數 六
時代 西周
著録 未見
現藏 上海博物館
來源 上海博物館提供
備注 第二字爲叟字

〇二二〇六 [illegible]子鼎
字數 六
時代 西周
著録 未見
現藏 上海博物館
來源 上海博物館提供

〇二二〇七 仲義父鼎
字數 六
時代 西周晚期
著録 總集 〇七七八
三代 三・四・七
貞松 二・三二
斷代 一七六
出土 此器光緒中葉與克鼎同出扶風縣法門寺
現藏 上海博物館
來源 三代

〇二二〇八 仲義父鼎
字數 六
時代 西周晚期
著録 未見
出土 光緒中葉與克鼎同出扶風縣法門寺
現藏 上海博物館
來源 上海博物館提供

〇二二〇九 仲義父鼎
字數 六
時代 西周晚期
著録 總集 〇七七九
小校 二・四〇・四
周金 二補
癡盦 一・一
出土 光緒中葉與克鼎同出扶風縣法門寺
流傳 李泰棻舊藏
現藏 北京故宮博物院
來源 考古研究所拓

〇二二一〇 仲義父鼎
字數 六
時代 西周晚期
著録 未見
出土 光緒中葉與克鼎同出扶風縣法門寺
流傳 清宮舊藏
現藏 北京故宮博物院
來源 考古研究所拓

〇二二一一 仲義父鼎
字數 六
時代 西周晚期
著録 總集 〇七八〇
小校 二・四〇・五
出土 光緒中葉與克鼎同出扶風縣法門寺
現藏 上海博物館
來源 考古研究所藏

〇二二一二 遣叔鼎
字數 六
時代 西周中期
著録 總集 〇七七六
三代 三・四・四
金索 一・三〇
貞松 二・三三・二
善齋 二・五〇・一
小校 二・四一・二
出土 得于山東任城(金索)
流傳 馮晏海、劉體智舊藏(金索、羅表)
現藏 北京故宮博物院
來源 考古研究所拓

〇二二一三 孟渒父鼎
字數 六
時代 西周晚期
著録 總集 〇七七七
三代 三・四・六
長安 一・一〇
攈古 一・三・四〇
流傳 劉喜海舊藏
來源 考古研究所藏

〇二二一四 尹小叔鼎
字數 六
時代 春秋早期
著録 總集 〇八二九
上村嶺 三七頁圖三四
綜覽・鼎 三五〇
出土 一九五七年河南三門峽市上村嶺虢國墓地(M一八一九：五)
現藏 中國歷史博物館
來源 考古研究所拓

〇二二一五 蔡侯[illegible]
字數 六
時代 春秋晚期
著録 總集 〇八三二
五省 圖版三八
蔡侯墓 圖版三一・二
銘文選 五九二
青全 七・六二
辭典 六二九

出土　一九五五年安徽壽縣西門內蔡侯墓(二·二)
現藏　安徽省博物館
來源　考古研究所藏
備注　蔡侯墓報告云「□七件，依次略小，均殘破」，銘文「見于三件，其他四件均殘缺」。報告只發表了鼎二：一的拓本、圖像，其餘情況不詳

〇二二一六　蔡侯□
字數　六
時代　春秋晚期
著録　總集　〇八三〇
五省　圖版三七
蔡侯墓　圖版三一·一
銘文選　五九一
美全　五·三五
辭典　六二八
出土　一九五五年安徽壽縣西門內蔡侯墓(一·一)
現藏　安徽省博物館
來源　考古研究所藏
備注　此器形體較大

〇二二一七　蔡侯鼎
字數　六(器蓋同銘)
時代　春秋晚期
著録　銘文選　五九三
五省　圖版三九
蔡侯墓　圖版三一·三(蓋銘)
三二·一(器銘)
徽銅　六三
出土　一九五五年安徽壽縣西門內蔡侯墓(三：一)
現藏　安徽省博物館
來源　考古研究所藏
備注　蔡侯墓云「鼎共九件(三：一～三：九)，均殘破，已修復較大的三件」，報告只發表了鼎三：一，其餘的，情況不詳。陳夢家云：「有蓋，六器成三對，大小不同，最大的一對(高四八·五厘米)，蓋器銘六字；其他三器不成對，大小不同」(學報　一九五六年二期九五頁)

〇二二一八　蔡侯殘鼎
字數　六
時代　春秋晚期
著録　未見
出土　一九五五年安徽壽縣西門內蔡侯墓
現藏　安徽省博物館
來源　考古研究所藏
備注　本所藏蔡侯殘鼎銘文拓本共十二紙，選用銘文完整清晰者八紙，有器，有蓋，器蓋搭配情況已不詳

〇二二一九　蔡侯殘鼎
字數　六
時代　春秋晚期
著録　未見
出土　一九五五年安徽壽縣西門內蔡侯墓
現藏　安徽省博物館
來源　考古研究所藏

〇二二二〇　蔡侯殘鼎
字數　六
時代　春秋晚期
著録　未見
出土　一九五五年安徽壽縣西門內蔡侯墓
現藏　安徽省博物館
來源　考古研究所藏

〇二二二一　蔡侯殘鼎蓋
字數　六
時代　春秋晚期
著録　未見
出土　一九五五年安徽壽縣西門內蔡侯墓
現藏　安徽省博物館
來源　考古研究所藏

〇二二二二　蔡侯殘鼎蓋
字數　六
時代　春秋晚期
著録　未見
出土　一九五五年安徽壽縣西門內蔡侯墓
現藏　安徽省博物館
來源　考古研究所藏

〇二二二三　蔡侯殘鼎蓋
字數　六
時代　春秋晚期
著録　未見
出土　一九五五年安徽壽縣西門內蔡侯墓
現藏　安徽省博物館
來源　陳邦懷先生藏

〇二二二四　蔡侯殘鼎蓋
字數　存二
時代　春秋晚期
著録　未見
出土　一九五五年安徽壽縣西門內蔡侯墓
現藏　安徽省博物館
來源　考古研究所藏

〇二二二五　蔡侯殘鼎
字數　六
時代　春秋晚期
著録　未見
出土　一九五五年安徽壽縣西門內蔡侯墓
現藏　安徽省博物館
來源　考古研究所藏

〇二二二六　蔡侯殘鼎
字數　存四
時代　春秋晚期
著録　未見
出土　一九五五年安徽壽縣西門內蔡侯墓
現藏　安徽省博物館
來源　考古研究所藏

〇二二二七　取它人鼎
字數　六
時代　春秋
著録　總集　〇八〇五
三代　三·七·七
周金　二·六二·二
希古　二·七·二
善齋　二·五一
小校　二·四一·三
貞松　二·三四·二
山東存魯　二一
流傳　劉鶚、劉體智舊藏(貞松)
來源　考古研究所藏

〇二二二八　中䵼鼎
字數　六
時代　戰國早期

著録　總集　〇八三三
文物　一九七五年六期七〇頁圖
一三・五～六
出土　一九六六年陝西咸陽市塔兒坡出
土
現藏　咸陽市博物館
來源　考古研究所拓

〇二二二九　沖子鼎
字數　六
時代　戰國早期
著録　總集　〇八〇六
三代　三・七・八
貞松　二・三三・四
流傳　李放舊藏(貞松)
來源　陳邦懷先生藏

〇二二三〇　□子鼎
字數　存六
時代　戰國
著録　總集　〇六六七
三代　二・四六・一
貞松　二・三六・二
來源　A、三代；B、貞松

〇二二三一　楚子趌鼎
字數　六
時代　春秋晚期
著録　總集　〇八三七
江漢考古　一九八三年一期八一頁
圖一
銘文選　六五二
辭典　六二二
青全　一〇・六
出土　一九七四年湖北當陽縣趙家湖
墓葬
現藏　宜昌地區博物館
來源　考古研究所拓

〇二二三二　右卜脒鼎
字數　六
時代　戰國晚期
著録　總集　〇七二二
三代　二・五三・八～九
陶齋　五・四
小校　二・三六・七
尊古　三・四八
流傳　端方舊藏
現藏　北京故宮博物館
來源　考古研究所拓

〇二二三三　宋公䜌鼎蓋
字數　六
時代　春秋晚期(宋景公)
著録　總集　〇八二七・一
博古　三・三五
薛氏　八〇
嘯堂　一九
大系　二〇六
銘文選　七九一
出土　元祐間得于南都，藏秘閣(金石
録)
來源　嘯堂

〇二二三四　鄧尹疾鼎
字數　六(器蓋同銘)
時代　春秋晚期
著録　未見
出土　一九七二年湖北襄陽縣餘岡公社
出土
現藏　襄陽地區博物館
來源　考古研究所拓
備注　鄧尹或釋鄧子

〇二二三五　鄧子午鼎
字數　六
時代　春秋晚期
著録　江漢考古　一九八三年二期三六頁
圖二
銘文選　七七三
辭典　六二三
現藏　武漢市文物商店
來源　考古研究所拓
備注　武漢市文物商店從廢品中收集，
原失蓋；後在廢品中找到一蓋，
恰合。但蓋器上作器者不同，是
否原爲一器，已無法查明，兹分
爲兩件處理。蓋銘爲七字(〇二二一
八六)

〇二二三六　王氏官鼎蓋
字數　六
時代　戰國
著録　未見
現藏　中國歷史博物館
來源　考古研究所拓

〇二二三七　王蔑鼎
字數　六
時代　戰國晚期
著録　總集　〇二八八
三代　二・一六・四
貞續上　一二・三
小校　二・三二・三～四
故圖下下　一〇
流傳　容庚舊藏(貞續)
現藏　臺北故宮博物院
來源　A、小校；B、考古研究所藏
備注　貞續及三代只録左耳「王蔑」二
字，右耳及蓋銘乃經容庚氏去銹
後顯出

〇二二三八　須⿱耂山生鼎蓋
字數　六
時代　戰國
著録　總集　〇八〇七
三代　三・八・一
貞松　二・三四・一
十二舊　二
流傳　方若舊藏
現藏　中國歷史博物館
來源　考古研究所拓

〇二二三九　⿰子巛子⿱宀⿰兀匕鼎
字數　六
時代　戰國
著録　未見
現藏　北京故宮博物院
來源　考古研究所拓
備注　失蓋

〇二二四〇　十年弗官容齋鼎
字數　六
時代　戰國晚期
著録　中國古代度量衡圖集　一六七
現藏　中國歷史博物館
來源　A、考古研究所藏；B、中國歷
史博物館提供

〇二二四一　東陲鼎蓋
字數　六
時代　戰國晚期
著録　總集　〇八一四
録遺　七〇・一～二
現藏　浙江省博物館
來源　浙江省博物館提供
備注　疑爲壽縣出土楚器之一

〇二二四二　垣上官鼎
字數　五

時代 戰國晚期
著録 未見
現藏 上海博物館
來源 上海博物館提供

〇二二四三 倗[illegible]鼎(楚弩鼎)
字數 六
時代 戰國早期
著録 總集 七五〇
文物 一九八〇年八期二五頁圖二
出土 一九七七年安徽貴池縣徽家冲出土
現藏 安徽省博物館
來源 安徽省博物館提供
備注 銘文反書

〇二二四四 [illegible]作且乙鼎
字數 七
時代 西周早期
著録 總集 〇八四一
三代 三・八・二
愙齋 六・二
殷存上 六・六
小校 二・四五・一
流傳 潘祖蔭舊藏(小校)
來源 陳邦懷先生藏

〇二二四五 亞艅曆作且己鼎
字數 七
時代 殷或西周早期
著録 總集 〇八四〇
三代 三・一・二
西甲 一・一
山東存附 四
故青 一五
流傳 清宮舊藏，後存頤和園
現藏 北京故宮博物院

來源 考古研究所拓

〇二二四六 木工册作匕戊鼎
字數 七
時代 西周早期
著録 總集 〇八四八
三代 三・八・八
積古 四・一・一
金索 首二
攈古 二・一・一
愙齋 三・九
殷存上 六・一〇
小校 二・四五・四
彙編 六・五八七
流傳 清乾隆欽頒内府周器十事在曲阜孔廟，此其一(積古)
現藏 山東曲阜縣文物管理委員會
來源 考古研究所藏

〇二二四七 [illegible]作父乙鼎
字數 七
時代 西周早期
著録 總集 〇八三九
考古 一九八三年三期二一八頁圖二・三，二四五頁圖一・一
出土 一九八二年陝西長安縣灃西新旺村窖藏
現藏 考古研究所西安研究室
來源 考古研究所拓

〇二二四八 亞[illegible]作父乙鼎
字數 七
時代 西周早期
著録 琉璃河 一一七頁圖七六C
出土 一九七五年北京房山縣琉璃河西周墓(M二五一：一七)
現藏 首都博物館

來源 考古研究所拓
備注 第二字可釋爲盉字

〇二二四九 或作父丁鼎
字數 七
時代 西周早期
著録 未見
流傳 瀋陽故宮舊藏
現藏 遼寧省博物館
來源 考古研究所拓

〇二二五〇 [illegible]作父丁鼎
字數 七
時代 西周早期
著録 未見
來源 考古研究所藏

〇二二五一 穆作父丁鼎
字數 七
時代 西周
著録 復齋 七・三
積古 一・七
攈古 二・一・二
奇觚 一六・三
來源 復齋
備注 積古、奇觚之器羅表疑僞。按，積古諸書之器皆據復齋，如復齋不僞，則阮氏諸書之器亦不能視爲僞

〇二二五二 作父己鼎
字數 七
時代 西周早期
著録 總集 〇八四二
三代 三・八・四
愙齋 六・一五
奇觚 一・一七
殷存上 六・七

小校 二・四五・二
流傳 潘祖蔭舊藏(小校)
現藏 北京故宮博物院
來源 考古研究所拓

〇二二五三 [illegible]父辛鼎
字數 七
時代 西周早期
著録 未見
出土 陝西寶鷄市竹園溝一三號墓(M一三：一三)
現藏 寶鷄市博物館
來源 寶鷄市博物館提供

〇二二五四 [illegible][illegible]作父辛鼎
字數 七
時代 殷或西周早期
著録 西清 二・三四
流傳 清宮舊藏
來源 西清

〇二二五五 [illegible]作父辛鼎
字數 七
時代 西周早期
著録 琉璃河 一一九頁圖七八B
出土 一九七五年北京房山縣琉璃河西周墓(M二〇九：二八)
現藏 首都博物館
來源 考古研究所拓

〇二二五六 昜作父辛鼎
字數 七
時代 西周早期
著録 未見
現藏 北京故宮博物院
來源 考古研究所拓
備注 銘文倒鑄

〇二二五七 [illegible]作父癸鼎

字數 七
時代 西周早期
著録 總集 〇八四五
三代 三・八・六
清愛 九
攈古 二・一・二
綴遺 三・一四
殷存上 六・九
小校 四・四八・五
流傳 劉喜海、王錫棨、瞿世瑛舊藏（綴遺、小校、羅表）
來源 考古研究所藏猗文閣拓本
備注 通高七寸，口徑六寸五分，重四十五兩。此器不知下落，今録清愛尺寸重量以供參考

〇二二五八 [illegible]父癸鼎
字數 存七
時代 西周
著録 未見
現藏 上海博物館
來源 上海博物館提供

〇二二五九 册作父癸鼎
字數 七
時代 殷
著録 未見
現藏 上海博物館
來源 上海博物館提供

〇二二六〇 亞[illegible]作母丙鼎
字數 七
時代 西周早期
著録 綜覽・鼎 一五五
來源 日本林巳奈夫教授提供

〇二二六一 王作康季鼎
字數 七
時代 西周早期
著録 總集 〇八八二
考古 一九六四年九期四七二頁圖一
出土 陝西岐山縣周家橋程家村
流傳 一九四四年西京籌備委員會購得
來源 考古編輯部檔案王獻唐先生摹本
備注 僅存殘片，重十八斤，圖像未見著録

〇二二六二 亞㠱矦[illegible]作母癸鼎
字數 七
時代 殷
著録 總集 〇八七八
巖窟上 八
録遺 六五
綜覽・鼎 八四
出土 傳一九四一年河南安陽出土
流傳 梁上椿舊藏
現藏 北京故宮博物院
來源 考古研究所拓

〇二二六三 曰[illegible]甶姑鼎
字數 七
時代 殷或西周早期
著録 未見
流傳 頤和園舊藏
現藏 北京故宮博物院
來源 考古研究所拓

〇二二六四 𠂤作陽仲方鼎
字數 七
時代 西周早期
著録 總集 〇八五三
三代 三・九・六
寧壽 一・二七
積古 五・三〇
貞松 二・三七・二
故宮 七期
通考 一四〇
故圖下上 四五
彙編 六・五八九
周録 一六
流傳 清宮舊藏
現藏 臺北故宮博物院
來源 考古研究所藏
備注 積古誤作彝

〇二二六五 𠂤作陽仲方鼎
字數 七
時代 西周早期
著録 總集 〇八五二
三代 三・九・七
西清 二・三六
綴遺 四・一九
貞續上 二〇
故圖下上 四六
周録 一七
流傳 清宮舊藏
現藏 臺北故宮博物院
來源 考古研究所藏

〇二二六六 𠂤作陽仲方鼎
字數 七
時代 西周早期
著録 總集 〇八五四
三代 三・九・八
窓齋 六・一三
奇觚 一・一三
周金 二・六〇・一
小校 二・四六・六
流傳 潘祖蔭舊藏（奇觚、窓齋）
現藏 上海博物館
來源 三代

〇二二六七 𠂤作陽仲方鼎
字數 七
時代 西周早期
著録 總集 〇八五四，二二六六
三代 三・一〇・一
攈古 二・一・二
周金 三・一一四・四（又二補）
夢郼上 九
小校 二・四六・五
流傳 沈秉成、羅振玉舊藏（夢郼）
來源 考古研究所藏

〇二二六八 周公作文王方鼎（魯公鼎、文王鼎）
字數 七
時代 西周早期
著録 博古 二・三
薛氏 八一
嘯堂 七・二
流傳 「紹聖間宗室仲忽獲此器以獻」（金石録）
來源 嘯堂
備注 清代著録同銘鼎十餘件，均爲仿宋僞作，入附録

〇二二六九 匽侯旨作父辛鼎
字數 七
時代 西周早期
著録 總集 〇八四四
三代 三・八・五
攀古 一・一四
恒軒 一六
窓齋 六・二
綴遺 四・一〇
殷存上 六・八

小校 二・四五・三
銘文選 四五
蔭軒 一・一一
上海(二〇〇四) 一九六

流傳 潘祖蔭、王懿榮舊藏(綴遺、羅表),後歸李蔭軒
現藏 上海博物館
來源 考古研究所藏

〇二二七〇 叔作單公方鼎

字數 七
時代 西周早期
著録 總集 〇八八〇
彙編 六・五八五
現藏 澳大利亞墨爾本國立維多利亞博物館
來源 彙編
備注 文物一九七九年一二期有文介紹此器

〇二二七一 子咸鼎

字數 七
時代 西周早期
著録 未見
現藏 北京故宮博物院
來源 考古研究所拓

〇二二七二 [illegible]小子鼎

字數 七
時代 西周早期
著録 總集 〇八五九
三代 三・一〇・二
貞松 二・三六
善齋 二・五二
小校 二・四六・七
流傳 劉體智舊藏
來源 考古研究所藏

〇二二七三 王作[illegible]姬鼎(垂姬鼎)

字數 七
時代 西周
著録 總集 〇八五〇
三代 三・九・四
從古 五・三
周金 二・六〇
希古 二・八・二
小校 二・四五・五
流傳 葛嵩舊藏(從古)
來源 考古研究所藏僧六舟手拓本
備注 第三字舊釋垂,似可從

〇二二七四 侯作父丁鼎

字數 七
時代 西周
著録 未見
來源 考古研究所藏
備注 銘文倒鑄

〇二二七五 豊方鼎

字數 七
時代 西周
著録 博古 三・三〇
薛氏 八〇・四
嘯堂 一八・三
來源 嘯堂

〇二二七六 𢐗伯鼎

字數 七
時代 西周中期
著録 寶鷄 二八八頁圖一九九・九
出土 一九七四年陝西寶鷄市茹家莊西周墓(M一乙:一三)
現藏 寶鷄市博物館
來源 寶鷄市博物館提供

〇二二七七 𢐗伯作井姬方鼎

字數 七
時代 西周中期
著録 寶鷄 三五三頁圖二五三・二
出土 一九七四年陝西寶鷄市茹家莊西周墓(M二:五)
現藏 寶鷄市博物館
來源 寶鷄市博物館提供

〇二二七八 𢐗伯作井姬鼎(獨柱帶盤鼎)

字數 七
時代 西周中期
著録 總集 〇八八五
寶鷄 二六九頁圖二五二・四
陝青 四・八三
綜覽・鼎 二二七
辭典 三一三
出土 一九七四年陝西寶鷄市茹家莊西周墓(M二:六)
現藏 寶鷄市博物館
來源 寶鷄市博物館提供

〇二二七九 仲義[illegible]鼎

字數 七
時代 春秋
著録 總集 二二六九
積古 五・三七
攈古 二・一・四
奇觚 一七・一一・四
小校 七・三六・一
來源 奇觚

〇二二八〇 [illegible]鼎

字數 七
時代 西周中期
著録 總集 〇八六〇
三代 三・一〇・五
貞松 二・三七・三
善齋 二・五三
小校 二・四六・三
善彝 三〇
周録 五〇
綜覽・鼎 二四七
故圖下下 六八
流傳 劉體智舊藏
現藏 臺北故宮博物院
來源 考古研究所藏

〇二二八一 師閔鼎

字數 七
時代 西周
著録 未見
現藏 上海博物館
來源 上海博物館提供

〇二二八二 尹叔作[illegible]姑鼎

字數 七
時代 西周中期
著録 總集 〇八五一
三代 三・九・五
貞松 二・三七
周金 二・六〇・六
希古 二・八・一
來源 考古研究所藏

〇二二八三 卑汨君光鼎

字數 七
時代 春秋中期
著録 博古 三・九
薛氏 八一・三
嘯堂 一六・一
吳越 四〇
來源 嘯堂
備注 汨或即[illegible]字

○二二八四　喬夫人鼎

字數　七
時代　春秋早期
著録　徽銅　五七
出土　一九七○年安徽合肥市烏龜崗墓葬
現藏　安徽省博物館
來源　安徽省博物館提供
備注　文化大革命期間出土文物九九頁及文物一九七二年一期七七頁僅有圖像和釋文，未附拓本

○二二八五　子陝□之孫鼎

字數　存七
時代　春秋
著録　總集　○八七五
三代　三・一三・三
貞松　二・三九
善齋　二・六八
小校　二・七六
善彝　三九
頌續　一六
通考　九五
流傳　劉體智、容庚舊藏
現藏　廣州市博物館
來源　考古研究所藏
備注　陝疑爲陝字

○二二八六　盅子[illegible]鼎蓋

字數　七
時代　春秋晚期
著録　江漢考古　一九八三年二期三六頁圖一
現藏　武漢市文物商店
來源　考古研究所拓
備注　收集時，與鄧子午鼎配成一器，是否原配無法肯定，現暫作二器處理。鄧子午鼎六字(○二二三五)

○二二八七　[illegible]侯之孫[illegible]鼎

字數　七
時代　春秋晚期
著録　總集　○八六四
三代　三・一一・二
貞松　二・三八・一
貞圖上　一七
通考　九七
小校　二・四七・一
銘文選　六○七
流傳　羅振玉舊藏
現藏　吉林大學歷史系陳列室
來源　考古研究所藏

○二二八八　邵王之諻鼎

字數　七
時代　春秋晚期
著録　總集　○八六五
三代　三・一一・三
周金　二補
貞松　二・三七
希古　二・八・三
小校　二・四五・六
來源　三代

○二二八九　王子[illegible]鼎(王子姪鼎)

字數　七(器蓋同銘)
時代　春秋晚期或戰國早期
著録　總集　○八一七
戰國式　三七
通考　九一
美集録　R四二六
彙編　七・六五一
流傳　日本大阪山中商會舊藏(戰國式)
現藏　美國耶魯大學美術館陳列室
來源　一、戰國式(蓋)；二、考古研究所藏(器)
備注　戰國式蓋、器銘皆爲照片，美集録只録器銘照片，彙編録器、蓋銘的摹本。第三字或釋姪。或可釋侄

○二二九○　曾侯乙鼎

字數　七
時代　戰國早期
著録　曾侯乙墓　一九一頁圖九二・一
青全　一○・一一二
出土　一九七九年湖北隨縣曾侯乙墓(中室九六)
現藏　湖北省博物館
來源　湖北省博物館提供
備注　鼎共出二二件(三件無銘)，有無蓋大鼎二、束腰平底鼎九、蓋鼎九(二無銘)、小口提梁鼎一、匜鼎一(無銘)。此爲兩件無蓋大鼎中的一件

○二二九一　曾侯乙鼎

字數　七
時代　戰國早期
著録　銘文選　七○二
青全　一○・一○九～一一○
辭典　八一九
出土　一九七九年湖北隨縣曾侯乙墓(中室九○)
現藏　湖北省博物館
來源　湖北省博物館提供
備注　此爲形制相同的九件束腰平底鼎之一。曾侯乙墓一九一頁圖九二・三爲C八九

○二二九二　曾侯乙鼎

字數　七(器蓋同銘)
時代　戰國早期
著録　曾侯乙墓　一九九頁圖一○○・二
青全　一○・一一三
出土　一九七九年湖北隨縣曾侯乙墓(中室一○二)
現藏　湖北省博物館
來源　湖北省博物館提供
備注　此爲形制相同的五件蓋鼎之一

○二二九三　曾侯乙鼎

字數　七(器蓋同銘)
時代　戰國早期
著録　曾侯乙墓　一九九頁圖一○○・一
出土　一九七九年湖北隨縣曾侯乙墓(中室一○三)
現藏　湖北省博物館
來源　湖北省博物館提供
備注　此爲形制與前不同的一件蓋鼎

○二二九四　曾侯乙鼎

字數　七(器蓋同銘)
時代　戰國早期
著録　未見辭典　八二○
出土　一九七九年湖北隨縣曾侯乙墓(中室一○四)
現藏　湖北省博物館
來源　湖北省博物館提供
備注　此爲形制與前不同的又一蓋鼎

○二二九五　曾侯乙鼎

字數　七(器蓋同銘)
時代　戰國早期
著録　曾侯乙墓　二三五頁圖一三二・三
青全　一○・一一四
辭典　八一八

出土 一九七九年湖北隨縣曾侯乙墓(中室一八五)
現藏 湖北省博物館
來源 湖北省博物館提供
備注 此爲小口鼎。一、蓋内；二、器表肩部

〇二二九六 鑄客鼎
字數 七(器五・左耳二)
時代 戰國晚期
著録 總集 〇七三一
三代 二・五四・六～七
小校 二・三七・四
安徽金石 一・一〇・二
楚録 五
出土 一九三三年安徽壽縣朱家集
流傳 安徽省圖書館舊藏
現藏 安徽省博物館
來源 三代
備注 容庚先生以爲二字在耳上，三代誤以爲在器。右耳有一刻劃符號△

〇二二九七 鑄客爲集脰鼎
字數 七
時代 戰國晚期
著録 總集 〇八七三
三代 三・一三・一
小校 二・四八・一
安徽金石 一・一〇・二
楚録 六
銘文選 六七八
出土 一九三三年安徽壽縣朱家集
流傳 安徽省圖書館舊藏(安徽金石)
現藏 安徽省博物館
來源 三代
備注 失蓋

〇二二九八 鑄容爲集脰鼎
字數 七(蓋)
時代 戰國晚期
著録 總集 〇八七四
三代 三・一三・二
小校 二・四八・二
安徽金石 一・一〇・一
楚録 一〇
出土 一九三三年安徽壽縣朱家集
流傳 安徽省圖書館舊藏(安徽金石)
現藏 安徽省博物館
來源 考古研究所藏

〇二二九九 鑄客爲集糌鼎
字數 七
時代 戰國晚期
著録 總集 〇八七一
三代 三・一二・六
小校 二・四七・四
安徽金石 一・一〇・四
銘文選 六七五
出土 一九三三年安徽壽縣朱家集
現藏 安徽省博物館
來源 三代

〇二三〇〇 鑄客爲集□鼎
字數 七(器蓋各七字)
時代 戰國晚期
著録 總集 〇八七二
三代 三・一二・七～八
小校 二・四七・三
安徽金石 一・九・四
銘文選 六七六
出土 一九三三年安徽壽縣朱家集
現藏 日本东京國立博物館
來源 A、三代；B、日本東京國立博物館提供

〇二三〇一 巨萓王鼎(巨蒼鼎)
字數 七
時代 戰國晚期
著録 總集 〇六五八
文物 一九七五年七期八三頁
徽銅 九五
出土 一九五五年安徽蚌埠市東郊
現藏 安徽省博物館
來源 安徽省博物館提供

〇二三〇二 膴所偖鼎
字數 七
時代 戰國晚期
著録 總集 〇八七〇
三代 三・一二・五
貞松 二・三八
武英 三三
小校 二・四七・二
通考 一〇一
故圖下下 九五
流傳 承德避暑山莊舊藏(貞松)
現藏 臺北故宫博物院
來源 考古研究所藏

〇二三〇三 [illegible]公上[illegible]鼎(襄公鼎、寇公鼎)
字數 七(器七・耳六、又合文二)
時代 戰國晚期
著録 總集 〇八六七
三代 三・一一・五～六
陶齋 五・九
小校 二・六三・一
流傳 端方舊藏
來源 考古研究所藏

〇二三〇四 [illegible]誩侯鼎(梁鼎蓋)
字數 七(又合文一)
時代 戰國
著録 總集 〇八七六
恒軒 二二
流傳 吴大澂舊藏
來源 恒軒

〇二三〇五 墉夜君成鼎(坪夜君鼎)
字數 七
時代 戰國晚期
著録 總集 〇八六六
三代 三・一一・四
筠清 四・五
古文審 二・一二
擴古 二一・一
窓齋 五・二三
敬吾上 三九
小校 二・四六・一
流傳 葉志詵舊藏(小校)
來源 三代

〇二三〇六 筡鼎
字數 七
時代 戰國
著録 未見
現藏 北京故宫博物院
來源 考古研究所拓
備注 銘文在兩耳下邊

〇二三〇七 右[illegible]公鼎
字數 七
時代 戰國
著録 總集 〇八八四A
貞續上 二〇・三
録遺 七一
來源 考古研究所藏

〇二三〇八　半齋鼎
字數　七
時代　戰國
著録　總集　〇八六九
三代　三・一二・二～四
西乙　四・一五
寶蘊　三三
貞松　二・三八
通考　一一八
故圖下下　一一一
流傳　瀋陽故宮舊藏
現藏　臺北故宮博物院
來源　考古研究所藏

〇二三〇九　□賡鼎(之左鼎)
字數　存七
時代　戰國晚期
著録　總集　〇八六八
三代　三・一二・一
寶蘊　三二
貞松　二・三八
通考　一〇二
故圖下下　九六
流傳　瀋陽故宮舊藏
現藏　臺北故宮博物院
來源　考古研究所藏
備注　西乙四・一三失録銘文

〇二三一〇　迋作且丁鼎(征且丁鼎)
字數　八
時代　西周早期
著録　總集　〇八八七
三代　三・一四・一
貞補上　八
貞圖上　一八
流傳　羅振玉、容庚舊藏(貞補、貞圖)
來源　考古研究所藏

〇二三一一　咸姝子作且丁鼎
字數　八
時代　殷
著録　總集　〇八八八
三代　三・一四・二
貞松　二・四〇
續殷上　二二・六
小校　二・五一・三
流傳　吳大澂舊藏，「得之粵東」(窓齋先生所藏古器物目)
來源　考古研究所藏猗文閣拓本
備注　第二、四字或以爲一字，今暫以二字計

〇二三一二　堇臨作父乙方鼎
字數　八
時代　西周早期
著録　總集　〇八九一
三代　三・一四・五
西清　二・四〇
攈古　二・一・四七
窓齋　三・一一
綴遺　三・一五
奇觚　一・一九
簠齋　一鼎四
續殷上　二二
小校　二・四九
流傳　清宮舊藏，後歸阮元、陳介祺(攈古録、簠齋)
來源　考古研究所藏
備注　第二字或釋臨字

〇二三一三　作父乙鼎
字數　八
時代　西周早期
著録　西清　四・一一
流傳　清宮舊藏
來源　西清

〇二三一四　士作父乙方鼎
字數　八
時代　西周早期
著録　西甲　一・一五
流傳　清宮舊藏
來源　西甲

〇二三一五　亞豚作父乙鼎
字數　八
時代　西周早期
著録　三代　三・一四・三
殷存上　七二
小校　二・四九・二
來源　考古研究所藏
備注　亞内兩點如果是一字，則此器應算九字

〇二三一六　亳作父乙方鼎
字數　八
時代　西周早期
著録　總集　〇九一〇
攈古　二・一・二〇
綴遺　三・一〇
流傳　劉喜海舊藏(攈古録)
來源　攈古

〇二三一七　亞䀠作父丁鼎
字數　八
時代　西周早期
著録　總集　〇八四三
三代　三・八・三
貞松　二・三六
現藏　北京故宮博物院
來源　考古研究所拓

〇二三一八　引作文父丁鼎
字數　八
時代　殷
著録　總集　〇八九二
三代　三・一四・六
窓齋　三・一三
殷存上　七
小校　二・四九・四
故宮　二四期
故圖下上　九
現藏　臺北故宮博物院
來源　考古研究所藏

〇二三一九　㚔作父丁鼎
字數　八
時代　西周早期
著録　總集　〇九二三
文物　一九五七年八期四三頁
綜覽・鼎　二三八
山西精萃　三二
出土　山西洪趙縣永凝東堡
現藏　山西省博物館
來源　考古研究所藏

〇二三二〇　𤇾口子旅作父戊鼎
字數　八
時代　西周早期
著録　未見
現藏　上海博物館
來源　上海博物館提供
備注　與〇〇五八二鬲重出

〇二三二一　□作父辛鼎
字數　八
時代　西周早期
著録　總集　〇九一五
文物　一九七五年五期八九頁圖四

陝青 四・一六〇
綜覽・鬲鼎 六八
出土 一九七二年長武縣棗園村
現藏 陝西省博物館
來源 文物

〇二三二二 作父辛方鼎
字數 八
時代 西周早期
著録 總集 〇八九三
三代 三・一五・一
西清 四・一二
藝展 八
故宮 二九期
通考 一二五
故圖下上 二四
商圖 三四
流傳 清宮舊藏
現藏 臺北故宮博物院
來源 考古研究所藏
備注 倫敦圖版六・一二誤以爲尊銘

〇二三二三 梓作父癸鼎
字數 八
時代 西周早期
著録 薛氏 一七
續考 一・一八
流傳 張才元所得(續考)
來源 薛氏
備注 薛氏稱尊，續考稱彝，今查器形乃鼎

〇二三二四 ⿰王凡作父癸鼎
字數 八
時代 西周早期
著録 總集 〇八九七
三代 三・一五・三

貞松 二・四一
小校 二・四九・六
雙吉上 六
尊古 一・二〇
巴洛 一四二頁
綜覽・鬲鼎 六三
出土 傳洛陽出土(雙吉)
流傳 劉體智、于省吾舊藏(羅表、雙吉)
現藏 英國倫敦阿倫及巴洛氏
來源 考古研究所藏猗文閣拓本

〇二三二五 [illegible]季作父癸方鼎
字數 八
時代 西周早期
著録 總集 〇八九四
三代 三・一五・二
懷米上 六
攈古 二・一・一九
綴遺 四・六
彙編 六・五三五
流傳 曹秋舫舊藏(攈古録)
現藏 美國聖格氏(彙編)
來源 考古研究所藏猗文閣拓本

〇二三二六 史造作父癸鼎
字數 八
時代 西周中期
著録 西清 三・二三
流傳 清宮舊藏
拓片 西清

〇二三二七 易貝作母辛鼎
字數 八
時代 西周早期
著録 總集 〇八四七
三代 三・九・一

綴遺 三・一〇
貞續上 二一・一
續殷上 二二・八
來源 考古研究所藏猗文閣拓本

〇二三二八 册木工作母辛鼎
字數 八
時代 殷或西周早期
著録 總集 〇九三二
三代 三・一七・四
愙齋 三・八・二
續殷上 二三・一
小校 二・五三・三
流傳 潘祖陰舊藏(小校)
拓片 三代

〇二三二九 北子作母癸方鼎
字數 八
時代 西周早期
著録 總集 〇九一二
三代 六・四二・四
攈古 二・一・二三
殷存上 一八・四
斷代 五五
銘文選 一五二
流傳 劉鏡古舊藏(攈古録)，後歸顧鐵符
來源 考古研究所藏

〇二三三〇 姞曶母方鼎
字數 八
時代 西周早期
著録 總集 〇八九八
三代 三・一五・六
小校 二・五〇・三
彙編 六・五三一
洛爾 一八〇頁No. 五五
綜覽・方鼎 六三

現藏 丹麥哥本哈根裝飾藝術博物館(彙編)
拓片 三代

〇二三三一 穆父作姜懿母鼎
字數 八
時代 西周中期
著録 總集 〇八九五
三代 三・一五・四
貞補上 九
善齋 二・五五
小校 二・五〇・二
頌續 一一
出土 傳出洛陽(貞補)
流傳 劉體智、容庚舊藏
現藏 廣州市博物館
來源 考古研究所藏

〇二三三二 穆父作姜懿母鼎
字數 八
時代 西周早期
著録 總集 〇八九六
三代 三・一五・五
貞補上 九
十二式 五
頌續 一二
綜覽・鼎 二〇六
出土 傳出洛陽(貞補)
流傳 孫秋帆舊藏
來源 考古研究所藏

〇二三三三 姬作氒姑日辛鼎
字數 八
時代 西周早期
著録 總集 〇九一四
賸稿 六
出土 見於廠肆，傳河南出

現藏 旅順博物館
來源 考古研究所拓
備注 或云銘文後刻

○二三三四 [?][?]父作嘼姛鼎
字數 八
時代 西周
著録 總集 ○九○九
三代 三·一六·八
小校 二·五○·四
周金 二補三二·二
流傳 合肥李木公新得(周金)，章乃器捐獻
現藏 北京故宮博物院
來源 考古研究所藏
備注 周金以爲方鼎，末二字如釋爲一字，則全銘爲七字

○二三三五 亞醜季作兄己鼎
字數 八
時代 殷
著録 總集 ○八八六
三代 三·九·三
續殷上 二三·二
來源 陳邦懷先生藏

○二三三六 伯戒方鼎
字數 八
時代 西周早期
著録 總集 ○八八九
使華 七
通考 一三三
三代補 七五四
彙編 六·五三三
綜覽·方鼎 三七
出土 傳河南濬縣出土(使華)
流傳 德國陶德曼舊藏
來源 使華

○二三三七 伯六[?]方鼎
字數 八
時代 西周早期
著録 總集 ○九○一
三代 三·一六·二
貞松 二·四○
善齋 三·七
小校 二·五○·八
美集録 R三五八
彙編 六·五三二
流傳 劉體智舊藏
現藏 美國舊金山亞州美術博物館(布倫戴奇藏品)
來源 考古研究所藏

○二三三八 義仲方鼎
字數 八
時代 西周早期
著録 總集 ○九四一
三代 三·一八·五
貞松 二·四一·一
貞圖上 一九
通考 一四五
綜覽·方鼎 八四
流傳 羅振玉舊藏
來源 考古研究所藏

○二三三九 公大史作姬[?]方鼎
字數 八
時代 西周早期
著録 江漢考古 一九八二年二期四五頁圖六·二
出土 一九七七～一九七八年湖北黃陂縣魯臺山墓葬(M三○：三)
現藏 湖北省博物館
來源 湖北省博物館提供

○二三四○ 季[?]作宫伯方鼎
字數 八
時代 西周
著録 總集 ○九○○
三代 三·一六·一
貞松 二·四○
周金 二補
希古 二·八·四
善齋 三·六
小校 二·五一·一
美集録 R四五一
皮斯柏 三
彙編 六·五四三
綜覽·方鼎 六七
流傳 盛昱、劉體智、盧芹齋舊藏(小校、美集録)
現藏 美國米里阿波里斯美術館(皮斯柏藏品)
來源 考古研究所藏

○二三四一 叔具鼎
字數 八
時代 西周早期
著録 總集 ○八九九
三代 三·一五·七
貞補上 八
小校 二·五○·六
流傳 此鼎近見之遼東(貞補)
現藏 中國歷史博物館
來源 考古研究所拓

○二三四二 叔[?]作南宫鼎
字數 八
時代 西周早期
著録 總集 ○九○二
三代 三·一五·八
貞續上 二二·二
來源 陳邦懷先生藏

○二三四三 叔虎父作叔姬鼎
字數 八
時代 西周
著録 總集 ○九一一
攈古 二·一·二○
出土 見于長安
來源 攈古

○二三四四 [?]涾伯逘鼎
字數 八
時代 西周早期
著録 總集 ○九○三
三代 三·一六·三
來源 三代

○二三四五 般子作亮團宫鼎
字數 八
時代 西周早期
著録 總集 ○九○五
三代 三·一六·七
來源 陳邦懷先生藏
備注 第一字或釋解

○二三四六 勅[?]作丁侯鼎
字數 八
時代 西周早期
著録 總集 ○九三六
三代 三·一八·六
貞松 二·四一·三
小校 二·五○·七
善齋 二·五六
善彝 二三
故圖下下 七四
綜覽·鼎 一四六

周録 七
流傳 劉體智舊藏
現藏 臺北故宮博物院
來源 考古研究所藏

〇二三四七 旂鼎(斿鼎)
字數 八
時代 殷
著録 總集 〇九一七
文物 一九八一年九期一八頁圖一
山東精萃 一〇九
出土 一九七九年山東濟陽縣劉臺子
現藏 山東濟陽縣圖書館
來源 濟陽縣圖書館提供
備注 第一字或可釋𠬪

〇二三四八 作長鼎(長日戊鼎)
字數 八
時代 西周早期或中期
著録 總集 〇九〇四
三代 三・一六・四
貞補上 九
十二式 六
續殷上 一三・三
流傳 孫秋帆舊藏
來源 考古研究所藏
現藏 上海博物館

〇二三四九 𢦏鼎
字數 八
時代 西周中期
著録 總集 〇九一六
考古 一九七四年一期二頁圖
三・二
綜覽・鼎 二六二
出土 一九七三年陝西長安縣灃西馬王
村窖藏

現藏 西安市文物管理委員會
來源 考古編輯部檔案

〇二三五〇 作寶鼎
字數 八(又重文二)
時代 西周中期
著録 總集 〇九四〇
三代 三・一八・七
貞松 二・四二・一
周金 二補八
希古 二・九・一
小校 二・五三・六
録遺 七五
現藏 北京故宮博物院
來源 考古研究所拓

〇二三五一 小臣氏𣏟尹鼎
字數 八
時代 西周早期
著録 總集 〇九〇七
三代 三・一六・六
西乙 一・二六
寶蘊 二八
貞松 二・四〇
故圖下下 六九
綜覽・鼎 二〇五
周録 四六
流傳 瀋陽故宮舊藏
現藏 臺北故宮博物院
來源 考古研究所藏

〇二三五二 𣲙作鼎
字數 八
時代 西周早期
著録 未見
來源 唐蘭先生藏

〇二三五三 師賓父作季姞鼎
字數 八
時代 西周晚期
著録 博古 三・二五
薛氏 八二
嘯堂 一七
來源 嘯堂

〇二三五四 魯內小臣床生鼎
字數 八
時代 西周晚期或春秋早期
著録 總集 〇九〇六
三代 三・一六・五
攈古 一・一八
窓齋 六・一四
周金 二・五九・三
小校 二・五〇・五
山東存魯 一八
流傳 潘祖蔭舊藏
來源 考古研究所藏

〇二三五五 洜叔之行鼎
字數 八
時代 春秋晚期
著録 總集 〇九一八
考古 一九八二年二期一四五頁
圖六・二
出土 一九八〇年湖北隨縣劉家崖一號
墓
現藏 隨州市博物館
來源 考古研究所拓

〇二三五六 盅之噂鼎
字數 八
時代 春秋晚期
著録 總集 〇九一九
考古 一九八二年二期一四五頁
圖六・一
江漢考古 一九八三年一期一三頁
圖一四
出土 一九八〇年湖北隨縣劉家崖一號
墓
現藏 隨州市博物館
來源 考古研究所拓

〇二三五七 楚叔之孫倗鼎
字數 八
時代 春秋晚期
著録 總集 〇九二〇
考古 一九八一年二期一二二頁
圖三・六
下寺 五六頁圖六四・二
出土 一九七八年河南淅川縣下寺墓葬
(M一:六六)
現藏 河南省博物館
來源 考古編輯部檔案

〇二三五八 宋君夫人鼎蓋
字數 八
時代 春秋晚期
著録 總集 〇八二七・二B
考古圖 一・二一
博古 三・三七
薛氏 八二
嘯堂 一九
銘文選 七九四
出土 得于京兆(考古圖)
流傳 秘閣舊藏(考古圖)
來源 嘯堂

〇二三五九 吴王孫無土鼎
字數 八(器蓋同銘)
時代 春秋晚期
著録 總集 〇五四八
銘文選 五四八

文物 一九八一年一期圖版陸 二
青全 一一・六～七
吴越 三八
出土 一九七七年陝西鳳翔縣高王寺窖藏
現藏 鳳翔縣雍城文物管理所
來源 鳳翔縣雍城文物管理所提供

〇二三六〇 王后左相室鼎
字數 八（蓋五、器八）
時代 戰國晚期
著録 總集 〇七二八
三代 二・五四～五
十二契 二二～二三
流傳 商承祚舊藏
來源 考古研究所藏
備注 相室之相從舊釋，從字形看，應爲和字

〇二三六一 公朕右自鼎
字數 八（器蓋同銘）
時代 戰國晚期
著録 未見
現藏 上海博物館
來源 上海博物館提供

〇二三六二 亞寘鄉宁鼎
字數 九
時代 殷
著録 總集 〇九四二
録遺 七二・一～二
鄴三上 一二
綜覽・鬲鼎 五一
現藏 中國歷史博物館
來源 考古研究所拓
備注 器内口下前後分別鑄二字及七字

〇二三六三 亞父庚且辛鼎
字數 九
時代 殷或西周早期
著録 總集 〇九四三
三代 三・一九・三
恒軒上 五
愙齋 三・三
綴遺 五・三一
續殷上 二三・五
小校 二・四八・三
流傳 三原劉氏、潘祖蔭、吴大澂舊藏
現藏 上海博物館
來源 考古研究所藏猗文閣拓本

〇二三六四 亞父庚且辛鼎
字數 九
時代 殷或西周早期
著録 未見
現藏 上海博物館
來源 上海博物館提供

〇二三六五 歸作且壬鼎
字數 九
時代 西周早期或中期
著録 總集 〇九二五
三代 三・一七・二
貞松 二・三九・二
出土 此器近出洛陽（貞松）
流傳 容庚舊藏（貞松）
來源 考古研究所藏

〇二三六六 褱作父丁鼎
字數 九
時代 西周早期
著録 總集 〇九二四
日精華 三・二〇三
白鶴撰 二三
綜覽・鼎 二二三
出土 傳河南洛陽出土（白鶴撰）
現藏 日本神户白鶴美術館
來源 白鶴撰

〇二三六七 [illegible]監父己鼎
字數 九
時代 西周中期
著録 未見
現藏 上海博物館
流傳 上海博物館提供

〇二三六八 㫃婦方鼎（帝己且丁父癸鼎）
字數 九
時代 殷
著録 總集 〇九二二
三代 三・一七・一
愙齋 三・一三・三
奇觚 一・二〇
陶續 一・一七
續殷上 二三・四
小校 二・五一・二
美集録 R 一六四
彙編 六・四九四
綜覽・鼎 四八
流傳 徐士愷、端方舊藏（羅表）
現藏 美國紐約某氏
來源 考古研究所藏猗文閣拓本

〇二三六九 長子狗鼎
字數 九
時代 西周早期
著録 江漢考古 一九八二年二期四五頁
圖六・八
出土 一九七七～一九七八年湖北黄陂縣魯臺山墓葬（M三〇：一）
現藏 湖北省博物館
來源 湖北省博物館提供

〇二三七〇 公大史作姬鎣方鼎
字數 九
時代 西周早期
著録 江漢考古 一九八二年二期四五頁
圖六・一
出土 一九七七～一九七八年湖北黄陂縣魯臺山墓葬（M三〇：四）
現藏 湖北省博物館
來源 湖北省博物館提供

〇二三七一 公大史作姬鎣方鼎
字數 九
時代 西周早期
著録 江漢考古 一九八二年二期四五頁
圖六・三
出土 一九七七～一九七八年湖北黄陂縣魯臺山墓葬（M三〇：五）
現藏 湖北省博物館
來源 湖北省博物館提供

〇二三七二 大保𨚕作宗室方鼎
字數 九
時代 西周早期
著録 總集 〇九一三
三代 六・四二・八～九
攈古 二・一・三三
從古 一一・七
小校 七・三八・三
彙編 六・四九七
綜覽・方鼎 五七
流傳 陳楓崖、嘉善蔡氏舊藏（攈古録）
現藏 日本兵庫縣黑川古文化研究所（綜覽）
來源 彙編
備注 三代以爲彝，實爲鼎。彙編拓較其

他書多出作器者名一字

○二三七三　中斿父鼎（史斿父鼎、中斿父鼎）
字數　九
時代　西周早期
著録　總集　○九三四
　　三代　三・一八・四
　　綴遺　四・一三
　　貞松　二・四二・二
　　故青　一一一
現藏　北京故宮博物院
來源　考古研究所藏
備注　首字史省又。銘文末尾占筮之單卦符號以一字計

○二三七四　[illegible]鼎
字數　九
時代　西周早期
著録　文物　一九八三年一一期六五頁圖五
出土　一九八二年北京順義縣牛欄山金牛村墓葬
現藏　北京市文物工作隊
來源　考古研究所拓

○二三七五　遂攸諆鼎
字數　九
時代　西周早期
著録　總集　○九三三
　　三代　三・一八・三
　　攈古　二・一・三二
　　愙齋　六・一三・四
　　綴遺　四・一五
　　周金　二・五八・二
出土　道光末年出秦中（羅表）
流傳　葉志詵舊藏（綴遺）
現藏　江蘇鎮江市博物館
來源　鎮江市博物館提供

○二三七六　乙公鼎
字數　九（又重文二）
時代　西周中期
著録　博古　三・二三
　　薛氏　八三
　　嘯堂　一六・二
來源　嘯堂

○二三七七　薛侯鼎
字數　九
時代　西周晚期
著録　總集　○九四八
　　攈古　二・一・三二
　　綴遺　四・一六
　　大系　二一二
流傳　吳雲舊藏（攈古録）
來源　攈古

○二三七八　季忿作旅鼎
字數　九
時代　西周
著録　總集　○九三五
　　三代　三・一八・二
　　攈古　二・一・三四
　　敬吾上　二八・五
　　周金　二・五九・一
　　小校　二・五一・七
　　攀古　一・二○
　　長安　一・九
流傳　劉喜海、潘祖蔭舊藏
現藏　北京故宮博物院
來源　考古研究所藏移林館金文拓本

○二三七九　雔[illegible]鼎
字數　九
時代　西周
著録　總集　○九四七
　　録遺　七三
來源　唐蘭先生藏

○二三八○　亘鼎
字數　九（又重文二）
時代　西周中期或晚期
著録　總集　○九六二
　　陝圖　八○
　　陝青　四・一五三
出土　一九五六年陝西醴泉縣黃平村
現藏　陝西省博物館
來源　陝西省博物館提供

○二三八一　鮇衛妃鼎
字數　九
時代　西周晚期
著録　總集　○九二九
　　三代　三・一七・七
　　陶續　一・一九・一
　　恒軒　一五
　　銘文選　九○九
流傳　潘祖蔭、端方舊藏
現藏　山東省博物館
來源　王獻唐先生提供

○二三八二　鮇衛妃鼎
字數　九
時代　西周晚期
著録　總集　○九二八
　　三代　三・一七・六
　　貞松　二・四一・二
　　澂秋　三
　　小校　二・五一・五
　　周金　二・五八・三
　　彙編　六・四九八
流傳　陳承裘舊藏
現藏　北京故宮博物院
來源　考古研究所藏

○二三八三　鮇衛妃鼎
字數　九
時代　西周晚期
著録　總集　○九三○
　　三代　三・一七・八
　　攈古　二・一・三三
　　敬吾上　二六・三
　　周金　二・五八・四
　　長安　一・八
　　大系　二八一
流傳　劉喜海舊藏
來源　三代

○二三八四　鮇衛妃鼎
字數　九
時代　西周晚期
著録　總集　○九三一
　　三代　三・一八・一
　　攈古　二・一・三三
　　小校　二・五一・六
流傳　葉志詵舊藏（攈古録）
現藏　中國歷史博物館
來源　考古研究所拓

○二三八五　至作寶鼎
字數　九
時代　西周晚期
著録　總集　○九四四
　　三代　三・一九・四
　　西清　二・三五
　　攈古　一・二二
　　周金　二補
　　小校　二・五三・五

流傳 清宮舊藏，後歸潘祖蔭、李蔭軒
現藏 上海博物館
來源 三代

〇二三八六 絲駒父鼎
字數 九
時代 西周晚期
著録 博古 三・二八
薛氏 八二・四
嘯堂 一八・二
來源 嘯堂

〇二三八七 内公鼎
字數 九
時代 春秋早期
著録 總集 〇九三八
三代 三・一九・一
西清 二・八
貞續上 二一・二
藝展 一五
故宮 一五期
故圖下上 四九
周録 九三
流傳 清宮舊藏
現藏 臺北故宮博物院
來源 考古研究所藏

〇二三八八 内公鼎
字數 九
時代 春秋早期
著録 總集 〇九三九
三代 三・一九・二
西清 六・一
貞續上 二二・一
故宮 二〇期
故圖下上 五〇
周録 九四
流傳 清宮舊藏
現藏 臺北故宮博物院
來源 考古研究所藏

〇二三八九 内公鼎
字數 九
時代 春秋早期
著録 總集 〇九三七
三代 三・一八・八
西清 三・一九
窓齋 六・五
小校 二・五七・四
流傳 清宮舊藏
現藏 瑞典斯德哥爾摩遠東古物館
來源 考古研究所藏猗文閣拓本
備注 小校認爲用字下還有一享字

〇二三九〇 郐子氽鼎
字數 九
時代 春秋中期
著録 總集 〇九二二
考古 一九八三年二期一八八頁
圖一
出土 山東費縣上冶公社臺子溝
現藏 費縣圖書館
來源 考古編輯部檔案

〇二三九一 江小仲母生鼎
字數 九
時代 春秋早期
著録 總集 〇九四九
銘文選 六二四
基建 圖版一四三上
文物 一九五四年三期六一頁左下
文物 一九五四年五期四〇頁右下
録遺 七四
銘文選 七四
綜覽・鼎 三三九
辭典 六一五
出土 一九五三年河南郟縣太僕鄉
現藏 河南省博物館
來源 録遺

〇二三九二 叔姬鼎
字數 九
時代 春秋早期
著録 周金 二・五九・二
流傳 費念慈舊藏
現藏 上海博物館
來源 陳邦懷先生藏

〇二三九三 鑄客為王句小膚鼎(王句七府鼎)
字數 九
時代 戰國晚期
著録 總集 〇九四六
三代 三・一九・六
安徽金石 一・九・一(又一八・六)
小校 二・五二・一
金石書畫 七一期第四版右
青全 一〇・一〇
辭典 八二六
徽銅 八三
出土 一九三三年安徽壽縣朱家集
流傳 龍游余氏寒柯堂舊藏(金石書畫)
現藏 安徽省博物館
來源 考古研究所藏

〇二三九四 鑄客為王句小膚鼎
字數 九
時代 戰國晚期
著録 銘文選 六七三
上海(二〇〇四) 五九六
現藏 上海博物館
來源 上海博物館提供
備注 同銘之鼎共三器，另一件現藏安徽省博物館，均爲同時出土之器。小字或釋七，或釋十

〇二三九五 鑄客為大句脰官鼎
字數 九
時代 戰國晚期
著録 總集 〇九四五
三代 三・一九・五
小校 二・五二・二
銘文選 六七〇
安徽金石 一・九・二
辭典 八二七
出土 一九三三年安徽壽縣朱家集
現藏 安徽省博物館
來源 考古研究所藏

〇二三九六 公朱右自鼎
字數 九(又合文一)
時代 戰國晚期
著録 總集 〇六四二
美集録 R 四三四
現藏 美國紐約康恩氏
來源 考古研究所藏

〇二三九七 壽春鼎
字數 九
時代 戰國晚期
著録 總集 〇九五一
文物 一九六四年九期三六頁
圖五上
流傳 天津市文化局文物組收集
現藏 天津市歷史博物館
來源 天津市歷史博物館及陳邦懷先生提供

○二三九八　[illegible]鼎（[illegible]鼎）
字數　存九
時代　西周早期
著録　西清二・三二
流傳　清宮舊藏
來源　西清

○二三九九　言鼎
字數　存九
時代　西周
著録　博古二・二八
　　薛氏八三・一
　　嘯堂一二・一
來源　嘯堂
備注　其下缺永字，全銘爲十字

○二四○○　亞若癸鼎
字數　一○
時代　殷
著録　總集○八六一
　　三代三・一○・七
　　西清一・二八
　　愙齋三・三
　　續殷上二二・九
　　小校二・四九・七
流傳　清宮舊藏
來源　考古研究所藏
備注　同銘之西清一・二五、一・二七兩鼎摹寫失真，未收

○二四○一　亞若癸鼎
字數　一○
時代　殷
著録　博古一・三三
　　薛氏一二・五
　　嘯堂二・一
　　商拾上四
來源　嘯堂

○二四○二　亞若癸鼎
字數　一○
時代　殷
著録　總集○八六二
　　三代三・一一・一
　　貞補上八・二
　　續殷上二二・一○
　　善齋二・五四
　　小校二・四九・八
流傳　劉體智舊藏
現藏　上海博物館
來源　考古研究所藏
備注　亞若癸器銘文字數難定，今暫以十字計

○二四○三　婦[illegible]鼎
字數　一○
時代　殷
著録　總集○九五三
　　三代三・二○・三
　　殷存上七・四
現藏　上海博物館
來源　考古研究所藏

○二四○四　伯[illegible]方鼎
字數　一○
時代　西周早期
著録　總集○九五四
　　三代三・二○・四
　　攈古二・一・四九
　　敬吾上三九・三
　　小校二・五四・四
來源　陳邦懷先生藏

○二四○五　德鼎
字數　一○（又合文二）
時代　西周早期
著録　總集○九八一
　　銘文選○四一
　　上海二七
　　斷代四九附
　　銅器選三一
　　三代補八七○
　　彙編六・四五五
　　辭典二七八
　　上海（二○○四）一九五
現藏　上海博物館
來源　上海博物館提供
備注　彙編誤作德方鼎

○二四○六　戈父辛鼎
字數　一○
時代　西周早期
著録　總集○九五二
　　三代三・二○・二
　　貞補上九・四
　　小校二・五三・二
流傳　劉體智舊藏（羅表）
現藏　歷史語言研究所
來源　唐蘭先生藏

○二四○七　伯[illegible]鼎
字數　一○
時代　西周早期
著録　故青一○九
現藏　北京故宮博物院
來源　考古研究所拓

○二四○八　禽鼎
字數　一○
時代　西周早期或中期
著録　文物一九八六年一期一一頁圖一六
出土　一九八一年陝西長安縣花園村一五號墓（M一五：○二）
現藏　陝西省文物管理委員會
來源　陝西省文物管理委員會提供

○二四○九　大師作叔姜鼎
字數　一○
時代　西周中期
著録　總集○九六○
　　三代三・二一・一
　　十二契二
流傳　商承祚舊藏
來源　陳邦懷先生藏

○二四一○　甚諆臧鼎
字數　一○
時代　西周中期
著録　總集○九五○
　　三代三・二○・一
　　攈古二・一・四八
　　愙齋五・二一・一
　　綴遺四・九・二
　　奇觚一・一九・二
　　殷存上七・三
　　簠齋一鼎八
　　小校二・五三・一
流傳　陳介祺舊藏
來源　考古研究所藏

○二四一一　叔師父鼎
字數　一○
時代　西周中期
著録　總集○九五八
　　積古四・二三・三
　　攈古二・一・四八
　　奇觚一六・五・二
　　希古二・九・二

流傳　吴式芬舊藏(攈古録)
現藏　北京故宫博物院
來源　考古研究所藏

〇二四一二　叔盉父鼎

字數　一〇
時代　西周
著録　總集　〇九五七
三代　三・二〇・七
清愛　一四
從古　一・四
攈古　二・一・四八
敬吾上　二八・六
周金　二・五七・六
小校　二・五四・一
流傳　文后山、劉喜海舊藏(攈古録、小校)
來源　陳邦懷先生藏

〇二四一三　[illegible]鼎

字數　一〇
時代　西周
著録　總集　〇九五五
三代　三・二〇・五
貞松　二・四二・三
周金　二補
現藏　北京故宫博物院
來源　考古研究所拓

〇二四一四　伯旬鼎

字數　一〇
時代　西周
著録　總集　〇九六三
録遺　七六
出土　山東泰安(分域續)
流傳　山東省圖書館舊藏
來源　陳邦懷先生藏

〇二四一五　鄭同媿鼎

字數　一〇
時代　西周晚期
著録　總集　〇九五六
三代　三・二〇・六
攈古　二・一・四七
愙齋　六・六・二
簠齋　一鼎五
奇觚　一・二〇・二
從古　一三・一二・一
周金　二・五八・一
小校　二・五四・三
流傳　陳介祺舊藏
來源　考古研究所藏

〇二四一六　子邁鼎

字數　一〇(又重文二)
時代　西周晚期
著録　總集　〇九六六
三代　三・二四・一
求古　一・二一
敬吾上　二六・一
小校　二・五六・一
來源　考古研究所藏

〇二四一七　廟孱鼎

字數　一〇(又重文二)
時代　西周晚期
著録　總集　一〇一六
文物　一九七六年五期四一頁圖二〇
陝青　一・一八五
三代補　九三一
綜覽・鼎　二八七
出土　一九七五年陝西岐山縣董家村一號窖藏
現藏　岐山縣博物館
來源　岐山縣博物館提供

〇二四一八　己華父鼎

字數　一〇(又重文一)
時代　西周晚期
著録　總集　〇九八二，〇九九四
文物　一九七二年五期九頁圖一六~一七
考古　一九八三年四期二九〇頁圖三・二
出土　一九六九年山東煙臺市上夼村西周墓
現藏　煙臺地區文物管理委員會
來源　陳邦懷先生藏

〇二四一九　樂鼎

字數　一〇
時代　西周晚期
著録　總集　〇九五九
三代　三・二〇・八
奇觚　一・二一・一
周金　二補
小校　二・五三・四
尊古　一・二二
現藏　北京清華大學圖書館
來源　考古研究所拓

〇二四二〇　陽鼎

字數　一〇
時代　西周
著録　積古　四・七・二
攈古　二・一・四七
金索　一・二〇・四
來源　攈古

〇二四二一　鄭子石鼎

字數　一〇(又重文二)
時代　春秋中期
著録　總集　一〇〇一
三代　三・二四・七
貞松　二・四五・三
希古　二・一二・一
小校　二・五六・六
銘文選　七七六
現藏　天津市藝術博物館
來源　陳邦懷先生藏

〇二四二二　邿艁鼎

字數　一〇(又重文二)
時代　春秋早期
著録　總集　一〇〇〇
三代　三・二四・五
銘文選　八三九
周金　二・五六・三
貞松　二・四五・二
希古　二・一二・三
小校　二・五六・四
大系　二二三・三
山東存　邿　六
出土　清光緒間出土于山東東平縣(大系、山東存)
來源　考古研究所藏

〇二四二三　曾侯仲子斿父鼎

字數　一〇
時代　春秋早期
著録　總集　〇九六五
文物　一九七二年二期五三頁圖一二
三代補　八八六
銘文選　六八七
綜覽・鼎　三五四
青全　一〇・一〇二

出土 一九六六年湖北京山縣蘇家壠
現藏 湖北省博物館
來源 陳邦懷先生藏

○二四二四 曾侯仲子游父鼎
字數 一〇
時代 春秋早期
著録 未見
出土 一九六六年湖北京山縣蘇家壠
現藏 湖北省博物館
來源 陳邦懷先生藏

○二四二五 乙未鼎
字數 存一〇
時代 殷或西周早期
著録 總集 〇九六一
三代 三・二一・二
綴遺 四・一二・一
貞松 二・四二・四
希古 二・一五・二
小校 二・五五・一
流傳 吳大澂舊藏(窓齋先生所藏古器物目)
來源 考古研究所藏

○二四二六 鼄□鼎
字數 一〇(又重文二)
時代 春秋早期
著録 總集 〇九九二
三代 三・二三・八
銘文選 四九三
攈古 二・一・六五
周金 二・五六・一
大系 二二二・二
小校 二・五六・五
山東存邾 一五
來源 考古研究所藏猗文閣拓本

○二四二七 亞𡨦鼎(册命鼎)
字數 存一〇
時代 殷
著録 博古 一・一九
薛氏 一二・四
來源 薛氏

○二四二八 □子每刃鼎(子敏父甗)
字數 存一〇
時代 春秋早期
著録 總集 〇九七七
三代 三・二二・七
綴遺 九・二七
貞松 二・四五・一
希古 二・九・三
來源 考古研究所藏

○二四二九 敽仲鼎
字數 存一〇
時代 西周中期
著録 總集 〇九六四
彙編 六・四六九
現藏 上海博物館
來源 陳邦懷先生藏

○二四三〇 殘隮鼎
字數 存一〇
時代 春秋
著録 未見
現藏 北京故宫博物院
來源 考古研究所拓

○二四三一 乃孫作且己鼎
字數 一一
時代 西周早期
著録 總集 〇九六六
三代 三・二一・三
續殷上 二四・一
故宫 二七期
故圖下上 一七
綜覽・鼎 一八九
流傳 原藏重華宫(故宫二七期)
現藏 臺北故宫博物院
來源 考古研究所藏

○二四三二 無敄鼎(無務鼎)
字數 一一
時代 殷
著録 總集 〇九六七
三代 三・二一・四
貞松 二・四四・四
續殷上 二三・八
尊古 一・二六
現藏 上海博物館
來源 考古研究所藏

○二四三三 韗姛方鼎
字數 一一
時代 殷或西周早期
著録 總集 〇九八五
録遺 七七
美集録 R五〇五
三代補 五〇五
出土 傳出河南
現藏 美國紐約羅比爾氏
來源 考古研究所藏

○二四三四 韗姛方鼎
字數 一一
時代 殷或西周早期
著録 總集 〇九八四
美集録 R四五〇
懷履光(一九五六年) 一五七頁A
三代補 四五〇
綜覽・鼎 三一
萃賞 五
出土 傳出河南輝縣
流傳 美國盧芹齋、德國科隆遠東博物館寄舊藏
現藏 香港思源堂(一九九七年入藏)
來源 考古研究所藏

○二四三五 從鼎
字數 一一(又合文一)
時代 西周中期
著録 總集 〇九六九
三代 三・二一・六
十二式 七~八
流傳 吳大澂、孫秋帆舊藏(窓齋先生所藏古器物目、十二)
來源 陳邦懷先生藏

○二四三六 剌攺宁鼎
字數 一一
時代 西周早期
著録 未見
現藏 中國歷史博物館
來源 考古研究所拓

○二四三七 𣎼虎盧
字數 一一
時代 西周晚期
著録 考古 一九八五年三期二八六頁
圖三上右
出土 河南平頂山
現藏 平頂山市文物管理委員會
來源 考古編輯部檔案

○二四三八 伯□作隮鼎
字數 一一
時代 西周中期
著録 未見
現藏 北京故宫博物院

來源　考古研究所拓
備注　第一行四字被刮磨，因而不清

〇二四三九　庚兹鼎

字數　一一
時代　西周早期或中期
著録　總集　〇九八三、一〇一二
考古　一九七六年一期三四頁圖五・一
陝青　一・一六〇
出土　一九七三年岐山縣賀家村五號墓(M五：一)
現藏　陝西省博物館
來源　陝西省博物館提供

〇二四四〇　叔□父鼎

字數　一一
時代　西周晚期
著録　總集　〇九七八
齊家村　八
陝青　二・一六五
出土　一九六〇年陝西扶風縣齊家村窖藏
現藏　陝西省博物館
來源　陝西省博物館提供

〇二四四一　蔡侯鼎

字數　一一
時代　西周晚期
著録　總集　〇九七〇
三代　三・二一・七
攈古　二・一・五八
周金　二・五七・一
小校　二・五五・二
出土　見于長安(攈古録)
來源　三代

〇二四四二　仲宦父鼎

字數　一一(又重文一)
時代　西周晚期
著録　總集　〇九八九
三代　三・二三・三
周金　二・五四・三
陶續　一・一八
小校　二・五六・三
流傳　顧壽康、端方舊藏(周金)
現藏　上海博物館
來源　上海博物館提供

〇二四四三　伯乀鼎

字數　一一
時代　西周晚期或春秋早期
著録　總集　〇九七三
三代　三・二二・三
周金　二補七・二
貞松　二・四三・三
希古　二・一〇・一
小校　二・五五・四
流傳　劉喜海舊藏(貞松)
現藏　蘇州市博物館
來源　考古研究所藏猗文閣拓本

〇二四四四　伯乀鼎

字數　一一
時代　西周晚期或春秋早期
著録　總集　〇九七五
三代　三・二二・五
貞松　二・四三・四～四四・一
周金　二補七・一
希古　二・一〇・二
小校　二・五五・三
流傳　劉喜海舊藏(貞松)
現藏　蘇州市博物館
來源　考古研究所藏猗文閣拓本

〇二四四五　伯乀鼎

字數　一一
時代　西周晚期或春秋早期
著録　總集　〇九七六
三代　三・二二・六
貞松　二・四四・三
希古　二・一〇・三
流傳　盛昱舊藏(貞松)
來源　三代

〇二四四六　伯乀鼎

字數　一一
時代　西周晚期或春秋早期
著録　總集　〇九七四
三代　三・二二・四
貞松　二・四四・二
希古　二・一〇・四
來源　三代

〇二四四七　伯乀鼎

字數　一一
時代　西周晚期或春秋早期
著録　未見
現藏　濟南市博物館
來源　考古研究所拓

〇二四四八　內大子鼎

字數　一一
時代　西周晚期或春秋早期
著録　總集　〇九七一
三代　三・二二・一
銘文選　九〇五
貞松　二・四三・二
周金　二・五七・二
希古　二・一一・一
現藏　上海博物館
來源　考古研究所藏

〇二四四九　內大子鼎

字數　一一
時代　西周晚期或春秋早期
著録　總集　〇九七二
三代　三・二二・二
周金　二・五七・三
貞松　二・四三・一
雙吉上　八
冠斝上　一一
綜覽・鼎　三五一
流傳　于省吾、榮厚舊藏
來源　考古研究所藏

〇二四五〇　曾子誩鼎

字數　一一
時代　春秋早期
著録　銘文選　六八五
上海(二〇〇四)　四四一
現藏　上海博物館
來源　上海博物館提供
備注　誩字倒書

〇二四五一　梁上官鼎

字數　一一(又合文二)
時代　戰國晚期
著録　總集　〇七四七
三代　二・五三・五～六
攈古　一・三・四一
愙齋　六・一九
簠齋　一鼎二三
奇觚　一一・八・二～三
周金　二・六三・二～三
小校　二・三七・一～二
銘文選　八九九
流傳　陳介祺、吳大澂舊藏(攈古録、愙齋先生所藏古器物目)
現藏　北京故宮博物院

來源 考古研究所藏移林館金文拓本

〇二四五二 吳買鼎（雝鼎）

字數 一一

時代 春秋

著録 總集 〇九六八

三代 三・二一・五

攈古 二・一・五八

流傳 山東沂水袁氏舊藏（攈古録）

來源 三代

〇二四五三 □父鼎

字數 一二

時代 西周早期

著録 總集 〇九九七

三代 三・二四・二

西清 三・二九

貞松 二・四七・一

故宮 五期

藝展 一二

通考 一三九

大系 八二

故圖下上 四四

彙編 六・四二一

綜覽・鼎 五二

周録 一一

流傳 清宮舊藏

現藏 臺北故宮博物院

來源 考古研究所藏

〇二四五四 □父鼎

字數 一二

時代 西周早期

著録 總集 〇九九八

三代 三・二四・四

西清 三・二五

窓齋 六・一二・二

周金 二・五四・四～五五

大系 八二

小校 二・六四・一

流傳 清宮舊藏

來源 三代

〇二四五五 □父鼎

字數 一二

時代 西周早期

著録 總集 〇九九九

三代 三・二四・三

西清 三・二七

綴遺 四・一一・二

奇觚 一・二二・二

小校 二・六四・二

蔭軒 二・一六

上海（二〇〇四）二〇六

流傳 清宮舊藏，後歸潘祖蔭（奇觚）、李蔭軒

現藏 上海博物館

來源 考古研究所藏

〇二四五六 伯矩鼎

字數 一二

時代 西周早期

著録 總集 〇九八八

三代 三・二三・二

筠清 四・一五・二

從古 八・七・一

攈古 二・一・六六

周金 二・五六・二

小校 二・五八・一

流傳 錢塘何氏舊藏（小校）

來源 陳邦懷先生藏

〇二四五七 □侯鼎

字數 一二

時代 西周早期

著録 總集 一〇〇九

考古 一九六四年一〇期四四八頁圖二・一

出土 一九六四年陝西長安縣張家坡墓葬

現藏 考古研究所西安研究室

來源 考古研究所拓

〇二四五八 中作且癸鼎

字數 一二

時代 西周早期

著録 總集 〇九八六

三代 三・二三・一

殷存上 七・五

斷代 四一

來源 三代

〇二四五九 交鼎

册數 一二

時代 殷

著録 總集 〇九九一

三代 三・二三・六

奇觚 五・一〇・二

周金 五・一一・二

貞松 二・四七・二

小校 五・三一・二

斷代 四五

上海（二〇〇四）二一一

流傳 潘祖蔭、李蔭軒舊藏

現藏 上海博物館

來源 考古研究所藏

備注 此器三代、貞松名交從鼎、交鼎，其餘均曰交尊，今從三代，收在鼎内

〇二四六〇 □伯鼎

字數 一二

時代 西周中期

著録 總集 〇九九〇

三代 三・二三・五

貞松 二・四六・一

武英 一三

小校 二・五五・五

故圖下下 八〇

彙編 六・四二七

綜覽・鼎 二五〇

周録 四九

流傳 承德避暑山莊舊藏（貞松）

現藏 臺北故宮博物院

來源 考古研究所藏

備注 首字可釋爲桋或柜

〇二四六一 从鼎

字數 一二（又重文二）

時代 西周早期或中期

著録 總集 一〇二三

三代 三・二八・三

奇觚 一・二二・一

周金 二補

小校 二・五七・三

現藏 上海博物館

來源 考古研究所藏

〇二四六二 倗仲鼎

字數 一二

時代 西周中期

著録 總集 〇九八七

三代 三・二三・四

貞松 二・四六・四

希古 二・一一・三

銘文選 三七六

來源 考古研究所藏猗文閣拓本

〇二四六三　仲𣪘父鼎
字數　一二（又重文一）
時代　西周晚期
著録　總集一〇三四
　　　三代三・二九・四
流傳　頤和園舊藏
現藏　北京故宮博物院
來源　考古研究所藏

〇二四六四　仲𣪘父鼎
字數　一二（又重文一）
時代　西周晚期
著録　總集一〇三五
　　　三代三・二九・五
　　　攈古二・二・一
　　　小校二・六四・五
流傳　浙江臨海洪小筠舊藏（攈古録）
來源　三代

〇二四六五　伯𩋾父鼎
字數　一二（又重文二）
時代　西周晚期
著録　總集一〇三八
　　　三代三・三〇・二
　　　貞補上一〇・二
　　　善齋二・六〇
　　　小校二・五六・一
　　　頌續一四
出土　出于西安（頌續）
流傳　劉體智、容庚舊藏
來源　考古研究所藏

〇二四六六　溓俗父鼎
字數　一二（又重文二）
時代　西周晚期
著録　總集一〇三九
　　　三代三・三〇・四
　　　窓齋六・一一・一
　　　周金二補二一・一
　　　小校二・六六・一
來源　三代

〇二四六七　鄭姜伯鼎
字數　一二（又重文二）
時代　西周晚期
著録　總集一〇二五
　　　三代三・二八・四
　　　貞松三・一・二
　　　希古二・一・三
流傳　李蔭軒舊藏
現藏　上海博物館
來源　考古研究所藏

〇二四六八　𠻷生隺鼎
字數　一二
時代　春秋早期
著録　總集〇九九三
　　　三代三・二三・七
　　　貞松二・四六・二
　　　武英二六
　　　小校二・五七・一
　　　故圖下下八六
　　　銘文選五七九
　　　周録八五
流傳　承德避暑山莊舊藏
現藏　臺北故宮博物院
來源　考古研究所藏

〇二四六九　大師人鼎
字數　一二（又重文一）
時代　西周晚期
著録　總集一〇二四
　　　三代三・二八・二
　　　周金二補
　　　貞松三・二・一
　　　希古二・一三・一
　　　小校二・六三・五
流傳　劉鶚舊藏（貞松）
現藏　天津市藝術博物館
來源　考古研究所藏猗文閣拓本

〇二四七〇　𡚬有𤔲爯鼎
字數　一二
時代　西周晚期
著録　總集一〇一〇
　　　考古一九七六年一期三四頁圖五・二
　　　陝青一・一六四
出土　一九七三年冬岐山縣賀家村三號墓
現藏　陝西省博物館
來源　陝西省博物館提供

〇二四七一　𡨦□鼎
字數　一二（又重文一）
時代　西周
著録　未見
流傳　頤和園舊藏
現藏　北京故宮博物院
來源　考古研究所拓

〇二四七二　虢姜鼎
字數　一二
時代　西周晚期
著録　復齋一五～一七
　　　積古四・九・一
　　　攈古二・一・六五
　　　奇觚一六・六・一
來源　復齋
備注　積古以下諸書皆據復齋摹入

〇二四七三　史喜鼎
字數　一二
時代　西周
著録　總集一〇〇七
　　　録遺七八
來源　陳邦懷先生藏

〇二四七四　[illegible]𤔲寇鼎
字數　一二
時代　春秋
著録　未見
來源　商承祚先生藏

〇二四七五　内公鼎
字數　一二
時代　西周晚期或春秋早期
著録　總集〇九九五
　　　三代三・二四・六
　　　貞松二・四六・三
　　　周金二・五六・四（又補一九）
　　　小校二・五七・二
　　　出光（十五周年）三九四頁九
　　　彙編六・四二五
　　　銘文選五〇九
　　　中藝圖九拓八
　　　綜覽・鼎三五三
　　　青全六・一一一
現藏　日本東京出光美術館
來源　唐蘭先生藏

〇二四七六　專車季鼎
字數　一二（又重文二）
時代　春秋早期
著録　總集一〇四五
　　　文物一九六四年一二期六六頁圖二
流傳　一九五六年江西省文物管理委員

現藏 會在南昌市廢銅中收集
來源 江西省博物館提供

〇二四七七 [illegible]訇君鼎
字數 一二
時代 春秋晚期
著録 總集 一〇〇八
録遺 七九
來源 考古研究所藏

〇二四七八 鎬鼎
字數 存一二
時代 春秋
著録 總集 一〇〇六
三代 三・二六・五
貞松 二・四七・三
小校 二・五八・二
流傳 徐乃昌舊藏
來源 陳邦懷先生藏

〇二四七九 楚王酓肯釶鼎
字數 一二
時代 戰國晚期(楚幽王 公元前二三七～前二二八年)
著録 總集 一〇〇三
三代 三・二五・一～四
小校 二・六〇・一～三
安徽金石 一・一〇・四(又一八・六)
大系 補
藝展 一〇五
通考 九八
楚器 七頁左
銘文選 六六一A
青全 一〇・一一
辭典 八二九
徽銅 八四
出土 一九三三年安徽壽縣朱家集
流傳 安徽省圖書館舊藏(通考)
現藏 安徽省博物館
來源 陳邦懷先生藏
備注 肯字或可釋胐

〇二四八〇 鑄客鼎
字數 一二
時代 戰國晚期
著録 總集 一〇〇四
三代 三・二六・一～三
小校 二・六一・一～三
大系 補
文物天地 一九八一年二期一六頁
安徽金石 一・八・三(又一八・五)
楚録 一
銘文選 六七四(器)A
辭典 八二五
徽銅 八〇
出土 一九三三年安徽壽縣朱家集
流傳 安徽省圖書館舊藏(安徽金石)
現藏 安徽省博物館
來源 考古研究所藏
備注 足部另有二字，未經著録(文物天地)。今暫歸入十二字內。後獲知腹、足部各有「安邦」二字

〇二四八一 二年寍鼎
字數 一二(又合文一)
時代 戰國晚期
著録 總集 一〇〇二
三代 三・二四・八
貞松 二・四八・一
來源 三代

〇二四八二 四年昌國鼎
字數 一二(又合文一)
時代 戰國晚期
著録 世界美術全集(七)中國一圖版一四
來源 世界美術全集

〇二四八三 壴生鼎
字數 存一二
時代 西周早期或中期
著録 綜覽・鼎 一六七
現藏 英國倫敦不列顛博物館
來源 不列顛博物館提供

〇二四八四 舟鼎
字數 存一二
時代 西周中期
著録 西甲 一・四二
流傳 清宮舊藏
來源 西甲

〇二四八五 刺觀鼎
字數 一三
時代 西周早期
著録 總集 一〇一七
三代 三・二七・三
貞補上 一〇・一
海外吉 三
泉屋 一・三
彙編 六・四一三
綜覽・鬲鼎 一〇五
現藏 日本京都泉屋博古館
來源 三代

〇二四八六 禽鼎
字數 一三(又重文二)
時代 西周早期或中期
著録 文物 一九八六年一期一一頁圖一五
出土 一九八一年陝西長安縣花園村一五號墓(M一五：一三)
現藏 陝西省文物管理委員會
來源 陝西省文物管理委員會提供

〇二四八七 伯[illegible]父鼎
字數 一三
時代 西周中期
著録 總集 一〇一二
三代 三・二八・一
貞圖上 一二
流傳 羅振玉舊藏
來源 考古研究所藏

〇二四八八 右伯鼎
字數 一三(又重文二)
時代 西周早期或中期
著録 未見
現藏 北京故宮博物院
來源 考古研究所拓

〇二四八九 伯衛父鼎
字數 一三(又重文二)
時代 西周中期
著録 未見
來源 陳邦懷先生藏

〇二四九〇 叀鼎(娟氏鼎)
字數 一三
時代 西周中期
著録 考古圖 一・一二
博古 三・一三
薛氏 八三
嘯堂 一七
來源 嘯堂
備注 考古圖所摹銘文不全

〇二四九一 居䢅騡鼎

字數 一三
時代 西周中期或晚期
著録 總集 一〇三一
考古與文物 一九八二年二期八頁
圖二・三
出土 一九八一年陝西岐山縣北郭公社
曹家溝
現藏 岐山縣博物館
來源 岐山縣博物館提供

〇二四九二 虢叔大父鼎
字數 一三
時代 西周晚期
著録 總集 一〇二一
三代 三・二七・五
貞松 三・一・一
貞圖上 二〇
銘文選 五二四
流傳 羅振玉舊藏
來源 考古研究所藏

〇二四九三 鄭饔原父鼎
字數 一三
時代 春秋早期
著録 總集 一〇二〇
三代 三・二七・四
攈古 二・一・八〇
愙齋 五・二〇・二
敬吾上 三〇
小校 二・六三・四
銘文選 七七五
流傳 葉志詵舊藏(平安館藏器目)
來源 唐蘭先生藏

〇二四九四 杞伯每匕鼎
字數 一三(又重文二、器蓋同銘)
時代 春秋早期
著録 總集 一〇五五・一
三代 三・三四・一～二
銘文選 八〇一
貞松 三・五
澂秋 五～六
周金 二・五〇・四～二・五一・一
小校 二・六八・四～六九・一
大系 二三二
山東存杞 一
出土 道光、光緒間山東新泰縣出土
(山東存)
流傳 陳承裘舊藏
現藏 北京故宮博物院
來源 考古研究所拓
備注 故宮博物院人員云銘有剔損

〇二四九五 杞伯每匕鼎
字數 一四(又重文二)
時代 春秋早期
著録 總集 一〇五五・二
三代 三・三三・三
攈古 二・二・二四
愙齋 五・一九
奇觚 一・二四
周金 二・五〇・三
簠齋 一鼎 一七
小校 二・六九・二
大系 二三二
山東存杞 一
日精華 四・三一五
彙編 五・三六二
綜覽・鼎 三六二
出土 道光、光緒年間山東新泰縣出土
(山東存)
流傳 陳介祺舊藏
現藏 日本京都小川睦之輔氏
來源 考古研究所藏

〇二四九六 內大子白鼎
字數 一三
時代 西周晚期或春秋早期
著録 西清 一一・二四
流傳 清宮舊藏
現藏 天津市藝術博物館
來源 陳邦懷先生藏

〇二四九七 黃君孟鼎
字數 一三
時代 春秋早期
著録 考古 一九八四年四期三二〇頁
圖一〇
辭典 六一六
青全 七・七八
出土 河南光山縣寶相寺上官崗磚瓦廠
一號墓(G一:A一)
現藏 信陽地區文物管理委員會
來源 考古編輯部檔案

〇二四九八 鄬子蒷臺鼎
字數 一三(器蓋同銘)
時代 春秋晚期或戰國早期
著録 總集 一〇三〇
録遺 八〇
現藏 旅順博物館(失蓋)
來源 一、陳邦懷先生藏;二、考古研
究所拓
備注 臺字或釋夷

〇二四九九 𠭯父丁鼎(彥鼎)
字數 存一三(又合文二)
時代 西周早期
著録 總集 一〇一一
三代 三・二六・四
攈古 二・二・二
綴遺 四・八・一
續殷上 二四・二
流傳 劉鏡古舊藏(攈古録)
來源 唐蘭先生藏

〇二五〇〇 伯廜父鼎
字數 存一三
時代 西周
著録 總集 一〇四二
録遺 八一
來源 陳邦懷先生藏

〇二五〇一 𤔲工殘鼎
字數 存一三
時代 西周晚期
著録 考古與文物 一九八〇年四期二二
頁圖二・一
出土 一九七三年陝西扶風縣太白公社
長命寺大隊早楊生產隊窖藏
現藏 扶風縣博物館
來源 扶風縣博物館提供

〇二五〇二 圅君鼎(包君鼎)
字數 存一三
時代 春秋早期
著録 總集 〇九七九
三代 三・二二・八
積古 四・四・一
攈古 二・二・一
奇觚 一六・四・二
周金 二・五四・一
小校 二・六四・三
流傳 阮元舊藏
來源 考古研究所藏僧達受手拓本

〇二五〇三 𤇈子旅鼎
字數 一四

時代 西周早期
著録 總集 一〇三三
三代 三・二九・三
善齋 二・五九
小校 二・六五・四
銘文選 三八一
流傳 劉體智舊藏
現藏 上海博物館
來源 考古研究所藏

〇二五〇四 作册岀鼎
字數 一四
時代 西周早期
著録 總集 一〇三七
三代 三・三〇・三
銘文選 五六
來源 考古研究所藏

〇二五〇五 圉方鼎
字數 一四（器蓋同銘）
時代 西周早期
著録 銘文選 一二七（蓋）
琉璃河 一一〇頁圖七三D
辭典 二九五
青全 六・七
出土 一九七五年北京房山縣琉璃河黄土坡西周墓（M二五三：一一）
現藏 首都博物館
來源 考古研究所拓

〇二五〇六 ⿱罒㬎作且乙鼎
字數 一四
時代 西周早期
著録 總集 一〇二九
三代 三・二九・一
綴遺 四・六・一
陶齋 一・二六
續殷上 二四・三
小校 二・六四・四
流傳 器見於上海（綴遺），端方舊藏
來源 考古研究所藏

〇二五〇七 復鼎
字數 一四（又合文一）
時代 西周早期
著録 總集 一〇五八
銘文選 〇五一
琉璃河 一〇二頁圖七一B
綜覽・鼎 一四四
出土 一九七四年北京房山縣琉璃河西周墓（M五二：一五）
現藏 首都博物館
來源 考古研究所拓

〇二五〇八 伯考父鼎
字數 一四（又重文一）
時代 西周晚期
著録 總集 一〇五三
三代 三・三一・四
貞松 三・六
周金 二補七
希古 二・一五・三
小校 二・六六・三
來源 考古研究所藏

〇二五〇九 屯鼎
字數 一四
時代 西周中期
著録 總集 一〇一八
三代 三・二七・一
貞續上 二三・一
小校 二・六三・二
善齋 二・五七
善彝 二四
故圖下下 七五
周録 四三
流傳 劉體智舊藏
現藏 臺北故宫博物院
來源 考古研究所藏

〇二五一〇 屯鼎
字數 一四
時代 西周中期
著録 總集 一〇一九
三代 三・二七・二
貞續上 二三・二
小校 二・六三・三
善齋 二・五八
善彝 二五
故圖下下 七六
彙編 六・四一二
綜覽・鼎 二四〇
周録 四四
流傳 劉體智舊藏
現藏 臺北故宫博物院
來源 考古研究所藏

〇二五一一 叔奔父鼎
字數 一四
時代 西周晚期
著録 總集 一〇四〇
三代 三・三一・一
攈古 二・二・二
周金 二・五三・四
小校 二・六五・二
出土 見于長安（攈古録）
流傳 徐乃昌舊藏（小校）
來源 唐蘭先生藏

〇二五一二 吉父鼎
字數 一四（又重文一）
時代 西周晚期
著録 考古與文物 一九八〇年四期一三頁圖八・三
出土 一九四〇年今陝西扶風縣法門公社任村西周銅器窖藏出土，同出善夫吉父組、梁其組銅器百餘件
現藏 上海博物館
來源 上海博物館提供

〇二五一三 伯筍父鼎
字數 一四（又重文一）
時代 西周晚期或春秋早期
著録 總集 一〇五一
三代 三・三一・二
西清 二・二五
故宫 一期
貞松 三・六
通考 七七
故圖下上 四三
綜覽・鼎 三三四
周録 八六
流傳 清宫舊藏
現藏 臺北故宫博物院
來源 陳邦懷先生藏

〇二五一四 伯筍父鼎
字數 一四（又重文二）
時代 西周晚期或春秋早期
著録 總集 一〇五〇
三代 三・三一・三
來源 三代

〇二五一五 史宜父鼎
字數 一四（又重文二）
時代 西周晚期
著録 總集 一〇三六
三代 三・三〇・一

現藏 北京故宮博物院
來源 考古研究所拓

〇二五一六 紟娟鼎(會娟鼎)
字數 一四(又重文一)
時代 西周晚期
著録 總集 一〇五七
文物 一九七三年一一期七九頁圖五
銘文選 四七七
出土 一九七二年陝西寶鷄市康家村
現藏 扶風縣博物館
來源 扶風縣博物館提供
備注 原考古簡報以爲此與函皇父器群同出，後經掩埋保藏者

〇二五一七 內子仲□鼎
字數 一四(又重文二)
時代 西周晚期或春秋早期
著録 總集 一〇八六
三代 三·三九·二
清愛 三
攈古 二·二·三八
敬吾上 二七·四~五
周金 二·四九·二
小校 二·七一·一
銘文選 九〇四
上海(二〇〇四) 四三九
流傳 此鼎道光初元劉燕庭喜海官閩，以重金購置(小校，翁大年跋)、後歸葉志詵(敬吾)
現藏 上海博物館
來源 陳邦懷先生藏

〇二五一八 蔡生鼎
字數 一四(又重文二)
時代 西周晚期
著録 博古 三·二七
薛氏 八三
嘯堂 一八
來源 嘯堂

〇二五一九 君季鼎
字數 存一四
時代 西周晚期或春秋早期
著録 薛氏 八四·三
流傳 李成季舊藏
來源 薛氏

〇二五二〇 鄭戒句父鼎
字數 一四(又重文二)
時代 春秋早期
著録 總集 一〇七四
大系 二〇〇
來源 考古研究所藏猗文閣拓本
備注 器形爲匜鼎

〇二五二一 雍作母乙鼎
字數 一四(又重文一)
時代 西周晚期或春秋早期
著録 總集 一〇四八
三代 三·三一·四
貞松 三·四
故宮 四期
故圖下上 五一
綜覽·鼎 三四八
周録 九一
流傳 清宮舊藏
現藏 臺北故宮博物院
來源 考古研究所藏

〇二五二二 武生鼎
字數 一四(又重文二)
時代 春秋早期
著録 總集 一〇六四
三代 三·三五·三
周金 二·五二·四
貞松 三·八
善齋 二·六二
善彝 三三
小校 二·六八·三
流傳 盛昱、王辰、劉體智舊藏
現藏 上海博物館
來源 考古研究所藏

〇二五二三 武生鼎
字數 一四(又重文二)
時代 春秋早期
著録 總集 一〇六五
三代 三·三五·四
貞松 三·八·一
周金 二·五二·三
希古 二·一四·二
善齋 二·六一·二
小校 二·六八·二
善彝 三三
綜覽·鼎 三三五
流傳 盛昱、王辰、劉體智舊藏
現藏 上海博物館
來源 考古研究所藏

〇二五二四 ⿱宀朋□生鼎(寶弁生鼎)
字數 一四
時代 春秋早期
著録 總集 一〇四四
山東選 四二頁圖九七
綜覽·鼎 三〇七
出土 山東棲霞縣桃莊
現藏 棲霞縣文物管理所
來源 陳邦懷先生藏

〇二五二五 郳伯御戎鼎
字數 一四(又重文二)
時代 春秋晚期
著録 總集 一〇七一
三代 三·三七·一
攈古 二·二·二四
大系 二二二
山東存郳 一
銘文選 四九二
流傳 劉鏡古舊藏(攈古録)
來源 陳邦懷先生藏

〇二五二六 鮇冶妊鼎
字數 一四(又重文二)
時代 春秋早期
著録 總集 一〇六六
三代 三·三六·一
積古 四·九
金索 一·三三
古文審 二·一一
攈古 二·二·二三
夢郼上 一一
周金 二·五二·一
小校 二·七〇·四
大系 二八〇
通考 八〇
銘文選 九〇八
綜覽·鼎 三三五
流傳 費念慈、羅振玉舊藏(羅表)
來源 考古研究所藏

〇二五二七 卅年鼎(卅年安令癰鼎)
字數 一四(又合文一，器脣及器身一四字同銘)
時代 戰國晚期
著録 總集 一〇四三
小校 二·九八·一

錄遺 五二二

來源 錄遺

備注 拓本字多不清，小校作鼎，錄遺作釜，此據小校作鼎處理

〇二五二八 㠱□仲方鼎

字數 存一四

時代 西周早期

著録 總集 一〇四一
三代 三・三一・二
貞松 三・三・二
善彝 四一
善齋 三・一〇
小校 二・六五・三
故圖上下 三九
周録 一〇

流傳 劉體智舊藏

現藏 臺北故宮博物院

來源 三代

備注 歐遺八一爲另一同銘方鼎

〇二五二九 仲再父鼎

字數 存一四（又重文一）

時代 西周晚期

著録 中原文物 一九八四年四期一三頁圖一・五

出土 一九八〇年河南南陽郊委磚瓦廠

現藏 南陽市博物館

來源 南陽市博物館提供

備注 據同出之仲再父簋知此鼎亦爲仲再父所作

〇二五三〇 王子中𢉩鼎（秦王子鼎）

字數 存一四

時代 戰國

著録 小校 二・五七・六～七
善齋 二八・一一

現藏 上海博物館

來源 上海博物館提供

〇二五三一 雍伯鼎（雝白鼎）

字數 一五

時代 西周早期

著録 總集 一〇四七
三代 三・三一・三
周金 二補
夢郼上 一〇
小校 二・六六・四
銘文選 一三二

流傳 盛昱、羅振玉舊藏（羅表）

來源 考古研究所藏

〇二五三二 乃䊍子鼎

字數 一五

時代 西周早期

著録 西清 二・三三

流傳 清宮舊藏

現藏 北京故宮博物院

來源 考古研究所拓

〇二五三三 仲𣅀父鼎（仲涿父鼎）

字數 一五（又重文二）

時代 西周中期

著録 總集 一〇九九
文物 一九七六年五期四三頁圖二六
陝青 一・一八六
三代補 九三二

出土 一九七五年陝西岐山縣董家村西周窖藏

現藏 岐山縣博物館

來源 岐山縣博物館提供

〇二五三四 犀伯魚父鼎

字數 一五（又重文二）

時代 西周

著録 總集 一〇七八
三代 三・三七・四
攈古 二・二・三六
愙齋 五・一六・二
簠齋 一鼎六
奇觚 一・二五
從古 一三・一三・一
周金 二・四九・四
小校 二・七三・三

流傳 陳介祺舊藏

來源 考古研究所藏

〇二五三五 伯𢈔父鼎

字數 一五（又重文二）

時代 西周

著録 總集 一〇九七
小校 二・七四・四

來源 小校

〇二五三六 鄭登伯鼎

字數 一五（又重文二）

時代 西周晚期

著録 總集 一〇九三
錄遺 八六
彙編 五・三七六
銘文選 四五九

現藏 北京故宮博物院

來源 考古研究所拓

〇二五三七 静叔鼎（静叔作旅鼎）

字數 一五

時代 西周早期

著録 總集 一〇四九
三代 三・三二・一
貞松 三・四
希古 二・一四

來源 考古研究所藏

〇二五三八 伯冋鼎（伯尚鼎）

字數 一五（又重文二）

時代 西周晚期

著録 總集 一一〇〇
文物 一九七九年一一期一四頁圖五
陝青 三・七

出土 一九七八年陝西岐山縣京當公社鳳雛村西周窖藏

現藏 周原岐山文物管理所

來源 周原岐山文物管理所提供

〇二五三九 [illegible]鼎（圓寶鼎二）

字數 一五（又重文二）

時代 西周晚期

著録 薛氏 八五・二

出土 湖北安陸之孝感

來源 薛氏

〇二五四〇 [illegible]鼎（圓寶鼎一）

字數 一五（又重文二）

時代 西周晚期

著録 薛氏 八五・一

出土 湖北安陸之孝感

來源 薛氏

〇二五四一 仲義父鼎

字數 一五（又重文二）

時代 西周晚期

著録 總集 一〇八〇
三代 三・三八・一
貞松 三・九・一
希古 二・一七・二
小校 二・七二・三

出土 光緒中葉扶風縣法門寺出土

流傳 劉鶚舊藏（貞松

現藏 上海博物館
來源 考古研究所藏
備注 仲義父鼎一五字者五器，可能是一組列鼎，另有六字者七器，可能是另一組列鼎

〇二五四二 仲義父鼎
字數 一五（又重文二）
時代 西周晚期
著録 總集 一〇八四
三代 三・三八・四
貞松 三・九・三
周金 二補
小校 二・七一・三
出土 同上
現藏 上海博物館
來源 考古研究所藏

〇二五四三 仲義父鼎
字數 一五（又重文二）
時代 西周晚期
著録 總集 一〇八一
三代 三・三八・二
貞松 三・九・二
希古 二・一七・一
貞圖上 二二
小校 二・七二・五
出土 同上
流傳 羅振玉舊藏
現藏 北京故宮博物院
來源 考古研究所藏

〇二五四四 仲義父鼎
字數 一五（又重文二）
時代 西周晚期
著録 總集 一〇八三
三代 三・三九・一
美集録 R 四一五
陶齋 一・三〇
周金 二・四九・一
小校 二・七二・四
支美 一
彙編 五・三三五
三代補 四一五
綜覽・鼎 三〇八
出土 同上
流傳 端方舊藏
現藏 曾藏紐約古董商魏格處（美集録）
來源 考古研究所藏

〇二五四五 仲義父鼎
字數 一五（又重文二）
時代 西周晚期
著録 總集 一〇八二
三代 三・三八・三
希古 二・一六・三
出土 同上
來源 考古研究所藏
備注 此器容庚疑僞。善齋二・六四、小校二・七二・二是一拓本，據善齋二・六四圖，必僞無疑。三代三・三八・三、希古二・一六・三是另一拓本，前者或仿此而僞作

〇二五四六 輔伯雁父鼎
字數 一五（又重文一）
時代 西周晚期
著録 總集 一〇六〇
三代 三・三四・四
貞松 三・七
周金 二補
希古 二・一六・一
小校 二・六九・三～四
流傳 王懿榮舊藏（羅表）
現藏 北京故宮博物院
來源 考古研究所拓
備注 小校二・六九・三～四所謂鼎一、鼎二，疑是同一个拓本

〇二五四七 華季益鼎
字數 一五（又重文二）
時代 西周晚期
著録 未見
來源 唐蘭先生藏

〇二五四八 圅皇父鼎
字數 一五（又重文二）
時代 西周晚期
著録 總集 一〇九五
銘文選 四五〇乙
録遺 八二
陝圖 六二
斷代 一七七
三代補 八一〇
綜覽・鼎 三二一
出土 一九三三年陝西扶風縣康家村出土
現藏 陝西省博物館
來源 陝西省博物館提供
備注 録遺八二銘拓無下排三字

〇二五四九 [illegible]男鼎
字數 一五（又重文一）
時代 西周晚期
著録 考古與文物 一九八四年一期六六頁圖二
銘文選 四六六
出土 一九六七年陝西長安縣馬王村西周窖藏
現藏 西安市文物管理委員會
來源 西安市文物管理委員會提供

〇二五五〇 曾伯從寵鼎
字數 一五
時代 春秋早期
著録 總集 一〇五六
文物 一九六五年七期五三頁圖二
三代補 八八五
銘文選 四七六
流傳 一九六五年武漢市文物商店清理銅器時發現
現藏 武漢市文物管理處
來源 考古研究所拓

〇二五五一 褱鼎
字數 一五（器蓋同銘）
時代 春秋中晚期
著録 總集 一〇五二
三代 三・三三・一～二
愙齋 五・一九～二〇
周金 二・五三・三
小校 二・六七・一
通考 九〇
上海（二〇〇四） 五五六
流傳 吳雲、潘祖蔭舊藏（愙齋、羅表）
現藏 上海博物館
來源 考古研究所藏

〇二五五二 師麻[illegible]叔鼎
字數 一五（又重文二）
時代 春秋
著録 總集 一〇八八
三代 三・四〇・二
貞松 三・一〇・二
周金 二・五〇・二
小校 二・七四・三
希古 二・一六・二

出土 清同治末年與一簋一甗同出于陝西鳳翔(文參一九五一年八期二一〇頁王獻唐文)
流傳 丁麟年舊藏
現藏 山東省博物館
來源 考古研究所藏
備注 銘文有剔損，容庚曾疑僞

〇二五五三 雁公鼎
字數 一六
時代 西周早期
著録 總集 一〇六九
三代 三・三六・二
古文審 二・一〇
攈古 二・二・二五
綴遺 四・二三
周金 二補
小校 二・七〇・三
彙編 五・三六一
銘文選 一四六
薩克勒(西周) 四
流傳 長山袁理堂舊藏(攈古録)
現藏 美國華盛頓薩克勒美術館
來源 考古研究所藏

〇二五五四 雁公鼎
字數 一六
時代 西周早期
著録 總集 一〇六七
三代 三・三六・三
筠清 四・一四
攈古 二・二・二五
從古 八・六
綴遺 四・二三・一
敬吾上 二六前
周金 二・五一・二
小校 二・七〇・一
蔭軒 一・一五
流傳 瞿世瑛舊藏(筠清)，後歸李蔭軒
現藏 上海博物館
來源 考古研究所藏

〇二五五五 旂鼎(旂作父戊鼎)
字數 一六
時代 西周早期
著録 總集 一〇五九
三代 三・三四・三
愙齋 三・一二・二
殷存上 七・六
小校 二・六八・一
流傳 李山農舊藏(羅表)
來源 考古研究所藏

〇二五五六 小臣𧻚鼎
字數 一六(又合文一)
時代 西周早期
著録 總集 一〇九二
録遺 八五
斷代 二二
銘文選 三八
來源 録遺
備注 〇二五五六B 爲斷代所用摹本

〇二五五七 師[illegible]鼎
字數 一六(又重文二)
時代 西周中期
著録 總集 一一〇九
三代 三・四二・二
小校 二・八〇・二
愙齋 六・一二
周金 二・四七・一
流傳 李山農舊藏(羅表)
來源 考古研究所藏

〇二五五八 師賸父鼎
字數 一六(又重文二)
時代 西周中期
著録 總集 一一〇八
考古與文物 一九八二年一期一〇八頁圖三
陝青 四・一九六
出土 一九七六年陝西勉縣老道寺
現藏 漢中市博物館
來源 漢中市博物館提供

〇二五五九 雍伯原鼎
字數 一六(又重文二)
時代 西周晚期
著録 總集 一一一〇
三代 三・四二・三
小校 二・八〇・三
希古 二・一八・二
貞松 三・一二
銘文選 四六三
流傳 「往歲見之都肆」(貞松)
現藏 中國歷史博物館
來源 考古研究所拓

〇二五六〇 王伯姜鼎
字數 一六
時代 西周晚期
著録 總集 一〇七六
銘文選 五七七
考古與文物 一九八二年二期八頁圖二・一
出土 一九七八年陝西岐山縣吴家莊
現藏 岐山縣博物館
來源 考古與文物編輯部提供

〇二五六一 善夫伯辛父鼎
字數 一六(又重文一)
時代 西周晚期
著録 總集 一〇九八
文物 一九七六年五期四一頁圖一九
陝青 一・一八八
三代補 九三四
綜覽・鼎 三一三
出土 一九七五年陝西岐山縣董家村西周窖藏
現藏 岐山縣博物館
來源 岐山縣博物館提供

〇二五六二 叔姬鼎
字數 一六
時代 西周晚期
著録 復齋 一〇
積古 四・一七
攈古 二・二・二三
流傳 梁伯謨舊藏(復齋)
來源 復齋
備注 積古據復齋、攈古據積古摹入

〇二五六三 曾者子鼎
字數 一六(又重文一)
時代 春秋早期
著録 總集 一〇八五
三代 三・三九・三
攈古 二・二・三七
敬吾上 四〇
雙王 九
周金 二補
善齋 二・六三
小校 二・七四・二
善彝 三四
山東存曾 七
故圖下下 七八

流傳 銘文選 六九〇
程洪溥、盛昱、劉體智舊藏（木
庵藏器目、周金、善齋）
現藏 臺北故宮博物院
來源 考古研究所藏

〇二五六四 曾仲子敔鼎
字數 一六
時代 春秋早期
著録 總集 一〇七七
文物 一九八二年九期八四頁圖三
出土 一九七九年湖北襄樊市文管處從
廢品回收公司收集
現藏 襄樊市文物管理處
來源 考古研究所拓

〇二五六五 黄季鼎
字數 一六
時代 春秋早期
著録 總集 一〇七五
文物 一九七三年五期二一頁圖二
三代補 八九四
綜覽・鼎 三四〇
銘文選 六二六
辭典 六一四
青全 七・七七
出土 一九七二年湖北隨縣均川區熊家
老灣
現藏 湖北省博物館
來源 考古研究所拓

〇二五六六 黄子鼎
字數 一六
時代 春秋早期
著録 考古 一九八四年四期三二九頁圖
二〇・二
出土 一九八三年河南光山縣寶相寺上
官崗磚瓦廠春秋墓葬（G二：A二）
現藏 信陽地區文物管理委員會
來源 信陽地區文物管理委員會提供

〇二五六七 黄子鼎
字數 一四
時代 春秋早期
著録 考古 一九八四年四期三二九頁
圖二〇・一
辭典 六一七
青全 七・七九
出土 一九八三年河南光山縣寶相寺上
官崗磚瓦廠春秋墓葬（G二：A一）
現藏 信陽地區文物管理委員會
來源 信陽地區文物管理委員會提供

〇二五六八 鑄叔作嬴氏鼎
字數 一六
時代 春秋早期
著録 未見
來源 傳大卣同志藏

〇二五六九 ⿸疒余鼎（⿰爿余鼎）
字數 一六（又重文一）
時代 春秋早期
著録 總集 一〇七二
三代 三・三七・二
周金 二補
貞續上 二三・三
來源 考古研究所藏

〇二五七〇 ⿰礻旦鼎
字數 一六（又重文一）
時代 春秋早期
著録 總集 一〇六二
三代 三・三五・二
貞松 三・七・一
希古 二・一八・一
彙編 五・三五八
出土 近年出土（貞松）
流傳 同出者盤一、鬲二、鍑二、鼎
與盤，鬲曾歸于貞松堂，鍑不知
何適（貞松）
現藏 加拿大多倫多安大略博物館（彙
編）
來源 考古研究所藏

〇二五七一 ⿰礻旦鼎
字數 一六（又重文一）
時代 春秋早期
著録 未見
現藏 上海博物館
來源 上海博物館提供

〇二五七二 交君子鼎
字數 一六
時代 西周晚期
著録 總集 一〇六一
三代 三・三五・一
周金 二補
貞松 三・三・一
希古 二・一五・一
小校 二・六七・二
流傳 邱崧生、劉鶚舊藏（貞松）
來源 三代

〇二五七三 鄧公乘鼎
字數 一六（器蓋同铭）
時代 春秋早期
著録 總集 一〇六三
江漢考古 一九八三年一期五三頁
圖五～六
銘文選 七七二
辭典 六二二
青全 一〇・二
出土 湖北襄陽山灣楚墓
現藏 湖北省博物館
來源 考古研究所拓

〇二五七四 鄆孝子鼎
字數 一六（器蓋同铭）
時代 戰國中期
著録 總集 一〇七〇
三代 三・三六・五（蓋）、三・
三六・四（器）
銘文選 九〇三
貞補上 一〇・三
十二架 二一～二二
通考 一〇六
小校 二・六七・三
故青 二七〇
流傳 商承祚舊藏
現藏 北京故宮博物院
來源 考古研究所拓

〇二五七五 事□鼎（白鼎、事晨鼎）
字數 存一六
時代 西周早期
著録 總集 一〇七三
録遺 八三
小校 二・六六・二
來源 考古研究所藏

〇二五七六 平宮鼎
字數 一六
時代 戰國
著録 未見
現藏 上海博物館
來源 上海博物館提供

〇二五七七 十七年平陰鼎蓋
字數 一六（又合文二）
時代 戰國

著録 未見
現藏 浙江省博物館
來源 浙江省博物館提供

〇二五七八 嫼作父庚鼎（商嫼鼎、商娉鼎）
字數 一七
時代 殷或西周早期
著録 總集 〇八八一
陝圖 七一
綜覽・鼎 一六六
辭典 〇二二
青全 四・一二
出土 抗日戰爭前陝西扶風任家村與伯鮮、梁其諸器同出（考古 一九六二年一期三七頁）
流傳 一九五二年歸陝西省博物館
現藏 陝西省博物館
來源 陝圖
備注 七字鑄，一〇字刻

〇二五七九 [illegible]方鼎（周婦鼎、[illegible]鼎、婺盠、女婺鼎）
字數 一七（又合文一）
時代 殷或西周早期
著録 總集 一〇八九
三代 三・四〇・三
西甲 一・七
貞松 三・一二・三
小校 二・七三・五
善齋 三・九
善彝 四二
續殷上 二四・五
通考 一三七
綜覽・鼎 五四
流傳 清宮舊藏，後歸溥倫（羅表），復歸劉體智
現藏 上海博物館
來源 考古研究所藏

〇二五八〇 伯蔑父鼎
字數 一七（又合文一、重文二）
時代 西周
著録 未見
現藏 上海博物館
來源 上海博物館提供

〇二五八一 小臣逋鼎
字數 一七
時代 西周早期
著録 録遺 八四（照片）
斷代 二八（照片）
銘文選 一九四
流傳 一九四九年前後清華大學購于北京廠肆
現藏 北京清華大學圖書館
來源 考古研究所拓、照、摹

〇二五八二 辛中姬皇母鼎（辛中姬鼎）
字數 一七（又重文一）
時代 西周晚期
著録 總集 一一〇四
三代 三・四一・二
貞松 三・一二
希古 二・一八・三
現藏 蘇州市博物館
來源 蘇州市博物館提供

〇二五八三 辛中姬皇母鼎
字數 存一〇
時代 西周晚期
著録 西清 二・三〇
流傳 清宮舊藏
現藏 北京故宮博物院
來源 考古研究所拓

〇二五八四 伯夏父鼎
字數 一七（又重文二）
時代 西周晚期
著録 總集 一一一三
陝青 三・五
出土 一九七四年陝西岐山縣賀家村西周窖藏
現藏 陝西省文物管理委員會
來源 陝青

〇二五八五 [illegible]季鼎（鼂季鼎、[illegible]季作嬴氏行鼎）
字數 一七（又重文一）
時代 西周晚期
著録 總集 一一〇五
三代 三・四一・三
貞松 三・一一
武英 二四
小校 二・八〇・一
藝展 一六
通考 七九
故圖下下 八七
綜覽・鼎 三三三
青全 七・一二六
周録 九五
流傳 承德避暑山莊舊藏
現藏 臺北故宮博物院
來源 考古研究所藏

〇二五八六 齊夼史喜鼎
字數 一七（又重文二）
時代 西周晚期
著録 博古 三・二〇
薛氏 八六・二
嘯堂 一六
來源 嘯堂

〇二五八七 鑄子叔黑臣鼎
字數 一七
時代 春秋早期
著録 總集 一〇八七
三代 三・四〇・一
周金 二・四八・二
貞松 三・一〇
希古 二・一七・三
小校 二・七三・一
山東存鑄 二
出土 光緒初青州出土，同出者有數簠，不知尚有他器否（貞松）
來源 考古研究所藏

〇二五八八 趞亥鼎（宋公鼎、宋糟公鼎）
字數 一七（又重文二）
時代 春秋中期
著録 總集 一一一八
三代 三・四四・三
長安 一・一一
攈古 二・二・六七
愙齋 五・一五・二
敬吾上 三〇
周金 二・四五・二
大系 二〇五
小校 二・八一・四
銘文選 七八八
上海（二〇〇四）四八五
流傳 陳介祺、劉喜海舊藏（攈古、長安）
來源 考古研究所藏移林館金文拓本

〇二五八九 弗奴父鼎（弗敏父鼎）

字數 一七
時代 春秋早期
著録 總集 一〇九六
銘文選 八二〇
文物 一九七四年一期七六頁圖二・一
三代補 九九八
辭典 六一三
綜覽・鼎 三四二
青全 九・七九
出土 一九七二年山東鄒縣邾國城址出土
現藏 鄒縣文物管理所
來源 考古研究所拓

〇二五九〇 十三年上官鼎
字數 一七
時代 戰國晚期
著録 總集 一〇九〇
三代 三・四〇・四
窓齋 六・二〇
陶齋 五・一〇
周金 二・四七・二
小校 二・七五・二
尊古 三・四九
流傳 許延暄、端方舊藏(羅表)
現藏 北京故宮博物院
來源 考古研究所拓

〇二五九一 □□辛兩鼎(寶鼎、□□辛鼎)
字數 一七(又重文二)
時代 春秋早期
著録 總集 一一一一
三代 三・四二・四
周金 二・四四・二
貞松 三・一一・二
希古 二・二一・一
小校 二・七八・三
流傳 潘祖蔭舊藏(貞松)
現藏 中國歷史博物館
來源 考古研究所拓
備注 此器銘文「颠倒相間，草率多不辨」(貞松)

〇二五九二 魯大左嗣徒元鼎
字數 存一七
時代 春秋早期
著録 總集 一〇九四
録遺 八七
銘文選 八一七
出土 傳一九三二年曲阜林前村出魯大司徒元所作豆、簠等器，未知此鼎是否屬于該組
來源 陳邦懷先生藏

〇二五九三 魯大左嗣徒元鼎
字數 一八(内一字殘泐)
時代 春秋早期
著録 銘文選 八一六
現藏 上海博物館
來源 上海博物館提供

〇二五九四 戊寅作父丁方鼎
字數 一八
時代 殷
著録 總集 一一〇一
三代 三・三七・三
積古 一・一〇
攈古 二・二・五六
從古 一〇・一〇
奇觚 一六・六
殷存上 七・七
流傳 阮元舊藏
來源 三代

〇二五九五 臣卿鼎(臣卿作父乙鼎)
字數 一八
時代 西周早期
著録 總集 一一〇三
三代 三・四一・一
攈古 二・二・五九
綴遺 三・二一
澂秋 四
小校 二・七七・二
斷代 三七
銘文選 一二九
流傳 吳式芬、陳承裘舊藏
現藏 天津市歷史博物館
來源 考古研究所藏
備注 窓齋將毁銘誤爲鼎(一)

〇二五九六 叔碩父鼎(新宮叔碩父鼎)
字數 一八(又重文二)
時代 西周中期
著録 筠清 四・一〇
攈古 二・二・七九
來源 考古研究所藏猗文閣拓本
備注 此器過去僅見摹本，猗文閣所收拓本甚爲可貴

〇二五九七 伯郄父鼎(伯郄父鼎)
字數 一八
時代 西周晚期
著録 總集 一一一六
博古 三・一三
薛氏 八四・一
嘯堂 一五
大系 二六七
銘文選 五〇五
來源 嘯堂

〇二五九八 小子□鼎(寒姒鼎)
字數 一八(又重文一、合文一)
時代 西周晚期
著録 總集 一一二九
三代 三・四七・二
攈古 二・二・八〇
從古 一三・一五・一
澂秋 七
小校 二・八三・一
流傳 陳介祺、蘇兆年、陳承裘舊藏(攈古、澂秋)
來源 考古研究所藏猗文閣拓本

〇二五九九 鄭號仲鼎
字數 一八(又重文一)
時代 西周晚期
著録 小校 二・八一・三
希古 二・一九
銘文選 四五七
上海(二〇〇四)三六七
流傳 潘祖蔭舊藏(希古)
現藏 上海博物館
來源 考古研究所藏猗文閣拓本

〇二六〇〇 吳王姬鼎
字數 一八(又重文二)
時代 西周晚期
著録 周金 二補一七
小校 二・八五・一
吳越 三六
現藏 西安市文物管理委員會
來源 考古研究所拓

〇二六〇一 邿伯鼎(周孟姬鼎)
字數 一八(又重文二)

時代　春秋早期
著録　總集一一三三
三代三・四六・一～二
西乙一・四七
積古四・一四
攈古二・二・五八
寶蘊二五
希古二・二一・二
大系二三四
山東存邿一
倫敦二四・八八
藝展一八
故圖下下八二
銘文選八三八
綜覽・鼎三五八
周録八七
流傳　瀋陽故宮舊藏
現藏　臺北故宮博物院
來源　考古研究所藏

〇二六〇二　邿伯祁鼎（邿伯祀鼎、邿伯鼎）
字數　一八（又重文一、合文一）
時代　春秋早期
著録　總集一一三二
三代三・四九・一～二
小校二・八四
貞松三・一五
周金二・四二・一
大系二三四
山東存邿一
希古二・二二
銘文選八三七
綜覽・鼎三五九
流傳　李香巖、倪雨田舊藏（貞松、周金）

現藏　北京故宮博物院
來源　考古研究所拓

〇二六〇三　□子丙車鼎（奚子宿車鼎）
字數　一八（蓋一六、器一八）
時代　春秋早期
著録　中原文物一九八一年四期一九頁圖二・一～二
青全七・九四
出土　一九七五年河南羅山縣高店春秋墓葬
現藏　羅山縣文化館
來源　信陽地區文物管理委員會提供
備注　丙即㐁，爲蓆之象形

〇二六〇四　□子丙車鼎（奚子宿車鼎）
字數　一八（蓋一六、器一八）
時代　春秋早期
著録　未見
出土　一九七五年河南羅山縣高店春秋墓葬
現藏　羅山縣文化館
來源　信陽地區文物管理委員會提供

〇二六〇五　鄦大邑魯生鼎（魯生鼎、壽母鼎）
字數　一八
時代　春秋早期
著録　總集一一〇二
三代三・三九・四
愙齋五・一八
周金二・四八・三
小校二・七五・一
大系一九九
銘文選六〇九

上海（二〇〇四）四四〇
流傳　潘祖蔭、許延暄舊藏（羅表）
現藏　上海博物館
來源　考古研究所藏

〇二六〇六　曾孫無娸鼎（曾孫無錤鼎）
字數　一八
時代　春秋晚期
著録　總集一一〇六
三代三・四一・四
貞松三・一三
善齋二・六七
小校二・七五・三
善彝三七
故圖下下九三
流傳　劉體智舊藏
現藏　臺北故宮博物院
來源　考古研究所藏

〇二六〇七　乙鼎（七月丁亥鼎、乙彝）
字數　一八
時代　春秋晚期
著録　總集二五一二
三代六・四八・二
攈古二・二・六〇
筠清五・一二
奇觚一七・一五
現藏　北京故宮博物院
來源　考古研究所拓
備注　三代誤訂爲彝

〇二六〇八　十一年庫嗇夫鼎
字數　一八
時代　戰國晚期
著録　總集一一一二

三代三・四三・一
貞續上二四・一
貞圖上二三
流傳　羅振玉舊藏
來源　考古研究所藏

〇二六〇九　廿七年大梁司寇鼎（廿七年肖亡智鼎）
字數　一八
時代　戰國晚期
著録　總集一一一三
三代三・四三・二
攈古二・二・五七
筠清五・五三・一～二
周金二・四六・一
小校二・七九・一～二
旅順三四
流傳　李璋煜、王錫棨、吴大澂舊藏（筠清、選青閣藏器目、攈古、周金）
現藏　旅順博物館
來源　考古研究所拓
備注　筠清館訂爲漢器，誤

〇二六一〇　廿七年大梁司寇鼎
字數　二〇
時代　戰國晚期
著録　總集一一一四
文物一九七二年六期二三頁圖六
銘文選九〇一
蔭軒一・六〇
上海（二〇〇四）五九九
流傳　潘祖蔭舊藏，後歸李蔭軒
現藏　上海博物館
來源　上海博物館提供

〇二六一一　卅五年鼎

字數 一八（器蓋同銘）
時代 戰國晚期
著録 故青 三〇一（蓋）
現藏 北京故宮博物院
來源 考古研究所拓

〇二六一二 玧方鼎（揚鼎、玧作父庚鼎）

字數 一九
時代 西周早期
著録 總集 一一二五
三代 三・四六・四
綴遺 四・四・二
貞松 三・一四
續殷上 二四・七
彙編 五・三一一
寶鼎 一〇六頁
綜覽・方鼎 四〇
流傳 金蘭坡舊藏（綴遺）
現藏 日本東京國立博物館（彙編）
來源 考古研究所藏

〇二六一三 玧方鼎（己亥方鼎）

字數 一八
時代 西周早期
著録 總集 一一二四
三代 三・四六・三
愙齋 五・一四・一
簠齋 一鼎一二
奇觚 一・二六・一
小校 二・七七・三
殷存上 七・八
綴遺 四・四・一
彙編 五・三一〇
銘文選 一三九
出土 簠齋藏古目鈐簠齋山左土物印記（分域）
流傳 陳介祺舊藏
現藏 上海博物館
來源 考古研究所藏

〇二六一四 曆方鼎

字數 一九
時代 西周早期
著録 總集 一一一九
三代 三・四五・一
攈古 二・二・六八
綴遺 四・一二
周金 二・四五・一
小校 二・八二・一
銘文選 三三二
上海（二〇〇四）二〇五
流傳 曹秋舫、沈仲復、徐问渠、長白張氏舊藏（懷米山房藏器目、綴遺、小校及考古所藏拓跋）
現藏 上海博物館
來源 考古研究所藏猗文閣拓本

〇二六一五 鳿叔鼎（唯叔鼎、唯叔鬲鼎、隹叔鼎）

字數 一九
時代 西周早期
著録 總集 一一二一A
銘文選 一〇五
薛氏 八四・二
復齋 二九
積古 四・一六～一七
攈古 二・二・六八
出土 畢良史少董得于盱眙榷場（復齋）
來源 薛氏
備注 薛氏云：「形制未傳，但得其銘于古器物銘耳，言鬲鼎，則謂鼎足中空，爾雅所謂款足曰鬲也。」又，積古據復齋，攈古據積古摹入

〇二六一六 衛鼎

字數 一九（又重文二）
時代 西周中期
著録 總集 一一四〇
考古 一九七四年一期二頁圖三・一
三代補 九一三
綜覽・鼎 二九四
出土 一九七三年陝西長安縣馬王村（三號鼎）
現藏 西安市文物管理委員會
來源 考古編輯部檔案

〇二六一七 番昶伯者君鼎

字數 一九
時代 春秋早期
著録 文物 一九八〇年一期四三頁圖四右
出土 一九七九年河南信陽縣楊河春秋墓葬（鼎Ⅱ）
現藏 信陽地區文物管理委員會
來源 信陽地區文物管理委員會提供

〇二六一八 番昶伯者君鼎

字數 一九
時代 春秋早期
著録 文物 一九八〇年一期四三頁圖四左
銘文選 六二二
青全 七・一〇九
出土 一九七九年河南信陽縣楊河春秋墓葬（鼎Ⅰ）
現藏 信陽地區文物管理委員會
來源 信陽地區文物管理委員會提供

〇二六一九 善夫旅伯鼎

字數 一九（又重文二）
時代 西周晚期
著録 總集 一一四一
文物 一九七六年五期三〇頁圖二二
三代補 九九三
陝青 一・一八七
出土 一九七五年陝西岐山縣董家村西周窖藏
現藏 岐山縣博物館
來源 岐山縣博物館提供
備注 同坑出土銅器三七件，有銘者三〇件

〇二六二〇 曾子仲謱鼎（曾子仲誨鼎）

字數 一九（又重文二）
時代 春秋早期
著録 總集 一一四三
考古 一九七五年四期二二三頁圖三・一
銘文選 四七三
出土 一九七二年湖北棗陽縣茶庵
現藏 襄陽地區博物館
來源 考古研究所拓

〇二六二一 [氵呆]伯鼎

字數 一九
時代 春秋
著録 總集 一一二〇
三代 三・四五・二
周金 二補
貞松 三・一三
希古 二・二〇

出土 此器近年出土，在都肆（希古）
流傳 劉體智舊藏（貞松）
來源 考古研究所藏

〇二六二二 昶伯鼎（昶伯鼎）
字數 一九（又重文二）
時代 西周晚期
著録 總集 一一二二
三代 三·四五·三
貞松 三·一四
希古 二·一九·二
出土 近年河南出土（貞松、羅表）
來源 唐蘭先生藏

〇二六二三 楚王酓肯鼎
字數 一九
時代 戰國晚期（楚考烈王 公元前二六二～前二三八年）
著録 總集 〇六五九·一
三代 三·四三·三～四四·二
小校 二·五九
大系 一八五
楚器 七頁右
藝展 一〇五
安徽金石 一·一一
故青 三一九
出土 一九三三年安徽壽縣朱家集
現藏 北京故宮博物館
來源 考古研究所拓
備注 安徽金石所摹銘文不全

〇二六二四 樊季氏孫仲鼎
字數 存一九（內四字殘泐，器蓋同銘）
時代 春秋晚期
著録 未見
現藏 上海博物館
來源 上海博物館提供

〇二六二五 豐作伯父丁鼎（豐作父丁鼎）
字數 存二〇（又合文一）
時代 西周早期
著録 總集 一一一七
三代 三·四四·三
陶齋 一·二五
小校 二·八一·二
續殷上 二四
流傳 端方舊藏
來源 考古研究所藏猗文閣拓本

〇二六二六 獻侯鼎（獻侯作丁侯鼎、成王鼎）
字數 二〇
時代 西周早期
著録 總集 一一三五
三代 三·五〇·二
寶藴 八
故圖下下 五二
西乙 一·六
貞松 三·一五
藝展 一一
大系 一五
彙編 五·二九六
斷代 三二
銘文選 二四
周録 六
綜覽·鬲鼎 八一
流傳 瀋陽故宮舊藏
現藏 臺北故宮博物院
來源 考古研究所藏

〇二六二七 獻侯鼎
字數 二〇（其中數字殘泐不清）
時代 西周早期
著録 總集 一一三六
三代 三·五〇·三
綴遺 三·二〇
敬吾上 二五後
流傳 金蘭坡舊藏（綴遺）
來源 三代

〇二六二八 匽侯旨鼎
字數 二〇（又合文一）
時代 西周早期
著録 總集 一一三七
三代 三·五〇·一
貞松 三·一六·一
大系 二六六
周金 二補二
海外吉 二
泉屋 二
彙編 五·二八九
銘文選 四四
綜覽·鬲鼎 九五
青全 六·三
泉屋博古 圖三拓五二
現藏 日本京都泉屋博古館
來源 考古研究所藏
備注 七字匽侯旨鼎爲北京城外出土（分域）

〇二六二九 舍父鼎（辛宮鼎）
字數 二〇（又重文二）
時代 西周早期
著録 總集 一一四五
三代 三·五一·四
周金 二·四二·二
貞松 三·一七
希古 二·二二·二
小校 二·八九·四
故青 一一〇
流傳 元和顧氏舊藏（周金）
現藏 北京故宮博物院
來源 考古研究所藏

〇二六三〇 伯陶鼎（伯陵鼎）
字數 二〇（又重文二）
時代 西周中期
著録 總集 一一三八
三代 三·五一·一
貞續上 二四·二
小校 二·八九·二
頌齋 二
故圖下下 七二
彙編 五·二八六
綜覽·鼎 二五八
周録 四八
出土 與作寶鼎同出于山西長子縣（頌齋）
流傳 廿一年秋，與伯陝鼎同購于大泉山房（頌齋「作寶鼎」釋文）
現藏 臺北故宮博物院
來源 考古研究所藏

〇二六三一 南公有嗣鼎（南公有司猷鼎）
字數 二〇（又重文一）
時代 西周晚期
著録 周金 二·四〇·三
小校 二·八九·一
善齋 二·七一·一
流傳 海鹽汪氏舊藏（周金）
現藏 上海博物館
來源 上海博物館提供

〇二六三二 □者生鼎
字數 二〇（又重文二）
時代 春秋

著録 總集 一一四七
三代 三・五二・二
小校 二・九〇・二
貞續上 二二
現藏 上海博物館
來源 上海博物館提供

〇二六三三 □者生鼎

字數 二〇（又重文二）
時代 春秋
著録 總集 一一四六
三代 三・五二・一
周金 二補
小校 二・九〇・一
貞松 三・一七
現藏 上海博物館
來源 考古研究所藏猗文閣拓本

〇二六三四 虢文公子㚤鼎

字數 二〇（又重文二）
時代 西周晚期
著録 故青 一八七
流傳 頤和園舊藏
現藏 北京故宮博物院
來源 考古研究所拓

〇二六三五 虢文公子㚤鼎

字數 二〇
時代 西周晚期
著録 總集 一一三〇
三代 三・四八・一
陶續 一・二〇
周金 二・四一・二
夢郼上 一三
小校 二・八七・二
大系 二八三
斷代 二一四

銘文選 四四八
綜覽・鼎 三四三
青全 六・一四〇
流傳 端方、羅振玉舊藏
現藏 旅順博物館
來源 考古研究所藏

〇二六三六 虢文公子㚤鼎

字數 二〇（又重文二）
時代 西周晚期
著録 總集 一一三一
三代 三・四八・二
攈古 二・三・一
奇觚 一六・一
懷米下 五
敬吾上 二五前
周金 二・四一・一
小校 二・八八・一
大系 二八二
彙編 五・二九七
綜覽・鼎 三四四
流傳 曹秋舫舊藏
現藏 法國巴黎賽爾諾什博物館（彙編）
來源 考古研究所藏

〇二六三七 虢宣公子白鼎

字數 二〇（又重文二）
時代 西周晚期
著録 總集 一一九九
録遺 九〇
斷代 二一六
青全 六・一四一
現藏 北京頤和園管理處
來源 唐蘭先生藏

〇二六三八 㠱侯弟鼎（㠱侯弟叟鼎）

字數 二〇（又重文二）

時代 西周晚期
著録 總集 一一五一
文物 一九七二年五期六頁圖
二二
考古 一九八三年四期二九〇頁
銘文選 五〇一
辭典 六一〇
出土 一九六九年煙臺市上夼村
現藏 煙臺地區文物管理委員會
來源 煙臺地區文物管理委員會提供

〇二六三九 魯仲齊鼎

字數 二〇（又重文二）
時代 春秋晚期
著録 曲阜魯國故城圖 九三・一圖版
七五・二
銘文選 三四一
出土 一九七七年山東曲阜縣魯國故城
四八號墓（M四八：一三）
現藏 曲阜縣文物管理委員會
來源 考古研究所拓
備注 另有一同銘鼎，銘文内填黑色
物，不能施拓

〇二六四〇 邾□白鼎（邾義白鼎）

字數 二〇（又重文二）
時代 春秋早期
著録 總集 一一四八
三代 三・五二・三
山東存邾 三
出土 一九三三年春滕縣安上村土城出
土（分域）
現藏 中國歷史博物館
來源 考古研究所拓

〇二六四一 邾□白鼎（邾義白鼎）

字數 存一七（又重文二）

時代 春秋早期
著録 總集 一一四九
三代 三・五三・一
山東存邾 二
出土 一九三三年春滕縣安上村土城出
土（分域）
現藏 中國歷史博物館
來源 考古研究所拓

〇二六四二 杞伯每匕鼎

字數 二〇（又重文一）
時代 春秋早期
著録 總集 一一四二
文物 一九七八年四期九五頁圖二
三代補 八九八
銘文選 八〇〇
綜覽・鼎 三三二
辭典 六二一
出土 一九六六年秋山東滕縣東臺村西
南薛河故道旁出土
現藏 滕縣博物館
來源 考古研究所拓

〇二六四三 伯氏始氏鼎（昪鼎）

字數 二〇
時代 西周晚期或春秋早期
著録 總集 一一二八
三代 三・四七・一
陶齋 一・二九
夢郼上 一二
小校 二・八三・二
大系 一九一下
周金 二・四四・一
銘文選 七七〇
出土 光緒中武功出土（分域）
流傳 端方、羅振玉舊藏

來源 考古研究所藏

〇二六四四 郳季白歸鼎

字數 二〇（又重文二）
時代 春秋早期
著録 考古 一九八四年六期五一〇頁圖四上左
出土 一九七六年湖北隨縣周家崗
現藏 襄陽地區博物館
來源 考古研究所拓

〇二六四五 郳季白歸鼎

字數 二〇（又重文二）
時代 春秋早期
著録 未見
出土 一九七六年湖北隨縣周家崗
現藏 襄陽地區博物館
來源 考古研究所拓

〇二六四六 叔夜鼎

字數 二〇
時代 春秋早期
著録 總集 一一二六
　　薛氏 八六・一
　　嘯堂 九三
　　續考 五・一五
來源 嘯堂
備注 續考所録銘文不全

〇二六四七 魏鼎

字數 二〇（蓋五、器一五）
時代 戰國
著録 故青 三〇二
現藏 北京故宮博物院
來源 考古研究所拓

〇二六四八 小子睪鼎（小子射鼎、小子⿱睪廾鼎）

字數 二一（器蓋同銘）
時代 殷
著録 總集 一一五八
　　筠清 四・三～四
　　擴古 二・三・二〇
　　綴遺 一八・一七
　　敬吾上 四〇
　　續殷上 二五
　　小校 二・八五
流傳 葉志詵舊藏（平安館藏器目）
來源 陳邦懷先生藏
備注 綴遺以爲尊

〇二六四九 伯頵父鼎

字數 二一（又重文二）
時代 西周晚期
著録 總集 一一五三
　　三代 四・一一・一
　　小校 二・九三・三
　　擴古 二・三・二〇
　　兩罍 三・六～七
　　筠清 四・一七～一八
　　窓齋 五・一六
　　懷米下 六
　　周金 二・三九・四
　　斷代 一五九
流傳 曹秋舫、吳雲、陸心源舊藏（懷米山房藏器目、兩罍軒藏器目及羅表）
現藏 中國歷史博物館
來源 考古研究所藏猗文閣拓本

〇二六五〇 陳侯鼎（敶侯作嫣囧母鼎）

字數 二一（内一字殘泐不清）
時代 春秋早期
著録 總集 一一三四
　　三代 三・四九・三
　　擴古 二・三・二
　　窓齋 五・一八・一
　　簠齋 一鼎一四
　　奇觚 一・二八・一
　　從古 一三・一六・一
　　周金 二・四三・一
　　小校 二・八七・一
　　故青 二二
出土 簠齋藏古目鈐簠齋山左土物印記（分域）
流傳 陳介祺、孫壯舊藏（簠齋藏器目及羅表）
現藏 北京故宮博物院
來源 考古研究所藏

〇二六五一 三年詔事鼎

字數 二一（内一字殘泐不清）
時代 戰國晚期
著録 文物 一九八二年九期二七頁圖九
流傳 北京市文物工作者從廢銅器中選得
現藏 首都博物館
來源 首都博物館提供

〇二六五二 ⿰余阝大子鼎（余大子鼎）

字數 存二二
時代 春秋
著録 江漢考古 一九八四年一期一〇一頁
出土 湖北枝江縣文安關廟山出土
現藏 宜昌地區博物館
來源 考古研究所拓

〇二六五三 小臣缶方鼎（小臣缶方鼎）

字數 二二
時代 殷
著録 總集 一一五〇
　　三代 三・五三・二
　　銘文選 一〇
　　美全 四・一二一
　　辭典 四五
　　故青 二二
現藏 故宮博物院
來源 考古研究所拓

〇二六五四 亳鼎

字數 二二
時代 殷
著録 總集 一一五六
　　三代 四・二・二
　　貞松 三・一七・三
　　斷代 四四
出土 河南開封縣（分域續）
流傳 此鼎往歲見之都肆（貞松）
來源 考古研究所藏

〇二六五五 先獸鼎（旅⿰犭單鼎、⿰犭單鼎）

字數 二二
時代 西周早期
著録 總集 一一四四
　　三代 三・五一・三
　　筠清 四・一七
　　擴古 二・三・九
　　窓齋 六・四
　　奇觚 一六・八
　　敬吾上 二七
　　周金 二・四〇・四
　　小校 二・八九・三
流傳 程洪溥舊藏（木庵藏器目）
來源 考古研究所藏

〇二六五六　伯吉父鼎
字數　二二（又重文一）
時代　西周晚期
著録　總集　一一六一
文物　一九七四年一一期八六頁圖四
陝青　三・九九
綜覽・鼎　二七六
出土　一九七二年陝西扶風縣北橋西周窖藏
現藏　扶風縣博物館
來源　扶風縣博物館提供

〇二六五七　叔單鼎（單鼎、周單鼎）
字數　二二（又重文一）
時代　春秋早期
著録　總集　一一五四
三代　四・一・二
西乙　一・二四
積古　四・一四・一
攈古　二・三・一・一
寶蘊　二三
故圖下下　八一
藝展　一七
大系　一八七
彙編　五・二六八
銘文選　六二七
綜覽・鼎　三四九
青全　七・九五
周録　八八
流傳　瀋陽故宮舊藏
現藏　臺北故宮博物院
來源　考古研究所藏
備注　積古據趙太常本編入，攈古與積古本相同，是一個來源

〇二六五八　卌六年私官鼎
字數　二二（蓋二、器二〇）
時代　戰國晚期
著録　總集　一一五二
文物　一九七五年六期七五頁圖一三・一～二
出土　一九六六年咸陽市塔兒坡
現藏　咸陽市博物館
來源　考古研究所拓

〇二六五九　嗣鼎（嗣父鼎）
字數　存二三
時代　西周早期
著録　總集　一一二七
三代　三・四七・三
賸稿　七
貞補上　一一
斷代　六二
銘文選　一二一
出土　己巳（一九二九）出洛陽（貞補）
流傳　河南博物館舊藏（賸稿）
現藏　北京故宮博物院
來源　考古研究所拓
備注　器殘破成六塊

〇二六六〇　辛鼎
字數　二三（又重文二）
時代　殷或西周早期
著録　總集　一一五九、一一六〇
周金　二・四〇
小校　二・九二・二
録遺　八九
蔭軒　二・二〇
流傳　金黼庭舊藏，後歸李蔭軒
現藏　上海博物館
來源　唐蘭先生藏

〇二六六一　德方鼎
字數　二三（又合文二）
時代　西周早期
著録　總集　一一八四
上海　二八
斷代　四九
彙編　五・二五八
三代補　八七一
銘文選　四〇
綜覽・方鼎　六二
辭典　二八四
青全　五・二
上海（二〇〇四）一九四
現藏　上海博物館
來源　上海博物館提供

〇二六六二　𢦚者鼎（國諸鼎、國書鼎、戎者鼎、戎都鼎）
字數　二三
時代　西周中期
著録　總集　一一五五
三代　四・二・一
積古　四・二二・一
攈古　二・三・一九
窓齋　五・一五・一
周金　二・四〇・一
小校　二・九二・一
流傳　葉志詵、李山農舊藏（平安館藏器目、攈古録、窓齋）
來源　考古研究所藏

〇二六六三　伯鮮鼎
字數　二三（又重文二）
時代　西周晚期
著録　總集　一一七五
三代　四・四・三
出土　解放前陝西周原地区發現的一組窖藏
現藏　北京故宮博物院
來源　考古研究所藏
備注　「癸酉（一九三三）四月岐山清化鎮出土許多銅器，一群是函皇父組，一群是白鮮組」（美集録A二五五說明）

〇二六六四　伯鮮鼎
字數　二三（又重文二）
時代　西周晚期
著録　總集　一一七六
文叢　二　圖版拾四
三代補　九九九
出土　解放前陝西周原地區發現的一組窖藏
流傳　一九五九年陝西省博物館徵集入藏
現藏　陝西省博物館
來源　陝西省博物館提供

〇二六六五　伯鮮鼎
字數　二三（又重文二）
時代　西周晚期
著録　未見
出土　解放前陝西周原地區發現的一組窖藏
現藏　上海博物館
來源　上海博物館提供

〇二六六六　伯鮮鼎
字數　二三（又重文二）
時代　西周晚期
著録　總集　一一七七
陝圖　六七
斷代　一七四

綜覽・鼎 二八一
出土 解放前陝西周原地區發現的一組
窖藏
流傳 一九五一年陝西省博物館徵集入藏
現藏 陝西省博物館
來源 陝西省博物館提供

〇二六六七 鄭伯氏叔皇父鼎
字數 二三（又重文二）
時代 春秋早期
著録 未見
來源 唐蘭先生藏

〇二六六八 鐘伯侵鼎
字數 二三（又重文一）
時代 春秋
著録 總集 一一六五
三代 四・三・二
周金 四・二三
貞松 三・一八
希古 二・二三・二
善齋 二・七二
小校 二・九三・二
頌續 一五
通考 九四
彙編 五・二五九
出土 出于陝西（頌續、通考）
流傳 劉體智舊藏，後歸容庚
現藏 廣州市博物館
來源 考古研究所藏
備注 周金誤作匜

〇二六六九 叔液鼎
字數 二三
時代 春秋早期
著録 博古 三・三
薛氏 八五・四
嘯堂 一四
來源 嘯堂

〇二六七〇 旂鼎
字數 二四
時代 西周早期
著録 總集 一一六四
三代 四・三・一
積古 一・一三・一
攈古 二・三・四〇
愙齋 三・一一・一
奇觚 一六・四・一
敬吾上 三七・一
殷存上 八・一
雙王 五
夢郼上 一四
小校 二・九三・一
彙編 五・二六〇
綜覽・鼎 二二一
流傳 李山農、多慧、羅振玉舊藏
來源 考古研究所藏猗文閣拓本

〇二六七一 𤼈父鼎（周麻城鼎）
字數 二四
時代 西周早期
著録 總集 一一六七
復齋 一一
積古 四・一五
攈古 二・三・二六
奇觚 一六・一八
出土 此器舊題爲周麻城鼎，蓋得自麻
城者（積古）
來源 復齋

〇二六七二 𤼈父鼎（周麻城鼎）
字數 存二三
時代 西周早期
著録 總集 一一六八
復齋 一二
積古 四・一六
攈古 二・三・二六
奇觚 一六・一八
出土 湖北麻城（積古）
來源 復齋
備注 𤼈父鼎二器銘文，積古據復齋，
積古以後諸書均據積古摹入

〇二六七三 羌鼎
字數 存二四
時代 西周
著録 總集 一一七三
積古 四・一三
攈古 二・三・三四
來源 攈古

〇二六七四 征人鼎（天君鼎）
字數 二四
時代 西周早期
著録 總集 一一七二
三代 四・四・一
積古 五・三三
從古 一三・八
攈古 二・三・三五
愙齋 五・一四
綴遺 四・三
奇觚 二・二
殷存上 八
簠齋 一鼎一三
小校 二・九四・一
日精華 三・一八七
彙編 五・二四九
流傳 陳介祺舊藏
現藏 日本京都小川睦之輔氏（日精華）
來源 考古研究所藏
備注 積古作「父丁彝」，誤。奇觚乃
翻本

〇二六七五 斜王𩰫鼎
字數 二四（又重文三）
時代 春秋早期
著録 總集 一一九四
三代 四・九・一
貞松 三・二一・一
小校 二・九八・三
善齋 二・七四
大系 一六四
善彝 三六
通考 八八
銘文選 五六五
流傳 劉體智舊藏
來源 考古研究所藏

〇二六七六 𢐗伯鼎
字數 二五
時代 西周中期
著録 總集 一一八六
陝青 四・八〇
寶鷄 二七〇頁圖二五三・四
辭典 三一四
青全 六・一五七
出土 一九七四年陝西寶鷄市茹家莊西
周墓（M一：三）
現藏 寶鷄市博物館
來源 寶鷄市博物館提供

〇二六七七 𢐗伯鼎
字數 二五
時代 西周早期
著録 總集 一一八五
陝青 四・七九

出土 寶鷄 二七〇頁圖二五三・二
綜覽・鼎 二二四
一九七四年陝西寶鷄市茹家莊西
周墓(M二：五)
現藏 寶鷄市博物館
來源 寶鷄市博物館提供

〇二六七八 小臣鼎(易鼎)

字數 二五
時代 西周早期
著録 總集 一一七四
三代 四・四・二
攈古 二・三・三六
周金 二・三九
善齋 二・七三
小校 二・九四・二
頌續 六
斷代 未 五
出土 出于山西(頌續)
流傳 洪洞劉鏡古、錢塘王氏及劉體智
舊藏(周金)，後歸容庚
來源 考古研究所藏

〇二六七九 𣄰叔樊鼎

字數 二五(又重文一)
時代 西周晚期或春秋早期
著録 總集 一一八八
三代 四・六・一
十二居 六
出土 山西長治縣(分域)
流傳 周季木舊藏(十二)
現藏 遼寧省博物館
來源 考古研究所藏
備注 唐蘭云銘係後刻嵌入，容庚、商
承祚不以爲僞

〇二六八〇 諶鼎

字數 二五(又重文一)
時代 西周晚期
著録 總集 一一八九
三代 四・六・二
周金 二・三七・二
貞松 三・二〇・一
希古 二・二四
小校 二・九七・三
流傳 丁樹楨舊藏(貞松)
來源 考古研究所藏

〇二六八一 姬鼎(姬鼐彝鼎)

字數 二五(又重文二)
時代 西周晚期
著録 總集 一一九八
三代 四・九・二
周金 二・三六・二
貞松 三・二〇
澂秋 八
希古 二・二四・二
小校 三・二・一
故青 一八六
流傳 陳承裘舊藏
現藏 北京故宮博物院
來源 考古研究所拓
備注 「其文僅存後半，殆一文分鑄二
器若編鐘然」(貞松)

〇二六八二 新邑鼎(柬鼎)

字數 存二五
時代 西周早期
著録 總集 一一九三
文物 一九六三年三期圖版捌 四
斷代 三五
綜覽・鬲鼎 一〇一
出土 傳一九四〇年同梁其器一起出土
於扶風任家村
流傳 一九六一年歸陝西省博物館
現藏 陝西省博物館
來源 陝西省博物館提供

〇二六八三 宗婦鄁嫛鼎

字數 二五
時代 春秋早期
著録 小校 二・九六・二
通考 八三
出土 陝西鄠縣
流傳 吳大澂舊藏
來源 考古研究所藏猗文閣拓本
備注 〇二六八四之小校引吳大澂篆書題
跋云：「宗婦鼎同時出土有四𣪘、
七鼎、二壺、一盤。皆大澂視學
關中時所得。後以二鼎二𣪘歸潘伯
寅師。」通考云：「七鼎、六𣪘、
一盤、兩壺，銘文均同。」本書
依陳邦懷先生藏恒軒拓本之吳大澂
篆書標號順序編列

〇二六八四 宗婦鄁嫛鼎

字數 二五
時代 春秋早期
著録 總集 一一七八
三代 四・四・四
周金 二・三七・三(又二補)
貞松 三・一九・一
小校 二・九五・三
大系 一五二・一
出土 陝西鄠縣(通考)
流傳 吳大澂、潘祖蔭舊藏(小校)
來源 考古研究所藏猗文閣拓本

〇二六八五 宗婦鄁嫛鼎

字數 二五
時代 春秋早期
著録 總集 一一八二
三代 四・五・三
愙齋 六・八
周金 二補
大系 一五一・二
小校 二・九六・三
出土 陝西鄠縣
流傳 吳大澂舊藏
來源 考古研究所藏猗文閣拓本

〇二六八六 宗婦鄁嫛鼎

字數 二五
時代 春秋早期
著録 愙齋 六・九
小校 二・九五・一(又二・九六・
四)
周金 二・三八・二
大系 一五一・三
上海(二〇〇四) 四四四
出土 陝西鄠縣
流傳 吳大澂、徐乃昌舊藏(周金)
現藏 上海博物館
來源 考古研究所藏猗文閣拓本

〇二六八七 宗婦鄁嫛鼎

字數 二五
時代 春秋早期
著録 總集 一一七九
三代 四・五・一
周金 二補
貞松 三・一九・二
小校 八・二一・三
大系 一五二・二
銘文選 九一三
上海(二〇〇四) 四四四

出土　陝西鄠縣
流傳　吴大澂、徐乃昌舊藏，上海冶煉廠選揀所得
現藏　上海博物館
來源　考古研究所藏猗文閣拓本
備注　小校誤作毁蓋

〇二六八八　宗婦鄁嬰鼎

字數　二五
時代　春秋早期
著録　總集　一一八一
三代　四・五・二
銘文選　七八三
小校　二・九五・二
上海(二〇〇四)　四四四
出土　陝西鄠縣
流傳　吴大澂、潘祖蔭舊藏(小校)
現藏　上海博物館
來源　陳邦懷先生藏恒軒拓本

〇二六八九　宗婦鄁嬰鼎

字數　二五
時代　春秋早期
著録　小校　八・二一・四
出土　陝西鄠縣
流傳　吴大澂舊藏
來源　陈邦懷先生藏恒軒拓本
備注　小校誤作毁

〇二六九〇　戈叔朕鼎

字數　二五(又重文二)
時代　春秋早期
著録　總集　一一九六
三代　四・八・一
周金　二・三六・三
貞松　三・二一・二
善齋　二・七五
大系　二六三・一
流傳　方焕經、費念慈、劉體智舊藏(貞松、周金)
來源　考古研究所藏

〇二六九一　戈叔朕鼎

字數　二五(又重文二)
時代　春秋早期
著録　總集　一一九七
三代　四・八・二
西清　二・三三
周金　二・三七・一
貞松　三・二二
大系　二六三・二
小校　三・一・二
沃森　七五頁(摹本)
歐遺　一一五
流傳　清宮、徐乃昌、劉鶚舊藏(貞松、周金)
現藏　丹麥哥本哈根工藝美術博物館
來源　考古研究所藏

〇二六九二　戈叔朕鼎

字數　二五(又重文二)
時代　春秋早期
著録　總集　一一九五
三代　四・七・三
攈古　二・三・四五
窓齋　五・一七
周金　二・三六・四
大系　二六二
小校　三・一・三
出土　浙江秀水金蘭坡得之徽州，携如杭州，未知歸誰氏(攈古録)
來源　唐蘭先生藏

〇二六九三　廿三年稾朝鼎

字數　二五
時代　戰國晚期
著録　未見
現藏　上海博物館
來源　上海博物館提供

〇二六九四　戍𠭯鼎(俎子鼎、宜子鼎)

字數　二六(又合文一)
時代　殷
著録　總集　一一九二
銘文選　〇〇九
三代　四・七・二
窓齋　六・五(又一二・二)
殷存上　八・三
小校　三・二・三
流傳　李山農舊藏(羅表)，後歸北京故宮博物院
現藏　中國歷史博物館
來源　考古研究所拓

〇二六九五　員方鼎(父甲鼎)

字數　二六
時代　西周早期或中期
著録　總集　一一八七
三代　四・五・四
窓齋　六・八・一
綴遺　四・七・二
大系　又一四
小校　二・九七・一
銘文選　一一一
辭典　二九三
上海(二〇〇四)　一九九
現藏　上海博物館
來源　陳邦懷先生藏

〇二六九六　[illegible]鼎(内史龏鼎、非余鼎)

字數　二六
時代　西周中期
著録　總集　一一九〇
三代　四・七・一
貞補上　一一
頌齋　釋一
小校　二・九七・二
綜覽・鼎　二〇七
故青　一四九
流傳　容庚舊藏，後歸北平圖書館
現藏　北京故宮博物院
來源　考古研究所藏猗文閣拓本

〇二六九七　椒伯車父鼎(散伯車父鼎)

字數　二六(又重文一)
時代　西周晚期
著録　總集　一二〇〇
文物　一九七二年六期三〇頁圖一
陝青　三・一一三
綜覽・鼎　二七二
出土　一九六〇年陝西扶風縣召陳村西周窖藏
現藏　陝西省博物館
來源　陝西省博物館提供

〇二六九八　椒伯車父鼎(散伯車父鼎)

字數　二六(又重文二)
時代　西周晚期
著録　總集　一二〇一
陝青　三・一一四
出土　一九六〇年陝西扶風縣召陳村西周窖藏
現藏　陝西省博物館

來源 陝西省博物館提供

〇二六九九 梂伯車父鼎(散伯車父鼎)

字數 二六(又重文一)
時代 西周晚期
著録 總集 一二〇二
陝青 三・一一五
銘文選 五二九
出土 一九六〇年陝西扶風縣召陳村西周窖藏
現藏 陝西省博物館
來源 陝西省博物館提供
備注 陝青三・一一五散伯車父鼎(丙)尺寸與文物一九七二年六期三一頁圖二合,但文物圖二拓本,陝青鼎(丁),即本書〇二七〇〇號器,玆仍以陝青拓本(即三・一一五)爲準

〇二七〇〇 梂伯車父鼎(散伯車父鼎)

字數 二六(又重文一)
時代 西周晚期
著録 總集 一二〇三
文物 一九七二年六期三一頁
陝青 三・一一六
三代補 九〇七
辭典 三一〇
出土 一九六〇年陝西扶風縣召陳村西周窖藏
現藏 陝西省博物館
來源 陝西省博物館提供

〇二七〇一 公朱左𠂤鼎

字數 二六(又合文一,蓋四,腹二二)
時代 戰國晚期
著録 總集 一二〇五
文物 一九六五年七期五四頁圖五~六
出土 一九六〇年陝西臨潼縣出土
現藏 臨潼縣文化館
來源 考古研究所拓

〇二七〇二 嬰方鼎

字數 二七(又合文一,腹壁二三、腹内底四)
時代 殷或西周早期
著録 總集 一二〇九
考古 一九七四年六期三六六頁圖三・一~二
銅器選 二九
銘文選 四九
綜覽・方鼎 一七
美全 四・八一
辭典 二八五
青全 六・二
出土 一九七三年遼寧喀左縣北洞村二號窖藏
現藏 遼寧省博物館
來源 考古編輯部檔案

〇二七〇三 堇鼎

字數 二七
時代 西周早期
著録 總集 一一九一
銅器選 二五
琉璃河 一〇六頁圖七二D
銘文選 四七
綜覽・鼎 一九〇
青全 六・四
辭典 二八二
出土 一九七五年北京房山縣琉璃河黄土坡西周墓(M二五三:一二)
現藏 首都博物館
來源 考古研究所拓

〇二七〇四 旟鼎

字數 二七(又重文一)
時代 西周早期
著録 總集 一二〇六
文物 一九七二年七期圖版伍三
陝青 三・一九二
三代補 九一一
銘文選 一一四
綜覽・鼎 一八八
辭典 二七九
青全 六・一二四
出土 一九七二年陝西郿縣楊村西周窖藏
現藏 陝西省博物館
來源 陳邦懷先生藏

〇二七〇五 䆲鼎(窓鼎、師眚鼎、微子鼎、眉鼎)

字數 二七(又合文一)
時代 西周中期
著録 總集 一二〇七
三代 四・一〇・一
銘文選 三三六
窓齋 四・二〇
奇觚 二・三・一
周金 二・三五・二
小校 三・三・二
恒軒 三
陶齋 一・二四
斷代 未二
出土 光緒中鳳翔出土(窓齋)
流傳 吳大澂舊藏,後由吳湖帆捐獻
現藏 南京博物院
來源 考古研究所拓

〇二七〇六 麥方鼎

字數 二七(又重文一、合文一)
時代 西周早期
著録 總集 一二一五
大系 二一
通考 一四三
録遺 九一
銘文選 六八
辭典 二九〇
出土 光緒丙申三月得此鼎于永嘉(籀高述林)
流傳 孫詒讓舊藏
現藏 浙江省博物館
來源 考古研究所拓

〇二七〇七 右使車嗇夫鼎

字數 二七(又合文一)
時代 戰國晚期
著録 文物 一九八〇年九期一二頁圖五
出土 一九七九年陝西鳳翔縣高莊一號墓
現藏 鳳翔縣雍城文物管理所
來源 考古研究所拓

〇二七〇八 戍嗣鼎

字數 二八(又合文一)
時代 殷
著録 總集 一二一九
學報 一九六〇年一期圖版貳
三代補 八四九
銘文選 一八
殷青 九一・一
辭典 〇二三
出土 一九五九年安陽後崗殉葬圓坑出

土
現藏　考古研究所安陽工作站
來源　考古研究所拓

〇二七〇九　邐方鼎(乙亥父丁鼎、尹光方鼎)
字數　二八
時代　殷
著録　總集　一二〇八
三代　四・一〇・二
恒軒　四
窓齋　六・三
綴遺　四・七
奇觚　二・四
續殷上　二五・二
小校　三・二・四
流傳　吴大澂、費念慈舊藏
現藏　美國倫敦不列顛博物館
來源　考古研究所藏

〇二七一〇　甯蕽鼎(父乙鼎)
字數　二八
時代　殷
著録　總集　二七一〇
三代　四・一一・二
博古　一・七
薛氏　一三・一
嘯堂　一
來源　嘯堂
備注　宋代所録爲真器，其他各書著録者都是仿宋僞作

〇二七一一　作册豊鼎(作册豊鼎、父己鼎)
字數　二八
時代　殷
著録　博古　二・二六
薛氏　八八・三
復齋　一三
嘯堂　一四
積古　四・一七
攈古　二・三・四四
流傳　張詔舊藏(復齋)
來源　嘯堂
備注　此器復齋録二銘，云乃「安州六器」，誤

〇二七一二　乃子克鼎
字數　二八(又合文一)
時代　西周早期
著録　總集　一一六二
小校　二・八六・二
癡盦　三
録遺　八八
斷代　三八
現藏　吉林大學歷史系陳列室
來源　A、唐蘭先生藏；B、小校
備注　癡盦三銘末録僞刻「段辛」「年永用鼎」六字。小校和録遺均有缺文，可互相參照補足

〇二七一三　师趛鼎
字數　二八
時代　西周中期
著録　總集　一二一四
三代　四・一一・一
貞松　三・二二・二
貞圖上　二四
流傳　羅振玉舊藏
來源　考古研究所藏
備注　三代四・一〇・三之同銘鼎爲鬲形，歸入鬲類

〇二七一四　鄁公鼎
字數　二八(又重文二)
時代　春秋早期
著録　總集　一二二〇
考古　一九八二年二期一四〇頁
圖二・二
出土　一九七四年湖北隨縣三里崗公社尚店
現藏　隨州市博物館
來源　考古研究所拓

〇二七一五　庚兒鼎
字數　存二八
時代　春秋中期
著録　總集　一二二一
考古　一九六三年五期二三六頁
圖九
上馬墓地　四九八頁
出土　一九六一年山西侯馬市上馬村一三號墓
現藏　山西省博物館
來源　考古編輯部檔案

〇二七一六　庚兒鼎
字數　二九
時代　春秋中期
著録　總集　一二二二
考古　一九六三年五期二三七頁
圖一〇
上馬墓地　四九九頁
銘文選　五六七
青全　一一・五一
辭典　六一八
山西珍品　一〇〇
出土　一九六一年山西侯馬市上馬村一三號墓
現藏　山西省博物館
來源　考古編輯部檔案

〇二七一七　王子吴鼎
字數　二九(又重文二)
時代　春秋晚期
著録　總集　一二二四
考古圖　一・一九
薛氏　八八・一
小校　三・五・三
出土　得于京兆(考古圖)
流傳　河南文氏潞公舊藏(考古圖)
來源　薛氏

〇二七一八　寓鼎
字數　三〇
時代　西周早期
著録　故青　一〇八
現藏　北京故宫博物院
來源　考古研究所拓

〇二七一九　公貿鼎
字數　三〇(又合文一)
時代　西周中期
著録　總集　一二二六
三代　四・一二・二
貞松　三・二三
小校　三・七・二(又三・七・一)
周金　二・三四・二
斷代　九三
來源　陳邦懷先生藏
備注　小校三・七・一與周金二・三四・二拓本清晰，或有致疑者。兩拓與三代四・一二・二、小校三・七・二行款字數相同，若干斑痕相似，可能是已剔未剔之別。小校分爲二器，今暫作一器處理

〇二七二〇　井鼎

字數 三〇
時代 西周早期或中期
著録 總集 一二二二
三代 四・一三・二
貞松 三・二三
銘文選 三一八
上海(二〇〇四) 三〇四
流傳 此器往歲見之都肆，不知歸何所(貞松)
現藏 上海博物館
來源 考古研究所藏猗文閣拓本

〇二七二一 ⿱宀敢鼎(师雝父鼎、⿸疒夋鼎)
字數 三〇(又合文一)
時代 西周中期
著録 總集 一二二三
三代 四・一三・三
窓齋 六・一一・二
周金 二・三一・二
夢續 六
小校 三・六・二
山東存附 一二・四
大系 三二
銘文選 一八四
綜覽・鼎 二四八
出土 光緒二十二年與遇甗同出于黄縣萊陰(通考 三一七)
流傳 李山農、羅振玉舊藏(窓齋、夢郼)
現藏 歷史語言研究所
來源 考古研究所藏

〇二七二二 寛兒鼎
字數 三〇
時代 春秋晚期
著録 總集 一二二八
三代 四・一三・一
貞松 三・二四・一
周金 二補
善齋 二・七七
小校 三・五・二
善彝 三八
大系 二八二
安徽金石 一・一一・三
通考 八九
故圖下下 九二
彙編 四・二二八
銘文選 九一〇
流傳 此器近年出土，劉體智舊藏(貞松)
現藏 臺北故宮博物院
來源 考古研究所藏

〇二七二三 師賖鼎
字數 三一(又重文一)
時代 西周中期
著録 總集 一二二六
復齋 一七・二
積古 四・一八
攈古 二・三・六五
來源 復齋
備注 積古、攈古，羅表疑僞，實爲摹本。孫字下奪重文號

〇二七二四 毛公旅方鼎
字數 三一
時代 西周早期
著録 總集 一二二七
三代 四・一二・一
窓齋 一二・一〇
奇觚 二・五一
周金 二・五
小校 三・五・一
斷代 九二
銘文選 三六三
蔭軒 一・二七
上海(二〇〇四) 三〇六
流傳 姚覲元、端方舊藏(奇觚、周金)，後歸李蔭軒
現藏 上海博物館
來源 考古研究所藏

〇二七二五 歸⿰女卂方鼎
字數 三一
時代 西周早期
著録 文物一九八六年一期一一頁圖一九
青全 五・八
辭典 二八七
出土 陝西長安縣花園村一七號墓
現藏 陝西省文物管理委員會
來源 陝西省文物管理委員會提供

〇二七二六 歸⿰女卂方鼎
字數 三一
時代 西周早期
著録 文物一九八六年一期圖版 三・五，圖二一
出土 陝西長安縣花園村一五號墓
現藏 陝西省文物管理委員會
來源 陝西省文物管理委員會提供

〇二七二七 師器父鼎
字數 三一(又重文二)
時代 西周中期
著録 總集 一二三〇
三代 四・一六・三
長安 一・七
筠清 四・二一
攈古 二・三・七二
奇觚 一六・八
周金 二・三三・二
小校 三・八・三
流傳 劉喜海、孫汝梅舊藏(攈古録、羅表)
來源 考古研究所藏猗文閣拓本

〇二七二八 旅鼎
字數 三一(又合文一)
時代 西周早期
著録 總集 一二三四
三代 四・一六・一
攈古 二・三・八〇
綴遺 四・二
大系 一二
山東存附 一一
斷代 七
銘文選 七四
出土 光緒二十二年丙申黄縣萊陰出土(山東存)
流傳 福建長樂梁章鉅(茝林)舊藏，一九五四年夏見于上海羅伯昭處(斷代)
現藏 中國歷史博物館
來源 考古研究所拓
備注 在父字下或以爲奪一丁字

〇二七二九 ⿰⿱𥫗雚攵⿰𢆶犬方鼎(逐己公方鼎)
字數 三二
時代 西周早期
著録 總集 一二二八
斷代 二七
録遺 九二
布倫戴奇(一九七七) 圖三八
彙編 四・二〇三
銘文選 一三六

綜覽・方鼎 七〇
青全 五・七

現藏 美國舊金山亞洲美術博物館（布倫戴奇藏品）

來源 録遺

〇二七三〇 厚趠方鼎（趠鼎、趠䶒、父辛鼎）

字數 三二（又重文一）

時代 西周早期

著録 總集 一二二九
三代 四・一六・二
銘文選 一二〇
薛氏 八七・二
續考 四・一七
從古 一三・一〇
攈古 二・三・七三
愙齋 五・一三
綴遺 三・二一・二
奇觚 二・五
周金 二・三三・一
簠齋 一鼎 三
大系 一四
小校 三・八・一
通考 一三八
綜覽・方鼎 八一
蔭軒 一・一七
辭典 二九二
青全 五・一一
上海（二〇〇四）二〇〇

流傳 陳介祺舊藏後歸李蔭軒

現藏 上海博物館

來源 考古研究所藏

備注 容庚云「濰縣陳氏簠齋藏器。續考古圖（四：十七）著録，繪圖全不相似」（通考三〇九頁）。兩器同銘，但形制不同，有可能是另一器

〇二七三一 亹鼎

字數 三二（又重文一）

時代 西周中期

著録 總集 一二三三
十六 一・一七
積古 四・二三
攈古 二・三・七九
奇觚 一六・五
大系 八
斷代 九
銘文選 七三

流傳 錢坫舊藏

來源 攈古

〇二七三二 簷大史申鼎（簷鼎）

字數 三二

時代 春秋晚期

著録 總集 一二三五
三代 四・一五・一
愙齋 六・七
周金 二・三三・三
大系 一八七
小校 三・七・三
山東存莒 二
彙編 四・二〇四
南大 二六

現藏 南京大學歷史系考古教研室

來源 考古研究所藏猗文閣拓本

〇二七三三 衛鼎

字數 三二

時代 西周中期

著録 總集 一二二七
三代 四・一五・二
貞松 三・二四
善齋 二・七八
小校 三・八・二
善彝 二八
故圖下下 七三
彙編 四・二〇五
周録 四七

流傳 劉體智舊藏

現藏 臺北故宮博物院

來源 考古研究所藏

〇二七三四 仲□父鼎（仲偁父鼎）

字數 三三（又重文二）

時代 西周中期

著録 總集 一二四三
博古 三・一六
薛氏 八七・一
復齋 一五
嘯堂 一五
古文審 二・六
積古 四・二二
攈古 二・三・八四
奇觚 一六・二〇・一
斷代 一七五

來源 嘯堂

備注 復齋行款與宋代他本異。積古等清代諸書均據復齋

〇二七三五 不指方鼎

字數 三三（又合文一）

時代 西周中期

著録 總集 一二三五
陝青 三・五八
三代補 九〇三

出土 一九七一年陝西扶風縣齊鎮村三號墓

現藏 扶風縣博物館

來源 扶風縣博物館提供

〇二七三六 不指方鼎

字數 三三（又合文一）

時代 西周中期

著録 總集 一二三五
陝青 三・五九
文物 一九七二年七期一二頁圖八
三代補 九〇三
銘文選 二八五
綜覽・方鼎 七七
辭典 二九六

出土 一九七一年陝西扶風縣齊鎮村三號墓

現藏 扶風縣博物館

來源 扶風縣博物館提供

〇二七三七 曾子仲宣鼎

字數 三三（又重文二）

時代 春秋中期

著録 總集 一二三六
三代 四・一五・三
貞松 三・二五・一
希古 二・二五
大系 二一〇
山東存曾 四
銘文選 六九四

流傳 中吴某氏、曾鼎山房舊藏（大系拓本跋）

來源 大系

〇二七三八 蔡大師鼎

字數 三三（又重文二）

時代 春秋晚期

著録 總集 一二三八

三代 四・一八・三
貞續上 二四・三
大系 一九二
銘文選 五九八

來源 大系

〇二七三九 塱方鼎(周公鼎、周公東征鼎、豐伯塱鼎)

字數 三四（又合文一）
時代 西周早期
著録 總集 一二四一
斷代 六
布倫戴奇(一九七七) 圖三九
彙編 四・一九〇
銘文選 二六
青全 五・六
出土 傳一九二四年陝西鳳翔西四十里之靈山出土(斷代)
現藏 美國舊金山亞洲美術博物館(布倫戴奇藏品)
來源 陳邦懷先生藏

〇二七四〇 雩鼎(寥作[illegible]公鼎)

字數 三五
時代 西周早期
著録 總集 一二四二
三代 四・一八・一
貞補上 一二・二
小校 三・九・二
大系 一四
斷代 一〇
綜覽・鼎 二一二
出土 此二器近出土，見之都肆(貞補)
來源 考古研究所藏

〇二七四一 雩鼎(寥作[illegible]公鼎)

字數 三五
時代 西周早期
著録 總集 一二三九
三代 四・一八・二
貞補上 一二・一
小校 三・九・一
銘文選 七二
出土 此二器近出土，見之都肆(貞補)
現藏 日本某氏(謐齋七・三七七)
來源 三代

〇二七四二 瘨鼎(文王命癘鼎)

字數 三五
時代 西周中期
著録 總集 一二四四
薛氏 八八・二
嘯堂 九八
斷代 未四
來源 嘯堂

〇二七四三 仲師父鼎

字數 三五（又重文一）
時代 西周晚期
著録 總集 一二四五
三代 四・一九・一
陶續 一・二三
周金 二・三二・三
夢郼上 一五
小校 三・一〇・二
流傳 潘祖蔭、端方、羅振玉舊藏(羅表、周金)
來源 考古研究所藏移林館金文拓本

〇二七四四 仲師父鼎

字數 三五（又重文一）
時代 西周晚期
著録 總集 一二四六
三代 四・一九・二
攈古 三・一・一
窓齋 六・七・二
奇觚 二・六
周金 二・三二・一
小校 三・一〇・一
流傳 李宗昉、潘祖蔭舊藏(攈古録、周金)
來源 考古研究所藏移林館金文拓本

〇二七四五 函皇父鼎(圅皇父鼎)

字數 三五（又重文二）
時代 西周晚期
著録 總集 一二四七
陝圖 六一
斷代 一七七
銘文選 四五〇甲
綜覽・鼎 三〇二
出土 一九三三年陝西扶風縣康家村
現藏 陝西省博物館
來源 陝西省博物館提供

〇二七四六 梁十九年亡智鼎

字數 三五
時代 戰國晚期
著録 文物 一九八一年一〇期六六頁圖六
銘文選 九〇〇
青全 八・一七三
上海(二〇〇四) 六〇〇
現藏 上海博物館
來源 上海博物館提供

〇二七四七 師秦宮鼎

字數 存三五
時代 西周中期
著録 博古 三・三二
薛氏 九二・二
嘯堂 一九
斷代 未六
來源 嘯堂
備注 銘文有缺行

〇二七四八 庚嬴鼎

字數 三六（又合文一）
時代 西周早期
著録 總集 一二四八
西清 三・三九
大系 二二
銘文選 六〇
來源 西清

〇二七四九 寓鼎

字數 三七（又重文二）
時代 西周早期
著録 總集 一二四九
攈古 二・三・五〇
綴遺 四・九
周金 二補四
小校 三・四
斷代(三) 八八頁圖九
録遺 九四
斷代 七〇
銘文選 七六
綜覽・鼎 二〇九
出土 梁山七器之一(分域)
流傳 鍾養田、李山農舊藏(斷代)
現藏 北京清華大學圖書館
來源 唐蘭先生藏

〇二七五〇 上曾大子鼎

字數 三七（又重文一）
時代 春秋早期
著録 文物 一九八三年一二期四頁圖一三

辭典 六〇九
出土 一九八一年山東臨朐縣高山泉頭村墓葬(M乙：一)
現藏 臨朐縣文化館
來源 臨朐縣文化館提供

〇二七五一 中方鼎(南宮中鼎二、中甗)
字數 三九
時代 西周早期
著録 總集 一二五一
博古 二・一八
薛氏 九〇・二
嘯堂 一一
大系 六
銘文選 一〇七
出土 重和戊戌歲(一一一八)安州孝感縣民耕地得之(金石録)
來源 嘯堂

〇二七五二 中方鼎(南宮中鼎三、中甗)
字數 三九
時代 西周早期
著録 總集 一二五二
博古 二・一九
薛氏 九〇・三
嘯堂 一一
復齋 二九
積古 四・二一
攈古 三・一・一四
奇觚 一六・九
大系 七
出土 重和戊戌歲安州孝感縣民耕地得之(金石録)
來源 嘯堂

備注 積古以下諸家，皆據復齋

〇二七五三 鄀公諴鼎(商雒鼎)
字數 三九(又重文二)
時代 春秋早期
著録 總集 一二五九
考古圖 一・九
博古 二・二九
薛氏 九一・二
嘯堂 一四
大系 一九〇
銘文選 六三九
出土 陝西商雒出土(集古録跋尾)
來源 嘯堂

〇二七五四 呂方鼎(呂鼎)
字數 存四〇(又重文二、合文一)
時代 西周中期
著録 總集 一二六三
三代 四・二二・一
周金 二補四
貞松 三・二七
希古 二・二五・二
貞圖上 二五
小校 三・一五・一
尊古 一・二七
通考 一三五
大系 三〇
銘文選 一七三
綜覽・方鼎 八〇
旅順 二五
流傳 羅振玉舊藏
現藏 旅順博物館
來源 考古研究所藏

〇二七五五 ⿱穴卩鼎
字數 四〇(又重文二)
時代 西周中期
著録 總集 一二六二
三代 四・二一・二
愙齋 六・六・一
周金 二・三〇・二
小校 三・一四・二
斷代 未一
銘文選 二〇八
上海(二〇〇四) 二九八
流傳 丁麟年、端方舊藏(周金、羅表)
現藏 上海博物館
來源 考古研究所藏

〇二七五六 寓鼎
字數 四〇(又合文一)
時代 西周早期
著録 總集 一一三九
三代 三・五一・二
周金 二補
貞松 三・一六
斷代 一〇一
銘文選 三二二
辭典 三〇九
上海(二〇〇四) 三〇七
流傳 吳大澂舊藏(貞松)
現藏 上海博物館
來源 上海博物館提供

〇二七五七 曾子斿鼎
字數 存四〇
時代 春秋早期
著録 總集 一二五〇
文物 一九六四年七期圖版貳二
銘文選 六八六
流傳 上海文物倉庫清理所得
現藏 上海博物館
來源 上海博物館提供

〇二七五八 作冊大方鼎(大盉、作冊大鼎)
字數 四一
時代 西周早期
著録 總集 一二五七
三代 四・二〇・五
貞松 三・二六・二
弗里爾(一九六七) 一九五頁圖版三四
彙編 四・一六四
綜覽・方鼎 五八
出土 傳一九二九年出于河南洛陽邙山麓之馬坡(斷代)
現藏 美國華盛頓弗里爾美術博物館
來源 陳邦懷先生藏
備注 傳世作冊大方鼎共四器，三器四一字，一器四〇字，大小相近

〇二七五九 作冊大方鼎(大盉、作冊大鼎)
字數 四〇
時代 西周早期
著録 總集 一二五五
三代 四・二〇・三
貞松 三・二五・二
善齋 三・一二
善彝 四四
通考 一三四
小校 三・一三・一(三・一三・二)
大系 一七
故圖下下 六五
彙編 四・一六五

周録 一五
出土 傳一九二九年出于河南洛陽邙山麓之馬坡(斷代)
流傳 劉體智舊藏
現藏 臺北故宮博物院
來源 考古研究所藏
備注 善彝之拓或有致疑者。小校三・一三・二爲三・一三・一之未剔本

○二七六〇 作册大方鼎(大盃、作册大鼎)
字數 四一
時代 西周早期
著録 總集 一二五六
三代 四・二〇・四
貞松 三・二六・一
善齋 三・一一
小校 三・一四・一
大系 一七
善彝 四三
故圖下下 六四
彙編 四・一六六
銘文選 一六五
周録 一四
出土 傳一九二九年出于河南洛陽邙山麓之馬坡(斷代)
流傳 劉體智舊藏
現藏 臺北故宮博物院
來源 彙編

○二七六一 作册大方鼎(大盃、作册大鼎)
字數 四一
時代 西周早期
著録 總集 一二五八
録遺 九三
彙編 四・一六七
斷代 六七
出土 傳一九二九年出于河南洛陽邙山麓之馬坡(斷代)
現藏 美國諾福克赫美地基金會(彙編)
來源 陳邦懷先生藏

○二七六二 史顯鼎(史頊父鼎)
字數 四一(又重文二)
時代 西周晚期
著録 博古 二・一〇
薛氏 九三・二
嘯堂 九
來源 嘯堂
備注 薛氏子下奪重文號，博古、嘯堂不誤

○二七六三 我方鼎(我甗、禦鼎、禦簋)
字數 四二(又合文一，器蓋同銘)
時代 西周早期
著録 三代 一〇・四三・二(蓋)、四二・一(器)
貞續中 四(蓋)
貞補上 一三(器)
善齋 三・三九(器)
小校 三・九八・二(器)
續殷上 二五・四(蓋)二六・一(器)
尊古 二・一九(蓋)、二・一八(器)
善彝 四五(器)
故圖下下 四八(器)
彙編 四・一六一
銘文選 一二五(蓋)
綜覽・方鼎 七三
周録 一三
出土 洛陽
流傳 此器出洛陽，初由虹光閣購得，僅殘銅數片，轉售于尊古齋，補綴成今形，後其蓋復出(善彝)
現藏 臺北故宮博物院(器)，歷史語言研究所(蓋)
來源 考古研究所藏
備注 器形是根据殘銅片修復而成的。器舊誤作甗，蓋舊誤作簋(盨)。蓋銘或有致疑者

○二七六四 卅二年坪安君鼎(平安君鼎)
字數 存四二(又合文二)
時代 戰國晚期
著録 總集 一二五三(器)
三代 四・二〇・一～二〇・二
恒軒 二二
愙齋 六・一九・二
小校 三・一一～一二・一
文物 一九七二年六期二三頁圖七～八
銘文選 七九九
上海(二〇〇四) 五九八
現藏 上海博物館
來源 上海博物館提供
備注 卅三年銘愙齋、小校誤作蓋銘。蓋銘全銘一〇字，可辨認者四字

○二七六五 蟎鼎
字數 四四(又重文二)
時代 西周中期
著録 總集 一二六四
文物 一九七九年九期圖版柒二
銘文選 一六一
綜覽・鼎 二一三
山西珍品 七二
出土 一九七五年從山西長子縣晉義村徵集
現藏 長治市博物館
來源 長治市博物館提供
備注 晉義村舊誤作景義村

○二七六六 郐𣄰尹譖鼎
字數 四四(器蓋同銘)
時代 戰國早期
著録 文物 一九八四年一期一二～一三頁圖四～五
青全 一一・一五二
辭典 八一七
出土 一九八一年浙江紹興市坡塘獅子山西麓三〇六號墓(M三〇六：採三)
現藏 浙江省文物考古研究所
來源 浙江省文物考古研究所提供

○二七六七 䚄叔鼎
字數 四六(又重文一)
時代 西周晚期
著録 總集 一二六五
文物 一九七六年一期九四頁圖一～二
三代補 九一四
銘文選 三七二
綜覽・鼎 二九二
青全 六・一二六
出土 一九七三年陝西藍田縣草坪
現藏 藍田縣文物管理委員會
來源 藍田縣文物管理委員會提供

○二七六八　汾其鼎

字數　四六（又重文二）
時代　西周晚期
著録　總集　一二六八
陝圖　六九
斷代　一九一
三代補　八○八
銘文選　三九九
綜覽・鼎　三○六
出土　解放前陝西扶風縣法門寺任村出土
現藏　陝西省博物館
來源　陝西省博物館提供

○二七六九　汾其鼎

字數　四六（又重文二）
時代　西周晚期
著録　未見
出土　解放前陝西扶風縣法門寺任村出土
現藏　陝西省博物館
來源　陝西省博物館提供

○二七七○　汾其鼎

字數　四六（又重文二）
時代　西周晚期
著録　總集　一二六九
録遺　九六
出土　傳一九四○年扶風縣法門寺任村出土（美集録A六九九説明）
來源　録遺

○二七七一　鄀公平侯鼎（鄀公敦、鄀公鍼）

字數　四六（又重文二）
時代　春秋早期
著録　總集　一二六七
三代　四・二三・一
周金　二・二九・一
貞松　三・二七
小校　三・一五・二
大系　一九○
銘文選　六三八
流傳　陶北溟、顧壽松舊藏（貞松、周金）
來源　陳邦懷先生藏

○二七七二　鄀公平侯鼎（鄀公敦、鄀公鍼）

字數　四六（又重文二）
時代　春秋早期
著録　總集　一二六六
三代　四・二二・二
愙齋　一一・二三
周金　二・二九・二
小校　三・一六
金石書畫　六七期
流傳　錢塘吴氏、淮陰陳氏石墨樓舊藏（周金、金石書畫）
現藏　中國歷史博物館
來源　考古研究所藏
備注　愙齋誤作毁

○二七七三　信安君鼎

字數　四六（又合文三）
時代　戰國晚期
著録　總集　一一七○
考古與文物　一九八一年二期二○頁圖三
出土　一九七九年陝西武功縣霹霳村墓葬
現藏　武功縣文化館
來源　考古與文物編輯部提供

○二七七四　帥佳鼎

字數　四七
時代　西周中期
著録　綴遺　四・一三・一
來源　A、考古研究所藏猗文閣拓本；B、綴遺
備注　方氏云「據儀徵阮梅叔（亨）手拓本摹入」，此拓左下角有「阮梅赤印」，彌足珍貴

○二七七五　小臣夌鼎（季娟鼎）

字數　四八
時代　西周早期
著録　總集　一二七○
博古　二・一四
薛氏　九一・一
續考　四・五
復齋　一一
嘯堂　一○・一
積古　四・二一
攈古　三・一・三二
奇觚　一六・七
流傳　趙承規舊藏（續考）
來源　薛氏
備注　復齋、嘯堂比薛氏、博古、續考少一賜字，且貝字摹作鼎字，未知是摹誤，抑爲另外一器。積古、攈古、奇觚均據復齋

○二七七六　剌鼎（剌作黄公鼎）

字數　四八（又重文二、合文二）
時代　西周中期（穆王）
著録　總集　一二七二
三代　四・二三・三
愙齋　四・二一～二二
綴遺　四・一七
周金　二・二八・二
銘文選　一六四
綜覽・鼎　二三九
辭典　二八○
通考　五五
斷代　一○五
大系　三一
小校　三・一八・二
流傳　姚覲元、方濬益、徐乃昌、容庚舊藏（斷代）
現藏　廣州市博物館
來源　考古研究所藏
備注　孫字下重文號不清

○二七七七　史伯碩父鼎

字數　四八（又重文二）
時代　西周晚期
著録　博古　二・八～九
薛氏　九二・三
嘯堂　九
出土　至和元年（一○五四）虢州得之（廣川書跋）
來源　嘯堂
備注　宋代史伯碩父鼎共出兩器，著録者僅見一器

○二七七八　史獸鼎

字數　五○
時代　西周早期
著録　總集　一二七一
三代　四・二三・二
綴遺　四・五
周金　二補
雙王　九
貞松　三・二九
希古　二・二七

善齋 二・七九
小校 三・一八・一
善彝 二七
通考 五〇
故圖下下 七〇
彙編 四・一三四
斷代 六三
銘文選 一三四
綜覽・鼎 二〇一
周録 八

流傳 金蘭坡、劉體智舊藏（羅表）
現藏 臺北故宫博物院
來源 考古研究所藏猗文閣拓本

〇二七七九 師同鼎

字數 五一（又重文二、合文一）
時代 西周晚期
著録 總集 一二七五
文物 一九八二年一二期四五頁圖八
銘文選 四五五
吉鑄 四五

出土 一九八一年陝西扶風縣下務子村窖藏
現藏 周原扶風文物管理所
來源 周原扶風文物管理所提供

〇二七八〇 師湯父鼎

字數 五二（又重文二）
時代 西周中期
著録 總集 一二七三
三代 四・二四・一
長安 一・六
攈古 三・一・三五
愙齋 四・二八
周金 二・二八・一

善齋 二・八〇
小校 三・一九・一
大系 三九
善彝 三五
通考 五八
故圖下下 七九
彙編 三・一二七
斷代 一一八
銘文選 二一六
綜覽・鼎 二六一
青全 五・二九
周録 四五

流傳 劉喜海、劉體智舊藏
現藏 臺北故宫博物院
來源 考古研究所藏

〇二七八一 庚季鼎（白裕父鼎、白俗父鼎、南季鼎）

字數 五三（又重文二）
時代 西周中期
著録 總集 一二七六
三代 四・二四・二
銘文選 二六四
攈古 三・一・三六
周金 二・二七・二
大系 九八
小校 三・一九・二
彙編 三・一二五

流傳 吴式芬舊藏（雙虞壺齋藏器目）
現藏 北京故宫博物院
來源 考古研究所藏
備注 三足後配，庚字與庚、南二字近，暫釋庚

〇二七八二 哀成叔鼎

字數 五四（又重文三）
時代 春秋晚期
著録 總集 一二七四
銘文選 七七八
文物一九八一年七期六六頁圖四
青全 七・一三〇

出土 一九六六年河南洛陽市玻璃廠四三九號墓
現藏 洛陽市博物館
來源 洛陽市文物工作隊提供

〇二七八三 七年趞曹鼎

字數 五六
時代 西周中期（恭王）
著録 總集 一二七七
三代 四・二四・三
周金 二・二六・二
貞松 三・三〇・一
希古 二・二八
大系 三八
小校 三・二〇・一
上海 四四
斷代 一〇六
彙編 三・一二三
銘文選 一九九
辭典 三〇二
綜覽・鼎 二六九
上海（二〇〇四） 二九五

流傳 吴大澂、費念慈舊藏（羅表）
現藏 上海博物館
來源 上海博物館提供

〇二七八四 十五年趞曹鼎

字數 五七
時代 西周中期（恭王）
著録 總集 一二七八
三代 四・二五・一
周金 二・二七・一
貞松 三・三一
希古 二・二九
小校 三・二〇・二
大系 三九
上海 四五
彙編 三・一二二
斷代 一一三
銘文選 二〇九
綜覽・鼎 二二八
辭典 三〇三
青全 五・三〇
上海（二〇〇四） 二九六

流傳 吴大澂舊藏（羅表）
現藏 上海博物館
來源 上海博物館提供

〇二七八五 中方鼎（南宫中鼎一、南中鼎、中齋）

字數 五七
時代 西周早期
著録 總集 一二七九
博古 二・一九
薛氏 八九・二
嘯堂 一〇
大系 六

出土 重和戊戌歲（一一一八）安州孝感縣民耕地得之（金石録）
來源 嘯堂
備注 此爲安州六器之一。同出者有方鼎三、圓鼎一、甗一、觶一。另兩件方鼎各三九字，圓鼎銘四字。銘文末尾兩個重卦數字符號以二字計

〇二七八六 康鼎

字數 六〇（又重文二）
時代 西周中期或晚期
著録 總集 二二八〇
三代 四・二五・二
寧壽 一・一七・一
積古 四・二七・一～二
攈古 三・一・五一・一～五二・一
貞補上 一四・一～二
大系 七一
故宮 六期
藝展 一三
故圖下上 四〇
斷代 一五六
彙編 三・一〇八
銘文選 四二三
綜覽・鼎 二八八
周録 九〇
流傳 清宮舊藏
現藏 臺北故宮博物院
來源 考古研究所藏

〇二七八七 史頌鼎

字數 六一（又重文二）
時代 西周晚期
著録 總集 二二八一
三代 四・二六・一
攀古 一・一〇
攈古 三・一・五二
恒軒上 一四
筠清 三・三一・二
愙齋 四・二五・一
奇觚 一六・一九・一
周金 二・二五・二
大系 四四
上海 五〇
小校 三・二一・二（又八・五四）
斷代 二〇六
彙編 三・一〇四
銘文選 四二九甲
綜覽・鼎 三〇〇
蔭軒 一・四一
辭典 三一六
青全 五・三五
上海（二〇〇四）三六一
流傳 程洪溥、潘祖蔭舊藏（木庵藏器目、愙齋），後歸李蔭軒
現藏 上海博物館
來源 考古研究所藏
備注 筠清三・三一・二作史頌敦，誤。奇觚爲翻刻本

〇二七八八 史頌鼎

字數 六一（又重文二）
時代 西周晚期
著録 總集 二二八二
三代 四・二六・二
西清 三・二一
貞松 三・三一・二～三二・一
希古 二・三〇
小校 三・二一・一
古文審 一・九
文物 一九八一年九期三三頁圖七
銘文選 四二九乙
上海（二〇〇四）三六一
流傳 清宮舊藏
現藏 上海博物館
來源 唐蘭先生藏

〇二七八九 戜方鼎

字數 六三（又重文二、器蓋同銘）
時代 西周中期
著録 總集 二二八五
陝青 二・九九
文物 一九七六年六期五七頁圖一六
三代補 九四一
銘文選 一七八（器）
綜覽・鼎 八六
美全 四・二一〇
辭典 二九七
青全 五・九
吉鑄 四〇
出土 一九七五年陝西扶風縣莊白家村西周墓葬
現藏 扶風縣博物館
來源 扶風縣博物館提供

〇二七九〇 微䜌鼎

字數 六三（又重文一）
時代 西周晚期
著録 總集 二二八三
薛氏 九四
續考 四・一九
大系 一一五
斷代 一九三
銘文選 三〇八
出土 崇寧初商州得古鼎（續考）
來源 薛氏

〇二七九一 伯姜鼎

字數 六四
時代 西周中期
著録 文物 一九八六年一期一一頁圖二二
出土 陝西長安縣普渡村一七號墓
現藏 陝西省文物管理委員會
來源 陝西省文物管理委員會提供

〇二七九二 大矢始鼎（大夫始鼎）

字數 存六四（又重文二）
時代 西周中期
著録 總集 二二八六
薛氏 八九・一
續考 四・三
嘯堂 九二
斷代 末三
出土 得於永興醴泉之甘北（續考）
流傳 趙承規舊藏（同上）
來源 嘯堂
備注 此器王國維、容庚、郭沫若曾以爲僞，陳夢家以爲真。「大矢」從陳説

〇二七九三 坪安君鼎（平安君鼎）

字數 六四（又合文一，其中蓋三四又合文六，器三〇又合文五）
時代 戰國晚期
著録 總集 一一六九
文物 一九八〇年九期一八頁圖七
銘文選 七九八
出土 一九七八年河南泌陽縣官莊北崗墓葬
現藏 駐馬店地區文物管理委員會
來源 文物

〇二七九四 楚王酓忎鼎

字數 六六（蓋三三、器三三）
時代 戰國晚期（楚幽王 公元前二三七～前二二八年）
著録 總集 一一三一
三代 四・一七
十二寶 一～七
小校 二・九〇・三～九一
寶楚 圖一
壽縣 圖八

大系 一八四
通考 九九
楚展 二
銘文選 六六四
出土 一九三三年安徽壽縣朱家集(十二)
流傳 方煥經舊藏
現藏 天津市歷史博物館
來源 考古研究所藏

〇二七九五 楚王酓忎鼎
字數 存六〇 (蓋存三一、器二九)
時代 戰國晚期(楚幽王 公元前二三七~前二二八年)
著録 總集 一二三二
楚展圖 一
出土 一九三三年安徽壽縣朱家集
流傳 安徽省博物館蕪湖分館舊藏(楚展)
現藏 中國歷史博物館
來源 考古研究所拓

〇二七九六 小克鼎
字數 七〇 (又重文二)
時代 西周晚期
著録 總集 一二九三
三代 四・二九・一
愙齋 五・五
周金 二・一七・二
小校 三・三七・二(又三八・一)
大系 一一五 又
上海 四八
彙編 三・八九
斷代 一八六
銘文選 三〇六
綜覽・鼎 二九九
辭典 三〇八
上海(二〇〇四) 三〇〇

出土 清光緒十六年(一八九〇年)陝西扶風縣法門寺任村出土(貞松三・三四)
流傳 吳大澂舊藏
現藏 上海博物館
來源 上海博物館提供
備注 上海四八說證明:「克鼎共有七器，這是其中較大的一器。」這一組七〇字的列鼎通常稱爲小克鼎，另有二八一字的克鼎，即大克鼎

〇二七九七 小克鼎
字數 存六六 (又重文二)
時代 西周晚期
著録 總集 一二九二
三代 四・二八・二
陶續 一・二五
周金 二・一四・一
大系 一一四・二
小校 三・三五
斷代 一八六
彙編 三・九〇
黑川古文化研究所要覽 二七
出土 清光緒十六年陝西扶風縣法門寺任村出土
流傳 潘祖蔭、端方舊藏(周金)
現藏 日本兵庫縣黑川古文化研究所
來源 考古研究所藏猗文閣拓本

〇二七九八 小克鼎
字數 七〇 (又重文二)
時代 西周晚期
著録 總集 一二九一
三代 四・二八・一
陶齋 一・三八

周金 二・一四・二
小校 三・三八・二
大系 一一四・一
斷代 一八六
故青 一八五
出土 清光緒十六年陝西扶風縣法門寺任村出土
流傳 潘祖蔭、端方舊藏(周金)
現藏 北京故宮博物院
來源 考古研究所拓

〇二七九九 小克鼎
字數 七〇 (又重文二)
時代 西周晚期
著録 總集 一二九五
三代 四・三〇・一
周金 二・一六・二
貞松 三・三四
希古 二・三四
小校 三・三六・一
大系 一一三・一
銅玉 一三頁圖一四
日精華 四・三一一
斷代 一八六
彙編 三・八八
有鄰館精華 三
綜覽・鼎 二九八
出土 清光緒十六年陝西扶風縣法門寺任村出土
現藏 日本京都藤井有鄰館
來源 考古研究所藏

〇二八〇〇 小克鼎
字數 七〇 (又重文二)
時代 西周晚期
著録 總集 一二九四

三代 四・二九・二
移林 七
周金 二・一七・一
希古 二・三三
大系 一一三・二
小校 三・三九・一~二
斷代 一八六
彙編 三・九一
出土 清光緒十六年陝西扶風縣法門寺任村出土
流傳 丁麟年舊藏
現藏 天津市藝術博物館
來源 考古研究所藏猗文閣拓本

〇二八〇一 小克鼎
字數 七〇 (又重文二)
時代 西周晚期
著録 總集 一二九七
三代 四・三一・一
綴遺 四・三三
陶齋 一・三六
周金 二・一五・一
大系 一一五・一
小校 三・四〇・二
斷代 一八六
彙編 三・八七
書道 六〇
出土 清光緒十六年陝西扶風縣法門寺任村出土
流傳 端方舊藏
現藏 日本東京書道博物館(彙編)
來源 考古研究所藏猗文閣拓本

〇二八〇二 小克鼎
字數 七〇 (又重文二)
時代 西周晚期

著録 總集 一二九六
三代 四・三〇・二
綴遺 四・三三
陶齋 一・三四
周金 二・一五・二
大系 一一五・二
小校 三・四〇・一
斷代 一八六
南大 二四
出土 清光緒十六年陝西扶風縣法門寺任村出土
流傳 端方舊藏
現藏 南京大學考古與藝術博物館
來源 商承祚先生藏
備注 通考云通耳高九寸一分。按，此在同銘七器中屬最小的一件。雖然它與陶齋尺寸稍有出入，應是一器

〇二八〇三 令鼎（大蒐鼎、耤田鼎、諆田鼎）

字數 七〇
時代 西周早期
著録 總集 一二八八
三代 四・二七・一
筠清 四・一
攈古 三・一・六七
愙齋 五・一二
古文審 二・二
奇觚 一六・一三
周金 二・二五・一
大系 一四
小校 三・二二・一
彙編 三・九三
銘文選 九七

出土 山西芮城縣（分域）
流傳 夏松如舊藏（攈古録）
來源 周金
備注 末行首字子不清晰

〇二八〇四 利鼎

字數 七〇
時代 西周中期
著録 總集 一二九〇
三代 四・二七・二
周金 二・二六・一
貞松 三・三三
希古 二・三一
大系 六二
小校 三・二三・一
斷代 一〇五
銘文選 二〇〇
首師大 二五
流傳 劉鶚、徐乃昌舊藏（羅表）
現藏 首都師範大學歷史博物馆
來源 考古研究所藏

〇二八〇五 南宮柳鼎

字數 七七（又重文二）
時代 西周晚期
著録 總集 一三〇〇
録遺 九八
陝圖 七九
斷代 一六四
陝青 四・一〇五
銘文選 四一六
綜覽・鼎 二八五
辭典 三二〇
出土 陝西寶鷄縣虢鎮（陝圖）
流傳 一九五二年陝西省博物館收集
現藏 中國歷史博物館

來源 陳邦懷先生藏

〇二八〇六 大鼎（己白鼎）

字數 存四七（又合文一）
時代 西周中期
著録 總集 一三〇三
西清 二・一九
來源 西清
備注 同組鼎凡三器，全銘七八字。按器形大小，這是三器中最大的一件

〇二八〇七 大鼎（己白鼎）

字數 七八（又重文三）
時代 西周中期
著録 總集 一三〇一
三代 四・三二・二
斷代 一八二
懷米下 八
筠清 四・八
攈古 三・一・七七
愙齋 五・一一
奇觚 一六・一五
周金 二・二四・二
小校 三・二四・二
文物 一九五九年一〇期三二頁圖二
銘文選 三九四
綜覽・鼎 二八六
故青 一八三
流傳 曹秋舫舊藏。上海市文物保管委員會從廢銅中揀獲
現藏 北京故宮博物院
來源 考古研究所拓

〇二八〇八 大鼎（己白鼎）

字數 七八（又重文三）
時代 西周中期

著録 總集 一三〇二
三代 四・三三・一
西清 二・一七
貞松 三・三五
故宮 二期
大系 七五
藝展 一四
故圖下上 四二
彙編 三・七三
綜覽・鼎 二九五
周録 九二
流傳 清宮舊藏
現藏 臺北故宮博物院
來源 考古研究所藏猗文閣拓本

〇二八〇九 師旂鼎（弘鼎、師旅鼎）

字數 七九
時代 西周早期或中期
著録 總集 一二九八
三代 四・三一・二
善齋 二・八一
小校 三・二四・一
大系 一二
善彝 三二
雙古上 七
斷代 七六
銘文選 八四
綜覽・鼎 二三三
辭典 二七七
流傳 劉體智舊藏，後歸于省吾
現藏 北京故宮博物院
來源 考古研究所藏

〇二八一〇 噩侯鼎（馭方鼎、王南征鼎、噩侯馭方鼎）

字數 存七九
時代 西周晚期
著録 總集 一二九九
三代 四・三三・一
愙齋 五・八
奇觚 二・七
簠齋 一鼎 二一
小校 三・二三・二
周金 二・二四・一
大系 九〇
斷代 一五四
辭典 三一九
銘文選 四〇六
流傳 陳介祺、陳大年舊藏(奇觚、文物)
現藏 上海博物館
來源 考古研究所藏移林館金文拓本

〇二八一一 王子午鼎

字數 八五(器八一又重文三，蓋四)
時代 春秋晚期
著録 總集 一三〇四
文物 一九八〇年一〇期圖版壹二
銘文選 六四四
美全 五・一六
辭典 六二〇
鳥篆 四八
出土 一九七九年河南淅川縣下寺二號墓(M二：四〇)
現藏 河南省文物研究所
來源 河南省文物研究所提供
備注 蓋銘拓本未見著録

〇二八一二 師望鼎

字數 九一(又重文三)
時代 西周中期
著録 總集 一三〇七
三代 四・三五・一
愙齋 五・七
周金 二・二二
大系 六三
小校 三・二七・二
金匱 五八頁
金石書畫 六四期
彙編 三・五〇
銘文選 二一三
綜覽・鼎 三〇三
出土 相傳爲左宗棠征新疆時所得(周金)
流傳 左宗棠、胡雪巖、沈秉成、程霖生、陳仁濤舊藏(周金、金匱)
來源 唐蘭先生藏

〇二八一三 師奎父鼎(寶父鼎)

字數 九二(又重文一)
時代 西周中期
著録 總集 一三〇五
三代 四・三四・一
筠清 四・二〇
長安 一・五・二
恒軒上 一三・二
攈古 三・二・九
愙齋 四・二六・二
周金 二・二三・二
小校 三・二六・二
上海 四六
大系 六一
斷代 一一一
彙編 三・四七
銘文選 二〇一
綜覽・鼎 二七五
辭典 三〇四
上海(二〇〇四) 二九七
出土 此鼎關中出土(愙齋)
流傳 劉喜海、吴大澂、費念慈、徐乃昌舊藏(攈古録、筠請、周金)
現藏 上海博物館
來源 考古研究所藏
備注 此爲恒軒手拓本

〇二八一四 無叀鼎(無專鼎、鄦專鼎、焦山鼎)

字數 九三(又合文一)
時代 西周晚期
著録 總集 一三〇六
三代 四・三四・二
積古 四・二八
攈古 三・二・八
從古 二・二(又一〇・一一)
金索 一・二九
愙齋 四・二二
奇觚 二・一〇
周金 二・一三
大系 一四三
小校 三・二七・一
通考 七三
銘文選 四四四
綜覽・鼎 二五九
流傳 鎮江焦山定慧寺舊藏
現藏 鎮江市博物館
來源 考古研究所藏

〇二八一五 趞鼎

字數 九五(又重文二)
時代 西周晚期
著録 斷代 一九四
銘文選 四二三
上海博物館集刊(一九八二年) 二五頁
辭典 三一五
流傳 上海博物館舊藏
現藏 中國歷史博物館
來源 考古研究所拓

〇二八一六 伯晨鼎(韓侯白晨鼎)

字數 九七(又重文一、合文二)
時代 西周中晚期
著録 總集 一三〇八
三代 四・三六・一
筠清 四・一一
懷米 三・七
古文審 一・一一
攈古 三・二・一七
愙齋 五・六
奇觚 一六・一〇・一
敬吾上 三三
周金 二・一〇
大系 九九～一〇〇
小校 三・二九
銘文選 三一一
流傳 曹秋舫舊藏
來源 考古研究所藏曹秋舫拓本

〇二八一七 師晨鼎

字數 存九七(又重文二、合文一)
時代 西周中期
著録 總集 一三一一
攈古 三・二・二二
大系 九九
斷代 一三四
銘文選 二八〇
來源 上海圖書館藏攈古録金文原拓

本

〇二八一八　鬲攸从鼎（鬲比鼎、鬲攸比鼎）
字數　九八（又重文四）
時代　西周晚期
著録　總集　一三一〇
三代　四・三五・二
積古　四・三一
攈古　三・二・一八～一九
奇觚　二・一五
陶齋　一・四〇
周金　二・二一
小校　三・二八
大系　一一八
日精華　四・三一四
斷代　一八八
彙編　三・四六
銘文選　四二六
綜覽・鼎　三〇九
流傳　陸心源、端方舊藏（羅表）
現藏　日本兵庫縣黑川古文化研究所（日精華）
來源　考古研究所藏猗文閣拓本

〇二八一九　寰鼎（伯姬鼎）
字數　一〇〇
時代　西周晚期
著録　總集　一三〇九
薛氏　九五
大系　一一七
來源　薛氏

〇二八二〇　善鼎（宗室鼎）
字數　一一〇（又重文一、合文一）
時代　西周中期
著録　總集　一三一五
三代　四・三六・二
攈古　三・二・四九～五〇
周金　二・一九・二
大系　三六
小校　三・三〇・二
賽爾諸什　二三頁
銘文選　三二一
出土　劉喜海得于長安（周金）
流傳　劉喜海舊藏（攈古録）
現藏　法國巴黎賽爾諸什博物館
來源　考古研究所藏猗文閣拓本

〇二八二一　此鼎
字數　一一〇（又重文一）
時代　西周晚期
著録　總集　一三一二
陝青　一・一九六
文物　一九七六年五期三六頁圖一二
三代補　九二九
銘文選　四二三（蓋）
出土　一九七五年陝西岐山縣董家村一號窖藏
現藏　岐山縣博物館
來源　岐山縣博物館提供

〇二八二二　此鼎
字數　一一〇（又重文二）
時代　西周晚期
著録　總集　一三一三
陝青　一・一九七
綜覽・鼎　二九〇
辭典　三二二
出土　一九七五年陝西岐山縣董家村一號窖藏
現藏　岐山縣博物館
來源　岐山縣博物館提供

〇二八二三　此鼎
字數　一一〇（又重文一）
時代　西周晚期
著録　總集　一三一四
陝青　一・一九八
綜覽・鼎　二九〇
出土　一九七五年陝西岐山縣董家村一號窖藏
現藏　岐山縣博物館
來源　岐山縣博物館提供

〇二八二四　𢦚方鼎
字數　一一三（又重文三）
時代　西周中期
著録　總集　一三一六
陝青　二・一〇〇
文物　一九七六年六期五八頁圖一八
三代補　九四二
銘文選　一七九
綜覽・鼎　八七
辭典　二九八
青全　五・一〇
吉鑄　四一
出土　一九七五年陝西扶風縣莊白村西周墓葬
現藏　扶風縣博物館
來源　扶風縣博物館提供

〇二八二五　善夫山鼎
字數　一一九（又重文二）
時代　西周晚期
著録　總集　一三一七
文物　一九六五年七期二一頁圖六
斷代　一九八
銘文選　四四五
綜覽・鼎　三一二
出土　解放前在麟游、扶風、永壽交界處（即扶風北岐山一帶）的某溝出土
現藏　陝西省博物館
來源　陝西省博物館提供

〇二八二六　晉姜鼎（韓城鼎、乙亥鼎）
字數　一二一
時代　春秋早期
著録　總集　一三一八
考古圖　一・六
博古　二・七
薛氏　九六
嘯堂　八
商拾下　一一
大系　二六七
銘文選　八八五
出土　得於韓城（考古圖）
流傳　劉原父舊藏（考古圖）
來源　嘯堂

〇二八二七　頌鼎
字數　一四九（又重文二）
時代　西周晚期
著録　總集　一三一九
三代　四・三七・一
西甲　一・三一
積古　四・三二
攈古　三・三・五・二～七・二
奇觚　二・一七
故青　一八四
流傳　清宮舊藏
現藏　北京故宮博物院

來源 考古研究所拓

〇二八二八 頌鼎

字數 一四九（又重文二）
時代 西周晚期
著録 總集 一三三〇
三代 四・三八
西甲 一・二八
貞松 三・三六
故宮 三期
大系 四六
故圖下上 四一
彙編 二・一九
周録 八九
流傳 清宮舊藏
現藏 臺北故宮博物院
來源 考古研究所藏

〇二八二九 頌鼎

字數 一四九（又重文二）
時代 西周晚期
著録 總集 一三三一
三代 四・三九・一～二
攈古 三・三・三・二～五・一
愙齋 四・二三
周金 二・一八
大系 四五
小校 三・三二
斷代 一九二
上海 四九
彙編 二・一八
銘文選 四三四
綜覽・鼎 三一四
辭典 三一七
上海（二〇〇四） 三六二
流傳 李香巖、費念慈舊藏（周金、羅表）
現藏 上海博物館
來源 考古研究所藏兩罍軒拓本
備注 傳世頌鼎三器，此爲最大的一件

〇二八三〇 師𩛥鼎

字數 一九〇（又重文一、合文六）
時代 西周中期（恭王）
著録 總集 一三三三
陝青 三・一〇五
文物 一九七五年八期六一頁圖三
三代補 九一九
銘文選 二〇二
綜覽・鼎 二五九
美全 四・二二四
辭典 三二一
出土 一九七四年陝西扶風縣强家村西周窖藏
現藏 陝西省博物館
來源 陝西省博物館提供

〇二八三一 九年衛鼎

字數 一九一（又重文一、合文三）
時代 西周中期（恭王）
著録 總集 一三三二
陝青 一・一七四
文物 一九七六年五期三九頁圖一六
三代補 九二六
銘文選 二〇三
辭典 三〇一
吉鑄 三七
出土 一九七五年陝西岐山縣董家村西周窖藏
現藏 岐山縣博物館
來源 岐山縣博物館提供

〇二八三二 五祀衛鼎

字數 二〇一（又重文五、合文一）
時代 西周中期（恭王）
著録 總集 一三三五
陝青 一・一七三
文物 一九七六年五期三八頁圖一五
三代補 九二五
銘文選 一九八
綜覽・鼎 二三五
辭典 三〇〇
青全 五・二八
出土 一九七五年陝西岐山縣董家村西周窖藏
現藏 岐山縣博物館
來源 岐山縣博物館提供

〇二八三三 禹鼎

字數 二〇四（又重文三）
時代 西周晚期
著録 總集 一三三四
録遺 九九
陝圖 七八
斷代 一九〇
銘文選 四〇七
綜覽・鼎 三〇一
美全 四・二二六
辭典 三三一
出土 傳一九四二年陝西扶風縣任村出土
流傳 陝西省博物館舊藏
現藏 中國歷史博物館
來源 考古研究所拓

〇二八三四 禹鼎（穆公鼎、成鼎）

字數 存一五六
時代 西周晚期
著録 博古 二・二一
薛氏 九七～九九
嘯堂 一三
大系 九一
出土 得於華陰（博古）
來源 嘯堂

〇二八三五 多友鼎

字數 二七五（又重文一、合文一）
時代 西周晚期
著録 總集 一三三六
人文雜誌 一九八一年四期一一六頁
銘文選 四〇八
青全 五・三七
出土 一九八〇年陝西長安縣斗門公社下泉村
現藏 陝西省博物館
來源 陝西省博物館提供

〇二八三六 大克鼎（善夫克鼎）

字數 二八一（又重文七、合文二）
時代 西周晚期
著録 總集 一三三七
三代 四・四〇・一～四一・二
愙齋 五・一
綴遺 四・二五
奇觚 二・二八
周金 二・一二
大系 一一〇～一一一
小校 三・三二～三三
上海 四七
斷代 一八五
彙編 二・九
銘文選 二九七 B
綜覽・鼎 二九七

辭典 三〇七
青全 五・三一
上海（二〇〇四）二九九
出土 光緒十六年陝西扶風縣法門寺任村出土（通考）
流傳 潘祖蔭舊藏，一九五一年潘達于捐獻（上海）
現藏 上海博物館
來源 上海博物館提供
備注 「當時出土凡百二十餘器，克鐘、克鼎及中義父鼎并在一窖中」（貞松三・三五）

〇二八三七 大盂鼎

字數 二八六（又合文五）
時代 西周早期
著録 總集 一三二八A
三代 四・四二・一～四三・二
從古 一六・三一
恒軒 九・二
攈古 三・三・三一～三三
愙齋 四・一二
綴遺 三・二二
奇觚 二・三四～三六
周金 二・一〇
小校 三・四一
大系 一八
斷代 七四
銅玉 八頁Fig 八
上海 二九
彙編 二・八
銘文選 六二
綜覽・鼎 一八七
歷博 五二
辭典 二七六
美全 四・一四七
青全 五・二五
出土 道光初年出郿縣禮邨溝岸中（愙齋）
流傳 先後經邑紳郭氏、周廣盛、左宗棠、潘祖蔭等人收藏。潘氏罷官以後，舁歸蘇州宅中，一直保存到一九五一年，由潘氏後人潘達于先生捐獻政府，今陳列在上海博物館（斷代）
現藏 中國歷史博物館
來源 A、上海博物館提供；B、考古研究所藏潘祖蔭舊拓

〇二八三八 曶鼎

字數 約存三七六（又重文四）
時代 西周中期
著録 總集 一三三〇
三代 四・四五・二～四六・一
積古 四・三五
攈古 三・三・四六～四六
愙齋 四・一七
奇觚 二・二一（又一六・二〇）
周金 二・六
大系 八三
小校 三・四五
斷代 一四三
彙編 二・四
銘文選 二四二
出土 畢秋帆得于西安（積古）
流傳 畢沅舊藏，後燬於兵火（積古、奇觚）
來源 A、上海圖書館藏攈古録金文原拓已剔本；B、大系所用何子貞藏本
備注 或認爲器係扶風所出。又，鼎高二尺，圍四尺，深九寸，款足作牛首形（積古引錢獻之語）

〇二八三九 小盂鼎

字數 約三九〇
時代 西周早期
著録 總集 一三二九
三代 四・四四・一～四五・一
攈古 三・三・四二～四四
綴遺 三・二七
大系 一九
小校 三・四三
斷代 七五
彙編 二・三
銘文選 六三B
出土 器出陝西岐山縣，安徽宣城李文翰令岐山時得之（攈古録）。此鼎與大盂鼎同出陝西郿縣禮村（觀堂別集補遺）
流傳 傳説此器亡佚于太平天國之際，而別一説則以爲項城袁氏實藏此器，重埋入土，今不知所在（斷代）
來源 A、羅振玉影印簠齋拓本；B、攈古

〇二八四〇 中山王嚳鼎

字數 四五七（又重文一〇、合文二）
時代 戰國晚期
著録 總集 一三三一
中山王墓 三四三～三四五頁圖一五八、一五九
文字編 八五～八八，一〇一～一一〇頁
三代補 九九一
銘文選 八八〇
美全 五・九七
青全 九・一四四
辭典 八二三
鳥篆 一四三
出土 一九七七年河北平山縣中山王墓（西庫一）
現藏 河北省文物研究所
來源 A、故宮博物院陳列部提供；B、張守中同志一九八四年摹本

〇二八四一 毛公鼎

字數 四七九（又重文九、合文九）
時代 西周晚期
著録 總集 一三三二
三代 四・四六・二～四九
從古 一六・一八
攈古 三・三・五一～五五
愙齋 四・二
奇觚 二・四一
周金 二・一
簠齋 一鼎 一
大系 一三一
小校 三・四七
故圖下下 八三～八五
銅玉 一七三頁
斷代 二〇一
彙編 二・二 a～b
董作賓先生全集 一一
銘文選 四四七
綜覽・鼎 三一〇
美全 四・二三一
青全 五・三六
周録 九六
出土 道光末年出土於陝西岐山縣
流傳 陳介祺、端方、葉恭綽、陳詠仁舊藏
現藏 臺北故宮博物院
來源 A、考古研究所藏；B、北京圖書館藏羅振玉跋本；C、董作賓摹本